D1717768

Zukunftsfähigkeit Deutschlands

Herausgegeben vom Wissenschaftszentrum Berlin für Sozialforschung

Jürgen Kocka (Hg.)

# Zukunftsfähigkeit Deutschlands

Sozialwissenschaftliche Essays

**WZB**-Jahrbuch 2006

Bibliografische Information der Deutschen Nationalbibliothek

Die Deutsche Nationalbibliothek verzeichnet diese Publikation in der Deutschen Nationalbibliografie; detaillierte bibliografische Daten sind im Internet über http://dnb.d-nb.de abrufbar.

Dieses Werk erscheint in zwei inhaltsgleichen, unterschiedlich ausgestatteten Ausgaben:
Leinen       ISBN 978-3-89404-006-2
kartoniert   ISBN 978-3-89404-086-4

Copyright 2007 by edition sigma, Berlin.
Alle Rechte vorbehalten. Dieses Werk einschließlich aller seiner Teile ist urheberrechtlich geschützt. Jede Verwertung außerhalb der engen Grenzen des Urheberrechtsgesetzes ist ohne schriftliche Zustimmung des Verlags unzulässig und strafbar. Das gilt insbesondere für Vervielfältigungen, Mikroverfilmungen, Übersetzungen und die Einspeicherung in elektronische Systeme.

Konzeption und Gestaltung: Rother. Designer, Dieter Spies, Berlin
Druck: Rosch-Buch, Scheßlitz                    Printed in Germany

# Inhalt

Arbeiten an der Zukunft
Fragen, Ergebnisse, Vorschläge
Jürgen Kocka                                                                9


## BLOCKADEN UND DRINGENDER REFORMBEDARF: POLITIK

Durchregieren?
Reformblockaden und Reformchancen in Deutschland
Wolfgang Merkel                                                            27

Die Zukunftsfähigkeit des deutschen Sozialstaats
Christian Henkes und Alexander Petring                                     47

Konturen einer zukunftsfähigen deutschen Außenpolitik
Michael Zürn                                                               71

Finanzverfassungsreform als Prüfstein der
Reformfähigkeit des deutschen Föderalismus
Am Beispiel des Umgangs mit Haushaltsnotlagen
der Länder
Gunnar Folke Schuppert                                                     89

Fiskalische Handlungsfähigkeit
und globaler Wettbewerb
Kai A. Konrad                                                             113

Angst vor dem Souverän?
Verfassungsstarre und Partizipationsbegehren
in Deutschland
Dieter Gosewinkel und Dieter Rucht                                        131

## VIEL SCHATTEN, VIEL LICHT: SOZIALÖKONOMIE

### Arbeitsmarktpolitik für aktives Altern
Zur Zukunftsfähigkeit Deutschlands
im Licht europäischer Erfahrungen
Miriam Hartlapp und Günther Schmid — 157

### Perspektiven einer solidarischen Krankenversicherung
Hagen Kühn und Sebastian Klinke — 179

### Zur Zukunftsfähigkeit des deutschen Produktionsmodells
Ulrich Jürgens und Martin Krzywdzinski — 203

### Was ist von einer produktiven Wissensgesellschaft durch nachhaltige Innovation und Berufsbildung zu erwarten?
Arndt Sorge — 229

### Eine neue Innovationspolitik für Deutschland
Lehren aus den Erfahrungen der 1990er Jahre
Lutz Engelhardt und Sigurt Vitols — 251

### Zur Zukunft der Wirtschaft in der Gesellschaft
Sozial verantwortliche Unternehmensführung
als Experimentierfeld
Ariane Berthoin Antal, Meinolf Dierkes und Maria Oppen — 267

## SCHWIERIGKEITEN UND HOFFNUNGEN: FAMILIE, GESCHLECHTER, ZIVILGESELLSCHAFT

### Die Familie im Zentrum demografischen und gesellschaftlichen Wandels
Probleme, Debatten und Politiken im europäischen Vergleich
Chiara Saraceno — 293

## Gebären und arbeiten
Die Zukunftsfähigkeit deutscher Familien- und Arbeitsmarktpolitik
Sibylle Hardmeier und Angelika von Wahl — 315

## Ressourcen und Potenziale zivilgesellschaftlicher Organisationen in Deutschland
Eckhard Priller — 339

## Wer regiert die Stadt?
Anmerkungen zum „global localism" am Beispiel des städtischen Einzelhandels
Hedwig Rudolph und Christopher Bahn — 355

## Reformprojekt Integration
Karen Schönwälder — 371

## Nachhaltigkeit – eine Herausforderung für Wissenschaft und Forschung
Volker Hauff — 391

Verzeichnis der Autorinnen und Autoren — 401

# Arbeiten an der Zukunft

Fragen, Ergebnisse, Vorschläge

Jürgen Kocka

1.

Stoßrichtung und Atmosphäre der Debatten über gesellschaftliche Reformen haben sich verschoben. Einige große Themen der 1960er und 1970er Jahre sind an den Rand gerückt, z.B. „Demokratisierung", „Humanisierung der Arbeitswelt" und „Emanzipation". Andere klassische Themen sind auf der Tagesordnung geblieben und werden unter sich ändernden Blickwinkeln weiter bearbeitet: die Umweltproblematik, soziale Ungleichheit und gerechte Verteilung, Funktionsfähigkeit und Blockierung des politischen Systems, ökonomische Wettbewerbsfähigkeit, der gefährdete gesellschaftliche Zusammenhalt, die Verletzung von Menschen- und Bürgerrechten, Probleme der Gleichstellung von Mann und Frau. Viel stärker geworden aber ist – neben der Neigung zur transnationalen, teilweise globalen Blickweise – die Bereitschaft zur Verzeitlichung, die Frage nach der Zukunft, die Sorge um die Zukunftsfähigkeit des Landes. Die Debatte über den Konflikt zwischen Kapital und Arbeit ist beispielsweise in den Hintergrund getreten, wenn auch nicht obsolet. Die Diskussion über das Spannungsverhältnis zwischen Gegenwart und Zukunft, zwischen Pfadabhängigkeit und heutigen Interessen einerseits, dem Recht und den Bedürfnissen zukünftiger Generationen andererseits hat dagegen an Boden gewonnen. Als Stimmung, verstecktes Leitthema oder roter Faden prägt die – oft bange – Frage nach Zukunft und Zukunftsfähigkeit viele heutige Diskussionen über Deutschland, Europa, die Welt, und dies völlig zu Recht.

Ein Stück weit gilt dies auch für die Diskurse der Sozialwissenschaftler. Das liegt nicht etwa an ihrer zunehmenden Prognosefähigkeit und -neigung. Die Hochkonjunktur der Zukunftsforschung und entsprechender Institute ist längst abgeebbt. Unsicherheit über die Zukunft herrscht vor. Der Schock des – nicht vorausgesehenen, nicht vorausgesagten – Umbruchs von 1989/90 wirkt im intellektuellen Deutungsdiskurs nach. Die häufig danebengehenden Jahresvoraussagen der wirtschaftswissenschaftlichen Institute führen die Grenzen sozialwissenschaftlicher Prognosefähigkeit permanent öffentlich vor, erstaunlicherweise ohne sich dadurch zu diskreditieren. Auch resultiert das Interesse an Zukunft nicht aus der Begeisterung der Zeit für

„Visionen". Wenn die „Erschöpfung utopischer Energien" (Habermas 1985) die geistige Situation der Zeit vor gut zwei Jahrzehnten charakterisierte, dann die heutige immer noch.

Vielmehr hat *einerseits* die Sorge um „Nachhaltigkeit" das Soziale erfasst und den Blick in die Zukunft gewendet. Je mehr sich das Bewusstsein verbreitet, dass unsere Wirtschafts- und Lebensweise *endliche* Ressourcen verbraucht, ohne neue hinreichend zu produzieren – von Rohstoffen und Energie über den sozialen Zusammenhalt bis zum Klima und anderen natürlichen Bedingungen unserer Existenz –, desto unvermeidlicher wird es, bei Diskussionen über heute notwendige oder zu vermeidende Veränderungen Zukunft mitzubedenken (Skizze der Stationen dieses Denkens bei Hauff in diesem Band, S. 392-394). *Andererseits* zwingt der demografische Wandel – die Erfahrung des Alterns und die Erwartung des Schrumpfens der Bevölkerung – zum Blick in die Zukunft. Denn dieser demografische Wandel bringt Gefahren und Chancen, Zumutungen und Möglichkeiten mit sich, die man in Rechnung stellen muss, wenn man heute verantwortlich handeln will. Er wird ein anderes Verhältnis zwischen den Generationen erzwingen, wenngleich die Art dieses Verhältnisses noch unklar und in Grenzen gestaltbar ist. Er verlangt die Verzeitlichung des in Reformdiskussionen gern verwendeten Begriffs der „sozialen Gerechtigkeit", seine intergenerationelle Uminterpretation mit entschiedener Berücksichtigung der Interessen der nächsten Generationen. *Schließlich* ist zu beobachten, dass sich im Wandel der letzten Jahrzehnte neben der Leitfrage nach gerechter *Verteilung* der vorhandenen, erarbeiteten Chancen, Leistungen und Produkte die Leitfrage nach den Bedingungen ausreichender und verbesserter *Bereitstellung* von Chancen, Leistungen und Produkten nach vorne geschoben hat. Unter verschärften globalen Wettbewerbsbedingungen ist solche Bereitstellung alles andere als selbstverständlich. Sie hängt von sehr vielen, auch kulturellen, Voraussetzungen ab. Die damit dringend gestellte Frage nach der dauerhaften Kraft unserer Gesellschaft zur Erbringung von Leistungen und Ergebnissen, von Wohlstand und Zivilität drängt den Blick viel entschiedener in die Richtung der Vorsorge für die Zukunft als es die Frage nach der gerechten Verteilung allein je täte (Miegel 2005).

Das sich verbreiternde Interesse an Nachhaltigkeit, die Auseinandersetzung mit Folgen und Bedingungen des demografischen Wandels und die Erweiterung der Reformagenda im Hinblick auf zu sichernde oder zu verbessernde Erbringungs- und Leistungskraft mögen – neben anderem – erklären, warum die Frage nach der Zukunftsfähigkeit einer Gesellschaft, eines Landes, einer Wirtschafts- und Lebensweise Konjunktur hat – und haben sollte (Spode 2006, S. 1-25). Dabei wird Zukunftsfähigkeit zunächst sehr allgemein als die Fähigkeit verstanden, anstehende und neu aufkommende Probleme unter Berücksichtigung zu explizierender Kriterien nachhaltig, d.h. dauerhaft oder mittel- bis langfristig zu lösen, unter Berücksichtigung der Handlungsspielräume und voraussichtlichen Bedürfnisse nachfolgender Generationen.

Das Konzept der Nachhaltigkeit hat das Soziale erfasst. Nicht mehr nur das Verhältnis zwischen System und Umwelt wird als zu wenig nachhaltig angesehen, sondern nun auch das soziale System selbst. Die geforderten Reformen zielen nicht nur auf Wandel, sondern gleichzeitig auf Rettung des Systems. Der Begriff der Nachhaltigkeit wird zunehmend durch den der Zukunftsfähigkeit ersetzt. Die Hoffnung, das ergibt dieser Band, liegt nicht primär in der Politik, sondern vor allem in der Gesellschaft.

## 2.

Vor diesem Hintergrund entstand der Entschluss, die im Wissenschaftszentrum Berlin für Sozialforschung (WZB) vorhandene Kompetenz zu nutzen und sozialwissenschaftliche Beiträge zu verfassen, um die Zukunftsfähigkeit Deutschlands in ausgewählten Problemfeldern näher zu beleuchten und durch handlungsorientierte Vorschläge zu verbessern. Wissenschaftlerinnen und Wissenschaftler des WZB wurden eingeladen, ein im Rahmen der jeweils eigenen Forschung behandelbares, praktisches Problem auszuwählen, dessen Lösung die Zukunftsfähigkeit des Landes erhöhen würde. Es sollte ein Problem sein, das die öffentliche Debatte bereits beschäftigt oder bisher randständig behandelt worden ist. Es sollte ein Problem sein, bei dessen Diskussion sich wissenschaftliche Kompetenz und öffentliche Relevanz verknüpfen lassen, das sowohl unter wissenschaftlichen wie unter praktisch-politischen Gesichtspunkten wichtig und nicht nur für Spezialisten interessant ist. Das Augenmerk sollte auf Deutschland bzw. auf einzelne Handlungsbereiche in Deutschland gerichtet werden, doch wurde zugleich zum Blick über die nationalstaatlichen Grenzen hinaus animiert, auf andere Teile Europas und der Welt, zum Vergleich und mit Interesse an transnationalen Verflechtungen.

Auf der allgemeinsten Ebene erschienen bei der Vorbereitung des Bandes die Kriterien von Zukunftsfähigkeit nicht kontrovers: Freiheit und Demokratie, sozialer Zusammenhalt einschließlich Gerechtigkeit und Solidarität, wirtschaftliche Dynamik und Wohlstand, ökologische Verträglichkeit; Werte und Kultur, die damit kompatibel sind und sowohl Konflikt und Pluralität wie Kompromiss und Bindung ermöglichen, im Innern wie inter- und transnational. Im Übrigen sollte es den Autorinnen und Autoren überlassen bleiben, Zukunftsfähigkeit für den jeweils behandelten Problembereich konkreter zu bestimmen. Klar war von vornherein, dass all diese Werte nicht gleichzeitig und in vollem Maße zu verwirklichen sind, dass es auch zukünftig Zielkonflikte und „trade-offs" geben wird.

Zur besonderen Berücksichtigung der Zeitperspektive wurde aufgerufen, einschließlich der Frage der sich wandelnden Fähigkeit einer Gesellschaft und ihrer Institutionen, auf Zukunft hin zu denken und zu handeln. Einige weitere Fragen und Hypothesen wurden vorgegeben. Die Autorinnen und Autoren wurden gebeten, (a) das zu behandelnde Problem zu identifizieren und den Forschungsstand zu skizzieren; (b) Reformbedarf, Reformhemmnisse, Reformpotenzial und -wege zu untersuchen; (c) Lösungsvorschläge oder einen Lösungsvorschlag zu skizzieren sowie (d) in Form einer Prognose (eventuell in mehreren Szenarien) anzudeuten, wie es auf dem jeweils diskutierten Gebiet in etwa einem Vierteljahrhundert aussehen wird. Es sollte also, was die zeitliche Erstreckung der zu diskutierenden Zukunft anbelangt, um einen Zeitraum von etwa 25 Jahren gehen. Es wurde freigestellt, davon gegebenenfalls abzuweichen.

Erbeten wurden nicht allzu umfangreiche Essays mit wenigen Anmerkungen und Literaturangaben. Die Adressaten sollten nicht primär die Fachkollegen, sondern Leser aus dem gebildeten, interessierten Publikum sein. Großes Gewicht sollte auf Lesbarkeit und Relevanz für Nicht-Spezialisten gelegt werden. Zur entschiedenen, auch politischen Urteilsformulierung wurde ermuntert.

Fast alle Eingeladenen sind zur Mitwirkung bereit gewesen. Alle Forschungseinheiten des WZB sind durch Beiträge vertreten. Die Autoren und Autorinnen haben sich in unterschiedlichem Maß auf die Vorgaben eingelassen. Die Aufsätze bieten – jeweils selektiv, nicht aber umfassend – einen Überblick über die vielfältigen Forschungen im Hause. Es wird ein weiteres Mal klar, dass Wissenschaftler und Wissenschaftlerinnen des WZB nicht nur in ihrer Fachzugehörigkeit und ihren Forschungsprofilen, sondern auch in ihren gesellschaftspolitischen Präferenzen differieren. *Die eine* WZB-Position zu den großen praktischen Fragen der Zeit gibt es nicht. Auch ist der selektive Charakter des Bandes zu betonen. Eine flächendeckende Behandlung aller wichtigen, für die Zukunftsfähigkeit des Landes relevanten Handlungs- und Problembereiche war nicht das Ziel. Viele wichtige Bereiche (z.B. Marktordnungen, die Integration Europas, Klima- und Energiepolitik, regionale Disparitäten, Probleme der Kultur) bleiben größtenteils ausgespart. Trotzdem: Welches Bild von der Zukunftsfähigkeit Deutschlands entsteht, wenn man die Beiträge zu diesem Band zusammen liest?

## 3.

*Wolfgang Merkels* Essay über Reformblockaden und Reformchancen im deutschen Regierungssystem vergleicht die Wirtschafts-, Sozial- und Bildungspolitik der 30 Mitgliedstaaten der Organisation für wirtschaftliche Zusammenarbeit und Entwicklung und sieht Deutschland für die Jahre 1995-2005 abgeschlagen auf dem 19. Platz; nur die postkommunistischen und die südeuropäischen Staaten, Südkorea, Türkei und Mexiko rangieren noch weiter hinten. Diese ernüchternde, an Kriterien von Wirtschaftswachstum, Arbeitsmarktintegration, Bildungsinvestitionen und Ausgaben für Forschung und Entwicklung orientierte Bilanz erklärt Merkel aus den Eigenarten des deutschen Sozialstaats sowie den Selbstblockierungstendenzen des politischen Systems mit seiner ungewöhnlich weit getriebenen Machtverteilung und Politikverflechtung. Deutschland ist ein Land der vielen „Vetospieler". Unser Föderalismus wirkt mehr als Bremse denn als Saatbeet der Innovation.

Die Chancen für eine gründliche, zukunftssichernde Reform beurteilt der Verfasser skeptisch. – *Christian Henkes* und *Alexander Petring* teilen diese Einschätzung und bewerten die Zukunftsfähigkeit des deutschen Sozialstaates kritisch. Sie zeigen an ausgewählten Indikatoren, dass er, gemessen an den Zielen Sicherheit, Gerechtigkeit und Finanzierbarkeit schon heute hinter vergleichbaren Sozialstaaten Europas zurückhängt. Um ihn zukunftsfester zu machen, fordern sie die Anhebung der in Deutschland hinter dem Durchschnitt der 15 alten EU-Mitgliedstaaten zurückbleibenden Ausgaben für Bildung und Weiterbildung, eine Gewichtsverlagerung von monetären Transferleistungen auf soziale Dienstleistungen und stärkere Steuerfinanzierung, um die Abgabenlast zu erleichtern, die derzeit auf den Einkommen aus Arbeit liegt, die Arbeit verteuert und Arbeitslosigkeit erhöht. Insgesamt müsse zwar nicht die sozialstaatliche Leistungshöhe reduziert, aber die Balance zwischen den großen Ausgabeblöcken neu bestimmt werden: weniger konsumtive Ausgaben (Sozialausgaben, Steuerprivilegien etc.) für die Gegenwart und mehr investive Ausgaben für die Zukunft, also z.B. für Bildung und Forschung sowie „Humankapital" generell. Doch die Autoren betonen die starken institutionellen (Föderalismus!) und mentalen (Status-quo-Orientierung und mangelndes Problembewusstsein) Hindernisse, die wirksamen Umsteuerungen im Wege stehen.

Die deutsche Außenpolitik erhält und verdient bessere Noten, führt *Michael Zürn* im Einzelnen aus. Zugleich zeigt er eindringlich, dass auch sie nicht die Kriterien der Zukunftsfähigkeit erfüllt. Es fehlt ihr an hinreichender Verankerung im politischen System. Der Anteil der Ausgaben für internationale Politik am Gesamthaushalt des Staates ist im letzten Jahrzehnt des 20. Jahrhunderts drastisch gefallen. Für Entwicklungshilfe und Ressourcen zur Bekämpfung humanitärer Katastrophen sowie für den Aufbau militärischer und nicht-militärischer Interventionskapazitäten gibt Deutschland weniger aus als die meisten anderen vergleichbaren Länder. Die politische Diskussion im Land und das Verhalten der deutschen politischen Klasse sind weiterhin sehr nationalstaatlich orientiert, den oft beschworenen Prinzipien der globalen Verantwortung und des Multilateralismus entspricht dies nicht. „Das politische System stellt sich de facto gegen seine außenpolitische Elite ... Die Wege in die Zukunft müssen erst noch geebnet werden." (S. 85)

Die Beiträge von Schuppert, Konrad und Gosewinkel/Rucht widersprechen der kritischen Gesamtbilanz nicht, die von Merkel, Henkes/Petring und Zürn gezogen wird. Sie verstärken sie vielmehr, indem sie sich Teilproblemen zuwenden und konkrete Lösungsvorschläge vorlegen. *Gunnar Folke Schuppert* geht von der unbestreitbaren Überschuldung von Bund, Ländern und Gemeinden aus. Er betrachtet die Finanzverfassung als Seismografen politischer Reformfähigkeit und -bedürftigkeit. Wenn dem so ist, muss es bedenklich stimmen, dass die Haushaltskrise die „Normallage" und das Thema des Staatsbankrotts wissenschaftlich in Deutschland „in" ist (S. 101). Ändert sich dies mit der Großen Koalition und dem jüngsten Wirtschaftsaufschwung ein wenig zum Besseren? Schuppert wendet sich gegen das

Dogma der Insolvenzunfähigkeit von Staat und Gemeinden. Er entwickelt Bausteine eines zu etablierenden Haushaltsnotlagenregimes, das Verschuldungsgrenzen festlegen, ein Frühwarnsystem einrichten und zur Substanz des zweiten Schritts der anstehenden Föderalismusreform beitragen soll. – Auch *Kai A. Konrad* beschäftigt sich mit der gestiegenen staatlichen Schuldenlast und der notwendigen Suche nach neuen Regeln des Umgangs mit ihr, und zwar im Rahmen der fiskalischen Handlungsfähigkeit des Staates im Allgemeinen, die aus „hausgemachten" Gründen und unter dem Druck des globalen Wettbewerbs abgenommen habe. Konrad sagt voraus, dass, wenn die Umsteuerung nicht gelingt, die derzeit noch hohe Bonität deutscher Staatsschuldentitel in den nächsten Jahrzehnten spürbar sinken wird, was Zinsrate und Zinslast erhöhen und die Haushaltslage prekär gestalten würde. Angesichts des Wettbewerbsdrucks, der auf den Staaten lastet, fragt Konrad, was jene von den an Wettbewerbsdruck gewöhnten Wirtschaftsunternehmen lernen könnten. Im Weiteren rät er zur Konzentration staatlicher Politik auf ihre jeweiligen Stärken (im Sinne von Spezialisierung und „Produktdifferenzierung") sowie zum Ausbau ihrer Bindungswirkung gegenüber den Bürgern. Dabei gewinnen kulturelle Faktoren und der Patriotismus besonderes Gewicht für die Argumentation.

*Dieter Gosewinkel* und *Dieter Rucht* diagnostizieren Blockaden und abnehmende Legitimität des politischen Systems der Bundesrepublik, das gleichzeitig unter hohem Veränderungsdruck stehe. Eindringlich plädieren sie – auf der Grundlage breiter empirischer Ergebnisse und ausführlicher historischer Überlegungen (auch zur „Lehre", die aus der Weimarer Republik zu ziehen sei) – für die maßvolle Einführung direktdemokratischer Verfahren. Die würden dem gewachsenen Bildungsstand und der Partizipationsfähigkeit der Bevölkerung heute Rechnung tragen. Entsprechende Grundgesetzänderungen sollen das bisher einseitig dominierende Repräsentationsprinzip ergänzen. Direktdemokratische Verfahren „bergen Ressourcen der politischen Mobilisierung, Legitimierung und Problemlösung, auf die eine moderne Demokratie nicht verzichten sollte, wenn sie in Zukunft Stabilität durch Wandel gewährleisten will" (S. 151). Die Thematik schien abgehakt, durch diesen Aufsatz wird sie wirkungsvoll neu eröffnet.

Soviel zu den Beiträgen, die primär das deutsche *politische System* kommentieren. Es erscheint den Autoren im internationalen Vergleich in seiner gegenwärtigen Gestalt wenig leistungskräftig, hochgradig blockiert, äußerst reformbedürftig, aber wenig reformfähig. Sehr viel gemischter ist das Bild, das von den nun zu resümierenden Beiträgen zum *sozialökonomischen System* Deutschlands gezeichnet wird. Auch sie berichten über Probleme und Rückstände, die Deutschland im internationalen Vergleich belasten. Aber sie sehen auch Vorteile des deutschen Systems und halten die Schwächen mit großer Anstrengung für reparierbar.

In ihrem Essay „Arbeitsmarktpolitik für aktives Altern" vertreten *Miriam Hartlapp* und *Günther Schmid* die These, dass die Möglichkeit der Erwerbsbeteiligung auch in der späteren Phase des Lebenslaufs eine zentrale Größe für Lebensqualität ist, dies unter der Voraussetzung weit gehender Selbstbestimmung, guter Arbeitsbedingungen, variabler Arbeitszeiten und Kombinationsmöglichkeiten zwischen bezahlter und unbezahlter Arbeit. Im Vergleich mit anderen Ländern besteht hier für Deutschland ein großer Nachholbedarf. Auf der Grundlage der im WZB über die Jahre entwickelten „Theorie der Übergangsarbeitsmärkte (flexicurity)" schlagen die Autoren eine ganze Palette konkreter Strategien vor: zur Verlängerung der Erwerbsbeteiligung und zu ihrer besseren Verteilung über den Lebenslauf (gegen die scharfe Zäsur zwischen Erwerbsleben und Ruhestand) und zur Beseitigung von Altersdiskriminierung. Strategien für das soziale Risikomanagement diskontinuierlicher Erwerbsverläufe werden, orientiert am Ziel der Erweiterung individueller Handlungsspielräume, an Fairness und sozialer Gerechtigkeit sowie an Steuerungs- und Leistungseffektivität, in Bezug auf die Chancen und Probleme einer alternden Gesellschaft ausbuchstabiert. Was die Autoren vorschlagen, erfordert tief greifende institutionelle und mentale Veränderungen im *Zusammenhang*. Doch sie können auch auf kleine Schritte in die richtige Richtung hinweisen, die in den letzten Jahren gelungen sind, z.B. auf die Umkehr des jahrzehntealten Trends zu immer kürzerer Erwerbsarbeits-Lebenszeit oder auf die zunehmend häufige Berechnung von Pensionseinkommen auf der Basis des gesamten Lebenslaufs. Die Autoren halten die nötigen Reformen nicht für unmöglich. „Ein mit den relevanten Akteuren verhandelter und abgestimmter (über eine Legislaturperiode hinausreichender) *'Beschäftigungspakt für einen nachhaltigen Lebenslauf'* nebst entsprechender Rollenverteilung der verschiedenen staatlichen und zivilgesellschaftlichen Ebenen, entsprechenden Informationskampagnen und laufender Erfolgskontrolle erscheint an der Zeit" (S. 177).

Auch *Hagen Kühn* und *Sebastian Klinke* beschäftigen sich mit Chancen und Problemen einer alternden Gesellschaft, zugleich mit Gesundheitspolitik und Sozialstaat. Als Probleme identifizieren sie: die langfristig bedrohte Funktionsfähigkeit der Gesetzlichen Krankenversicherung in ihrer Form vor, aber ebenso nach der Gesundheitsreform von 2007; die sozial sehr ungleich verteilten Chancen, gesund zu altern; die dominante Gesundheitspolitik, die allzu sehr an Individual- und Akutmedizin und zu wenig an Prävention (auch Primärprävention) orientiert sei. Die Autoren sehen die Folgen des demografischen Wandels für Krankenversicherung und Sozialstaat mit guten Gründen als weniger einschneidend an, als es die gegenwärtig dramatisierenden Prognosen suggerieren. Sie geben konkrete Lösungsempfehlungen, die in Richtung einer idealen, sozial solidarischen Bürgerversicherung weisen. Sie wissen, dass es dafür tief greifender Reformen und des ressortübergreifenden Bohrens dicker Bretter bedarf. Im Unterschied zu anderen Autoren des Bandes erachten sie die Sanierung der öffentlichen Haushalte und die Belastung der Arbeit durch steigende Lohnnebenkosten nicht für gravierend. Das Gewicht individueller Verantwortung für Gesundheitsvorsorge tritt bei ihnen zurück.

Die Zukunft des für Deutschland typischen „Produktionsmodells" – zugleich Kernstück des „rheinischen Kapitalismus" – ist auch unter Fachleuten umstritten. Kann sich dieses auf hoch qualifizierte Produktionsarbeit, hohe Löhne und hohe soziale Qualität der Arbeit setzende, zugleich Sozialpartnerschaft, institutionelle Verflechtung und dichte Regulierung vorsehende System angesichts zunehmender globaler Standort- und Arbeitskonkurrenz und angesichts des notwendigen Übergangs zur Dienstleistungswirtschaft halten? Oder droht seine Erosion durch abnehmende Wettbewerbsfähigkeit und massive Standortverlagerung in Länder, die weniger hohe Ansprüche stellen und günstigere Produktionsbedingungen bieten? (Berghahn/Vitols 2006). *Ulrich Jürgens* und *Martin Krzywdzinski* diskutieren das Problem und die sich daran anschließende Kontroverse. Sie wägen Vorteile und Nachteile des „deutschen Produktionsmodells" ab, erkennen den Problemdruck an und kommen zu nuancierenden Urteilen. Wie alle anderen Autoren des Bandes sind sie weit davon entfernt, das Heil von rein marktliberalen Lösungen zu erwarten. Sie spielen drei Problemlösungsstrategien durch: (1) Lohnkostensenkung, Arbeitszeitverlängerung und Produktivitätssteigerung, (2) Steigerung der Innovationskraft, (3) internationale Regulierung gegen fortschreitende gegenseitige Unterbietungen („race to the bottom"). Sie zeigen die Schwierigkeiten und Grenzen jeder dieser Strategien auf und gelangen zu dem Schluss, dass jede von ihnen in Teilaspekten notwendig und machbar ist, aber keine von ihnen allein ausreicht. Für die nächsten zwei Jahrzehnte sagen sie kein katastrophales Versagen und keine radikale Veränderung des „deutschen Produktionsmodells" voraus, sondern seine langsame Veränderung Schritt für Schritt, die sie längst – und zu Recht – auf dem Weg sehen. Realistisch sei die Erwartung eines *muddling through*, eines prekären und tastenden Anpassungsprozesses an globale Umbrüche, deren Größenordnung die Problemlösungskapazitäten einzelner Akteure (sei es einzelner Staaten, Unternehmen oder zivilgesellschaftlicher Kräfte) übersteigt.

Zu einem ähnlichen Ergebnis kommt man, wenn man die beiden Beiträge zur Innovationskraft in Deutschland zusammen liest. *Lutz Engelhardt* und *Sigurt Vitols* prüfen – auf den Erfahrungen der 1990er Jahre mit der „New Economy" fußend – die Innovationsfähigkeit der deutschen Wirtschaft, skizzieren ihre Stärken und Schwächen. Sie geben ihr gemischte Noten und empfehlen nicht so sehr direkte staatliche Hilfen als vielmehr Anstrengungen zur Verbesserung und Vermehrung des Potenzials innovatorischer Unternehmer und Gründer mit strategischer Kompetenz, nicht zuletzt durch Erleichterung der Mobilität zwischen den Unternehmen und durch Absenkung damit verbundener Risiken („Rückkehranwartschaft"). – *Arndt Sorge* differenziert zwischen verschiedenen Typen des Wissens (implizit, kodifiziert, theoretisch), zeigt, wie unterschiedlich die Berufsausbildung in einzelnen Ländern organisiert ist, und unterstreicht, dass es nicht „one best practice" gibt, sondern es auf die Möglichkeit der Transformation, des erleichterten Übergangs von einem Wissenstyp zu anderen ankommt. So gesehen, gibt er der deutschen Wissensgesellschaft, die mehr als andere auf der „Kontinuität zwischen berufspraktischer und akademischer Bildung" beruhe, relativ gute Noten. Sie sorge für inkrementelle Innovationen in großer Breite, allerdings weniger für spektakuläre Basisinnovationen. Statt durch

EU-gesteuerte Vereinheitlichung des Bildungswesens alles über einen Leisten zu schlagen, gehe es darum, durch „institutionelle Bastelei" Schwächen zu reduzieren und Stärken auszubauen. Nicht mangelnde Innovationskraft, sondern überregulierte Arbeits- und Dienstleistungsmärkte seien das deutsche Problem, das dem gegenwärtigen „brain drain" qualifizierter Personen ins Ausland zugrunde liege.

*Ariane Berthoin Antal, Meinolf Dierkes* und *Maria Oppen* befassen sich mit der gegenwärtig viel diskutierten und in vielen Ländern aktiv geförderten Praxis von Wirtschaftsunternehmen, zivilgesellschaftliche Aufgaben wahrzunehmen und insbesondere „auf freiwilliger Basis soziale Belange und Umweltbelange in ihre Unternehmenstätigkeit und in die Wechselbeziehungen mit den Stakeholdern zu integrieren" (Kommission der Europäischen Gemeinschaften, zit. nach Berthoin Antal et al., S. 271). Man spricht von „Corporate Social Responsibility" (CSR). Die Autoren finden, dass deutsche Unternehmen auf diesem Gebiet nachhinken. Sie diskutieren vier unterschiedliche Strategien zur Stärkung von CSR (zivilgesellschaftlicher Druck, marktliche Nachfrage durch Konsumenten und Investoren, staatliche Autorität und Selbstregulierung der Wirtschaft). Sie plädieren für die flexible Verknüpfung dieser Strategien und für zielgerichtete Experimente, mit dem Ziel des gegenseitigen Lernens und einer neuen Balance zwischen wirtschaftlichen, sozialen und ökologischen Erfordernissen – dies in deutlicher Absetzung von der marktradikalen Sicht, gemäß der die einzige Verantwortung von Unternehmen darin besteht, Gewinn zu machen, und Unternehmer kein Recht haben, den Shareholdern Ressourcen vorzuenthalten. Die Wirkungen der gewünschten Experimente lassen sich dennoch nicht im Detail voraussagen. „Sie sind abhängig von dem koordinierten Dialog zwischen den Akteuren, die mit unterschiedlichen (Macht-)Ressourcen ausgestattet sind, den hier zustande gekommenen Entscheidungen sowie von den Schlüssen und Korrekturen, die diese Akteure aus ihren Lernprozessen ableiten." (S. 288)

Die Gläser halb voll oder halb leer, aber mit Anstrengungen weiterzufüllen: Das ist der Tenor der folgenden Beiträge, die sich mit Familie, Geschlechterverhältnissen, Zivilgesellschaft und damit verknüpften Themen beschäftigen, jedoch mit unterschiedlichen Akzenten. Mit willkommener Schärfe arbeiten *Sibylle Hardmeier* und *Angelika von Wahl* heraus, wie schwierig es in Deutschland ist, Familie und Beruf zu vereinbaren, vor allem (aber nicht nur) für Frauen. Sie argumentieren auf der Grundlage international vergleichender Evidenz, dass in Deutschland die Kinderrate *und* die Beteiligung der Frauen am Erwerbsleben vergleichsweise niedrig sind und dass die weitere Zunahme der Erwerbsarbeit von Frauen und die Hoffnung auf wieder ansteigende Geburtenzahlen einander nicht widersprechen, im Gegenteil. Die These „Mehr Karriere = weniger Kinder" sei falsch, unter erreichbaren Bedingungen gelte vielmehr: „Mehr Karriere = mehr Kinder". Sie plädieren für die Unterstützung von Doppelverdienerehen aus bevölkerungspolitischen wie aus gleichstellungspolitischen Gründen. Damit – und mit der Forderung, dass Infrastruktur für Kinderbetreuung in Ergänzung zur Familienerziehung hohe Priorität haben müsse – drücken sie einen in der einschlägigen Forschung mittlerweile breit etablierten Konsens aus. Die Autorinnen untersuchen die Zweckmäßigkeit unterschiedlicher Instrumente der deutschen Familienpolitik und gelangen zu einer abgewogenen Beurteilung der bisherigen Politik der Großen Koalition.

Dieses Urteil wird von *Chiara Saraceno* in ihrem Beitrag über Familie und Generationenbeziehungen in Europa geteilt. Auch sie zeigt, dass gerade in Deutschland überkommene Formen der Familienförderungspolitik und herkömmlich geprägte Mentalitäten immer häufiger in Konflikt mit neuen, sich verbreitenden flexibleren biografischen Mustern stehen, für deren Unterstützung sie ebenso plädiert wie für eine lebenslaufbezogene Familienpolitik, die in alternden Bevölkerungen mit ihrem wachsenden Bedarf an Pflegeleistungen entscheidend werde. Die Autorin räumt mit gängigen Vorurteilen auf: Ein starker Sozialstaat untergräbt nicht notwendig die Generationensolidarität; die Familie befindet sich nicht in einer Erosionskrise; das demografische Altern schafft nicht nur neue Probleme, sondern auch neue Chancen, etwa für zeitlich gestreckte, intensive intergenerationelle Beziehungen gegenseitiger Bindung, Unterstützung und Solidarität, wohingegen die Ergebnisse empirischer Forschung bisher nicht darauf hinweisen, dass sich ein Kampf der Generationen entwickeln wird. Trotzdem mahnt sie, die Familie als Ort und Mittel der intergenerationellen Betreuung, Vorsorge und Pflege nicht zu überfordern. Wichtig sei vielmehr auch die Förderung von nicht verwandtschaftlich gebundenen, informellen Netzwerken quasi familialer Art, also von zivilgesellschaftlichen Lösungen.

*Eckhard Priller* beginnt nicht mit einem Problem, sondern mit einer Erfolgsgeschichte, mit dem Aufschwung der Zivilgesellschaft in den letzten Jahrzehnten. Das freiwillige Engagement für soziale und kulturelle Zwecke, in Nachbarschaftsinitiativen, in Bildungseinrichtungen und Kirchen, im Sport und in der Politik, für Naturschutz und Menschenrechte hat schrittweise zugenommen. Die Zahl der Stiftungen wächst, die Spendenbereitschaft ist hoch. Wer gut gestellt, gebildet, erwerbstätig und mittleren Alters ist, nimmt an solchen Aktivitäten eher teil als die Armen, wenig Gebildeten, Arbeitslosen oder Alten, wenngleich die Zivilgesellschaft die jungen Alten verstärkt rekrutieren könnte und sollte. Aber Priller warnt davor, von diesem Raum des aktiven Engagements, der gesellschaftlichen Solidarität und der Dynamik zwischen Markt, Staat und Familie allzu viel zu erwarten. Er konzentriert seine Darstellung überdies auf hoch institutionalisierte Formen der Zivilgesellschaft, auf Vereine, Stiftungen und Verbände. Ihnen bescheinigt er – für Deutschland – eine spezifische Schwäche: nämlich ihre oftmals gegebene finanzielle Abhängigkeit vom Staat, besonders im sozialen Bereich. Die Gefahr einer verstaatlichten Zivilgesellschaft in Deutschland ist aber nach Ansicht des Autors auch nicht durch eine verstärkte Marktorientierung und Ökonomisierung zu verhindern. Stattdessen bedarf es Rahmenbedingungen, die die Eigenständigkeit der Zivilgesellschaft stärken und ihren Status auf gleicher Augenhöhe mit Staat und Markt gewährleisten können.

Auch der Beitrag von *Hedwig Rudolph* und *Christopher Bahn* hat zum Problem der Zivilgesellschaft Bezug. Denn er behandelt die Selbstverwaltung auf städtischer Ebene in ihrem wachsenden Spannungsverhältnis mit überörtlichen, der Tendenz nach globalen Einzelhandelsketten. Die Stadt als Ort und die Selbstverwaltung als eine Form von Zivilgesellschaft sind in der Auseinandersetzung mit internationalen Kapitalinteressen unterlegen und stehen in der Gefahr, durch letztere instrumentalisiert zu werden, mit ungünstiger Wirkung für die städtische Kultur und insgesamt die Lebensbedingungen in den Städten: Die Kräfte des überlokalen Marktes bedrohen die Kohärenz der Zivilgesellschaft in ihrer stadtgemeindlich-selbstverwalteten Form. Die Autoren schlagen finanzpolitische und administrative Ansätze des Gegensteuerns vor.

Eine gemischte Bilanz präsentiert *Karen Schönwälder* mit Blick auf Erfolge und Misserfolge deutscher Integrationspolitik gegenüber Zuwanderern. Manches sei in Deutschland besser gelungen als in Frankreich, den Niederlanden oder USA. Die rechtliche Gleichstellung habe Fortschritte gemacht, auch die ausgeprägte ökonomische und soziale Diskrepanz zwischen Zuwanderern und Alteingesessenen habe langfristig abgenommen. Sozialstaatliche und zivilgesellschaftliche Integrationsleistungen wirkten dabei zusammen. Andererseits verlangsame sich der Trend zur Verringerung der Diskrepanzen in den Lebenschancen von Zuwanderern und Alteingesessenen, der „Aufholprozess der zweiten Generation" sei ins Stocken geraten, die Problemkonstellation habe sich mit dem lahmenden Wirtschaftswachstum der letzten Jahre verfestigt. Dass unverhältnismäßig viele Jugendliche mit Migrationshintergrund ohne Berufsbildungsabschluss dastehen (41 Prozent der 25- bis 35-Jährigen im Unterschied zu 15 Prozent bei den Jugendlichen ohne Migrationshintergrund), ist bekannt. Meinungsumfragen zeigen, dass die Angst vor „Überfremdung" in der deutschen Bevölkerung zugenommen hat. Immer häufiger werde die volle Gleichberechtigung für Zuwanderer den Abbau von Privilegien der Alteingesessenen bedeuten, so z.B. beim Zugang zum öffentlichen Dienst oder überhaupt zu höheren Positionen. Die Situation ist durchwachsen, die Zukunft recht offen, die Politik besitzt Gestaltungsspielraum. Was auf diesem Gebiet geschieht, wird über die Zukunftsfähigkeit der demografisch alternden, bald auch schrumpfenden deutschen Gesellschaft erheblich mitentscheiden.

## 4.

Nachhaltigkeitspolitik bezieht sich auf sehr viel mehr als auf Umweltpolitik, wenn diese auch durch die jüngste Welle medial verstärkter Besorgnis über die gefährlichen Folgen des anthropogenen Klimawandels einen neuen Anstoß erhalten mag (Stern 2006). Mit dem Stichwort „Nachhaltigkeit" wird mittlerweile die Aufmerksamkeit auf das langfristige, von Generation zu Generation weiterzureichende gesellschaftliche Erbe gelenkt, auf zu vererbende Guthaben und Lasten, auf Zukunft und Zukunftsfähigkeit im Allgemeinen. *Volker Hauff*, der langjährige Vorsitzende des Rats für Nachhaltige Entwicklung und des Vereins der Freunde und Förderer des WZB, bescheinigt Deutschland, dass es sich in puncto Nachhaltigkeit international sehen lassen könne (S. 395).

Zusammengenommen zeichnen die Beiträge zu diesem Band ein gemischtes, durchwachsenes Bild von der Zukunftsfähigkeit Deutschlands. Der internationale Vergleich, den die Autoren ausführlich nutzen, erweist immer wieder, dass die Bundesrepublik auf vielen Gebieten derzeit nicht mehr als Mittelmaß bietet. Insbesondere hinter den skandinavischen Ländern hängt Deutschland regelmäßig zurück, in vielen Hinsichten zudem hinter den Niederlanden, der Schweiz, Österreich, Großbritannien und den nordamerikanischen Staaten. Dieses Urteil ergibt sich mit großer Sicherheit, wenn man über das relativ rasch wechselnde Auf und Ab der wirtschaftlichen Konjunkturen hinausblickt, die die veröffentlichte Meinung häufig beeinflussen.

Das auffälligste Ergebnis der versammelten Aufsätze ist, in der Zusammenschau, eine merkwürdige Diskrepanz: Während das politische System als nicht sehr leistungsstark, blockiert und wenig zukunftsfähig in dunklen Farben beurteilt wird, mischen sich bei der Einschätzung der sozialökonomischen Entwicklung, der Folgen des demografischen Wandels, des Familiensystems und vor allem der zivilgesellschaftlichen Dynamik Schatten und Licht. Unter dem Strich ist festzuhalten: Man wird die Zukunftsfähigkeit Deutschlands nicht gegen oder ohne die Politik sichern können, durch sie aber auch nicht. Die zukunftsträchtigen Kräfte und Perspektiven finden sich im Bereich von Wirtschaft und Gesellschaft. Am meisten Mut macht der Ausbau der Zivilgesellschaft, des bürgerschaftlichen Engagements (Gosewinkel et al. 2004). Von der Politik ist nicht so sehr Planung und Gestaltung, als vielmehr Ermöglichung, Unterstützung und Gewährleistung zu erhoffen. Aber selbst dafür bedarf es kräftiger Reformen des politischen Systems. Der deutsche Föderalismus erscheint durchweg viel stärker als Bürde denn als Chance, auch nach seiner halbherzigen Reform im Jahr 2006.

Wollte man den Befund grundsätzlich einordnen, müsste man historisch argumentieren. Das politische System der Bundesrepublik (Schmidt 2007) ist – besonders nach den politischen Katastrophen 1933-1945 – ungewöhnlich verschachtelt und verflochten, vor Machtmissbrauch geschützt und für Machtkonzentration nicht geschaffen. In Zeiten, die rasche Anpassungsleistungen an schnell sich wandelnde Verhältnisse verlangen, wird dies zum Nachteil. Die Strukturprinzipien des deutschen Sozialstaats wurzeln in einer anderen, weit zurückliegenden Zeit. Unter den heutigen Bedingungen – langfristig abgeschwächtes Wachstum, veränderter Stellenwert der Arbeit, radikal gewandelte demografische Situation und verschärfte globale Konkurrenz – erweist sich teilweise als Last, was jahrzehntelang vor allem ein Vorteil gewesen ist; die entstandene Schieflage zugunsten der Konsumtion in der Gegenwart und auf Kosten der Investition in die Zukunft ist im internationalen Vergleich unbestreitbar. Die Wiedervereinigung hat die Probleme verschärft. Die Art ihrer Finanzierung belastete die Sozialkassen zusätzlich. Die Wiedervereinigung hat die Energien der Politik aufgesogen und von der Reform des Sozialstaats abgelenkt, für zehn verlorene Jahre. Die Wiedervereinigung war ein freiheits- und nationalpolitischer Glücksfall, doch der fordert jetzt seinen sozialökonomischen Preis. Auch in der Geschichte gibt es nichts umsonst (Ritter 2006).

Allerdings besteht auch kein Grund zur Resignation. Der vorliegende Band empfiehlt eine Vielzahl von Schritten, die die Zukunftschancen des Landes zu verbessern geeignet sind. Dabei geht es den Autorinnen und Autoren um eine balancierte Verknüpfung wirtschaftlicher, gesellschaftlicher und staatlicher Handlungslogiken. Die Rolle individueller Verantwortung wird nicht verneint. Der Geist der Texte ist, aufs Ganze gesehen, von „neoliberalem" Marktradikalismus gleich weit entfernt wie von sozialstaatlicher Orthodoxie.

Kein Autor fordert Brüche oder paradigmatische Wenden, keiner hält sie für möglich. Was dieses System – jedenfalls solange keine Katastrophe eintritt – erlaubt, sind sehr kleine Schritte und sehr langsame Veränderungen. Solche Schritte und Veränderungen sind auf dem Weg. Nachdem die sehr schüchternen Reformversuche der 1990er Jahre beim Start der rot-grünen Regierung storniert und rückgängig gemacht wurden, hat die zweite Regierung Schröder-Fischer 2002/2003 begonnen, die bis dahin dominante Verdrängung der ungelösten Probleme zu korrigieren. Neben Ansätzen zur Sozialstaats- und Arbeitsmarktreform gelang erstmals wieder die Aufstockung der Ausgaben für Forschung und Entwicklung: eine zukunftsorientierte Trendwende, wenn auch längst nicht genug. Die Große Koalition setzt diese Politik in wichtigen Punkten fort, nicht ohne Erfolg. Sie ist meines Erachtens besser als ihr Ruf. Sie fördert Hochschulen und Spitzentechnologie. Sie hat den Beitrag zur Arbeitslosenversicherung gesenkt und hält den Rentenbeitragssatz einigermaßen stabil. Sie erhöht voraussichtlich das formelle Renteneintrittsalter schrittweise. Sie bewegt sich auf die Konsolidierung der überschuldeten Haushalte zu. Sie betreibt eine fortschrittliche Familienförderungspolitik mit bevölkerungspolitischen und gleichstellungspolitischen Erträgen, wobei noch offen ist, wie weit sie im Einzelnen, beispielsweise mit dem Ausbau der öffentlichen Kinderbetreuung und der Ganztagsschulen, kommen wird. Sie fördert die Zivilgesellschaft. Sie hat anerkannt, dass Deutschland ein Einwanderungsland ist und setzt in der Integrationspolitik neue Akzente.

Sicherlich, das bleibt weit hinter den Erwartungen zurück, die zu Beginn der Großen Koalition bestanden und immer zu hoch waren. Vieles bleibt liegen, wird ausgespart oder in Kompromissen verwässert. Was geschieht, bleibt meist hinter dem zurück, was zukunftspolitisch dringlich wäre. Erforderlich wären verstärkte Anstrengungen zur Koordination, Erarbeitung und Durchsetzung von Prioritäten, die produktivere Lösungen ermöglichen. Erforderlich wäre eine entschiedenere Verschiebung der Prioritäten von der Gegenwart in die Zukunft, vom Konsumieren zum Investieren, und zwar nicht nur im engen ökonomischen Sinn. Mehr Zukunftsorientierung wird generell benötigt. Erst ein Stück Verzicht auf Bedürfnisbefriedigung in der

Gegenwart wird zusätzliche Chancen für das Gelingen der Zukunft eröffnen. Die institutionellen Bedingungen für eine solche Adjustierung müssten verbessert werden. Für die mentale Bereitschaft zum Umsteuern bleibt zu werben. Zukunftsgerichtetes Handeln im gewünschten Sinn wird überdies durch die gegebene, sehr ungleiche Verteilung der Chancen und Kosten in der Gegenwart behindert. Ein Mehr an sozialer Gerechtigkeit in der Gegenwart kann insofern auch zur Stärkung der Zukunftsfähigkeit beitragen. Viel bleibt zu tun.

Aber eine Politik der sehr kleinen Schritte und sehr langsamen Veränderungen ist möglich. Auch verhindert das politische System der Bundesrepublik trotz seiner bedrückenden Regelungsdichte und entmutigenden Schwerbeweglichkeit glücklicherweise nicht zur Gänze, dass sich Familien und zivilgesellschaftliche Initiativen, Unternehmen und Tarifpartner, Individuen und Gruppen, Akteure in Zivilgesellschaft, Wissenschaft, Kultur und Ökonomie selbsttätig und in unzähligen kleinen Schritten an die sich ändernden Herausforderungen anpassen und die Verhältnisse gestalten. Man denke beispielsweise an die vielfältige Ausdifferenzierung der Lohn- und Arbeitsbedingungen durch lokale Bündnisse für Arbeit zwischen Arbeitnehmern und Arbeitgebern *trotz* der uniformierend wirkenden Flächentarifverträge; oder an die tatsächliche, von Land zu Land unterschiedliche Umstrukturierung unseres Schulsystems durch die faktische Erosion der Hauptschule, *unter der Oberfläche* des so starr wirkenden dreigliedrigen deutschen Systems, das sich dadurch ändert. Der Aufstieg der Zeitarbeitsfirmen ist ein weiteres Beispiel für den produktiven Umgang, in diesem Fall: der Unternehmenswirtschaft, mit institutionalisierter Überregulierung, in diesem Fall: des Arbeitsmarktes. Die institutionellen Verfestigungen verhindern also nicht, dass sich die Gesellschaft bewegt. Diese tut es, oft in überraschender Weise und ohne viel Zukunftsplanung.

Sehr viel mehr, so steht zu erwarten, gibt das institutionell zu innerer Blockierung neigende, mit vielen Vetospielern ausgestattete und von verbreiteten veränderungsskeptischen Stimmungen abgestützte System nicht wirklich her, jedenfalls solange sich die Probleme nicht vehement zur Krise verdichten und als solche erfahren werden. Kleine Schritte und langsame Veränderungen sind jedoch auch für die Zukunft zu erwarten. Wird das ausreichen? Mit Prognosen halten sich die Autoren des Bandes zurück. Ein verhalten skeptischer Grundton überwiegt, jedoch keine Resignation. Katastrophale Einbrüche und eklatantes Scheitern werden ebenso wenig vorhergesagt wie dramatische Fortschritte und sichere Zukunft. Vielmehr werden Handlungsspielräume gesehen, die genutzt oder verfehlt werden können. Die Zukunft muss erst noch erarbeitet werden. Aussichtslos ist das nicht.

„Reformen finden (zunächst) in den Köpfen statt", schreibt Schuppert (S. 93). In die Köpfe, auf die Zukunftsvorstellungen und -planungen, auf die Erwartungen und Ängste der Menschen, auf die Mentalitäten und in den großen, gewichtigen Bereich der Kultur blicken die Autoren jedoch kaum: zweifellos eine Grenze der Analysen dieses Bandes wie derzeit auch noch der Forschungen im WZB. Gerade in diesen Bereichen könnte die Hypothek erkennbar werden, an der die Deutschen aufgrund ihrer jüngeren Geschichte tragen. Die Last der beiden deutschen Diktaturen und das Erbe von Hybris und Verletzung wirken nach. Sie dürften manche mentale Besonderheit von heute miterklären, und das gilt nicht zuletzt für die hierzulande stark verbreitete Angst und Risikoscheu, die mutigen Reformschritten schwer überwindbare Hindernisse in den Weg stellen (Kocka 2006).

Der Reformbedarf im System ist hoch. Seine Erfüllung stößt sich an überlieferten Gewohnheiten und Strukturen, an der Vielzahl einflussreicher Interessen und wohl auch an der Legitimität des Status quo, die dieser durch eine jahrzehntelange Erfolgsgeschichte erworben hat. So sehr die Autoren dieses Bandes, aus unterschiedlichen Perspektiven, diesem Befund zustimmen dürften, so wenig veranlasst sie der internationale Vergleich zu der Empfehlung, die Lösungen, die in anderen Ländern gefunden wurden, einfach zu übernehmen. Sie scheinen vielmehr darin einig zu sein, dass es die eine, universell anwendbare „best practice" nicht gibt, sondern dass je nach Konstellation unterschiedliche Lösungen gesucht werden müssen. Das schließt nicht aus sondern ein, von anderen durch Vergleiche zu lernen, zumal deutlich ist und in einigen Beiträgen scharf herausgearbeitet wird, wie dicht die verschiedenen nationalen Systeme mittlerweile grenzüberschreitend verflochten sind.

Nachhaltigkeit zu sichern, sei – so Volker Hauff (S. 395) – eine Lebensbereiche übergreifende Querschnittsaufgabe, die – davon ist nicht nur er überzeugt – vom Markt allein nicht bewältigt werden kann. Dafür brauche es auch das „Management der öffentlichen Dinge" (S. 396) und – die Wissenschaft. Diese sei anders als in den 1970er Jahren bedauerlicherweise nicht mehr die Antriebskraft auf diesem Gebiet. Hauff schließt das Plädoyer für eine neue strategische Allianz zwischen Nachhaltigkeitsbewegung und Wissenschaft an. Mit der Frage nach der Zukunftsfähigkeit, so lässt sich dies paraphrasieren, könnten die Sozialwissenschaften eine leitende Grundfragestellung gewinnen, die ihre Spezialisierungen verknüpft, ihre Fragmentierung überwindet und ihnen neue gesellschaftliche Bedeutung verleiht. Für eine Institution wie das WZB, die problemorientierte Grundlagenforschung in multidisziplinär zusammengesetzten Forschungseinheiten und in dezentralisierter Form betreibt, könnte dies von besonderem Interesse sein.

Literatur

Berghahn, Volker R./Vitols, Sigurt (Hg.) (2006): *Gibt es einen deutschen Kapitalismus?* Frankfurt a.M./New York: Campus.
Gosewinkel, Dieter/Rucht, Dieter/van den Daele, Wolfgang/Kocka, Jürgen (Hg.) (2004): *Zivilgesellschaft – national und transnational.* WZB-Jahrbuch 2003. Berlin: edition sigma.
Habermas, Jürgen (1985): *Die neue Unübersichtlichkeit.* Frankfurt a.M: Suhrkamp.
Kaufmann, Franz-Xaver (2005): *Schrumpfende Gesellschaft. Vom Bevölkerungsrückgang und seinen Folgen.* Frankfurt a.M.: Suhrkamp.

Kocka, Jürgen (2006): „Bürgerschaft macht Mut. Deutschland 2006 – ein Land zwischen Lust und Frust, das sich seine Zukunftsfähigkeit durch Umbau nicht durch Abbau erarbeiten muss". In: *Handelsblatt* vom 22.12.2006, Nr. 248, S. 16.
Metz, Johann Baptist/Kaufmann, Franz-Xaver (1987): *Zukunftsfähigkeit. Suchbewegungen im Christentum*. Freiburg: Herder.
Miegel, Meinhard (2005): *Epochenwende. Gewinnt der Westen die Zukunft?* Berlin: List.
Ritter, Gerhard A. (2006): *Der Preis der Einheit. Die deutsche Wiedervereinigung und die Krise des Sozialstaats*. München: C.H. Beck.
Schmidt, Manfred G. (2007): *Das politische System Deutschlands. Institutionen, Willensbildung und Politikfelder*. München: C.H. Beck.
Spode, Hasso (2006): *Die Zukunftsfähigkeit Deutschlands. Versuch einer Synthese: politisch – historisch – philosophisch*. WZB-Discussion paper P 2006-002. Berlin: Wissenschaftszentrum Berlin für Sozialforschung.
Stern, Nicholas (2006): *The Economics of Climate Change. The Stern Review*. Cambridge: Cambridge University Press.

# Blockaden und dringender Reformbedarf:
# Politik

# Durchregieren?

## Reformblockaden und Reformchancen in Deutschland

Wolfgang Merkel

## 1. Einleitung

Deutschlands Wirtschafts-, Sozial- und Bildungspolitik erhält schlechte Zensuren. Das ist seit mindestens zehn Jahren ein sicher voraussagbares Urteil internationaler Wirtschaftsorganisationen. Gleichgültig ob es sich um die Evaluationen, Diagnosen oder Prognosen der G8, der Organisation für wirtschaftliche Zusammenarbeit und Entwicklung (OECD), der Europäischen Union oder des Weltwirtschaftsforums von Davos handelt, Deutschland wird eine schlechte Leistungsbilanz attestiert: das Wachstum zu gering, die Verschuldung zu hoch, die Bildung im Hintertreffen, das teure Gesundheitssystem leistungsschwach, der Sozialversicherungsmodus anachronistisch und die hohe Arbeitslosigkeit unverändert.[1] Unter allen OECD-Staaten habe sich Deutschland in den vergangenen zwei Jahrzehnten als besonders reformresistent erwiesen. Das Land des Wirtschaftswunders wurde zum „sick man of Europe". Die Zukunftsfähigkeit Deutschlands steht auf dem Spiel.

Bei dieser Bilanz kann es nicht verwundern, dass Angela Merkel als Führerin der Opposition 2005 im Bundestag versprach, die Reformblockaden aufzubrechen und endlich wieder „durchzuregieren". Dezisionismus als Lösung. Ein Hauch von Carl Schmitt lag über den Worten der späteren Bundeskanzlerin (Schmitt 1996). Die Idee, mit einer entscheidungsfreudigen Exekutive die Reformblockaden in Deutschland aufzulösen, ist populär. Auch Merkels Vorgänger Gerhard Schröder versuchte dies mit seinem demonstrativ parteifernen Regierungsstil den Medien und der Wählerschaft zu suggerieren (Meng 2002; Hasel/Hönigsberger 2005). Die Reformbilanz der von ihm geführten rot-grünen Koalition war dennoch bescheiden. Keines der wichtigen Probleme des Arbeitsmarkts, des Sozialstaats oder des Staatshaushalts wurde gelöst (Zohlnhöfer 2004; Merkel et al. 2006). Wie lässt sich dies sowie die seit 25 Jahren anhaltende Reformschwäche Deutschlands erklären?

---
1 Daran ändert auch die ausgezeichnete Exportbilanz nichts. Ganz offensichtlich hilft die Exportstärke Deutschland nicht, seine zentralen beschäftigungspolitischen und sozialen Probleme zu lösen. Der Verweis auf den Exportweltmeister ist zwar empirisch richtig, verdunkelt aber insbesondere in seinem apologetischen Duktus den Blick auf gravierende wirtschaftliche und soziale Probleme des Landes.

Theorieangebote, die generell eine Steuerungsunfähigkeit der Politik gegenüber den komplexen und eigensinnigen Teilsystemen der Gesellschaft nahe legen, erscheinen allenfalls *prima facie* erklärungsstark. Das trifft auf Niklas Luhmanns (2000) autopoietische Systemtheorie ebenso zu wie auf Friedrich August von Hayeks (1971) Evolutionsglauben an den Markt oder die vulgär-marxistische Globalisierungsphobie vor den „alles dominierenden Märkten". Die ökonomistisch verkürzten Deutungsmuster der Postmarxisten verkennen, dass auf wesentlichen Politikfeldern nach wie vor erhebliche nationalstaatliche Gestaltungsspielräume existieren (Hall/Soskice 2001). Luhmann seinerseits vermochte nicht zu sehen, dass intelligente Steuerungspolitiken sich an den Code der Teilsysteme andocken und staatliche Interventionen in die teilsystemischen Kommunikationscodes übersetzen können. Keineswegs müssen die politisch eingesetzten Steuerungsmedien Recht, Geld und Konsens primär nicht intendierte Konsequenzen hervorrufen. Dies gilt für die Makroökonomie ebenso wie für mikroökonomische Anreize in der Sozialpolitik. Zwar ist von Hayek Recht zu geben, dass der „Markt" ein besonders effizientes Produktions- und Allokationssystem darstellt, in dem die freiwillige und rechtlich eingehegte Kooperation von Individuen zu einer „spontanen Ordnung in der Gesellschaft" führt. Dass deren „evolutionäre Moral" die Fähigkeiten der menschlichen Vernunft (von Hayek 1980/1981) übersteige und deshalb weder durch politische Mehrheiten noch nach deduzierten Vernunftprinzipien korrigiert werden solle, erscheint ideologisch und ist weder empirisch noch normativ haltbar. Würde von Hayeks Postulat zutreffen, wären zum einen demokratisch ermittelte Präferenzen der Bürger für bestimmte wirtschaftspolitische Interventionen einer „höheren evolutionären Moral" unterzuordnen. Das ist mit grundlegenden Prinzipien der Demokratie unvereinbar. Zum anderen müssten gerade jene Nationalökonomien besonders schlecht abschneiden, in denen der Staatsanteil hoch ist und die Staatsaufgaben in Wirtschaft, Forschung, Bildung und Sozialpolitik umfangreich sind. Dies ist jedoch nicht der Fall, wie in Abschnitt 2 gezeigt wird.

Um die erheblichen Unterschiede in der wirtschafts- und sozialpolitischen Bilanz von (hochentwickelten) Staaten erklären zu können, wird man die empiriefernen Vogelperspektiven holistischer Theorien verlassen und sich in die Niederungen sozial- wie politikwissenschaftlicher Ansätze mittlerer Reichweite begeben müssen. Dafür bieten sich insbesondere institutionentheoretische Ansätze (vgl. vor allem Scharpf 2000; Pierson 2000; Tsebelis 2002) an, die die Handlungsmöglichkeiten wirtschaftlicher, sozialer und politischer Akteure nicht nur anerkennen, sondern sie in ihrer Wechselwirkung mit den institutionellen Opportunitätsstrukturen in ihre Erklärungsansätze integrieren. Der Sinkflug aus den luftigen Theoriehöhen soll mich in der weiteren Analyse über folgende Etappen führen: Zunächst sollen eine Problembilanz deutscher Politik im internationalen Vergleich vorgelegt und die wichtigsten Problembereiche ermittelt werden. Die anschließende Problemanalyse wird wesentliche politisch-institutionelle Ursachen der deutschen Reformschwäche aufdecken. Danach werden die Potenziale einer

Großen Koalition zur Lösung der Reformblockaden diskutiert. Ein Ausblick auf die Reformchancen der Zukunft soll meine Analysen und Überlegungen abschließen.

## 2. Die Problembilanz

Die Performanz von Regierungen lässt sich an unterschiedlichen Standards messen. Es gibt ideale Ziele, die in wirtschaftspolitischen Lehrbüchern meist als stabile ökonomische Gleichgewichte, wie das magische Viereck, beschrieben werden. Ein anderer Bezugspunkt wären Gerechtigkeitstheorien, die mit ihren Prinzipien und Normen die Konturen einer gerechten Gesellschaft festlegen (vgl. Merkel 2001). Eine weitere Möglichkeit besteht im Abgleich der Regierungsbilanz mit programmatischen Zielen, wie sie in Partei-, Wahl- und Regierungsprogrammen festgelegt werden. Da Partei- und Wahlprogramme aber auch anderen Motiven und Funktionen verpflichtet sind als der Präskription zukünftiger *policies*, wären allenfalls Regierungsprogramme ein realistischer Maßstab.

Allerdings weisen theoretisch abgeleitete oder programmatisch postulierte Politikziele ein Handikap auf: Ihnen fehlt ein *tertium comparationis*. Dieses kann am besten durch internationale Vergleiche eingeholt werden. Für Deutschland bieten sich entweder die Staaten der EU oder jene der OECD-Welt an. Beide Gruppen umschließen Länder mit vergleichbarem Modernisierungsgrad, demokratischen Entscheidungspraktiken und verfügen über standardisierte statistische Daten. Das Sample der OECD-Länder hat den Vorteil, dass es auch Staaten jenseits der EU umfasst. Damit werden auch Länder in den Vergleich einbezogen, die auf die „Restriktion EU" keine Rücksicht nehmen müssen. Dies eröffnet die Möglichkeit, auch die Restriktionen oder Chancen einer supranationalen wie intergouvernementalen Politikbindung in ihren Auswirkungen auf die Performanz von Regierungspolitiken mit zu berücksichtigen. Deshalb sollen die OECD-Staaten als Vergleichsmaßstab für die deutsche Regierungsbilanz herangezogen werden.

Das Sample bilden also die OECD-Länder, der Untersuchungszeitraum erstreckt sich von 1995 bis 2005. Die Indikatoren des Leistungsvergleichs beziehen sich auf Veränderungsraten des Bruttoinlandsprodukts (BIP)/capita, des Wirtschaftswachstums, der Arbeitsmarktintegration, der Bildungsinvestitionen sowie der Ausgaben für Forschung und Entwicklung während der betrachteten Dekade. Die Indikatoren wurden zu einem Gesamtindex verrechnet (vgl. Tabelle 1 auf der nächsten Seite).

Der Vergleich fällt für Deutschland wenig schmeichelhaft aus. Im Gesamtindex der 30 OECD-Staaten liegt die Bundesrepublik an 19. Stelle. Noch kritischer wird die deutsche Position, wenn man berücksichtigt, welche Länder Deutschland hinter sich lassen konnte: Dies sind die vier postkommunistischen Staaten Polen, Tschechien, Slowakei, Ungarn; die südeuropäischen Nachzügler Spanien, Portugal und Griechenland; das sich erst in den 1980er

Tabelle 1: Performanz der OECD-Staaten, 1995 bis 2005

| Land | Gesamtindex | BIP/cap[a] | Wirtschafts-wachstum[b] | Arbeitsmarkt-integration[c] | Bildungs-investitionen[d] | Forschung und Entwicklung[e] |
|---|---|---|---|---|---|---|
| USA | 0,87 | 1,30 | 0,07 | 0,98 | 1,01 | 0,99 |
| Schweden | 0,82 | 0,35 | −0,24 | 0,38 | 1,33 | 2,29 |
| Island | 0,74 | 0,53 | 0,37 | 1,16 | 0,68 | 0,94 |
| Norwegen | 0,70 | 1,14 | −0,16 | 1,14 | 1,44 | −0,09 |
| Dänemark | 0,53 | 0,59 | −0,85 | 0,74 | 1,59 | 0,58 |
| Finnland | 0,52 | 0,25 | 0,30 | −0,31 | 0,72 | 1,64 |
| Schweiz | 0,44 | 0,86 | −1,38 | 0,85 | 1,03 | 0,87 |
| Irland | 0,43 | 0,51 | 3,57 | −0,67 | −0,56 | −0,69 |
| Kanada | 0,40 | 0,51 | 0,07 | 0,46 | 0,55 | |
| Luxemburg | 0,29 | 2,70 | 1,21 | −1,29 | −1,06 | −0,09 |
| Österreich | 0,27 | 0,58 | −0,77 | 0,44 | 0,92 | 0,20 |
| Australien | 0,26 | 0,38 | 0,45 | 0,17 | 0,06 | |
| Japan | 0,12 | 0,36 | −1,53 | 1,02 | −0,60 | 1,37 |
| Neuseeland | 0,12 | −0,31 | 0,07 | 0,58 | 0,15 | |
| Großbritannien | 0,05 | 0,31 | −0,24 | 0,29 | −0,18 | 0,06 |
| Niederlande | 0,02 | 0,47 | −0,54 | 0,22 | −0,17 | 0,13 |
| Frankreich | 0,00 | 0,30 | −0,69 | −0,63 | 0,61 | 0,43 |
| Belgien | −0,11 | 0,37 | −0,77 | −0,94 | 0,44 | 0,33 |
| *Deutschland* | *−0,18* | *0,29* | *−1,30* | *−0,47* | *−0,10* | *0,71* |
| Korea | −0,27 | −0,81 | 1,36 | −0,92 | −0,72 | |
| Polen | −0,45 | −1,57 | 0,91 | 0,18 | −0,46 | −1,28 |
| Portugal | −0,46 | −0,77 | −0,54 | −0,14 | 0,27 | −1,14 |
| Tschechien | −0,50 | −0,95 | −0,54 | 0,50 | −0,90 | −0,61 |
| Slowakei | −0,51 | −1,47 | 0,83 | 0,62 | −1,28 | −1,25 |
| Spanien | −0,55 | −0,26 | 0,30 | −1,42 | −0,45 | −0,91 |
| Italien | −0,62 | 0,18 | −1,23 | −1,34 | 0,05 | −0,77 |
| Ungarn | −0,65 | −1,31 | 0,37 | −0,46 | −0,74 | −1,09 |
| Türkei | −0,78 | −2,01 | 0,83 | 0,57 | −1,95 | −1,33 |
| Griechenland | −0,80 | −0,77 | 0,37 | −1,12 | −1,22 | −1,27 |
| Mexiko | −0,91 | −1,75 | −0,31 | −0,59 | −1,00 | |

Anmerkung: Bei den Zahlen handelt es sich nicht um absolute Werte. Diese wurden vielmehr einer so genannten Transformation unterzogen. z-Wert-Indizes stellen eine Möglichkeit der Standardisierung unterschiedlicher Basiswerte dar, um diese miteinander vergleichen zu können. Bei z-Wert-Indizes liegen 95 Prozent aller Werte zwischen 2,5 und −2,5 (Gauß'sche Normalverteilung). Zur Berechnung wird der Mittelwert von dem jeweiligen Länderwert abgezogen und das Ergebnis anschließend durch die Standardabweichung geteilt. Erst dadurch lassen sich Daten aus verschiedenen Dimensionen vergleichen und zu einem Gesamtindex zusammenfügen.
*(Fortsetzung auf der nächsten Seite)*

Jahren entwickelnde Südkorea; die Schwellenländer Türkei und Mexiko sowie Italien. Besonders schlecht schneidet Deutschland beim Wirtschaftswachstum (Rang 27) und der Arbeitsmarktintegration (Rang 22) ab. Allein bei Forschung und Entwicklung ist die Performanz überdurchschnittlich gut. In der Gesamtbilanz liegt Deutschland jedoch weit abgeschlagen hinter den USA (Rang 1) und allen nordeuropäischen Ländern (Ränge 2 bis 6). Auch von der mittleren, regional heterogenen Gruppe (z.B. Schweiz, Kanada, Australien, Österreich, Japan) trennt Deutschland ein sichtbarer Leistungsunterschied. Die von neoklassischen Ökonomen dämonisierte Staatsquote kann allerdings kaum die Ursache der Reformschwäche sein, da sich unter den sechs Bestplatzierten fünf Länder befinden, die die höchsten Staatsquoten in der OECD-Welt aufweisen.

Die exzellenten Ausfuhrquoten, die der Exportweltmeister Deutschland in dieser Dekade erneut erreicht hat, zeigen zwar die Leistungsfähigkeit insbesondere der verarbeitenden Industrie auf einem mittleren bis gehobenen Technologieniveau. Freilich hilft diese ausgezeichnete Bilanz weder die Wachstumsschwäche (Binnennachfrage) noch die gravierenden Arbeitsmarktprobleme zu lösen. Hohe Löhne und vor allem hohe Lohnnebenkosten, die in der exportorientierten Wirtschaft als Modernisierungspeitsche wirken, haben in den wenig produktiven Dienstleistungssektoren im unteren Qualifikationssegment eine hemmende Wirkung auf das Beschäftigungswachstum.

Die Hauptprobleme Deutschlands sind schnell ausgemacht: Wachstumsschwäche, hohe Arbeitslosigkeit, niedrige Beschäftigungsraten und mangelnde Investitionen in Bildung und Humankapital. Ursache dafür ist u.a. ein anachronistisch gewordener Sozialversicherungsstaat, der die soziale Sicherung (Alter, Pflege, Gesundheit, Arbeitslosigkeit) in hohem Maße über Lohnnebenkosten an den Faktor Arbeit koppelt und damit Beschäftigung im unteren Dienstleistungssektor behindert sowie wirtschaftliches Wachstum hemmt. Der deutsche Sozialstaat unterscheidet sich von den angelsäch-

---

In den Gesamtindex gehen alle Indikatoren mit gleichem Gewicht ein. Damit kann der Gesamtindex die Rangfolge der Länder in ihrer wirtschaftlichen Performanz wiedergeben.

a: Daten bis 2004. – b: Daten bis 2004. – c: Der Indikator „Arbeitsmarktintegration" setzt sich aus den Indikatoren „Erwerbsquote" (bis 2003), „Arbeitslosenquote" (bis 2004) und „Langzeitarbeitslosenquote" (bis 2000) zusammen, die gleichgewichtig in den Indikator eingeflossen sind. – d: Der Indikator „Bildungsinvestitionen" setzt sich aus den Indikatoren „Bildungsausgaben als Anteil des BIP" (bis 2002) und „Bildungsausgaben pro Schüler" (1995 und 2000–2002) zusammen. Damit sollen die jeweiligen Insensitivitäten bezüglich der Demografie und der Währungskursentwicklung kompensiert werden. – e: Ausgaben für Forschung und Entwicklung (R&D). Bildungs- und Forschungsinvestitionen wurden in den Gesamtindex aufgenommen, um in der wirtschaftlichen Performanz explizite Zukunftsindikatoren zu berücksichtigen. Die Daten stammen von Eurostat (Eurostat-Pressemitteilung 26/2005, 24.2.2005), Jahre: 1998, 2000.

Weitere Quellen: OECD (1995-2005, 2004).

sischen und skandinavischen Welten des Wohlfahrtskapitalismus zudem durch eine besondere Dominanz der sozialkonsumptiven gegenüber den sozialinvestiven Ausgaben. Obwohl diese Zusammenhänge kaum mehr bestritten werden und die demografische Herausforderung einer alternden Gesellschaft an die Sozialversicherungssysteme seit geraumer Zeit erkannt ist, sind in Deutschland – anders als in den meisten OECD-Staaten – nur wenige zukunftsichernde Reformen zu konstatieren. Woran liegt diese Reformschwäche?

## 3. Problemanalyse: Institutionen und Vetospieler

Die Probleme sind komplexer, als Leistungsvergleiche anzeigen können. Die Politikverflechtungstheorie spricht von „verschachtelten Problemlagen" (Scharpf et al. 1976; Schmidt 2005), die über einzelne Politikfelder hinausgehen und besondere Interaktionsanforderungen an Reformen und Reformer stellen. Peter A. Hall (1993) hat hinsichtlich der Reichweite von Reformen zwischen Reformen ersten, zweiten und dritten Grades unterschieden. Reformen erster Ordnung betreffen die Feinjustierung gegebener Politikinstrumente bei unveränderten Zielen. Reformen zweiter Ordnung ergänzen oder ersetzen die vorhandenen Instrumente, revidieren aber nicht die Ziele. Mit Reformen dritten Grades verbinden sich grundsätzliche Weichenstellungen, bei denen sowohl Instrumente als auch Ziele und Paradigmen im Lichte der veränderten Handlungskontexte überprüft und geändert werden. Reformen ersten Grades reichen für die oben beschriebene Problemlage sicherlich nicht mehr aus. Ein Umbau des Sozialstaats vom Sozialversicherungsprinzip hin zur Steuerfinanzierung, von sozialem Konsum zu sozialer Investition, eine Abkehr vom Anspruchsdenken der Konsumenten zur fairen Eigenverantwortung überschreiten auch die Grenzen von Reformen zweiten Grades. Solche Reformen dritten Grades sind jedoch dringend geboten. Sind sie in Deutschland möglich? Warum blieben sie bisher aus?

Die politische Gestaltungs- und Reformfähigkeit eines Landes ist von mehreren Faktoren abhängig: Institutionen, die den Handlungskorridor definieren; dem Reformwillen der relevanten politischen Akteure; der Fähigkeit, Reformkoalitionen zu schmieden und dafür Wählermehrheiten zu gewinnen. In zahlreichen vergleichenden Analysen wurden dem politischen System der Bundesrepublik Deutschland besonders hohe institutionelle Hürden für Politikwechsel attestiert. Arend Lijphart (1999) zählt Deutschland zum Typ der Konsensdemokratien, Peter J. Katzenstein (1987) nennt Deutschland einen „semisouveränen" Staat, Fritz W. Scharpf betont die „Politikverflechtung" sowie ihre Fallen für innovative Politik (Scharpf et al. 1976), und Manfred G. Schmidt (2005) sieht die Politik in Deutschland schon lange von informellen, aber permanenten „Großen Koalitionen" geprägt. Für George Tsebelis (1995, S. 310) sind Deutschland, die Schweiz und die Vereinigten Staaten die einzigen Länder in der westlichen Welt, in denen die „obere Kammer" (Bundesrat) ein andauerndes Vetopotenzial hat.[2]

Für die Gestaltungsmöglichkeiten von Regierungen ist in den vergangenen Jahren der Vetospieler-Ansatz besonders prominent geworden (Tsebelis 1995, 2002). Vetospieler sind nach Tsebelis (1995, S. 302) individuelle oder kollektive Akteure, deren Zustimmung notwendig ist, um den Status quo in einem Politikfeld zu verändern. Vetospieler können sowohl Institutionen (*institutional veto players*) als auch Parteien (*partisan veto players*) sein. In parlamentarischen Regierungssystemen tritt das Parlament als institutioneller Vetospieler auf; in Zweikammersystemen sind dann beide Kammern als Vetospieler zu betrachten, wenn zur Verabschiedung eines Gesetzes die Zustimmung beider erforderlich ist. In einem streng konstitutionellen Sinn stellt die Einwilligung institutioneller Vetospieler die notwendige und hinreichende Bedingung für einen Politikwechsel dar.

*Partisan* Vetospieler sind alle Parteien, die der Regierungskoalition angehören. Zwar ist die Zustimmung der einzelnen Regierungsparteien weder notwendig noch hinreichend für einen Politikwechsel, jedoch müssen alle Regierungsvorschläge in jeder dieser Parteien von einer Mehrheit gebilligt werden. Dennoch können die institutionellen Vetospieler nicht ohne weiteres zu den *partisan veto players* hinzugezählt werden, um die tatsächliche Anzahl aller Vetospieler zu bestimmen. Wenn nämlich in beiden Kammern des Parlaments dieselben parteipolitischen Mehrheiten vorherrschen, müssen sie als ein einziger Spieler gezählt werden. Stimmen die Mehrheiten im Parlament mit den Koalitionsparteien der Regierung überein, dann werden sie absorbiert und nur die Anzahl der parteilichen Vetospieler ist von Bedeutung.

Für den Einfluss der Vetospieler auf die Beweglichkeit der Politik gegenüber dem Status quo ist nicht nur die Zahl der Vetospieler relevant, sondern auch ihre ideologische Distanz zueinander sowie ihre interne Kohäsion. Dies wird nicht selten von jenen Analysen verkannt, die schlicht die Anzahl der Vetospieler addieren und daraus die Stärke des jeweiligen Vetopotenzials innerhalb eines politischen Systems ableiten. Tsebelis' Überlegungen lassen sich in folgenden Hypothesen zusammenfassen:

— Je höher die Anzahl der Vetospieler, desto kleiner ist – ceteris paribus – das *winset*[3] für einen Politikwechsel und desto geringer ist die Wahrscheinlichkeit, dass sich der Status quo ändern wird.

---

2 Von 1949 bis 1998 waren in Deutschland 52,2 Prozent der Gesetze zustimmungspflichtig (Rudzio 2006). Bei den übrigen handelte es sich um Einspruchsgesetze, die vom Bundesrat abgelehnt werden können. Lehnt der Bundesrat mit einfacher Mehrheit ab, kann dies vom Bundestag mit einfacher Mehrheit überstimmt werden; erfolgt die Ablehnung durch den Bundesrat mit Zweidrittelmehrheit, bedarf es einer Zweidrittelmehrheit, mindestens jedoch der absoluten Mehrheit der Mitglieder des Bundestags, um den Einspruch zurückzuweisen.

3 Der Begriff winset kommt aus der rationalen Entscheidungstheorie (rational choice). In unserem Zusammenhang bezeichnet er die gemeinsame programmatische Schnittmenge in einem Politikfeld, die jenseits des Status quo liegt.

- Je größer die programmatische oder ideologische Distanz zwischen den Vetospielern, d.h. je geringer die Übereinstimmung ihrer Positionen zu den in Frage kommenden Themen (*policies, issues*), umso kleiner ist – ceteris paribus – das *winset* der Status-quo-Veränderer und die Wahrscheinlichkeit, dass grundlegende Reformen möglich sind.
- Je größer die interne Kohäsion der kollektiven Vetospieler, desto besser können sie ihr potenzielles Veto gegen die Veränderung des Status quo umsetzen und umso geringer ist – ceteris paribus – die Wahrscheinlichkeit, dass die Regierung als reformbereiter Agenda-Setter ihre Reformpläne durchsetzen kann.

## 4. Die Vetospieler im politischen System der Bundesrepublik Deutschland

Die Anzahl der tatsächlichen Vetospieler in der Bundesrepublik hängt davon ab, welche Parteien die Regierung bilden und welche Parteien die Mehrheiten im Bundestag einerseits und im Bundesrat andererseits stellen. Wenn eine Regierungskoalition mit ihrer Mehrheit sowohl den Bundestag als auch den Bundesrat kontrolliert, gibt es in der Regel zwei Vetospieler, nämlich die beiden Regierungsparteien. Hier greift die „Absorptionsregel", denn der potenzielle institutionelle Vetospieler „Bundesrat" wird von den beiden parteilichen Vetospielern der Regierungskoalition „absorbiert". Kontrollieren hingegen Oppositionsparteien den Bundesrat, dann gibt es drei Vetospieler: einen institutionellen und zwei parteiliche. Diese Darstellung nach Tsebelis ist jedoch für die Bundesrepublik Deutschland unzulässig vereinfachend, da die „Opposition" im Bundesrat sehr heterogen sein kann. Die dortigen Ländervertreter werden von Landesregierungen entsandt, die ihrerseits aus ganz unterschiedlichen Koalitionen bestehen können. Überdies stimmen die spezifischen Interessen der Länder oder die Karrierepläne ihrer Ministerpräsidenten oftmals nicht mit den bundespolitischen Interessen der parteipolitischen Mehrheit des Bundesrates überein. Die Ministerpräsidenten der Länder gehorchen keineswegs immer ihrer Parteiführung auf Bundesebene, gleichgültig ob die Bundespartei sich in der Regierung oder in der Opposition befindet.

Die Prozesse der Entscheidungsfindung sind in Deutschland komplizierter als im britischen Westminster-Modell, als in Einkammersystemen wie in Skandinavien oder in Ländern mit Einparteienregierungen wie häufig in Spanien oder Griechenland. In der Bundesrepublik wirken engere konstitutionelle Schranken, mehr institutionelle Vetopunkte und dichtere *checks and balances* als in den meisten anderen westeuropäischen Regierungssystemen. Hiesige Regierungen haben es zudem mit relativ kohäsiven *partisan veto players* zu tun, da die Fraktions- und Parteidisziplin in Deutschland höher ist als in der Mehrzahl der OECD-Staaten.

In der qualitativen Analyse des Vetopotenzials schreibt Tsebelis Deutschland den Höchstfaktor 3 zu, der innerhalb der OECD-Welt nur noch von sechs weiteren Ländern erreicht wird (Tsebelis 2002, Tabelle 7.3; http://www.polisci.ucla.edu/tsebelis/). Zählt man weitere Vetospieler (Immergut 1992) hinzu, wie etwa das kompetenzreiche Bundesverfassungsgericht, eigensinnige Bundesländer und mächtige Interessenverbände (Bundesvereinigung der Deutschen Arbeitgeberverbände, Bundesverband der Deutschen Industrie, Gewerkschaften, Verbände der Anbieter im Gesundheitssystem etc.), wird deutlich, dass Deutschland tatsächlich über eine tief gestaffelte Phalanx effektiver Vetospieler gegenüber der Regierungspolitik verfügt. Dazu kommt noch ein immer wichtiger werdender Faktor, den die oben beschriebenen Institutionen- und Akteurstheorien allenfalls implizit berücksichtigen: die Wählerschaft; genauer, eine Wählerschaft, die zunehmend älter wird. Für die Reformfähigkeit einer Regierung hat diese demografische Entwicklung auf mindestens zwei Politikfeldern besondere Bedeutung: der Gesundheitspolitik und der Alterssicherung. Da Reformen in beiden Bereichen wenigstens vorübergehend eine Verschlechterung des Status quo in der öffentlich garantierten Versorgung mit sich bringen, gibt es ein starkes rationales Motiv für ältere Menschen, gegen diese Politik zu votieren. Für reformgeneigte Regierungen wird es also darauf ankommen, breite Reformallianzen unter den Akteuren zu schmieden, reformunwillige Akteure zu neutralisieren und nachhaltige Wählerunterstützung zu organisieren. Ganz offensichtlich ist dies weder der christlich-liberalen Kohl-Regierung (1982–1998) noch der rot-grünen Koalition (1998–2005) geglückt. Während Ersterer vor allem eine klare Problemsicht fehlte, gelang es der Regierung unter Gerhard Schröder nicht, tragfähige Reformkoalitionen in Partei, Politik und Gesellschaft zu stiften (Merkel et al. 2006).

Der Bundesrat setzte zudem gegen beide Regierungskoalitionen sein Vetopotenzial ein. Dabei zeigte sich, dass der bundesdeutsche Verflechtungsföderalismus eine besonders wirksame Beeinträchtigung effektiven „Durchregierens" in Deutschland darstellt – und dies in mindestens zweierlei Hinsicht: (1) der Bundesrat wird bei Einspruchsgesetzen zu einer wirksamen Blockade- und „Verwässerungsinstanz", wenn die Opposition dort die Mehrheit besitzt und bereit ist, diese im parteipolitischen Interesse des Machterwerbs zu instrumentalisieren; (2) der bundesdeutsche Föderalismus leidet an der Krankheit eines Dauerwahlkampfes. Die Wahlen zu den 16 Länderparlamenten finden nicht gebündelt, sondern einzeln statt, im Durchschnitt steht alle drei bis vier Monate ein Termin an. Da die Landtagswahlen über die Zusammensetzung des Bundesrats auch die Machtverhältnisse in der Bundesgesetzgebung beeinflussen, verkürzt sich der zeitliche Gestaltungshorizont, der in jeder Demokratie schon durch die zentralen Parlamentswahlen begrenzt ist, noch einmal auf eine international exzeptionelle Weise. Dies ist ein Standortnachteil effektiver Politikgestaltung, den sich kein anderes OECD-Land leistet.

Akkumulieren politische Probleme und kommen keine klaren Regierungsmehrheiten bei Parlamentswahlen zustanden, formieren sich in vielen parlamentarischen Regierungssystemen „Große Koalitionen"[4]. Von 15 westeuropäischen Ländern sind es lediglich fünf Staaten, in denen zwischen 1945 und 2005 niemals Große Koalitionen regiert haben: Dänemark, Großbritannien, Irland, Schweden und Spanien. In Österreich und Belgien waren Große Koalitionen eher der Normalfall als die Ausnahme; in Finnland und Luxemburg gehören sie zum politischen Alltag. Die Parteien haben sich in diesen Ländern meist darauf eingerichtet und eine Kultur des Kompromisses etabliert, der für das effiziente Funktionieren Großer Koalitionen unverzichtbar ist.

In Deutschland sind Große Koalitionen die Ausnahme. Vor 2005 gab es eine solche Regierung nur in der alten Bundesrepublik zwischen 1966 und 1969, als die FDP ihren Koalitionspartner CDU/CSU verließ, der Arbeitsmarkt zum ersten Mal in eine Krise geriet und die Verabschiedung der Notstandsgesetze qualifizierte parlamentarische Mehrheiten verlangte. Von der Verabschiedung der Notstandsgesetze, der konzertierten Aktion unter Karl Schiller, der großen Finanzreform bis hin zur Vorbereitung des ersten richtungspolitischen Regierungswechsels in der Geschichte der Bundesrepublik Deutschland wird diese erste Große Koalition meist als Erfolg[5] angesehen, obwohl die Gemeinsamkeiten nach drei Jahren ausgeschöpft schienen (Glaeßner 1999, S. 274ff.). Kann ein ähnlicher Erfolg auch für die zweite Große Koalition nach 2005 erwartet werden?

## 5. Die Große Koalition als Problemlöser?

Trotz ihrer Häufigkeit in Westeuropa sind Große Koalitionen demokratietheoretisch problematisch, weil sie wichtige demokratische Funktionen (effektive Kontrolle der Regierung, Transparenz, parlamentarische Deliberation) einschränken. Deshalb bedürfen sie einer doppelten Legitimation: nämlich a priori und ex post. A priori beziehen Große Koalitionen ihre Rechtfertigung aus der Kombination drängender politischer Probleme bei gleichzeitiger Abwesenheit von politisch wie arithmetisch möglichen Koalitionsalternativen. Ex post beziehen sie ihre *raison d'être* aus der Lösung jener Probleme, die a priori ihr Zustandekommen gerechtfertigt hat.

Parteien haben mindestens drei Ziele: *policy seeking, vote seeking* und *office seeking*. Als *policy seeker* suchen sie ihre programmatischen Vorstellungen zu verwirklichen; als *vote seeker* müssen sie ihre Wählerstimmen maximieren; als *office seeker* trachten sie danach, möglichst viele Regierungsämter zu erringen. Die Erfolgsbedingungen einer Großen Koalition

---

[4] Eine verbindliche Definition einer Großen Koalition existiert nicht in der Politischen Wissenschaft. Hier soll sie als eine Koalition verstanden werden, die mehr als 66,6 Prozent der Wähler auf sich vereint, von den beiden größten Parteien getragen wird und diese unterschiedlichen politischen Lagern angehören.

[5] Eine Ausnahme ist die Reform der Finanzverfassung, der ex post eine besondere Verantwortung für die zunehmende Politikverflechtung zugewiesen wird.

lassen sich an einer besonderen Hierarchie dieser drei Zielebenen festmachen: *policy seeking* muss vor *office seeking*, *office seeking* vor *vote seeking* stehen.

Zunächst sollte eine ausreichende programmatische Schnittmenge in wichtigen politischen Fragen (*winset*) existieren. In den Regierungsparteien muss der Durchsetzung ihrer gemeinsamen Reformüberzeugungen die Priorität eingeräumt werden (*policy seeking*). Nur dann können sie das von den formalen Koalitionstheorien unterstellte Motiv von *minimum winning coalitions*[6] zeitweise zurückstellen. Am stärksten stört beim gemeinsamen Regieren in einer Großen Koalition der ungebändigte Drang der Parteien zur beständigen Mehrung ihrer eigenen Wählerstimmen (*vote seeking*). Folgt der Parteienwettbewerb der bedeutsamsten Parteien diesem rationalen Kalkül, setzt er sich ungebrochen als Nullsummenspiel in der Regierungskoalition fort. Der einen Verlust drückt sich dann im Gewinn der anderen aus. Falls Koalitionsparteien dieser rationalen Versuchung nicht widerstehen können, wird sich kaum eine effektive Kooperationsbereitschaft herstellen lassen. Die häufigen Länderwahlen setzen aber genau diese parteilich-rationalen Anreize gegen eine belastbare Kooperation in einer Großen Koalition. Spieltheoretisch gesprochen müssen sich die Koalitionspartner hinsichtlich ihrer kurzfristig parteilich-elektoralen Interessen auf zweitbeste Lösungen einlassen können, um wechselseitiges Vertrauen auszubilden und eine kooperative Kultur des Kompromisses zu entwickeln. Das egoistisch-rationale Motiv der Parteienkonkurrenz muss in der Regierungsarbeit zugunsten der gemeinsamen Problemlösungsbereitschaft als Koalition zurücktreten. Wie steht es mit diesen Erfolgsvoraussetzungen in der zweiten Großen Koalition der Bundesrepublik Deutschland?

## 5.1 *Policy seeking*

Die Koalitionsvereinbarung hebt fünf Politikfelder als besonders reformbedürftig hervor: Familienpolitik, Föderalismus, Gesundheit, Staatsverschuldung und Arbeitsmarkt. Wie verhalten sich auf diesen Feldern die gemeinsamen Reformziele zu den parteilichen Zielen und Umsetzungsstrategien der Koalitionsparteien? Welche gemeinsamen Schnittmengen und Kompromissmöglichkeiten ergeben sich daraus? Eine vereinfachte Gegenüberstellung findet sich in Tabelle 2 auf der nächsten Seite.

Betrachtet man die allgemeinen Reformziele unabhängig von den programmatisch-strategischen Präzisierungen ihrer Verwirklichung, ergibt sich eine erhebliche Übereinstimmung. Diese nimmt allerdings mit der Präzisierung der Ziele und insbesondere mit der Konkretisierung der Instrumente ihrer Umsetzung ab. Konsens und Dissens variieren dabei von Politikfeld zu Politikfeld beträchtlich.

---

6 Als *minimum winning coalitions* werden in den (formalen) Koalitionstheorien jene Koalitionen bezeichnet, die eine kleinstmögliche Anzahl von Parteien (gemessen am Anteil der Parlamentssitze) aufweisen, damit jeder der Koalitionspartner sich eine möglichst große Anzahl der ministerialen Portfolios (Macht) sichern kann.

Tabelle 2: Reformziele, Parteipositionen und Gemeinsamkeiten (*winset*)

| Reformprojekt | Reformziel | Parteipositionen (CDU/CSU – SPD) | *winset* |
|---|---|---|---|
| Familienpolitik | Familienfreundliche Gesellschaft, demografischer Wandel, Kompatibilität von Familie und Beruf, Erhöhung der Geburtenraten* | Kindergeld vs. öffentlich ausgebaute Kinderversorgung; Ehegattensplitting vs. Splitting nur bei Ehen mit Kindern | Relativ groß; Kompromisse möglich |
| Föderalismus | Politikentflechtung, klarere Kompetenzteilung zwischen Bund und Ländern | Stärkung von Ländern vs. Gesamtverpflichtung des Bundes | Mittelgroß |
| Gesundheit | Senkung der Lohnnebenkosten, langfristige Finanzierbarkeit, ausreichende Gesundheitsleistungen, Verteilungsgerechtigkeit | Bürgerversicherung vs. Kopfpauschale; Beitrags- vs. stärkere Steuerfinanzierung; Verminderung der Versorgungsleistung vs. Ausdehnung der Finanzierungsbasis | Klein |
| Staatsverschuldung | Entschuldung durch Kosteneinsparungen, Bürokratie- und Subventionsabbau, Ausgabenkürzung | Ausgaben kürzen vs. Einnahmen erhöhen | Mittelgroß; Kompromisse möglich |
| Arbeitsmarkt | Senkung von Lohnzusatzkosten und Abbau der Arbeitslosigkeit, aktivierende Arbeitsmarktpolitik, Erhöhung der Erwerbsquote | Weitere Deregulierung vs. staatlich gestützte Aktivierung; Angebotsseite entlasten vs. Binnennachfrage stärken | Klein |

\* Bei der Erhöhung der Geburtenraten geht es nicht um eine nationalistisch-natalistische Politik, sondern vor allem darum, die Lücke zwischen Kinderwunsch und tatsächlicher Geburtenrate zu verringern. Darüber hinaus hat die Erhöhung der Geburtenrate erhebliche Auswirkungen auf das Entwicklungspotenzial der Wirtschaft und die Überlebensfähigkeit der Sozialversicherungssysteme, die auch auf einem Generationsvertrag basieren.

In der *Familienpolitik* sind die Divergenzen am geringsten. Auch wenn viele Sozialdemokraten stärker für die Ausdehnung öffentlicher Kinderbetreuungseinrichtungen votieren als Christdemokraten und etwa das steuerliche Ehegattensplitting an die Bedingung von Kindern knüpfen wollen, rangieren diese Präferenzen nicht an vorderster Stelle der Prioritätenliste der Parteiführungen. Zudem ist die innere Kohäsion der Koalitionsparteien in dieser Frage jeweils gering. Es lassen sich in beiden Parteien Vertreter der monetären Transfers oder der Bereitstellung der Kinderbetreuung als öffentliche Dienstleistung finden. Kompromisse vor allem über die Erhöhung des Kindergeldes sind deshalb denkbar und auch schon entschieden worden. Eine Abweichung vom Pfade der monetären Transfers (SPD-Ziel) bahnt sich dadurch jedoch nicht an, obwohl sich gerade dieses Instrument in der Vergangenheit als mehrfach untauglich erwiesen hat. Das gilt für die klassenspezifische Benachteiligung von Unterschichts- und Migrantenkindern, die fallende Geburtenrate oder die Vereinbarkeit von Beruf und Familie. Erste Anzeichen deuten darauf hin, dass hier kein Pfadwechsel zu einer nachhaltigen Kinder- und Familienpolitik eingeleitet, sondern der strukturelle Status quo mit einer etwas besseren Finanzausstattung konserviert wird.

Der Politikentflechtung im bundesdeutschen *Föderalismus* stimmen beide Parteien zu. Die wechselseitige Behinderung von Bund und Ländern, das einzigartige Strukturproblem des bundesdeutschen Föderalismus, sollte nach dem Willen beider politischen Lager behoben werden. Den Ländern, so verlautet, würden mehr autonome Kompetenzen zugestanden, dafür müssten sie Zustimmungs- und Einspruchsrechte in der Bundesgesetzgebung preisgeben. Die Quote der zustimmungspflichtigen Gesetze könne von gegenwärtig etwa 60 Prozent halbiert werden. Solche Erfolgsmeldungen, die von Reformbeteiligten gestreut wurden, führen jedoch in die Irre. Von wenigen Ausnahmen abgesehen, berühren die Entflechtungen nicht die Kernbereiche der blockierten Politik. In entscheidenden Fragen der Finanzverfassung werden dem Bundesrat gar neue Vetorechte eingeräumt. Die Länder erhielten kaum größere Spielräume für die eigene Politik. Eine Ausnahme stellt die Bildungspolitik dar. Es zählt zu den Paradoxien der Föderalismusreform, dass die Länder, die u.a. die völlig unzureichende finanzielle Ausstattung von Schulen und Hochschulen zu verantworten und damit zu deren international bestätigter schlechter Bilanz beigetragen haben (PISA, internationale Hochschulrankings), für ihr Politikversagen mit Kompetenzzuwachs belohnt werden. Das eigentliche Verflechtungsproblem in der Bund-Länder-Finanzverfassung wurde nicht gelöst. Der Finanzausgleich setzt weiter perverse Anreize: Die fiskalpolitisch erfolgreichen Länder werden bestraft, die erfolglosen belohnt. Solange die Länder selbst keinen Einfluss auf die eigenen Einnahmen haben, bleiben sie finanzpolitisch entmündigt. Weder der Bund noch die Länder haben durch die erste Stufe der Föderalismusreform wesentlich neue autonome Handlungsmöglichkeiten gewonnen.

Auch die allgemeinen Reformziele in der *Gesundheitspolitik* wie die langfristige Sicherung der Finanzierbarkeit, die Senkung der Lohnnebenkosten und die Garantie der Gesundheitsversorgung können als Konsens in der

Großen Koalition angesehen werden. Aber welchen Umfang die Leistungen der öffentlich garantierten Gesundheitsversorgung haben sollen, wer, wie in welchem Maße an der Finanzierung beteiligt werden soll, ist umstritten. Die Unterschiede haben sich in den gegensätzlichen Modellen der Kopfpauschale und der Bürgerversicherung manifestiert. Jedes der beiden Modelle würde einen Pfadwechsel gegenüber dem bisherigen Status quo der Beitragsversicherung über Lohnnebenkosten bedeuten. Ersteres mit dem Ergebnis einer stärkeren Privatisierung bestimmter Gesundheitsleistungen und einer Umverteilung von unten nach oben, letzteres mit einer Ausdehnung der öffentlichen Finanzierung, der Austrocknung der Privatversicherungen und den erwarteten Umverteilungswirkungen von oben nach unten. Beides entspricht jeweils der programmatischen Grundausrichtung und den mehrheitlichen Interessen der Wählerklientelen von CDU/CSU und SPD. Die erste „Reformentscheidung" im Gesundheitswesen im Jahre 2006 basierte folgerichtig nicht auf einem Kompromiss zwischen beiden Modellen, sondern im Wesentlichen auf der Fortführung des Status quo. Sie signalisiert einen Reformattentismus, den die Vetospielertheorie bei dem kleinen Reform-*winset* und der großen Policy-Distanz der beiden Vetospieler in diesem Politikfeld auch treffsicher prognostizieren würde. Die misslungene Gesundheitsreform – bürokratisch, undurchsichtig, bürgerfern – droht zum Menetekel der Reformschwäche der Großen Koalition zu werden.

Der Abbau der *Staatsverschuldung* ist ebenfalls unstrittig. Die Vorstellungen über die Wege dahin divergieren jedoch und kollidieren mit anderen Politikzielen. Generell lässt sich auf christdemokratischer Seite eine Tendenz zur Ausgabenkürzung konstatieren, während die Sozialdemokraten überwiegend auf eine Sanierung des Staatshaushaltes durch die Stärkung der Einnahmenseite setzen.[7] Dies beruht vor allem auf einem unterschiedlichen Staatsverständnis der liberalen Teile der CDU und der stärker sozialetatistisch orientierten Sozialdemokratie. Aber auch hier ist die innere Kohäsion der beiden Parteien gering. Während der sozialdemokratische Finanzminister durchaus ausgabenseitig kürzen will, gibt es dagegen im Detail parteiübergreifenden Widerstand von Seiten der CDU-Sozialausschüsse und der Traditionalisten in der SPD. Wie stark überhaupt allgemeine programmatische Orientierungen durch die spezielle Berücksichtigung jeweiliger Wählerklientelen gebrochen werden, zeigen die Verteidigung der Subventionen für Landwirtschaft und Eigenheimbesitzer auf christdemokratischer und die Befürwortung der Subventionen für den Bergbau auf sozialdemokratischer Seite. Ein ähnliches Muster lässt sich auch an den unterschiedlichen Reformvorstellungen bei der Einkommen-, Unternehmens- und Erbschaftssteuer erkennen. Hier steht nicht das gemeinsame Ziel des Subven-

---

7 Die Ablehnung der von der CDU propagierten Mehrwertsteuererhöhung durch die SPD im Wahlkampf 2005 folgte nicht programmatischen, sondern wahltaktischen Gründen. Entsprechend gering war dann auch der Widerstand der Koalitionspartei SPD gegenüber dem gemeinsamen Regierungsbeschluss, die Mehrwertsteuer von 16 auf 19 Prozent anzuheben.

tions- und Schuldenabbaus an erster Stelle, sondern es dominieren die parteilichen Interessen der Mehrung von Wählerstimmen. Kompromisse sind zwar denkbar, aber sie dürften leichter über eine Zunahme auf der Einnahmen- *und* Ausgabenseite zu erzielen sein als durch eine Reduzierung der Steuerbelastung *oder* Ausgaben. Eine realistische Perspektive deutet auf die Verfehlung des übergreifenden Reformziels des Schuldenabbaus hin, wenn nicht erhebliche ökonomische Wachstumsraten die Einnahmenseite stärken.

Natürlich haben sich beide Parteien auch dem Abbau der *Arbeitslosigkeit* verschrieben. Doch die Wege zu diesem Ziel sind wiederum unterschiedlich. Während CDU/CSU eine weitere Deregulierung insbesondere des Kündigungs- und Tarifrechts anstreben, die Konditionierung von Sozialhilfen verschärfen wollen oder deren Senkung befürworten, um so das Lohnabstandsgebot zu befolgen, widersetzen sich Sozialdemokraten der Lockerung des Kündigungsschutzes. In der Aktivierungspolitik betonen sie stärker das Fördern als das Fordern. Die Flexibilisierung der Löhne nach unten lehnt die SPD ab. So deuten sich am ehesten bei den Kombilöhnen für ältere und gering qualifizierte Arbeitnehmer Kompromisse zwischen den Koalitionsparteien an.

Das *winset* übereinstimmender programmatischer Positionen ist in den Strategiefragen (Reformen zweiter Ordnung) deutlich geringer als bei der allgemeinen Zielbestimmung. Dies ist für eine gemeinsame Reformpolitik keineswegs irrelevant, da hinter der Frage nach den geeigneten Instrumenten und Strategien beachtliche Interessen der beiden Parteien stehen. Grundsätzliche Reformen sind deshalb nicht auszuschließen. Sie verlangen aber, dass die Koalitionsparteien sich zumindest zeitweilig von dem (demokratischen) Imperativ des *vote seeking* abkoppeln. Können sie das? Wollen sie es?

### 5.2 Vote seeking und office seeking

Obwohl eng verbunden, sind *vote* und *office seeking* voneinander zu unterscheiden. Der Unterschied besteht in einer Großen Koalition darin, dass ein ungefilterter Parteienwettbewerb (*vote seeking*) die Grundlagen des wechselseitigen Vertrauens untergräbt. Insbesondere unpopuläre Reformen wie der Umbau des Sozialstaats, die Deregulierung des Arbeitsmarktes oder die konkreten Maßnahmen zum Abbau der Staatsverschuldung bedürfen einer zeitweisen Abkopplung von Wählerpräferenzen. Die relativen Wählerverluste können nur dann für die beiden Parteien entschärft werden, wenn nicht eine von ihnen aus der Koalitionsdisziplin ausbricht, um einseitig Wählerkapital aus einer unpopulären Reform zu schlagen. Anderseits hat die Große Koalition ihre Daseinsberechtigung mit der Notwendigkeit wichtiger Reformen begründet. Beide Parteien werden also auch an deren Erfolg gemessen werden. Alternativen zur gegenwärtigen Koalition (CDU/CSU: Schwarz-Gelb, Schwarz-Gelb-Grün; SPD: Rot-Rot, Rot-Rot-Grün) sind nicht in Sicht, riskant oder wenig beliebt. Die Alternativlosigkeit brachte die Große Koalition zusammen. Sie „verdammt" sie nun zum Erfolg. Kurzfristig zumindest kann ungehemmtes *vote seeking* die Koalition gefährden, Neuwahlen provozieren und damit zu einem Verlust der Regierungsämter führen. Das rationale Motiv des *office keeping* begrenzt die Rationalität der Wählerstimmenmaximierung, der die Parteien nicht zuletzt aufgrund der häufig stattfindenden Landtagswahlen unterliegen könnten. Gleichzeitig müssen die Regierungsparteien jedoch verhindern, dass die mittelfristig unpopulären Reformen zu einer massiven Abwanderung der Wähler zu den drei Oppositionsparteien führen. Es sind also unterschiedliche Rationalitäten, die den Handlungskorridor von CDU/CSU und SPD begrenzen und öffnen. Das *winset* gemeinsamer Reformpläne ist nur bei der Zielbestimmung beachtlich groß. Betrachtet man die nicht zuletzt an die unterschiedlichen Wählerinteressen gebundenen Strategien und Umsetzungsschritte der Koalitionsparteien, verengt es sich erheblich. Die rationale Versuchung, bei Landtagswahlen jeweils Stimmen auf Kosten des Partners zu gewinnen, verhindert die Vertrauensbildung und stärkt die zentrifugalen Tendenzen in der Regierung. Allerdings werden diese wiederum durch den Wunsch nach Machterhaltung gebändigt. Denn wer vorzeitig aus der gemeinsamen Verantwortung desertiert, könnte vom Wähler bestraft und in die Opposition geschickt werden.

## 6. Ausblick

Reichweite und Erfolg der Reformpolitik hängen wesentlich davon ab, welche Rationalität dominiert. Behält die Rationalität der kurzfristigen Wählerstimmenmaximierung (bei Landtagswahlen) die Oberhand, kann die Koalition kaum Erfolg haben. Politik folgt allerdings nicht allein der Resultante kollektiver Rationalitäten. Wie weit sie sich strukturellen Restriktionen beugt, hängt außerdem vom politischen Handeln ab. Wie uns Machiavelli lehrt, spielt neben der *necessità*, der *fortuna* vor allem auch die *virtù* des Fürsten eine wichtige Rolle. *Virtù* (Machiavelli), Charisma (Max Weber) oder Dezisionismus (Carl Schmitt) sind wichtige persönliche Eigenschaften, die erfolgreiches Regierungshandeln mit bestimmen. Die drei Führungseigenschaften weisen unterschiedliche Kompatibilitäten zu einer demokratischen Regierungsweise auf. Sowohl Machialvellis Rat zu Gewalt, Heimtücke und List als auch Max Webers Hingabe an den charismatischen Führer sind kaum mit den unverzichtbaren Essentialen der Transparenz, Kontrolle und Verantwortlichkeit einer repräsentativen Demokratie zu vereinbaren. Das gilt *a forteriori* für Schmitts plebiszitär-akklamativen Dezisionismus. Gleichwohl haben alle drei Regierungsstile „positive" Komponenten, die nicht nur mit der Demokratie vereinbar sind, sondern auch große demokratische Politiker ausgezeichnet haben. Was dürfen wir hier von der Kanzlerin erwarten?

„Der Bundeskanzler bestimmt die Richtlinien der Politik und trägt dafür die Verantwortung" (Grundgesetz, Art. 63). Das Grundgesetz gibt dem Kanzler zunächst eine starke Stellung. „Innerhalb dieser Richtlinien leitet jeder Bundesminister seinen Geschäftsbereich selbstständig und unter eigener Verantwortung" (ebd.). Das Kanzlerprinzip wird also durch das Kabinetts-

und Ressortprinzip eingehegt. Seine „magische Überhöhung" (von Beyme 1999, S. 321) ist aus dem Grundgesetz nicht abzuleiten, sondern war allenfalls für den autoritativ-autoritären Regierungsstils Konrad Adenauers (1949- 1963) kennzeichnend. In einer Großen Koalition ist die Richtlinienkompetenz durch die noch stärkere Bedeutung des Kabinetts- und Ressortprinzips sowie das informelle Gremium der Partei- und Fraktionsvorsitzenden weiter eingeengt. Ein autoritärer Durchgriff der Bundeskanzlerin, der im Sinne Carl Schmitts legitimatorisch über einen direkten Appell an den Souverän – das Volk – abgestützt werden könnte (Schmitt 1996), steht Angela Merkel konstitutionell nicht zur Verfügung. Ein solches Durchregieren geht am Buchstaben und der Wirklichkeit des Grundgesetzes, ja der parlamentarischen Demokratie selbst vorbei. Dafür bedürfte es neben den nicht gegebenen verfassungsrechtlichen Rahmenbedingungen auch eines erheblichen Charismas der Regierungschefin. Selbst wenn man Charisma weniger emphatisch als Max Weber („außeralltägliche Hingabe an die Heiligkeit oder die Heldenkraft oder die Vorbildlichkeit einer Person") definiert und schlicht als die demokratisch unbestrittene Autorität der Bundeskanzlerin gegenüber den Parteispitzen in Bund und Ländern interpretiert, lassen sich keine Ansätze eines Charismas erkennen. Die christdemokratischen Ministerpräsidenten sind nicht die „treue Gefolgschaft" der Kanzlerin. Die mächtigsten von ihnen – Koch, Rüttgers, Stoiber und Wulff – folgen häufig ihren eigenen politischen Ambitionen oder den Interessen ihrer Länder. Bei Konflikten wird nicht einmal Merkels Rolle als Prima inter Pares anerkannt, wie die Beschlüsse zur Gesundheitsreform im Juni 2006 gezeigt haben.

Wenn Dezisionismus (vulgo: Durchregieren) konstitutionell nicht zur Verfügung steht, persönliches Charisma sich nicht einmal flüchtig andeutet, bleibt Machiavellis *virtú* (Machiavelli). Nun ist auch hier eine historisierende Kontextualisierung von Machiavellis Konzept angebracht. Es muss nicht der mit einer außergewöhnlichen Tüchtigkeit begabte Gründungsheros und Ordnungsstifter, der einsame *uomo virtuoso* sein. Natürlich kann „der" Fürst heute auch eine Frau sein. Allerdings muss sie sich darauf verstehen, der blinden Fortuna die Zufälligkeit, das Schicksalhafte zu nehmen. Darin entscheidet sich die subjektive Tüchtigkeit der Politikerin gegenüber den objektiven Bedingungen und der geschichtlichen Kontingenz. Lassen wir Machiavellis Rat zur List und Heimtücke beiseite, obgleich auch diese in demokratischen Herrschaftsformen zum politischen Repertoire des Wettbewerbs und der Elitenzirkulation gehören. Denn es sind vor allem der Mut und die Einsicht in die Gelegenheit (*ocasione*), das in der jeweiligen Situation Gebotene zu erkennen und konsequent auszuführen, die Machiavelli beschwört. Auch rät der Florentiner, die notwendigen Grausamkeiten am Anfang einer Herrschaft zu begehen. Was für den Fürsten galt, gilt in einer Demokratie mit periodischen Wahlen, begrenzten Legislaturen und kurzen Zeithorizonten noch viel mehr. Denn mit dem Näherrücken der nächsten Wahlen schwindet auch die Wahrscheinlichkeit unpopulärer Reformen.

Was könnte dies für eine Kanzlerin in der Großen Koalition heißen? Lassen sich Mut, Einsicht in die Gelegenheit und konsequentes Handeln im ersten Regierungsjahr erkennen? Die Antwort lautet Nein. In keinem der oben betrachteten fünf Problemfelder sind konsequente Reformen oder auch nur der Einstieg in den Pfadwechsel auszumachen. Dies gilt nicht zuletzt für die Gesundheitsreform. Ursprüngliche Reformabsichten deuten darauf hin, dass die Bundeskanzlerin die Reformgelegenheit erkannt hat. Der Mut hat Angela Merkel indessen verlassen, als die wichtigsten CDU-Ministerpräsidenten sich weiter gehenden Reformen verschlossen, weil sie negative Auswirkungen auf ihre Popularität und Wahlchancen zu Hause befürchteten. Von konsequentem Handeln kann nicht die Rede sein. Grausamkeiten wurden zu Beginn der Amtszeit jedenfalls nicht begangen. Durchwursteln anstelle von Durchregieren kennzeichnet bisher den Regierungsstil. Die Große Koalition setzt der Kanzlerin gewiss enge Grenzen. Ihr Zaudern verringert den Spielraum noch weiter. Vieles spricht dafür, dass der „kleine Nenner" zum Markenzeichen der „Großen Koalition" wird. Die Chancen für zukunftsweisende Reformen stehen nicht gut. Mit solch kleiner Münze lässt sich die Zukunftsfähigkeit Deutschlands nicht sichern.

## Literatur

Alber, Jens (2000): „Sozialstaat und Arbeitsmarkt. Produzieren kontinentaleuropäische Wohlfahrtsstaaten typische Beschäftigungsmuster?" In: *Leviathan*, Jg. 28, H. 4, S. 330-346.

Beyme, Klaus von (1999): *Das politische System der Bundesrepublik Deutschland. Eine Einführung*, 8. Auflage. Wiesbaden: VS Verlag für Sozialwissenschaften.

Glaeßner, Gert-Joachim (1999): *Demokratie und Politik in Deutschland*. Stuttgart: UTB.

Hall, Peter A. (1993): „Policy Paradigms, Social Learning, and the State. The Case of Economic Policy-making in Britain". In: *Comparative Politics*, Vol. 25, No. 3, S. 275-296.

Hall, Peter A./Soskice, David (2001): *Varieties of Capitalism. The Institutional Foundations of Comparative Advantage*. Oxford: Oxford University Press.

Hasel, Margarete/Hönigsberger, Herbert (2005): „Kanzler und Kapitalismus". In: *Berliner Republik*, H. 4, S. 64-71.

Hayek, Friedrich August von (1971): *Die Verfassung der Freiheit*. Tübingen: J. C. B. Mohr (Paul Siebeck).

Hayek, Friedrich August von (1980/1981): *Recht, Gesetzgebung und Freiheit*. Bd. 1: Regeln und Ordnung; Bd. 2: Die Illusion der sozialen Gerechtigkeit; Bd. 3: Die Verfassung einer Gesellschaft freier Menschen. Landsberg: verlag moderne industrie.

Hesse, Joachim Jens/Ellwein, Thomas (2004): *Das Regierungssystem der Bundesrepublik Deutschland*, 9., vollständig neu bearb. Auflage. Berlin: De Gruyter Verlag.

Immergut, Ellen (1992): *Health Politics*. Cambridge: Cambridge University Press.

Katzenstein, Peter J. (1987): *Policy and Politics in West-Germany. The Growth of Semisovereign State*. Philadelphia: Temple University Press.

Lijphart, Arend (1999): *Patterns of Democracy. Government Forms and Performance in Thirty-Six Countries.* New Haven/London: Yale University Press.
Luhmann, Niklas (2000): *Die Politik der Gesellschaft.* Frankfurt a.M.: Suhrkamp.
Meng, Richard (2002): *Der Medienkanzler. Was bleibt vom System Schröder?* Frankfurt a.M.: Suhrkamp.
Merkel, Wolfgang (2001): „Soziale Gerechtigkeit und die drei Welten des Wohlfahrtskapitalismus". In: *Berliner Journal für Soziologie,* Jg. 11, H. 2, S. 135-157.
Merkel, Wolfgang/Egle, Christoph/Henkes, Christian/Ostheim, Tobias/Petring, Alexander (2006): *Die Reformfähigkeit der Sozialdemokratie. Herausforderungen und Bilanz der Regierungspolitik in Westeuropa.* Wiesbaden: VS Verlag für Sozialwissenschaften.
OECD (Organisation for Economic Co-operation and Development) (1995-2005): *Historical Statistics.* Paris: OECD.
OECD (Organisation for Economic Co-operation and Development) (2004): *Education at a Glance – OECD Indicators 2004.* Paris: OECD.
Pierson, Paul (2000): „Increasing Returns, Path Dependence, and the Study of Politics". In: *American Political Science Review,* Vol. 94, No. 2, S. 251-267.
Rudzio, Wolfgang (2006): *Das politische System der Bundesrepublik Deutschland,* 7., aktual. und erweit. Auflage. Wiesbaden: VS Verlag für Sozialwissenschaften.
Scharpf, Fritz W. (2000): *Interaktionsformen. Akteurzentrierter Institutionalismus in der Politikforschung.* Opladen: Leske + Budrich.
Scharpf, Fritz/Reissert, Bernd/Schnabel, Fritz (1976): *Politikverflechtung. Theorie und Empirie des kooperativen Föderalismus in der Bundesrepublik.* Kronberg/Ts.: Scriptor.
Schmidt, Manfred G. (2005): „Politische Reformen und Demokratie. Befunde der vergleichenden Demokratie- und Staatstätigkeitsforschung". In: Hans Vorländer (Hg.): *Politische Form in der Demokratie.* Baden-Baden: Nomos, S. 45-62.
Schmitt, Carl (1996): *Die geistesgeschichtliche Lage des heutigen Parlamentarismus,* 8. Auflage. Berlin: Duncker & Humblot (Nachdruck der 1926 erschienenen 2. Auflage).
Tsebelis, George (1995): „Decision Making in Political Systems. Veto Players in Presidentialism, Parliamentarism, Multicameralism and Multipartyism". In: *British Journal of Political Science,* Vol. 25, No. 3, S. 289-325.
Tsebelis, George (2002): *Veto Players. How Political Institutions Work.* Princeton: Princeton University Press.
Volkens, Andrea (2004): „Policy Changes of European Social Democrats, 1945-1998". In: Guiliano Bonoli/Martin Powell (eds.): *Social Democratic Party Policies in Contemporary Europe.* London: Routledge, S. 21-42.
Weßels, Bernhard (2004): „Contestation Potential of Interest Groups in the EU: Emergence, Political Alliances". In: Gary Marks/Marco Steenbergen (eds.): *European Integration.* Cambridge, MA: Cambridge University Press, S. 195-215.
WHO (World Health Organization) (2000): *The World Health Report 2000 – Health Systems: Improving Performance.* Internet: http://www.who.int/whr/2000/en/ (zuletzt aufgesucht am 11.07.2006).
Zohlnhöfer, Reimut (2004): „Destination Anywhere? The German Red-Green Government's Inclusive Search for a Third Way in Economic Policy". In: *German Politics,* Vol. 13, No. 1, S. 106-131.

# Die Zukunftsfähigkeit des deutschen Sozialstaats

Christian Henkes und Alexander Petring

## 1. Einleitung

Helmut Schmidt bezeichnete den Wohlfahrtsstaat jüngst als die „größte kulturelle Leistung des 20. Jahrhunderts". Gleichzeitig konstatierte er „eine akute Gefährdung durch Massenarbeitslosigkeit, Globalisierung und Überalterung der deutschen Gesellschaft".[1] Mit dieser Einschätzung steht der Altbundeskanzler nicht allein. Über die große Bedeutung des Sozialstaats für den Zusammenhalt der Gesellschaft und damit für die Demokratie sind sich die meisten einig, in Deutschland wie in anderen europäischen Ländern. Man weiß überdies, dass hierzulande der Sozialstaat besonders ausgeprägt in Form der staatlich organisierten und verpflichtenden Sozialversicherungen gegen die vier großen Lebensrisiken Unfall[2], Krankheit, Arbeitslosigkeit und Alter ist.[3] Die kollektive Absicherung gegen die zentralen Lebensrisiken ist bis heute der Grundgedanke aller Wohlfahrtsstaaten. Allerdings glauben viele, dass diese Absicherung in Deutschland besonders gefährdet und revisionsbedürftig ist. Für die gegenwärtige Krise werden von verschiedenen Autoren (z.B. Pierson 2001; Kitschelt et al. 1999) mehrere Gründe ausgemacht. Herauszustellen sind vor allem drei Entwicklungen: die Veränderungen in der Wirtschaftsstruktur, die Alterung der Gesellschaft und der soziale Wandel bei den Familienstrukturen.[4]

Mit der *Veränderung der Wirtschaftsstruktur* ist der Rückgang des industriellen Sektors bei gleichzeitigem Anstieg der Dienstleistungen angesprochen, wodurch sich die Basis für Wirtschaftswachstum und Arbeitsmarkt deutlich verschoben hat. Während der industrielle Sektor zu einem großen Teil von lebenslangen Normalarbeitsplätzen geprägt war und ist, zeichnet sich der Dienstleistungsbereich durch eine erhebliche Labilität der

---

1 Helmut Schmidt in einer Rede vor der SPD-Bundestagsfraktion am 3. April 2006.
2 Im Folgenden beschränken wir uns auf die drei Versicherungszweige Krankheit, Alter und Arbeitslosigkeit und blenden die Unfallversicherung weitgehend aus.
3 Zur Entstehung und Entwicklung des (deutschen) Wohlfahrtsstaats siehe Alber (1982, 1988) sowie Schmidt (1998).
4 Wir wollen an dieser Stelle nicht die Globalisierung als „üblichen Verdächtigen" ins Feld führen. Auch wenn die globale und europäische Verflechtung eine Wirkung auf die Zukunftsfähigkeit wohlfahrtsstaatlicher Sicherung hat, so ist zumindest umstritten, wie stark ihr Einfluss ist (Iversen/Cusack 2000).

Arbeitsverhältnisse vor allem im unteren Beschäftigtensegment aus. Für die soziale Sicherung ist es relevant, dass bei den verbleibenden Industriearbeitsplätzen – die in Deutschland immer noch einen beträchtlichen Anteil ausmachen – eine Aufspaltung der Beschäftigten in Kern- und Randbelegschaften stattfindet. Das Risiko, arbeitslos zu werden, konzentriert sich in den letzten Jahren zunehmend auf Menschen mit geringer Qualifikation, die im Falle des Arbeitsplatzverlusts oft keine reguläre Beschäftigung mehr finden und dauerhaft von sozialen Transfers abhängig werden.

Die *Alterung der Gesellschaft* stellt insbesondere für das Gesundheits- und Rentensystem eine Herausforderung dar, denn der medizinisch-technische Fortschritt und die – auch dank seiner – längere Lebenserwartung verursachen immer höhere Aufwendungen. Die in einer bestimmten historischen Situation konzipierten Rentensysteme stehen damit vor wachsenden finanziellen Belastungen.[5] Damit gingen auch steigende Kosten für den Gesundheitssektor einher,[6] und es sind die Konsequenzen sinkender Geburtenraten seit den 1970er Jahren zu beobachten. Auf die Frage der Zukunftsfähigkeit gewendet bedeutet das: Stehen den steigenden Ausgaben auch entsprechende Einnahmen gegenüber oder sollten bzw. müssen sozialstaatliche Leistungen gekürzt werden?

Der *soziale Wandel*, der sich u.a. im Anstieg der Frauenerwerbstätigkeit und dem zunehmenden Anteil von Einpersonenhaushalten widerspiegelt, nagt insofern am Fundament des deutschen Sozialstaats, als dieser immer noch traditionellen Vorstellungen von Familie und Geschlechterrollen anhängt, in denen Frauen der Part der (nicht berufstätigen) Hausfrau und Mutter zugedacht ist und Männern die Rolle des familienernährenden Alleinverdieners. Dieses Modell stimmt, weder was die Arbeitsteilung zwischen den Geschlechtern mit getrennten Zuständigkeiten für Privat- und Berufssphäre noch die Lebens- und Haushaltsformen anbelangt, längst nicht mehr mit der gesellschaftlichen Wirklichkeit überein. Vermehrt werden soziale Dienstleistungen neben den monetären Absicherungen benötigt, auch um Einfamilienhaushalte bei Verlust der Erwerbstätigkeit vor einem Abrutschen in die Armut zu bewahren und es Frauen zu ermöglichen, einer Tätigkeit auf dem Arbeitsmarkt nachgehen zu können.

Im Folgenden wollen wir in einem ersten Schritt Kernkriterien herausarbeiten, die ein Sozialstaat erfüllen sollte. Danach wird untersucht, ob der deutsche Sozialstaat diese Kriterien unter den heutigen Bedingungen erfüllt, um dann abschließend mögliche Reformen und Reformhindernisse – auch im internationalen Vergleich – zu benennen.

---

5  Von 1980 bis 2004 hat sich die Rentenbezugsdauer in Westdeutschland bei Männern von durchschnittlich 12,1 auf 16,8 Jahre erhöht (VDR 2004).
6  Von 1995 bis 2004 sind die Gesundheitsausgaben nominal um über 47,5 Mrd. Euro angestiegen, gemessen am Bruttosozialprodukt bedeutet das eine Steigerung von 10,1 Prozent auf 10,6 Prozent (Statistisches Bundesamt 2006).

## 2. Prinzipien eines zukunftsfähigen Sozialstaats

In Wissenschaft und Politik besteht keine Übereinstimmung über die Aufgaben, die der moderne Sozialstaat erfüllen soll, und auch nicht über die Kriterien, an denen er zu messen ist. Den normativen Bezugspunkt der Sozialpolitik in der Moderne bildet die Sicherung der Handlungsfähigkeit freier und insoweit gleicher Personen. Zur individuellen Selbstbestimmung ist ein Mindestmaß an materiellen Ressourcen notwendig, das der Sozialstaat bei Eintreten der Lebensrisiken gewährleisten soll. In modernen Gesellschaften ist das Individuum zur Existenzsicherung in erster Linie auf den Markt verwiesen. Da Alte, Kranke oder arbeitslose Personen kein Einkommen über den Markt erzielen können, soll der Sozialstaat kompensatorisch für die materiellen Grundlagen der individuellen Handlungsfähigkeit sorgen. Die enge Verbindung dieser Konzeption mit der Menschenwürde ließ Thomas H. Marshall (1964) von sozialen Rechten als dritter Stufe der Menschenrechte (nach zivilen und politischen Rechten) sprechen.

Wie viele Ressourcen jedoch genau zur Sicherung der Handlungsfähigkeit von Individuen nötig sind, variiert sowohl zwischen Ländern wie auch im Zeitverlauf. Auf dieses seit jeher in Veränderung begriffene Verständnis der Kernaufgaben des Sozialstaats haben Peter Flora und Arnold J. Heidenheimer (1981) hingewiesen. So traten neben die ursprüngliche Aufgabe der akuten Armutsbekämpfung spätestens seit den 1950er Jahren weitere Ziele wie z.B. das Bemühen um sozioökonomische Gleichheit.

Die Absicherung gegen existenzielle Risiken stellt somit einen Grundpfeiler moderner staatlicher Sozialpolitik dar. Wir fassen diese Aufgabe des Sozialstaats unter dem Begriff der „Sicherheit" zusammen. Der Inhalt und die Grenzen darüber hinausgehender Aufgaben – wie Herstellung von Gleichheit – diskutieren wir unter dem Stichwort „Gerechtigkeit". Um die beiden Kriterien der sozialen Sicherheit und Gerechtigkeit in der Praxis umzusetzen, sind finanzielle Ressourcen notwendig. Welche Bedingungen erfüllt sein müssen, um eine solide und damit dauerhafte finanzielle Grundlage für den Sozialstaat zu schaffen, wird unter der Überschrift „fiskalische Nachhaltigkeit" erörtert.

*Sicherheit*

Die Gewährleistung von „Sicherheit" bildet den Kern des Sozialstaats. Dies ist zunächst als materielle Absicherung gegen die grundlegenden Lebensrisiken zu verstehen. Immer dann, wenn Personen aufgrund von Alter, Arbeitslosigkeit oder Krankheit nicht länger selbst für ihren Unterhalt sorgen können, weil sie nicht mehr in das Marktgeschehen eingebunden sind, sorgt der Sozialstaat für die notwendige Absicherung. Das geschieht in erster Linie durch passive Geldleistungen, die das Einkommen zeitweilig ersetzen. Durch diese (materielle) Sicherheit werden die individuellen Handlungsmöglichkeiten trotz fehlendem Erwerbseinkommen weiterhin gesichert. Im Laufe seiner Geschichte war der Sozialstaat in den entwickelten Ländern bei der Bewältigung dieser Kernaufgabe überaus erfolgreich. Armut und Existenzgefährdung im Zusammenhang mit Alter, Arbeitslosigkeit und Krankheit konnte er für einen stetig wachsenden Personenkreis deutlich reduzieren oder sogar ausschließen. Diese Absicherung kann grundsätzlich mehreren Logiken folgen.

Der deutsche Sozialstaat orientiert sich vorrangig an der Lebensstandardsicherung. Die Risikosicherung ist so gestaltet, dass das am Markt erzielte Erwerbseinkommen maßgeblich für die Höhe der Sozialleistungen ist. Das Niveau des Lohns überträgt sich auf das Niveau der Sozialleistungen, auch der Sozialstaat betont somit unterschiedliche gesellschaftliche Positionen. Eine andere Form der materiellen Sicherung konzentriert sich auf die Armutsvermeidung. Dabei wird zwar durch soziale Leistungen ein Absinken unter eine bestimmte Grenze verhindert, doch sind die Zuwendungen sehr niedrig und verlangen zudem den regelmäßigen Nachweis der Bedürftigkeit. Durch die damit verbundene Stigmatisierung der Leistungsempfänger sind die Anreize zur Arbeitsaufnahme besonders stark. Eine dritte Form der materiellen Sicherung ist am Ziel der Statusgleichheit ausgerichtet. Hier gehen die Leistungen über die reine Armutsvermeidung hinaus und sind gleichzeitig für alle Bürger weitgehend identisch (zu diesen drei Typen siehe Esping-Andersen 1990 und Schmidt 1998).

Das Ausmaß und die konkrete Form der sozialstaatlichen Absicherung entscheiden also darüber, wem in welcher Höhe, wofür und unter welchen Bedingungen staatliche Geld-, Sach-, oder Dienstleistungen zur Verfügung gestellt werden – und ob sich dadurch Armutsgefährdungslagen und damit soziale Exklusion wirksam verhindern lassen. Leistungskürzungen sind nicht nur unter fiskalischen Gesichtspunkten zu betrachten, sondern auch immer der Frage zu unterwerfen, ob die eigentliche Aufgabe noch erfüllt wird. Leistungen, die ausschließlich auf monetäre Armutsvermeidung abzielen, sind ohnehin kritisch zu bewerten, denn soziale Exklusion droht nicht nur bei mangelnder materieller Ressourcenausstattung. Die Teilhabe am gesellschaftlichen Leben ist in modernen Industriegesellschaften Bestandteil des „soziokulturellen Existenzminimums". Und ein zentrales Element des gesellschaftlichen Lebens ist nach wie vor die Erwerbsbeteiligung. Sind Personengruppen dauerhaft von der Teilhabe am Erwerbsleben ausgeschlossen, so führt das selbst bei materieller Existenzsicherung zum Verlust sozialer Integration. Mit diesem Argument erfährt der im Konzept der Armutsvermeidung enthaltene Anreizgedanke eine gewisse Rehabilitierung. Es ist zu prüfen, inwieweit die jeweils angewendeten Instrumente und Systeme wirklich den ursprünglichen Intentionen der Sicherheit dienen oder eine Ausdehnung, ja gar Überdehnung des Aufgabenbereichs stattgefunden hat. Ein Ausweg aus dem Dilemma zwischen hinreichender Absicherung und wirksamen Anreizen zu Selbstinitiative wird im Konzept der „Rechte und Pflichten" gesehen, das in den letzten Jahren in vielen Ländern Europas in unterschiedlichen Formen eingeführt wurde. Hier werden Sozialleistungen an Konditionen gebunden, wie etwa Absolvierung von Weiterbildungsmaßnahmen oder Annahme von Arbeitsangeboten. Bei der zunehmenden Betonung der Pflichten sollte jedoch nicht vergessen werden, dass die Existenzsicherung den ursprünglichen Legitimationsgrund des Sozialstaats darstellt.

*Gerechtigkeit*

Die Institutionen des Sozialstaats implizieren aufgrund ihres kollektiven Charakters immer auch Aspekte der Umverteilung von Ressourcen. Deshalb muss die Struktur eines Sozialstaats an regulative Leitideen sozialer Gerechtigkeit gebunden sein, da entsprechende Institutionen nur dann Legitimität in der Bevölkerung gewinnen können. Während in der theoretischen Debatte hinsichtlich der politischen Gleichheit weitgehende Übereinstimmung herrscht (vgl. Kymlicka 1997; Kersting 2000), so ist umstritten, *welche* sozialen Güter (z.B. Einkommen und Vermögen) darüber hinaus gleich verteilt werden sollten. Das Spektrum sozialpolitischer Gerechtigkeitsideen reicht vom Streben nach „Ergebnisgleichheit" bis zur Befürwortung von „Leistungsgerechtigkeit" auf der anderen Seite.[7]

Forderungen nach Ergebnisgleichheit gründen auf einem die Gleichheit stärker als die Freiheit betonenden Menschenbild und verbinden dies häufig mit dem Argument, dass das Ausmaß der den Einzelnen zufließenden Ressourcen selbst ein Ergebnis der gesellschaftlichen Kooperation sei und damit auch alle einen möglichst gleichen Anteil davon beanspruchen könnten. Die Idee der Leistungsgerechtigkeit stellt hingegen den Anspruch auf die Früchte der eigenen Arbeit in den Vordergrund: Wer viel leistet, soll auch mehr bekommen. Dieses Verständnis von Gerechtigkeit hat ebenfalls eine Gleichheitsannahme als Voraussetzung. Es wird davon ausgegangen, dass bei weitgehend gleichen Startbedingungen für die Individuen ihre im Ergebnis ungleiche Ausstattung mit materiellen Gütern auf ungleichen individuellen Leistungen und freien Entscheidungen beruht und mithin gerechtfertigt sei. Chancengleichheit ist also bei der Leistungsgerechtigkeit streng genommen die Bedingung für die Rechtfertigung unterschiedlicher Ergebnisse, bei der Ergebnisgleichheit sind Chancen nur eine unter einer Vielzahl von gleich zu verteilenden „Ressourcen". Chancengleichheit ist demnach Bestandteil beider Gerechtigkeitskonzepte und kann daher als unerlässlicher Bezugspunkt des Sozialstaats identifiziert werden.

Damit ist freilich noch nicht gesagt, welche Chancen gleich verteilt sein sollten. In jüngerer Zeit haben sich insbesondere die modernen vertragstheoretischen Gerechtigkeitsentwürfe dieser Frage angenommen, die wichtigsten Protagonisten sind John Rawls, Ronald Dworkin und Amartya Sen. Sie alle operieren mit einem anspruchsvollen Begriff der Chancengleichheit, d.h. sie berücksichtigen den Umstand, dass auch einmal herbeigeführte chancengleiche Verhältnisse sich relativ schnell in ungleiche verwandeln und das Prinzip der Meritokratie sukzessive unterhöhlen können. Diesen Gerechtigkeitstheorien liegt ein dynamisches Verständnis von Chancen-

---

[7] Lässt man einmal radikale Eigentumstheoretiker libertärer Provenienz wie Robert Nozick (1974) außer Acht.

gleichheit zugrunde, das sich nicht nur auf einen Zeitpunkt oder eine Ressource beschränkt, sondern Chancen und Möglichkeiten über die individuelle Lebensspanne hinweg gerecht verteilt sehen will. Derartige Konzepte stellen folglich auf „Lebenschancengleichheit" ab. Gerechtigkeit entsteht nicht nur durch einen einmaligen Eingriff des Staates, sondern es bedarf fortlaufender Korrekturen, um sie herzustellen und aufrechtzuerhalten. Der Ausgangspunkt dieser Forderung bei John Rawls ist die unterschiedliche Ausstattung der Menschen mit Talenten und Begabungen. Intuitiv einsichtig und theoretisch konsistent wird gegen die „Lotterie der Natur" und für faire Lebenschancen argumentiert; Rawls begrenzt die aus der Theorie abgeleiteten individuellen Ansprüche an den Staat aber nicht sonderlich konkret auf so genannte Grundgüter (Rawls 2003).[8] Dworkin versucht die Trennung zwischen zu akzeptierender Ungleichheit und notwendiger (sozial)-staatlicher Umverteilung an der Ursache der Ungleichheit festzumachen. Ungleiche Lebenslagen, die auf individuellen Absichten beruhen, rechtfertigen keine staatlichen Eingriffe. Ungleichheiten, die hingegen aus nicht zu beeinflussenden Begabungen und Talenten erwachsen, sollten staatliche Kompensationen nach sich ziehen (Dworkin 2000).

Amartya Sen löst sich etwas von der Verteilung materieller Güter und rückt die Verteilung von „Befähigungen" (*capabilities*) in das Zentrum der Überlegungen, also die notwendige Ausstattung aller Individuen mit Kompetenzen, die sie in die Lage versetzen, ihre Lebenspläne tatsächlich verfolgen zu können (Sen 1985). Um die Lebenschancen des Einzelnen zu sichern, kann sich nach Sens Verständnis die Aufgabe der Sozialpolitik nicht in der nachträglichen Bearbeitung von Ungleichheit erschöpfen. Vielmehr zählt die Ausstattung der Bürger mit Mitteln zur Verhinderung unfreiwilliger, dauerhafter sozialer Exklusion zu den Kernaufgaben des Sozialstaats. Mit den Worten von Gøsta Esping-Andersen (2002, S. 6; Übersetzung C.H/A.P.): „Die vorrangige Aufgabe, mit der wir konfrontiert sind, ist, zu vermeiden, dass soziale Nachteile sich verfestigen, dass Bürger dauerhaft von Exklusion oder minderwertigen Möglichkeiten betroffen sind, so dass davon ihre gesamten Lebenschancen in Mitleidenschaft gezogen werden." Die konkreten Grenzen dieser sozialpolitischen Aufgabe sind damit noch nicht abgesteckt. Dies ist wenig verwunderlich, denn die Voraussetzungen für die Verwirklichung individueller Lebenspläne variieren zwischen Gesellschaften und über die Zeit.

In westlichen Industriegesellschaften am Beginn des 21. Jahrhunderts ist die Teilhabe am Arbeitsmarkt zweifellos eine der Grundbedingungen fairer Lebenschancen. Neben Bildung und Ausbildung als Voraussetzung für den Eintritt in den Arbeitsmarkt und damit auch zur Einbindung in die Gesellschaft gibt es jedoch weitere Strukturen, die in der Gegenwart systematisch die Zugangschancen zum Arbeitsmarkt beeinflussen. So verändern sich die

---

8 Allerdings ist die Verfahrensgerechtigkeit der eigentliche Kern seiner Theorie. Überlegungen zur Allokation von Gütern sind damit nachrangig gegenüber prozeduralen Fragen (Rawls 1979, S. 109).

Anforderungen an Arbeitnehmer heute deutlich schneller, so dass einmal erworbene Fertigkeiten unter Umständen nicht ausreichen, um im Laufe des Erwerbslebens die Beschäftigungsfähigkeit zu erhalten. Damit sollten Aus- und Weiterbildungsangebote Bestandteil staatlicher Sozialpolitik sein.

Darüber hinaus erschweren noch immer an traditionellen familiären Strukturen ausgerichtete Sozialsysteme es besonders Frauen und Alleinerziehenden, am Arbeitsmarkt entsprechend ihren Wünschen und Befähigungen teilzunehmen. Der universale Zugang zu Institutionen, die die Vereinbarkeit von Familie und Beruf ermöglichen, muss eine weitere faktische Konsequenz eines substanziellen Verständnisses von Chancengleichheit sein. Neben der Garantie sozialer Grundsicherheit erfordert die Gewährleistung von Lebenschancengleichheit somit sozialstaatliches Engagement in drei Bereichen:

(1) In der Bereitstellung von umfassenden Bildungsangeboten, damit *jeder* seine Talente ausbilden kann. Dies wird unter den Bedingungen sich rasch ändernder Wissensanforderungen in der postindustriellen Gesellschaft auch das staatliche Angebot von Weiterbildungsmöglichkeiten beinhalten müssen.
(2) In einer ausgebauten aktiven Arbeitsmarktpolitik, um diejenigen, die aus dem Arbeitsmarkt herausgefallen sind, zu befähigen, wieder in diesem Markt – der bezogen auf Einkommen, Chancen und Status immer noch das bei weitem wichtigste Verteilungsinstrument ist – Fuß zu fassen und dauerhafte Exklusion zu verhindern.
(3) In einer öffentlich finanzierten und allgemein zugänglichen Kinderbetreuung, um es besonders Frauen zu ermöglichen, Beruf und Kinder zu vereinbaren und ihre Lebenschancen selbstbestimmt wahrzunehmen.

Die Zukunftsfähigkeit des deutschen Sozialstaats aus der Perspektive der sozialen Gerechtigkeit bemisst sich heute also daran, ob es gelingt, neben einer nachsorgenden Sozialpolitik auch diese Instrumente zur Herstellung fairer Teilhabechancen einzusetzen.

*Fiskalische Nachhaltigkeit*

Um die beiden grundlegenden Ziele der Sicherheit und Gerechtigkeit dauerhaft (also auch zukünftig) erreichen zu können, muss das Kriterium der fiskalischen Nachhaltigkeit erfüllt werden. Nur wenn die Leistungen relativ zu den Einnahmen so gestaltet sind, dass sie auch in der Zukunft erbracht werden können, *ohne* die Basis der wirtschaftlichen Dynamik anzugreifen, ist ein Sozialstaat zukunftsfähig. Es ist zweifelhaft, ob ein Sozialstaat den beiden Kriterien „Gerechtigkeit" und „Sicherheit" wirklich genügt, wenn er zwar hier und heute für sie einsteht, angesichts der gewählten Instrumente aber ihre zukünftige Einhaltung nicht gewährleistet ist. Zusätzlich kann als fiskalisches Klugheitsargument gelten, dass eine intelligente Vorsorge den Risikoeintritt in der Zukunft deutlich reduziert.

Die finanziellen Mittel für die Leistungen des Sozialstaats werden entweder über Steuern oder durch an die Erwerbsarbeit gekoppelte Beiträge eingeholt.[9] Dementsprechend sind beide Finanzierungsarten von einem möglichst hohen Stand der Beschäftigung abhängig.

Ein wichtiger Unterschied zwischen Steuern und Beiträgen besteht in Bezug auf die Verfügungsfreiheit des Staates. So sind Beiträge immer zweckgebundene Mittel, bei denen nicht nur der sozialpolitische Bereich (Gesundheit, Rente, Arbeitslosigkeit) vorgegeben ist, in dem sie eingesetzt werden müssen. In den meisten Fällen legen sie auch die Höhe der individuellen Ansprüche fest. Dies kann insbesondere dann problematisch sein, wenn der Konzeption der Lebensstandardsicherung gefolgt wird. Zwar bieten Sozialleistungen, die sich am vorherigen Einkommen orientieren und deutlich über das Existenzminimum hinausgehen, klare Vorteile für die individuelle Sicherheit. Denn normalerweise passt sich der Lebensstil dem verfügbaren Einkommen an. Allerdings werden die finanziellen Leistungen in dem Fall auch den größten Teil der Mittel verschlingen, somit steht nur ein relativ kleiner Teil dieser Beitragseinnahmen zur Disposition, der in weitere Bereiche (Bildung und andere Dienstleistungen) fließen könnte. Für eine vorsorgende und finanziell nachhaltige Sozialpolitik scheinen Beiträge nicht die geeignete Finanzierungsart zu sein.

Sozialversicherungsbeiträge haben zudem noch einen weiteren Nachteil. In Zeiten hoher Arbeitslosigkeit nehmen nicht nur die Ansprüche an die sozialen Sicherungssysteme zu, sondern durch die sinkende Beschäftigtenzahl verringern sich gleichzeitig auch die Einnahmen aller Zweige der Sozialversicherungen. In vorwiegend steuerfinanzierten Sozialsystemen treffen zwar in wirtschaftlichen Krisen ebenfalls steigende Ansprüche und sinkende Einnahmen zusammen, doch es sind im Wesentlichen die Einkommen- und Körperschaftssteuern, die ein geringeres Aufkommen aufweisen. Andere Steuerarten (z.B. Mehrwertsteuern) sind weniger stark betroffen.

Wahrscheinlich der gewichtigste Nachteil beitragsfinanzierter Sozialsystem ist jedoch ihr beschäftigungshemmender Effekt. Wenn die Beiträge als Einheitssatz des Arbeitslohns erhoben werden und nicht wie bei Lohnsteuern üblich progressiv ansteigen, wirken sie sich vor allem im Niedriglohnbereich negativ auf das Beschäftigungsniveau aus. Dadurch untergraben beitragsfinanzierte Sozialstaaten eine ihrer wichtigsten Finanzierungsgrundlagen: eine hohe Erwerbsquote. Vergegenwärtigt man sich den durch die eingangs skizzierten Herausforderungen verursachten erhöhten Mittelbedarf, ist dringend anzuraten, zusätzliche Einnahmen über Steuern statt Beiträge zu erzielen.

---

9 Auch bei der Finanzierung spielen Gerechtigkeitsvorstellungen eine Rolle. So sind progressiv erhobene direkte Steuern zur Finanzierung der Sozialleistungen die deutlichste Manifestation des Versuchs, die Einkommensunterschiede zu verringern und für mehr Ergebnisgleichheit zu sorgen. Hingegen kennen beitragsfinanzierte Sozialleistungen in der Regel keine progressiv wachsenden Beitragssätze und verlangen damit prozentual den gleichen Anteil von allen Einkommensklassen.

Neben Einnahmeerhöhungen besteht die Möglichkeit, die finanzielle Belastung des Staats zu reduzieren, indem der Aufgabenkatalog staatlicher Sozialpolitik ausgedünnt wird. Während der Entwicklung des Sozialstaats war es immer vom jeweiligen gesellschaftlichen Diskurs sowie von den politischen Kräfteverhältnissen abhängig, wie die Balance zwischen kollektiver, solidarischer Absicherung und individueller Verantwortung für die Risikovermeidung ausgestaltet worden ist. Die beiden Kriterien Sicherheit und soziale Gerechtigkeit können uns möglicherweise, losgelöst von wechselnden politischen Interessenlagen, Hinweise darauf geben, in welchen Bereichen eine Privatisierung von Sozialleistungen zu rechtfertigen wäre.

Private soziale Absicherung bedeutet zunächst einen Freiheitsgewinn: Individuelle Präferenzen entscheiden über den Anteil der Ressourcen, der für die Absicherung gegen Alter, Krankheit oder Arbeitslosigkeit verwendet werden soll. Formal treten also individuelle Entscheidungen an die Stelle staatlicher Bevormundung. Allerdings sind es nicht allein individuelle Präferenzen, die den Umfang der privaten Absicherung bestimmen. Wie viel in die individuelle Vorsorge investiert wird, hängt natürlich auch von der Höhe des jeweils zur Verfügung stehenden Einkommens (bzw. Vermögens) ab. Möglicherweise ist daher in manchen Fällen ein niedriges Einkommen und nicht eine geringe Präferenz für soziale Absicherung der Grund für eine unzureichende Vorsorge.

Die Existenzsicherung stellt einen Bereich dar, der nicht individuellen Entscheidungen überlassen werden oder von den Einkommensverhältnissen abhängig sein sollte, sondern kollektiv zu organisieren ist und über Steuern zu finanzieren wäre. Eine über das Existenzminimum hinausgehende Absicherung eines einmal erreichten Lebensstandards hingegen berücksichtigt per definitionem Einkommensunterschiede. Gegen eine stärkere Privatisierung der Lebensstandardsicherung sprechen demzufolge weder die oben entwickelten Sicherheitsprinzipien noch die dargelegten Gerechtigkeitsprinzipien. Anderes gilt jedoch für die aus dem Gerechtigkeitsprinzip abgeleiteten Instrumente zur Herstellung gleicher Teilhabechancen, die kollektiv zu finanzieren wären. Denn die Chancen auf aktive Partizipation am sozialen, beruflichen und politischen Leben sollten allen Bürgern zuteil werden. Die sozialstaatlichen Leistungen in den Bereichen Bildung, Kinderbetreuung und aktiver Arbeitsmarktpolitik gilt es deshalb dem Privatisierungsdrang ebenso zu entziehen wie die Gesundheitsversorgung.[10]

## 3. Die Zukunftsfähigkeit des deutschen Sozialstaats

Es ist durchaus Skepsis angebracht, ob die bestehenden Strukturen des deutschen Sozialstaats geeignet sind, zentralen Aufgaben und Funktionen zu-

---

10 Das bedeutet freilich nicht, dass der Staat nicht auf private Leistungserbringer in diesen Bereichen zurückgreifen sollte, wenn er dadurch effektivere oder effizientere Ergebnisse erzielen kann. Der Zugang zu den Leistungen muss universell gewährleistet sein.

künftig nachzukommen, wenn man bedenkt, wie sich die gesellschaftlichen Grundlagen des auf Lebensstandardsicherung abzielenden deutschen Sozialversicherungsstaats bereits jetzt verändert haben. Soziale Sicherung wird hierzulande durch Sozialversicherungen für abhängige Erwerbspersonen erreicht und über Beiträge finanziert. Da die Leistungen nach Berufsstand, Arbeitseinkommen und Beitragshöhe geschichtet sind, wird die soziale Position auch im Versicherungsfall aufrechterhalten. Zu den Grundlagen eines solchen Sozialstaats rechnet man:

- das Normalarbeitsverhältnis,
- die Einverdiener-Familie,
- die Lebensstandardsicherung durch das Versicherungsprinzip und
- die Vollbeschäftigung.

Das „normale" Erwerbsleben einer Person vollzieht sich entsprechend diesen Leitbildern im Wesentlichen in einem lebenslangen festen Vollzeitarbeitsplatz. Weitere Grundannahme ist in diesem Kontext eine meist männliche Erwerbsperson, die mit ihrem Markteinkommen eine Familie ernährt, so dass die Frau unentgeltlich die Haushalts-, Kindererziehungs- und Pflegeaufgaben übernehmen kann. Im Falle des Risikoeintritts sollen die Sozialleistungen den Transferempfänger in die Lage versetzen, den bisherigen Lebensstandard seiner Familie weitestgehend zu sichern. Dabei werden die drei großen Sicherungssysteme – Rente, Gesundheit, Arbeitslosigkeit – zum weitaus überwiegenden Teil über paritätisch erhobene Beiträge der Arbeitnehmer und der Arbeitgeber finanziert, daneben erhalten mittlerweile sowohl die Renten- wie die Arbeitslosenversicherung Steuerzuschüsse aus dem Bundeshaushalt. Die Leistungen bemessen sich auch danach, wie lange eine Person am Erwerbsleben teilgenommen hat. Dieses dem System inhärente Äquivalenzprinzip (d.h. die Kopplung der individuellen Ansprüche an die geleisteten Beiträge auf der Basis erbrachter Erwerbsarbeit) wird zwar nicht durchgehend eingehalten, lässt aber dennoch nur geringe Umverteilungsmöglichkeiten zu. Ein maßgebliches Ziel des deutschen Sozialstaats ist also die Sicherung des einmal erreichten Status im Gegensatz zu möglichen anderen Zielen wie Umverteilung oder Armutsvermeidung.

Um das beachtliche Transfervolumen finanzieren zu können, ist das System zumindest implizit auf Vollbeschäftigung (der Männer) angewiesen, da die Finanzierung des Sozialstaates primär auf den Beiträgen abhängig Beschäftigter basiert. Die Leistungserbringung und -verwaltung wird dabei nicht notwendig vom Staat selbst übernommen, sondern oft korporativen und selbstverwalteten Organisationen übertragen. Dies führt partiell zu einer Fragmentierung der sozialen Sicherung (vor allem im Gesundheitssektor) und zu einer Vielzahl von Akteuren, die tendenziell Eigeninteressen verfolgen. Ist der deutsche Sozialstaat mit diesen Strukturen für die Zukunft gerüstet?

*Sicherheit*

Weder Ergebnisgleichheit noch Lebenschancengleichheit waren oder sind Leitideen des deutschen Sozialstaats. Die individuelle Statussicherung gehört hingegen zu seinen Kernelementen. Angesichts der Erosion des Normalarbeitsverhältnisses erweisen sich die bestehenden Sicherungssysteme für diesen Zweck jedoch zunehmend als untauglich. Die Sozialversicherung kann die wachsende Zahl der atypischen und unregelmäßig verlaufenden Erwerbsbiografien nicht ausreichend berücksichtigen. Besonders die steigende Zahl der Teilzeitbeschäftigten und Arbeitnehmer in befristeten oder geringfügigen Beschäftigungsverhältnissen (vgl. Tabellen 1 und 2) können aufgrund der Leistungsprinzipien nicht mit einer über die Grundsicherung hinausgehenden Absicherung rechnen.

Tabelle 1: Teilzeitbeschäftigte in Prozent der Beschäftigung insgesamt

|  | 1995 | 2000 | 2005 |
|---|---|---|---|
| EU-15 | 15,8 | 17,7 | 20,3 |
| Dänemark | 21,8 | 21,3 | 22,1 |
| *Deutschland* | *16,3* | *19,4* | *24,0* |
| Frankreich | 15,8 | 16,7 | 17,2 |
| Niederlande | 37,4 | 41,5 | 46,1 |
| Schweden | 20,5 | 19,5 | 24,7 |
| Vereinigtes Königreich | 24,1 | 25,2 | 25,4 |

Quelle: Eurostat (2006).

Tabelle 2: Prozentsatz der Arbeitnehmer mit Zeitverträgen

|  | 1995 | 2000 | 2005 |
|---|---|---|---|
| EU-15 | 12,0 | 13,7 | 14,3 |
| Dänemark | 11,6 | 9,7 | 9,8 |
| *Deutschland* | *10,5* | *12,7* | *14,2* |
| Frankreich | 12,4 | 15,2 | 13,3 |
| Niederlande | 11,4 | 13,7 | 15,5 |
| Schweden | 14,7 | 15,8 | 16,0 |
| Vereinigtes Königreich | 7,2 | 6,9 | 5,7 |

Quelle: Eurostat (2006).

Die Gruppe der geringfügig beschäftigten (d.h. sozialversicherungsfreien) Arbeitnehmer ist in Tabelle 1 zur Teilzeitbeschäftigung eingerechnet.[11] Der Sachverständigenrat zur Begutachtung der gesamtwirtschaftlichen Entwicklung (SVR) zählte für das Jahr 2005 ca. 4,7 Mio. ausschließlich geringfügig

---
11 Die präsentierten Daten und Vergleichsländer dienen der Illustration. Die Länder repräsentieren einen Querschnitt der „Welten des Wohlfahrtskapitalismus" von Esping-Andersen (1990).

Beschäftigte in Deutschland neben rund 26 Mio. sozialversicherungspflichtig Beschäftigten (SVR 2005, Tabelle 14).

Für die atypisch Beschäftigten ist vor allen Dingen der Aufbau einer hinreichenden Altersvorsorge ein Problem. Um einen Anstieg der Altersarmut zu vermeiden, wurde 2003 durch die Einführung der „bedarfsorientierten Grundsicherung im Alter" dem deutschen System ein neues Element der steuerfinanzierten Grundsicherung hinzugefügt. Diese Grundsicherung belief sich im Jahr 2006 neben den Kosten für Unterkunft und Heizung auf monatlich maximal 345 Euro. Verbleiben Personen in ihrem Erwerbsleben in prekären Beschäftigungsverhältnissen, dann liegt ihre Absicherung in der Regel an oder unter der Armutsgrenze.

Doch auch für die sozialversicherungspflichtig Vollerwerbstätigen ist die Statussicherung im Falle der Arbeitslosigkeit nur noch eingeschränkt gewährleistet. Die Arbeitslosenversicherung berechtigt nach den „Hartz-Reformen" zu beitragsbezogenen Lohnersatzleistungen (Arbeitslosengeld I, ALG I) für maximal zwölf Monate (bei älteren Arbeitnehmern ab 55 Jahren für maximal 18 Monate), danach wird das Arbeitslosengeld II (ALG II) gezahlt. Das ALG II mit derzeit monatlich 345 Euro für Alleinstehende zuzüglich der Kosten für Unterkunft und Heizung bezeichnet das faktische Existenzminimum in Deutschland und stellt gleichzeitig einen impliziten Mindestlohn dar, denn niedrigere Einkommen können mit dem ALG II aufgestockt werden. Durch die Begrenzung der Bezugsdauer des einkommensbezogenen ALG I auf maximal zwölf Monate und die Einführung eines Einheitssatzes beim ALG II ist die statussichernde Komponente des deutschen Sozialstaats mithin für Arbeitnehmer im Normalarbeitsverhältnis reduziert worden.

Die soziale Inklusion ist nicht nur bei den oben aufgeführten Gruppen in Frage gestellt, sondern besonders bei denen, die dauerhaft von der Erwerbsarbeit ausgeschlossen sind. Es fällt auf, dass in Deutschland ein im internationalen Vergleich großer Teil der Arbeitslosen dauerhaft arbeitslos ist (vgl. Tabelle 3).

Tabelle 3: Prozentanteil der Langzeitarbeitslosen* an allen Arbeitslosen

|  | 1995 | 2000 | 2005 |
|---|---|---|---|
| EU-15 | 48,9 | 44,8 | 41,3 |
| Dänemark | 29,3 | 21,7 | 23,4 |
| *Deutschland* | *48,2* | *51,2* | *53,0* |
| Frankreich | 39,4 | 38,8 | 41,2 |
| Niederlande | 47,4 | 26,5 | 40,2 |
| Schweden | 25,9 | 25,0 | 15,8 |
| Vereinigtes Königreich | 41,9 | 26,7 | 21,1 |

* Langzeitarbeitslosigkeit ist definiert als Arbeitslosigkeit über zwölf Monate.
Quelle: Eurostat (2006).

Bei den rund zwei Mio. Langzeitarbeitslosen im Jahr 2005 ist die normale Teilhabe am gesellschaftlichen Leben zumindest gefährdet. Dieser Umstand ist noch bedenklicher, wenn man berücksichtigt, dass zunehmend Familien mit Kindern von Arbeitslosigkeit betroffen sind. Lebten 1992 6,3 Prozent der Kinder in Deutschland in Haushalten ohne Erwerbseinkommen, waren es 2005 bereits 10,9 Prozent (Eurostat 2006). Soziale Exklusion droht jedoch nicht allein erwerbslosen Personen, sondern auch jenen Beschäftigten, die trotz eines Einkommens unterhalb der Armutsgefährdungsgrenze (EU-Definition: weniger als 60 Prozent des Durchschnittseinkommens) leben. Weil sich das Sicherheitsrisiko und die Konsequenzen der Arbeitslosigkeit verstärkt auf bestimmte Personengruppen konzentrieren, kommen hier gerechtigkeits- und demokratietheoretische Probleme hinzu.

*Gerechtigkeit*

Bei den theoretischen Überlegungen zu den Kriterien eines zukunftsfähigen Sozialstaats haben wir argumentiert, dass die Bereitstellung von Bildungs- und Weiterbildungsmöglichkeiten eine zentrale Bedingung für Gerechtigkeit ist. Ein erster Indikator sind die allgemeinen Bildungsausgaben, mit denen langfristig in Lebenschancen investiert wird und die Beschäftigungschancen der Bürger gesichert werden. Hier ist zu konstatieren, dass Deutschland bei den öffentlichen Aufwendungen noch unterhalb des EU-15-Durchschnitts und weit abgeschlagen hinter den skandinavischen Ländern liegt (Abbildung 1).

Abbildung 1: Ausgaben für Bildung (2002)

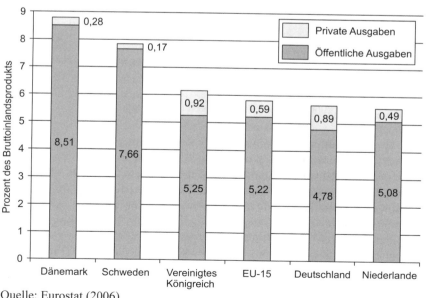

Quelle: Eurostat (2006).

Der niedrige Stand der Bildungsausgaben erlangt eine besondere Bedeutung, wenn man bedenkt, dass die Anforderungen einer Wirtschaft, die auf Wissen basiert, und die Fertigkeiten der Arbeitssuchenden mehr und mehr auseinanderklaffen. So sind vor allem Personen mit geringer formaler Bildung von sozialer Exklusion – hier verstanden als Ausschluss aus dem Arbeitsmarkt – bedroht. Dieser Zusammenhang zeigt sich in Deutschland besonders stark: 2004 war die Arbeitslosenquote von Geringqualifizierten mit 20,5 Prozent hierzulande doppelt so hoch wie im Durchschnitt der in der OECD (Organisation for Economic Co-operation and Development) zusammengeschlossenen Länder (OECD 2006a, S. 260).

Auch bei den Bemühungen, Arbeitslose mittels Qualifizierungsmaßnahmen im Rahmen der aktiven Arbeitsmarktpolitik wieder in den Arbeitsmarkt zu integrieren, fällt Deutschland hinter die skandinavischen Staaten zurück (vgl. Tabelle 4).

Tabelle 4: Ausgaben für aktive Arbeitsmarktpolitik* (2003)

|  | Ausgaben für aktive Arbeitsmarktpolitik (in Prozent des Bruttoinlandsprodukts) | Ausgaben pro Arbeitslosen (in Euro) | Ausgaben für Bildung/Training pro Arbeitslosen (in Euro) |
|---|---|---|---|
| Dänemark | 1,53 | 18.490 | 6.253 |
| Schweden | 1,04 | 10.696 | 4.015 |
| *Deutschland* | *0,95* | *5.553* | *2.599* |
| Niederlande | 0,95 | 13.854 | 2.906 |
| EU-15 | 0,70 | 4.535 | 1.787 |
| Vereinigtes Königreich | 0,16 | 1.769 | 1.436 |

* Aktive Arbeitsmarktpolitik umfasst: arbeitsmarktbezogene Bildungs- und Trainingsmaßnahmen, Maßnahmen speziell für Jugendliche, subventionierte Beschäftigung und Behindertenhilfe.
Quelle: Eurostat (2006), eigene Berechnungen (Beträge gerundet).

Der Vorrang kompensatorischer monetärer Transfers (passiv) gegenüber Dienstleistungen (aktiv) findet sich auch im Bereich der Familienpolitik. Zwar gibt der deutsche Sozialstaat im europäischen Vergleich relativ viel für die Familienförderung aus, zugleich jedoch relativ wenig für Serviceleistungen wie die Betreuung von Kindern (vgl. Abbildung 2). Angesichts der eingangs skizzierten Herausforderungen (z.B. die Veränderungen in den Familienstrukturen) sind universell bereitgestellte Kinderbetreuungsangebote besonders wichtig. Denn zum einen gewährleisten monetäre Transfers an die Eltern keineswegs, dass diese Mittel auch den Kindern zugute kommen. Zum anderen ermöglichen es staatlich finanzierte und somit für die Eltern kostenlose Kinderbetreuungsangebote auch Müttern, die immer noch die

Abbildung 2: Öffentliche Ausgaben für Familienpolitik (1998)

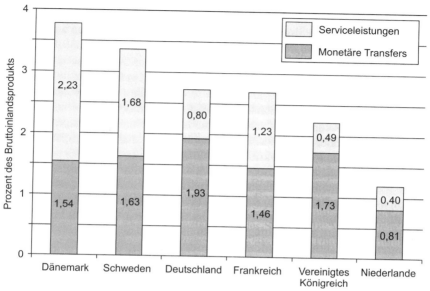

Quelle: OECD (2006b).

Hauptlast der Erziehungsarbeit tragen, einer Beschäftigung in frei wählbarem Umfang nachzugehen.

Diese punktuellen Beispiele aus den Bereichen Bildungs-, Arbeitsmarkt- und Familienpolitik demonstrieren, dass Deutschland im internationalen Vergleich nicht als vorsorgender Sozialstaat bezeichnet werden kann. Wie ist es um das dritte Kriterium, die fiskalische Nachhaltigkeit, bestellt?

*Fiskalische Nachhaltigkeit*

Für die sozialen Sicherungssysteme bedeutet der gegenwärtig hohe Stand der Arbeitslosigkeit vor allem eine verschärfte finanzielle Belastung. Sie ergibt sich aus einer Kombination von erhöhtem Mittelbedarf aufgrund der gestiegenen Arbeitslosigkeit sowie dem Wegfall von Beiträgen und Steuern der vormals Beschäftigten. Dieser Kostenproblematik kann auf zweierlei Weise begegnet werden: entweder durch eine Erhöhung der Einnahmen (Beiträge oder Steuern) oder durch eine Absenkung der Leistungen. Eine Anhebung der Sozialversicherungsbeiträge ist allerdings aus zwei Gründen umstritten: Zum einen wird damit nur die (abhängig beschäftigte) Erwerbsbevölkerung zur Finanzierung herangezogen, zum anderen verteuern höhere Abgaben als „Lohnnebenkosten" den Produktionsfaktor Arbeit und können die Beschäftigungsdynamik beeinträchtigen. Der europäische Vergleich belegt, dass das Steuer- und Abgabenaufkommen in Deutschland sich zu einem sehr großen Teil aus Sozialversicherungsbeiträgen speist. Der Anteil der Sozialversicherungsbeiträge am gesamten Steuer- und Abgabenaufkommen betrug 2004 in Deutschland 42 Prozent. Nur die kontinentalen Sozialstaaten Frankreich und die Niederlande weisen ähnlich hohe Werte auf (37,1 Prozent bzw. 36,9 Prozent). Andere europäische Staaten wie Schweden (28,6 Prozent), das Vereinigte Königreich (18,4 Prozent) und Dänemark (2,4 Prozent) finanzieren sich deutlich stärker über Steuern.

Für Unternehmen bieten sich bei hohen Lohnabgaben kurz- und mittelfristig zwei Ausweichstrategien an: Entweder werden reguläre Arbeitsplätze durch Kapitaleinsatz substituiert oder durch sozialversicherungsfreie Beschäftigung zurückgedrängt. Beides verschärft die Finanzierungsproblematik weiter. Insbesondere im Niedriglohnbereich werden dadurch Beschäftigungspotenziale verschenkt (Scharpf 2000), und der deutsche Sozialstaat behindert so die Ausdehnung seiner finanziellen Grundlage. Dies erklärt, warum die aktuelle (Finanzierungs-)Struktur des deutschen Sozialstaats selbst als Problemverursacherin angesehen wird (vgl. Schmidt 2001). Die Zunahme sozialversicherungsfreier Beschäftigung hat bei einem parallelen Ausbau steuerfinanzierter Grundsicherungen nicht notwendigerweise eine Sicherungslücke zur Folge. Allerdings droht bei gleichzeitigem Festhalten an den Sozialversicherungen die Schaffung eines dualen Systems der sozialen Sicherheit, in dem sich relativ gut abgesicherte Sozialversicherte einerseits und auf die Grundsicherung verwiesene Personen andererseits gegenüberstehen. Ansätze hierzu sind ohnehin schon durch die Beitragsbemessungsgrenze und die Pflichtversicherungsgrenze gegeben. Erstere begrenzt das zur Berechnung der Abgaben relevante Einkommen in der Renten- und Krankenversicherung durch ein Höchstlimit, Letztere eröffnet Erwerbstätigen mit hohem Einkommen die Möglichkeit, aus der gesetzlichen Krankenversicherung auszusteigen. Diese Exit-Option für Besserverdienende führt zu einer systematischen Schwächung der Finanzierungsgrundlage – und überdies zu einer ungünstigeren Risikostruktur des Versichertenkreises (siehe Kühn/Klinke in diesem Band). Sowohl in der Kranken- als auch in der Rentenversicherung spricht der Sachverständigenrat von einem Versichertenschwund und von einer generellen Einnahmeschwäche als den Hauptproblemen des Versicherungssystems (SVR 2004, Ziffern 342-350). Besonders sichtbar wird diese Problematik in der Mitgliederstruktur der gesetzlichen Krankenversicherung (vgl. Tabelle 5).

Tabelle 5: Mitgliederstruktur der gesetzlichen Krankenversicherung (in Prozent, Zeilenprozente = 100)

| Jahr | Pflichtmitglieder | Freiwillige Mitglieder | Rentner |
|---|---|---|---|
| 1991 | 61,9 | 10,2 | 27,9 |
| 1995 | 59,3 | 11,2 | 29,4 |
| 2000 | 56,7 | 12,7 | 29,6 |
| 2003 | 57,0 | 10,0 | 33,0 |

Quelle: SVR JG (2005, Tabelle 56), eigene Berechnungen.

Durch den steigenden Anteil der Rentner, die im Durchschnitt über ein geringeres Einkommen als die Pflichtmitglieder verfügen, verschlechtert sich erstens die Risikostruktur und sinken zweitens die Einnahmen. Gleichzeitig verringert sich der Anteil der freiwillig Versicherten. Dies sind in erster Linie Personen, die aufgrund ihres Einkommens über der Pflichtversicherungsgrenze liegen und deren Austritt sich negativ auf die Beitragsbasis auswirkt. Von 2000 bis 2003 haben ca. 828.000 freiwillige Mitglieder der gesetzlichen Krankenversicherung den Rücken gekehrt.

Hauptursache der drängenden fiskalischen Probleme allerdings ist die unzureichende Beschäftigungsquote. Die fiskalische Nachhaltigkeit der deutschen Sozialsysteme leidet weniger an einzelnen institutionellen Defiziten als an dem hohen Anteil von Personen, die keiner Erwerbsarbeit nachgehen. In diesem Zusammenhang ist auch die Herausforderung der demografischen Veränderung zu sehen. Die wachsende Zahl alter Menschen wäre im durch Umlagen finanzierten deutschen System leichter zu verkraften, wenn die Erwerbsquote der älteren Jahrgänge ansteigen würde, die in Deutschland im europäischen Vergleich unterdurchschnittlich ist.

Weiter oben haben wir betont, dass der moderne Sozialstaat neben der Absicherung der Lebensrisiken zu verstärkten Investitionen in den Bereichen Bildung und Kinderbetreuung aufgerufen ist. Dafür sollte es in Deutschland genügend Spielraum geben. Denn im europäischen Vergleich fällt auf, dass der hiesige Sozialstaat einen unterdurchschnittlichen Anteil des Bruttosozialprodukts abschöpft und neu verteilt. Angesichts einer Staatsquote[12] von 46,7 Prozent, die unter dem EU-15-Durchschnitt von 47,5 Prozent liegt, erscheint die immer wiederkehrende Diskussion über die Grenzen des Sozialstaats im europäischen Kontext fragwürdig. Entsprechende Debatten gab es bereits zu Beginn des 20. Jahrhunderts, als die Sozialversicherungen lediglich 1,4 Prozent des Volkseinkommens banden (Alber 1988, S. 458). Die deutlich höheren Staatsquoten Dänemarks (53,1 Prozent) und Schwedens (56,6 Prozent) zeigen beispielhaft, dass umfassende soziale Absicherung durchaus mit ökonomischer Leistungskraft vereinbar ist.

Die Bewertung des deutschen Sozialstaats hinsichtlich seiner fiskalischen Nachhaltigkeit fällt somit kritisch aus. Sowohl die Einnahmeseite wie auch die Ausgabenstruktur lassen deutliche Konstruktionsmängel erkennen.

## 4. Reformpotenziale und -hindernisse

Unser entlang der drei Prinzipien Sicherheit, Gerechtigkeit, Nachhaltigkeit entwickelter Befund der Notwendigkeit von Reformen ist weder neu, noch wird er grundsätzlich bestritten. Andere europäische Sozialstaaten haben in den 1990er Jahren durchaus sozialpolitische Umbaumaßnahmen erlebt,

---

12 Die Staatsquote ist der Anteil der Gesamtausgaben des Staates am Bruttoinlandsprodukt. Die nachfolgend genannten Werte beziehen sich auf das Jahr 2005 (vgl. Eurostat).

Deutschland wird für diese Zeit hingegen ein weitgehender Reformstau attestiert (Merkel et al. 2006). Setzt man an den oben beschriebenen Defiziten an, lassen sich einige konkrete Reformoptionen benennen. Allerdings ist zu berücksichtigen, dass Regierungen und die sie stützenden Parteien in einem von ökonomischen und politisch-institutionellen Variablen strukturierten Kontext agieren, der die Durchsetzung ihrer (sozial)politischen Ziele in spezifischer Weise ermöglicht oder beschränkt. Es gilt zu klären, welche Reformpotenziale den politischen Akteuren in Deutschland in der Sozialpolitik zur Verfügung stehen und welche Hindernisse das deutsche politische System bereithält. Abschließend sollen daher notwendige Reformansätze umrissen und mit den wichtigsten Hindernissen kontrastiert werden.

*Verstärkte Investitionen in Bildung und Weiterbildung*

Verstärkte Investitionen in Bildung und Ausbildung sowie ein verbessertes Angebot an Weiterbildungs- und Trainingsmöglichkeiten (für Arbeitslose und Beschäftigte) müssten angesichts der hohen Arbeitslosenquoten Geringqualifizierter an der Spitze der politischen Agenda stehen. Im Jahr 2005 besaßen 13,8 Prozent der 18- bis 24-Jährigen lediglich einen unteren Sekundarabschluss und absolvierten zudem keine weiteren Bildungsmaßnahmen (Eurostat 2006). Nur verstärkte Anstrengungen im Bildungsbereich können ein Abrutschen solcher Personen in prekäre Beschäftigung oder Langzeitarbeitslosigkeit verhindern.

Reformen im Bildungssektor stehen in Deutschland jedoch Kompetenzschwächen der Bundesregierung in der Schul- und Hochschulpolitik entgegen. Im föderalen System der Bundesrepublik obliegt den Bundesländern die fast alleinige Gesetzgebungshoheit in der Bildungspolitik. Mit der jüngsten Föderalismusreform wurden die Kompetenzen der Länder in diesem Bereich sogar noch ausgebaut, zugleich bieten die Länderhaushalte aber kaum finanzielle Spielräume.

Neben der Schul- und Hochschulpolitik ist auch eine Fokussierung der aktiven Arbeitsmarktpolitik auf hochwertige Aus- und Weiterbildungsangebote notwendig. Die Gesamtausgaben für aktive Arbeitsmarktpolitik liegen zwar über dem europäischen Durchschnitt, allerdings bewegt sich der Anteil dieser Ausgaben für Bildung und Training deutlich unter den Werten der skandinavischen Länder (vgl. Tabelle 4 oben).

Mögliche Reformen könnten sich an den erfolgreichen Maßnahmen der schwedischen Regierungen in den 1990er Jahren orientieren. Trotz der damaligen wirtschaftlichen Krise wurden dort die Mittel für den Bildungssektor erhöht. Dies wurde mit einer umfangreichen Bildungsinitiative verbunden, die gering qualifizierten Arbeitslosen die Erlangung eines formalen Bildungsabschlusses ermöglichte.

Dem Ausbau solcher Maßnahmen stehen auch finanzielle Zwänge entgegen. Die Finanzierung sowohl der passiven als auch der aktiven Arbeitsmarktpolitik überwiegend aus den Beiträgen der Versicherten engt den Spielraum für aktive Maßnahmen ein. Denn insbesondere in Zeiten hoher Arbeitslosigkeit treffen niedrigere Einnahmen und steigende Ausgaben für das Arbeitslosengeld zusammen. Dadurch stehen gerade dann am wenigsten Mittel für aktive Arbeitsmarktpolitik zur Verfügung, wenn sie am dringendsten benötigt werden. Mit den „Hartz-Reformen" wurde das Problem einer solchen prozyklischen Arbeitsmarktpolitik zumindest teilweise entschärft: Nicht nur die Transferleistungen für ALG-II-Empfänger, sondern auch die Ausgaben für Fördermaßnahmen zugunsten dieses Personenkreises werden nun aus Steuermitteln des Bundes finanziert. Damit sind nur noch die an ALG-I-Empfänger gerichteten Programme von dem Problem der Mittelknappheit der Bundesagentur für Arbeit in Phasen hoher Arbeitslosigkeit bedroht. Allerdings zeigt der aktuelle Streit um die Verwendung der für das Jahr 2006 prognostizierten Überschüsse der Bundesagentur, dass aus den Fehlern der Vergangenheit nur wenig gelernt wurde. Anstatt in die Qualifizierung und Reintegration der Arbeitslosen zu investieren, wurde in der Großen Koalition über die Verwendung des Überschusses zum Schuldenabbau des Bundes oder zur Beitragssatzsenkung diskutiert. Überlegungen zur Schaffung so genannter Übergangsarbeitsmärkte (zu diesem Konzept siehe Schmid 2002 sowie Hartlapp/Schmid in diesem Band), die auch die Weiterbildung momentan Beschäftigter einschließen, finden noch weniger Beachtung.

Neben dem Problem der Beitragsfinanzierung aktiver Maßnahmen für ALG-I-Empfänger sind die Hauptreformhindernisse zum einen die Zersplitterung der Kompetenzen, die einer konzertierten Strategie in der Bildungspolitik entgegensteht. Zum anderen zeigt sich im Streit über die Verwendung knapper Ressourcen der geringe politische Stellenwert von Aus- und Weiterbildungsmaßnahmen.

*Soziale Dienstleistungen anstelle monetärer Transferleistungen*

Eine Umschichtung der Sozialausgaben von monetären Transfers hin zu öffentlich bereitgestellten sozialen Dienstleistungen wäre aus mehreren Gründen sinnvoll. Entsprechende Angebote würden es vor allem Frauen mit Kindern erleichtern, einer Erwerbstätigkeit nachzugehen, darüber hinaus könnte ein Ausbau der ganztägigen Kinderbetreuung zudem einen wichtigen Beitrag zur Sicherung der Lebenschancen von Kindern aus sozial benachteiligten Schichten leisten. Eine Expansion in diesem Bereich dürfte außerdem einen Beschäftigungseffekt im Dienstleistungssektor bewirken. Auch hier können die skandinavischen Wohlfahrtsstaaten als Beispiel dienen: Schweden und Dänemark verwenden rund 40 Prozent ihrer Sozialausgaben für soziale Dienstleistungen, in Deutschland sind es hingegen nur ca. 30 Prozent. Unproblematisch wäre indes auch dieser Reformansatz nicht. Solange keine zusätzlichen Mittel eingesetzt werden, sondern eine bloße Umschichtung zulasten monetärer Transfers stattfindet, ist Widerstand von Seiten der bisherigen Transferempfänger und der diesbezüglichen Interessengruppen zu erwarten. Keine der beiden großen Volksparteien in Deutschland hat sich in dem Zielkonflikt zwischen passiver und aktiver Sozialpolitik bis dato eindeutig für eine bestimmte Position entschieden. Dies zeigte sich zuletzt in den Verhandlungen zur Großen Koalition: Zwar sollte die Kinderbetreuung verbessert werden, im Streit um die künftige Ausrichtung der Familienpolitik ging es aber vornehmlich um unterschiedliche Konzeptionen monetärer Leistungen (höhere Freibeträge vs. lohnabhängiges Elterngeld). Auch das Festhalten am Ehegattensplitting unterstreicht die Orientierung an einem traditionellen Familienbild. Der größte Hemmschuh für einen Ausbau sozialer Dienstleistungen sind somit die in großen Teilen der Volksparteien und der sie wählenden Bevölkerung vorherrschenden konservativen Wertvorstellungen.

*Stärkere Steuerfinanzierung der Sozialsysteme*

Eine erste Maßnahme zur Linderung der Einnahmeausfälle der Sozialversicherungen sind Steuerzuschüsse. Die sozialen Sicherungssysteme in höherem Maße über Steuern zu finanzieren ist auch deshalb sinnvoll, weil die Belastung der Erwerbsarbeit (insbesondere im Niedriglohnsektor) dadurch begrenzt bzw. verringert werden kann. Schon heute wird vor allem in der Rentenversicherung auf diese Form der Finanzierung zurückgegriffen. Ein weiteres Beispiel ist die angestrebte Verwendung der Mehrwertsteuererhöhung 2007, die zu einem (kleineren) Teil zur Senkung der Abgaben für die Arbeitslosenversicherung dienen soll. Die Beteiligung der gesamten Bevölkerung an der Finanzierung der sozialen Sicherungssysteme hätte zudem eine Verbreiterung der Einnahmebasis zur Folge. Auch normativ ist es schwer zu legitimieren, dass den Bessergestellten im jetzigen fragmentierten System die Möglichkeit geboten wird, aus der solidarischen Finanzierung auszusteigen. Eine allgemeine Finanzierung wäre freilich nur dann zu rechtfertigen, wenn alle Bürger von den Leistungen profitieren würden. Dies müsste nicht unbedingt einen vollständigen Verzicht auf Beitragssysteme bedeuten. Im Fall der Rentenversicherung könnte eine beitragsfinanzierte Säule zur leistungsgerechten Bemessung der individuellen Rentenhöhe genutzt werden und würde an das bestehende System anknüpfen. Diese Argumente lassen sich jedoch nicht auf das Gesundheitssystem übertragen. Denn hier sind die Leistungen nicht an die Höhe der eingezahlten Beiträge gebunden. Es sprechen also keine Gerechtigkeitserwägungen für eine Beitragsfinanzierung, die Umstellung auf eine Finanzierung aus Steuermitteln würde das universalistische Prinzip nur konsequent auf die Einnahmeseite ausdehnen.

Angesichts der oben ausgeführten problematischen Wirkungen der Finanzierung durch Beiträge kann eine Beitragssenkung bei gleichzeitiger Erhöhung der Steuerfinanzierung als zukunftsfähige Strategie angesehen werden. Eine zusätzliche Option wäre eine einkommensabhängige Staffelung der Sozialversicherungsbeiträge, die dann von einer progressiv erhobenen Lohnsteuer nicht mehr zu unterscheiden wären, doch würde so das Problem der hohen Abgaben im Niedriglohnsektor verringert.

Dass solche Reformen in Deutschland durchsetzbar sind, muss aus mehreren Gründen bezweifelt werden. Diejenigen, die von den besseren Leistungen der privaten Versicherungen profitieren, werden Parteien mit einer programmatischen Ausrichtung auf steuerfinanzierte Sozialleistungen schwerlich unterstützen. Eine stärkere Steuerfinanzierung würde mit einer erhöhten staatlichen Steuerung in der Sozial- und Gesundheitspolitik einhergehen. Dies dürfte bei den jetzigen privaten Anbietern Widerstand hervorrufen. Auch die in den Institutionen der Selbstverwaltung verankerten Interessengruppen sind im deutschen Sozialstaat mit einem erheblichen Vetopotenzial ausgestattet und können auf diesem schwer überschaubaren Politikfeld maßgeblich den öffentlichen Diskurs beeinflussen.

Steuererhöhungen, die sofort wirken und alle Bürger betreffen, sind zudem für Parteien im Wettbewerb um Wähler ein großes Risiko, vor allem wenn die positiven Effekte – Beitragssenkungen und etwaige Beschäftigungsgewinne – nur einigen zugute kommen oder sich erst in der Zukunft realisieren lassen. Dies zeigte sich bereits bei den Versuchen früherer Bundesregierungen, eine umfassende Gesundheitsreform durchzuführen. Sämtliche Reformen beschränkten sich bisher auf kleinere Anpassungen innerhalb des bestehenden Systems. Mit der gegenwärtigen Großen Koalition tut sich in diesem Politikfeld ein Gelegenheitsfenster auf, weil der Parteienwettbewerb zumindest abgeschwächt ist. Allerdings traten CDU und SPD mit unterschiedlichen Konzepten zur Wahl an – in der Hoffnung, mit einem kleineren Koalitionspartner ihre jeweiligen Vorstellungen durchsetzen zu können. Dadurch ist der Spielraum für eine konsistente Politik relativ gering. Der erreichte Kompromiss zwischen den Parteien wurde so gestaltet, dass nach der nächsten Bundestagswahl der Weg für das eigene Modell nicht verbaut ist. Die Gesundheitsreform der Großen Koalition wird voraussichtlich nicht mehr als eine Zwischenlösung sein. Solche Übergangslösungen entfalten nur geringe Verbindlichkeit innerhalb der Parteien. Vor allem Ministerpräsidenten, die mit baldigen Wahlen konfrontiert sind, tendieren dazu, mögliche Auswirkungen auf ihre Wiederwahlchancen genauestens zu bedenken. Damit sind sie auch besonders empfänglich für die Lobbyarbeit betroffener Interessengruppen, an denen es im Gesundheitssystem nicht mangelt.

## 5. Resümee

Die skizzierten Reformoptionen zielen darauf ab, die Struktur- und Finanzprobleme der sozialen Sicherungssysteme in Deutschland mithilfe eines verstärkten staatlichen Einsatzes (stärkere Steuerfinanzierung und weniger Einfluss der Sozialpartner) zu lindern. Denkbar wäre auch die Alternative, sozialstaatliche Verpflichtungen zu reduzieren und die private, individuelle Verantwortung zulasten der kollektiven Sicherheit zu betonen. Es mag in Einzelfällen notwendig und gerechtfertigt sein, die Bürger über Eigenleistungen direkt an der Finanzierung der sozialen Sicherheit zu beteiligen. Gemäß den oben beschriebenen Sicherheits- und Gerechtigkeitsprinzipien dürfte dies jedoch nicht bei der Grundsicherung sowie bei jenen Maßnahmen geschehen, die zur Herstellung von Lebenschancengleichheit dienen. Angesichts der immer noch vorhandenen Akzeptanz kollektiver Systeme bei den Bürgern in Deutschland und in den beiden großen Sozialstaatsparteien ist eine solche Strategie der Großen Koalition ohnehin unwahrscheinlich und wäre auch wahlstrategisch riskant. Unter diesen Bedingungen bewegen sich realisierbare Reformvorschläge in einem engen Bereich. Mit Pfadwechseln ist in naher Zukunft kaum zu rechnen, allenfalls sind inkrementelle Veränderungen innerhalb des bestehenden Systems denkbar.

Max Weber betrachtete Ideen, Interessen und Institutionen als zentrale sozialwissenschaftliche Kategorien, die jedoch aufgrund der vielfältigen Wechselwirkungen aufeinander nur schwer getrennt zu analysieren sind. Auch die Hürden für die in diesem Beitrag diskutierten sozialpolitischen Reformen lassen sich mit diesen drei Begriffen beschreiben. Die wichtigste Institution, die Reformen des deutschen Sozialstaats im Wege steht, ist der Föderalismus. Man könnte vermuten, dass die Große Koalition das Bremspotenzial des Bundesrats schwächt. Die großen parteipolitischen Blockaden, die von dieser Institution in den Endphasen der Regierungen Kohl und Schröder ausgingen, sind nicht mehr zu erwarten.

Widerstreitende Interessen, die sich im politischen System Deutschlands normalerweise in Form von Regierung und Opposition gegenüberstehen, verlagern sich nun aber in die Regierungskoalition selbst. Zwar haben CDU und SPD ein gemeinsames Interesse am Erfolg der Koalition auf Bundesebene, treten jedoch gleichzeitig in den Länderwahlkämpfen (und in der nächsten Bundestagswahl) als Hauptkonkurrenten gegeneinander an. Damit müssen beide Parteien zwei widerstreitende Logiken miteinander vereinbaren und sind damit im Augenblick sichtlich überfordert.

Ähnlich problematisch verhält es sich mit den Ideen: Das Vakuum an Ideen und Konzepten in den beiden großen Volksparteien ist kaum zu übersehen. Die CDU streitet sich über ihre politisch-programmatischen „Lebenslügen", die SPD bemüht sich ihrerseits seltsam emotionslos um ein neues Grundsatzprogramm. So sind in der momentanen Lage nicht in erster Linie Institutionen das Problem der deutschen Sozialpolitik, stärker schon die Interessengegensätze zwischen den handelnden Akteuren, vor allem jedoch ein Mangel an gemeinsamen Ideen. Daher ist M. Rainer Lepsius zuzustimmen, wenn er anmerkt: „Ohne wertbegründende Ideen entziehen sich Bemühungen um Interessenausgleich einer Verbindlichkeit. In diesem Sinne wirken auch fehlende Ideen als 'Weichensteller'" (Lepsius 1990, S. 43).

## Literatur

Alber, Jens (1982): *Vom Armenhaus zum Wohlfahrtsstaat. Analysen zur Entwicklung der Sozialversicherung in Westeuropa.* Frankfurt a.M./New York: Campus.
Alber, Jens (1988): „Continuity and Changes in the Idea of the Welfare State". In: *Politics & Society*, Vol. 16, No. 4, S. 451-468.

Alber, Jens (1989): *Der Sozialstaat in der Bundesrepublik: 1950-1983.* Frankfurt a.M./New York: Campus.
Dworkin, Ronald (2000): *Sovereign Virtue: The Theory and Practice of Equality.* Cambridge, MA: Harvard University Press.
Esping-Andersen, Gøsta (1990): *The Three Worlds of Welfare Capitalism.* Cambridge: Polity Press.
Esping-Andersen, Gøsta (2002): „Towards the Good Society, Once Again?" In: Gøsta Esping-Andersen (Ed.): *Why We Need a New Welfare State.* Oxford: Oxford University Press, S. 1-25.
Eurostat (2006): Internet: http://epp.eurostat.ec.europa.eu/portal/page?_pageid=1996, 45323734&_dad=portal&_schema=PORTAL&screen=welcomeref&open=/edtr/educ/educ_finance&language=de&product=EU_MASTER_education_training&root=EU_MASTER_education_training&scrollto=0 (zuletzt aufgesucht am 30.8.2006).
Flora, Peter/Heidenheimer, Arnold J. (1981): „The Historical Core and Changing Boundaries of the Welfare State". In: Peter Flora/Arnold J. Heidenheimer (Eds.): *The Development of Welfare States in Europe and America.* New Brunswick/London: Transaction Books, S. 17-34.
Iversen, Torben/Cusack, Thomas R. (2000): „The Causes of Welfare State Expansion: Deindustrialization or Globalization?" In: *World Politics,* Vol. 52, No. 3, S. 313-349.
Kersting, Wolfgang (2000): *Theorien der Sozialen Gerechtigkeit.* Stuttgart/Weimar: J.B. Metzler.
Kitschelt, Herbert/Lange, Peter/Marks, Gary/Stephens, John D. (1999): *Continuity and Change in Contemporary Capitalism.* Cambridge: Cambridge University Press.
Kymlicka, Will (1997): *Politische Philosophie heute: Eine Einführung.* Frankfurt a.M./New York: Campus.
Lepsius, M. Rainer (1990): „Interessen und Ideen. Die Zurechnungsproblematik bei Max Weber". In: M. Rainer Lepsius (Hg.): *Interessen, Ideen und Institutionen.* Opladen: Westdeutscher Verlag, S. 31-43.
Marshall, Thomas H. (1964): *Class, Citizenship, and Social Development. Essays.* Garden City, NY: Doubleday.
Merkel, Wolfgang/Egle, Christoph/Henkes, Christian/Ostheim, Tobias/Petring, Alexander (2006): *Die Reformfähigkeit der Sozialdemokratie. Herausforderungen und Bilanz der Regierungspolitik in Westeuropa.* Wiesbaden: VS Verlag für Sozialwissenschaften.
OECD (Organisation for Economic Co-operation and Development) (2006a): *OECD Employment Outlook 2006.* Paris: OECD.
OECD (Organisation for Economic Co-operation and Development) (2006b): *OECD Statistical Compendium.* Internet: www.oecd.org (zuletzt aufgesucht am 30.8.2006).
Pierson, Paul (2001): „Post-industrial Pressures on the Mature Welfare States". In: Paul Pierson (Ed.): *The New Politics of the Welfare State.* Oxford: Oxford University Press, S. 80-104.
Rawls, John (1979): *Eine Theorie der Gerechtigkeit.* Frankfurt a.M.: Suhrkamp.
Rawls, John (2003): *Gerechtigkeit als Fairneß. Ein Neuentwurf.* Frankfurt a.M.: Suhrkamp.

Scharpf, Fritz W. (2000): „The Viability of Advanced Welfare States in the International Economy: Vulnerabilities and Options". In: *Journal of European Public Policy*, Vol. 7, No. 2, S. 190-228.

Schmid, Günther (2002): *Wege in eine neue Vollbeschäftigung. Übergangsarbeitsmärkte und aktivierende Arbeitsmarktpolitik.* Frankfurt a.M./New York: Campus.

Schmidt, Manfred G. (1998): *Sozialpolitik in Deutschland. Historische Entwicklung und internationaler Vergleich.* Opladen: Leske + Budrich.

Schmidt, Manfred G. (2001): „Ursachen und Folgen wohlfahrtsstaatlicher Politik: Ein internationaler Vergleich". In: Manfred G. Schmidt (Hg.): *Wohlfahrtsstaatliche Politik. Institutionen, politischer Prozess und Leistungsprofil.* Opladen: Leske + Budrich, S. 33-53.

Sen, Amartya (1985): *Commodities and Capabilities.* Amsterdam/New York: North Holland.

Statistisches Bundesamt (2006): Internet: https://www-ec.destatis.de/csp/shop/sfg/bpm.html.cms.cBroker.cls?CSPCHD=00010001000141045ldQ003436628942&cmspath=struktur,sfgsuchergebnis.csp&action=newsearch&op_EVASNr=startswith&search_EVASNr=236 (zuletzt aufgesucht am 4.12.2006).

SVR (Sachverständigenrat zur Begutachtung der gesamtwirtschaftlichen Entwicklung) (2004): *Jahresgutachten 2004/05: Erfolge im Ausland – Herausforderungen im Inland.* Internet: www.Sachverstaendigenrat.org (zuletzt aufgesucht am 30.8.2006).

SVR (Sachverständigenrat zur Begutachtung der gesamtwirtschaftlichen Entwicklung) (2005): *Jahresgutachten 2005/06: Die Chance nutzen – Reformen mutig voranbringen.* Internet: www.Sachverstaendigenrat.org (zuletzt aufgesucht am 30.8.2006).

VDR (Verband Deutscher Rentenversicherungsträger) (2004): *Rentenversicherung in Zeitreihen*, DRV-Schriftenreihe, Bd. 22. Frankfurt a.M.: VDR.

# Konturen einer zukunftsfähigen deutschen Außenpolitik

Michael Zürn

## 1. Einleitung: Außenpolitik als Sonderfall?

Zukunftsfähiges Deutschland – das klingt wie ein Widerspruch in sich. Deutschland altert schneller als viele andere Länder der OECD-Welt. Es besitzt ein wunderbares Rentensystem, das aber in Zukunft nicht mehr finanziert werden kann. Es macht mehr Schulden als andere Länder in Europa. Und es investiert viel zu wenig in Kindergärten, Schulen, Hochschulen und Wissenschaft, macht daher die Schulden auf Kosten zukünftiger Generationen. Die „Ausbeutung der Enkel" (Biedenkopf 2006) erweist sich in Deutschland als besonders krass. Insofern scheint aus dem Musterknaben, der in den 1970er und 1980er Jahren als „Modell Deutschland" gelobt wurde, ein alter Knabe geworden zu sein. Galt die politische Verfassung der Bundesrepublik Deutschland in der Blütephase des demokratischen Interventionsstaates noch als „best practice" (vgl. Scharpf 1987; Lijphart 1984), so gilt sie heute, im Zeitalter der Globalisierung, als Problemfall.

Der Grund hierfür liegt im Wesentlichen in der Gründungslogik der Bundesrepublik Deutschland verankert. Die Väter und wenigen Mütter der Verfassung schufen vor dem Hintergrund des Scheiterns der Weimarer Republik ein politisches System, das grundlegende Veränderungen gezielt schwer macht. Das zeigt sich insbesondere an der hohen Anzahl von so genannten Veto-Spielern in Deutschland. Damit sind solche Akteure oder Institutionen gemeint, die formell oder informell die Kapazität besitzen, einen Gesetzesvorschlag zu blockieren. Mit Blick auf die Anzahl der Machtbegrenzungen der zentralstaatlichen Exekutive nimmt Deutschland weltweit eine Spitzenrolle ein (Schmidt 2000, S. 352; vgl. Merkel in diesem Band). Der deutsche Verbundföderalismus schreibt den Ländern de facto in vielen Bereichen – auch nach der Reform im Jahre 2006 – ein Vetorecht zu; durch das Verhältniswahlrecht müssen im Normalfall mehrere Parteien in die Regierung eingebunden werden; ein sehr starkes Bundesverfassungsgericht kann Reformen blockieren; eine stark zentralisierte Interessenvertretungsstruktur erschwert gleichfalls Reformen; und die Vielzahl der Wahltermine gibt der Bevölkerung die Möglichkeit, die Regierung jederzeit und kurzfristig abzustrafen. Im Ergebnis entsteht ein Strukturproblem: Die Globalisierung und der demographische Wandel erfordern erhebliche Anpassungsleistungen des politischen Systems, die aber angesichts der institutionellen und kulturellen Hindernisse schwerlich erbracht werden können. Das Kernproblem der Globalisierung besteht allgemein darin, dass sich die gesellschaftlichen Handlungszusammenhänge schnell über nationale Grenzen hinweg ausweiten und die traditionelle nationalstaatliche Politik damit vor neue Herausforderungen gestellt wird. In der Innenpolitik übersetzt sich diese Grundproblematik so, dass die externen Anforderungen durch den verschärften Standortwettbewerb und die gewachsenen Externalitäten der Politik anderer Länder (wie etwa im Umweltbereich) verarbeitet und entsprechende innenpolitische Anpassungsmaßnahmen vorgenommen werden müssen. Intelligente Anpassung nennt das Jürgen Habermas. Darin ist Deutschland schlecht.

Die Defizite, die aus diesem Strukturproblem erwachsen, lassen sich wie folgt zusammenfassen: Wir haben auf der einen Seite eine nicht mehr zeitgemäße Einnahmenstruktur, die im internationalen Vergleich unqualifizierte Arbeit zu teuer macht, die mittelständische Wirtschaft unnötig belastet und den Konsum vergleichsweise gering besteuert. Auf der anderen Seite steht eine zukunftsfeindliche Ausgabenstruktur. Das zeigt sich, wenn man alle Politikfelder summiert, in denen es um Investitionen in die Zukunft geht: Umwelt, Bildung, Wissenschaft, Integration von Migranten. Betrachtet man im Vergleich die Politikfelder, die primär konsumtive Ausgaben darstellen – wie etwa weite Teile der Sozialausgaben und Steuerprivilegien –, dann ergibt sich: Dieses Land hat hohe konsumtive Ausgaben und zu geringe investive Ausgaben. Das Problem des reduzierten Zeithorizonts ist für Demokratien nicht untypisch, in Deutschland erweist es sich aber als besonders prekär (vgl. Schmidt 1998, S. 195f.).

Es gibt allerdings einen Bereich, in dem auf den ersten Blick Deutschland beste Voraussetzungen für die Zukunft zu haben scheint: die Außenpolitik. So stellen sich schon die Herausforderungen der Globalisierung außenpolitisch ganz anders dar als innenpolitisch. Statt der notwendigen Anpassungsleistungen aufgrund zunehmender Verflechtungen und gewachsenen internationalen Wettbewerbs ist im Falle der Außenpolitik etwas anderes gefordert. Deutsche Interessen und Überzeugungen müssen produktiv in die bedeutender gewordenen internationalen Institutionen eingebracht werden. Es geht in diesem Feld weniger darum, nationale Politiken an die neuen Begebenheiten und den verschärften internationalen Wettbewerb anzupassen. Vielmehr gilt es, die eigenen Werte und Interessen innerhalb eines komplexen Mehrebenensystems zu vertreten und damit zu einer internationalen Politik beizutragen, die das friedliche Zusammenleben ermöglicht und die Menschenrechte befördert. Es geht also um die Mitgestaltung und Umsetzung der Normen und Anforderungen, die ihren Ursprung außerhalb des Nationalstaates haben und im Zuge der Globalisierung für die gesellschaftlichen Verhältnisse so viel an Bedeutung gewonnen haben. Ein wesentlicher Anteil dieser gleichsam supranationalen Normen kommt im Rahmen der EU zustande. Jedoch spielen dabei auch andere internationale Institutionen wie etwa die Welthandelsorganisation oder die Vereinten Nationen eine gewichtige Rolle. Deutschland als einer der Hauptträger der EU and als Edel-Multilateralist gilt hier als gut.

Der deutsche Anpassungsbedarf wird folgerichtig als gering erachtet. Während die Globalisierung das rheinische Modell des Kapitalismus besonders heftig angegriffen hat, erscheinen die Grunddeterminanten der deutschen Außenpolitik zeitgemäßer denn je. Die Adenauersche Außenpolitik zielte im Kern darauf, einseitige Kontrollen in multilaterale Regime zu überführen. Dies prägt sich in das außenpolitische Entscheidungssystem tief ein. In den Worten der Einleitung zu einem neuen Handbuch deutscher Außenpolitik heißt es: „Die Bonner Republik verschrieb sich mit wachsendem Nachdruck den Normen, die für die Außenpolitik liberaler Demokratien besonders angemessen erscheinen: allen voran der friedlichen Konfliktbearbeitung, dem Multilateralismus, dem Ausbau internationaler Zusammenarbeit, deren Verrechtlichung in internationalen Institutionen sowie dem Eintreten für Demokratie und Menschenrechte" (Hellmann et al. 2006, S. 33). Legendär ist Hans-Dietrich Genschers Credo deutscher Außenpolitik, wonach Deutschland keine nationalen Interessen hat – das europäische Interesse sei das deutsche Interesse. Bringt diese Formel nicht einen weitsichtigen Vorgriff auf das postnationale Zeitalter zum Ausdruck? In jedem Fall verweist sie auf eine Tradition bundesrepublikanischer Außenpolitik, die den Sachverhalt internationaler Interdependenz anerkennt und daher eine ausgeprägte Bereitschaft zum Autonomieverzicht und zum internationalen Kompromiss mit sich bringt. Tatsächlich gelten die Deutschen nicht wenigen als vorbildliche Multilateralisten und im Zusammenhang mit der EU als Erfinder und beste Kenner der Mehrebenenpolitik.

Deutsche Außenpolitik kann sich zudem rühmen, ein hohes Maß an Unterstützung und Zufriedenheit bei der Bevölkerung zu haben. Es ist kein Zufall, dass deutsche Außenminister wie Genscher, Fischer und Steinmeier recht bald nach Amtsantritt die Beliebtheitsliste deutscher Politiker anführen konnten, ganz gleich wie kontrovers oder unbekannt sie vorher waren. Deutsche Außenpolitik beruht auf einem breiten Konsens der Selbstzufriedenheit. Im Gegensatz zur Innenpolitik ergibt sich also auf den ersten Blick ein sehr geringer Anpassungsbedarf und tatsächlich ein Feld, in dem Deutschland sich als zukunftsweisend zeigen könnte.[1]

Woran aber erkennt man Zukunftsfähigkeit im Bereich der Außenpolitik? Anhand welcher Maßstäbe kann die Zukunftsfähigkeit deutscher Außenpolitik im Vergleich zu anderen Außenpolitiken bemessen werden? Zur Beantwortung dieser Frage werde ich anhand einer Kurzskizze der Wandlungsprozesse internationaler Beziehungen drei Eckpunkte verantwortungsvoller Außenpolitik im Zeitalter der Globalisierung identifizieren und dann die deutsche Außenpolitik anhand dieser Kriterien bewerten. Die These zielt in kritischer Absicht auf eine Entzauberung der Außenpolitik und stellt auch für diesen wichtigen Bereich die Zukunftsfähigkeit in Frage. Generell scheint

---

[1] Lesenswerte neuere Beiträge zur deutschen Außenpolitik sind: Haftendorn (2001); Mayer et al. (2003); Hellmann (2006); Schöllgen (2005).

es mir notwendig zu sein, auch die Außenpolitik anhand von intersubjektiven Zielkriterien zu bemessen, um eine angemessene Beurteilung ihrer Qualität vornehmen zu können. Die Perpetuierung eines unkritischen Selbstbildes ist nicht sachdienlich.

## 2. Konturen einer zukunftsfähigen Außenpolitik im Zeitalter der Globalisierung

Auch nach 1990 gibt der Begriff des „Multilateralismus" das Leitbild deutscher Außenpolitik ab. Nach wie vor prägen Verweise auf die Interdependenz und die Ablehnung von Alleingängen bei der Lösung internationaler Probleme den außenpolitischen Diskurs. Der Wert des Multilateralismus wird gerade vor dem Hintergrund des aufkeimenden amerikanischen Exzeptionalismus parteiübergreifend betont. Gleichzeitig breitet sich jedoch der Wunsch nach „Normalisierung" aus. So fordert stellvertretend Egon Bahr, einer der wichtigsten außenpolitischen Protagonisten der Bonner Republik, von der „Machtentwöhnung" Abschied zu nehmen und ein „natürliches Machtbewusstsein einer Nation (zu) entwickeln, die stolz und ohne Überheblichkeit ihre Interessen vertritt, ihre Grenzen kennt und ihre Möglichkeiten ausschöpft" (Bahr 1999, S. 45). Die deutsche Außenpolitik zeigt sich vor diesem Hintergrund seit geraumer Zeit hin- und hergerissen zwischen der Maxime des Multilateralismus, die nationale Interessen als Relikt abtut, und dem Wunsch nach größerem nationalem Selbstbewusstsein. Die Spannung löst sich durch einen Bedeutungswandel des Leitbegriffs der Multilateralisierung auf. Eine inhaltsanalytische Untersuchung von insgesamt 47 prominenten außenpolitischen Reden zeigt, dass vor 1990 die Notwendigkeit einer multilateralen Politik primär normativ und prinzipiell begründet wurde. Nach 1990 überwiegen demgegenüber instrumentelle Begründungen, die den Multilateralismus vor allem als ein Mittel zur Ermöglichung deutschen Einflusses sehen (Baumann 2002). Es gibt also wieder deutsche Interessen. Der Multilateralismus gilt aber nach wie vor als das geeignete Mittel zu ihrer Verwirklichung. Gegen diesen Wandel ist nichts einzuwenden.

Freilich bleibt die Rede vom Multilateralismus nicht selten blass und inhaltsleer. Wenn Multilateralismus für mehr stehen soll als die bloße Abwehr von unilateralen Akten und Rechtsbrüchen, dann ist es notwendig, die neuen und zusätzlichen Herausforderungen einer multilateralen Außenpolitik im Zeitalter der Globalisierung zu benennen. Es sind aus meiner Sicht zwei Entwicklungen in den internationalen Beziehungen seit 1989, die besonders weit reichende Implikationen für die Außenpolitik haben: zum einen der Wandel von der Logik der materiellen Interdependenz zur Logik der moralischen Interdependenz und zum anderen die Zunahme von supranationalen Elementen in internationalen Institutionen.[2]

---

2  Vgl. hierzu als Hintergrund meine eigenen Arbeiten, z.B. Zürn (2004) sowie das Programm der Abteilung „Transnationale Konflikte und internationale Institutio-

Der Wandel von der materiellen zur moralischen Interdependenz ist in erheblichem Maße einer normativen Eigendynamik geschuldet. Als in den 1970er Jahren „Interdependenz" als Konzept die internationalen Beziehungen zu erobern begann, bezog sich der Begriff ausschließlich auf Situationen, in denen Aktivitäten in einem Nationalstaat A reale Effekte in einem Nationalstaat B zur Folge hatten, wobei zusätzlich zwischen einfacher „sensitivity" und „vulnerability" unterschieden wurde (vgl. Keohane/Nye 1977). Insbesondere die wachsende Arbeitsteilung in der Weltwirtschaft galt als Ausdruck von Interdependenz zwischen den Staaten des westlichen Bündnisses. Die kooperative Bearbeitung solcher Interdependenzbeziehungen lag mithin im aufgeklärten Eigeninteresse der beteiligten Staaten. Gegenüber der Sowjetunion und ihren Verbündeten war die Interdependenz der westlichen Bündnismitglieder so gering wie in keinem anderen Großmachtverhältnis seit 1815 (vgl. Waltz 1979, Kap. 4). In Abwesenheit realer gesellschaftlicher Interdependenzen konnte im Ost-West-Verhältnis die ideologische Auseinandersetzung zwischen zwei universalistischen Konzeptionen einer guten politischen Ordnung gedeihen. Der Westen setzte dabei vor allem auf die Menschenrechtsrhetorik.

Erst mit dem Fall der Mauer kamen der Interdependenz- und der Menschenrechtsdiskurs zusammen. In der Folge entpuppte sich die westliche Menschenrechtsrhetorik in gewisser Hinsicht als Falle (Schimmelfennig 2004). Sie hatte zwar in Osteuropa den gewünschten Effekt erzielt, produzierte aber auch neue, unvorhergesehene Erwartungen. Der permanente Appell an die Universalität der Menschenrechte übersetzte sich nun in die politische Forderung der internationalen Zivilgesellschaft, dass bei dramatischen Verletzungen der Menschenwürde in so genannten humanitären Katastrophen die internationale Gemeinschaft nicht tatenlos zuschauen darf. Vor diesem Hintergrund begann sich eine Pflicht zum Handeln angesichts von humanitären Katastrophen unabhängig von der Interessenlage der westlichen Staaten und damit eine moralisch verankerte „responsibility to protect" herauszubilden. In der Tat können einige der internationalen Militäreinsätze wie beispielsweise in Somalia schwerlich als Ausdruck eines materiellen Interesses der intervenierenden Staaten gedeutet werden. Die Rechtfertigung dieser Aktivitäten durch die moralisch begründete Formel „responsibility to protect" bzw. „humanitäre Interventionen" scheint in einem erheblichen Maße die reale Motivationslage abzubilden. Dafür sprechen auch die enormen Anstrengungen und Solidaritätsleistungen, die sich nach den nicht kriegerisch bedingten humanitären Katastrophen wie beim Tsunami in Südostasien gezeigt haben.

Die Handlungsrelevanz der moralischen Interdependenz hat sich nach den großen terroristischen Anschlägen zu Beginn des Jahrtausends allerdings wieder abgeschwächt. Die Intervention in „failing states" ist nun wieder stärker an die Wahrnehmung materieller Interessen gebunden: die Bekämp-

---

nen" am WZB (Zürn et al. 2006). Dort finden sich auch Verweise auf weitere Literatur.

fung des transnationalen Terrorismus an seinen Wurzeln. Gleichwohl hat sich der Bewertungsmaßstab internationaler Politik in grundlegender Weise verändert; neben die nach wie vor bedeutsamen Interessenlagen der Nationalstaaten treten auch transnationale Solidaritätsbeziehungen. In den Worten des Bundesaußenministers Frank-Walter Steinmeier (2006, S. 104):

> „Der klassische Nationalstaat war der Rahmen, in dem Menschen füreinander Verantwortung übernommen und Solidarität geübt haben. Und als solcher, als exklusiver Rahmen für Verantwortung und Solidarität, ist er heute einfach zu eng geworden. Wenn in Indonesien und Sri Lanka die Flutwellen ganze Landstriche verwüsten, dann kann uns das nicht mehr gleichgültig lassen. Wenn sich in Afghanistan islamische Extremisten eines Staates bemächtigen, dann hat das Konsequenzen für uns (…) Aber wie auch immer im Einzelfall die Grenze zwischen der Staatensouveränität und (…) der 'responsibility to protect' zu ziehen sein wird, eines ist jetzt schon klar: Auch hier haben wir es mit einer 'Transformation des Staates' zu tun."

Die Zunahme der supranationalen Komponenten in der Weltpolitik folgt einer institutionellen Eigendynamik. Die internationalen Wirtschaftsinstitutionen, die nach dem Zweiten Weltkrieg entstanden, haben zu einer Verflechtung von Gesellschaften geführt, die wiederum im Gegenzug die Hintergrundbedingung für die Schaffung vieler neuartiger internationaler Institutionen war. So stieg die Anzahl internationaler Verträge linear von weniger als 15.000 im Jahre 1960 auf über 55.000 im Jahre 1997 an. Neben der wachsenden Quantität internationaler Vereinbarungen kann als zweites Maß der institutionellen Dynamik auch eine neue Qualität der internationalen Regelungen beobachtet werden. Es lässt sich eine Zunahme von Regelungen beobachten, die „behind-the-border issues" (Kahler 1995, S. 163) mit gesellschaftlichen Akteuren als den Endadressaten in Angriff nehmen und daher neue institutionelle Anforderungen aufwerfen. Die traditionelle internationale Verpflichtung beispielsweise, die Importzölle für bestimmte Güter nicht zu erhöhen, stellt sich im Nachhinein in vielerlei Hinsicht als recht einfach dar. Im Gegensatz dazu erweist sich die Verpflichtung, den Ausstoß von bestimmten Schadstoffen substanziell zu verringern, als viel anspruchsvoller. Da der letztendliche Adressat dieser Regelung nicht der Staat, sondern gesellschaftliche Akteure (die Industriebetriebe und Autofahrer) sind, stellt die Reduzierung beispielsweise des $CO_2$-Ausstoßes nicht bloß eine exekutive Willenssache dar. Anders als bei den meisten anderen internationalen Regelungen ist ein Scheitern auch dann möglich, wenn die unterzeichnenden Regierungen die gute Absicht haben, die $CO_2$-Emission zu reduzieren. Denn zur Erfüllung einer solchen Verpflichtung werden beträchtliche finanzielle, administrative und technologische Ressourcen benötigt. Schwerer wiegt noch, dass die Überwachung der Regelbefolgung bei „behind-the-border issues" wesentlich schwieriger ist als bei Schnittstellenproblemen. Darüber hinaus ist das Problem selbst so kompliziert, dass die Diskussionen über eine geeignete Form der Regelung immer wieder von den Fragen nach den wahren Ursachen und dem tatsächlichen Grad der globalen Erwärmung überschattet werden.

Die Verstärkung supranationaler Institutionen stellt eine institutionelle Reaktionsform auf diese neuen Regelungsprobleme dar.[3] Supranationalisierung in diesem Sinne bezeichnet einen Prozess, bei dem institutionelle Komponenten und Verfahren zunehmen, die Entscheidungen von internationalen Institutionen auch gegen den Willen einer betroffenen Regierung ermöglichen. Sie zeichnet sich dadurch aus, dass das westfälische Konsensprinzip – also das Prinzip, wonach alle Entscheidungen die Zustimmung aller betroffenen Staaten erfordern – in vielen Bereichen überwunden und durch Mehrheitsentscheidungen oder rechtsförmige Verfahren ersetzt wird. In diesem Sinne wirkt eine derartige Supranationalisierung auch unmittelbar auf die Innenpolitiken. Supranationalisierung bleibt dabei keineswegs auf die Europäische Union beschränkt – wenngleich sie hier besonders ausgeprägt ist –, sondern findet zunehmend auch in anderen Institutionen Anwendung. Neben dem Internationalen Währungsfonds und der Weltbank lassen sich als Beispiele für internationale Organisationen mit solchen supranationalen Entscheidungsverfahren der UN-Sicherheitsrat, der internationale Strafgerichtshof, der WTO „Dispute Settlement Body" oder das „Tribunal Permanente de Revisión" innerhalb des Mercosur anführen.

Der beschriebene Prozess der Supranationalisierung führt zur zunehmenden Sensibilisierung von Gesellschaften für Macht- und Legitimitätsfragen globalen Regierens. Die mit neuen Einflussmöglichkeiten ausgestatteten Institutionen erhalten von einer wachsenden Zahl gesellschaftlicher Akteure mehr Relevanz zugesprochen. Dies verstärkt aber nur die normativen Ansprüche, die an internationale Institutionen herangetragen werden, so dass in der Folge Widerstände gegen diese internationalen Institutionen erwachsen, deren Erscheinungsformen von mangelnder Folgebereitschaft oder einer kritischen Thematisierung in der Öffentlichkeit bis hin zu gewaltsamen Protesten reichen. Internationale Politik wird dann nicht mehr nur aufgrund des Maßstabs der politischen Klugheit und Effektivität bewertet, vielmehr unterliegt die Bewertung internationaler Politik den Kriterien einer guten politischen Ordnung: Fairness und Legitimität. Erfolgreiche „Außenpolitik" erfordert in diesem neuen Kontext also zweierlei: zum einen die erfolgreiche Vertretung der eigenen Interessen und Überzeugungen in komplexen inter- und transnationalen Verhandlungsprozessen und zum anderen die Fähigkeit, für die internationalen Kompromisse ein ausreichendes Maß an innergesellschaftlicher Unterstützung zu schaffen. Die Fähigkeit, gesellschaftliche Unterstützung für die internationalen Institutionen zu erlangen, setzt aber wiederum eine umfassende Internationalisierung öffentlicher Diskurse und Debatten voraus. Ohne eine entsprechende

---

3 Eine institutionelle Alternative hierzu ist die Errichtung transnationaler Institutionen, die auf die Selbstregulation der unmittelbaren Handlungsträger in einem Problemfeld setzt und somit gleichfalls das Konsensprinzip zwischenstaatlicher Politik umgeht.

Überzeugungsarbeit bzw. eine Einbindung der nationalen Öffentlichkeiten lassen sich langfristig die Vorgaben internationaler Institutionen für nationale Gesellschaften nicht durchsetzen (vgl. Zürn/Joerges 2005).

## 3. Die Defizite der deutschen Außenpolitik im Zeitalter der Globalisierung

Aus den skizzierten Entwicklungen lassen sich unmittelbar einige zentrale Anforderungen an eine zukunftsfähige Außenpolitik ableiten. Diese Kriterienliste stellt nicht in Abrede, dass die Konsolidierung und die Pflege erreichter Ziele deutscher Außenpolitik gleichfalls von großer Bedeutung sind.[4] Eine zukunftsfähige Außenpolitik, wie sie sich aus den oben skizzierten Veränderungen ergibt, muss aber auch dem Anspruch der globalen Verantwortung gerecht werden, indem sie (1) ausreichend Ressourcen gezielt zur Bekämpfung der Ursachen von humanitären Katastrophen einsetzt und (2) ausreichend Interventions- und Aufbaukapazitäten bereithält, falls die Prävention scheitert. Eine zukunftsfähige Außenpolitik muss zudem (3) eine Internationalisierung der innenpolitischen Debatte befördern, damit die gesellschaftliche Akzeptanz internationaler Institutionen mit großer Eingriffstiefe möglich wird. Diese drei Kriterien für eine zukunftsfähige Außenpolitik fragen, ob sie eine entwicklungs- und demokratiefördernde Ausrichtung hat, ob ausreichend Kapazitäten auch für militärische Maßnahmen zur Verfügung stehen und ob das politische System supranationalisierungstauglich ist. Die Kriterien sollen eine transparente Bewertung der Zukunftsfähigkeit deutscher Außenpolitik ermöglichen. In Abwesenheit von etablierten Bemessungsgrundlagen der Zukunftsfähigkeit von Außenpolitik (anders als in anderen Politikfeldern) handelt es sich hier um einen ersten Vorschlag für eine solche Kriterienliste. Auf den verbleibenden Seiten möchte ich die Frage aufwerfen, ob die genannten Anforderungen von der deutschen Außenpolitik tatsächlich erfüllt werden.

*(ad 1)* Wer weit reichende und schwer durchführbare Hilfs- und Interventionsanforderungen angesichts von humanitären Katastrophen vermeiden möchte, dem wird gerne die Ursachenbekämpfung nahe gelegt. Eine solche Forderung mag besserwisserisch klingen, wenn sie im Kontext einer vorliegenden humanitären Katastrophe geäußert wird. Aber ihre einfache Logik ist nicht von der Hand zu weisen. In der Tat scheint die Verbindung von rechtsstaatlichen und demokratischen Institutionen, gestützt durch Wirtschaftswachstum, der beste Garant dafür zu sein, dass sich die so genannten neuen Kriege nicht einfach ausbreiten können (Blanchard et al. 2000). Gefragt sind demnach Politiken, die tatsächlich als entwicklungsorientiert und

---

4 Vgl. etwa Senghaas (1994), der unmittelbar nach dem Mauerfall die Ziele einer neuen deutschen Außenpolitik zusammengefasst hat.

-freundlich gelten und somit eine Engelsspirale von Demokratie, Freihandel und Frieden einleiten können.

Als erste Annäherung für eine derartige außenpolitische Orientierung empfiehlt sich der Blick auf die Höhe der Entwicklungshilfe. Bekanntermaßen haben sich die reichen Länder schon lange darauf verpflichtet, 0,7 Prozent des Bruttoinlandsprodukts für die Entwicklungshilfe bereitzustellen. Die „Millennium Development Goals" bestätigten dieses Ziel nochmals nachdrücklich. Gleichwohl bleiben die beteiligten Länder seit Jahrzehnten unter dem Soll. Es gibt sogar eine Tendenz, die Entwicklungshilfe weiter zu kürzen. Deutschland tut sich mit einem Anteil von 0,26 Prozent des Bruttoinlandsprodukts hervor und liegt sogar noch unter dem Durchschnitt der reichen Geberländer. Fast alle Industrieländer erreichen das angestrebte Ziel bei der Entwicklungshilfe nicht. Es scheint mithin auf eine generelle Schwäche zu verweisen. Für eine genauere komparative Einordnung der Zukunftsfähigkeit der Außenpolitik einzelner Länder greift der Entwicklungshilfeindikator allerdings zu kurz.

Hierfür eignet sich der „Commitment to Development Index" besser. Er bewertet die Politiken von 21 entwickelten Industrieländern in fünf Gebieten hinsichtlich ihrer Implikationen für Entwicklungsländer. Neben der Höhe und Art der bereitgestellten Entwicklungshilfe werden die handelspolitischen Barrieren für typische Exportgüter von Entwicklungsländern, die Poli-

Abbildung 1: „Commitment to Development Index" – Trends 2005

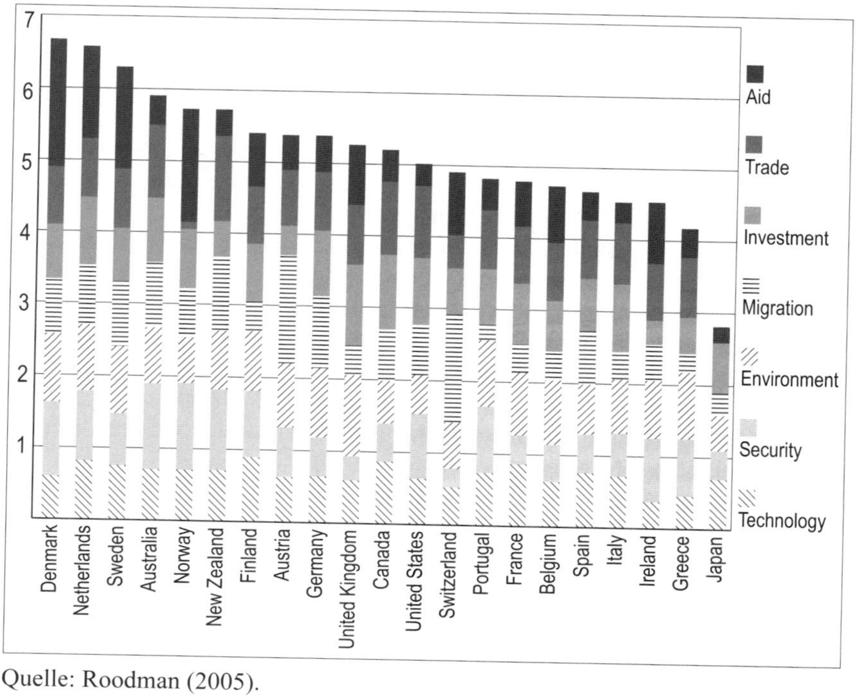

Quelle: Roodman (2005).

tiken zur Förderung der Investitionsbereitschaft in Entwicklungsländern, die Migrationspolitik, die Umweltpolitik, die Bereitschaft zur Stützung internationaler Militäreinsätze sowie die Technologiepolitik bewertet (vgl. Roodman 2005). Das Gesamtergebnis stellt sich für die Bundesrepublik etwas freundlicher dar, als wenn man nur die Höhe der Entwicklungshilfe betrachtet. Insgesamt liegt Deutschland auf einem Mittelplatz, deutlich hinter den Topplatzierten wie Dänemark, die Niederlande, Schweden und Australien, aber ebenso deutlich vor den Letztplatzierten wie Italien, Spanien, Belgien und Frankreich. Deutschlands Position hat sich seit 2003 allerdings etwas verschlechtert.

Am besten schneidet Deutschland bei der Umweltpolitik (Rang 2), bei der Politik zur Förderung von Investitionen im Ausland (Rang 5) und aufgrund der zahlreichen Migrantinnen und Migranten aus den ärmsten Ländern auch im Bereich der Migrationspolitik ab (Rang 4). Als sehr schlecht erweist sich Deutschland bei der Handelspolitik (Rang 17 – vor allem wegen der Agrarsubventionen) und bei der Verbreitung technologischer Neuerungen (Rang 14). In der Summe zeigt der „Commitment to Development Index", dass die globale Verantwortungsrhetorik und das Selbstbild Deutschlands vom multilateralen Musterknaben nicht der Realität entsprechen, wenn die relevanten Politiken auf ihre globalen Implikationen hin geprüft werden.

*(ad 2)* Die Grenzen globaler Verantwortlichkeit zeigen sich zudem bei der Bereithaltung von ausreichenden *Interventions- und Aufbaukapazitäten* für den Fall, dass die präventiven, auf Bekämpfung der Ursachen gerichteten Maßnahmen scheitern. An dieser Stelle tut sich eine wahre Kluft zwischen Anspruch und Realität auf. In dem Maße nämlich, wie sich in Deutschland ein eigenständiger Gestaltungsanspruch in der internationalen Politik etabliert, sinkt nämlich die Bereitschaft, Ressourcen dafür aufzubringen. Der Wandel des außenpolitischen Diskurses von „es gibt keine deutschen Interessen" zu „legitimen Eigeninteressen" und von „internationaler Zurückhaltung" zum „internationalen Gestaltungsanspruch" zeigte sich wohl am deutlichsten beim Versuch, einen permanenten Sitz im Sicherheitsrat der Vereinten Nationen zu erlangen. Er zeigt sich auch bei Umfragen. Unmittelbar nach der Vereinigung im Jahre 1991 meinten noch 56 Prozent der Deutschen, dass man sich „eher zurückhalten" solle in der internationalen Politik. Diese Kennzahl ist bis zum Jahre 2002 auf 29 Prozent gesunken. Die Bereitschaft, für diesen Anspruch Ressourcen einzusetzen, ist aber proportional dazu gesunken. Wenn man die Haushalte der drei Ministerien mit primär außenpolitischen Aufgaben zusammenfasst (Verteidigung, Entwicklung und Zusammenarbeit, Auswärtiges Amt), so sieht man, dass die Summe inflationsbereinigt von 32 Mrd. Euro im Jahr 1990 auf unter 23 Mrd. Euro im Jahr 2001 gesunken ist. Anders formuliert: Der Anteil der internationalen Politik am Gesamthaushalt verringerte sich in dieser Zeit – entgegen aller politischen Rhetorik – von 21,5 Prozent auf 12 Prozent (vgl. hierzu Hellmann 2006, S. 228).

Abbildung 2: Ausgaben für internationale Aktivitäten sowie ausgewählte innenpolitische Aufgabenfelder, anteilig am Bundeshaushalt

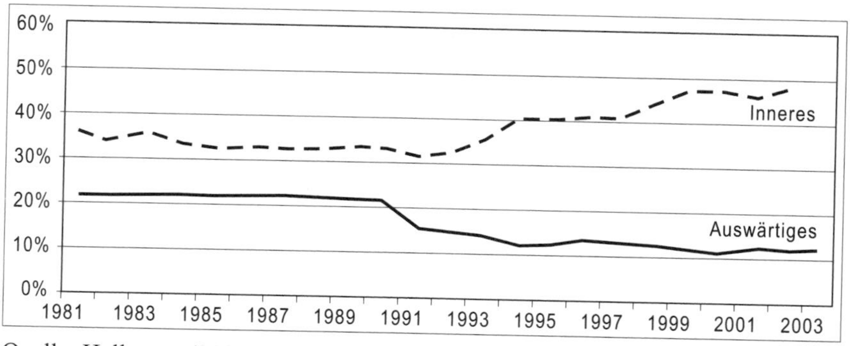

Quelle: Hellmann (2006, S. 229)

Dieser erstaunliche Befund bestätigt sich bei der vergleichenden Betrachtung der Beteiligung Deutschlands an internationalen Militäreinsätzen. Sicherlich bleibt die Entwicklung von der zunächst logistischen Unterstützung internationaler Militäreinsätze seit Ende der 1980er Jahre über die erstmalige Entsendung von Kampftruppen nach Bosnien und Kosovo bis zur Übernahme der Leitung eines UN-Einsatzes im Kongo bemerkenswert. Dieser häufig erzählte Teil der Geschichte bedarf allerdings einer Ergänzung. Diese Beteiligungen waren weitgehend symbolischer Natur. Der deutsche Anteil an finanziellen und personellen Beteiligungen beim sanktionsgestützten internationalen Peacekeeping sowie bei humanitären Interventionen ist im internationalen Vergleich beschämend: Platz 18 von 21 betrachteten OECD-Ländern laut dem „Commitment to Development Index". Und in der Diskussion über einen Libanon-Einsatz wird folgerichtig erstmals die Finanzierbarkeitsfrage solcher Einsätze aufgeworfen.

Fraglos stellt der Aufbau von Interventions- und Postinterventionskapazitäten, also die zum Wiederaufbau notwendigen Kapazitäten, ein zweischneidiges Schwert dar. Er führt notwendigerweise zu erhöhten Militärausgaben und zu militärischen Kapazitäten, die auch für andere Zwecke verwendet werden können. Deshalb denkt man in Europa auch nicht ernstlich über Interventionskapazitäten nach, die von einzelnen Nationalstaaten alleine getragen werden. Die Projektionen einer stärkeren Außenpolitik mit interventionsrelevanten Militärkapazitäten beziehen sich auf die EU. So meinten laut einer Erhebung des German Marshall Fund aus dem Jahr 2004 71 Prozent der befragten Europäer, dass die Europäische Union eine den Vereinigten Staaten ebenbürtige Weltmacht werden solle. Freilich erweist sich das Ziel militärischer Ebenbürtigkeit schnell als absurd. Die USA geben derzeit so viel Geld für das Militär aus wie die 18 danach folgenden Staaten zusammen. Eine militärische Gegenmachtbildung zu den USA ist weder finanzierbar noch friedenspolitisch wünschenswert, da sie die Gefahr bürge, eine zusätzliche, dauerhafte und eskalationsträchtige Konfliktlinie aufzubauen.

Für die Zukunftsfähigkeit der Außenpolitiken aller europäischen Länder ist vielmehr entscheidend, dass die Europäer einen substanziellen, auch militärischen Beitrag zur Lösung globaler Probleme leisten. Die EU kann und sollte sich auf Dauer nicht auf das untere und mittlere Segment der „Petersberg-Aufgaben", also humanitäre Hilfe sowie Friedenserhaltungs- und Wiederaufbaumaßnahmen, beschränken. In den USA wird diese Form des politischen Engagements polemisch als „doing the dishes" (Kagan 2002, S. 16) abgetan. Es vermittelt in den USA den Eindruck, dass man die Küche, wenn sie zu heiß wird, unaufgeräumt verlassen kann. Somit verstärkt es die amerikanische Bereitschaft, unilateral und im Wesentlichen als Funktion innenpolitischer Interessenlagen zu intervenieren. Die daraus erwachsende extreme Selektivität internationaler Militäreinsätze kann aber bloß dann eingedämmt werden, wenn die Vereinigten Staaten nicht bei allen Interventionen die alleinige Durchführungsverantwortung übernehmen müssen. Das lässt sich erreichen, wenn im Rahmen einer fortentwickelten Europäischen Sicherheits- und Verteidigungspolitik (ESVP) wirkungsvolle Interventionskapazitäten aufgebaut werden, die die EU in die Lage versetzen, einen substanziellen und vor allem komplementären Part in der internationalen Sicherheitspolitik zu übernehmen. Eine solche Zusammenarbeit im Sinne eines *burden sharing* und einer funktionalen Arbeitsteilung – mit der und nicht gegen die NATO – ist der materielle Hintergrund, um ein zukunftsfähiges und einigermaßen verlässliches internationales Interventionsregime im Sinne der „responsibility to protect" entwickeln zu können. Das heißt freilich nicht, dass die Europäische Union Instrumente der Konfliktprävention, des zivilen Krisenmanagements und der Nachsorge zugunsten „harter" militärischer Macht aufgeben und auf den Einsatz ihrer durchaus vorhandenen „soft power" verzichten sollte. Denn gerade hier liegen die Stärken Europas (für eine sehr optimistische Einschätzung vgl. Moravcsik 2003, S. 85f.). Notwendig bleibt aber eine Anstrengung, die über die Bereitstellung von „soft power" deutlich hinausreicht. In dem Maße, wie derartige Anstrengungen reduziert werden bzw. gar ausbleiben, wird auch das zweite Kriterium einer zukunftsfähigen Außenpolitik verletzt.

*(ad 3)* Die *Internationalisierung der politischen Diskurse* wird in einer Zeit der wachsenden Bedeutung internationaler Institutionen für die innergesellschaftlichen Verhältnisse unabdingbar, um eine demokratisch abgestützte Akzeptanz solcher Politiken zu erlangen. Die exekutiv abgeschottete Form der Außenpolitik muss angesichts der realen Bedeutung internationaler Politikkoordinierungsprozesse scheitern.

Die Politik reagiert auf den Anspruch nach einer breiten Thematisierung der Außenpolitik gerne mit dem Verweis auf das Realitätsprinzip, wonach das Interesse der Bevölkerung an den komplexen und nur schwer durchschaubaren internationalen Fragen einfach nicht zu wecken ist. Damit macht es sich die politische Klasse jedoch sehr einfach. Mit Blick auf die EU belegen etwa die Eurobarometerumfragen, dass die europäischen Institutionen als immer wichtiger wahrgenommen werden und die Bürger dabei sehr wohl zwischen den einzelnen Institutionen differenzieren können. Ähnliches erbringt eine Analyse der Aktivitäten von Interessengruppen als Teil der Zivilgesellschaft. Die Bedeutung, die Interessengruppen der Europäischen Union beimessen, ist nämlich bemerkenswert hoch, wenn man es an Repräsentanzen in Brüssel, originär europäischen Interessengruppen und realen Aktivitäten vor Ort misst (Aspinwall/Greenwood 1998, S. 3f.), obgleich es erhebliche Unterschiede zwischen verschiedenen Typen von Interessengruppen gibt (vgl. Zürn/Walter 2005). Eine Auswertung von Qualitätszeitungen in unterschiedlichen Ländern weist schließlich nach, dass das Ausmaß der Europäisierung nationaler Öffentlichkeiten im Sinne eines Interesses für andere europäische Länder seit 1980 sehr deutlich zunimmt, wobei allerdings kaum Anzeichen für das Entstehen einer europäischen Öffentlichkeit im Sinne eines grenzüberschreitenden diskursiven Austausches auszumachen sind (vgl. Peters et al. 2006, S. 246-248). Insgesamt zeigt sich also, dass die professionelle Exklusivität von Entscheidungsprozessen auf europäischer Ebene seit den 1990er Jahren deutlich abgenommen hat. Die EU ist im Bewusstsein der Interessengruppen, der Parteien und der Öffentlichkeit angekommen.

Auf der internationalen Ebene ergibt sich eine gewisse Abstufung, im Kern aber ein ähnliches Bild. Die Normalwerte der monatlichen Frage nach dem Interesse der Deutschen an Außenpolitik („IP-Index" der Zeitschrift „Internationale Politik") liegt bei gut 50 Prozent. Die Zunahme der Aktivitäten von Interessengruppen und vor allem so genannten Nichtregierungsorganisationen auf der internationalen Ebene war in den letzten 15 Jahren ähnlich stark wie in Europa. Obgleich die Berichterstattung in Qualitätszeitungen über internationale Fragen in den letzten Jahren nicht zunahm, haben in der Summe aber europäische und internationale Angelegenheiten über die Zeit deutlich mehr Aufmerksamkeit erfahren.

Abbildung 3:   EU- und internationale Politik als Hauptthemen der Artikel

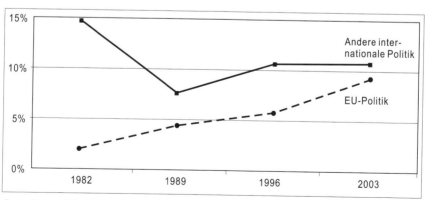

Grundlage: Alle diskursiven Artikel in der Stichprobe (N = 2.964).
Quelle: Peters et al. (2006, S. 241).

Das Verhalten der deutschen politischen Klasse zeigt demgegenüber eine unverändert stark nationalstaatliche Orientierung auf. Als im Herbst 2005 109 neue Bundestagsabgeordnete auf ihre Interessenfelder hin befragt worden sind, hat ein Einziger die Außenpolitik benannt. Offensichtlich sehen Jungparlamentarier die Befassung mit Innenpolitik als deutlich karriereförderlicher an. Entsprechend schwerfällig zeigt sich die Legislative bei der außenpolitischen Kontrolle der Exekutive. Das Parlament setzt international ausgehandelte Vorgaben um und degradiert sich mithin bei derzeit ca. einem Drittel von politischen Fragen und Regulationen zum reinen Vollzugsorgan – mit wachsender Tendenz.

Den kurzfristigen Kalkülen der exekutiven Entscheidungsträger kommt dies entgegen, insbesondere in Wahlkämpfen. Globalisierung und Europäisierung sind zwar zentrale Schlagwörter in der politischen Debatte; nachdem aber im Frühsommer 2005 der Wahlkampf in Deutschland ausgerufen worden war, verschwanden sie schlagartig aus der Begriffswelt der politischen Auseinandersetzung. Jetzt ging es darum zu zeigen, dass man alles im Griff hat. Entscheidungsfähigkeit und Entscheidungsfreude galt es zu demonstrieren. Da stören Verweise auf äußere Restriktionen. Außenpolitik ist im Wahlkampf nur dann nützlich, wenn man mit der Stimmung der Bevölkerung im Rücken nationale Entscheidungskraft demonstrieren kann, wie etwa der damalige Bundeskanzler Schröder beim Irak-Krieg im Wahlkampf 2002. Die Einbettung nationaler Politik in internationale Institutionen wird jedoch negiert. Die Entwicklung des oben genannten IP-Index, der nicht nur das originäre Interesse der Bevölkerung an internationalen Fragen zum Ausdruck bringt, sondern zugleich einen Spiegel der öffentlichen Debatten abgibt, spricht hier eine besonders eindeutige Sprache. Vor Beginn der heißen Phase des Wahlkampfs äußerten 51 Prozent der Befragten ein Interesse an der internationalen Politik – ein normaler Wert. In den Folgewochen während des Wahlkampfs sank er drastisch auf geradezu erschütternde neun Prozent. Erst in den letzten zwei Wochen stieg das Interesse an Ereignissen außerhalb Deutschlands wieder an – Dank dem Hurrikan Katrina! Die Wahlkampfdebatten belegen diesen exklusiven Fokus auf das Innenpolitische eindrucksvoll. In der Schröder-Merkel-Debatte verwendeten die Kandidaten gerade mal ein paar Minuten auf die Außenpolitik – und zwar auf die Frage des türkischen EU-Beitritts. In der von Sabine Christiansen moderierten Debatte der Außenminister brauchte es eine volle Stunde, bevor die Kontrahenten Gerhardt und Fischer über Außenpolitik sprachen – im Wesentlichen über Fragen des Stils. Richard Herzinger (2005, S. 14) schreibt zu Recht: „Der Exportweltmeister will von der Welt nichts wissen, und Politiker aller Parteien befördern die allgemeine Ignoranz." Die Ausblendung der Außenwelt suggeriert in Wahlkämpfen Allkompetenz und Allmacht der nationalen Politik. Das weckt falsche Erwartungen, die zum Preis des Vertrauensverlustes nur enttäuscht werden können. Internationale Institutionen werden mithin auf dem Altar der kurzfristigen Wahlkampferwägungen geopfert – kein Ausdruck einer zukunftsfähigen Weltpolitik.

## 4. Wege in die Zukunft

Die Außenpolitik kann schwerlich als Beleg für die Zukunftsfähigkeit Deutschlands dienen. Auf der prinzipiellen Ebene hat die außenpolitische Elite des Landes die neuen Anforderungen fraglos erkannt. Wahrscheinlich gibt es neben Kanada und unseren skandinavischen Nachbarn kein anderes Land in der Welt, in dem die Prinzipien der globalen Verantwortung und des Multilateralismus sowie supranationale Elemente in internationalen Institutionen so weitgehende Unterstützung finden wie in Deutschland. Die Umsetzung solcher Prinzipien in handfeste Ressourcen und Kapazitäten sowie deren Widerspiegelung in öffentlichen Debatten bleibt allerdings defizitär. Das politische System stellt sich de facto gegen seine außenpolitische Elite. Die große Umverteilung vorhandener Ressourcen zugunsten der Zukunft ist in der Außenpolitik noch nicht erfolgt. Es werden dringend eine stärkere Entwicklungsorientierung und der systematische Aufbau einer Interventions- und Postinterventionskompetenz benötigt. Der Abbau der entwicklungshemmenden Agrarsubventionen und Handelshemmnisse sowie eine intensivierte Mitwirkung bei multilateral getragenen humanitären Interventionen sind die dringendsten Maßnahmen auf dem langen Weg zu einer zukunftsfähigen deutschen Außenpolitik. Darüber hinaus muss eine Kultur offener und ehrlicher Debatten über die Möglichkeiten und Grenzen nationaler Regierungen im Zeitalter politischer Mehrebenensysteme entwickelt werden. Wir brauchen öffentliche Debatten, die dem Eingebettetsein der Nationalstaaten in einer neuen komplexeren Staatlichkeit gerecht werden. Die Entwicklung transparenter Kriterien zur Bemessung der Zukunftsfähigkeit könnte ein Beitrag sein, um konstruktive Debatten über die Außenpolitik zu ermöglichen. Jedenfalls ist es an der Zeit, auch die Außenpolitik kritisch zu hinterfragen. Der Konsens der Selbstzufriedenheit, der die Außenpolitik aus der politischen Kontroverse heraushält, ist im Zeitalter der Globalisierung nicht mehr angebracht. Wir brauchen ein breites Verständnis der Einbettung unserer nationalen Politik in den europäischen und internationalen Institutionen. Nicht gebraucht werden hingegen nationale Regierungschefs, die Allmachtsphantasien vermitteln, oder solche, die für alles Schlechte die Außenwelt verantwortlich machen. Zudem muss der politische Diskurs vom Mythos der nationalstaatlichen Allkompetenz befreit werden. Die Beschwörung des globalen Zeitalters und der globalen Verantwortlichkeit in Sonntagsreden reicht nicht aus. Das globale Zeitalter hat den innenpolitischen Diskurs in Deutschland noch nicht erreicht. Die Wege in die Zukunft müssen erst noch geebnet werden.

Literatur

Aspinwall, Mark/Greenwood, Justin (Eds.) (1998): *Collective Action in the European Union. Interests and the New Politics of Associability.* London/New York: Routledge.

Bahr, Egon (1999): „Die 'Normalisierung' der deutschen Außenpolitik. Mündige Partnerschaft statt bequemer Vormundschaft". In: *Internationale Politik*, Jg. 1, S. 41-53.

Baumann, Rainer (2002): „The Transformation of German Multilateralism. Changes in the Foreign-Policy Discourse since Unification". In: *German Politics and Society*, Vol. 20, S. 1-26.

Biedenkopf, Kurt (2006): *Die Ausbeutung der Enkel. Plädoyer für die Rückkehr zur Vernunft*. Berlin: Propyläen Verlag.

Blanchard, Jean-Marc F./Mansfield, Edward D./Ripsman, Norrih M. (Eds.) (2000): *Power and the Purse. Economic Statecraft, Interdependence, and National Security*. Security Studies, Special Issue, Vol. 9, No. 1-2.

Habermas, Jürgen (1998): *Die postnationale Konstellation. Politische Essays*. Frankfurt a.M.: Suhrkamp.

Haftendorn, Helga (2001): *Deutsche Außenpolitik zwischen Selbstbeschränkung und Selbstbehauptung. 1945-2000*. Stuttgart: Deutsche Verlagsanstalt.

Held, David/McGrew, Anthony G. (2000): *The Global Transformations Reader. An Introduction to the Globalization Debate*. Cambridge: Polity Press.

Hellmann, Gunther (2006): *Deutsche Außenpolitik. Eine Einführung*. Wiesbaden: VS Verlag für Sozialwissenschaften.

Hellmann, Gunther/Wolf, Reinhard/Schmidt, Siegmar (2006): „Deutsche Außenpolitik in historischer und systematischer Perspektive". In: Siegmar Schmidt/Gunther Hellmann/Reinhard Wolf (Hg.): *Handbuch zur deutschen Außenpolitik*. Wiesbaden: VS Verlag für Sozialwissenschaften, S. 15-49.

Herzinger, Richard (2005): „Wir sind uns selbst genug". In: *Internationale Politik*, Jg. 60, S. 14-20.

Jachtenfuchs, Markus/Kohler-Koch, Beate (Hg.) (2003): *Europäische Integration*. Opladen: Leske + Budrich.

Kagan, Robert (2002): „Power and Weakness". In: *Policy Review*, No. 113. Internet: www.policyreview.org/JUN02/kagan.html (29.9.2006).

Kahler, Miles (1995): *International Institutions and the Political Economy of Integration*. Washington, D.C.: The Brookings Institution.

Kahler, Miles/Lake, David A. (Eds.) (2004): *Governance in a Global Economy: Political Authority in Transition*. Princeton: Princeton University Press.

Katzenstein, Peter (2005): *A World of Regions. Asia and Europe in the American Imperium*. Ithaca/New York: Cornell University Press.

Keohane, Robert O./Nye, Joseph S. (1977): *Power and Interdependence. World Politics in Transition*. Boston/Toronto: Little, Brown and Company.

Leibfried, Stephan/Zürn, Michael (Hg.) (2006): *Transformationen des Staates?* Frankfurt a.M.: Suhrkamp.

Lijphart, Arend (1984): *Democracies. Patterns of Majoritarian and Consensus Government in Twenty-One Countries*. New Haven: Yale University Press.

Mayer, Peter/Rittberger, Volker/Zelli, Fariboz (2003): „Risse im Westen? Betrachtungen zum transatlantischen Verhältnis heute". In: *Leviathan*, Jg. 31, S. 32-52.

Moravcsik, Andrew (2003): „Striking a New Transatlantic Bargain". In: *Foreign Affairs*, Vol. 82, S. 74-89.

Peters, Bernhard/Wessler, Hartmut/Sifft, Stefanie/Wimmel, Andreas/Brüggemann, Michael/Kleinen von Königslöw, Katharina (2006): „Die Transnationalisierung von Öffentlichkeiten am Beispiel der Europäischen Union". In: Leibfried/Zürn 2006, S. 230-264.

Risse-Kappen, Thomas/Ropp, Steve C./Sikkink, Kathryn (Eds.) (1999): *The Power of Human Rights: International Norms and Domestic Change.* New York: Cambridge University Press.

Roodman, David (2005): *The Commitment to Development Index: 2005 Edition.* Center for Global Development. Internet: http://www.cgdev.org/section/initiatives/_active/cdi (22.7.2006).

Scharpf, Fritz W. (1987): *Sozialdemokratische Krisenpolitik in Europa.* Frankfurt a.M./New York: Campus.

Schimmelfennig, Frank (2004): *The EU, NATO and the Integration of Europe. Rules and Rhetoric.* Cambridge: Cambridge University Press.

Schmidt, Manfred G. (1998): Das politische Leistungsprofil der Demokratien. In: Michael T. Greven (Hg.): *Demokratie – Eine Kultur des Westens? 20. Wissenschaftlicher Kongress der Deutschen Vereinigung für Politische Wissenschaft.* Opladen: Leske + Budrich, S. 181-200.

Schmidt, Manfred G. (2000): *Demokratietheorien. Eine Einführung.* Opladen: Leske + Budrich.

Schöllgen, Gregor (2005): *Jenseits von Hitler. Die Deutschen in der Weltpolitik von Bismarck bis heute.* Berlin: Propyläen.

Senghaas, Dieter (1994): *Wohin driftet die Welt. Über die Zukunft friedlicher Koexistenz.* Frankfurt a.M.: Suhrkamp.

Senghaas, Dieter (2004): *Zum irdischen Frieden. Erkenntnisse und Vermutungen.* Frankfurt a.M.: Suhrkamp.

Steinmeier, Frank-Walter (2006): „Politik als 'lernendes System'. Reflexionen über Staatlichkeit im Zeitalter der Globalisierung". In: *Internationale Politik,* Jg. 61, H. 8, S. 100-106.

Volkens, Andrea (2006): „Programmatische Stellungnahmen nationaler Parteien zur Europäischen Union". In: Jens Alber/Wolfgang Merkel (Hg.): *Europas Osterweiterung: Das Ende der Vertiefung?* WZB-Jahrbuch 2005. Berlin: edition sigma, S. 253-280.

Waltz, Kenneth N. (1979): *Theory of International Politics.* Boston: MacGraw-Hill.

Weiss, Thomas G. (2005): *Military Civilian Interactions. Humanitarian Crises and the Responsibility to Protect.* Oxford u.a.: Rowman & Littlefield.

Zürn, Michael (2004): *Regieren jenseits des Nationalstaates. Globalisierung und Denationalisierung als Chance.* Frankfurt a.M.: Suhrkamp.

Zangl, Bernhard/Zürn, Michael. (2003): *Frieden und Krieg. Sicherheit in der nationalen und post-nationalen Konstellation.* Frankfurt a.M.: Suhrkamp.

Zürn, Michael/Binder, Martin/Ecker-Ehrhardt, Matthias/Radtke, Katrin (2006): *Politische Ordnungsbildung wider Willen – Ein Forschungsprogramm zu transnationalen Konflikten und Institutionen.* WZB Discussion paper SP IV 2006-301. Berlin: Wissenschaftszentrum Berlin für Sozialforschung.

Zürn, Michael/Joerges, Christian (Eds.) (2005): *Law and Governance in Postnational Constellations. Compliance in Europe and Beyond.* Cambridge: Cambridge University Press.

Zürn, Michael/Walter, Gregor (Eds.) (2005): *Globalizing Interests. Pressure Groups and Denationalization.* Albany: State University of New York Press.

# Finanzverfassungsreform als Prüfstein der Reformfähigkeit des deutschen Föderalismus

Am Beispiel des Umgangs mit Haushaltsnotlagen der Länder

Gunnar Folke Schuppert*

## 1. Krisenerfahrungen und Reformdruck

### 1.1 Krisenerfahrungen und Umdenken oder Krisen als Geburtsstunde neuer kognitiver Regelsysteme

Aus verschiedenen disziplinären Blickwinkeln ist die Frage nach den Bedingungen, unter denen Akteure Regelvertrauen gewinnen und verlieren, von großer Bedeutung. Schon bei ersten Beantwortungsversuchen scheint die Überlegung plausibel zu sein, dass Krisenerfahrungen die Bereitschaft zum Umdenken erhöhen, dass „Unsicherheit erzeugender Wandel die Disposition zu fundamentalem Lernen stärkt" (Siegenthaler 1993, S. XIII) und dass man Ansätze zur Gewinnung neuen Regelvertrauens in kommunikativen Prozessen wird suchen müssen, die im Krisenkontext ihren Ursprung haben. Zwei diesbezügliche Überlegungsmodelle sollen zumindest kurz vorgestellt werden.

*Ein dualistisches Lernmodell oder Lernen zwischen Routine und krisenbedingtem Neubeginn*

In seiner Schrift „Regelvertrauen, Prosperität und Krisen", in der er die Ungleichmäßigkeit wirtschaftlicher und sozialer Entwicklung als Ergebnis individuellen Handelns und sozialen Lernens behandelt, stellt Hansjörg Siegenthaler (1993) ein dualistisches Lernmodell vor, das aus zwei Stufen

---

\* Dieser Beitrag entwickelt Gedanken weiter, die erstmalig in dem Working paper No. 3 der Hertie School of Governance vom 3. März 2006 zur Diskussion gestellt worden sind; vgl. hierzu Schuppert/Rossi (2006); siehe ferner Rossi/Schuppert (2006). – Hinweis: Entscheidungen des Bundesverfassungsgerichts werden nach der Entscheidungssammlung BVerfGE zitiert.

besteht. Menschen lernen normalerweise routinemäßig, d.h. sie lassen sich bei der Auswahl, Klassifizierung und Interpretation von Informationen von Selektionsregeln leiten, die ihnen mit großer Selbstverständlichkeit zu Gebote stehen. Sie erlernen aber neue Regeln, wenn dazu ein besonderer Anlass besteht, etwa durch die Erfahrung einer Krise, die das bisherige Regelvertrauen erschüttert. Siegenthaler vertritt deshalb die These, „es vollziehe sich fundamentales Lernen – der Erwerb neuer kognitiver Regelsysteme – nicht kontinuierlich von Tag zu Tag, sondern diskontinuierlich und möglicherweise tiefgreifend im Kontext dessen", was man als Krise bezeichnen kann (ebd., S. XI). Aus dieser These leitet Siegenthaler zwei wichtige Folgerungen ab:

Erstens die Folgerung, dass fundamentales Lernen soziales Lernen ist, nämlich „Lernen in Gemeinschaft, in sozialer Organisation, die sich gerade deshalb in Krisen formiert, weil sie dem Aktor den Rückhalt bietet, den er zum Erwerb neuen Regelvertrauens braucht" (ebd., S. XII).

Zweitens gebe es zur Vermutung Anlass, der Wandel institutioneller Ordnung sei regelhaft auf Prozesse fundamentalen Lernens bezogen. Da wir im Folgenden durch Anstöße zum Umdenken den Prozess fundamentalen Lernens anregen wollen, sei die relevante Passage im Wortlaut zitiert:

„Wenn im Kontext einer Krise neue kognitive Regelsysteme das Denken vieler Aktoren zu beherrschen beginnen, wenn Probleme in neuer Weise thematisiert, Interessenlagen in neuer Weise definiert werden, kommt dies der Kritik an bestehenden Institutionen ebenso zugute wie der Entfaltung konstruktiver Phantasie, der die Entwürfe neuer institutioneller Regelungen entspringen. Dabei entstehen mit den sozialen Organisationen, die ihre Mitglieder als Lerngemeinschaften mobilisieren und binden, auch die durchsetzungsfähigen kollektiven Aktoren institutionellen Wandels." (Ebd., S. XII)

*Der „contested governance"-Ansatz*

In einem Aufsatz über die Regulierungskrise des öffentlich-rechtlichen Rundfunks versucht Henk Erik Meier (2006) den eskalierenden Legitimitätsverlust des Regulierungsregimes des öffentlich-rechtlichen Rundfunks zu erklären. Dazu zieht er den von Christopher Ansell und David Vogel (2006) entwickelten „contested governance"-Ansatz heran, der davon ausgeht, dass Regulierungsregime zwar Defizite aufweisen können, die Veränderungskosten aber so hoch sein mögen, dass es zu einer tatsächlichen Revision erst kommt, wenn bestimmte eskalierende Entwicklungen dazutreten. In einer solchen Eskalierungssituation, also kurz gesagt in einer Krise, kommen schließlich die „fundamentalen Fragen" auf den Tisch, also die nach den Kriterien der Regulierung, den Regulierungsakteuren und der Verteilung der Regulierungskompetenzen.

Derartige Krisen treten nach Ansell und Vogel (ebd.) dann auf, wenn Regulierungsdefizite öffentlich skandalisiert werden oder die Öffentlichkeit sich zyklisch, aber intensiv mit Regulierungsfragen auseinandersetzt; wenn skandalisierte Regulierungsdefizite mit längerfristigen institutionellen Schwächen, Interessenkonflikten oder konkurrierenden Regulierungsansätzen korrespondieren; wenn das Regulierungsregime sich durch eine geringe Responsivität gegenüber neuen Problemlagen auszeichnet. Diese Voraussetzungen scheinen uns beim jetzigen Umgang mit Haushaltsnotlagen der Länder eindeutig erfüllt zu sein.

## 1.2 Die Finanzverfassung als Seismograf politischer Reformbedürftigkeit und Reformfähigkeit

*Zur zentralen Rolle der Finanzverfassung im Bundesstaat oder Föderalismusreform als Reform der Finanzverfassung*

Die Finanzverfassung ist – darin sind sich Finanzwissenschaft wie Staatsrechtslehre einig – ein, wenn nicht *das* Kernproblem der bundesstaatlichen Ordnung. Denn das Ergebnis der Auseinandersetzungen um die finanziellen Kompetenzen und die Beteiligung am nationalen Steueraufkommen entscheidet darüber, „ob die allgemeine Kompetenzordnung des Bundesstaates eine wirkliche Realisierungschance erhält" (Wendt 1999, § 104 Rn. 1). Der Finanzverfassung sind damit zwei miteinander zusammenhängende Grundfunktionen im Bundesstaat zugewiesen:

- Bund und Länder müssen im Rahmen der verfügbaren Gesamteinnahmen so ausgestattet werden, dass sie die zur Wahrnehmung ihrer Aufgaben erforderlichen Ausgaben auch leisten können. Insbesondere der bundesstaatliche Finanzausgleich muss Bund und Länder finanziell in die Lage versetzen, die ihnen verfassungsrechtlich zukommenden Aufgaben auch wahrzunehmen (grundlegend BVerfGE 72, 330). Man kann diese Funktion der Finanzverfassung Ausstattungs- oder Bereitstellungsfunktion nennen.
- Da die Finanzverfassung und die durch sie determinierte Finanzausstattung letztlich ausschlaggebend ist für das Eigengewicht der Länder im Verhältnis untereinander und gegenüber dem Bund, muss sie dieses empfindliche Gleichgewicht zu wahren suchen und durch flexible Antworten auf Verschiebungen der Aufgabenverteilung und der Finanzbedarfe reagieren können (vgl. Art. 106 Abs. 4 Grundgesetz). Diese Funktion der Finanzverfassung kann man als Ausbalancierungsfunktion bezeichnen.

Die bundesstaatliche Ordnung ist – darin sind sich Finanzwissenschaft und Staatsrechtslehre ebenfalls einig – eine dynamische Ordnung (Benz 1985; Renzsch 1991) mit einer dauernd sich verändernden Gewichtsverteilung zwischen Bund und Ländern. Bildet die Finanzverfassung das Herzstück der bundesstaatlichen Ordnung, nimmt sie notwendig an dieser Dynamik teil, sind Föderalismus und Finanzverfassung als aufeinander bezogene dynamische Systeme zu verstehen (Schuppert 1992). In besonders klarer Weise ist dieser Sachverhalt im so genannten Troeger-Gutachten (1966/1996) formuliert worden, das der Reformierung der Finanzverfassung 1969 zugrunde lag:

„Die bundesstaatliche Ordnung unterliegt dem Wandel der politischen, ökonomischen und sozialen Verhältnisse; sie kann deshalb nicht auf unabsehbare Zeit verfassungsrechtlich zementiert werden (…). Es muss deshalb eine Form des Föderalismus entwickelt werden, die ein ausgewogenes und bewegliches System der Zusammenordnung und der Zusammenarbeit zwischen dem Bund und den Ländern und unter den Ländern ermöglicht. Der Föderalismus unserer Zeit kann deshalb nur ein kooperativer Föderalismus sein." (Ebd., Rn. 75f.)

In der Entwicklung des Bundesstaates unter dem Grundgesetz (GG) lassen sich nun bis heute *sechs Phasen* unterscheiden (anknüpfend an Ossenbühl 1990). Jeder dieser Entwicklungsphasen des Föderalismus entspricht ein bestimmter Typ von Finanzverfassung:

(1) Der die *föderalistische Frühphase* kennzeichnende Grundgedanke einer Betonung der Länder-Eigenständigkeit fand Ausdruck in einer strikten Aufgabentrennung und in einer dementsprechend klaren Aufteilung der Finanzquellen: Dies sind die Grundelemente des so genannten *Trennsystems* der Finanzverfassung.

(2) Die so genannte *zentralistische Phase der 1960er Jahre* mit ihrem Entwicklungstrend zum *unitarischen Bundesstaat* (Hesse 1962) brachte beträchtliche Kompetenzzuwächse des Bundes vor allem im Bereich der Gesetzgebung, und zwar abgestützt durch die sehr bundesfreundliche Rechtsprechung des Bundesverfassungsgerichts zu Art. 72 Abs. 2 GG (alter Fassung).

(3) Mit der Finanzreform von 1969 schlug die Geburtsstunde des *kooperativen Föderalismus*, der sich im Bereich der Finanzverfassung durch die Einführung des so genannten *Verbundsystems* sowie von Formen der *Mischfinanzierung* auszeichnet: Die Einführung des Verbundsystems äußerte sich in der Umwandlung aller ertragreichen Steuern – Einkommensteuer, Körperschaftssteuer, Umsatzsteuer – in so genannte *Gemeinschaftssteuern* (Art. 106 Abs. 3 GG), in der Einführung so genannter *Gemeinschaftsaufgaben* (Art. 91a, 91b GG), die durch Bund und Länder gemeinsam geplant und finanziert werden, und in der so genannten *Finanzhilfekompetenz des Bundes*, die es dem Bund erlaubt, den Ländern Finanzhilfen für besonders bedeutsame Investitionen der Länder und Gemeinden zu gewähren (Art. 104a GG).

(4) In den letzten Jahren war ein stetiger Trend zur *Reföderalisierung* zu beobachten, dessen Vertreter einen föderalen Kurswechsel vom kooperativen zum kompetitiven oder *Wettbewerbsföderalismus* (vgl. Klatt 1982) empfehlen: Dieses Konzept eines Wettbewerbsföderalismus zielt auf eine Stärkung der Eigenstaatlichkeit der Länder durch den Abbau der Mischfinanzierung und durch die Anerkennung einer *Einnahmeautonomie der Länder* durch ein eigenständiges Zuschlagsrecht bei der Einkommen- und Körperschaftssteuer.

(5) In diese Entwicklung hinein und sie sozusagen überholend kam es zur Wiedervereinigung Deutschlands mit der finanzverfassungsrechtlich

zu bewältigenden Konsequenz der Erweiterung der Bundesrepublik Deutschland um fünf neue Länder, die nach ihrer Wirtschafts- und Finanzkraft noch weit hinter den westdeutschen „Problemländern" wie Bremen und Saarland zurückblieben. Der Einigungsvertrag reagierte auf diese so genannte *Neue Ungleichheit* (zu diesem Begriff Scharpf 1990) mit der Nichteinbeziehung der neuen Länder in den bundesstaatlichen Finanzausgleich für die ersten fünf Jahre (Art. 7 Abs. 3 Einigungsvertrag); erst seit dem 1. Januar 1995 sind die neuen Länder gleichberechtigte Teilnehmer des Systems des gesamtdeutschen Länderfinanzausgleichs nach Art. 107 Abs. 2 GG. Die Einbeziehung führte zu einer Vervielfachung des Ausgleichsvolumens, nicht jedoch – was vielfach kritisiert worden ist (stellvertretend Peffekoven 1994) – zu einer Reform des Ausgleichssystems selbst.

(6) Der jüngsten Zeit entstammen Versuche zur neuerlichen Reföderalisierung und das Bestreben, *Kompetenzverflechtungen* zwischen Bund und Ländern rückgängig zu machen.

*Reformen finden in den Köpfen statt oder zur Neubetrachtung des Haushaltsrechts im Gefolge der Finanzreform von 1969*

Die schon erwähnte Finanzverfassungsreform von 1969 ging einher mit einer Reform des Haushaltsrechts, an der sich besonders schön zeigen lässt, dass Reformprozesse Umdenkensprozesse voraussetzen, ganz im Sinne von Lernprozessen, die eine neue Sicht auf die Dinge ermöglichen. So kam die so genannte Haushaltsreform, also die Änderung von Art. 109 Abs. 3 GG, der Erlass des Haushaltsgrundsätzegesetzes und der Bundeshaushaltsordnung, durchaus anspruchsvoll daher. Im Gegensatz zu den Trippelschritten der Reichshaushaltsordnung sollte hier ein großer Sprung gemacht werden. So heißt es in der Begründung zu den Grundzügen der Reform: „Die Haushaltsrechtsreform kann sich nicht mit einer Novellierung der Reichshaushaltsordnung begnügen, sondern muß von einer grundlegend neuen Haushaltsbetrachtung ausgehen." (Bundestags-Drucksache V/3040 Rdz. 43, S. 37)

Diese die Haushaltsreform motivierende, grundlegend neue Haushaltsbetrachtung ist die Frucht einer grundlegend geänderten Sichtweise in der Finanzpolitik – ein Befund, der angesichts des Zusammenhangs von Finanzpolitik und Haushaltsrecht nicht überraschen kann. Gemeint ist der „Übergang von der Finanzpolitik der reinen Bedarfsdeckung zur Ordnungsfinanzpolitik", der im Gesetz zur Förderung der Stabilität und des Wachstums der Wirtschaft vom 8. Juni 1967 seinen gesetzlichen Niederschlag gefunden hatte. Mit der am gleichen Tage wirksam gewordenen Änderung von Art. 109 GG wurde – ausweislich der Begründung der Haushaltsreform – „dem überkommenen Haushaltsrecht ein Element beigefügt (...), das ihm bis dahin fremd war, nämlich das Verfassungsgebot einer budgetrechtlichen Berücksichtigung gesamtwirtschaftlicher Erfordernisse" (Bundestags-Drucksache V/3040 Rdz. 43, S. 320). Die Haushaltsreform zog aus dieser verfassungsrechtlichen Stärkung der wirtschaftspolitischen Budgetfunktion lediglich weitere Folgerungen.

Zusammenfassend konnten wir daher Folgendes feststellen: „Der wirtschaftspolitischen Instrumentalisierung der Finanzpolitik folgte die wirtschaftspolitische Instrumentalisierung des Haushaltsrechts. Um diesen Vorgang abkürzend zu bezeichnen, schlage ich vor, von der Ökonomisierung des Haushaltsrechts zu sprechen" (Schuppert 1984, S. 224), einem Ausschnitt also aus einem generelleren Prozess, der – wie wir aus heutiger Sicht feststellen können (Harms/Reichard 2003) – sich als flächendeckende Ökonomisierung des öffentlichen Sektors kraftvoll fortgesetzt hat.

### 1.3 Zwischenbilanz

Wenn unsere bisherigen Überlegungen richtig sind, dann müsste unsere weitere Argumentation die folgenden Schritte durchlaufen: Als nächster Schritt wäre eine krisenhafte Situation zu konstatieren, die einen solchen Reformdruck zu erzeugen vermag, dass die politischen Akteure sich zum Handeln gedrängt sehen. Weiter wäre eine Reformperspektive aufzuzeigen, die eine neue Sicht auf die Dinge ermöglicht, und drittens schließlich wäre ein konkreter Regelungsvorschlag zu machen.

## 2. Haushaltskrisen im Bundesstaat: vom singulären Ausnahmefall zur drohenden Normallage

### 2.1 Der Befund

Dass die grundgesetzliche Finanzverfassung nicht darauf eingerichtet ist, mit Haushaltskrisen der Gliedstaaten (oder auch des Bundes) steuernd und problemlösend fertig zu werden, zeigt mit aller Deutlichkeit die Rechtsprechung des Bundesverfassungsgerichts zum Finanzausgleich, dem letztlich – gewissermaßen als *Krisenmanager* – die Aufgabe zufiel, Wege für den Umgang mit gliedstaatlichen Haushaltskrisen aufzuzeigen.

Schon in seiner ersten Grundsatzentscheidung hatte das Gericht offenbar die Ahnung beschlichen, dass es *Haushaltssituationen* geben könnte, die es unabweisbar machen, *ausnahmsweise* im Wege von Bundesergänzungszuweisungen helfend tätig zu werden:

> „Ausnahmen (vom Grundsatz der auch finanziellen Eigenverantwortung der Länder; G.F.S.) mögen sich aus dem Bundesstaatsprinzip ergeben, wenn die Haushaltssituation eines Landes gerade eine Unterstützung im Wege der Ergänzungszuweisungen unabweislich fordert und Abhilfe auf andere Weise (Art. 104a Abs. 4 GG) nicht zu verwirklichen ist." (BVerfGE 72, 330, 405)

Die Entscheidungssituation des Gerichts im Jahre 1992 – sechs Jahre später – war dadurch gekennzeichnet, dass inzwischen zwei Kinder des deutschen

Bundesstaates – nämlich die Hansestadt Bremen und das Saarland – in den Brunnen gefallen waren und sich in einer – bisher nirgendwo definierten – *Haushaltsnotlage* befanden. Es war das Bundesverfassungsgericht und nicht der Finanzausgleichs-Gesetzgeber, dem die Aufgabe zufiel, die Kriterien für das Bestehen einer Haushaltsnotlage zu entwickeln und Vorgaben dafür zu machen, wie mit einer festgestellten Haushaltsnotlage eines Landes umzugehen ist. Wie auch immer aber das Verhältnis von Verfassungsgerichtsbarkeit und Gesetzgeber zu sehen sein mag: Es dürfte Übereinstimmung darin bestehen, dass es nicht die Aufgabe des Bundesverfassungsgerichts ist, als *Ersatzgesetzgeber* ein Haushaltsnotlagenregime gewissermaßen selbst „zu erfinden". Dies hat das Gericht auch selbst so gesehen, denn es hat in seinen Entscheidungsgründen den Ball an den Gesetzgeber zurückgespielt und ihn aufgefordert, Regelungsstrukturen für die Verhütung von und den Umgang mit Haushaltsnotlagen zu schaffen: Normative Vorkehrungen gegen Haushaltsnotlagen seien durch Art. 109 Abs. 2 GG geradezu geboten. Im Rahmen einer solchen Regelung könne der Bund nicht nur Grundsätze der Haushaltsplanung aufstellen, sondern auch die Länder in Krisenzeiten zur Aufstellung von Sanierungsplänen anhalten (BVerfG, in: Deutsches Verwaltungsblatt 1992, S. 965ff., 978).

Während das Bundesverfassungsgericht es 1992 nur mit zwei extrem kleinen Bundesländern zu tun hatte, die sich in einer Haushaltsnotlage befanden, so dass man sie noch als „Ausreißer" durchgehen lassen konnte, für die ein allgemeiner Regelungsbedarf als nicht so dringlich erschien, hat sich das bundesstaatliche Szenario seitdem deutlich zum Schlechteren verändert, wie sich aus den Abbildungen 1 und 2 ergibt.

Abbildung 1: Hoch verschuldete Flächenländer: Schuldenstand in Euro je Einwohner

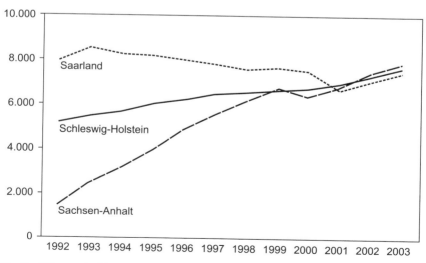

Quelle: Wissenschaftlicher Beirat beim Bundesministerium der Finanzen (2005, S. 8).

Abbildung 2: Verschuldung der Stadtstaaten: Schuldenstand in Euro je Einwohner

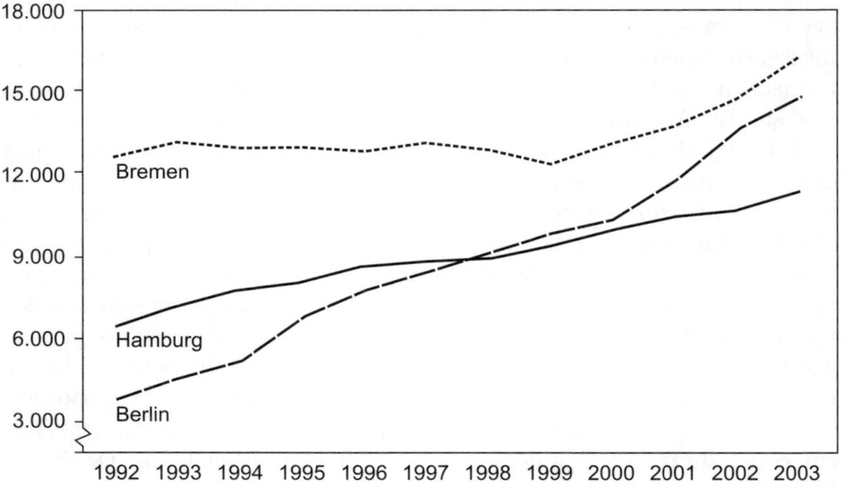

Quelle: siehe Abbildung 1.

Zu den bekannten Krisenländern treten nach den Erkenntnissen des Wissenschaftlichen Beirats beim Bundesministerium der Finanzen (2005) neue hinzu. Die Ergebnisse der Sanierungsbemühungen seien „alles andere als ermutigend" (ebd., S. 7). So seien etwa in dem höchstverschuldeten Land Bremen die Schulden seit 1999 um mehr als 1.300 Euro je Einwohner angestiegen. Nichtsdestotrotz stelle der Finanzplanungsrat regelmäßig einvernehmlich fest, dass die Haushaltsnotlagenländer Bremen und Saarland ihre Sanierungsauflagen erfüllt haben. Ebenso dramatisch stelle sich die Berliner Lage dar. Es sei abzusehen, „dass ähnliche Probleme in den meisten neuen Bundesländern auftreten werden" (ebd.).

Der Befund ist also eindeutig: Haushaltskrisen von Gliedstaaten mehren sich, verlassen zunehmend die Sonderzone des Ausnahmefalles und bedürfen daher einer finanzrechtlichen Grundsatzregelung.

## 2.2 Regelungsforderungen in der Literatur

Nicht nur das Bundesverfassungsgericht hat die Notwendigkeit eines Haushaltsnotlagenregimes thematisiert, sondern auch in der Literatur ist darüber durchaus diskutiert worden, wofür hier stellvertretend zwei Beispiele zu nennen sind.

Das erste Beispiel ist der bereits 1982 erschienene Beitrag von Horst Kratzmann über den Staatsbankrott, der interessanterweise mit der uns noch später beschäftigenden Überlegung beginnt, dass der *Staatsbankrott* nicht den Untergang des Staates bedeute, sondern vielmehr eine *Methode seiner Selbstrettung* darstelle (Kratzmann 1982, S. 319). Diese Methode der Selbstrettung sei wegen ihrer besonderen Bedeutung auch *regelungsbedürftig*, und zwar hinsichtlich des Bankrottgrundes ebenso wie hinsichtlich seiner Feststellung und deren Folgen.

Kratzmann beendet seinen Beitrag mit einem konkreten Regelungsvorschlag für einen zu schaffenden Grundgesetzartikel. Das Zusammenspiel von Bundesgesetzgeber und Bundesverfassungsgericht stellt er sich wie folgt vor:

„Im Falle der Zahlungsunfähigkeit kann *durch Bundesgesetz* bestimmt werden, dass Kreditverpflichtungen des Bundes später als vorgesehen fällig werden und nicht in voller Höhe zu erfüllen sind. Die Zahlungsunfähigkeit wird vermutet, wenn im laufenden Haushaltsjahr die für die Erfüllung erforderlichen Mittel mindestens auf ein Drittel und alle nicht getilgten Kredite seit dem drei Jahre zurückliegenden Haushaltsjahr jeweils mindestens vom Eineinhalbfachen um die Hälfte auf das Doppelte der veranschlagten Gesamtausgaben angestiegen sind. Im übrigen gilt das Gesetz zunächst als *Antrag an das Bundesverfassungsgericht* auf Verkündung der Zahlungsunfähigkeit und tritt erst in Kraft, wenn das Bundesverfassungsgericht nach Anhörung der Deutschen Bundesbank dem Antrag stattgegeben hat." (Ebd., S. 325; Hervorhebungen hier und im Folgenden stets von G.F.S.)

Der zweite hier zu nennende Autor ist Stefan Korioth, der ebenfalls Überlegungen dazu angestellt hat, wie eine Regelung des Haushaltsnotlagenproblems aussehen könnte, wobei er eine kleine und eine große Lösung unterscheidet; die ihm vorzugswürdig erscheinende große Lösung skizziert er wie folgt:

„Sie würde, da Art. 109 III und IV GG und die darauf beruhenden Gesetze über Haushaltsgrundsätze (HGrG) und Stabilitäts- und Wachstumsförderung (StWG) jeweils keinen geeigneten Sitz für Notlagenbehebung und -prävention darstellen, eine Verfassungsänderung voraussetzen. Die Schaffung einer eigenständigen Verfassungsnorm rechtfertigt sich aber auch deshalb, weil der Tatbestand und die Rechtsfolgen der Haushaltsnotlage für die betroffenen Länder und ihre finanzielle Leistungsfähigkeit existenzielle Bedeutung haben. So könnte etwa ein Art. 109a des Grundgesetzes eine begriffliche Festlegung der Haushaltsnotlage enthalten und Grundzüge der Prävention und Behebung regeln. Dies umfasste zum einen über Art. 115 I S. 2 GG hinausgehende Grenzen der Kreditfinanzierung. Zum anderen könnten mögliche Sanierungsmaßnahmen, Sanierungsziele und -zeiträume benannt, Verpflichtungen zur Aufstellung eines Sanierungsprogrammes und Sanktionen im Falle der Nichteinhaltung statuiert werden. Vor allem aber könnten Haushaltsnotlagen zur Voraussetzung spezieller zweckgebundener Bundeszuweisungen erhoben werden, die auch eine finanzielle Eigenbeteiligung der Länder vorsehen sollten." (Korioth 1997, S. 75)

Nachdem uns das zu lösende Problem und die sich aus ihm ergebende Notwendigkeit einer Reform der Finanzverfassung hinreichend klar vor Augen steht, geht es nunmehr darum, eine Reformperspektive aufzuzeigen, die nicht nur den notwendigen neuen Regelungsstrukturen gegenüber als „Reformkompass" fungiert, sondern zugleich dokumentiert, wie aus der Beschäftigung mit dem Phänomen gliedstaatlicher Haushaltskrisen Lerneffekte entstehen, die ihrerseits eine neue Sicht auf das nach Lösung drängende Problem ermöglichen.

## 3. Reformdruck und Reformperspektiven

Wenn es richtig ist, dass Reformen in den Köpfen stattfinden und sich weniger die Probleme als solche ändern als das Problemverständnis und die dadurch ermöglichte veränderte Sichtweise (zum Verhältnis von Aufgabenwandel und Wandel des Aufgabenverständnisses siehe Schuppert 1998), so bedarf es eines Umdenkens, und zwar in so konkreter Weise, dass sich daraus auch praxistaugliche rechtliche Regelungsstrukturen ableiten lassen. Dieses Umdenken besteht – und dies ist der erste zentrale Schritt – darin, mit dem Dogma der Insolvenzunfähigkeit von Staaten und Gemeinden aufzuräumen und der Vorstellung einer Insolvenzfähigkeit von Gebietskörperschaften näherzutreten.

### 3.1 Notwendigkeit eines insolvenzrechtlichen Regimes für Gebietskörperschaften als Antwort auf die staatliche Verschuldungskrise

*Rechtliche Insolvenzunfähigkeit von Gebietskörperschaften und tatsächliche Überschuldung oder zum korrekturbedürftigen Verhältnis von Recht und Wirklichkeit*

Nach § 12 Abs. 1 der Insolvenzordnung sind Staaten und Gemeinden – also alle Gebietskörperschaften der Bundesrepublik Deutschland – insolvenzunfähig, d.h. ein Insolvenzverfahren über das Vermögen von Gebietskörperschaften ist nicht zulässig. In dieser Vorschrift des positiven Rechts spiegelt sich das überkommene *Dogma der fehlenden Insolvenzfähigkeit der öffentlichen Hand*, ein Dogma, dem ein bestimmtes Staatsverständnis zugrunde liegt, das zur ökonomischen Realität mehr und mehr in Widerspruch gerät, weil zahlreiche Gebietskörperschaften – würden sie sich nicht nur Unternehmen nennen („Unternehmen Berlin" als Leitbild der Verwaltungsreform), sondern wären sie auch de jure welche – längst Insolvenz hätten anmelden müssen.

Die Verschuldung der Gebietskörperschaften in Deutschland, gemessen in Geldschulden, liegt inzwischen bei 1,45 Billionen Euro und zeigt die in Tabelle 1 wiedergegebene Tendenz.

Während die Verschuldung der Gebietskörperschaften also dramatisch zunimmt, bleibt die insolvenzrechtliche Situation konstant, mit der Folge, dass sich die Schere zwischen Rechtslage und Realität immer weiter öffnet und die Konsequenzen nur noch als anachronistisch bezeichnet werden können.

Tabelle 1: Entwicklung der öffentlichen Schulden (Kreditmarktschulden) in Mio. Euro

|      | insgesamt | Bund    | Länder  | Kommunen |
|------|-----------|---------|---------|----------|
| 1992 | 679.867   | 310.224 | 197.342 | 70.172   |
| 1993 | 765.510   | 350.379 | 219.135 | 77.003   |
| 1994 | 1.009.323 | 364.289 | 235.542 | 80.642   |
| 1995 | 1.069.247 | 385.684 | 257.336 | 83.743   |
| 1996 | 1.119.976 | 426.025 | 279.864 | 85.396   |
| 1997 | 1.153.413 | 459.686 | 299.744 | 85.598   |
| 1998 | 1.183.063 | 487.991 | 314.765 | 84.826   |
| 1999 | 1.198.145 | 708.314 | 322.672 | 83.936   |
| 2000 | 1.198.145 | 715.627 | 333.187 | 82.991   |
| 2001 | 1.203.887 | 697.290 | 357.684 | 82.669   |
| 2002 | 1.253.195 | 719.397 | 384.773 | 82.662   |
| 2003 | 1.325.733 | 760.453 | 414.952 | 84.069   |
| 2004 | 1.394.741 | 802.997 | 442.973 | 84.089   |

Quelle: Budäus (2005, S. 4).

Zwei Autoren sollen zum Beleg dafür in den Zeugenstand gerufen werden. Der erste Zeuge ist Jörn Axel Kämmerer, der sich jüngst zum Staatsbankrott aus völkerrechtlicher Sicht geäußert hat und eingangs seines Beitrages zunächst noch einmal das Dogma der fehlenden Insolvenzfähigkeit von Staaten anspricht und die daraus sich ergebende *paradoxe Situation*, dass auch extrem hoch verschuldete Gebietskörperschaften – wie etwa das Land Berlin – nicht die geringste Schwierigkeit haben, am Kreditmarkt immer wieder „gutes Geld" zu erhalten:

> „Den Kreditinstituten gelten Staaten meist als erstklassige Schuldner. (…) Zu den Geheimnissen der besonderen Bonität der öffentlichen Hand zählt der simple Umstand, dass ein solcher Schuldner Bestandsschutz genießt. Vor Konkurs bzw. Insolvenz schützt er sich selbst qua Gesetz, im Falle Deutschlands *§ 12 I InsO, das seiner inneren Souveränität entspringt*. Weder in- noch ausländische Gläubiger, weder staatliche noch private, können einem souveränen Staate ein Insolvenzverfahren mit Folgen auferlegen, wie sie bei juristischen Personen des Privatrechts üblich sind: Fremdverwaltung und ggf. am Ende Liquidation." (Kämmerer 2005, S. 651)

Aber:

> „Mit der historischen Realität hat das vermittelte Bild eines Gemeinwesens mit unerschöpflicher finanzieller Potenz nur wenig gemein. Zwar sind Staaten kraft ihrer Souveränität gegen einseitig gestaltende Interventionen anderer auch in finanziellen Angelegenheiten gefeit; Staatsbankrott aber war und

ist ein in der Realität häufig anzutreffendes Phänomen. Zahlungsunfähigkeit oder Überschuldung (nach §§ 17ff. InsO Voraussetzungen für die Eröffnung eines Insolvenzverfahrens gegen einen Privaten) sind in den letzten 200 Jahren in rund 90 Fällen erklärt worden. Auch die Mehrzahl der europäischen Mächte hat sich schon einmal, einige gar mehrfach, außerstande erklärt, ihre Verbindlichkeiten zu bedienen." (Ebd., S. 652)

Hinzu kommt: Während es für souveräne Staaten noch als ein Argument gelten mag, dass sich der Staat kraft seiner Abgabenhoheit gewissermaßen „refinanzieren" kann, gilt dies etwa für die deutschen Bundesländer – um die es ja in unserem Diskussionszusammenhang vornehmlich geht – eindeutig nicht: Die Länder sind wegen der Asymmetrie der Finanzbeziehungen in der grundgesetzlichen Finanzverfassung (vgl. dazu Schuppert 1993, S. 26ff.) gar nicht in der Lage, von sich aus Steuerquellen zum Sprudeln zu bringen, da alle Steuerarten bundesgesetzlich geregelt sind und die Länder – so gesehen – nur Trittbrettfahrer des Bundes sind.

Der zweite Zeuge soll Dietrich Budäus sein, der in seinem schon zitierten Beitrag aus ökonomischer Perspektive darauf hinweist, wie wenig sich das Dogma von der Insolvenzunfähigkeit von Gebietskörperschaften und ihr zunehmendes „Gefangensein in der Zinsfalle" miteinander vertragen:

> „*Der Abbau von Verschuldung ist faktisch nicht Gegenstand öffentlichen Handelns und Denkens.* Ergänzend wird, zurückgreifend auf Keynes, das theoretische Gerüst eines Deficit Spending immer wieder als Legitimationsgrundlage für wachsende Verschuldungen herangezogen. Bedenken gegen dieses Vorgehen werden durch die Frage nach der Kreditwürdigkeit substituiert. Die Frage nach der Kreditwürdigkeit wiederum stellt sich letztlich dann nicht, wenn zur Gewährleistung der Zahlungsfähigkeit des Staates auf die Zahlungsverpflichtung der Bürger über das staatliche Privileg der Steuererhebung zurückgegriffen werden kann. Eine Insolvenz (...) öffentlicher Gebietskörperschaften wird von daher für ausgeschlossen gehalten.
> *Formal mag eine derartige Argumentationsweise zutreffen, ökonomisch ist sie äußerst problematisch.* Es sei deshalb noch einmal darauf verwiesen, dass die Gebietskörperschaften in Deutschland zurzeit jährlich über 60 Mrd. Euro Zinsen für die in der Vergangenheit aufgenommenen Kredite aufbringen müssen (...). In einzelnen Gebietskörperschaften reichen die massiven jährlichen Personaleinsparungen nicht einmal aus, um die zusätzlichen Zinsen für die Neuverschuldung aufzubringen. Das Problem liegt somit nicht nur in dem hohen Niveau der Zinszahlungen, sondern in der 'Zinsfalle'. Die Spareffekte reichen nicht aus, die zusätzlichen Zinseffekte aufgrund der Neuverschuldung abzudecken." (Budäus 2005, S. 10f.)

Angesichts dieser Entwicklungen kann es nicht überraschen, dass das Rütteln an dem Insolvenzunfähigkeits-Dogma immer vernehmlicher wird und die Mahnungen sich mehren, die Übertragbarkeit der Grundsätze privatwirtschaftlicher Insolvenzverfahren auf Gebietskörperschaften zumindest zu prüfen. Deswegen soll im Folgenden zunächst ein Blick auf die internationale Praxis und sodann auf die neuere Reformdiskussion geworfen werden, und zwar weniger mit dem Ziel, eine Insolvenzordnung für Gebietskörperschaften zu entwerfen, als vielmehr zu überlegen, welche Elemente des Insolvenzrechts – einem Rechtsgebiet, das sich seit Jahrhunderten mit dem „Sozialphänomen" von Zahlungsunfähigkeit beschäftigt – in die Konzeptualisierung eines Haushaltsnotlagen-Grundsätzegesetzes übernommen werden können.

## Zur Diskussion über die Insolvenzfähigkeit von Gebietskörperschaften

Das Thema des Staatsbankrotts und seiner Regelbarkeit ist wissenschaftlich „in", das beweist nicht zuletzt der Habilitationsvortrag Christoph Ohlers (2005). Aber nicht nur die Wissenschaft beschäftigt sich damit, sondern auch die internationale Praxis, wie der viel diskutierte Vorschlag des Internationalen Währungsfonds (IWF) zeigt, in Gestalt eines „Sovereign Debt Restructuring Mechanism" (SDRM) Grundstrukturen eines internationalen Insolvenzrechtsverfahrens zu entwickeln (siehe zum IWF-Vorschlag die äußerst informative Darstellung und Kommentierung bei Berensmann 2003). Auch deswegen liegt das Thema eines Insolvenzrechts für Staaten – insbesondere unter dem Eindruck des „Falles Argentinien" (siehe Jost 2003) – in der Tat in der Luft.

Ein wichtiger Punkt ist natürlich zunächst die Frage, ob ein Insolvenzrecht für Staaten im Hinblick auf den ehernen *Grundsatz der staatlichen Souveränität* überhaupt denkbar ist. Mustert man die neuere Literatur dazu durch, so kommt man zu dem relativ eindeutigen Ergebnis, dass die staatliche Souveränität weder einem konsentierten Insolvenzverfahren noch der in der Praxis des IWF üblichen „Konditionalität" der Darlehensvergabe entgegensteht, denn insoweit macht der betroffene Staat nur von seiner Vertragsfreiheit Gebrauch, die gerade Ausfluss seiner Souveränität ist (Dahm et al. 2002, S. 535).

Grenzen findet diese völkerrechtliche Vertragsfreiheit allein in dem eng umrissenen Bereich, der im geltenden Völkerrecht den *ius cogens-Normen* zugerechnet wird. Zu diesem zwingenden Völkerrecht, das nicht Gegenstand vertraglicher Regelungen sein kann, gehören aber im Wesentlichen nur das Gewaltverbot und bestimmte elementare Menschenrechtsstandards.

Als eine erste Zwischenbilanz wird man angesichts des völkerrechtlichen Grundsatzes der Vertragsfreiheit souveräner Staaten und angesichts des engen Ausnahmebereichs zwingenden Völkerrechts zu dem eindeutigen Ergebnis kommen, dass das geltende Völkerrecht einem vertraglich vereinbarten Insolvenzverfahren nicht entgegensteht.

Auch Christoph Paulus ist in seinen viel zitierten „Überlegungen zu einem Insolvenzverfahren für Staaten" (Paulus 2002, S. 725) dem Souveränitätsargument entgegengetreten und hat in diesem Zusammenhang nicht nur auf den beobachtbaren Wandel des Souveränitätsbegriffs abgestellt, sondern vor allem betont, dass es mit dem US-amerikanischen Chapter 9-Verfahren durchaus ein Beispiel für ein funktionsfähiges Insolvenzverfahren für Gebietskörperschaften gibt:

> „Im Übrigen zeigt ein Blick auf das US-amerikanische Insolvenzrecht, dass ein Insolvenzverfahren über Körperschaften des öffentlichen Rechts (Municipalities) durchaus unter Wahrung ihrer Souveränitätsbelange durchgeführt werden kann. *In Gestalt des US-amerikanischen Chapter 9-Verfahrens existiert ein praxisbewährtes Modell*, in das sämtliche Gläubiger einbezogen werden und in dem *der souveräne Schuldner weiterhin handlungsfähig gehalten wird*. (…) Soweit ersichtlich, ist es das ausgefeilteste und am weitesten fortentwickelte Modell der insolvenzrechtlichen Behandlung einer souveränen, öffentlich-rechtlichen Gebietskörperschaft. Bereits seit 1934 finden sich entsprechende Vorbilder in der amerikanischen Konkursgesetzgebung. Eine Vielzahl von Fällen – und hier insbesondere die Zahlungsunfähigkeit der Stadt New York im Jahre 1975 – hat dazu geführt, dass das Verfahren weiter entwickelt und an die praktischen Bedürfnisse angepasst wurde." (Ebd., S. 727)

Man wird diesem Modell eine gewisse Überzeugungskraft nicht absprechen können.

Steht das Souveränitätsargument also einem Insolvenzverfahren für Gebietskörperschaften prinzipiell nicht entgegen, so gilt dies auch für das ja durchaus *eingriffsintensive Konditionalitätsregime*, das der Internationale Währungsfonds auf der internationalen Bühne praktiziert und das von Klaus Weigeldt in seiner grundlegenden Untersuchung mit wenigen Strichen wie folgt skizziert und problematisiert worden ist:

> „Die Kredite, die regelmäßig in Form der sog. *Bereitschaftskreditvereinbarungen* abgewickelt werden, sind mit Auflagen, den Erfüllungskriterien, versehen, die ein Staat einzuhalten hat, um im Rahmen seiner Kreditlinie weitere Zahlungsmittel anfordern zu können. Diese Auflagen stellen die Essenz der Politik der Konditionalität dar. Die strengen Auflagen des IWF, die wie die weiteren Inhalte der Bereitschaftskreditvereinbarungen meist vertraulich behandelt werden, verpflichten die Staaten zu intensiven Einschnitten in ihren Haushalten, so dass häufig drastische Verschlechterungen der ohnehin angespannten sozialen und wirtschaftlichen Lage der Schuldnerstaaten die zwangsläufige Folge sind. Diese Auflagenpolitik hat zu unzähligen Vorwürfen mit dem Inhalt geführt, der Fonds handele rechtswidrig, wobei die angebliche Verletzung der Staatssouveränität neben der Beschuldigung, die Menschenrechte nicht zu beachten, am schwersten wiegt und daher Gegenstand dieser Untersuchung war." (Weigeldt 1999, S. 251)

In seiner Arbeit kommt Weigeldt zu dem eindeutigen Ergebnis, dass sowohl das Souveränitätsprinzip wie das völkerrechtliche Interventionsverbot durch die Konditionalitätspraxis des IWF nicht verletzt werden; was das Souveränitätsprinzip angeht, so führt er dazu in seinen zusammenfassenden Thesen Folgendes aus:

„Die historische Entwicklung der Staatssouveränität zeigt die Veränderung von einem absoluten und undurchdringbaren zu einem relativen und abgeschwächten Verständnis, das insbesondere mit der zunehmenden Delegation von staatlichen Funktionen auf die Internationalen Organisationen einen entscheidenden Wandel erfahren hat. (...) Nur eine ultra vires-Handlung des Fonds, also ein Überschreiten der durch die mitgliedstaatliche Ermächtigung gedeckten organisationsrechtlichen Kompetenzen, kann eine Verletzung der Staatssouveränität hervorrufen. Die Praxis der Bereitschaftskreditvereinbarungen (...) erweitert jedoch die grundsätzlich bestehende Rechtsmacht des Fonds im Einzelfall. Der im Recht des IWF anwendbare *Grundsatz volenti non fit iniuria* führt zu einem wirksamen Ausschluss der Verletzung der Staatssouveränität durch die Mitgliedstaaten." (Ebd., S. 252f.)

Auch mit dem anderen Standardargument, eine Insolvenz für Gebietskörperschaften sei schon deshalb prinzipiell ausgeschlossen, weil sie unverzichtbar öffentliche Aufgaben wahrzunehmen hätten, ist es bei näherer Betrachtung nicht allzu weit her; Christoph Ohler hält dieser *Standardbehauptung von der fehlenden Insolvenzfähigkeit öffentlicher Körperschaften* zu Recht folgende, auf die Ziele des heutigen Insolvenzverfahrens[1] abstellende Überlegung entgegen:

„Aus juristischer Sicht lautet der Einwand, dass der Staat nicht mit einem privaten Schuldner zu vergleichen sei. Der Staat könne nicht einem wie auch immer gearteten Verfahren unterworfen werden, das zur Liquidation des Staatsvermögens und der anschließenden quotenmäßigen Befriedigung der Gläubiger führe. Ansonsten wäre der Staat nicht mehr in der Lage, seine übergreifenden Aufgaben zu erfüllen und hörte auf, Staat zu sein. Dieses Argument trifft sicherlich zu, soweit man in einem Insolvenzverfahren lediglich das Ziel sieht, die Ansprüche der Gläubiger durch umfassende Verwertung des Schuldnervermögens zu befriedigen. Anspruchsbefriedigung und Liquidation des Gemeinschuldners gingen dabei Hand in Hand. Soweit man in einem Insolvenzverfahren dagegen die Funktion sieht, neben der Befriedigung der Gläubigerinteressen auch *die Reorganisation des Schuldners herbeizuführen,* ergibt sich ein anderes Bild. Ganz in Übereinstimmung mit dem Ansatz des modernen Insolvenzrechts ließe sich formulieren, das Insolvenzverfahren solle das Überleben des Gemeinschuldners erst ermöglichen, indem er sich von seinen Restschulden befreit." (Ohler 2005, S. 590f.)

Als zweite Zwischenbilanz wird man daher feststellen können, dass weder das Souveränitätsargument noch der Gesichtspunkt „öffentliche Aufgaben-

---

[1] § 1 der geltenden Insolvenzordnung hat folgenden Wortlaut: „Das Insolvenzverfahren dient dazu, die Gläubiger eines Schuldners gemeinschaftlich zu befriedigen, indem das Vermögen des Schuldners verwertet und der Erlös verteilt oder in einem Insolvenzplan eine abweichende Regelung insbesondere zum Erhalt des Unternehmens getroffen wird. Dem redlichen Schuldner wird Gelegenheit gegeben, sich von seinen restlichen Verbindlichkeiten zu befreien."

träger" einem Insolvenzverfahren für Gebietskörperschaften prinzipiell entgegensteht; eine ganz andere und davon zu trennende Frage ist, wie man in einem öffentlich-rechtlichen Insolvenzverfahren den Besonderheiten öffentlicher Körperschaften Rechnung zu tragen hätte.

## 4. Lösungsvorschlag: Bausteine eines zu entwickelnden Haushaltsnotlagenregimes

### 4.1 Zu den drei zentralen Bausteinen eines Haushaltsnotlagenregimes

Bevor die drei Bausteine näher vorgestellt werden, sollte Klarheit darüber bestehen, dass es sich dabei nicht um isoliertes, überall verwendbares Baumaterial handelt, sondern um drei Elemente eines „Gesamtkunstwerkes". Diese Elemente sind aufeinander bezogen und ergeben nur zusammen einen sinnvollen Funktionszusammenhang.

*Haushaltsnotlagenprävention durch Festlegung von Haushaltsnotlagenindikatoren*

Wie die politische Praxis gezeigt hat und zeigt, reicht allein das Normieren von Verschuldungsgrenzen nicht aus, um Haushaltskrisen zu verhindern, es sei denn, dass – wie in der Europäischen Union – ein Sanktionsregime bereitsteht, das zu fühlbaren Konsequenzen führen kann. Ein so weit gehendes Sanktionsregime, in dem Verschuldensgrenzen überschreitende Bundesländer zunächst abgemahnt und in letzter Konsequenz mit Geldstrafen belegt werden, scheint uns kein hinreichend „autonomieschonendes" Verfahren zu sein und wäre mit dem historisch gewachsenen deutschen Bundesstaatsverständnis nur schwer vereinbar.

Dies bedeutet aber nicht, dass Verschuldensgrenzen keine sinnvolle Funktion hätten. Als Bestandteil eines *gestuften Haushaltsnotlagenverfahrens* ergeben sie durchaus Sinn, und zwar in dreierlei Weise. Einmal können sie – wie der Wissenschaftliche Beirat beim Bundesministerium der Finanzen überzeugend ausgeführt hat – als Bestandteil eines *Frühwarnsystems* fungieren, in dem die Verschuldensgrenze allen Beteiligten klarmacht, dass der Bereich des Unbedenklichen verlassen und die Zone „Haushaltskrise" betreten wird. Zum anderen könnte die Überschreitung einer solchen Grenze ein Haushaltsnotlagenverfahren in Gang setzen; drittens schließlich bedarf es aus juristischer Sicht schon im Interesse der rechtlichen Handhabbarkeit stets eines ausformulierten Tatbestandes, bei dessen Erfüllung eine bestimmte Rechtsfolge ausgelöst wird: Diese dritte Funktion kann man schlicht *Tatbestandsfunktion* nennen (in diesem Sinne Isensee 2004, S. 227ff., 247f.; ebenso bereits Selmer 1993, S. 57).

Wenn das alles richtig ist, dann bedarf es der *Entwicklung von Indikatoren* dafür, wann das Ausmaß der Verschuldung einen solchen „Pegelstand" erreicht hat, dass von einer Haushaltsnotlage gesprochen werden kann. Aus rechtlicher Sicht ist es dabei zunächst irrelevant, ob mit den derzeitigen verfassungsrechtlichen Vorgaben auf das Verhältnis der Investitionsquote zur Verschuldungsquote oder mit den Maastricht-Kriterien auf das Verhältnis der Neu- bzw. der Gesamtverschuldung zum Bruttoinlandsprodukt abgestellt wird. Auch die vom Bundesverfassungsgericht zur Bestimmung einer extremen Haushaltsnotlage herangezogenen Kriterien der Kreditfinanzierungsquote und der Zins-Steuer-Quote kommen als maßgebliche Indikatoren in Betracht. Der Wissenschaftliche Beirat favorisiert in seinem Gutachten die Primärüberschussquote als entscheidenden Faktor. Denkbar ist schließlich auch, mit dem Vergleich zur Situation in anderen Bundesländern einen relativen Maßstab zu verankern oder verschiedene Kriterien zu kombinieren.

Um ein notwendiges Maß an Eindeutigkeit und Verbindlichkeit sicherzustellen, ist aus gesetzgebungswissenschaftlicher Sicht allerdings zu fordern, dass die rechtlichen Grundlagen eine möglichst präzise Bestimmung der Indikatoren ermöglichen und ihrerseits mit anderen rechtlichen Verschuldungsgrenzen kompatibel sind. Dass derzeit die drei Regelungsebenen (Landesverfassungsrecht, Grundgesetz, Gemeinschaftsrecht) mit ihren jeweiligen Verschuldungsgrenzen zum Teil verschiedene Ziele mit unterschiedlichen Mitteln verfolgen und deshalb auch unterschiedliche Bezugsgrößen verwenden (vgl. Kloepfer/Rossi 2003, S. 319ff., 343), erschwert die politisch regelmäßig nicht opportune Feststellung einer Haushaltskrise erheblich und verhindert damit frühzeitige Maßnahmen zur Vermeidung extremer Haushaltsnotlagen. Es sprechen gewichtige Argumente dafür, die gemeinschaftsrechtlichen Kriterien als Indikatoren im Haushaltsnotlagengesetz festzuschreiben.

*Haushaltsnotlagenfeststellung, insbesondere durch Institutionalisierung einer unabhängigen Feststellungsinstanz*

Ist der Tatbestand der Haushaltsnotlage erfüllt, so stünde der Eröffnung eines Haushaltsnotlagenverfahrens an sich nichts mehr im Wege. Fraglich ist „nur", wer dazu berechtigt sein soll, das Vorliegen der Haushaltsnotlage und damit die tatbestandlichen Voraussetzungen eines Haushaltsnotlagenverfahrens verbindlich festzustellen. Man braucht kein Experte der ökonomischen Theorie des Bundesstaates oder der Theorie des „organizational behaviour" zu sein (eine Theorie, die sich mit dem erwartbaren Verhalten von Organisationen beschäftigt), um das *Rollenverhalten* des um Bundeshilfen nachsuchenden Landes und des möglicherweise zahlungspflichtigen Bundes vorherzusagen: Das „klamme" Land wird seine unübersehbare Haushaltsnotlage reklamieren und durch ein finanzwissenschaftliches Gutachten zu untermauern suchen, der Bund wird – ebenfalls finanzwissenschaftlich munitioniert – das Vorliegen einer Haushaltsnotlage bestreiten, unterstützt durch den Chor der anderen Länder, die einer wie auch immer gearteten Form der Inpflichtnahme beizeiten entgegentreten wollen. Es bedarf also eines *neu-*

*tralen Dritten*, dem die Kompetenz zusteht, die Haushaltsnotlage eines Landes verbindlich festzustellen.[2]

Wenn man sich auf die Suche nach einer geeigneten neutralen Instanz macht, befindet man sich in einer Auswahlsituation, die im verwaltungswissenschaftlichen Sprachgebrauch als „institutional choice" oder auch „organizational choice" bezeichnet wird (Schuppert 1994, S. 647ff.; daran anknüpfend Reichard 1996, S. 101ff.). Dabei geht es um die Frage, ob von einer schon bestehenden oder noch zu schaffenden Institution diejenige „institutionelle Kompetenz" (Schuppert 1994, S. 647ff.) erwartet werden kann, die erforderlich ist, um gerade das in Rede stehende spezifische Problem – hier: Befinden über den Tatbestand der Haushaltsnotlage – autoritativ und mit befriedender Wirkung zu entscheiden. Dabei wird man sich relativ unproblematisch auf die folgenden Kriterien verständigen können: Unabhängigkeit, Sachverstand (hier: finanzwissenschaftlicher, aber auch verfassungsrechtlicher Art) und Reputation der Mitglieder des Gremiums sowie eine Organisation und ein Verfahren der Entscheidungsfindung, das ebenso gründliche wie zügige Entscheidungen gewährleistet.

Wenn man diese Kriterien anlegt, so wird man dem bisher als Feststellungsinstanz tätigen Bundesverfassungsgericht Unabhängigkeit und Reputation bescheinigen dürfen. Das Gericht verfügt aber von Hause aus nicht über *finanzwissenschaftlichen Sachverstand* – mit Ausnahme der vereinzelten Richter, die auf dem Gebiet des Finanzverfassungsrechts gearbeitet haben. Außerdem ist die *Verfahrensdauer* vergleichsweise lang und stark von der Geschäftslage des Gerichts im Übrigen abhängig.

Zieht man aus diesen Gründen für ein zu entwerfendes Haushaltsnotlagen-Grundsätzegesetz das Bundesverfassungsgericht als Feststellungsinstanz nicht in Betracht, so liegt es bei der weiteren Suche nahe, sich eine Instanz „zu basteln" und dabei eine *pluralistische Zusammensetzung* vorzusehen, die erwarten lässt, dass möglichst alle entscheidungsrelevanten Gesichtspunkte repräsentiert sind und in die Entscheidungsfindung einfließen. Mit solchen *pluralistisch zusammengesetzten Entscheidungsgremien* hat man in der Verwaltungsorganisation bei schwierigen Entscheidungsproblemen wertender Art (z.B. der Indizierung von jugendgefährdenden Schriften) gute Erfahrungen gemacht. Außerdem hat dieses „institutional design" den großen Vorteil, auch das *Entscheidungsverfahren* regeln und problemspezifisch zuschneiden zu können.

Nach diesen Vorüberlegungen hat der Vorschlag des Wissenschaftlichen Beirats beim Bundesministerium der Finanzen viel für sich (anders aber Kerber 2005), eine eigenständige neuartige Feststellungsinstanz zu schaffen, die er „Stabilitätsrat" nennt, der sich aus Finanzministern der Länder sowie aus dem Bundesrechnungshof, der Bundesbank und unabhängigen Sachverstän-

---

2 Eine solche Rollentrennung ist rechtsstaatlich geboten, denn das Insolvenzverfahren darf nicht in den Händen der Parteien liegen. Für die Insolvenz von Staaten fallen deshalb Internationaler Währungsfonds und Weltbank als Amtsträger aus, weil sie auch Gläubiger der Staaten sind (Paulus 2002, S. 730).

digen unter der Federführung des Bundesfinanzministeriums zusammensetzt. Ob diese spezifische Zusammensetzung das letzte Wort sein muss, kann an dieser Stelle dahinstehen, aber die Grundidee ist überzeugend.

Einer der praktisch und politisch wichtigsten Punkte ist die Frage, wer das Haushaltsnotlagenverfahren in Gang setzen kann, also das *Antrags- oder Initiativrecht* hat. Im Regelfall des Insolvenzverfahrens liegt es beim Gläubiger im Falle der Zahlungsunfähigkeit seines Schuldners. Es setzt die Fremdverwaltung durch den Insolvenzverwalter in Gang. Demgegenüber hat das neue Insolvenzrecht einen neuen Weg eingeschlagen, indem es im so genannten Planverfahren eine Möglichkeit bereithält, für den konkreten Insolvenzfall ein *maßgeschneidertes Lösungskonzept* zu entwickeln. Damit verbunden ist ein Perspektivenwechsel: Insolvenz soll nicht mehr als anrüchig, sondern als *Sanierungschance* gesehen werden (dazu Paulus 2004, S. 1573). Das entspricht nicht zuletzt den Interessen des Gläubigers an der Erhaltung seines Schuldners.

Was nun das Initiativrecht angeht, so bietet es sich an, nach dem Vorbild der Insolvenzordnung eine *gestaffelte Lösung* vorzusehen. *In der Phase der sich anbahnenden*, aber wohl kaum vermeidbaren *Haushaltskrise* stünde das Antragsrecht auf Auslösung eines Haushaltsnotlagenverfahrens nur dem jeweiligen Land zu und niemandem sonst. Ist aber die Haushaltsnotlage nachhaltig eingetreten, so steht das Antragsrecht nicht nur dem in Bedrängnis geratenen Land zu, sondern auch dem „Stabilitätsrat", der damit gewissermaßen von Amts wegen das Haushaltsnotlagenverfahren in Gang bringt.

*Haushaltsnotlagensanierung*

Wie aus der Beschäftigung mit der Praxis der Kommunalaufsicht sowie mit der Praxis des Internationalen Währungsfonds zu lernen ist, sollte ein Sanierungsregime aus zwei Elementen bestehen, nämlich einem in Eigenverwaltung zu erstellenden Sanierungskonzept und einer konditionierten Mittelbewilligung.

Was zunächst das Haushaltssanierungskonzept angeht, so sollte es die allgemeinen Sparziele formulieren und die Selbstbindungen der Landesregierung festlegen (vgl. für die kommunale Ebene die entsprechenden Überlegungen bei Mlynek 1995, S. 55ff.). In einem zweiten Teil wären die konkreten Sanierungsschritte darzulegen und mit einer zeitlichen Perspektive zu versehen. Dass dieses Sanierungskonzept in Eigenverwaltung zu erstellen ist, schließt nicht aus, als Obliegenheit des jeweiligen Landes vorzusehen, dabei den Rat der Mitglieder des „Stabilitätsrates" einzuholen. Nach Fertigstellung des Sanierungskonzepts ist es dem „Stabilitätsrat" vorzulegen, der darüber zu entscheiden hat, ob es eine ausreichende Gewähr dafür bietet, dass mit den zu gewährenden Sanierungshilfen das Sanierungsziel erreicht werden kann.

Werden Mittel als Sanierungshilfe zur Verfügung gestellt, so ist ihre Auszahlung an die Erfüllung von Auflagen und Bedingungen zu knüpfen. Auch hier kann die kommunalrechtliche Unterscheidung zwischen Zweckzuweisungen und solchen Zuweisungen, deren Verwendung im Ermessen der Gemeinde steht, durchaus hilfreich sein. Als praktisches Instrument des Sanierungsregimes bietet sich ein zwischen dem Bund und dem jeweiligen Land zu schließender Sanierungsvertrag an, dessen konkrete Gestalt unter Hinzuziehung der Expertise des „Stabilitätsrates" auszuhandeln ist. Gesetzliche Vorgaben im Detail sollten hier nicht gemacht werden.

### 4.2 Ausblick

Die Bedeutung der bisherigen Überlegungen erschöpft sich nicht darin, als Grundlage für den Entwurf eines Haushaltsnotlagen-Grundsätzegesetzes zu dienen und darüber hinaus – wie Charles Beat Blankart (2005, S. 13) zu Recht reklamiert – dem Vorhaben einer Föderalismusreform Impulse zu geben; die Konsequenzen sind vielmehr schon zum jetzigen Zeitpunkt – also nicht nur de lege ferenda – klar und deutlich:

Sie bestehen darin, dass das Bundesverfassungsgericht sich von der – wie man es sozialwissenschaftlich formulieren würde – „Pfadabhängigkeit" der im Falle Bremens und des Saarlands eingeschlagenen Rechtsprechung lösen und *sich der Rolle entziehen muss*, die Aufgabe einer Haushaltsnotlagen-Feststellungsinstanz und eines Krisenmanagers wahrzunehmen – und dies alles nur gestützt auf den Verfassungsgrundsatz der Bundestreue, der damit interpretatorisch in geradezu grenzenloser Weise überdehnt wird. Ansätze zu einer solchen Neuausrichtung der Rechtsprechung sind im Berlin-Urteil des Bundesverfassungsgerichts (Deutsches Verwaltungsblatt 2007, S. 3947) durchaus erkennbar, und dieser Ansatz muss bei den Fällen Bremen und Saarland unbedingt weitergeführt werden. Das Gericht sollte sich noch stärker auf seine Grundsatzentscheidung von 1992 rückbesinnen und *den Gesetzgeber erneut und noch dezidierter in die Pflicht nehmen*, ein Haushaltsnotlagen-Grundsätzegesetz vorzulegen, das als rahmenhafte Regelungsstruktur bzw. als *Governance-Instrument zur Bewältigung von Haushaltskrisen im Bundesstaat* fungiert. Der „Fall Berlin" könnte so auch auf längere Sicht zum Prototyp eines im Entstehen begriffenen Haushaltsnotlagenregimes werden und zugleich – wegen der besonderen Situation Berlins nur in begrenztem Maße – als Testfall für die Praktikabilität der bisher nur im Entwurf existierenden Regelungsstrukturen fungieren.

### Literatur

Ansell, Christopher/Vogel, David (2006): „The Contested Governance of European Food Safety Regulation". In: Christopher Ansell/David Vogel (Eds.): *What's the Beef: The Contested Governance of European Food Safety*. Cambridge, MA: MIT Press, S. 3-32.

Benz, Arthur (1985): *Föderalismus als dynamisches System. Die Zentralisierungs- und Dezentralisierungsprozesse im föderativen Staat*. Opladen: Westdeutscher Verlag.

Berensmann, Kathrin (2003): *Die Einbindung privater Gläubiger in die Prävention und Bewältigung von internationalen Verschuldenskrisen*. Berichte und Gutachten, Bd. 7. Bonn: Deutsches Institut für Entwicklungspolitik.

Blankart, Charles Beat (2005): „Haftungsgrenzen im föderalen Staat. Wider die prämienlose Vollkaskoversicherung. Ein Regelwerk zur Eindämmung der Staatsverschuldung". In: *Frankfurter Allgemeine Zeitung* vom 26.11.2005, S. 13.

Budäus, Dietrich (2005): *Rating von Bund, Ländern und Kommunen: Wie kreditwürdig ist der öffentliche Sektor?* Internet: http://www.hfv-speyer.de/HILL/Tagungen/Tagungen-2005/Zukunft/Bud%E4us.pdf (zuletzt aufgesucht am 15.1.2007).

Conrad, Jan Hendrik (1999): *Die Geschichte der ungleichen Verträge im neueren Völkerrecht*. Marburg: Tectum.

Dahm, Georg/Delbrück, Jost/Wolfrum, Rüdiger (2002): *Völkerrecht*, Bd. I/3: *Die Formen des völkerrechtlichen Handelns; Die inhaltliche Ordnung der internationalen Gemeinschaft*, 2. Auflage. Berlin: de Gruyter.

Harms, Jens/Reichard, Christoph (Hg.) (2003): *Die Ökonomisierung des öffentlichen Sektors: Instrumente und Trends*. Baden-Baden: Nomos.

Hesse, Konrad (1962): *Der unitarische Bundesstaat*. Heidelberg: C.F. Müller.

Isensee, Josef (2004): „Die Insolvenzfähigkeit des Staates". In: Markus Heintzen/Lutz Kruschwitz (Hg.): *Unternehmen in der Krise*. Berlin: Duncker & Humblot, S. 227-257.

Jost, Christoph (2003): „Argentinien: Umfang und Ursachen der Staatsverschuldung und Probleme der Umschuldung". In: *Konrad-Adenauer-Stiftung – Auslandsinfo*, H. 11, S. 29-63.

Kämmerer, Jörn Axel (2005): „Der Staatsbankrott aus völkerrechtlicher Sicht". In: *Zeitschrift für ausländisches öffentliches Recht und Völkerrecht*, H. 3, S. 651-676.

Kerber, Markus C. (2005): *Auf dem Weg zum Bundesfinanzrat?* Diskussionspapier Nr. 6, Technische Universität Berlin. Berlin.

Klatt, Hartmut (1982): „Parlamentarisches System und bundesstaatliche Ordnung. Konkurrenzföderalismus als Alternative zum kooperativen Bundesstaat". In: *Aus Politik und Zeitgeschichte*. Beilage zur Wochenzeitung Das Parlament, B 31/82, S. 3-24.

Kloepfer, Michael/Rossi, Matthias (2003): „Die Verschuldung der Bundesländer im Verfassungs- und Gemeinschaftsrecht". In: *Verwaltungsarchiv*, Jg. 94, S. 319-344.

Korioth, Stefan (1997): *Der Finanzausgleich zwischen Bund und Ländern*. Tübingen: Mohr Siebeck.

Kratzmann, Horst (1982): „Der Staatsbankrott. Begriff, Erscheinungsformen, Regelung". In: *Juristenzeitung*, Jg. 37, S. 319-325.

Loeser, Roman (1988): „Wahl und Bewertung von Rechtsformen für öffentliche Verwaltungsorganisationen". In: *Speyerer Arbeitshefte*, Nr. 83. Speyer: Deutsche Hochschule für Verwaltungswissenschaften.

Meier, Henk Erik (2006): „Die Regulierungskrise des öffentlich-rechtlichen Rundfunks". In: *Medien und Kommunikationswissenschaft*, H. 2, S. 258-287.

Mlynek, Dieter (1995): „Anmerkungen zur Kommunalaufsicht in Zeiten knapper Kassen". In: *Niedersächsische Verwaltungsblätter*, Jg. 1995, S. 54-59.

Müller, Nikolaus (1993): *Rechtsformenwahl bei der Erfüllung öffentlicher Aufgaben (Institutional Choice)*. Köln u.a.: Heymann.

Ohler, Christoph (2005): „Der Staatsbankrott". In: *Juristenzeitung*, Jg. 60, H. 12, S. 590-599.

Ossenbühl, Fritz (1988): „Vorrang und Vorbehalt des Gesetzes". In: Josef Isensee/ Paul Kirchhof (Hg.): *Handbuch des Staatsrechts*, Bd. III. Heidelberg: C.F. Müller, § 62.
Ossenbühl, Fritz (1990): „Landesbericht Bundesrepublik Deutschland". In: Fritz Ossenbühl (Hg.): *Regionalismus und Föderalismus in Europa*. Baden-Baden: Nomos, S. 117-165.
Paulus, Christoph G. (2002): „Überlegungen zu einem Insolvenzverfahren für Staaten". In: *Wertpapier-Mitteilungen – Zeitschrift für Wirtschafts- und Bankrecht*, Jg. 56, Nr. 15, S. 725-734.
Paulus, Christoph G. (2004): „Grundlagen des neuen Insolvenzrechts – Liquidations- und Planverfahren". In: *Deutsches Steuerrecht*, Jg. 42, H. 37, S. 1568-1575.
Peffekoven, Rolf (1994): „Reform des Finanzausgleichs – eine vertane Chance". In: *Finanzarchiv*, Jg. 51, H. 3, S. 281-311.
Reichard, Christoph (1996): „Institutionelle Wahlmöglichkeiten". In: Frieder Naschold/Dieter Budäus/Werner Jann/Erika Mezger/Maria Oppen/Arnold Picot/ Christoph Reichard/Erich Schanze/Nikolaus Simon: *Leistungstiefe im öffentlichen Sektor. Erfahrungen, Konzepte, Methoden*. Modernisierung des öffentlichen Sektors, Sonderband 4. Berlin: edition sigma, S. 101-126.
Renzsch, Wolfgang (1991): *Finanzverfassung und Finanzausgleich. Die Auseinandersetzungen um ihre politische Gestaltung in der Bundesrepublik Deutschland zwischen Währungsreform und deutscher Vereinigung (1948 bis 1990)*. Bonn: Dietz.
Rossi, Matthias/Schuppert, Gunnar Folke (2006): „Notwendigkeit und Inhalt eines Haushaltsnotlagengesetzes". In: *Zeitschrift für Rechtspolitik*, Jg. 39, S. 8-10.
Scharpf, Fritz W. (1990): „Föderalismus an der Wegscheide: eine Replik". In: *Staatswissenschaften und Staatspraxis*, H. 4/1990, S. 579-587.
Schuppert, Gunnar Folke (1984): „Die Steuerung des Verwaltungshandelns durch Haushaltsrecht und Haushaltskontrolle". In: *Veröffentlichungen der Vereinigung der Deutschen Staatsrechtslehrer* 42, S. 217-266.
Schuppert, Gunnar Folke (1992): „Die neue Ungleichheit – der deutsche Föderalismus vor neuen Herausforderungen". In: Josef Becker (Hg.): *Wiedervereinigung in Mitteleuropa*. München: Vögel, S. 219-238.
Schuppert, Gunnar Folke (1993): „Maßstäbe für einen künftigen Länderfinanzausgleich". In: *Staatswissenschaften und Staatspraxis*, H. 1/1993, S. 26-42.
Schuppert, Gunnar Folke (1994): „Institutional Choice im öffentlichen Sektor". In: Dieter Grimm (Hg.): *Staatsaufgaben*. Baden-Baden: Nomos, S. 647-684.
Schuppert, Gunnar Folke (1998): „Geändertes Staatsverständnis als Grundlage des Organisationswandels öffentlicher Aufgabenwahrnehmung". In: Dietrich Budäus (Hg.): *Organisationswandel öffentlicher Aufgabenwahrnehmung*. Baden-Baden: Nomos, S. 19-59.
Schuppert, Gunnar Folke/Rossi, Matthias (2006): *Bausteine eines bundesstaatlichen Haushaltsnotlagenregimes. Zugleich ein Beitrag zur Governance der Finanzbeziehungen im Bundesstaat*. Working paper No. 3, Hertie School of Governance. Berlin.
Selmer, Peter (1993): „Grundsätze der Finanzverfassung des vereinten Deutschlands". In: *Veröffentlichungen der Vereinigung der Deutschen Staatsrechtslehrer* 52, S. 10-70.
Siegenthaler, Hansjörg (1993): *Regelvertrauen, Prosperität und Krisen. Die Ungleichmäßigkeit wirtschaftlicher und sozialer Entwicklung als Ergebnis individuellen Handelns und sozialen Lernens*. Tübingen: Mohr Siebeck.

Troeger-Gutachten (1966/1996): *Kommission für die Finanzreform. Gutachten über die Finanzreform in der Bundesrepublik Deutschland*, 2. Auflage. Stuttgart u.a.: Kohlhammer.

Weigeldt, Klaus (1999): *Die Konditionalität des Internationalen Währungsfonds in ihrem Verhältnis zur Staatssouveränität und zu den Menschenrechten. Zugleich ein Beitrag zu den Entwicklungen staatlicher Souveränität im modernen Völkerrecht*. Aachen: Shaker.

Wendt, Rudolf (1999): „Finanzhoheit und Finanzausgleich". In: Josef Isensee/Paul Kirchhof (Hg.): *Handbuch des Staatsrechts*, Bd. IV: *Finanzverfassung – Bundesstaatliche Ordnung*. Heidelberg: C.F. Müller, § 104.

Wissenschaftlicher Beirat beim Bundesministerium der Finanzen (2005): *Haushaltskrisen im Bundesstaat*. Bonn: Stollfuss.

# Fiskalische Handlungsfähigkeit und globaler Wettbewerb

Kai A. Konrad*

## 1. Einleitung

In jüngerer Zeit ist häufig davon die Rede, dass die fiskalische Handlungsfähigkeit in Deutschland, aber auch in anderen entwickelten Volkswirtschaften bedroht ist. Als Ursachen spielen die internationale Mobilität von talentierten oder gut ausgebildeten Personen, Gütern, Produktionsfaktoren wie Kapital, die veränderte Sicherheitslage in Europa und die internationale Mobilität von Empfängern von Sozialtransfers eine Rolle. Weitere mögliche Ursachen sind der Verlust von nationalen Größenvorteilen im Zusammenhang mit der Markteinführung neuer Produkte, der Verlust von Einnahmen und Gestaltungsmöglichkeiten im Rahmen der Währungspolitik, der Verlust der Hoheit über Einfuhr- oder Ausfuhrabgaben und der Kontrollverlust über verschiedene strategische Parameter der Wirtschaftspolitik. Auch demografische Entwicklungen und Politikversäumnisse spielen eine Rolle, vor allem im Bereich der Verschuldungspolitik und bei der Reform der sozialen Sicherung. Einige der genannten Entwicklungen und ihre Konsequenzen sollen in dieser Arbeit genauer betrachtet werden. Besonderes Interesse soll dabei der Frage gelten, welche Handlungsoptionen ein in finanzielle Bedrängnis zu geraten drohender Staat im Wettbewerb mit anderen Staaten hat und welche Wettbewerbsparameter ihm zur Verfügung stehen.[1]

---

\* Für Anregungen, Hinweise und konstruktive Kritik danke ich vielen Kollegen, besonders Beate Jochimsen, Jürgen Kocka, Ronnie Schöb und Paul Stoop. Für die kritische Durchsicht des Manuskripts danke ich Heidi Hilzinger.

1 Anknüpfend an Überlegungen von Brennan und Buchanan (1977, 1980) mag man die wachsenden Finanzierungsrestriktionen des Staats begrüßen. Dies gilt vor allem, wenn die daraus resultierende Knappheit öffentlicher Mittel den Staat zu einem im Sinne seiner Bürger effizienteren Einsatz dieser Mittel veranlassen würde. Edwards und Keen (1996) haben diese Frage näher untersucht. Sie sind im Zusammenhang mit der Steuerwettbewerbsproblematik zu dem Ergebnis gelangt, dass die Vorteilhaftigkeit von steuerwettbewerbsinduzierten Finanzierungsrestriktionen davon abhängt, wie groß der Anteil ist, der aus einer zusätzlichen Steuereinnahme für sinnvolle staatliche Aktivitäten verausgabt würde, im Verhältnis zu dem Anteil, der in weniger nützlichen Verwendungen versickert. Ist der sinnvoll verausgabte Teil hinreichend groß, sind die Interessen der Bürger sowie die Interessen der Politik und Bürokratie, was die Möglichkeiten zusätzlicher Steuererhebung angeht, durchaus gleichgerichtet. Dieser Fall ist es, der im Folgenden unterstellt werden soll.

## 2. Mögliche Ursachen einer Finanzkrafterosion

Wachsende Schwierigkeiten und steigende Kosten staatlicher Einnahmeerzielung können verschiedene Ursachen haben, von denen einige nachfolgend erörtert werden.

### 2.1 Das demografische Problem im Spiegel der Finanzstatistik

In den Daten der deutschen Finanzstatistik zeigt sich eine Finanzkrafterosion nicht unmittelbar. Die Steuerquote in Deutschland bewegte sich im Jahr 2002 je nach Abgrenzungsmerkmal zwischen 20,9 Prozent (OECD[2]-Abgrenzung) und 21,7 Prozent (nach der Abgrenzung der deutschen Haushaltsrechnung) des Bruttoinlandsprodukts, und damit liegen beide Werte zwischen den Marken 22,4 Prozent (OECD-Abgrenzung) und 20,8 Prozent (deutsche Haushaltsrechnung) für das Jahr 1970. Auch im Durchschnitt der anderen OECD-Länder lässt sich kein klarer Abwärtstrend erkennen. (vgl. BMF 2004, S. 424, Übersicht 18). Konzentriert man sich nicht allein auf die Steuerquote, sondern betrachtet daneben, wie sich das Verhältnis von Steuern und Sozialabgaben insgesamt als Anteil des Bruttoinlandsprodukts entwickelt hat, ist festzustellen, dass die Abgabenquote gegenüber der Steuerquote von 1970 bis 2002 in Deutschland in der OECD-Abgrenzung deutlich von 29,8 auf 36,2 Prozent gestiegen ist (vgl. ebd., S. 423, Übersicht 17).[3] Der Anstieg hängt neben anderen Faktoren vor allem mit der Erhöhung der Beiträge für Renten- und Krankenversicherung zusammen, die ihrerseits ihre wichtigsten Gründe in der Alterung der deutschen Gesellschaft, im medizinisch-technischen Fortschritt und in Veränderungen der Erwerbstätigkeit hat.

Abbildung 1 zeigt diesen Anstieg des Saldos zwischen Abgabenquote und Steuerquote von 1970 bis 2004. Sozialversicherungsbeiträge werden von den Beitragszahlern in ihren Belastungswirkungen überwiegend als Steuern empfunden und nicht als Entgelte, denen eine der Höhe des Beitrags angepasste äquivalente Leistung gegenübersteht. Das gilt besonders für die gesetzliche Krankenversicherung, deren Leistungen in ihrer derzeitigen Ausgestaltung nahezu einkommensunabhängig sind. In der Rentenversicherung wirken sich höhere Beitragszahlungen auf die Höhe der Rente aus. Deshalb wirkt nur ein Teil der Rentenbeiträge wie eine Steuer. Dieser Teil beträgt nach Berechnungen Thums und von Weizsäckers (2000) etwa 15 bis 20 Prozent des Gesamtbeitrags. Ein Rentenversicherungsbeitragssatz von ca. 20 Prozent hat deshalb ähnliche Wirkungen für die Arbeitsangebotsentscheidung wie ein Zuschlag zur Einkommensteuer um vier bis fünf Prozentpunkte.

---

2 Organisation for Economic Co-operation and Development.
3 Der Anstieg fand in ähnlicher Weise in den meisten kontinentaleuropäischen Ländern statt. Die entsprechenden Prozentsätze für den Durchschnitt der OECD sind 28,3 Prozent (1970) und 36,3 Prozent (2002) (OECD 2004, S. 67-87, Tabelle 3).

Abbildung 1: Abgabenquote minus Steuerquote in Deutschland

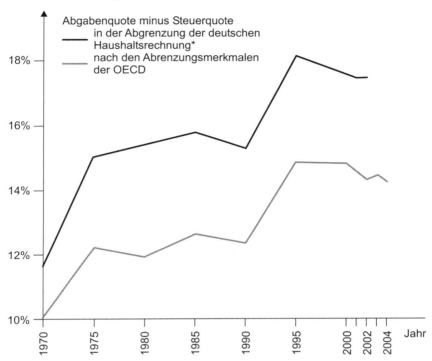

Legende:
Abgabenquote: Steuern und Sozialabgaben in Prozent des Bruttoinlandsprodukts.
Steuerquote: Steuern in Prozent des Bruttoinlandsprodukts.
1970 bis 1990 nur alte Bundesländer.
* Ein unmittelbarer Vergleich mit den Angaben der OECD ist aus methodischen Gründen nicht möglich.
Quellen: 1970 und 1975: BMF (1994, S. 343, Übersicht 17 und 18); 1980 bis 2001: BMF (2004, S. 423f., Übersicht 17 und 18); 2002 bis 2004: BMF (2006b, S. 115f., Übersicht 13 und 14).

Sozialversicherungsbeiträge treffen wie auch der überwiegende Teil der Steuern in ihrer ökonomischen Wirkung primär das Arbeitseinkommen als Bemessungsgrundlage. Deshalb addieren und verstärken sich die Wirkungen von Sozialversicherungsbeiträgen und Steuern gegenseitig. Die stark gestiegene Abgabenlast verursacht erhebliche Fehlanreize beim Arbeitsangebot.

2.2 Steuerwettbewerb um Kapital

Die Durchsetzung der Grundfreiheiten innerhalb der Europäischen Union ging einher mit verschiedenen Schritten der Liberalisierung des Kapital-, Güter- und Dienstleistungsverkehrs. Aber nicht nur innerhalb der EU sind die Transaktions- und Informationskosten für internationale Kapitalmarktgeschäfte gesunken. In der Folge haben sich die internationale Mobilität von Finanzkapital und die Flexibilität von Investoren bei der Auswahl von Standorten für Direktinvestitionen in den vergangenen Jahrzehnten erhöht.

Dies legt die Vermutung nahe, dass die Besitzer von Kapital heute auf Änderungen der Kapitalsteuern eines Landes stärker als in früheren Zeiten mit Standortverlagerung ihres Kapitals reagieren. Ein Land, das seinen Steuersatz erhöht, muss befürchten, dass ein Teil des Kapitals in andere Länder abwandert. Umgekehrt kann ein Land hoffen, durch Senken seiner Steuersätze für Kapitaleinkünfte Investoren und Investitionen aus anderen Ländern anzuziehen.

Dieser Zusammenhang sorgt für die Möglichkeit eines Steuerwettbewerbs, in dem Länder über die steuerlichen Bedingungen um Investoren und Investitionen konkurrieren. Steuerwettbewerb hat in den vergangenen 15 Jahren sowohl in der Steuertheorie als auch in der Steuerpolitik erhebliche Beachtung gefunden.[4] Welche Bedeutung die Tendenzen des Steuerwettbewerbs für die praktische Wirtschaftspolitik haben, hängt von vielen Faktoren ab. Fuest et al. (2005) benennen in ihrer Übersicht die Möglichkeiten und Grenzen, Kapitaleinkommen im Wohnsitzland zu besteuern, die Wettbewerbssituation auf den Arbeitsmärkten, die internationale Mobilität von Arbeit, das Ausmaß ausländischer Portfolio- und Direktinvestitionen, die Möglichkeiten und Grenzen der internationalen Verlagerung von Profiten durch die Gestaltung von Verrechnungspreisen im konzerninternen Handel, Endogenität des Anteils ausländischer Direktinvestitionen und politökonomische Aspekte. Eine Rolle spielt auch, wie stark die Theorie des Steuerwettbewerbs in den Köpfen der Politiker verankert ist bzw. in welchem Maße diese Theorie in der praktischen Wirtschaftspolitik Anwendung findet. Diese Theorie sagt voraus, dass sich mit zunehmender internationaler Mobilität von Kapital die Wirkung verstärkt, die die Höhe des nationalen Steuersatzes auf die nationale Steuerbasis ausübt. In den verschiedenen Ländern ergeben sich dabei unterschiedliche Anpassungswirkungen. Im Steuerwettbewerbsgleichgewicht sollten kleine und wohlhabende Länder in der Tendenz einen niedrigeren Steuersatz als große und ärmere Länder aufweisen.

### 2.3 Die wachsende internationale Mobilität von Talent und Humankapital

Humankapital ist sowohl in seiner Vorform, dem Talent, als auch in seiner späteren Ausformung mobil: Wie von Andersson und Konrad (2003a, 2003b, 2005) dargelegt, sind junge Menschen zum Zeitpunkt der Wahl ihres Arbeitsplatzes, vor allem aber zum Zeitpunkt der Wahl ihres Studienplatzes

---

4 Zur praktischen Bedeutung der Steuerwettbewerbsproblematik im Bereich der Investitionsförderung sei auf den OECD-Report „Harmful Tax Competition. An Emerging Global Issue" (OECD 1998) verwiesen. Jüngere Arbeiten deuten ebenfalls auf eine empirische Relevanz des Steuerwettbewerbsproblems hin (vgl. z.B. Devereux et al. 2002; Altshuler/Goodspeed 2002; Winner 2005).

mobil. Die hohe Mobilität hängt mutmaßlich zusammen mit Entwicklungen wie dem Bologna-Prozess und der Harmonisierung und gegenseitigen Anerkennung von Hochschulzugangsberechtigungen, internationaler Standardisierung von Talent- und Befähigungstests (GRE, TOEFL[5]), internationaler Standardisierung der Lehre, internationaler Anrechenbarkeit von Auslandssemestern bei Studienplatzwechseln, höherer Transparenz der aufnehmenden Bildungseinrichtungen über deren Internetauftritt und verbesserter Kommunikation über elektronische Medien. Andersson und Konrad (2005) führen zusätzlich Faktoren wie die weltweite Verfügbarkeit von gewohnten Konsumgütern und die Möglichkeiten an, den eigenen gewünschten Lebensstil in unterschiedlichen Ländern realisieren zu können.

Wachsende Mobilität von Humankapital macht es schwieriger für nationale Regierungen, Humankapital zu besteuern, und schränkt damit deren fiskalischen Handlungsspielraum ein. Nun gibt es allerdings eine Reihe von Gründen, die dafür sprechen, dass dieser Sachverhalt unter wohlfahrtsstaatlichen Gesichtspunkten sogar zu begrüßen ist. Gerade Wohlfahrtsstaaten besteuern Humankapitalerträge zu stark, jedenfalls gemessen an den Präferenzen der Bevölkerung zu dem Zeitpunkt, an dem der Einzelne noch nicht weiß, ob er zum Kreis der Personen mit hohem Humankapital zählen wird. Boadway et al. (1996) haben in Anlehnung an Kydland und Prescott (1980) auf das Problem zeitkonsistenter Besteuerung hingewiesen und dieses als eine der Ursachen für die zu hohe Besteuerung identifiziert. Andersson und Konrad (2003a, 2003b, 2005) haben begründet, warum die zunehmende Mobilität von Talent und ausgebildetem Humankapital und der Steuerwettbewerb um diese mobilen Bemessungsgrundlagen letztlich eine Form des Marktversagens zeitkonsistenter Besteuerung beseitigen. Sie konnten ihre Ergebnisse in der Arbeit von 2005 auch empirisch untermauern.

Kessing und Konrad (2006) nennen einen weiteren Grund, weshalb es in etablierten Wohlfahrtsstaaten zu Umverteilung in einem Ausmaß kommt, das das aus den Versicherungspräferenzen seiner Bürger ableitbare Bedürfnis nach Umverteilung übersteigt. Sie zeigen, dass in solchen Staaten Gewerkschaften ihre Verhandlungsmacht gegenüber den Arbeitgebern z.B. im Zusammenhang mit Arbeitszeitbeschränkungen darauf richten, zusätzliche Umverteilung anzuregen. Die wachsende Mobilität des Humankapitals mag auch bei der Therapie dieser Form des Politikversagens hilfreich sein und das tatsächliche Volumen der Umverteilung reduzieren. Da ein gegebenes Maß an Umverteilung in einem mobileren Umfeld mit höheren indirekten Kosten der Besteuerung (Zusatzsteuerlasten) erkauft werden muss, bleibt allerdings trotz des zu erwartenden Rückgangs des Volumens der Umverteilung offen, ob die wirtschaftlichen Kosten der Umverteilung selbst in der neuen Situation höher oder niedriger sind als in den vergangenen Zeiten mit niedrigerer Mobilität.

---

5  GRE: Graduate Record Examinations; TOEFL: Test of English as a Foreign Language.

## 2.4 Einschränkungen durch Verschuldungspolitik in der Vergangenheit

Die Finanzkrafterosion hat ihre Ursachen nicht nur in der Einnahmenseite der staatlichen Haushalte. Die Finanzkraft wird ebenfalls durch staatliche Ausgabenverpflichtungen beschränkt, die sich aus Aktivitäten staatlicher Politik der Vergangenheit ergeben. Gemeint sind staatliche Aktivitäten, die nicht direkt mit Steuermitteln finanziert wurden, sondern deren Finanzierung durch staatliche Kredite oder durch andere Formen von Zahlungsversprechen, etwa Pensionszusagen, erfolgte.

Durch diese Praxis staatlicher Finanzpolitik hat sich in Deutschland in den vergangenen Jahrzehnten ein erheblicher Schuldenberg aufgetürmt. So ist die Staatsschuldenquote von 31,2 Prozent im Jahre 1980 auf 68,6 Prozent im Jahre 2005 angewachsen (BMF 2006a, S. 104, Tabelle 12). Zu diesen Staatsschulden im engeren Sinn gesellen sich andere Schulden und staatliche Verpflichtungen, insbesondere Pensionszusagen, sowie Ansprüche im Bereich der gesetzlichen Rentenversicherung, die – wie in der Vergangenheit auch – mit Hilfe beträchtlicher Zuschüsse aus dem Bundeshaushalt finanziert werden. Angesichts dieser so genannten impliziten Verschuldung ist die explizite Staatsverschuldung von 68,6 Prozent nur die „Spitze des Eisbergs" der öffentlichen Schuldenlast.[6]

Selbst die erreichte explizite Verschuldung schränkt allerdings die Finanzierungsmöglichkeiten des Staats schon heute spürbar ein. Die Zinszahlungen des Bundes betrugen mit 37,4 Mrd. Euro im Jahre 2005 (BMF 2006a, S. 13) etwa 14,4 Prozent der Ausgaben des Bundes in Höhe von 259,85 Mrd. Euro (ebd.) bzw. 16,4 Prozent der Einnahmen des Bundes in Höhe von 228,41 Mrd. Euro (ebd., S. 15). Die Lage in vielen Länder- und Gemeindehaushalten stellt sich ähnlich ungünstig dar.[7]

Die Finanzierungslasten aus dem Schuldendienst reagieren sehr sensibel auf Zinsänderungen. Im Jahr 2005 zahlte der Bund aufgrund der Zusammensetzung seiner Schuldentitel einen Schuldzins von unter 4,5 Prozent.[8] Die Rendite von zehnjährigen Bundesanleihen bewegte sich Ende Dezember 2005 bei 3,26 Prozent (BMF 2006a), so dass aus der laufenden Refinanzierung die Zinslast zunächst weiter sinken wird. Im Vergleich hierzu lag

---

6 Der Sachverständigenrat zur Begutachtung der gesamtwirtschaftlichen Entwicklung hat in seinem Jahresgutachten 2003/2004 (SVR 2003, S. 276, Absatz 446, Schaubild 66) das Ausmaß der impliziten Verschuldung im Jahr 2002 einmal auf 270,5 Prozent des Bruttoinlandsprodukts beziffert. Bei aller Vorsicht, die bei der Berechnung dieser Größe angesichts prognostischer Unsicherheiten und der Gestaltbarkeit der impliziten Staatsverschuldung durch die Änderung von Leistungsgesetzen angebracht ist, belegt diese Zahl doch die Dimension des Problems.

7 Die Länder Berlin, Saarland oder Bremen hatten im Jahr 2004 Zins-Ausgabenquoten von 11,3, 10,1 und 11,9 Prozent. Ein verhältnismäßig gering verschuldetes Land wie Bayern, hingegen, hatte eine Zins-Ausgabenquote von 3,65 Prozent (zu Zinsausgaben und bereinigten Ausgaben vgl. BVerfG 2006, S. 21 und 24.)

8 Hier berechnet aus dem Verhältnis der Zinszahlungen von 37,4 Mrd. Euro (BMF 2006a, S. 13) und der gesamten umlaufenden Schuld des Bundes (einschließlich Sondervermögen) in Höhe von 895,6 Mrd. Euro (ebd., S. 88).

im Jahr 1985 das Verhältnis von Zinszahlungen und Bundesschulden bei etwa 7,4 (ebd., S. 98). Würde man entsprechende Zinsen zugrunde legen, würde sich der Schuldendienst heute auf über 27 Prozent der Einnahmen des Bundes belaufen.

Die niedrigen Schuldzinsen der deutschen Gebietskörperschaften sind nicht nur das Ergebnis einer anhaltenden Niedrigzinsphase. Ein ebenso wichtiger Faktor ist die hohe Bonität deutscher Staatsschuldtitel. Diese Bonität wird letztlich von den Kreditgebern bestimmt. Von Bedeutung für deren Urteil ist indes die Einschätzung von Kreditratingagenturen wie Standard & Poor's oder Moody. Die Bewertungen der Kreditratingagenturen sind abhängig von der tatsächlichen Bonität der Schuldner. In einer Studie von Standard & Poor's (abgedruckt im Manager-Magazin, H. 12, 2005, S. 177) wird ein Szenario entworfen, wie sich die Bonität von Staatsschuldtiteln verschiedener Länder in den kommenden Jahren verändern könnte, wenn die Länder keine systematischen Schritte zu einer Konsolidierung ihrer Haushalte einleiten. Danach verschlechtert sich die Bonität der Staatsschulden von Frankreich, Deutschland, Großbritannien und den USA in den kommenden Jahrzehnten erst langsam, dann aber rapide. Deutschland würde zwischen 2025 und 2030 eine Bonität vergleichbar der mancher Transformationsländer erreichen.

Bezogen auf den Bundeshaushalt führt der Anstieg des durchschnittlichen Zinssatzes auf die Staatsschulden um jeden Prozentpunkt bei einem Schuldenstand wie zu Ende Dezember 2005 zu einer Erhöhung des Anteils der Zinszahlungen an den Einnahmen des Bundes in Höhe von fast vier Prozent. Eine nachhaltige Erhöhung der Leitzinsen und eine Herabstufung der Bonität von Staatsschuldtiteln können sich in ihrer Wirkung gegenseitig verstärken und selbst bei dem derzeit gegebenen Schuldenstand eine prekäre Haushaltslage verursachen.

Es dürfte klar sein, dass die Verschuldungssituation Deutschlands unbefriedigend ist. Eine Ursachenanalyse, die notwendig polit-ökonomische Theorien der Staatsverschuldung mit einbeziehen muss, würde den Rahmen dieses Beitrags sprengen. Für eine Übersicht über die in der Literatur diskutierten Gründe und für eine empirische Kausalitätsanalyse für deutsche Gebietskörperschaften sei beispielsweise auf die Arbeit von Jochimsen und Nuscheler (2005) verwiesen.

Das Verschuldungsproblem in Deutschland liegt teilweise in der föderalen Struktur des Landes begründet. Das bündische Prinzip führt zu erheblichen Fehlanreizen insbesondere der Länder, vom Instrument der Verschuldung zu starken Gebrauch zu machen. Die Konsequenzen zeigen sich sehr deutlich am aktuellen Beispiel der extremen Haushaltsnotlage in Berlin (siehe hierzu Konrad/Jochimsen 2006). Jochimsen und Konrad (2006) diskutieren die verfehlten Verhaltensanreize des deutschen Systems und erörtern eine Neukonzeption des Umgangs mit extremen Haushaltsnotlagen, die solche Anreizprobleme beseitigt. Sie folgen dabei partiell den Vorschlägen des Wissenschaftlichen Beirats beim Bundesministerium der Finanzen (BMF 2005) und fordern wie dieser die Schaffung klarer und transparenter Regelungen für den Fall der extremen Haushaltsnotlage einer Gebietskörperschaft in Deutschland.

Regeln zum Umgang mit extremen Haushaltsnotlagen von Gebietskörperschaften sollten dabei nicht darauf abzielen, den Gläubigern einen möglichst leichten Zugriff auf Vermögensgegenstände im Besitz der öffentlichen Hand einzuräumen. Im Gegenteil müssen sie den Gebietskörperschaften selbst umfangreichen Schutz vor Gläubigern bieten. Aus verschiedenen Gründen muss dieser Schutz vor Gläubigern bei öffentlichen Gebietskörperschaften weiter reichen als bei Kapitalgesellschaften und wahrscheinlich auch weiter als bei natürlichen Personen.

Nur wenn auch die Gläubiger unmittelbar von den Folgen einer extremen Haushaltsnotlage betroffen sind, dann werden potenzielle Gläubiger bereits bei der Erteilung von Krediten gründlich überlegen, inwiefern die Gebietskörperschaft in der Lage sein wird, die Rückzahlung aus dem laufenden Steueraufkommen und nicht aus der Vermögenssubstanz zu gewährleisten.

Sowohl unter dem Gesichtspunkt der fiskalischen Handlungsfähigkeit als auch der Wettbewerbsfähigkeit von Gebietskörperschaften ist auf die Möglichkeit von Steuerbürgern einer Gebietskörperschaft hinzuweisen, sich durch Abwanderung dem Schuldendienst entziehen zu können. Dieser Aspekt lässt sich am Beispiel zweier Gemeinden A und B, mit je 1.000 Einwohnern, erläutern. Gemeinde A hat einen Schuldenstand von zehn Mio. Euro akkumuliert, Gemeinde B hat keine Schulden. Ansonsten seien die Gemeinden identisch. Findet zwischen den Gemeinden keine Migration statt, muss ein Einwohner und Steuerbürger der Gemeinde A barwertmäßig Steuern zahlen, die den Gegenwert an staatlichen Leistungen um 10.000 Euro übersteigen. Gemeinde B kann den Gesamtbetrag der Steuereinnahmen in staatliche Leistungen umsetzen. Sind die Gemeinden von der Verschuldungssituation abgesehen gleichartig, ist die Gemeinde B wesentlich attraktiver. Migration ist in diesem Zusammenhang aber ein wichtiger Aspekt. Ein Steuerbürger der Gemeinde A kann durch Übersiedeln in der Gemeinde B immerhin den Barwert seines Lebenseinkommens um 10.000 Euro erhöhen. Solche Wanderungen vergrößern darüber hinaus das Differenzial, das den Wanderungsanreiz auslöst. Sind aus der Gemeinde A erst einmal 500 Personen weggezogen, lastet auf jedem verbleibenden Steuerbürger eine Nettolast von 20.000 Euro, und auf dem letzten noch verbleibenden Steuerbürger eine Last von zehn Mio. Euro. Wanderungen führen also im Extremfall zu Randlösungen, bei denen den Gläubigern von Gebietskörperschaften unverhofft die Schuldner abhanden kommen.

Diesem Mechanismus wirken andere Kräfte entgegen. Geht man beispielsweise davon aus, dass wegen der Mobilität der Einwohner letztlich nur Renten immobiler Produktionsfaktoren besteuert werden können, insbesondere die Bodenrente, schlagen sich Verschuldungsunterschiede zwischen Gebietskörperschaften weitgehend in der preislichen Bewertung dieser immobilen Faktoren nieder. Soweit es sich dabei z.B. ausschließlich um Grund und Boden handelt, muss die Gemeinde A ihre Schulden im Endeffekt durch Steuern auf die Bodenrente abtragen, die von den Bodenbesitzern erbracht werden müssen. Im Gleichgewicht ist der Marktpreis des Bodens in Gemeinde A einfach um zehn Mio. niedriger als in Gemeinde B. Für die Einwohner ergeben sich angesichts dieses Zusammenhangs dann keine Wanderungsanreize. In der Praxis darf man wohl davon ausgehen, dass bloß ein Teil der Gemeindeverschuldung in die Immobilienpreise einfließt, so dass hoch verschuldete Gemeinden aus ihrer Verschuldung doch einen Wettbewerbsnachteil haben.

Zusammenfassend gilt: Die hohe öffentliche Verschuldung in Deutschland schränkt schon heute die fiskalische Handlungsfähigkeit des Staats ein. Eine Verschlechterung der Bonität oder ein Ende der Niedrigzinsphase würde die fiskalische Handlungsfähigkeit noch weiter begrenzen. Angesichts der Mobilität der Einwohner und Steuerbürger von Gebietskörperschaften stellt die staatliche Verschuldung im Rahmen des Systemwettbewerbs potenziell auch einen Wettbewerbsnachteil der verschuldeten Gebietskörperschaft dar, wenn es darum geht, Steuerbürger oder Steuern zahlende Unternehmen zur Ansiedelung zu bewegen oder in der Gebietskörperschaft zu halten.

## 3. Nationalstaatliche Wettbewerbsstrategien

Staaten sind komplexe Gebilde. Viele Facetten dieser Komplexität sind für die Betrachtung der Problematik der Finanzkrafterosion jedoch von zweitrangiger Bedeutung. Entsprechend vereinfachend ist ein idealisierter Staat ein nicht weiter zergliederter politischer Entscheidungsträger, der die Finanzmittel, die er durch Steuern, Zölle etc. erzielt, im Sinne der Interessen seiner Bürger einsetzt und sich dabei bemüht, den „Überschuss" für seine Bürger zu maximieren. Man kann einen solchen Staat in Anlehnung an Überlegungen von Olson (1993) und McGuire und Olson (1996) durchaus in Analogie zu einem Unternehmen begreifen, dessen Leitung und Geschäftsführung den „Anteilseignern" gegenüber verantwortlich sind. Bei Olson bzw. McGuire und Olson sind diese Anteilseigner mit der Leitungsgruppe bzw. der Geschäftsführung identisch. In einer anderen Interpretation eines modernen Staats kann unter den Anteilseignern auch eine geeignete Mehrheit der Bevölkerung verstanden werden, beispielsweise die Mehrheit der international noch immer weitgehend immobilen Wähler eines modernen Nationalstaats. Man kann dann fragen, welche Maßnahmen die „Geschäftsführung" in einem sich verschärfenden internationalen Wettbewerbsfeld ergreifen könnte, um im Interesse der Anteilseigner dem Wettbewerb zu entgehen, Wettbewerbsvorteile zu nutzen oder Wettbewerbsnachteile auszugleichen.

So wie Unternehmen im Wettbewerb den Nachfragern Angebote unterbreiten, die aus einer Kombination von Leistung und Preis bestehen, unterbreiten Staaten den mobilen Entscheidungsträgern ähnliche Kombinationen aus Preisen und Leistungen. Für eine international mobile Führungskraft etwa bieten verschiedene Staaten unterschiedliche Pakete an Leistungen an. Zu den Leistungen gehören das jeweilige rechtsstaatliche System, das politische Entscheidungssystem, die Qualität politischer und administrativer Institutionen, das soziokulturelle Umfeld, die öffentliche Infrastruktur, klimatische und landschaftliche Eigenarten und vieles mehr. Einige dieser Faktoren lassen sich politisch gestalten, andere nicht. Der „Preis", den ein mobiler Steuerbürger zahlt, besteht in der Steuer- und Abgabenlast, die er in Abhängigkeit von seinen wirtschaftlichen Aktivitäten zu tragen hat. Auch dieser Preis ist eine Entscheidungsvariable des Staats.

Zwischenstaatlicher Wettbewerb ist mit Problemen behaftet, die mit spezifischen Eigenschaften der Produkte zusammenhängen, die ein Staat seinen „Kunden" anbietet (vgl. Sinn 1997, 2003). Viele staatliche Güter zeichnen sich dadurch aus, dass ihre Bereitstellung mit einem hohen Anteil an Fixkosten verbunden ist. Die Kosten, einen weiteren Bürger mit diesen staatlichen Gütern zu versorgen, sind hingegen gering. Sinn schließt daraus, dass es im zwischenstaatlichen Wettbewerb zu einer Form des Marktversagens kommt, das in ähnlicher Form als Bertrand-Wettbewerb mit Fixkosten aus der Unternehmenstheorie bekannt ist: Haben beispielsweise zwei Staaten in ihre Infrastrukturgüter investiert, dann geht es anschließend darum, international mobile Steuerbürger anzulocken. Für den Steuerwettbewerb, der zwischen den Staaten entsteht, sind die Fixkosten nicht von Bedeutung. Die Steuern können im Wettbewerb auf die Höhe der variablen Kosten der Versorgung zusätzlicher Einwohner mit diesen Infrastrukturgütern sinken. Mit den in dieser Situation entstehenden Steuereinnahmen kann ein Staat aber die Fixkosten der Infrastrukturgüter nicht decken. Die Fixkosten sind deshalb nicht ausfinanziert. Staaten, die diese Situation antizipieren, werden dann entsprechend in zu geringem Umfang in Infrastruktur investieren.

## 3.1 Harmonisierung als Antwort?

In Analogie zur klassischen Theorie der Regulierung netzbasierter Industrien mit hohen Fix- und niedrigen variablen Kosten empfiehlt Sinn, die Probleme des zwischenstaatlichen Wettbewerbs durch Koordination unter den Staaten, etwa im Bereich der Steuerpolitik, zu lösen. In letzter Konsequenz muss die Anwendung der klassischen Regulierungstheorie auf die Problematik global fallender Durchschnittskosten zu dem Schluss führen, dass die Lösung der Wettbewerbsproblematik die Schaffung eines weltweiten „natürlichen Monopols" ist, also eines Weltstaats, und eines noch mächtigeren Regulators, der diesen Weltstaat davon abhält, für sein Produkt Monopolpreise zu fordern. Eine solche Koordination weltweit und unter allen Ländern ist jedoch ein kaum realistisches Ziel. Aus Gründen des Schutzes der Bürger vor dem Staat ist diese wohl auch nicht wünschbar. Andererseits löst eine Koordination unter Teilgruppen das Wettbewerbsproblem nur sehr unvollkommen. Konrad und Schjelderup (1999) und Sørensen (2004) haben die Möglichkeiten und Grenzen einer solchen Politik innerhalb der Gruppe der europäischen Länder beschrieben.

Welche Alternativen gibt es zu dieser wenig realistischen und aus anderen Gründen nicht erstrebenswerten Lösung? Ein Blick in die moderne Wirtschaftswelt zeigt: Das Problem, dass Unternehmen Produkte mit hohen Fixkosten und niedrigen variablen Kosten herstellen, ist dort weit verbreitet. Es stellt sich nicht nur in den traditionellen netzbasierten Industrien (Schienenverkehr, Energiewirtschaft, Wasserwirtschaft, Telefonie), sondern gilt auch für viele moderne Produkte, etwa für Computerprogramme, Spielfilme und Musik. Auch handfeste Produkte wie z.B. moderne Verkehrsflugzeuge, Computer oder Chips zeichnen sich dadurch aus, dass die Entwicklungskosten einen erheblichen Bestandteil der durchschnittlichen Stückkosten ausmachen. Viele dieser Industrien müssen sich deshalb mit dem Problem der ruinösen Konkurrenz angesichts fallender Durchschnittskosten auseinander setzen und haben dazu Strategien entwickelt, von denen moderne Nationalstaaten möglicherweise lernen können.

## 3.2 Produktdifferenzierung

Eine der klassischen Antworten von Unternehmen auf Wettbewerb ist die Produktdifferenzierung (Hotelling 1929). Autos der Golf-Klasse sind einander sicher nicht unähnlich und gleichen sich realiter in ihrer Technologie und ihren Fahrleistungen wahrscheinlich mehr als in den Augen der Konsumenten. Dennoch gibt es Unterschiede, und eine solche Differenzierung ist durchaus gewollt. Sie erfolgt größtenteils über die Automarke. Autohersteller investieren große Summen in den Aufbau und die Pflege von Markenimage, wobei neben Aspekten wie Sportlichkeit, Solidität, Status, Eleganz usw. auch Elemente nationaler Identität oder spezifische Formgebungen (Form des Kühlergrills, Markenemblem) eine Rolle spielen. Die Gruppe der potenziellen Kunden eines Autos der Golf-Klasse ist in sich heterogen. Dies erlaubt es, dass die Fahrzeughersteller im Gleichgewicht Preise für ihre Fahrzeuge durchsetzen können, die höher sind als die variablen Herstellungskosten des jeweiligen Produkts. Produktdifferenzierung versetzt die Hersteller also in die Lage, mit jedem Fahrzeug einen Deckungsbeitrag zur Kompensation der Entwicklungs- und anderer Fixkosten zu erwirtschaften.

Staaten können ähnliche Strategien verfolgen. Hierzu gehört die Betonung und Kultivierung von Merkmalen, durch die sie sich von konkurrierenden Staaten unterscheiden. Einige dieser Merkmale lassen sich nur schwer oder gar nicht verändern, z.B. die klimatischen Bedingungen oder bestimmte landschaftliche Eigenarten, umfangreiche nationale Bodenschätze und weitere staatliche Einkommensquellen. Sie führen zu natürlichen Unterschieden zwischen den Ländern. Andere Merkmale sind gestaltbar. So kann die Kulturpolitik eines Landes die Bevölkerung für die Bedeutung der Landessprache sensibilisieren und zum Erwerb von Fremdsprachenkenntnissen ermuntern. Staaten können bestimmte Standpunkte zur Religion und zum Ausmaß der Trennung von Staat und Kirche favorisieren bzw. bestimmte Positionen in einem Koordinatensystem kultureller Werte und gesellschaftlicher Normen einnehmen.

Produktdifferenzierung entschärft den Wettbewerb entscheidend, wenn die Heterogenität der Kunden und der Zahl und Vielfalt möglicher Produkte groß ist im Verhältnis zur Zahl der möglichen Anbieter und der von ihnen tatsächlich angebotenen Produkte. Gibt es mehr konkurrierende Regionen als mögliche Produkte, bleibt den Regionen ein sehr intensiver Wettbewerb kaum erspart. Da indes die Zahl der relevanten Politikdimensionen sowie das Spektrum von Optionen innerhalb dieser Dimensionen recht groß ist und die Präferenzen der Bürger und möglichen Kunden eines Staats über ein breites Spektrum verteilt sind, ist eine Produktdifferenzierung im Prinzip möglich. Staaten werden bei ihren Entscheidungen berücksichtigen, dass eine Differenzierungsstrategie, nicht eine Strategie der Angleichung die Steuern und Abgaben erhöht, die sich im Steuerwettbewerb durchsetzen lassen.

### 3.3 Interne Ausdifferenzierung

Fusion oder Aufspaltung in unabhängige gewinnorientierte Profitzentren sind Instrumente von Unternehmen oder ihren Eignern im Wettbewerb. In der Industrieökonomik haben Baye et al. (1996) die Ausdifferenzierung von Autokonzernen in unterschiedliche miteinander im Mengenwettbewerb stehende Marken innerhalb des gleichen Konzerns als den Konzerngewinn erhöhende Wettbewerbsstrategie erkannt. Der Grundgedanke ist dabei wie folgt: Konkurrieren zwei identische Konzerne mit homogenen Produkten im Mengenwettbewerb miteinander, entfällt auf jeden Konzern die Hälfte des Gesamtgewinns in dem betreffenden Markt. Spaltet sich einer der beiden Konzerne in zwei Teilkonzerne auf, so entsteht eine Situation mit drei in Konkurrenz zueinander stehenden Unternehmen, von denen jedes ein Drittel des Gesamtgewinns der Branche erhält. Das Unternehmen, das sich selbst zu miteinander konkurrierenden Teilen ausdifferenziert, verbucht also insgesamt einen Anteil von zwei Dritteln des Branchengewinns. Allerdings fällt der Branchengewinn im Allgemeinen bei einer größeren Anzahl von Wettbewerbern kleiner aus. Umgekehrt ist in vielen Wettbewerbssituationen die Fusion von Unternehmen aus deren eigener Sicht nicht profitabel (Salant et al. 1983). In bestimmten Wettbewerbssituationen und in Abhängigkeit von den Folgen einer Fusion für die entstehende Konzernstruktur kann sich die Verschmelzung von Unternehmen jedoch aus der Perspektive der fusionierenden Unternehmen als eine profitable Strategie erweisen (vgl. z.B. Huck et al. 2004).

Übertragen auf den Wettbewerb von Ländern um Kapital oder Personen unterstreichen diese Beispiele, dass die regionale Aufspaltung und Ausdifferenzierung von Ländern in unterschiedliche Regionen, möglicherweise innerhalb eines gemeinsamen föderalen Rahmens, unter bestimmten Bedingungen durchaus attraktive Wettbewerbsstrategien für Nationalstaaten sein können. Viele Fragen in diesem Bereich sind noch offen. Janeba und Wilson (2005) argumentieren, dass die föderale Struktur eines Landes eine strategische Variable im Wettbewerb um Quellensteuern sein und eine dezentrale Struktur Vorteile im Steuerwettbewerb aufweisen kann. Kessing et al. (2005)

zeigen hingegen, dass eine föderale Struktur im Bieterwettbewerb der Länder um ausländische Direktinvestitionen strategische Nachteile mit sich bringt.

## 3.4 Kundenbindung

Ein weiteres zentrales Element der Reduktion der Wettbewerbsintensität zwischen Unternehmen sind Maßnahmen, die darauf abzielen, eine „Bindung" der Kunden an das eigene Unternehmen zu erzeugen und ein gewisses Maß an Produkt- oder Markentreue sicherzustellen. Ein treuer Kunde zeichnet sich dadurch aus, dass er ein von ihm in der Vergangenheit konsumiertes Produkt einem Alternativprodukt einer anderen Marke auch dann vorzieht, wenn letzteres bei ansonsten gleichen objektiven Merkmalen billiger ist. Der Grad der Bindung lässt sich verstehen als die Preisdifferenz, die ein treuer Kunde bereit ist zu akzeptieren, ohne zum billigeren Produkt zu wechseln. Die Gründe für solche Treue sind vielfältig. Informationsprobleme beim Kauf eines unbekannten Produkts und die persönlichen Erfahrungen, die ein Kunde mit dem bisher konsumierten Produkt gemacht hat, spielen eine wichtige Rolle, aber auch Markenidentifikation oder andere eher psychologische Aspekte mögen hier von Bedeutung sein. Jedenfalls können im Wettbewerb zueinander stehende Unternehmen angesichts „treuer" Kunden Preise durchsetzen, die im Durchschnitt höher sind, als dies andernfalls der Fall wäre (z.B. Baye/Morgan 2004).

Beim Wettbewerb von Nationalstaaten um „Kunden" sind Anknüpfungspunkte für die Förderung von Produktbindung etwa die landschaftlichen Eigenarten, die Sprache, die Kultur oder die Geschichte eines Landes. Für das Entstehen von Produktbindung sind geografische Unterschiede oder die Existenz von nationaler Identität notwendige Voraussetzungen.

Unternehmen überlassen das Ausmaß an Bindung, das zwischen ihnen und ihren Kunden entsteht, durchaus nicht dem Zufall. Die intensiven Bemühungen von Konzernen wie McDonald's vor allem um Kunden im Kindesalter, der Versuch, geradezu emotionale Beziehungen zwischen Kunde und Unternehmen aufzubauen und sie damit quasi auf eine persönliche Ebene zu heben (die „IKEA-Family"), stehen hierfür als Beispiele.

Miteinander konkurrierende Staaten haben gegenüber solchen bescheidenen Formen der Werbung ganz andere Mittel zur Hand: Sie entscheiden im Rahmen der öffentlichen Schulpflicht über das Bildungsangebot und können dabei über viele Kanäle und auf mehr oder weniger subtile Weise emotionale Bindungen zwischen den heranwachsenden Talenten und dem Staat, dem sie angehören, herstellen. Die Kampagne „Du bist Deutschland" im Frühjahr 2006 war in diesem Zusammenhang eine vielleicht besonders plumpe Initiative, die die Möglichkeiten indes deutlich macht. Der in vielen Ländern verbreitete Patriotismus und Unterschiede in der Intensität in seiner Ausprägung kommen sicher nicht von ungefähr. Erfahrungen mit Olympischen Spielen oder Weltmeisterschaften bieten Einblicke in das Ausmaß von nationaler Identifikation, und zugleich schaffen oder verstärken solche Ereignisse nationale Identifikation.

Die Förderung von Patriotismus ist aus der Sicht eines Staats, der auf ein hohes Steueraufkommen bedacht ist, ein Instrument. Er kann damit seine Möglichkeiten der Einnahmeerzielung verbessern.

## 3.5 Wechselkosten und *consumer lock-in*

Unternehmen können versuchen, die physischen oder psychischen Kosten ihrer Kunden zu erhöhen, um sie davon abzuhalten, zu einem Konkurrenzprodukt zu wechseln. Hierfür gibt es vielfältige technische Möglichkeiten. Bestehen beispielsweise bestimmte Konsumprodukte aus verschiedenen Komponenten unterschiedlicher Halbwertszeit und sind bestimmte Produktsysteme unterschiedlicher Hersteller nicht miteinander kompatibel, dann ist der Wechsel von der Produktlinie eines Anbieters zu jener eines anderen Anbieters damit verbunden, bestimmte noch brauchbare Produktkomponenten gleich mit zu ersetzen. Der Wechsel wird teuer.

Die Inkompatibilität unterschiedlicher Produktlinien muss dabei nicht unbedingt im Bereich der Hardware angesiedelt sein, sondern kann auch Produkteigenheiten und Gewöhnungseffekte betreffen. Die Umstellung vom Schreiben mit *Winword* auf *Scientific Workplace* verursacht dem Kunden, der diesen Produktwechsel vollzieht, Kosten, die über die Kosten der Anschaffung der neuen Software hinausgehen. In der Industrieökonomie wurden solche Effekte und ihre Bedeutung für Wettbewerb sehr sorgfältig studiert, insbesondere im Zusammenhang mit Netzwerkeffekten (Shapiro/Varian 1998).

Im Bereich des zwischenstaatlichen Wettbewerbs wurde vor allem historisch vom Instrument des *consumer lock-in* Gebrauch gemacht. In seiner einfachsten und zugleich wirkungsvollsten Form bestand es darin, dass Personen zur Immobilität verpflichtet wurden. Die Schollenbindung der Bauern in früheren Jahrhunderten, Kapitalverkehrskontrollen oder die restriktive Gewährung von Reisepässen in vielen Ländern in der Vergangenheit und Gegenwart bis hin zur Errichtung von nahezu undurchlässigen Grenzanlagen sind Zeugnisse des Versuchs, den zwischenstaatlichen Wettbewerb um mobile Steuerbemessungsgrundlagen zu begrenzen.

Der verstärkte Wettbewerb zwischen den Staaten hat seine Ursache nicht zuletzt im bewussten und gezielten Abbau solcher zwischenstaatlichen Barrieren. Gleichwohl bleiben auch dem modernen Staat mit offenen Grenzen vielfältige Möglichkeiten des *consumer lock-in*. Wirksame und politisch gestaltbare Mobilitätsbarrieren sind beispielsweise fehlende Fremdsprachenkenntnisse, Informationshürden, die sich aus der Unterschiedlichkeit der Funktionsweise von Bürokratien und administrativen Vorschriften ergeben, Regelungen der Wegzugsbesteuerung im Zusammenhang mit dem Außensteuergesetz oder Inkompatibilitäten der unterschiedlichen Systeme der sozialen Sicherung sowie der Besteuerung.

## 3.6 Netzwerkeffekte und Agglomerationsvorteile

Die Nützlichkeit, die ein Produkt für einen Kunden hat, steigt bei vielen Produktarten dadurch, dass andere Kunden dieses Produkt ebenfalls nutzen. Ein Telefon etwa entfaltet seine wirklichen Vorteile für den Konsumenten nur in Verbindung mit der Möglichkeit, andere Personen anzurufen oder von anderen Personen angerufen zu werden. Die Nützlichkeit des Telefons für den einzelnen Konsumenten steigt deshalb tendenziell mit der Zahl von Telefonbesitzern, also der Zahl der möglichen Gesprächspartner. Ähnliches gilt für zahlreiche Produkte. Die Marktgröße, die ein bestimmtes Produkt erreicht, ist für den Kunden bei vielen Arten von Produkten mithin von großer Bedeutung und beeinflusst seine Zahlungsbereitschaft. In der Wettbewerbssituation zwischen verschiedenen Unternehmen mit nur teilweise kompatiblen oder gar nicht miteinander kompatiblen Systemen und Netzwerkeffekten setzt sich deshalb häufig letztendlich nur ein einziges System durch. Während in der Phase des Wettbewerbs um die ersten Kunden die Unternehmen ihre Produkte oft unter dem Herstellungspreis abzugeben bereit sind, winken dem Gewinner des Wettbewerbs Monopolrenten (zur industrieökonomischen Literatur solcher Netzwerkeffekte vgl. Shy 2001).

Diesen Netzwerkeffekten entspricht im Wettbewerb von Staaten oder Regionen das Phänomen so genannter „Agglomerationsvorteile". Man versteht darunter, dass Industrien dazu neigen, sich in einem eng begrenzten Raum zu ballen („Silicon Valley" oder die „Londoner City"), weil sie aus der räumlichen Nähe zueinander Vorteile haben. Wenn es solche Agglomerationsvorteile gibt und zwei Regionen um die Ansiedelung mehrerer Investoren konkurrieren, ist es nicht unwahrscheinlich, dass im Gleichgewicht alle Investoren in eine der beiden Regionen gehen. Interessant an solchen Ansiedelungswettbewerben zwischen Regionen ist der Sachverhalt, dass eine Region mit einem entsprechenden Startvorteil den Wettbewerb eigentlich nur verlieren kann, wenn sie gravierende Fehler macht, und dass dieser Region aus ihrem Startvorteil auch eine gewisse Rente zuwächst. Für den Wettbewerb der Regionen um „Kunden" ist die bestehende Asymmetrie in einem historisch gegebenen Zustand also ein wichtiger Indikator dafür, welcher Region es gelingen wird, viele Kunden anzulocken, und ein Maß dafür, in welchem Umfang die Region mit einem Vorsprung daraus auch Finanzkraft schöpfen kann.

## 3.7 Weitere Wettbewerbsfaktoren

In ihrer viel beachteten Studie zur neuen Informationsökonomie weisen Shapiro und Varian (1998) auf eine ganze Reihe weiterer Wettbewerbsfaktoren hin, die Unternehmen einsetzen können. Hierzu gibt es Äquivalente im zwischenstaatlichen Wettbewerb. Der Erfolg eines Landes als Investitionsstandort hängt sicher von den objektiven Standortfaktoren ab. Da sowohl die Zahl möglicher Investitionsstandorte als auch die Summe der Einzelaspekte, die über die Qualität eines Standorts entscheiden, sehr groß ist, entsteht für Investoren ein Problem, das Shapiro und Varian unter dem Stichwort „A wealth of information creates a poverty of attention" beschrieben haben. Die Fähigkeit einer Region, auf ihre Stärken und ihre Existenz überhaupt aufmerksam zu machen, ist ein entscheidender Wettbewerbsfaktor; zunächst gilt dies zwar nur im Wettbewerb um Investitionen, in der Folge aber auch um Finanzmittel.

## 4. Zusammenfassung

Die Analyse der Globalisierungskräfte und ihrer Wirkungen auf die staatliche Finanzkraft zeigt, dass eine Erosion staatlicher Einnahmen nur teilweise in den Folgen der Globalisierung und des verstärkten Wettbewerbs um mobiler werdende Steuerbemessungsgrundlagen begründet ist. Die Haushaltsprobleme sind großenteils „hausgemacht". Von besonderer Bedeutung sind dabei die Verschuldung der öffentlichen Haushalte und das Versäumnis, die Systeme der sozialen Sicherung frühzeitig „demografiefest" zu machen. Die Effekte der Globalisierung mögen indes ihren Teil zur Problemlage beitragen und diese künftig weiter verschärfen.

Es ist deshalb angebracht, über Strategien nachzudenken, mit denen Nationalstaaten der wettbewerbsbedingten Erosion staatlicher Einnahmen begegnen können. Hilfreich ist dabei die Betrachtung von Wettbewerb zwischen Unternehmen und der Strategien, die Unternehmen im Wettbewerb nutzen. Staaten und Regionen können von Unternehmen und ihren Strategien lernen und ähnliche Strategien nutzen, um ihren finanziellen Handlungsspielraum zu erhalten oder zu erweitern. Die Analyse hat gezeigt, dass es für Staaten und Regionen vorteilhaft ist, sich von den Konkurrenten zu unterscheiden und sich zu spezialisieren. Auch die Aufspaltung in heterogene kleinere Regionen kann vorteilhaft sein. Ferner können Staaten und Regionen versuchen, die Steuerbürger an sich zu binden. Sie verfügen dafür über mächtige Instrumente. Zu diesen Instrumenten gehört auch die Ausbildung von patriotischen Gefühlen. Sie können es den Steuerbürgern zudem erschweren, ihre wirtschaftliche Aktivität ins Ausland zu verlegen. Eine weitere wichtige Strategie besteht in der Nutzung von Wettbewerbsvorsprüngen im Zusammenhang mit dem Wettbewerb um die Ansiedelung von Industrien mit ausgeprägten Agglomerationsvorteilen. All diese Strategien sind die Elemente einer Erfolg versprechenden staatlichen oder regionalen Wettbewerbspolitik in einem internationalen Kontext.

## Literatur

Altshuler, Rosanne/Goodspeed, Timothy J. (2002): *Follow the Leader? Evidence on European and U.S. Tax Competition*. Departmental Working Papers 200226. New Brunswick, NJ: Rutgers University, Department of Economics.

Andersson, Fredrik/Konrad, Kai A. (2003a): „Globalization and Risky Human Capital Investment". In: *International Tax and Public Finance*, Vol. 10, No. 3, S. 211-228.

Andersson, Fredrik/Konrad, Kai A. (2003b): „Human Capital Investment and Globalization in Extortionary States". In: *Journal of Public Economics*, Vol. 87, No. 7-8, S. 1539-1555.

Andersson, Fredrik/Konrad, Kai A. (2005): „Bildung, Besteuerung und internationale Mobilität". In: Ulrich Becker/Wolfgang Schön (Hg.): *Steuer- und Sozialstaat im europäischen Systemwettbewerb*. Tübingen: Mohr Siebeck, S. 75-92.

Baye, Michael R./Crocker, Keith J./Ju, Jiandong (1996): „Divisionalization, Franchising, and Divestiture Incentives in Oligopoly". In: *American Economic Review*, Vol. 86, No. 1, S. 223-236.

Baye, Michael R./Morgan, John (2004): *Brand and Price Advertising in Online Markets*. Paper CPC 0504009. Berkeley: University of California.

BMF (Bundesministerium der Finanzen) (1994): *Finanzbericht 1995*. Bonn: BMF.

BMF (Bundesministerium der Finanzen) (2004): *Finanzbericht 2005*. Berlin: BMF.

BMF (Bundesministerium der Finanzen) (2005): *Haushaltskrisen im Bundesstaat*. Gutachten des Wissenschaftlichen Beirats beim Bundesministerium der Finanzen, Bd. 78. Berlin: BMF.

BMF (Bundesministerium der Finanzen) (2006a): *Monatsbericht des BMF*, Januar 2006. Berlin: BMF.

BMF (Bundesministerium der Finanzen) (2006b): *Monatsbericht des BMF*, Februar 2006. Berlin: BMF.

BVerfG (Bundesverfassungsgericht) (2006): 2 BvF 2/03 vom 19.10.2006, Absatz-Nr. (1-256). Internet: http://www.bverfg.de/entscheidungen/fs20061019_2bvf000303.html (zuletzt aufgesucht am 15.10.2006).

Boadway, Robin/Marceau, Nicolas/Marchand, Maurice (1996): „Investment in Education and the Time Inconsistency of Redistributive Tax Policy". In: *Economica*, Vol. 63, No. 250, S. 171-189.

Brennan, Geoffrey/Buchanan, James M. (1977): „Towards a Tax Constitution for Leviathan". In: *Journal of Public Economics*, Vol. 8, S. 255-273.

Brennan, Geoffrey/Buchanan, James M. (1980): *The Power to Tax: Analytical Foundations of a Fiscal Constitution*. New York: Cambridge University Press.

Devereux, Michael P./Lockwood, Ben/Redoano, Michaela (2002): *Do Countries Compete over Corporate Tax Rates?* Warwick Economic Research Paper No. 642. Coventry: University of Warwick.

Edwards, Jeremy/Keen, Michael (1996): „Tax Competition and Leviathan". In: *European Economic Review*, Vol. 40, No. 1, S. 113-134.

Fuest, Clemens/Huber, Bernd/Mintz, Jack (2005): „Capital Mobility and Tax Competition: A Survey". In: *Foundations and Trends in Microeconomics*, Vol. 1, No. 1, S. 1-62.

Hotelling, Harold (1929): „Stability in Competition". In: *The Economic Journal*, Vol. 39, No. 153, S. 41-57.

Huck, Steffen/Konrad, Kai A./Müller, Wieland (2004): „Profitable Horizontal Mergers without Cost Advantages: The Role of Internal Organization, Information and Market Share". In: *Economica*, Vol. 71, No. 284, S. 575-587.

Janeba, Eckhard/Wilson, John D. (2005): „Decentralization and International Tax Competition". In: *Journal of Public Economics*, Vol. 89, No. 7, S. 1211-1229.

Jochimsen, Beate/Konrad, Kai A. (2006): „Anreize statt Haushaltsnotlagen". In: Konrad/Jochimsen 2006, S. 11-28.

Jochimsen, Beate/Nuscheler, Robert (2005): *The Political Economy of the German Länder Deficits*. Diskussionsbeiträge des Fachbereichs Wirtschaftswissenschaften der Freien Universiät Berlin, Nr. 2005/6. Berlin.

Kessing, Sebastian G./Konrad, Kai A. (2006): „Union Strategy and Optimal Income Taxation". In: *Journal of Public Economics*, Vol. 90, No. 1-2, S. 393-402.

Kessing, Sebastian G./Konrad, Kai A./Kotsogiannis, Christos (2005): *Federalism, Weak Institutions and the Competition for Foreign Direct Investment*. WZB, mimeo.

Konrad, Kai A./Jochimsen, Beate (Hg.) (2006): *Finanzkrise im Bundesstaat*. Frankfurt a.M. u.a.: Peter Lang Verlag.

Konrad, Kai A./Schjelderup, Guttorm (1999): „Fortress Building in Global Tax Competition". In: *Journal of Urban Economics*, Vol. 46, No. 1, S. 156-167.

Kydland, Finn/Prescott, Edward C. (1980): „Dynamic Optimal Taxation, Rational Expectations and Optimal Control". In: *Journal of Economic Dynamics and Control*, Vol. 2, No. 1, S. 79-91.

McGuire, Martin C./Olson, Mancur L. (1996): „The Economics of Autocracy and Majority Rule". In: *Journal of Economic Literature*, Vol. 34, No. 1, S. 72-96.

Olson, Mancur (1993): „Dictatorship, Democracy, and Development". In: *American Political Science Review*, Vol. 87, No. 3, S. 567-576.

OECD (Organisation for Economic Co-operation and Development) (1998): *Harmful Tax Competition. An Emerging Global Issue*. OECD-Report. Paris: OECD.

OECD (Organisation for Economic Co-operation and Development) (2004): *Revenue Statistics* 1965-2003, Paris, OECD.

Salant, Stephen W./Switzer, Sheldon/Reynolds, Robert J. (1983): „Losses from Horizontal Merger: The Effects of an Exogenous Change in Industry Structure on Cournot-Nash Equilibrium". In: *Quarterly Journal of Economics*, Vol. 98, No. 2, S. 185-199.

Shapiro, Carl/Varian, Hal R. (1998): *Information Rules: A Strategic Guide to the Network Economy*. Boston: Harvard Business School Press.

Shy, Oz (2001): *The Economics of Network Industries*. Cambridge: Cambridge University Press.

Sinn, Hans-Werner (1997): „The Selection Principle and Market Failure in Systems Competition". In: *Journal of Public Economics*, Vol. 66, No. 2, S. 247-274.

Sinn, Hans-Werner (2003): *The New Systems Competition*. Oxford: Blackwell Publishing.

Sørensen, Peter B. (2004): „International Tax Coordination: Regionalism versus Globalism". In: *Journal of Public Economics*, Vol. 88, No. 6, S. 1187-1214.

SVR (Sachverständigenrat zur Begutachtung der gesamtwirtschaftlichen Entwicklung) (2003): *Jahresgutachten 2003/2004*. Berlin: Deutscher Bundestag, Drucksache 15/2000.

Thum, Marcel/Weizsäcker, Jakob von (2000): „Implizite Einkommensteuer als Messlatte für die aktuellen Rentenreformvorschläge". In: *Perspektiven der Wirtschaftspolitik*, Jg. 1, H. 4, S. 453-468.

Winner, Hannes (2005): „Has Tax Competition Emerged in OECD Countries? Evidence from Panel Data". In: *International Tax and Public Finance*, Vol. 12, No. 5, S. 667-687.

# Angst vor dem Souverän?

## Verfassungsstarre und Partizipationsbegehren in Deutschland

Dieter Gosewinkel und Dieter Rucht

Ist nicht die „Zukunftsfähigkeit" einer demokratischen Gesellschaft vor allem dadurch zu gewährleisten, dass die Bedingungen der Stabilität dieser Gesellschaft unter Beteiligung und zum Nutzen möglichst vieler Menschen immer wieder geprüft und an wechselnde Umstände angeglichen werden? Heißt das nicht, den Bürgern möglichst viele Chancen der Mitwirkung zu geben und politische Institutionen dem Wandel politischer Einstellungen anzupassen?

Seit Bestehen der Bundesrepublik Deutschland flammt immer wieder die Debatte auf, ob und inwieweit den Bürgern, dem Souverän, mehr Rechte auf direkte demokratische Mitwirkung gegeben werden sollen. Wir greifen die Ausgangspunkte, Hintergründe und Argumente dieser Debatte auf, um schließlich Position zu beziehen: In der behutsamen Ausweitung direktdemokratischer Verfahren sehen wir einen Beitrag zur Zukunftsfähigkeit des demokratischen Deutschland.

## 1. Ausgangspunkt

Die Bundesrepublik Deutschland und das 1990 wiedervereinigte Deutschland wurden nahezu in Reinform als repräsentatives System ausgestaltet. Historische, demokratietheoretische und verfassungsrechtliche Argumente greifen dabei ineinander. Das Beispiel der gescheiterten Weimarer Republik mit ihren Elementen direkter Demokratie[1] gilt als abschreckend, die „Entscheidung" des Grundgesetzes (GG) für die repräsentative Demokratie dagegen als Beispiel politischer Klugheit. Gerade die weit reichende Bindung der deutschen Nachkriegsdemokratie an konstitutionelle Vorgaben und unverfügbare Grundrechte scheint auch die Abstinenz gegenüber Formen direkter Bürgerbeteiligung zu rechtfertigen. Diese gelten als Einfallstor für schwer

---

1 Damit sind sowohl Verfahren gemeint, die „von unten", d.h. auf Initiative aus dem Volk selbst, wie auch solche, die „von oben", d.h. von Organen der demokratischen Verfassungsordnung, eingeleitet werden (so genannte plebiszitäre Elemente). Zu dieser Begrifflichkeit siehe Schiller (2002, S. 14, 74).

kalkulierbare populistische und wertbedrohende Störungen der bewährten und klug austarierten demokratischen Ordnung.

Dieses Bild einer sich selbst stabilisierenden repräsentativen Demokratie wird seit geraumer Zeit aus mehreren Richtungen in Frage gestellt. Neue soziale Bewegungen forderten unmittelbare Beteiligung an den politischen Leitentscheidungen. Der politische Umbruch 1989/90 warf die Frage nach der demokratischen Legitimation eines revolutionären Vorgangs auf. Die zunehmende Einbindung der Bundesrepublik Deutschland in internationale Institutionen, insbesondere in das Gefüge der Europäischen Union während der 1990er Jahre, veränderte die Grundlagen der deutschen Nachkriegsdemokratie und die Entscheidungskompetenzen des deutschen Staates. Im Gefolge dieser „offenen Staatlichkeit" dringen zunehmend Erfahrungen mit direkter Demokratie aus anderen Ländern Europas nach Deutschland. Damit stellt sich die Frage neu, inwieweit der besondere „deutsche" Weg einer (fast rein) repräsentativen Demokratie angemessen ist. Der europäische Verfassungsvertrag von 2003 scheiterte vorerst an plebiszitären Entscheidungen, die in den Ländern, welche ihr Veto einlegten, höchste demokratische Legitimität genießen. Kann Deutschland dahinter zurückstehen? Wirft nicht die Diskrepanz zwischen rechtlichen Schranken der Bürgerbeteiligung und den gewachsenen Partizipationsbegehren ein Legitimationsproblem auf, wenn – dem vorherrschenden, auch hier zugrunde liegenden Demokratieverständnis zufolge – die Bürgerschaft als der Souverän anzusehen ist? Und zeigt nicht der Rückgang der Wahlbeteiligung auf der Ebene des Bundes wie der Länder, dass neue, die Wahl ergänzende Formen und Verfahren demokratischer Partizipation nötig sind?

Im Mittelpunkt unseres Beitrags steht die Frage, ob Deutschland mehr direkte Demokratie haben sollte. Diese Frage wird man am Ende *politisch* beantworten. Wir hingegen prüfen die Plausibilität zweier Thesen: zum einen die Annahme, dass die historischen Gründe für die Zurückweisung von Formen direkter Demokratie nicht mehr tragen; zum zweiten die These, dass die deutsche Demokratie durch den Ausbau der direkten Demokratie zukunftsfähiger wird. Mit „zukunftsfähig" meinen wir hier die Festigung der Demokratie angesichts neuer politischer Herausforderungen, insbesondere jener, die die Stabilität der Demokratie im Ganzen in Frage stellen. Wir versuchen zu zeigen, dass heute mehr die „Angst vor dem Souverän" als rationale politische Erwägungen die Zurückhaltung gegenüber Formen direkter Demokratie prägt (vgl. auch Majer 2000).

## 2. Schlechte „Weimarer Erfahrungen"?

In nur wenigen Bereichen der politischen Ordnung Deutschlands nach 1945 haben sich historische Erfahrungen und verfassungsrechtliche Festlegungen wechselseitig derart nachhaltig zu einem Axiom verstärkt wie in der Festlegung des Grundgesetzgebers 1949 auf die repräsentative Demokratie. Dies gilt umso mehr, als dem Grundgesetz insgesamt eine stabilisierende Wirkung für die demokratische Nachkriegsordnung bescheinigt wird. Der zu Beginn der 1950er Jahre geprägte Satz „Bonn ist nicht Weimar" (Alleman 1956) kennzeichnet die Einstellung, die unter den Mitgliedern des Parlamentarischen Rates vorherrschte: Bonn sollte nicht Weimar werden! In der älteren Literatur (vgl. Schiller 2002, S. 73; Jung 1994, S. 13-21) überwog lange die Auffassung, der Parlamentarische Rat 1948/49 habe die direktdemokratischen Elemente der Weimarer Reichsverfassung (WRV) in besonderem Maße verantwortlich gemacht für die Lähmung und Zerstörung der ersten deutschen Demokratie. Hierbei habe sich der Grundgesetzgeber auf die direkte Wahl des Reichspräsidenten und dessen Kompetenzen im Bereich direktdemokratischer Verfahren[2] sowie auf die umfassenden Möglichkeiten der direktdemokratischen Mitwirkung an der Gesetzgebung[3] (Volksbegehren, Volksentscheid[4]) bezogen. Die zwei Volksabstimmungen über die Fürstenenteignung (1926) und den Young-Plan (1929)[5] wurden rückblickend als Delegitimierung des parlamentarischen Gesetzgebers und Mittel radikaler Mobilisierung interpretiert, welche die Weimarer Republik weiter geschwächt hätten. Schließlich hätten sich ausgerechnet die Nationalsozialisten nach 1933 mit den von ihnen inszenierten Volksabstimmungen über den Austritt aus dem Völkerbund, die Verschmelzung der Ämter von Reichspräsident und Reichskanzler sowie den „Anschluss" Österreichs die Akklamation zu ihrer diktatorischen und kriegstreibenden Politik verschafft (Würtemberger 1996).

An diesen Annahmen hat jedoch die neuere historische Analyse Kritik geübt. Tatsächlich erreichten die meisten Volksbegehren der Weimarer Republik nicht das Stadium des Volksentscheids. Die hohen Beteiligungsquoren (zum Schutz der parlamentarischen Legitimität) ließen von 33 angestrebten Volksbegehren nur zwei zur Volksabstimmung gelangen (siehe oben). Nur in der späteren Abstimmung über den Young-Plan, die bereits 1929 in die Phase einer schweren Wirtschaftskrise fiel, nutzte die Mobilisierung den rechtsextremen Republikfeinden wirklich. Auch sind die Volksabstimmungen der nationalsozialistischen Zeit als Argument gegen direkte Demokratie wenig überzeugend, da das NS-Regime die Weimarer Verfassung de facto außer Kraft gesetzt hatte und nur ad hoc zur symbolischen Bekräftigung zentraler politischer Entscheidungen heranzog. Diese Entscheidungen hätte das diktatorische Regime aber auch ohne Abstimmung, jedenfalls ohne

---

2 Siehe die Initiierung von Volksentscheid und Volksbegehren, das auf einen Volksentscheid auf Begehren und Initiative aus dem Volk selbst abzielt (Art. 73 Abs. 1 bis 4 WRV vom 11.8.1919), sowie die Anordnung des Stichentscheids bei Dissens zwischen Reichstag und Reichsrat (Art. 74 Abs. 3 WRV).
3 Insbesondere Gesetzesreferenden auf Initiative des Reichspräsidenten, Art. 73 Abs. 1 und Art. 74 Abs. 3 WRV.
4 Insbesondere Gesetzesreferenden auf Volksinitiative, Art. 73 Abs. 2 und 3 WRV.
5 In der Abstimmung über den Young-Plan wurde von den Nationalsozialisten 1929 eine kompromissbereite Außenpolitik in der Frage der Reparationen abgelehnt. Allerdings stimmten nur 13,5 Prozent der Wahlberechtigten für diese Position. Das nötige Quorum von 50 Prozent wurde damit weit verfehlt, und es kam zu keinem Volksentscheid über diese Frage.

verfassungsrechtliche Legitimation einer Abstimmung, treffen können (Suksi 1993, S. 99). Insgesamt lässt sich nicht zeigen, dass direktdemokratische Elemente die Weimarer Demokratie besonders krisenanfällig machten. Allenfalls wurden plebiszitäre Beteiligungsformen in demagogischer Weise instrumentalisiert. Auch ein rein repräsentatives System hätte politische Stabilität nicht (wieder)herstellen können. Neuere Forschungen legen also nahe, in den direktdemokratischen Verfahren der Weimarer Republik keinen maßgeblichen Grund für die politische Radikalisierung der Weimarer Republik oder gar deren Auflösung zu sehen. Vielmehr überwiegen ambivalente Befunde, die neben demagogischen und radikalen Mobilisierungen, die unabhängig von der institutionellen Ausgestaltung der Republik zustande kamen, auch darauf verweisen, dass verfassungsfeindliche Opponenten der Parlamentsmehrheit durch die Einbindung in rechtlich geordnete Verfahren auf einen verfassungsgemäßen Lösungsweg zurückgeführt wurden (Schiffers 2000; Jung 1989).

Ebenso widersprechen neuere Forschungen der These von der „Weimarer Erfahrung" als antiplebiszitärem Schreckbild der Verfassunggebung in der frühen Bundesrepublik. Im Gegenteil: Die frühen Verfassungen der westdeutschen Länder 1946/47 enthielten direktdemokratische Elemente, die sich gerade an das Weimarer Vorbild anlehnten. Auch hat der Parlamentarische Rat nicht ausführlich über die „Weimarer Erfahrungen" diskutiert (Jung 1994). Vielmehr war ein politisches Argument maßgeblich, das aus dem unmittelbaren zeitlichen Kontext der Verfassungsberatungen, dem Kalten Krieg, stammte: Die Volksbegehren-Kampagnen von SED und KPD für die „Einheit Deutschlands" wurden als bedrohlich für die Gründung eines antikommunistischen (west)deutschen Staatswesens angesehen. Deshalb sprach sich die Mehrheit des Parlamentarischen Rates, die SPD eingeschlossen, gegen die Einführung direktdemokratischer Elemente aus und entschied sich auch gegen ein Referendum über das Grundgesetz. Zugespitzt lässt sich folgern: Nicht (oder jedenfalls deutlich weniger als zumeist behauptet) die Weimarer Erfahrungen, sondern der provisorische und prekäre Charakter der westdeutschen Staatsgründung war der Hauptgrund für die Zurückweisung direktdemokratischer Verfahren durch den Parlamentarischen Rat. Trifft dies zu – und vieles spricht dafür –, dann handelte es sich um eine zeitbedingte, aber keine prinzipielle Abwehrhaltung des Parlamentarischen Rates (Jung 1994). Mit der Vollendung der deutschen Einheit 1989/90 ist jedoch dieses Argument obsolet geworden. Es gibt keine nennenswerte Gefährdung der demokratischen Ordnung durch kommunistisch gesteuerte „Umtriebe", die sich in populistischer Manier des Hebels von Plebisziten bedienen könnten.

## 3. Deutsche Einigung 1989/90: die versäumte Chance für unmittelbare Demokratie?

So wahrscheinlich es ist, dass die provisorische und instabile Lage des geteilten Deutschlands nach 1945 ein entscheidender Grund für die Meidung direktdemokratischer Verfahren auf nationaler Ebene war, so plausibel ist es, dass im Zuge des nationalen Einigungsprozesses 1989/90 direktdemokratische Konzepte und Bestrebungen an Boden gewannen. Schließlich war die staatsrechtliche Wiedervereinigung Deutschlands von einer demokratischen Bewegung vorangetrieben worden („Wir sind das Volk" – später „Wir sind ein Volk"), die das Grundgesetz gerade nicht vorgesehen hatte. Der *pouvoir constituant* als verändernde, ja revolutionäre Kraft, der vom Grundgesetz verdrängt wird,[6] verschaffte sich in der DDR Gehör und sorgte für die Auflösung der allmächtigen Staatspartei SED und des Staatsapparates der DDR. Dies wirkte sich unmittelbar auf die verfassungsrechtlichen Entwürfe der Runden Tische und die Debatte um den verfassungspolitischen Vollzug der deutschen Einigung aus. Der Verfassungsentwurf des Runden Tisches verstand sich nach den Worten eines seiner Mitgestalter, Ulrich K. Preuß, als Versuch, „Verfassung ... nicht als die autoritative Setzung eines Souveräns, sondern als ein wechselseitiges Versprechen von Bürgern" zu konzipieren, „die sich dadurch zur 'Zivilgesellschaft' konstituieren" und dabei „die äußerst zaghaften Ansätze des Grundgesetzes zur Anerkennung einer den einzelnen Bürger mit dem Staat vermittelnden Sphäre der politischen Gesellschaft fortzuentwickeln" (Preuß 1990, S. 86). Hier verstärken die positiven Erfahrungen einer für die Errichtung der Demokratie konstitutiven Bürgerbewegung die in der alten Bundesrepublik seit langem bestehende Kritik am Fehlen direktdemokratischer Institutionen.

Nachdem der Einigungsprozess im Frühjahr 1990 den Verfassungsentwurf des Runden Tisches zur Makulatur werden ließ, setzte sich der Impetus unmittelbar demokratischer Legitimation durch den Beitritt der neuen Länder zum Grundgesetz (Art. 23 GG) bzw. im Wege der Volksabstimmung über einen neuen Verfassungstext (Art. 146 GG) fort (dazu Habermas 1990). Der Vorstoß, nach Art. 146 GG den *pouvoir constituant* neu zur Entscheidung anzurufen (Meyer 2000), löste zwar eine der großen demokratietheoretischen Debatten der Bundesrepublik aus, scheiterte aber ebenso wie Versuche, in der daraufhin eingesetzten „Kommission Verfassungsreform" direktdemokratische Elemente in das Grundgesetz einzuführen.

## 4. Änderungsimpulse: Landesverfassungen und europäische Integration

Auf den ersten Blick scheint es, als bliebe die verfassungsrechtliche Debatte um direkte Demokratie eine Episode, erwachsen aus der Euphorie in der Sondersituation der deutschen Einigung. Doch gilt das Dogma der rein repräsentativen Demokratie nicht mehr ungebrochen. Das zeigen am klarsten die seit 1991 verabschiedeten Verfassungen der neuen Bundesländer. Sie nahmen durchweg Verfahren direkter Demokratie auf. Hier wurden einerseits auf Verfassungsänderungen zielende Partizipationsverlangen, die in den al-

---

6 Siehe z.B. den Selbstbindungsversuch des Grundgesetzes in der „Ewigkeitsgarantie" des Art. 79 Abs. 3.

ten Bundesländern nicht zum Zuge gekommen waren, zumindest teilweise realisiert. Andererseits ging von den Verfassungen der neuen Bundesländer eine Legitimierung unmittelbarer Demokratie aus, die auch in alten Bundesländern entsprechende Reformen auf der Landes- und Kommunalebene sowie einen erheblichen Zuwachs direktdemokratischer Verfahren – wenngleich nicht von Verfassungsrang – auslöste (Klages/Paulus 1996; Rehmet 2002; Kost 2005; Weixner 2006; zu den alten Bundesländern vgl. exemplarisch Knemeyer 1996; Neumann 1999).

Begünstigt wurde diese Öffnung deutschen Verfassungsrechts und deutscher Staatstheorie zudem durch Einflüsse von außen: die Wahrnehmung der deutschen Demokratie im internationalen Vergleich (Luthardt 1994; Kimmel 1996; Suksi 1993; Gallagher/Uleri 1996), verstärkt noch durch den Prozess der europäischen Einigung. Der in Referenden außerhalb Deutschlands heftig umkämpfte Vertrag von Maastricht weckte auch in der Bundesrepublik das Bewusstsein für die besondere Legitimierungsbedürftigkeit dieses völkerrechtlichen Vertrags (Luthardt 1994, S. 143), mit dem der deutsche Souverän sich wesentlicher Entscheidungsrechte zugunsten europäischer Institutionen begab. Von den im Bundestag vertretenen Parteien forderte letzten Endes allein die FDP eine Volksabstimmung über den Entwurf einer europäischen Verfassung, während selbst höchste Repräsentanten von Bündnis 90/Die Grünen, also einer Partei, die aus Bürgerinitiativen und Bürgerbewegungen hervorgegangen war, davor warnten, in eine „populistische Falle" zu laufen (so der damalige Außenminister Joschka Fischer laut Frankfurter Allgemeine Zeitung vom 7.11.2003, S. 6). Noch einmal wurde in der Bundesrepublik der seit Jahrzehnten erprobte Weg repräsentativer Willensbildung und judikativer Letztentscheidung beschritten: Das politische Establishment ließ nach der parlamentarischen Verabschiedung des Vertrags die verfassungsrechtlichen Bedenken durch das Bundesverfassungsgericht klären und änderte nach dessen Spruch – wiederum auf parlamentarischem Weg – das Grundgesetz. Aber ist diese Lösung auch in Zukunft rechtlich notwendig und politisch klug? Nachdem der europäische Verfassungsvertrag – vorläufig zumindest – an Volksabstimmungen in Frankreich und den Niederlanden gescheitert ist, steht in Zweifel, ob ein europäischer Verfassungsvertrag (auch wenn er sich ausdrücklich nicht als „Verfassung" bezeichnet und auch keine Verfassung ist) nochmals ohne Volksabstimmung in Deutschland verabschiedet werden kann und soll.

Auch im internationalen Vergleich stellt die deutsche Abstinenz gegenüber direktdemokratischen Verfahren nicht den Regelfall dar. Gerade mit Blick auf wichtige europäische Staaten und die USA ist das Gegenteil der Fall. Mag man die geringere Größe der Schweiz sowie deren spezifisch lokale und föderative Traditionen als ungewöhnlich günstige Bedingungen für die Entfaltung direkter Demokratie ansehen, so gilt das nicht für Frankreich und Italien. Hier hat die Einführung plebiszitärer Elemente nach dem Zweiten Weltkrieg in Phasen politischer Umbrüche und Verfassungskrisen zum einen ein labiles System von Institutionen und Parteien stabilisiert (Frankreich nach 1958), zum anderen ein verkrustetes, bewegungsunfähiges

Parteiensystem einem Veränderungsdruck von unten (Italien) ausgesetzt (Luthardt 1994, S. 64, 68). Großbritannien, das mehr als jedes andere europäische Land eine Tradition der Parlamentssouveränität aufzuweisen hat, kennt seit dem 19. Jahrhundert eine anhaltende Debatte über Referenden zur Kontrolle des Parlaments und hat 1975 eine politische Grundsatzentscheidung, den EU-Beitritt des Landes, einem Referendum unterworfen. Die USA schließlich gehören zu denjenigen Ländern, deren direktdemokratische Institutionen auf der Ebene der Bundesstaaten und Kommunen weltweit am stärksten ausgebaut sind. Eine breit angelegte ländervergleichende Analyse zeigt, dass die direktdemokratischen Institutionen im Verlauf der letzten Jahrzehnte zugenommen haben (Scarrow 2001).

Unsere These lautet, dass die Legitimität demokratischer Entscheidungen über Grundsatzfragen in Deutschland künftig wesentlich stärker als bisher von der Einbeziehung direktdemokratischer Verfahren abhängen wird. Dazu tragen die wissenschaftliche Entkräftung des „Weimarer Veto", das über Jahrzehnte gewachsene Partizipationsbegehren, das Vorbild eines demokratischen Umsturzes in Deutschland, die Einführung direktdemokratischer Verfahren auf Landesebene und die Angleichung an internationale, insbesondere europäische Standards maßgeblich bei.

## 5. Partizipationsbegehren und partizipative Verfahren unterhalb der Bundesebene

Vielfach wurde darauf hingewiesen, dass sich das obrigkeitsstaatliche Erbe aus dem Kaiserreich, nochmals erneuert und verstärkt durch die nationalsozialistische Diktatur, auch im Rahmen einer repräsentativ-demokratischen Ordnung in der Bundesrepublik zunächst fortgesetzt habe (Dahrendorf 1965; Greiffenhagen/Greiffenhagen 1993). Verschiedene Umfragen in der Frühphase der Bundesrepublik, nicht zuletzt die ländervergleichende „Political Culture"-Studie von Almond/Verba (1963), haben gezeigt, dass es um die Verankerung demokratischer Überzeugungen in den Köpfen und Herzen der Bundesbürger nicht besonders gut bestellt war. Insoweit lag auch ein gewisses Misstrauen in das Urteilsvermögen des demokratischen Souveräns nahe. Vor diesem Hintergrund schien es angebracht, an die Stelle des unmittelbaren Volkswillens (sprich: der „Masse") besser die Entscheidungsgewalt der „aufgeklärten", wenngleich durch das Volk bestellten politischen Repräsentanten zu setzen, wie es demokratische Elitetheorien propagierten (kritisch dazu Bachrach 1969).

Mit der zunehmenden Existenzdauer der Bundesrepublik sind jedoch die demokratischen Einstellungen und Überzeugungen nachgewachsen und haben sich denen etablierter Demokratien in anderen Teilen Europas angeglichen. Auch aus der Perspektive ausländischer Beobachter gilt die Bundesrepublik schon seit mehreren Jahrzehnten als eine gefestigte Demokratie (Conradt 1980). Dies war im Übrigen mit ein Grund dafür, warum die ehemaligen Siegermächte dem Vereinigungsbegehren beider deutscher Staaten zugestimmt haben.

Zwar waren und sind antidemokratische Kräfte in der Bundesrepublik nicht zu übersehen. Doch sprechen sowohl die in Umfragen ermittelten prodemokratischen Einstellungen der großen Mehrheit der Bevölkerung als auch das Verhalten vieler politischer Gruppen in den letzten Jahrzehnten für die These einer überwiegend demokratisch geprägten politischen Kultur (Gabriel 2000; Niedermayer 2001). Diese sich als progressiv-emanzipatorisch verstehenden Gruppen befürworten nicht nur Prinzipien, die auch zum Kernbestand der repräsentativen Demokratie gehören, etwa fundamentale Menschen- und Bürgerrechte, Gewaltenteilung, parlamentarische Kontrolle der Regierung. Vielmehr verlangen sie eine fortschreitende Demokratisierung, zumeist verbunden mit Forderungen nach der Einführung bzw. Ausweitung direktdemokratischer Verfahren und sonstiger Möglichkeiten politischer Beteiligung. Diese Bestrebungen, die als eine zunächst eher randständige Erscheinung die gesamte Nachkriegsgeschichte der Bundesrepublik durchziehen, fanden ihren ersten Kulminationspunkt in der Studentenbewegung. In diesem Rahmen wurden nicht nur moderate Demokratisierungsforderungen erhoben, die später in der berühmten Erklärung von Bundeskanzler Willy Brandt: „Wir wollen mehr Demokratie wagen" einen Niederschlag fanden. Es gab auch abwertende Stellungnahmen zur „bürgerlichen Formaldemokratie", verbunden mit dem Verlangen nach einem rätedemokratischen Sozialismus.

Breitenwirksam wurden jedoch direktdemokratische Forderungen erst mit den Versuchen einer „Politisierung des Alltags" (Bahr 1972), einer „Politik in der ersten Person" (im Gegensatz zur „Stellvertreterpolitik"), der Bürgerinitiativbewegung und den vielfältigen neuen sozialen Bewegungen der 1970er und 1980er Jahre (Rucht 2001). Diese Entwicklung spiegelt sich auch in den Sozialwissenschaften, sei es mit stark normativ geprägten Schriften zu „Strategien der Demokratisierung" (Vilmar 1973), sei es mit eher analytisch gehaltenen Studien zu Bedingungen, Umfang und möglichen Effekten einer erweiterten politischen Partizipation. Naschold (1972) bezeichnete in eher funktionalistischer Perspektive Partizipation als „politische Produktivkraft"; in empirischer Hinsicht konstatierte Kaase (1982) eine „partizipatorische Revolution".

Die auf eine Erweiterung politischer Partizipation zielenden Aktivitäten waren auch in institutioneller Hinsicht nicht folgenlos. Allerdings blieben die Zugeständnisse weit hinter den Erwartungen der Promotoren umfassender Demokratisierung zurück. In einer Reihe von Politikfeldern wurden die Möglichkeiten bürgerschaftlicher Beteiligung verbessert (z.B. im Städtebauförderungsgesetz, Bundesbaugesetz, Fluglärmgesetz und Atomgesetz). Den Natur- und Umweltschutzverbänden, nicht aber den ebenfalls darum bemühten Gewerkschaften, wurde das Instrument der Verbandsklage zugestanden. In einzelnen Bundesländern, so auch in Bayern, wurde aufgrund eines Volksentscheids ein im Vergleich zu anderen Bundesländern weit gehendes Recht auf kommunale Bürgerentscheide in die Verfassung aufgenommen und in der Folgezeit auch rege beansprucht.[7] In vielen Städten waren zudem bereits seit den frühen 1970er Jahren diverse Formen nicht gesetzlich geregelter Anhörung und Mitwirkung von Bürgern in kommunalen Belangen entstanden (z.B. Planungsbeiräte, Bürgerforen, Planungszellen). Auf der gleichen Linie lagen die Entscheidungen in einzelnen Großstädten, den Bezirksausschüssen mehr Kompetenzen zu gewähren. Erst jüngst, im Herbst 2006, wurde im Rahmen einer Volksabstimmung (ohne Quorum) mit großer Mehrheit die Vorlage aller (!) Fraktionen im Berliner Abgeordnetenhaus gebilligt, die Hürden für die Durchführung von Volksbegehren, Volksentscheiden und Volksinitiativen zu senken.[8]

Mit all diesen in ihrer Gesamtheit noch immer sehr moderaten Zugeständnissen, deren Fortsetzung noch die rot-grüne Bundesregierung im Koalitionsvertrag vom Herbst 1998 bekräftigt hatte („Wir wollen die demokratischen Beteiligungsrechte der Bürgerinnen und Bürger stärken."), wurde immerhin ein Stück weit dem Willen der Bürgerschaft entsprochen; denn diese steht erweiterten Partizipationsmöglichkeiten mehrheitlich positiv gegenüber. Beispielsweise haben in einer repräsentativen Befragung im Jahr 2000 rund drei Viertel für Volksabstimmungen „bei bestimmten Entscheidungen" plädiert (die tageszeitung vom 9./10.6.2005; vgl. weiteres Zahlenmaterial in Dalton et al. 2001). Im Jahr 2005 haben sich laut einer TNS-Emnid-Umfrage 85 Prozent der Deutschen für bundesweite Volksabstimmungen ausgesprochen (http://mehr-demokratie.de/303.html). Während sich also in einzelnen Sachbereichen und unterhalb der Bundesebene die Kluft zwischen Partizipationsbegehren und Partizipationsrechten zu verkleinern scheint, besteht eine solche Kluft nach wie vor auf Bundesebene. Dort folgte dem über Jahrzehnte gewachsenen Partizipationsbegehren keine entsprechende institutionelle Entwicklung, sodass insofern dem Willen des Souveräns nicht entsprochen wird.

---

7   Die Zahl der kommunalen Bürgerentscheide hatte sich 1996 auf 190 gesteigert. Das war das 16-fache gegenüber dem Jahr 1986 (die tageszeitung vom 30.12.1996, S. 4).
8   Das Quorum für die Einleitung eines *Volksbegehrens*, durch das Gesetze erlassen, geändert oder aufgehoben werden können, wird von bisher 25.000 auf 20.000 Unterschriften reduziert. In der nächsten Stufe werden künftig sieben Prozent der Wahlberechtigten (bisher zehn Prozent) ausreichen, um einen Volksentscheid einzuleiten. Für einen *Volksentscheid* war bislang, unter der Voraussetzung einer Beteiligung von mehr als der Hälfte der Wahlberechtigten, die einfache Mehrheit erforderlich. Künftig soll ein Beteiligungsquorum von 30 Prozent oder ein Zustimmungsquorum von 25 Prozent der Wahlberechtigten ausreichen. Selbst die Landesverfassung soll künftig per Volksentscheid geändert werden können, wofür allerdings nach Vorstellung von SPD und CDU mindestens rund 1,2 Mio. Unterschriften erforderlich sein sollen. Die für eine *Volksinitiative* notwendige Anzahl von mindestens 90.000 Unterschriften, die das Abgeordnetenhaus zwingt, sich mit bestimmten Themen zu befassen, wird auf 20.000 reduziert, das Mindestalter für die Beteiligung an einer solchen Initiative auf 16 Jahre abgesenkt.

## 6. Mehr Vertrauen in den Souverän – direktdemokratische Elemente als Beitrag zur Zukunftssicherung

### 6.1 Argumente für und wider direkte Demokratie

In der langen Debatte um das allgemeine und gleiche Wahlrecht sowie um Verfahren direkter Demokratie finden sich einige immer wieder variierte Grundmuster des Pro und Contra. Zunächst werden acht zentrale Streitpunkte in verdichteter Form wiedergegeben, um in einem zweiten Schritt darauf abwägend und insbesondere mit Blick auf künftige Entwicklungen Stellung zu beziehen.

*Populistische Stimmungsmache?*

Contra: Sobald bestimmte Fragen aus dem Kontext der fachlich orientierten, gemeinwohlbezogenen und/oder an Kompromisszwängen orientierten Politik der Bevölkerung zur Entscheidung überantwortet werden, werden sie populistisch gewendet. Interessierte Kreise bemächtigen sich des Themas, vereinfachen komplexe Sachverhalte, appellieren an Vorteile, Emotionen oder gar „niedere Instinkte". Man stelle sich vor, sensible Themen wie die Todesstrafe oder die Einwanderungspolitik würden der demagogischen Stimmungsmache im Rahmen direktdemokratischer Entscheidungen ausgesetzt. Solche Vorbehalte kommen auch nicht nur von konservativer und liberaler Seite (zur letzteren vgl. Dahrendorf 2002, S. 89f.). Selbst politisch links stehende Sozialwissenschaftler melden Skepsis an: Der Volkswille sei „fiktiv, fehlbar und verführbar" (Offe 1992, S. 127).

Pro: Das Argument einer populistischen Aufbereitung und Ausschlachtung von politischen Materien im Kontext direktdemokratischer Verfahren ist nicht von der Hand zu weisen. Allerdings wird von dieser Möglichkeit nicht nur von politischen Laien und „Rattenfängern" außerhalb der demokratischen Institutionen, sondern auch von Vertretern eben dieser Institutionen – vorzugsweise in Wahlkämpfen – Gebrauch gemacht. In den Wahlkämpfen stehen nicht nur Personen, sondern auch mit diesen verbundene Programme und davon abgeleitete Richtungsentscheidungen zur Debatte. Auch außerhalb von Wahlkämpfen werben Politiker ständig um Zustimmung zu einer Reihe von Sachfragen. Soweit sie dabei Argumente bemühen, unterstellen sie – ganz im Sinne der Habermas'schen Diskurssituation – auch die Vernunft derer, die sie zu überzeugen suchen. Dass diese Vernunft zur Geltung kommen kann, zeigt sich nicht zuletzt an Volksabstimmungen in Kanada (Mendelsohn/Cutler 2000, S. 696) und in Kalifornien (Frey/Goette 1998), bei denen, etwa im Hinblick auf Immigranten, keineswegs die populistischen Positionen die Oberhand behielten, während für die Schweiz eine gemischte Bilanz gezogen wird.[9] Im Übrigen wären auch in direktdemokra-

---

[9] Nach den Auswertungen Vatters (2006a) für die Schweiz fielen rund zwei Drittel thematisch einschlägiger Volksabstimmungen zuungunsten von Minderheiten aus.

tischen Verfahren die Volksvertreter und sonstige politische oder „geistige" Eliten gefordert, populistischer Stimmungsmache öffentlich und argumentativ entgegenzutreten. Sofern sie dabei erfolglos sind, könnte es nicht nur an der Unbelehrbarkeit des Volkes, sondern auch an der mangelnden Überzeugungskraft der Eliten liegen.

*Fehlender Sachverstand?*

Contra: Die in modernen Gesellschaften zur Entscheidung anstehenden Materien sind teilweise überaus komplex und erfordern umfangreiche Sachkenntnisse. Aus diesem Grund ist die politische Entscheidungsfindung längst zu einer arbeitsteiligen Angelegenheit geworden, die von auf bestimmte Sachgebiete spezialisierten Berufspolitikern wahrgenommen wird, welche sich zudem auf den Rat von Experten stützen. Oft ist es notwendig, komplizierte Problemlagen erst einmal zu erfassen und künftige Probleme zu antizipieren, um differenzierte und vorausblickende Entscheidungen zu fällen, welche für Laien kaum nachvollziehbar sind. Würde man derartige Entscheidungen der breiten Bevölkerung zur Abstimmung überlassen, so wäre sie hoffnungslos überfordert. Entscheidungsalternativen würden dann – unter dem Einfluss der bereits genannten populistischen Stimmungsmache – zu simplen, der Sachlage nicht angemessenen Lösungsvorschlägen verkürzt.

Pro: Die Vermutung, dass sich der politische Sachverstand bei den politischen Eliten konzentriere, ist keineswegs immer berechtigt. Haben nicht politische Eliten gelegentlich krasse Fehlentscheidungen getroffen? So wie Volksvertretern ein Recht auf Irrtum zugestanden werden muss, so kann auch das Volk dieses Recht beanspruchen. Darüber hinaus ist es gerade in zunehmend funktional differenzierten Gesellschaften wahrscheinlich, dass sich der Sachverstand nicht nur bei den politischen Eliten und ihren Beratern konzentriert, sondern auch oder sogar vorwiegend im gesellschaftlichen Raum, z.B. in zivilgesellschaftlichen Gruppen und bei Sachverständigen, verankert ist. Zudem schlägt die Zuspitzung des Sachverstandsarguments auf die Politiker selbst zurück, werden doch selbst Berufspolitiker immer mehr zu Ignoranten hinsichtlich der jeweils zu entscheidenden Materie. In der Konsequenz dieses Arguments müsste somit die Entscheidungsgewalt den jeweils Sachverständigen übertragen werden, deren Expertise nicht von Politikern, sondern nur von den Sachverständigen selbst beurteilt werden kann.

Doch selbst wenn es Materien gibt, in denen ein gewisses Maß an Sachverstand eine unabdingbare Voraussetzung für angemessene politische Entscheidungen ist, so bleiben es doch Entscheidungen, die wertgebunden sind. Um ein Beispiel zu nennen: Über vermutliche Kosten und Nutzen der Raumfahrt können zunächst nur Raumfahrtexperten Auskunft geben. Am Ende aber wird politisch – und zwar nicht von einer Handvoll von Forschungspolitikern, sondern von einer Mehrheitsfraktion im Parlament – entschieden, wie viele öffentliche Mittel in die Raumfahrt fließen sollen und damit für andere Aufgaben nicht mehr zur Verfügung stehen. Vermutlich sind 99 Prozent der Parlamentarier ebenso ignorant im Hinblick auf den Ertrag der Raumfahrt wie 99,9 Prozent der Gesamtbevölkerung. So wenig daraus gefolgert wird, dass das Parlament in seiner Gesamtheit über solche Fragen nicht entscheiden solle, so wenig sollte auch die Bevölkerung prinzipiell davon ausgeschlossen werden.

Darüber hinaus ist zu bedenken, dass viele politische Materien nicht im engeren Sinne an Fachwissen gebunden sind, sondern primär Wertentscheidungen darstellen, die Politiker wie Nichtpolitiker aus der Warte des „gesunden Menschenverstands" und ihrer normativen Vorstellungen beurteilen. Warum etwa sollten gewählte Parlamentarier eher als der Rest der Bevölkerung darüber entscheiden, ob und unter welchen Bedingungen Abtreibungen legalisiert werden sollen?

Schließlich ist auch darauf hinzuweisen, dass im langen Zeitverlauf der durchschnittliche Bildungsgrad der Bevölkerung stark gestiegen ist und somit aufgrund generalisierter Kompetenzen eine bessere Urteilsfähigkeit für politische Sachverhalte gegeben ist als beispielsweise in den überwiegend agrarisch geprägten Gesellschaften des 18. und 19. Jahrhunderts. Sah sich damals eine relativ kleine Gruppe der „Gebildeten" und „Herrschenden" einer überwiegenden Mehrheit der „ungebildeten Massen" gegenüber, so ist das Bildungsgefälle zwischen heutigen Volksvertretern und dem Volk weitaus kleiner und rechtfertigt keine Überheblichkeit auf Seiten der Gewählten.

*Polarisierung?*

Contra: In Verbindung mit den beiden genannten Argumenten befürchten Gegner direkter Demokratie, durch die Überantwortung von politisch heiklen oder komplizierten Entscheidungsmaterien an die Bevölkerung ergäbe sich ein Zwang, wenige und einfach zu überschauende Alternativen vorzulegen oder lediglich *einen* Vorschlag zur Abstimmung zu stellen. Damit entfällt, so das Argument, die im etablierten Entscheidungsbetrieb häufig notwendige und auch wahrgenommene Möglichkeit, einzelne Teilaspekte verschiedener Lösungsvorschläge zu verknüpfen oder Absprachen zu treffen, die konditionale bzw. kompensatorische Elemente enthalten. Der Zwang zur Vereinfachung begünstigt somit eine Tendenz der Politisierung und vor allem Polarisierung von politischen Fragen. Die Folge sind eine Lagerbildung und ein Freund-Feind-Denken, die dem demokratischen Prozess abträglich sind.

Pro: Politische Streitfragen können zweifellos polarisieren – dies allerdings nicht nur außerhalb der Parlamente. Die Konstellation von Regierung und Opposition, die Konkurrenz um öffentliche Aufmerksamkeit und Wählerstimmen zwingen die Parteien häufig dazu, mehr auf ihr Profil als auf die Sache zu achten, sich in Schaukämpfe zu begeben, während die Bürgerschaft eher zu vermittelnden Positionen neigt. Ohnehin nehmen *cross-cutting pressures,* also unterschiedliche organisatorische und sonstige Loyalitäten, zu und verhindern zumeist eine antagonistische und themenübergreifende Lagerbildung in der Gesamtbevölkerung, zumal darüber hinaus ambivalente Positionen sowie dritte Parteien ins Spiel kommen.

Es gibt sogar Hinweise darauf, dass die Institution der Plebiszite eher zu einem konsensorientierten Politikstil führt, da bereits die bloße Möglichkeit ihrer Beanspruchung die politischen Akteure zwingt, „auf die Interessen der referendumsfähigen Gruppen Rücksicht zu nehmen und nach Übereinstimmung zu suchen" (Decker 2005, S. 1142). Zudem gilt, dass auch innerhalb der etablierten Politik nach langen Verfahren der Meinungsbildung und Beratung am Ende meist überschaubare Alternativen zur Abstimmung gelangen. Warum sollte es bei Diskussionen außerhalb der Organe von Parlament und Regierung grundsätzlich anders sein? Ohnehin finden wir in vielen Fragen, zumal wenn sie sich der binären Logik des Ja oder Nein (wie bei der Todesstrafe) entziehen, auch in der Bevölkerung ein abgestuftes und differenziertes Meinungsspektrum vor, das durch eine entsprechend differenzierte Ausgestaltung der zur Entscheidung gestellten Fragen zu berücksichtigen wäre. Die Praxis von Volksabstimmungen in der Schweiz zeigt, dass durchaus mehrere und in sich komplexe Alternativen zur Abstimmung gelangen können.

*Ermüdungseffekte durch permanente Beteiligung?*

Contra: In dem Maße, wie Verfahren der direkten Demokratie eingeführt und tatsächlich auch genutzt werden, kommt es zu einer Überlastung der Bürgerschaft, die mit ständig neuen Entscheidungen und diesen vorausgehenden Kampagnen konfrontiert wird. Der Zeitaufwand, sich mit der Entscheidungsmaterie zu befassen, überfordert den Durchschnittsbürger. Die Folge sind zunehmend uninformierte, sich aus Stimmungslagen ergebende Entscheidungen oder aber ein politischer Überdruss, der sich in Desinteresse und Rückzug äußert und sinkende Beteiligung an entsprechenden Verfahren nach sich zieht. Niklas Luhmann (1971, S. 39) hat dieses Bedenken auf den Punkt gebracht: „Eine intensive, engagierende Beteiligung aller daran (an den politischen Entscheidungsprozessen; D.G./D.R.) zu fordern, hieße Frustrierung zum Prinzip machen. Wer Demokratie so versteht, muß in der Tat zu dem Ergebnis kommen, daß sie mit Rationalität unvereinbar ist." Sofern unter den Bedingungen relativ häufiger Volksabstimmungen die geforderten Beteiligungsquoren überhaupt noch zu erreichen sind, würde das bedeuten, dass vergleichsweise kleine und nicht notwendig gut informierte Bevölkerungsgruppen über die Belange der großen Bevölkerungsmehrheit entscheiden.

Pro: Der Hinweis auf eine zwangsläufige Ermüdung und schließlich Indifferenz der Bevölkerung in Reaktion auf häufige Volksabstimmungen ist in seiner Allgemeinheit plausibel, aber kein grundsätzliches Argument gegen direkte Demokratie. Zum einen hat sich in der Schweiz gezeigt, dass auch häufige Volksabstimmungen seit Jahrhunderten zu keiner Indifferenz oder gar Ablehnung dieser Institution, wenngleich zu einem leichten Rückgang der durchschnittlichen Beteiligung geführt haben.[10] Ähnliches ist für

---

10 In der Schweiz beteiligen sich im Durchschnitt „nur" 42 Prozent der Stimmberechtigten an Volksabstimmungen (Kriesi 2006, S. 237).

die kommunalen Abstimmungen in den USA (allein rund 10.000 im Jahr 2003) und in Bayern (mehr als 1.000 seit ihrer Einführung im Jahr 1995) festzustellen (The Initiative & Referendum Institute Europe 2005, S. 107). Zum anderen kann durch die Ausgestaltung der Hürden, die einem Volksentscheid vorgelagert sind (insbesondere Volksbegehren), ein inflationärer Gebrauch dieses Instruments verhindert werden.[11] Ohnehin fordern Befürworter der direkten Demokratie keineswegs, jede politische Routineentscheidung, etwa geringfügige Nachbesserungen eines bestehenden Gesetzes, zum Gegenstand einer Volksabstimmung zu machen.[12] In der vorausschauenden Sorge um eine mögliche Ermüdung der Bürgerschaft offenbart sich vielmehr eine paternalistische Haltung, welcher die empirischen Befunde eines in den letzten Jahrzehnten gewachsenen politischen Interesses (Hoffmann-Lange 2000) und verstärkter Forderungen nach Partizipation entgegenstehen.

*Kostenbelastung?*

Contra: Die ohnehin schon notorisch knappen Staatshaushalte werden durch den flächendeckenden und häufigen Gebrauch von Instrumenten direkter Demokratie weiter belastet. Schließlich ist es notwendig, alle Stimmberechtigten ausführlich über die zur Abstimmung vorgelegten Fragen und deren Für und Wider in Form von Broschüren zu informieren und zudem die personelle und materielle Logistik für die Befragung und deren Auswertung bereitzustellen.

Pro: Die Kostenbelastung durch solche Verfahren bewegt sich, gemessen am Volumen der Gesamthaushalte, in einem sehr kleinen Rahmen. Durch die Nutzung von modernen Kommunikationstechnologien, insbesondere des Internet, könnten diese Kosten für die Information im Vorfeld von Entscheidungen deutlich gesenkt werden. Auch wird es möglich sein, Abstimmungen prinzipiell, wenngleich nicht für die Gesamtheit aller Wahlberechtigten, per Internet abzuwickeln, wie Experimente mit *electronic democracy* gezeigt haben. Somit lässt sich eine weitere Reduzierung der Kosten erreichen. Schließlich ergibt sich durch die Überantwortung von Entscheidungen eine Arbeits- und Kostenentlastung an anderer Stelle, da sich Parlamente und andere Staatsorgane mit dieser Materie nicht oder nicht mehr im bisherigen Umfang befassen müssen.

---

11 Die Wirksamkeit solcher Hürden zeigt sich schon jetzt darin, dass es bei bislang 172 Volksbegehren in deutschen Bundesländern nur in 13 Fällen zu einem Volksentscheid kam; vgl. www.mehr-demokratie.de/dd_bundeslaender.html (zuletzt aufgesucht am 15.10.2006).
12 Aus gutem Grund unterscheidet auch Habermas (1992) Fragen, in denen sich die Zivilgesellschaft notfalls im Modus der „Belagerung" in den Entscheidungsprozess einmischt, von Fragen, die dem Routinebetrieb des „politischen Zentrums" vorbehalten bleiben können.

*Stärkung der ohnehin Starken?*

Contra: Die Verlagerung politischer Entscheidungen auf die Bevölkerung hat keineswegs zur Folge, dass damit die tatsächlich vorhandenen Interessen entsprechend ihrer objektiven Verteilung in direktdemokratischen Verfahren berücksichtigt werden. Vielmehr werden die ohnehin Starken und Privilegierten in der jeweiligen Gesellschaft aufgrund ihrer Artikulationsfähigkeit, ihrer finanziellen Ressourcen und/oder ihres Zugangs zu den Medien und Multiplikatoren ihre partikularen Interessen zulasten der „schwachen Interessen" oder eines übergeordneten allgemeinen Interesses überaus effektiv verfolgen. Bereits bestehende Ungleichheiten werden damit verstärkt anstatt vermindert, da eine distanzierte und abwägende Beurteilung von Interessenlagen, wie sie vor allem in Parlamenten praktiziert wird, nicht zum Zuge kommt.

Pro: In der Tat sind zumindest in westlichen Industriegesellschaften vor allem die besser Gebildeten – und damit auch die durchschnittlich besser Verdienenden – politisch interessierter und auch politisch aktiver als die übrigen Bevölkerungsgruppen (Dalton 2006). Das hat in einigen Bereichen dazu geführt, dass sich Privilegierte aufgrund ihrer Einflussmöglichkeiten weitere Vorteile verschafft haben – innerhalb wie außerhalb des Parlaments. Doch spräche diese Feststellung nur dann gegen direkte Demokratie, wenn sie spezifisch für den außerparlamentarischen Bereich gälte. Dem steht jedoch die Beobachtung entgegen, dass die besser Gebildeten keineswegs zwingend, aber vergleichsweise häufig diejenigen sind, die eher eine universalistische Ethik vertreten und in anwaltschaftlicher Rolle für die Interessen der Schwachen und Benachteiligten eintreten. So sind in Dritte-Welt-Gruppen oder Initiativen zur Unterstützung von Obdachlosen Personen mit höherem Bildungsgrad überdurchschnittlich vertreten. Gleiches gilt für die Gesamtheit von sozialen und politischen Bewegungen, die in erster Linie allgemeine Interessen verfolgen (z.B. Menschen- und Bürgerrechte, Frieden und Umweltschutz).

*Elemente direkter Demokratie als Reformblockade?*

Contra: Die vermehrte Einbeziehung des Volkes, so ein weiteres Argument gegen direkte Demokratie, erhöht die Zahl der Veto-Spieler im politischen Entscheidungssystem Deutschlands und blockiert weitere Reformen, statt diese voranzubringen. Damit verschärft sie die Immobilität des politischen Systems, die ihrerseits unter Bedingungen zunehmender globaler Konkurrenz zwischen Ländern, Regionen und Systemen das gravierendste Problem für die Zukunftsfähigkeit Deutschlands darstellt.

Pro: Die viel beschworenen Reformblockaden sind einem politischen System zuzuschreiben, in dem maßgeblich Eliten, nicht „das Volk" Entscheidungsverantwortung tragen. Verstärkte direkte Verantwortung des Volkes für Grundsatzentscheidungen (z.B. in Fragen der Gesundheitsreform) eröffnet einen neuen Entscheidungsweg, der gerade aus der politischen Sackgasse herausführen kann, indem die zur Lösung nicht fähigen Repräsentanten die Entscheidung an das Volk zurückgeben. Zudem ist kein Nachweis dafür bekannt, dass Länder mit ausgeprägt direktdemokratischen Entscheidungsverfahren *eben deswegen* – und darauf kommt es hier an – weniger mobil und reformfähig sind. Im Gegenteil: Direktdemokratische Verfahren eröffnen durch Volksinitiativen die Chance, Themen und Auffassungen aufzugreifen und zur Entscheidung zu bringen, die in Repräsentativorganen ignoriert oder verdrängt werden. Daraus müssen nicht, können aber politische Anstöße erwachsen, die Bewegung in das politische System bringen und eine mögliche Reformblockade wie einen Gordischen Knoten durchschlagen. Schließlich kann der erhöhte Druck der Globalisierung auf nationale politische Systeme nicht durch die Reduktion von Entscheidungsträgern aufgefangen werden – in der Hoffnung, dadurch die Unwägbarkeit politischer Entscheidungen zu vermindern. Vielmehr lassen sich vermehrte Opfer und belastende Maßnahmen, die aus der Globalisierung erwachsen, eher legitimieren, wenn das Volk selbst darüber entscheidet.

*Entmachtung der bewährten Institution der Volksvertretung?*

Contra: Die demokratisch gewählten Volksvertretungen haben sich in langen Zeiträumen und in sehr unterschiedlichen kulturellen Kontexten bewährt. Diese Institution ist unter normativen Gesichtspunkten legitim, da vom Souverän bestellt, und unter funktionalen Gesichtspunkten notwendig, zumal sie den Imperativen der Arbeitsteilung, Verfachlichung, Professionalisierung und politischen Kompromissbildung Rechnung trägt. Sie ist gewiss nicht vollkommen, aber erfüllt am ehesten den Zweck einer informierten, abwägenden und auf die Belange des Gemeinwohls ausgerichteten Entscheidungsfindung. Eine Verlagerung von Entscheidungskompetenzen auf die Bevölkerung untergräbt die Autorität und Funktionalität der Volksvertretungen und schafft damit mehr Probleme, als sie zu deren Lösung beiträgt.

Pro: Gegen diese Sichtweise spricht erstens, dass Volksvertretungen ihre Entscheidungskompetenz ohnehin vom Souverän nur „geliehen" haben. Es muss demnach dem Souverän vorbehalten werden, zu welchen Bedingungen und zu welchen Fragen er Entscheidungsgewalt delegiert. Will die Mehrheit eines Volkes einen Teil dieser Kompetenz beanspruchen, so ist diesem Verlangen mehr Legitimität zuzusprechen als dem Willen eines Parlaments, seine einmal erlangten Rechte zu behalten. In Verbindung damit ist auch zu bedenken, dass Parlamente historisch nicht in Konkurrenz oder gar Abgrenzung zum Volk, sondern in Rivalität mit oligarchischen bzw. monarchischen Regierungsformen entstanden sind. In dieser inzwischen obsoleten Funktion haben sich die Parlamente bewährt. Ob Parlamente in Gegenwartsgesellschaften direktdemokratischen Institutionen funktional überlegen sind, ist dagegen eine empirische Frage. Unseres Erachtens durch nichts bewiesen ist jedenfalls, dass Länder, die auf nationaler Ebene über direktdemokratische Institutionen verfügen (z.B. Dänemark, Frankreich, Irland, Italien, Schweden, die Schweiz), *deshalb* in ihrer politischen, ökonomischen oder sonstigen Leistungsfähigkeit den rein repräsentativ ausgestalteten Systemen nachstehen. Und auch innerhalb solcher Nationalstaaten, in denen lediglich in einzelnen Bundesländern direktdemokratische Institutionen existieren, gibt es keine Anzeichen dafür, dass dadurch die Funktionalität speziell dieser Bundesländer beeinträchtigt ist.

## 6.2 Ein Plädoyer für mehr direkte Demokratie

Die gegen direkte Demokratie ins Feld geführten Hinweise und Argumente haben eine lange Tradition. Dabei werden zum einen empirische Argumente angeführt, die die *Funktionalität* direktdemokratischer Verfahren betreffen, d.h. die Frage, ob durch direktdemokratische Elemente sachlich angemessenere Entscheidungen als durch Volksvertreter zustande kommen. Zum anderen steht die *Legitimität* direkter Verfahren zur Debatte, also ihre *normative Geltung* bzw. normative Wünschbarkeit.

Generell lässt sich feststellen, dass *empirische* Untersuchungen zur Praxis direkter Demokratie in Gegenwartsgesellschaften in funktionaler Hinsicht allenfalls eine gemischte, keineswegs aber eine eindeutig negative Bilanz ziehen (Kriesi 2006; Vatter 2006b). Die schrittweise Erweiterung von Formen politischer Partizipation und die bestehenden oder neu eingeführten direktdemokratischen Verfahren hatten insgesamt keine politisch destabilisierende und demokratieschädliche Wirkung. Auf der *normativen* Ebene spricht, sofern der Gedanke der Volkssouveränität nicht im Grundsatz verworfen wird, alles für Instrumente direkter Demokratie. Das Basisprinzip von Demokratie, im Wortsinne verstanden als Volksherrschaft, ist die Souveränität des Volkes. Das Volk hat in letzter Instanz über die Ausgestaltung der politischen Ordnung zu entscheiden. Laut Grundgesetz geht alle Staatsgewalt vom Volke aus und wird von diesem „in Wahlen und Abstimmungen (sic!) ... ausgeübt". Somit bleibt es auch dem Volk vorbehalten, welche Fragen es zu welchen Bedingungen selbst entscheiden und welche es delegieren will.

Wir ziehen daraus eindeutig den Schluss, dass die vielfach als „zwingend" bezeichneten Argumente gegen direktdemokratische Entscheidungen keineswegs zwingend sind. Im Gegenteil: Gerade mit Blick auf die normative Debatte folgt aus der Anerkennung des Grundsatzes der Volkssouveränität, dass das Volk, so es dies will, sich Entscheidungen vorbehalten kann. Dass dieser Wille vorhanden ist, zeigen Umfragen. Immerhin ist in den alten wie den neuen Bundesländern die Zustimmung zur direkten Demokratie deutlich höher als zur repräsentativen Demokratie.[13] Wir plädieren somit für mehr direkte Demokratie.

---

13 1991 gaben rund 51 Prozent und 1998 rund 55 Prozent der befragten Bundesbürger der direkten Demokratie den Vorzug, während die entsprechenden Anteile für die repräsentative Demokratie bei 35 Prozent bzw. 39 Prozent lagen. Der Rest war unentschieden. Die Voten für die direkte Demokratie waren in den neuen Bundesländern (67 bzw. 61 Prozent) weitaus höher als in den alten Bundesländern (47 bzw. 53 Prozent); s. Dalton et al. (2001, S. 145).

Bei der Durchsetzung dieser Idee gilt es falsche Frontstellungen aufzuheben. Dazu gehört die Klarstellung, dass es in der Debatte um direktdemokratische Verfahren fast allen Verfechtern dieser Verfahren – und auch uns – keineswegs darum geht, das Repräsentationsprinzip in toto zugunsten umfassender Plebiszite abzuschaffen. Vielmehr kommt es entscheidend auf die Mischung an. Es gibt vielfältige internationale Erfahrungen mit plebiszitären Verfahren, gerade auch in industriellen Flächenstaaten, und dies von der kommunalen bis zur nationalen Ebene. Die vorangehenden Verfahren wie auch die eigentlichen Volksentscheidungen können so zugeschnitten werden, dass ihre inflationäre Beanspruchung verhindert wird. Der partizipatorische Schub, die Belebung der politischen Entscheidungskräfte, die wir uns von direktdemokratischen Elementen versprechen, wird nicht durch ihre alle Themen umfassende Einführung, sondern durch die Konzentration auf politische Grundsatzfragen und entsprechende Weichenstellungen erreicht. Es geht nicht um Routineentscheidungen. Wir denken vielmehr vor allem an politische Leitentscheidungen, die den *pouvoir constituant* berühren. Dazu gehören insbesondere Entscheidungen, mit denen dauerhaft das Recht der Deutschen zur Selbstbestimmung ihrer politischen Ordnung verändert bzw. eingeschränkt wird. Dazu gehören der Beitritt zu einer supranationalen Organisation sowie deren grundlegende Neugestaltung z.B. in Form der Verfassungsgebung. Demnach hätten die Ratifikation des Vertrags von Maastricht 1992 und des europäischen Verfassungsvertrags 2005 (wie in einigen europäischen Ländern) der Zustimmung des Staatsvolks bedurft. Zu denken ist weiterhin an politische Leitentscheidungen, die die gewählten Repräsentanten entweder aus eigenem Entschluss oder auf Begehren des Volkes hin diesem zur Entscheidung unterbreiten. Dazu könnten Weichenstellungen im System des Sozialstaats, der Sicherheits- und der Militärpolitik zählen.

Geht man davon aus, dass mit der Wende 1989 eine besonders verdichtete Phase politischer Leitentscheidungen einsetzte, die die politischen Verhältnisse in Deutschland nachhaltiger veränderten als je zuvor seit dem Zweiten Weltkrieg, stellt sich das Problem des erhöhten Legitimationsbedarfs. Möglicherweise wären bestimmte Entscheidungen im plebiszitären anders als im rein repräsentativen Verfahren ausgefallen. Aber hätte nicht eine breite politische Mobilisierung für die Zukunftsentscheidungen im Gefolge der deutschen Einheit und der europäischen Integration mehr Zustimmung, vielleicht auch mehr Opferbereitschaft erzeugt als Entscheidungen in Wahlen und Parlamenten?

## 6.3 Direkte Demokratie als Investition für die Zukunft

Scheint uns die Einführung bzw. Erweiterung direktdemokratischer Verfahren schon für die Gegenwart geboten, so sehen wir für die Zukunft eine Reihe von Gründen, die diesem Votum noch mehr Gewicht verleihen. Dabei beziehen wir uns auf bereits nachvollziehbare bzw. erwartbare Trends, versuchen also Spekulationen und Wunschdenken beiseite zu lassen.

*(1)* Direktdemokratische Verfahren tragen dazu bei, das demokratische Potenzial zu aktivieren und mehr bürgerschaftliches Verantwortungsbewusstsein zu erzeugen. Dies sind Qualitäten, die im Zuge eines erkennbaren Rückzugs des Staates aus Teilen seiner historisch angestammten Verantwortungsbereiche in besonderer Weise notwendig werden. Dabei geht es nicht um die Kompensation sozialstaatlicher Leistungen, die aus schierer Knappheit öffentlicher Mittel privaten Trägern überlassen werden, sondern um die Stärkung der bürgerschaftlichen Verantwortung für öffentliche Angelegenheiten, die als solche zugleich Angelegenheiten jedes Einzelnen sind oder doch sein sollten. In diesem Sinne argumentierte auch die Enquête-Kommission „Zukunft des Bürgerschaftlichen Engagements" des Deutschen Bundestages (2002). Die vermehrte Einbeziehung in diese Angelegenheiten, wie sie durch direktdemokratische Verfahren sowohl symbolisch verkörpert als auch faktisch nahe gelegt wird, stärkt das demokratische Bewusstsein und kann so auch antidemokratischen Tendenzen entgegenwirken, die, wenngleich minoritär, vor allem in Gestalt des neuen Rechtsradikalismus an Boden gewonnen haben.

*(2)* In der Bevölkerung ist – wohl nicht ohne Grund – das Vertrauen in die professionalisierte Parteipolitik stark gesunken. Zwar gibt es keine generelle Politikverdrossenheit, aber doch eine massive Parteienverdrossenheit. Eine Trendwende ist nicht in Sicht. Kleinere Reformen des Parteiensystems und der internen Willensbildung von Parteien sind denkbar. Doch liegen die Ursachen für eine wachsende Unzufriedenheit mit dem Parteiensystem und dem damit eng verbundenen Akt der politischen Wahl tiefer. Die Wählerinnen und Wähler sind nicht mehr dauerhaft in bestimmte sozial-moralische Milieus (Lepsius 1966) eingebunden und bestimmten parteipolitischen Richtungen lebenslang zugewandt. Sie verhalten sich nicht nur immer taktischer und situationsgebundener im Akt der Wahl, sondern auch hinsichtlich der fortlaufend zur Entscheidung anstehenden politischen Fragen. Damit erodiert ein Stück weit die Verfahrensgrundlage der politischen Wahl, durch die den Gewählten für eine bestimmte Zeit gleichsam ein politischer Blanko-Scheck (Offe 1980) für alle anstehenden Sachfragen ausgestellt wird (Welzel 1997, S. 54ff.). Dieses generalisierte Vertrauen hatte in den Zeiten fester Lagerbindungen seine Berechtigung, konnte man doch auf eine stabile und weitgehend deckungsgleiche Interessenlage in den jeweiligen Lagern und bei deren politischen Repräsentanten bauen. In dem Maße jedoch, wie inhaltliche Entscheidungen nicht mehr durch ideologische Vorgaben vorbestimmt werden, aufgrund rasch wechselnder Bedingungen kontingent erscheinen und zudem sachlich und sozial immer selektiver wirken, wächst auch das legitime Bedürfnis der von diesen Entscheidungen Betroffenen, darauf Einfluss zu nehmen. Direktdemokratische Verfahren, so der empirische Befund, stärken in der Tendenz sowohl das individuelle spezifische Vertrauen als auch, wenngleich eingeschränkt, das diffuse Systemvertrauen (Bühlmann 2006).

*(3)* Alles spricht dafür, dass politische Entscheidungsmaterien in Zukunft immer komplexer werden. Ganz im Sinne der Luhmann'schen Differenzierungstheorie ist es unter diesen Umständen wahrscheinlich, dass auch gesellschaftliche Teilsysteme wie das der Politik immer weniger von einer Stelle aus zentral gelenkt werden können, da die hierfür erforderlichen Informationen und Fachkompetenzen breit gestreut sind. Die Einbindung der Bürgerschaft kann somit dazu beitragen, die Problematik von Sachentscheidungen besser auszuleuchten, auf von Berufspolitikern nicht bedachte Folgeprobleme hinzuweisen und, damit zusammenhängend, auch mögliche Schwierigkeiten der Umsetzung und Durchsetzung von Entscheidungen frühzeitig sichtbar zu machen. Vermehrte Bürgerbeteiligung, die kurzfristig und kurzsichtig als Verzögerung und Komplizierung von Entscheidungen erscheinen mag, ist aus längerfristiger Perspektive eher funktional.

*(4)* Die „Hinaufzonung" politischer Entscheidungskompetenzen durch Prozesse der „Denationalisierung" (Michael Zürn), der Europäisierung und darüber hinausgehenden Internationalisierung von Politik bestärkt Tendenzen der politischen Entfremdung. Gerade weil und solange der Kompetenzgewinn der Exekutive nicht durch entsprechende parlamentarische Kontrollen begleitet wird, könnte eine intensivere und direktere Beteiligung der Bürger an Schlüsselentscheidungen einen Ausgleich für das „demokratische Defizit" schaffen. Mit diesem Defizit dürfte eine Europäische Union, die vor allem als bürokratischer Herrschaftsverband und Elitenprojekt konzipiert ist, auf lange Sicht nicht vorankommen. Neuere Forschungen zeigen, dass Länder, in denen Referenden institutionell stark ausgebaut sind, insgesamt nachhaltiger das Projekt der europäischen Integration unterstützen (Hug 2002, S. 118). Diese Einsicht findet nun auch innerhalb von Organen der EU, insbesondere der Kommission, ihren Niederschlag. Im „Weißbuch Europäisches Regieren" wird unter fünf zentralen Grundsätzen auch „Partizipation" genannt und gefolgert: „Verstärkte Teilhabe bewirkt ein größeres Vertrauen in das Endergebnis und die Politik der Institutionen." (Europäische Kommission 2001, S. 17) Auch der Konvent zur Ausarbeitung des Entwurfs einer Europäischen Verfassung beabsichtigte eine verstärkte Einbeziehung der Zivilgesellschaft und sah die Möglichkeit einer freilich in ihren Kompetenzen sehr bescheidenen „Bürgerinitiative" vor.[14] Zwar fehlte der politische Wille, den Grundsatz der Volkssouveränität auf europäischer Ebene konsequent umzusetzen. Aber die Einsicht wächst, dass die Zukunftsfähigkeit der europäischen Integration mit der Möglichkeit der europäischen Bürger zusammenhängt, direkt über Ausmaß und Tempo des Integrationsfortschritts mitzubestimmen.

---

14 Sollten mindestens eine Million Bürger (das entspricht lediglich 0,2 Prozent der EU-Bevölkerung) aus einer „erheblichen", d.h. nicht näher bestimmten Anzahl von Mitgliedstaaten ein Gesetz verlangen, so muss die Kommission tätig werden und einen Vorschlag machen (vgl. Weidenfeld 2006, S. 89).

Fazit: Auf der empirischen Ebene sind die Erfahrungen mit direktdemokratischen Verfahren gemischt, jedenfalls nicht eindeutig negativ. Aus dem Prinzip der Volkssouveränität folgt normativ das Gebot, direktdemokratische Verfahren einzuführen, sofern dies der Souverän fordert. Im Hinblick auf die absehbare Zukunft sehen wir eine Stärkung der empirischen Argumente, die für direktdemokratische Verfahren sprechen. Diese bergen Ressourcen der politischen Mobilisierung, Legitimierung und Problemlösung, auf die eine moderne Demokratie nicht verzichten sollte, wenn sie in Zukunft Stabilität durch Wandel gewährleisten will.

## Literatur

Alleman, Fritz René (1956): *Bonn ist nicht Weimar*. Köln: Kiepenheuer & Witsch.
Almond, Gabriel/Verba, Sidney (1963): *The Civic Culture: Political Attitudes and Democracy in Five Nations*. Princeton: Princeton University Press.
Almond, Gabriel/Verba, Sidney (Eds.) (1980): *The Civic Culture Revisited*. Boston: Little, Brown & Company.
Bachrach, Peter (1969): *The Theory of Democratic Elitism: A Critique*. London: University of London Press.
Bahr, Hans-Eckard (Hg.) (1972): *Politisierung des Alltags. Gesellschaftliche Bedingungen des Friedens*. Neuwied: Luchterhand.
Batt, Helge-Lothar (1996): *Die Grundgesetzreform nach der Einheit Deutschlands. Akteure, politischer Prozeß und Ergebnisse*. Opladen: Leske + Budrich.
Bühlmann, Marc (2006): *Politisches Vertrauen in der direkten Demokratie*. Beitrag für die Konferenz „Direkte Demokratie – Bestandsaufnahmen und Wirkungen im internationalen Vergleich". Universität Heidelberg, 5./6. Mai 2006.
Conradt, David (1980): „Changing German Political Culture". In: Almond/Verba 1980, S. 212-272.
Dahrendorf, Ralf (1965): *Gesellschaft und Demokratie in Deutschland*. München: Piper.
Dahrendorf, Ralf (2002): *Die Krisen der Demokratie. Ein Gespräch*. München: C.H. Beck.
Dalton, Russell J. (2006): *Citizen Politics: Public Opinion and Political Parties in Advanced Industrial Democracies*, 4. Auflage. Washington, D.C.: CQ Press.
Dalton, Russell J./Bürklin, Wilhelm/Drummond, Andrew (2001): „Public Opinion and Direct Democracy". In: *Journal of Democracy*, Vol. 12, No. 4, S. 141-153.
Decker, Frank (2005): „Die Systemverträglichkeit der direkten Demokratie. Dargestellt an der Diskussion um die Einführung von plebiszitären Elementen in das Grundgesetz". In: *Zeitschrift für Politikwissenschaft*, Jg. 15, H. 4, S. 1101-1147.
Enquete-Kommission „Zukunft des Bürgerschaftlichen Engagements" des Deutschen Bundestages (Hg.) (2002): *Enquete-Kommission Zukunft des Bürgerschaftlichen Engagements. Auf dem Weg in eine zukunftsfähige Bürgergesellschaft*. Opladen: VS Verlag für Sozialwissenschaften.
Europäische Kommission (Hg.) (2001) *Europäisches Regieren. Weißbuch*. Luxemburg: Amt für amtliche Veröffentlichen der Europäischen Gemeinschaften.
Frey, Bruno S./Goette, Lorenz (1998): „Does the Popular Vote Destroy Civil Rights?". In: *American Journal of Political Science*, Vol. 42, No. 4, S. 1343-1348.

Gabriel, Oscar W. (2000): „Aktivisten als Träger des demokratischen Credos? Zum Zusammenhang zwischen politischer Partizipation und der Unterstützung demokratischer Prinzipien im vereinigten Deutschland". In: Oskar Niedermayer/ Bettina Westle (Hg.): *Demokratie und Partizipation*. Opladen: Westdeutscher Verlag, S. 34-45.

Gallagher, Michael/Uleri, Pier Vincenzo (Eds.) (1996): *The Referendum Experience in Europe*. London: Macmillan.

Greiffenhagen, Sylvia/Greiffenhagen, Martin (1993): *Ein schwieriges Vaterland – Zur politischen Kultur im vereinigten Deutschland*. München: List.

Guggenberger, Bernd/Meier, Andreas (Hg.) (1994): *Der Souverän auf der Nebenbühne. Essays und Zwischenrufe zur deutschen Verfassungsdiskussion*. Opladen: Westdeutscher Verlag.

Habermas, Jürgen (1990): *Die nachholende Revolution. Kleine Politische Schriften VII*. Frankfurt a.M.: Suhrkamp.

Habermas, Jürgen (1992): *Faktizität und Geltung. Beiträge zur Diskurstheorie des Rechts und des demokratischen Rechtsstaats*. Frankfurt a.M.: Suhrkamp.

Hoffmann-Lange, Ursula (2000): „Bildungsexpansion, politisches Interesse und politisches Engagement in den alten Bundesländern". In: Oskar Niedermayer/ Bettina Westle (Hg.): *Demokratie und Partizipation*. Opladen: Westdeutscher Verlag, S. 46-64.

Hug, Simon (2002): *Voices of Europe: Citizens, Referendums, and European Integration*. Lanham: Rowman & Littlefield.

Jung, Otmar (1989): *Direkte Demokratie in der Weimarer Republik. Die Fälle „Aufwertung", „Fürstenenteignung", „Panzerkreuzerverbot" und „Young-Plan"*. Frankfurt a.M./New York: Campus.

Jung, Otmar (1994): *Grundgesetz und Volksentscheid. Gründe und Reichweite der Entscheidungen des Parlamentarischen Rates gegen Formen direkter Demokratie*. Opladen: Westdeutscher Verlag.

Kaase, Max (1982): „Partizipatorische Revolution – Ende der Parteien?" In: Joachim Raschke (Hg.): *Bürger und Parteien*. Opladen: Westdeutscher Verlag, S. 173-189.

Kimmel, Adolf (1996): „Plebiszitäre Elemente im französischen und italienischen Regierungssystem". In: Günther Rüther (Hg.): *Repräsentative oder plebiszitäre Demokratie – eine Alternative?* Baden-Baden: Nomos, S. 118-135.

Klages, Andreas/Paulus, Petra (1996): *Direkte Demokratie in Deutschland. Impulse aus der deutschen Einheit*. Marburg: Schüren.

Knemeyer, Franz-Ludwig (Hg.) (1996): *Bürgerbegehren und Bürgerentscheid in Bayern*. Stuttgart u.a.: Boorberg.

Kost, Andreas (Hg.) (2005): *Direkte Demokratie in den deutschen Ländern. Eine Einführung*. Wiesbaden: VS Verlag für Sozialwissenschaften.

Kriesi, Hanspeter (2006): *Direct Democratic Choice: The Swiss Experience*. Oxford: Lexington Books.

Lepsius, Rainer M. (1966): „Parteiensystem und Sozialstruktur. Zum Problem der Demokratisierung der deutschen Gesellschaft". In: Wilhelm Abel/Knut Borchardt/ Hermann Kellenbenz/Wolfgang Zorn (Hg.): *Wirtschaft, Geschichte und Wirtschaftsgeschichte. Festschrift zum 65. Geburtstag von Friedrich Lütge*. Stuttgart: Gustav Fischer Verlag, S. 371-393.

Lepsius, Rainer M. (2000): „Demokratie im neuen Europa: neun Thesen". In: Oskar Niedermayer/Bettina Westle (Hg.): *Demokratie und Partizipation*. Opladen: Westdeutscher Verlag, S. 332-340.

Luhmann, Niklas (1971): „Komplexität und Demokratie". In: Niklas Luhmann: *Politische Planung. Aufsätze zur Soziologie von Politik und Verwaltung*. Opladen: Westdeutscher Verlag, S. 35-52.

Luthardt, Wolfgang (1994): *Direkte Demokratie. Ein Vergleich in Westeuropa*. Baden-Baden: Nomos.

Majer, Diejmut (2000): „Die Angst der Regierenden vor dem Volk. Verfassungs- und geistesgeschichtliche Betrachtungen zu den Schwierigkeiten direktdemokratischer Bürgerbeteiligung seit 1789". In: Hans Herbert von Arnim (Hg.): *Direkte Demokratie*. Berlin: Duncker & Humblot, S. 27-50.

Mendelsohn, Matthew/Cutler, Fred (2000): „The Effect of Referendums on Democratic Citizens: Information, Politicization, Efficacy and Tolerance". In: *British Journal of Political Science*, Vol. 30, S. 685-698.

Meyer, Hans (2000): „Art. 146 GG. Ein unerfüllter Verfassungsauftrag?". In: Hans Herbert von Arnim (Hg.): *Direkte Demokratie*. Berlin: Duncker & Humblot, S. 67-82.

Möckli, Silvano (1994): *Direkte Demokratie. Ein internationaler Vergleich*. Bern u.a.: Paul Haupt.

Naschold, Frieder (1972): „Zur Politik und Ökonomie von Planungssystemen". In: *Politische Vierteljahresschrift*, Sonderheft 4, Gesellschaftlicher Wandel und politische Innovation. Tagung der Deutschen Vereinigung für Politische Wissenschaft in Mannheim, S. 13-53.

Neumann, Peter (1999): „Die zunehmende Bedeutung der Volksgesetzgebung im Verfassungsrecht – Das Beispiel Nordrhein-Westfalen". In: Peter Neumann/Stefan von Raumer (Hg.): *Die verfassungsrechtliche Ausgestaltung der Volksgesetzgebung*. Baden-Baden: Nomos, S. 17-56.

Niedermayer, Oskar (2001): *Bürger und Politik. Politische Orientierungen und Verhaltensweisen der Deutschen. Eine Einführung*. Opladen: Westdeutscher Verlag.

Offe, Claus (1980): „Konkurrenzpartei und kollektive politische Identität". In: Roland Roth (Hg.): *Parlamentarisches Ritual und politische Alternativen*. Frankfurt a.M.: Campus, S. 26-42.

Offe, Claus (1992): „Wider scheinradikale Gesten – Die Verfassungspolitik auf der Suche nach dem 'Volkswillen'". In: Gunter Hofmann/Werner A. Perger (Hg.): *Die Kontroverse. Weizsäckers Parteienkritik in der Diskussion*. Frankfurt a.M.: Eichborn, S. 126-142.

Preuß, Ulrich K. (1990): „Auf der Suche nach der Zivilgesellschaft. Der Verfassungsentwurf des Runden Tisches". In: Thomas Blanke/Rainer Erd (Hg.): *DDR. Ein Staat vergeht*. Frankfurt a.M.: Fischer, S. 84-91.

Rehmet, Frank (2002): „Direkte Demokratie in den deutschen Bundesländern". In: Theo Schiller/Volker Mittendorf (Hg.): *Direkte Demokratie*. Wiesbaden: Westdeutscher Verlag, S. 102-114.

Rucht, Dieter (2001): „Soziale Bewegungen als Signum demokratischer Bürgergesellschaft". In: Richard Münch/Claus Leggewie (Hg.): *Demokratische Bürgergesellschaft*. Frankfurt a.M.: Suhrkamp, S. 321-336.

Scarrow, Susan E. (2001): „Direct Democracy and Institutional Change: A Comparative Investigation". In: *Comparative Political Studies*, Vol. 32, No. 6, S. 651-665.

Schiffers, Reinhard (2000): „Schlechte Weimarer Erfahrungen?". In: Hans Herbert von Arnim (Hg.): *Direkte Demokratie*. Berlin: Duncker & Humblot, S. 51-66.

Schiller, Theo (2002): *Direkte Demokratie. Eine Einführung*. Frankfurt a.M./New York: Campus.

Schmidt, Manfred G. (2001): „Vom Glanz und Elend der Demokratie nach 1989". In: Claus Leggewie/Richard Münch (Hg.): *Politik im 20. Jahrhundert.* Frankfurt a.M.: Suhrkamp, S. 245-262.

Schmidt, Manfred G. (2003): „Lehren der Schweizer Referendumsdemokratie". In: Claus Offe (Hg.): *Demokratisierung der Demokratie. Diagnosen und Reformvorschläge.* Frankfurt a.M.: Campus, S. 111-123.

Schneider, Maria-Luise (2003): *Zur Rationalität von Volksabstimmungen.* Wiesbaden: Westdeutscher Verlag.

Suksi, Markku (1993): *Bringing in the People. A Comparison of Constitutional Forms and Practices of the Referendum.* Dordrecht u.a.: Martinus Nijhoff.

The Initiative & Referendum Institute Europe (2005): *Guidebook to Direct Democracy in Switzerland and Beyond.* Amsterdam: The Initiative & Referendum Institute Europe.

Vatter, Adrian (2006a): *Direkte Demokratie und Minderheitenschutz.* Universität Konstanz. Manuskript.

Vatter, Adrian (2006b): *Direkte Demokratie in der Schweiz: Entwicklungen, Debatten und Wirkungen.* Beitrag für die Konferenz „Direkte Demokratie – Bestandsaufnahmen und Wirkungen im internationalen Vergleich". Universität Heidelberg, 5./6. Mai 2006.

Vilmar, Fritz (1973): *Strategien der Demokratisierung.* Darmstadt/Neuwied: Luchterhand.

Weidenfeld, Werner (2006): *Die Europäische Verfassung verstehen.* Gütersloh: Verlag Bertelsmann Stiftung.

Weixner, Bärbel Martina (2006): „Direktdemokratische Beteiligung in Ländern und Kommunen". In: Beate Hoecker (Hg.): *Politische Partizipation zwischen Konvention und Protest.* Opladen: Verlag Barbara Budrich, S. 100-132.

Welzel, Christian (1997): „Repräsentation alleine reicht nicht mehr. Sachabstimmungen in einer Theorie der interaktiven Demokratie". In: Rainer Schneider-Wilkes (Hg.): *Demokratie in Gefahr? Zum Zustand der deutschen Republik.* Münster: Westfälisches Dampfboot, S. 54-79.

Würtemberger, Thomas (1996): „Repräsentative und plebiszitäre Elemente in der deutschen Verfassungsgeschichte". In: Günther Rüther (Hg.): *Repräsentative oder plebiszitäre Demokratie – eine Alternative?* Baden-Baden: Nomos, S. 95-117.

# Viel Schatten, viel Licht: Sozialökonomie

# Arbeitsmarktpolitik für aktives Altern

Zur Zukunftsfähigkeit Deutschlands
im Licht europäischer Erfahrungen

Miriam Hartlapp und Günther Schmid

> „Life should begin with age and its privileges and accumulations, and end with youth and its capacity to splendidly enjoy such advantages." (Mark Twain, 1901)

## 1. Einleitung

Die Umkehrung des Lebenszyklus, von der Mark Twain redet, ist leider nur Wunschtraum. Aber ein gutes Stück eines solchen Traums steckt auch in der Devise „aktives Altern". Was könnte Arbeitsmarktpolitik beitragen, um die Lebensqualität beim Altern in diese Richtung zu verbessern? Wir gehen von der Annahme aus, dass die Teilnahme am Erwerbsleben und die Möglichkeit, während des Erwerbslebens bezahlte Arbeit mit unbezahlten produktiven Tätigkeiten – vor allem im Bildungs-, Pflege- und Kulturbereich – zu verbinden, wesentliche Elemente einer solchen Lebensqualität darstellen. Dass dabei als wichtiger Nebeneffekt auch ein Beitrag zur Bewältigung der Arbeitsmarkt- und Rentenkrise geleistet wird, ist erwünscht, steht aber nicht im Vordergrund. Im Gegenteil: Wir wenden uns gegen den Trend, aktives Altern nur unter der Perspektive der Rentensanierung oder Wettbewerbsfähigkeit zu betrachten (vgl. etwa OECD 2005a, S. 18). Vielmehr geht es darum, die Handlungsmöglichkeiten beim Übergang vom „zweiten" ins „dritte" Alter zu erhöhen.

Im ersten Schritt stellen wir die Theorie der Übergangsarbeitsmärkte vor, aus der wir normative Kriterien für aktives Altern ableiten. Es folgt eine knappe empirische Bestandsaufnahme der Erwerbstätigkeit Älterer im europäischen Vergleich, um den arbeitsmarktpolitischen Handlungsbedarf zu präzisieren. Im dritten Schritt verweisen wir auf gute Praktiken in anderen Ländern, die für die deutsche Reformdebatte von Interesse sein könnten. Am Schluss fassen wir die wichtigsten Empfehlungen zusammen.

## 2. Aktives Altern und Übergangsarbeitsmärkte

Übergangsarbeitsmärkte kennzeichnen kritische Phasen im individuellen Erwerbsverlauf, die den Beginn oder den Bruch einer kontinuierlichen Beschäftigung bedeuten und deshalb eine tief greifende Anpassung des Arbeitsvertrags erfordern, um ein (erneutes) Beschäftigungsverhältnis einzuleiten, ein bestehendes unter besonderen Bedingungen aufrechtzuerhalten, mit sinnvollen anderen (unbezahlten) Tätigkeiten zu kombinieren oder (gleitend) in den Ruhestand überzuleiten. Übergangsarbeitsmärkte regulieren vor allem die Schnittstelle von Erwerbstätigkeit und sozialer Sicherung beim Übergang zwischen Bildung und Beschäftigung, zwischen verschiedenen Beschäftigungsverhältnissen, zwischen Arbeitslosigkeit und Beschäftigung, zwischen privater Haushaltstätigkeit (vor allem Familienarbeit) und Beschäftigung und schließlich beim Übergang von der Beschäftigung in die Rente (Schmid 2002).

Mit diesen Übergängen sind spezifische Risiken verbunden:

- eine zu geringe Ausstattung oder Erosion der *Einkommenskapazität* im Erwerbsverlauf;
- *unsichere Einkommen* durch wechselnde Beschäftigungsverhältnisse;
- *zeitweise vollständiger Einkommensausfall* durch Arbeitslosigkeit;
- notwendige *Einkommensergänzung*, wenn die Erwerbsfähigkeit durch andere Verpflichtungen wie Pflege und Erziehung eingeschränkt ist;
- dauerhafter *Einkommensausfall* wegen Krankheit, Invalidität oder Ruhestand.

Die Theorie der Übergangsarbeitsmärkte geht von einer Beschleunigung bei gleichzeitiger Komplizierung der Übergangsdynamik moderner Arbeitsmärkte aus, beispielsweise beim Übergang von der Bildung in den Beruf. Der Weg in die erste reguläre Beschäftigung ist für Jugendliche und junge Erwachsene zunehmend mit Praktika, Werkverträgen und befristeten Arbeitsverhältnissen gepflastert. Immer mehr Menschen erleben zumindest kurzfristige Phasen der Arbeitslosigkeit im Erwerbsverlauf. Während nur sechs Prozent der in den 1930er und 1940er Jahren geborenen Kohorten berichten, jemals arbeitslos gewesen zu sein, waren es – trotz kürzerer Erwerbskarrieren zum Befragungszeitpunkt – bereits 20 Prozent der in den 1950er Jahren und 27 Prozent der in den 1960er Jahren geborenen Kohorten. Über 90 Prozent der Frauen sind erwerbstätig oder in der Ausbildung, wenn sie mit dem Risiko eingeschränkter Erwerbsfähigkeit durch das erste Kind konfrontiert werden. Viele Ältere gingen in den vorzeitigen Ruhestand, ein Trend, der erst in jüngster Zeit gestoppt wurde. Immer mehr Ältere wechseln nun auf Arbeitsplätze mit wesentlich geringerem Gehalt, gehen graduell in Rente oder kehren gar von der Rente in das Erwerbsleben zurück, um eine sinnvolle Betätigungsmöglichkeit oder einen willkommenen Hinzuverdienst zu haben.

Das Erwerbsleben ist also vielfach nicht mehr durch lineare, sondern durch diskontinuierliche oder gar chaotische Erwerbsverläufe gekennzeichnet. Daraus folgt, dass in Zukunft – was in der jetzigen Situation der Massenarbeitslosigkeit paradox klingen mag – nicht mehr das Risiko der Arbeitslosigkeit (also des zeitweilig vollständigen Einkommensausfalls) eine zentrale Rolle spielt, sondern dass andere Einkommensrisiken mehr und mehr in den Vordergrund treten. Arbeitslosigkeit entsteht und besteht auch deshalb, weil die anderen Risiken im Erwerbsverlauf nicht, nur mangelhaft oder falsch abgesichert sind.

Die Weichen für Einkommen, Status, Karrierechancen und soziale Sicherheit werden vor allem in Zeiten kritischer Ereignissen und in Übergangsphasen des Erwerbsverlaufs gestellt. Die Theorie der Übergangsarbeitsmärkte orientiert sich an drei normativen Kriterien zur Beurteilung, ob die Weichenstellungen zu einer positiven oder negativen Übergangsdynamik führen:

– erstens nicht Maximierung des Nutzens, sondern Erweiterung individueller Handlungsspielräume;
– zweitens Fairness und solidarische Risikoteilung zwischen den Geschlechtern sowie zwischen und innerhalb von Generationen und Regionen;
– drittens Effektivität und Effizienz entsprechend den Erkenntnissen moderner Steuerungstheorien, insbesondere deren Hinweis auf die Notwendigkeit gemischter Steuerungspraktiken in Form verhandelter Flexibilität und Sicherheit sowie öffentlich-privater Partnerschaften.

Diese hehren, aber abstrakten Prinzipien gilt es auf konkrete Probleme der Übergangsdynamik herunterzubrechen und in praktikable Handlungsstrategien umzusetzen. Im Folgenden können nur einige Punkte beispielhaft hervorgehoben werden (ausführlicher s. Schmid 2002, S. 235-322).

Dem *Kriterium der Erweiterung individueller Handlungsspielräume* würde es entsprechen, sowohl auf der Arbeitsangebot- als auch auf der Arbeitsnachfrageseite institutionelle und finanzielle Anreize früher und abrupter Verrentung zu beseitigen und stattdessen sowohl in die Erwerbs- als auch in die Beschäftigungs*fähigkeit* zu investieren.[1] Für aktives Altern bedeutet das vor allem, auch ältere Menschen in die Lage zu versetzen, sich weiterzubilden oder gar für eine zweite oder dritte Erwerbskarriere umzuschulen. Darüber hinaus sollte die Möglichkeit bestehen, bei nachlassender Leistungsfähigkeit die Arbeitszeit zu variieren oder weniger belastende Arbeit aufnehmen zu können. Auf Unternehmensseite bedeutet das in erster Linie, Handlungsspielräume für vertragliche Neugestaltung zu erhalten und auf Unterstützung bei erforderlichen Anpassungsmaßnahmen rechnen zu

---

1 Wir schlagen vor, der Unterscheidung zwischen Angebot und Nachfrage entsprechend zwischen (effektiver) *Erwerbsfähigkeit* (des potenziellen Arbeitnehmers) und *Beschäftigungsfähigkeit* (der potenziellen Arbeitgeber) zu unterscheiden.

können. Diese Unterstützung schließt sowohl den Wissenstransfer guter Praktiken anderer Unternehmen als auch die Sicherheit ein, dass Konkurrenzunternehmen vereinbarte Qualitäts- und Sicherheitsstandards einhalten.

Das *Kriterium der Fairness und solidarischen Risikoteilung* verlangt eine Balance der Kosten- und Nutzenteilung sowohl zwischen als auch innerhalb der Generationen sowie zwischen den Geschlechtern und räumlichen Einheiten. Die Erfüllung dieses Gerechtigkeitspostulats ist äußerst voraussetzungsvoll, und es ist unmöglich, die gesamte Komplexität dieses Problems hier aufzufächern. Wir können nur unsere Entscheidungen für die getroffenen normativen Annahmen kurz zusammenfassen (Schmid 2006). Erstens entscheiden wir uns gegen die utilitaristische Annahme einer Maximierung des Glücks für alle, sondern greifen das Differenzprinzip von John Rawls (1990) auf, nach dem Ungleichheit nur gerechtfertigt ist, wenn sie das Los der Bedürftigsten verbessert. Zweitens muss diese Annahme im Sinne der Verantwortungsethik (Dworkin 2000) um das Prinzip der individuellen Verantwortlichkeit unter der Voraussetzung der Ressourcengleichheit erweitert werden. Drittens sollte Ressourcengleichheit die Befähigung zur Nutzung dieser Ausstattung einschließen (Sen 2001). Viertens, schließlich, erfordert die zunehmende globale Interdependenz wirtschaftlichen und sozialen Handelns auch eine räumliche Ausdehnung des Prinzips der Inklusion, d.h. eine Ausdehnung solidarischer Risikogemeinschaften über ethnische, regionale und nationale Grenzen hinaus (Ferrera 2005).

Unter diesen Prämissen stellt sich die Frage, ob die Arbeitsmarktrisiken in der Phase der Familiengründung gerecht verteilt sind. Die eingeschränkte Erwerbsfähigkeit infolge der Wahrnehmung von Elternpflichten und damit einhergehende diskontinuierliche Erwerbsverläufe konzentriert sich auf Frauen. Infolge der engen Bindung der sozialen Sicherung im Alter an die Erwerbstätigkeit pflanzt sich diese auch in einer Ungleichheit autonomer Sicherungsansprüche im Alter fort. Die bisherige Kompensation solcher Sicherungslücken durch abgeleitete Ansprüche entspricht nicht der Prämisse einer eigenständigen Sicherung im Alter. Ebenso setzt die Orientierung der Einkommenssicherung im Alter am zuletzt erzielten Gehalt falsche Anreize für eine variable und risikobewusste Erwerbskarriere. Flexible Rentenanwartschaften – dazu später mehr – wären eine von mehreren Möglichkeiten, solche Sicherungslücken aufzufangen.

Das Altern der Gesellschaft bedroht schließlich die Gerechtigkeit zwischen den Generationen. Steigt der Anteil der älteren Generationen infolge längerer Lebenserwartung und infolge geringer Geburtenraten der nachwachsenden Generationen, dann würden bei einem reinen Umlageverfahren die jüngeren Generationen durch steigende Beitragssätze benachteiligt. Da bei steigenden Beitragssätzen auch die Beschäftigungsfähigkeit der Betriebe wegen höherer Lohnnebenkosten sinkt, entsteht ein Teufelskreis, der auf Dauer die soziale Sicherheit zukünftiger Generationen überhaupt in Frage stellt. Solche grundlegenden demografischen Strukturveränderungen lassen sich nur durch regelgebundene Finanzierungssysteme ins Lot der

Generationengerechtigkeit bringen, etwa durch die Umstellung der bisher vorwiegend *leistungsgetriebenen* Systeme, in denen ein spezifisches Sicherungsniveau gewährleistet wird, zu *beitragsgetriebenen* Systemen, in denen die Leistungen von den einfließenden Beiträgen abhängig gemacht werden.

Die zunehmende Mobilität über nationale Grenzen hinweg – vor allem im Zuge der Freizügigkeit innerhalb der EU-Mitgliedstaaten – sowie die wirtschaftlichen und sozialen Interdependenzen geben schließlich Anlass, die auf Ältere bezogene Arbeitsmarkt- und Sozialpolitik auch auf europäischer Ebene zu koordinieren und wenigstens rudimentär durch transnationale Sicherungsstandards (z.B. Garantie eines Mindesteinkommens im Alter, Verbot der Altersdiskriminierung, Transferierbarkeit von Rentenansprüchen) zu gewährleisten. Eine erfolgreiche Strategie aktiven Alterns setzt deshalb auch eine europäische Mehrebenensteuerung voraus.

Das *Kriterium der Effizienz* besagt, dass es sich bei den Übergangsrisiken um unterschiedliche Risiken handelt, die differenzierte Formen der Risikoabsicherung erfordern. Ein Beispiel für die Verletzung dieser Regel ist die Frühverrentung, finanziert über die Arbeitslosenversicherung, und der entsprechende Bezug von Arbeitslosengeld ohne die Pflicht, dem Arbeitsmarkt zur Verfügung zu stehen. Die Theorie der Übergangsarbeitsmärkte besagt aber auch, dass diese differenzierten Sicherungssysteme aufeinander abgestimmt, koordiniert und komplementär sein müssen. Ein Beispiel für die Verletzung dieser Regel ist, den dauerhaften Lohnersatz vom zuletzt bezogenen Gehalt abhängig zu machen. Schließlich weist die Theorie der Übergangsarbeitsmärkte darauf hin, dass sich das Scheitern bei der Bewältigung kritischer Ereignisse im frühen Erwerbsverlauf auf die ganze weitere Erwerbskarriere auswirkt. Arbeitsmarktpolitik muss daher Lebenslaufpolitik sein. Eine Verletzung dieser Regel wäre, die Politik aktiven Alterns erst im späten Alter zu beginnen. Das Problem ist nicht, dass die Menschen älter werden. Im Gegenteil: Die Verlängerung der Lebenszeit ist auch eine Chance für neue Märkte und entsprechend neue Erwerbsarbeit, vor allem in den Bereichen sozialer Infrastruktur, persönlicher Dienstleistungen und Umweltschutz, die für die Steigerung der Lebensqualität in allen Altersstufen maßgeblich sind. Arbeitsmarktpolitik sollte daher in viel stärkerem Maße als bisher präventive und investive Arbeitsmarktpolitik sein.

Unsere zentrale These lautet daher: Ähnlich wie sich in der Alterssicherung eine Teilung der Sicherungssysteme in gesetzliche, betriebliche und private Vorsorge herausschält, könnte eine Erweiterung der Arbeitslosenversicherung zu einer Arbeitslebensversicherung den Risiken der modernen Arbeitswelt gerechter werden. Wie die Rentenversicherung könnte die Arbeitslebensversicherung aus drei Schichten bestehen:

– eine auf ihre Kernfunktionen reduzierte Arbeitslosenversicherung,
– eine Mobilitätsversicherung, bestehend aus aktiver Arbeitsmarktpolitik und speziellen Versicherungen, welche die Einkommensrisiken bei prekären oder atypischen Arbeitsverhältnissen, eingeschränkter Erwerbsfä-

higkeit, Veralten des Humankapitals oder der physischen und psychischen Minderung der Leistungsfähigkeit absichern,
– verschiedene private oder kollektivvertragliche Sicherungssysteme wie Weiterbildungsfonds, Zeitkonten, Kapital- oder Vermögensbeteiligung.

Wie kann nun aktives Altern durch eine so verstandene Arbeitsmarktpolitik gefördert werden? Erste Anhaltspunkte dafür liefert ein systematischer Blick auf die zentralen Herausforderungen und die Position Deutschlands im Vergleich zu anderen Ländern.

## 3. Herausforderungen aktiven Alterns aus europäischer Sicht

Wie die Erwerbsbeteiligung Älterer im europäischen Vergleich zeigt, stellt aktives Altern für manche Länder eine größere Herausforderung dar als für andere (Abbildung 1). Wenn wir nur die Männer in den Blick nehmen, erreichen schon jetzt viele Länder – vor allem die „sozialdemokratischen" skandinavischen Länder (Finnland, Dänemark und Schweden) und die „liberalen" Länder Irland und Großbritannien[2] das Lissabon-Ziel[3] einer Beschäftigungsquote von 50 Prozent. Es sind vor allem die zur „konservativen" Gruppe gehörenden Länder Frankreich, Belgien, Österreich und Italien sowie die neuen Beitrittländer (Polen, Ungarn und Slowakei), die an diesem Indikator gemessen noch Nachholbedarf haben. Deutschland liegt hier im Mittelfeld. Das gilt auch aus der dynamischen Perspektive (Abbildung 2). Von wenigen Ländern abgesehen (vor allem Polen und Portugal), hat sich der in den 1970er und 1980er Jahren zu beobachtende Trend einer fallenden Beschäftigungsquote älterer Männer um die Jahrtausendwende umgekehrt. Die Länder, die seit Bestehen der Lissabon-Strategie den größten Sprung nach vorne gemacht haben, sind Finnland, Ungarn und die Niederlande.

Die europäische Perspektive zeigt jedoch auch, dass aktives Altern im Sinne höherer Erwerbsbeteiligung vorrangig ein Problem der Frauen ist (Abbildung 1). Vom „sozialdemokratischen" Modell abgesehen, sind die Beschäftigungsquoten der Frauen vom Lissabon-Ziel viel weiter entfernt als die der Männer. Allerdings steigt – mit Ausnahme Polens – in allen Mitgliedstaaten die Beschäftigungsquote der Frauen, besonders stark wiederum in Finnland, Ungarn und den Niederlanden. Auffällig ist, dass der Anstieg

---

2 Zur Einteilung der Länder in sozialdemokratische, liberale und konservative Wohlfahrtsstaatregimes s. Esping-Andersen (1990).
3 Auf einem Sondergipfel der europäischen Staats- und Regierungschefs im März 2000 in Lissabon wurde ein Programm verabschiedet, das die EU innerhalb von zehn Jahren zum weltweit wettbewerbsfähigsten und dynamischsten Wirtschaftsraum machen soll. Als Ziel wurde u.a. das Erreichen einer Beschäftigungsquote Älterer von 50 Prozent festgeschrieben.

Abbildung 1: Beschäftigungsquoten älterer Frauen und Männer (55–64 Jahre) in Europa, 2005

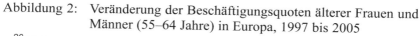

Quelle: Eurostat.

Abbildung 2: Veränderung der Beschäftigungsquoten älterer Frauen und Männer (55–64 Jahre) in Europa, 1997 bis 2005

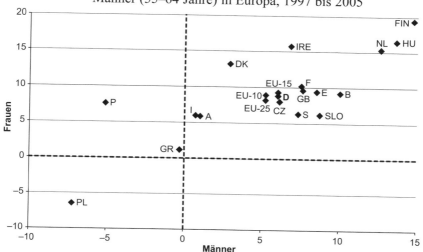

Daten für EU-10: 1998, EU-25 ohne Malta und Zypern. Daten für Tschechien, Ungarn und Slowakei: 1998. – Quelle: Eurostat.

Länderabkürzungen (alphabetisch): A: Österreich; B: Belgien; CZ: Tschechien; D: Deutschland; DK: Dänemark; E: Spanien; F: Frankreich; FIN: Finnland; GB: Großbritannien; GR: Griechenland; HU: Ungarn; I: Italien; IRE: Irland; NL: die Niederlande; P: Portugal; PL: Polen; S: Schweden; SLO: Slowakei; EU-10: Durchschnitt der 2004 der EU beigetretenen Länder; EU-15: Durchschnitt der EU-Länder vor der Erweiterung 2004; EU-25: Durchschnitt aller EU-Länder.

der Beschäftigung von Frauen und Männern parallel verläuft (Abbildung 2). Von einer Substitution oder Verdrängung der Männer durch die Frauen oder umgekehrt kann nicht die Rede sein, eher vom Gegenteil: Es müssen ökonomische Kräfte am Werk sein oder politisch-institutionelle Reformen stattgefunden haben, welche die Erhöhung der Beschäftigung *beider* Geschlechter befördern.

Was sind die Ursachen für diese Länder- und Geschlechterunterschiede? Aus der Sicht der Übergangsarbeitsmärkte kann diese Frage auf die Handlungsspielräume von Arbeitsanbietern und Arbeitsnachfragern zugespitzt werden. Hilfreich ist dabei die Unterscheidung in „Pull-" und „Push-Faktoren": Was zieht die Menschen (frühzeitig) von der Erwerbstätigkeit weg, und was drückt sie heraus? Das denkbare Faktorenbündel ist wiederum so komplex, dass es hier unmöglich in Gänze aufgefächert werden kann. Wir konzentrieren uns daher auf einige wenige Faktoren, die aus der Sicht unseres normativen Bezugsrahmens zentral erscheinen.

Die wichtigsten *Pull-Faktoren* sind ökonomische Anreize, die attraktive Alternativen außerhalb der Erwerbsarbeit anbieten: vergleichsweise hohe Renten oder die Fluchtwege in Erwerbsunfähigkeitsrenten oder dauerhaft hohe Lohnersatzleistungen bei Arbeitslosigkeit, womöglich noch entbunden von der Pflicht, aktiv Arbeit zu suchen oder Jobangebote anzunehmen. Derartige Alternativen machen es auch den Unternehmen leicht, sich von Älteren in gutem Einvernehmen zu trennen, womöglich noch mit einem goldenen Handschlag versehen. Für Frauen, die häufig jünger als ihre Männer sind, kommen noch zwei „weiche" (kulturelle) Pull-Faktoren hinzu: Entscheidungen von Ehepaaren, aus dem Erwerbsleben auszutreten, werden häufig gemeinsam und gleichzeitig getroffen; und wenn es darum geht, fragile oder kranke Eltern zu pflegen, wird es vorwiegend den Frauen zugemutet, diese Alternativrolle zu übernehmen.

Nicht weniger stark, wenn nicht bedeutungsvoller sind die *Push-Faktoren*. Auf der Unternehmensseite sind es vor allem die steigenden Arbeitskosten. Diese können durch an Alter gekoppelte Löhne (Senioritätslöhne) oder durch notwendige Weiterbildung verursacht sein, denen keine entsprechend steigende Produktivität gegenüberstehen; außerdem zahlen sich Investitionen wegen der zunehmend begrenzten Beschäftigungszeit möglicherweise nicht mehr aus. Auch erforderliche Investitionen in altersgerechte Arbeitsplätze können prohibitiv wirken, und ein hoher Kündigungsschutz kann das Risiko der Einstellung von Älteren erhöhen. Auf der Arbeitnehmerseite schränken vor allem die begrenzten Jobmöglichkeiten des lokalen Arbeitsmarkts den Handlungsspielraum für ältere Menschen ein, da sie räumlich weniger mobil sind als jüngere. Dazu kommen Einschränkungen der physischen Leistungsfähigkeit, die durch hohe Arbeitsintensität, rigide Arbeitszeitregeln oder andere schlechte Arbeitsbedingungen verstärkt werden, sowie mangelnde oder veraltete Qualifikation.

Welche Evidenzen bringt der internationale Vergleich für die Bedeutsamkeit dieser Faktoren hervor? Beginnen wir mit dem sektoralen Arbeitsplatzangebot. Wo arbeiten Ältere? Während Landwirtschaft und Industrie sinkende Beschäftigungsquoten auch für Ältere zeigen, wachsen die Beschäftigungsquoten im Dienstleitungsbereich. Wenn jedoch der Dienstleistungsarbeitsmarkt wenig entwickelt ist, werden Ältere – vor allem, wenn sie aus der Industriearbeit frühzeitig freigesetzt wurden – indirekt aus der Erwerbsbeteiligung herausgedrückt. Der internationale Vergleich macht deutlich, dass Beschäftigungssysteme mit hohem Dienstleistungsanteil auch vergleichsweise hohe Beschäftigungsquoten für Ältere aufweisen. So betragen beispielsweise die Beschäftigungsquoten Älterer im Dienstleistungsbereich rund 42 Prozent Großbritannien, 46 Prozent in Dänemark und sogar 52 Prozent in Schweden; mit nur etwa 30 Prozent hat Deutschland einen erheblichen Nachholbedarf. Die Schaffung geeigneter Rahmenbedingungen für Dienstleistungen erscheint also für eine erfolgreiche Aktivierung von Älteren besonders wichtig. Ein offener Arbeitsmarkt mit hohem Arbeitskräfteumschlag erweitert die Handlungsspielräume des sektoralen Jobangebots zusätzlich.[4]

Neben mangelndem Jobangebot und segmentierten Arbeitsmärkten wird – unserem Bezugsrahmen entsprechend – der individuelle Handlungsspielraum vor allem durch mangelnde Qualifikation eingeschränkt. Der internationale Vergleich bestätigt dies eindrücklich. Die Beschäftigungsquoten hoch qualifizierter Älterer, d.h. akademisch gebildeter Personen, erreichen in nahezu allen Ländern die Lissabon-Messlatte; in den meisten Ländern gehen sie sogar weit darüber hinaus. Das zentrale Problem ist die niedrige Erwerbsbeteiligung Geringqualifizierter: Mit Ausnahme von Schweden, Großbritannien und Portugal sind alle Länder weit vom Lissabon-Ziel entfernt, am weitesten die neuen Beitrittsländer. Aber auch die „konservativen" kontinentaleuropäischen Länder sind mit einer – hier ist der Begriff durchaus gerechtfertigt – dramatisch geringen Beschäftigungsquote konfrontiert. In Deutschland beträgt die Differenz der Beschäftigungsquoten zwischen Hoch- und Geringqualifizierten etwa 30 Prozentpunkte; nur knapp ein Drittel der gering qualifizierten Menschen im Alter von 55 bis 64 Jahren ist in diesem Lande noch beschäftigt! Der Rest befindet sich in Arbeitslosigkeit, informeller oder gar illegaler Beschäftigung, in Frührente oder in Rente wegen verminderter Erwerbsfähigkeit. Soll die Lebensarbeitszeit verlängert werden, müssen also entweder die gering qualifizierten Älteren besser qualifiziert werden, oder es müssen – wenn dies nicht möglich ist – mehr einfache Arbeitsplätze für sie geschaffen werden (Abbildung 3 auf der nächsten Seite).

Wo steht Deutschland bei den Anstrengungen zur Weiterbildung Älterer, um die Defizite in der Grundausstattung der Bildung auszugleichen? Im Gegensatz zur Struktur der Beschäftigungsquoten nach Qualifikation ist in der Weiterbildungsbeteiligung Älterer eine große Varianz zwischen den Wohlfahrtsregimes zu erkennen: Die höchsten Beteiligungsquoten von gut

---

4 Das Geheimnis des dänischen *flexicurity*-Modells ist beispielsweise die Verknüpfung einer hohen (durch geringen Kündigungsschutz begünstigten) Mobilität mit gleichzeitig hoher passiver wie aktiver Absicherung bei Arbeitslosigkeit.

Abbildung 3: Beschäftigungsquoten Älterer (55–64 Jahre) in Europa nach Qualifikation, 2005

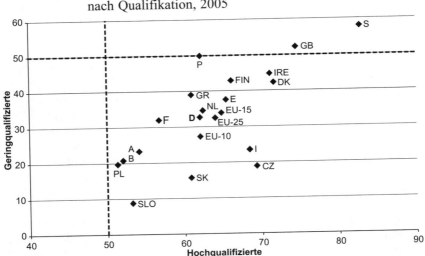

Länderabkürzungen s. Abbildung 1.
Daten: 2. Quartal 2005; Geringqualifizierte: ISCED (International Standard Classification of Education) 0-2, Hochqualifizierte: ISCED 5-6 – Quelle: Eurostat.

einem Drittel finden wir in den skandinavischen (Dänemark, Finnland und Schweden), die geringsten von etwa vier Prozent in den mediterranen Ländern (Italien, Spanien und Portugal). Auch Deutschland scheint mit nur etwa zehn Prozent – im Verein mit anderen Mitgliedern „konservativer Wohlfahrtsregimes" – die Älteren bei der Weiterbildung abgeschrieben zu haben (vgl. OECD 2005b, Tabelle C 6.4).

Nachhaltige Erwerbsfähigkeit älter werdender Menschen kann jedoch auch durch andere arbeitsmarktpolitische Maßnahmen gefördert werden, etwa durch Lohnsubventionen, intensive Betreuung und Beratung bei der Arbeitsvermittlung oder Rehabilitationsmaßnahmen. Auch hier zeigt der europäische Vergleich, dass Deutschland in dieser Hinsicht allenfalls im Mittelfeld, aber nicht an führender Position steht.

Die enge Bindung der Entlohnung an das Alter statt an Produktivität schränkt die Handlungsspielräume sowohl für Arbeitnehmer als auch für Arbeitgeber insbesondere bei der Anpassung an veränderte Umweltbedingungen stark ein. Obwohl Senioritätslöhne nach wie vor unbestritten ökonomisch effizient sein können, sprechen die veränderten Rahmenbedingungen (Erosion interner Arbeitsmärkte) zumindest für eine stärkere Entkopplung der Lohnfindung vom Kriterium des Alters. Gerade in diesem Punkt hat die Altersstudie der OECD (2006, S. 66ff.) sehr differenzierte Überlegungen und Informationen bereitgestellt. Danach weist Deutschland insbesondere bei den qualifizierten Männern eine noch stark ausgeprägte Entlohnung nach Seniorität auf, und im internationalen Querschnittvergleich ist der Zusammenhang von Senioritätslöhnen und Beschäftigungsstabilität

Älterer (Korrelation –0.48) oder von Senioritätslöhnen und Rekrutierung Älterer (Korrelation –0.62) stark negativ.

Unseren Kriterien entsprechend würde auch eine flexible Arbeitsorganisation dem aktiven Altern förderlich sein. Akzeptieren wir Teilzeitarbeit als einen Indikator dafür, dann zeigt der Vergleich von Teilzeitbeschäftigungsquoten der älteren Männer in Deutschland (zehn Prozent) mit anderen Ländern deutlich einen hohen Nachholbedarf. Neben den Niederlanden (15 Prozent) sind es wieder die skandinavischen Länder (z.B. Schweden mit 38 Prozent) wie auch die liberalen Beschäftigungssysteme (z.B. Großbritannien 24 mit Prozent), die in dieser Hinsicht weiter entwickelt sind. Von wenigen Ausnahmen abgesehen (vor allem Polen und Tschechien), scheint der Trend jedoch nach oben zu gehen. Die Gründe für die geringe Teilzeitbeschäftigung deutscher Männer sind vielfältig. Von zentraler Bedeutung dürfte jedoch sein, dass sie nicht schon früh flexible Erwerbsmuster erlernt haben und beim Wechsel vom männlichen Ernährermodell mit kontinuierlicher Vollzeitbeschäftigung zum flexiblen Doppelverdienermodell Status- oder Einkommensverluste in Kauf nehmen müssen.

Die Teilzeitbeschäftigung älterer Frauen ist demgegenüber weit ausgeprägter als bei Männern und mit wenigen Ausnahmen (Schweden, Portugal und Tschechien) nach wie vor leicht ansteigend. Auch hier bestätigt sich die Vermutung, dass sich die Erfahrung von Teilzeitbeschäftigung in früheren Erwerbsphasen auf die Flexibilität in späteren Erwerbsphasen positiv auswirkt: Teilzeitbeschäftigung älterer Frauen ist dort hoch, wo sie auch unter anderen Altersgruppen häufig ist (die Niederlande, Deutschland, Großbritannien, Portugal). Förderlich sein können darüber hinaus vertraglich vereinbarte Arbeitszeitvariationen (bei Vollzeitbeschäftigung) im früheren Erwerbsverlauf. Bei Arbeitgebern erweitern hohe allgemeine Teilzeitquoten die Beschäftigungsfähigkeit älterer Arbeitnehmer, weil sie die hohe Produktivität von Teilzeitarbeitnehmern schätzen gelernt haben und mit Teilzeitarbeitswünschen umzugehen wissen. Gute Praktiken sind – dem internationalen Vergleich zufolge – vor allem in den skandinavischen Ländern, aber auch in den „liberalen" Systemtypen zu finden.

Ein Blick auf die Erwerbsbeteiligung über das derzeit offizielle Rentenalter hinaus zeigt uns schließlich, dass in den meisten Ländern die Kombination von Rente und Beschäftigung nur gering ausgeprägt ist. Im Schnitt sind die Beschäftigungsquoten der Männer über 65 mit gut sechs Prozent zwei- oder dreimal höher als die der Frauen, und generell weisen – von der Ausnahme Portugal abgesehen – vor allem die „liberalen" Systeme höhere Quoten aus. Im jüngsten Zeitvergleich ist weder ein genereller Trend nach oben noch nach unten festzustellen. Die Vermutung liegt nahe, dass Beschäftigung über das offizielle Rentenalter hinaus derzeit vor allem aus ökonomischer Notwendigkeit (geringe soziale Sicherung) und weniger aus freien Stücken erfolgt.

Fassen wir die Gründe für geringe Erwerbsbeteiligung Älterer aus der Sicht internationaler Erfahrungen zusammen, so lassen sich drei zentrale Ausschließungsfaktoren festhalten: erstens die Kultur der Frühverrentung, die in den „konservativ" kontinentalen und familienzentrierten mediterranen Wohlfahrtsregimes ausgeprägt ist; zweitens die direkte oder indirekte Diskriminierung von Älteren in der Personal- und Rekrutierungsstrategie der Betriebe; drittens die Einschränkung der Leistungsfähigkeit aus gesundheitlichen Gründen.

## 4. Management von Risiken beim Übergang von der Beschäftigung in die Rente

Im Folgenden weisen wir auf viel versprechende Beispiele hin, die Wege aus den oben aufgezeigten frühzeitigen Austrittsmustern aufzeigen. Es geht also um Strategien zur Erhöhung und Verlängerung der Erwerbsbeteiligung, zur Beseitigung der Altersdiskriminierung und zur Begrenzung der Rentenübergänge infolge Behinderung oder gesundheitlicher Einschränkungen. Bei der Darstellung guter Praktiken sollen sowohl die Anreize herausgearbeitet werden, mehr Erwerbsarbeit Älterer anzubieten oder nachzufragen, als auch die Aufmerksamkeit auf politische Strategien gelenkt werden, geeignete Anreizstrukturen zu setzen, die den oben abgeleiteten normativen Prinzipien entsprechen. Die Zukunftsfähigkeit Deutschlands bei der Arbeitsmarktpolitik für aktives Altern hängt ebenso von der Form wie vom Inhalt notwendiger Reformen ab.

### 4.1 Strategien zur Erhöhung und Verlängerung der Erwerbsbeteiligung

In der Kultur der Frühverrentung zeichnet sich ein Paradigmenwechsel ab, dessen Grundzüge und wichtigste Einzelheiten hier als bekannt vorausgesetzt werden. Erste Erfolge, etwa die Umkehrung des Trends sinkender Erwerbsbeteiligung, sind schon erkennbar. Sie werden sich verstärken, wenn der Vertrauensschutz der die Frühverrentung begünstigenden Regelungen ausläuft und auch die geburtenstarken Jahrgänge in Rente sind. Dieser Paradigmenwechsel blieb jedoch unvollständig, so dass ein Blick auf andere Länder Anregungen vermitteln kann, wie die Zukunftsfähigkeit der Arbeitsmarktpolitik für Ältere verstärkt werden könnte.

Wir knüpfen an vier gewichtigen Defiziten an, die sich in der Ausgangsanalyse ergeben haben: an den ökonomischen Anreizen zur Frühverrentung (1); am Mangel an Arbeitsplätzen in haushalts- und personenbezogenen Dienstleistungen, der vor allem die Erwerbstätigkeit von Frauen bremst (2); an der mangelnden Abstimmung der Einkommenssicherung im Alter mit den Risiken diskontinuierlicher Erwerbsverläufe, die vor allem Männer davon abhält, flexible Erwerbsmuster – z.B. Teilzeitbeschäftigung oder einen Wechsel der Tätigkeit in geringer bezahlte Jobs – zu akzeptieren (3); schließlich an der mangelnden Investition in Humankapital auch im Erwachsenenalter, die im Zeitalter der Wissensgesellschaft notwendige Voraussetzung einer verlängerten Erwerbsphase und einer wirklich freien Berufswahl oder Wahl zwischen bezahlter und unbezahlter Tätigkeit ist (4).

*(1) Umkehrung der ökonomischen Anreize zur Verlängerung des Erwerbslebens*

In der Debatte um Rentenreformen zählen Leistungskürzungen zu den populärsten Maßnahmen, um ein frühzeitiges Ausscheiden Älterer unattraktiver und damit – so die Hoffnung – seltener zu machen. In einer wachsenden Zahl von Ländern (1998 in Schweden, zuletzt Belgien) wurde die Peitsche durch Zuckerbrot in Form eines Rentenbonus ersetzt. Für Arbeitnehmer führt nach diesen neuen Regelungen jedes über eine festgesetzte Grenze hinaus gearbeitete Jahr zu einem überproportional hohen Zuwachs an Rentenleistungen. Ob die Anreize ihre Wirkung erzielen, hängt von verschiedenen Faktoren ab: von der angesetzten Altersgrenze (sie variiert zwischen 60 Jahren in Frankreich und 67 Jahren in Griechenland), der Höhe des Anreizes (elf Prozent jährlich in Estland oder zwei bis drei Prozent in Spanien und Frankreich) und der Progressivität, mit der die jährlichen Raten steigen, d.h. dem relativen Zugewinn pro Jahr zusätzlicher Erwerbsarbeit (in Finnland schlagen die jährlichen Einkünfte bis 52 Jahre mit 1,5 Prozent zu Buche, mit 1,9 Prozent bis 62 Jahre und ab 62 Jahre mit 4,5 Prozent).

*(2) Abkopplung der Erziehungs- und Pflegeleistungen von der Familie*

Eine Möglichkeit, die Arbeitsmarktbeteiligung Älterer (und besonders von Frauen) zu erhöhen, ist die Abkopplung von Pflegeleistungen aus dem Familienverbund. Über die Notwendigkeit des Ausbaus der Fremdbetreuung für Kinder besteht inzwischen weitgehender Konsens. Dass potenzielle Reformerfolge in diesem Bereich schnell durch die wachsende Zahl pflegebedürftiger Älterer konterkariert werden könnten, wird hingegen nur selten thematisiert. Um Handlungsspielräume dauerhaft zu erhöhen, sind also Reformen notwendig. Umfragen zeigen, dass in Skandinavien buchstäblich keine Frau ihre Karriere einschränken muss, um für ihre Kinder oder Verwandten zu sorgen. In den Niederlanden entspricht die Belastung durch Pflegeleistungen hingegen einer Halbzeitstelle und in Spanien gar einer vollen Stelle. In Dänemark werden ca. drei Prozent des BIP für die volle finanzielle Sicherung der Pflege Älterer zu Hause oder in Heimen ausgegeben. In einem solchen Modell entstehen durch den demografischen Wandel also nicht nur Kosten. Es werden auch neue Arbeitsplätze im Dienstleistungsbereich geschaffen, die wiederum einer größeren Zahl von Personen – meist Frauen – die Teilhabe am Erwerbsleben ermöglichen. In der Konsequenz wachsen persönliche Einkommen sowie Rentenansprüche, und der Staat nimmt höhere Steuern ein.

*(3) Abstimmung der Einkommenssicherung im Alter mit den Risiken diskontinuierlicher Erwerbsverläufe*

Auch in einer alternden Gesellschaft liegt die größte Herausforderung in einer besseren Koordinierung sozialer Sicherungssysteme mit diskontinuierlichen Erwerbsverläufen. Das Risiko diskontinuierlicher Erwerbsverläufe muss auch im Bereich der Rente und ihrer Finanzierung berücksichtigt werden. Aber wie? Eine Reformoption stellen flexible Anwartschaften dar. Sie sind Bausteine, die Einkommenseinbußen (beispielsweise während einer Phase der Teilzeitbeschäftigung oder gescheiterter Selbstständigkeit) abdecken. Dabei ist die grundlegende Idee, jeden auf der Basis tatsächlichen Einkommens geleisteten Beitrag mit einem zusätzlichen flexiblen Element zu versehen, der dazu genutzt werden kann, in Zeiten mit Einkommensausfällen das Niveau der Sozialversicherungsbeiträge stabil zu halten. Erfolgt der individuelle Erwerbsverlauf kontinuierlich, wird die Person einen Teil der flexiblen Anwartschaft an diejenigen abgeben, die mehrere dieser Risiken tragen mussten.[5] Ziel ist es, allen Individuen die Möglichkeit zu eröffnen, eine im Alter ausreichende Alterssicherung zu erhalten.

Steht hingegen im Vordergrund, Einkommensrisiken gleichmäßig über den individuellen Lebensverlauf zu verteilen, dann gehört zur guten Praxis, die Rente auf der Basis möglichst langer Zeiträume des Erwerbslebens zu berechnen. Schweden und auch Finnland sind gute Beispiele, wie diskontinuierliche Erwerbsverläufe in die Finanzierung von Rente zu integrieren sind. Der in dieser Hinsicht interessanteste Punkt der schwedischen Rentenregelung von 1998 ist das „Lebenszeit-Einkommens-Prinzip" sowohl bei der umlagefinanzierten einkommensbezogenen Rente als auch bei der kapitalgedeckten Prämienrente. In Finnland erfolgt seit 2005 die Ansammlung der Rentenansprüche nicht mehr in der Zeitspanne von 23 bis 65 Jahre, sondern von 18 bis 68 Jahre. Die Höhe hängt nicht mehr von den letzten zehn Beitragsjahren, sondern von der gesamten Erwerbskarriere ab.

Schließlich sind auch die Niederlande ein gutes Beispiel für zukunftsfähige Politik, die dem Konzept der Übergangsarbeitsmärkte entspricht. Mit Wirkung seit 2006 nahm die Regierung eine Regelung über Lebensarbeitszeitkonten an. Diese Regelung geht über eine bestehende kollektivvertragliche Vorläuferregelung (2001 bis 2005) hinaus, die es Arbeitnehmern erlaubte, bis zu zwölf Prozent ihres Erwerbs steuerfrei zu sparen. Die Konten ließen sich dazu nutzen, unbezahlten Urlaub, Elternzeiten oder Weiterbildung zu finanzieren – bis zu einer Grenze von 2,1 Jahren Auszeit mit 70 Prozent des letzten Lohns. Unter der neuen Regelung wurde diese Grenze nach oben verschoben, so dass eine Auszeit bis zu drei Jahre angespart werden kann; das Lebensarbeitszeitkonto ist nun auch zur Einkommensergänzung bei vorzeitigem Ruhestand einsetzbar (Wotschack 2006).

In einer weiteren Hinsicht ist das niederländische Lebenslaufsparen attraktiv. Sein zweistufiger Ansatz entspricht dem oben ausgeführten Kriterium der organisatorischen Effizienz. Generelle Regelungen für das Ausscheiden Älterer werden auf kollektiver Ebene verhandelt und sind rechtlich verbindlich. Details hinsichtlich der Implementation werden dann auf sektoraler oder betrieblicher Ebene ausgehandelt – entsprechend den dort bestehenden Anforderungen und Besonderheiten.

---

5  Ein entsprechend kalkuliertes Modell hat Reinhold Thiede (2000) vorgestellt.

Allerdings soll an dieser Stelle auch Kritik an Konzeption und Praxis der niederländischen Arbeitszeitkonten nicht verschwiegen werden. Durch die einkommensabhängigen Steueranreize werden hohe Einkommen begünstigt. Zudem nutzen die Arbeitnehmer diese Konten nun voraussichtlich weniger, um komprimierte Erwerbsphasen zu entlasten und sich kontinuierlich weiterzubilden, sondern eher dazu, die gesparte Zeit schlicht für einen früheren Renteneintritt zu nutzen. Diese Anreizstruktur wirkt den Zielen aktiven Alterns entgegen. Abhilfe könnte die steuerliche Heraushebung fortdauernder Weiterbildung oder unbezahlter Erziehungs- und Pflegearbeit sein bis hin zur Idee, das Konzept der „negativen Einkommenssteuer" auch auf solche Flexibilitätskonten zu übertragen.

*(4) Investitionen in nachhaltige Beschäftigungsfähigkeit auch im Alter*

In der mittleren Altersphase haben sowohl Arbeitnehmer als auch Arbeitgeber ein prinzipielles Interesse an Weiterbildung, weil der Erwartungshorizont des Investitionsertrags vergleichsweise lang ist. Im fortschreitenden Alter schwindet dieses Interesse auf beiden Seiten. Aber warum zeichnet sich in den skandinavischen Ländern dann auch die späte Phase durch hohe Weiterbildungspartizipation aus? In Schweden und Dänemark ist dies zum einen mit den höheren Beschäftigungsquoten Älterer zu erklären, die den Erwartungshorizont verlängern, zum anderen durch die staatliche Übernahme eines Teils der außerbetrieblichen Weiterbildungskosten. Das Risiko der Investition wird fairer zwischen den beteiligten Akteuren verteilt, wobei die Faustregel gilt: Ein Drittel der Kosten tragen die Unternehmen, ein Drittel die Arbeitnehmer und ein Drittel der Staat.

Staatliche Förderpolitik von Aus- und Weiterbildung kann also nicht nur zur Beseitigung von Qualifizierungslücken beitragen, sondern auch der Erweiterung individueller wie betrieblicher Handlungsspielräume dienen. Allerdings ist sie keine Garantie für Erfolg, wie das deutsche Beispiel zeigt. In Deutschland werden Arbeitnehmern ab 50 Jahren die Weiterbildungskosten erstattet. Zugleich erhält der Arbeitgeber während der Weiterbildung eines von Arbeitslosigkeit bedrohten Arbeitnehmers einen Zuschuss zu den Lohnkosten. Die 2002 eingeführte Förderung der Weiterbildung wurde bisher jedoch kaum genutzt, weil viele Arbeitnehmer und Betriebe – vom geringen Bekanntheitsgrad des neuen Programms abgesehen – schon im mittleren Lebensalter über wenig Weiterbildungserfahrung verfügen.[6] Hinzu kommt die allgemeine Einstellung, wonach Ältere weniger leistungsfähig und somit schutzbedürftig sind. Manche Betriebsvereinbarungen legten sogar vor nicht allzu langer Zeit fest, dass ältere Arbeitnehmer sich weigern durften, an einer Weiterbildung teilzunehmen.

---

6 Das jüngste *Nationale Reformprogramm Deutschland* (Bundesregierung 2005) berichtet, dass drei Viertel aller Kleinbetriebe mit ein bis neun Beschäftigten (die insgesamt etwa fünf Mio. Arbeitsplätze vertreten) ihren Mitarbeitern keine Weiterbildung anbieten. Auch die Weiterbildungsangebote des JobAQTIV-Gesetzes werden nicht angenommen.

Dagegen trägt ein allgemeiner Qualifizierungsrahmen mit zertifizierbaren modularen Abschlüssen zur Effektivität und Effizienz der Weiterbildung bei. In den Niederlanden analysiert und zertifiziert ein staatlich unterstütztes Kompetenzzentrum in Kooperation mit einer eigens dafür geschaffenen Agentur das Know-how älterer Mitarbeiter. Einerseits werden Fähigkeiten anerkannt und es erfolgt eine positive Wertschätzung; andererseits machen Kompetenzbilanzen Lücken sichtbar und legen so den Grundstein für gezielte Weiterbildung.

Eine kürzerfristige Möglichkeit, die Beschäftigungsfähigkeit im Alter zu erhöhen, besteht in Dänemark. Dort werden Unternehmen unterstützt, die so genannte Seniorenvereinbarungen abschließen. Diese individuell maßgeschneiderten Vereinbarungen mit älteren Arbeitnehmern regeln meist in informeller Weise, wie der Arbeitstag der Älteren auszugestalten ist, wenn sie Lust und Kraft haben, noch ein paar Jahre beschäftigt zu bleiben. Beispiele sind etwa die Anpassung von Arbeitszeit und Arbeitsorganisation oder die Verlagerung eines Teils der körperlichen Aktivität auf neue Mitarbeiter. Das dänische Beispiel belegt eindrücklich, dass eine derartige Anpassung der Arbeitsbedingungen für Ältere ein wichtiger Grund sein kann, sich für zusätzliche Jahre auf dem Arbeitsmarkt zu entscheiden. Unternehmen können so an guten Mitarbeitern festhalten und Arbeitnehmer ihren Arbeitsalltag an die sich mit dem Alter wandelnden Bedürfnisse anpassen. Der Staat stellt lediglich den Rahmen und setzt Anreize, indem er über die Vorteile der Seniorenvereinbarungen informiert und bis zu fünf Stunden kostenlose Beratung anbietet.

### 4.2 Strategien zur Beseitigung der Altersdiskriminierung

Altersdiskriminierung ist ein großes Problem für ältere Arbeiter, besonders in den Wohlfahrtsstaaten „liberal"-angelsächsischer Prägung. Wir haben eingangs argumentiert, dass eine faire und gerechte Politik ein angemessenes Gleichgewicht zwischen individueller Wahl (Verantwortung) und externen Ereignissen (Glück oder Pech) darstellen muss. Wachsen in einer sich verändernden Umwelt gegenseitige Abhängigkeiten und unbeeinflussbare Effekte, so steigen gleichzeitig die Anforderungen an eine inklusive Politik als Gegenpol. Erfolgreiche Antidiskriminierungspolitik wird also dort wichtiger, wo Individuen zunehmend auf das Funktionieren des (Arbeits-) Marktes angewiesen sind. Gute Praktiken in der Antidiskriminierungspolitik finden sich auf verschiedenen Ebenen.

Die Europäische Gemeinschaft hat im Jahr 2000 mit der Richtlinie 2000/78/EG einen allgemeinen Rahmen für die Verwirklichung der Gleichbehandlung in Beschäftigung und Beruf angenommen, der alle Menschen in der EU vor Diskriminierung u.a. aus Gründen des Alters schützen soll. Obwohl alle Mitgliedstaaten zur Implementation der Richtlinie bis Ende 2003 verpflichtet waren, gibt es noch immer eine Reihe von Verzögerungen. Auch in Deutschland kam es zur Annahme des Umsetzungsgesetzes erst im Sommer 2006.

Diskriminierung erfolgt meist aufgrund der Zuschreibung spezifischer Charakteristika an ältere Arbeitnehmer – mangelnde Motivation, geringe Ausdauer und niedrige Produktivität. In den Niederlanden sollen gezielte Programme Arbeitgeber dazu bringen, diese Vorurteile zu überprüfen. Dazu schließen Arbeitgeber und Arbeitnehmervertreter eines Sektors ein Abkommen, das die gemeinsamen Herausforderungen, Ziele sowie zu ergreifende Maßnahmen und Ansätze festhält. Die Regierung fungiert als externer Überwacher und Unterstützer der Selbstbindung – beispielsweise durch Berücksichtigung in der öffentlichen Auftragsvergabe. So stärkt die Selbstbindung das Engagement der Sozialpartner, während die Kosten der Regierung auf die Erstellung eines Rahmens und allenfalls auf Anstoßfinanzierung begrenzt bleiben.

Schließlich finden sich auch auf betrieblicher Ebene zunehmend Beispiele für Antidiskriminierungspolitik. Für besonderes Aufsehen sorgte BMW bei der Personalrekrutierung für ein neues Werk in Leipzig. Etwa 25 Prozent der Beschäftigten sind hier über 40 Jahre alt. Das Potenzial derartiger Projekte liegt dabei weniger in der direkten Erhöhung der Zahl älterer Arbeitnehmer als in den Signalen, die an andere Betriebe ausgestrahlt werden. Verhaltensänderungen lassen sich kaum durch bundesweite Gesetze erzwingen. Dagegen können gute betriebliche wie kollektivvertragliche Praktiken und die öffentliche Werbung dafür ansteckend wirken. Wenn die Annahme stimmt, von der die Unternehmer solcher Pilotprojekte letztlich ausgehen, dass die Kompetenzen Älterer und Jüngerer sich ergänzen, dann trägt eine solche Politik auch zur Erhöhung der Wettbewerbsfähigkeit – und damit der Zukunftsfähigkeit – bei.

### 4.3 Strategien zur Begrenzung von Altersübergängen infolge gesundheitlicher Einschränkungen

Gute Praktiken zur Einschränkung des Altersübergangs in Arbeitsunfähigkeit gleichen in einigen Punkten den Beispielen, die wir bereits für eine Strategie zur Erhöhung und Verlängerung der Erwerbsbeteiligung angeführt haben. Je nach Regelungsbeschaffenheit funktionieren die Übergänge in Arbeitsunfähigkeit und Frühverrentung nach dem Prinzip der kommunizierenden Röhren. Ist beispielsweise das Frühverrentungssystem strikt reguliert und steigt die allgemeine Arbeitslosigkeit, nimmt nicht selten auch die Zahl der Personen zu, die in Arbeitsunfähigkeitsrente gehen. Zwei Ansätze zur Einschränkung abrupter und inflexibler Altersübergänge in Erwerbsunfähigkeit verdienen hervorgehoben zu werden:

(1) Die Möglichkeit, Arbeitsunfähigkeitsrente mit Erwerbseinkommen zu kombinieren, vergrößert die Zahl individueller Handlungsoptionen und setzt für Ältere Anreize, entsprechend ihrer Möglichkeiten ins Erwerbsleben zurückzukehren. Beispielsweise besteht in Schweden die Möglichkeit, bis zu drei Jahre den Status der Arbeitsunfähigkeit mit Erwerbstätigkeit zu kombinieren, ohne diesen zu verlieren. Dabei wird während der ersten drei Monate ungeachtet des Zuverdiensts die volle Renten-

höhe ausgezahlt. Auch in Deutschland bleibt der Anspruch auf volle oder teilweise Erwerbsminderungsrente dem Grund nach bestehen. Das mit der Rückkehr in die Erwerbstätigkeit verbundene Risiko, arbeitslos zu werden oder keinen vollen Lohn verdienen zu können, nachdem der Anspruch auf Arbeitsunfähigkeit aufgegeben wurde, wird damit minimiert.

(2) In Finnland und in den Niederlanden sind die vom Arbeitgeber zu entrichtenden Beiträge für Arbeitsunfähigkeitsversicherungen abhängig von den zu erwartenden Risiken eines Betriebs. Damit wird die Möglichkeit einer Externalisierung der Kosten verschlossen. Eine gesundheitsbedingte Entlassung wirkt sich beispielsweise in erhöhten Kosten für die verbleibenden Arbeitnehmer aus. Im Endeffekt – das zeigen Wirkungsanalysen – sind die Arbeitgeber nun stärker um Sicherheits- und Gesundheitsschutzpolitik bemüht.

Wie eingangs erwähnt, sind die Reformprozesse für die Zukunftsfähigkeit Deutschlands ebenso wichtig wie die bisher skizzierten Politikinhalte. Deshalb sollen noch einige Beobachtungen zu den Bedingungen erfolgreicher Reformen zusammengefasst werden. Zunächst ist festzuhalten, dass die Reformen dort besonders innovativ und weit reichend waren, wo sie durch tripartistische Verhandlungen und unter Einbeziehung anerkannter Experten vorbereitet wurden. Für die Zukunftsfähigkeit Deutschland ist das ermutigend. Starke Sozialpartner müssen – so zeigen die viel gelobten dänischen, finnischen, schwedischen oder niederländischen Beispiele, kein Reformhindernis sein. Alle erwähnten Beispiele zeigen aber auch, dass die Regierungen die Möglichkeit haben müssen, einen trotz intensiver Verhandlungen gegebenenfalls verbleibenden Dissens durch eigenständige mutige Entscheidungen übergehen zu können. Das zeigt nicht zuletzt das belgische Beispiel, auf das wir abschließend kurz eingehen.

Ähnlich wie in Deutschland gibt es in Belgien starke Sozialpartnerorganisationen, die traditionell in vielen Bereichen autonom verhandeln können und darüber hinaus an sozialpolitischen Legislativprojekten beteiligt sind. Ebenfalls ähnlich wie in Deutschland haben gegensätzliche Positionen der Sozialpartner in den letzten Jahren zu einem weitgehenden Reformstau im Bereich Rente geführt. Trotzdem wurde 2006 mit dem Gesetz *Solidarité Entre les Générations* und dem gleichnamigen Kollektivvertrag ein wichtiger Reformschritt getan.

Gute Praxis ist das Gesetz, weil seine Inhalte optionserweiternd sind. Beispiele sind Anreize zur Verlängerung der Erwerbsbeteiligung durch einen Rentenbonus für Beschäftigungsjahre über 62 und zur Erhöhung der Erwerbsbeteiligung durch erweiterte Möglichkeiten, Arbeitseinkommen mit Transfereinkommen zu ergänzen. Die Reforminitiative lag bei der Regierung, die 2004 mit Konsultationen und einer großen tripartistischen Konferenz die Debatte anstieß. Auch wenn Gewerkschaften, aber auch die Arbeitgeber, die Rolle der Regierung kritisierten, die – entgegen der belgischen Tradition – Druck auf die Sozialpartner ausgeübt hatte, so wären der notwendige Reformprozess und die Veränderungen ohne Regierungsinitiative nicht zustande gekommen. Heute sind die Sozialpartner für die Ausgestaltung des Rahmengesetzes – z.B. über die Definition körperlich anspruchsvoller Tätigkeiten – verantwortlich.

## 5. Zusammenfassung und Empfehlungen für Zukunftsreformen in Deutschland

Ist Deutschland gewappnet, um Arbeit und Beschäftigung für Ältere zukunftsfähig zu gestalten? Wir haben versucht, diese Frage aus dem Blickwinkel der Erweiterung von individuellen Handlungsspielräumen zu beantworten. Unsere Eingangsthese war, dass die Möglichkeit der Erwerbsbeteiligung auch in der späteren Phase des Lebenslaufs eine zentrale Größe für Lebensqualität ist, und dies unter der Voraussetzung weitgehender Selbstbestimmung, guter Arbeitsbedingungen, variabler Arbeitszeiten und Kombinationsmöglichkeiten bezahlter und unbezahlter Arbeit. Die Sanierung der Rentenkassen oder die Verbesserung der Wettbewerbsfähigkeit sind allenfalls notwendige, aber keine hinreichenden Bedingungen für die Zukunftsfähigkeit. Wir haben einige Bedingungen aus dem Blickwinkel europäischer Nachbarländer geprüft und festgestellt, dass Deutschland einen großen Nachholbedarf hat, um an Zukunftsfähigkeit zu gewinnen.

Die erste wichtige Erkenntnis ist, dass diese Bedingungen nicht vorrangig in den Merkmalen der Älteren zu suchen sind (etwa an deren möglicherweise abnehmender Leistungsfähigkeit), sondern in den allgemeinen Rahmenbedingungen – allen voran in der bei uns nachhinkenden Wachstumsdynamik der Dienstleistungsbeschäftigung. Eine Politik, die an diesem Punkt ansetzt – sei es bei den privaten oder öffentlichen, dem internationalen Wettbewerb ausgesetzten oder den geschützten Dienstleistungen –, trägt zur Lösung mehrerer miteinander verwobener Probleme bei: Sie kommt zum einen der zunehmend begrenzten Mobilität im Alter entgegen, zum anderen schafft sie die ökonomische und soziale Infrastruktur, die es den jungen Erwachsenen erlaubt, Familie mit Kindern und Beruf zu vereinbaren und damit auch der Schrumpfung der Gesellschaft entgegenzuwirken. Darüber hinaus ermöglicht sie den älteren Frauen, bei denen das Beschäftigungsdefizit aus der Sicht der Lissabon-Strategie noch weit dramatischer ist als bei den Männern, sich umfassender und länger am Erwerbsleben zu beteiligen als bisher.

Die zweite wichtige Erkenntnis ist, dass Arbeitsmarktpolitik für aktives Altern nicht erst bei den Älteren, sondern viel früher ansetzen muss. Das gilt mindestens in zweifacher Hinsicht.

– In erster Linie gilt es, die Nachhaltigkeit der Einkommenskapazität, also der Qualifikationen und der Kompetenzen zur Einkommenserzielung im gesamten Erwerbsverlauf, zu sichern. Wie der europäische Blickwinkel eindrücklich zeigt, sind auch Ältere für Weiterbildung zu motivieren.

Aber das Niveau kontinuierlicher Weiterbildung hängt zum einen wesentlich stärker mit dem Ausgangsniveau der Bildung als mit dem Alter zusammen. Zum anderen gilt es beim so genannten „lebenslangen Lernen" das richtige Timing zu beachten und Weiterbildungsaktivitäten vor allem in der mittleren Phase anzusetzen, in denen der Erwartungshorizont des Investitionsertrags sowohl für die Unternehmer als für die Arbeitnehmer ausreichend lange ist.

- In zweiter Linie gilt das für das soziale Risikomanagement diskontinuierlicher Erwerbsverläufe. Zum einen bedeuten längerfristige Unterbrechungen der Erwerbstätigkeit (meist bei jungen Frauen) nachhaltige Lohnstrafen bei späterer Erwerbstätigkeit, höhere Wahrscheinlichkeit nachhaltig prekärer Erwerbsverläufe bei Wiedereinstieg in das Erwerbsleben oder gar „Inaktivität" im fortgeschrittenen Erwachsenenalter. Arbeitsmarktpolitik für aktives Altern bedeutet somit auch eine Politik, die Bindung an den Arbeitsmarkt in kritischen Phasen des Erwerbsverlaufs zu stärken. Zum anderen impliziert derzeit noch jede Abweichung vom Normalarbeitsverhältnis (unbefristete und abhängige Vollzeitbeschäftigung) ein unzureichend abgesichertes Risiko für kontinuierliche Einkommensströme, berufliche Karrieren und soziale Sicherung im Alter. Dies hat enorme Abschreckungseffekte für etablierte Arbeitnehmer, solche Risiken einzugehen. Damit sich riskante Übergänge zwischen standardisierten und nicht standardisierten Beschäftigungsverhältnissen (z.B. der Übergang von abhängiger in selbstständige Beschäftigung oder die Kombination von Teilzeit und beruflicher Bildung) lohnen, müssen sie durch aktive Arbeitsmarktpolitik und durch die Arbeitslosenversicherung ergänzende private oder kollektivvertragliche Versicherungen abgefedert werden – etwa Instrumente der Lohnversicherung, der Lebenslaufkonten, der Kombination von Löhnen und Transfereinkommen.

Die dritte wichtige Erkenntnis ist, dass es nicht ausreicht, einzelne Parameter zu beeinflussen (wie die Senkung der Arbeitskosten für Ältere etwa durch Lohnkostensubventionen) oder die regulativen Schalthebel (wie die Lockerung des Kündigungsschutzes oder die Anhebung des gesetzlichen Rentenalters) in die vermeintlich richtige Richtung umzulegen. Der Blick auf europäische Nachbarländer zeigt eindeutig, dass diejenigen Länder bisher am erfolgreichsten waren, die einen umfassenden und verschiedene Politikbereiche koordinierenden Ansatz verfolgen. Umfassend sind diese Ansätze, weil sie verschiedene Ebenen – insbesondere die Verknüpfung von Angebots- und Nachfragepolitik – einbinden und weil ihre Lösungsstrategien nicht allein die Gruppe der jetzt Älteren in den Blick nehmen, sondern auf die Erhöhung der Beschäftigungsfähigkeit während des gesamten Lebenslaufs oder auf mehr Geschlechtergerechtigkeit zielen. Insbesondere wird mit zwei Mythen aufgeräumt: erstens dem Mythos, die Älteren nähmen den Jugendlichen die Arbeitsplätze weg; zweitens dem Mythos, die Leistungsfähigkeit Älterer nehme rapide ab. Eine zukunftsfähige Reformpolitik muss strategisch vielmehr davon ausgehen, dass die Leistungsfähigkeit von jungen und älteren Erwachsenen komplementär ist: Dort, wo die Beschäftigung Älterer zugenommen hat, hat auch die Beschäftigung Jugendlicher zugenommen; und was die einen an formellem Wissen einbringen, komplettieren die anderen durch Erfahrungswissen.

Kurz: Ein mit den relevanten Akteuren verhandelter und abgestimmter (über eine Legislaturperiode hinausreichender) *„Beschäftigungspakt für einen nachhaltigen Lebenslauf"* nebst entsprechender Rollenverteilung der verschiedenen staatlichen und zivilgesellschaftlichen Ebenen, entsprechenden Informationskampagnen und laufender Erfolgskontrolle erscheint an der Zeit. Ein solcher Beschäftigungspakt wäre nicht zuletzt auch ein geeignetes Scharnier zur Lissabon-Strategie, in der aktives Altern einen herausgehobenen Stellenwert einnimmt.

Literatur

Dworkin, Ronald (2000): *Sovereign Virtue. The Theory and Practice of Equality.* Cambridge, MA/London: Harvard University Press.
Esping-Andersen, Gøsta (1990): *The Three Worlds of Welfare Capitalism.* Cambridge: Cambridge University Press.
Ferrera, Maurizio (Ed.) (2005): *The Boundaries of Welfare. European Integration and the New Spatial Politics of Solidarity.* Oxford: Oxford University Press.
Myles, John (2002): „A New Social Contract for the Elderly?" In: Gøsta Esping-Andersen (mit Duncan Gallie, Anton Hemerijck und John Myles): *Why we Need a New Welfare State.* Oxford: Oxford University Press, S. 130-172.
OECD (Organisation for Economic Co-operation and Development) (2005a): *Ageing and Employment Policies: Germany.* Paris: OECD Publications.
OECD (Organisation for Economic Co-operation and Development) (2005b): *Education at a Glance.* Paris: OECD Publications.
OECD (Organisation for Economic Co-operation and Development) (2006): *Live Longer, Work Longer.* Paris: OECD Publications.
Rawls, John (1990): *A Theory of Justice.* Oxford: Oxford University Press.
Schmid, Günther (2002): *Wege in eine neue Vollbeschäftigung. Übergangsarbeitsmärkte und aktivierende Arbeitsmarktpolitik.* Frankfurt a.M./New York: Campus.
Schmid, Günther (2006), „Social Risk Management through Transitional Labour Markets". In: *Socio-Economic Review*, Vol. 4, No. 1, S. 1-33.
Sen, Amartya (2001): *Development as Freedom.* New York: Alfred A. Knopf.
Thiede, Reinhold (2000): „Alterssicherung – Modell zur Modernisierung des Rentensystems". In: *Soziale Sicherheit*, Jg. 49, H. 2, S. 48-52.
Wotschack, Philip (2006): „Lebenslaufpolitik in den Niederlanden. Gesetzliche Optionen zum Ansparen längerer Freistellungen". WZB-Discussion paper SP I 2006-115. Berlin: Wissenschaftszentrum Berlin für Sozialforschung.

# Perspektiven einer solidarischen Krankenversicherung

Hagen Kühn und Sebastian Klinke

Eine soziale Krankenversicherung muss vor allem zwei wichtige Funktionen erfüllen: Erstens soll sie allen Bürgern den ungehinderten Zugang zum medizinischen Versorgungssystem ermöglichen und krankheitsbedingten Lohnausfall – nach Auslaufen der Lohnfortzahlung durch den Arbeitgeber – kompensieren. Zweitens soll sie dieses Versorgungssystem und damit einen großen Wirtschaftszweig mit etwa vier Millionen Arbeitskräften steuern. Es war bislang weitgehender – wenn auch schwächer werdender – politischer Konsens, dass dieser Wirtschaftszweig nicht den Mechanismen des Marktes überlassen bleiben, sondern nach demokratisch vereinbarten Regeln, wie sie im Sozialgesetzbuch V festgelegt sind, reguliert werden soll.

Die Frage nach einer Zukunftsperspektive wird in diesem Kontext in einem doppelten Sinn verstanden: Einerseits geht es darum, wie die gesetzliche Krankenversicherung (GKV) und das größtenteils von ihr finanzierte Gesundheitswesen beschaffen sein müssen, um unter künftigen Bedingungen – soweit wir sie uns vorstellen können – funktionieren zu können. Andererseits sind GKV und Versorgungssystem Mittel zum gesundheits- und sozialpolitischen Zweck. Und es gibt Gründe zu fragen, ob die Instrumente, die diese Mittel zukunftsfähiger machen sollen, nicht den Zweck in hohem Maße beschädigen oder gar hinfällig werden lassen.

Seit Ende der 1970er Jahre wird alle vier bis fünf Jahre eine „Gesundheitsreform" beschlossen, was Expertenbetrieb und Medien rituell der Unvollkommenheit der jeweils vorherigen Reform und damit „der Politik" zur Last legen. Kaum jemand bedenkt, dass eine solch komplexe, hoch technisierte und verwissenschaftlichte, von instabilen Macht- und Interessenbalancen gekennzeichnete, von der Bevölkerung mit starken Emotionen und moralischen Erwartungen betrachtete Branche nicht mittels in Marmor gemeißelter „Jahrhundertreformen", sondern nur durch laufende Korrekturen, Ergänzungen, Richtungsänderungen und strukturelle Innovationen gesteuert werden kann. Das Ganze wird nicht einfacher durch den Umstand, dass die Finanzierung der GKV ein zentraler Bestandteil der makroökonomischen Verteilungskonflikte zwischen abhängiger Arbeit auf der einen und Kapitalwirtschaft sowie öffentlichen Arbeitgebern auf der anderen Seite ist. Zudem sind Sozialversicherungen und Staatsbudget finanziell wie ein System kommunizierender Röhren miteinander verbunden, sodass die Konflikte und

Widersprüchlichkeiten in der staatlichen Wirtschafts- und Finanzpolitik ebenfalls in zunehmend stärkerem Maße den jeweiligen Gesundheitsreformen ihren Stempel aufgedrückt haben. Dennoch treten immer wieder – derzeit vor allem von marktfundamentalistischer Seite – Experten mit angeblich einfachen Patentlösungen hervor, und sie finden dort Widerhall, wo entweder Unkenntnis oder Interesse oder gar beides vorherrschen.

Die folgenden Überlegungen zur Zukunft der GKV rücken einige spezifische Grundsachverhalte und Probleme ins Zentrum, die wahrscheinlich noch lange und über zahlreiche künftige „Gesundheitsreformen" hinweg der Gesundheitspolitik Aufgaben stellen werden, an denen sie – gemessen an den gesundheits- und sozialpolitischen Zielen – versagen oder sich bewähren kann. Einzelheiten der aktuellen Diskussion, z.B. der Streit um Kopfpauschale oder Bürgerversicherung oder die so genannten Fonds, lassen sich erst vor diesem allgemeinen Hintergrund daraufhin bewerten, in welche der vielen möglichen Zukünfte sie im Realisierungsfall Krankenversicherung und Gesundheitswesen bewegen werden.

Dabei werden wir Argumente für folgende These vorbringen: Eine universelle und solidarisch finanzierte Krankenversicherung in Deutschland hat, von den Möglichkeiten her gesehen, eine positive Perspektive. Diese wird jedoch zunehmend verbaut, je länger die Gesundheitspolitik im Kern nicht darüber hinauskommt, lediglich Anwendungsfall einer „angebotsorientierten" Wirtschafts- und Finanzpolitik zu sein, statt die relevanten Probleme ihres Feldes auf feldspezifische Weise zu lösen. Die so reduzierte Politik sieht im Gesundheitssystem primär eine Belastung der Lohnkosten, in dem Glauben, Senkungen des Arbeitgeberbeitrags seien die zentrale Voraussetzung für Wachstum und Beschäftigung.

## 1. Gesundheitspolitischer Reduktionismus

Der Sachverständigenrat der Konzertierten Aktion im Gesundheitswesen (1994) hat vor einem Jahrzehnt auf das Ziel „Ergebnisorientierung im Gesundheitswesen" aufmerksam gemacht. Aus der Perspektive gutgläubiger Laien mag das eher banal und redundant klingen, denn an was sollte sich Gesundheitspolitik orientieren, wenn nicht am gesundheitlichen Ergebnis. Aber die Vorstellung, Ziele von Gesundheitspolitik seien die Verbesserung der Gesundheit, die Verhinderung von Krankheit sowie die Versorgung und Betreuung von Kranken, mutet fast weltfremd an gegenüber einer in mehrfacher Weise reduktionistischen Gesundheitspolitik:

– Ihr Gegenstand sind nicht die relevanten Krankheiten und Krankheitsbedingungen sowie die gesundheitsförderlichen und präventiven Potenziale der Gesellschaft, sondern fast ausschließlich die Medizin und die von ihr erreichbaren Gesundheitsprobleme.
– Bezogen auf die medizinische Versorgung wiederum sind die Reformdebatten (mit einigen Ausnahmen bei den beiden letzten Reformen) weit-

gehend auf das „Kostenproblem" reduziert. Fragen der Wirksamkeit, der Angemessenheit gegenüber den als vordringlich anzusehenden Gesundheitsproblemen, der Humanität oder der sozialen Verteilung werden kaum gestellt.
- Auch das „Kostenproblem" wird mehrfach reduziert: Es werden nicht die immateriellen (Schmerz, Ängste, Unsicherheit etc.), sondern lediglich monetäre Kosten berücksichtigt.
- Von den monetären Kosten wiederum interessiert nur jener Teil, der in Form von Ausgaben der gesetzlichen Krankenversicherung anfällt und sich (ceteris paribus) beitragssatzsteigernd auswirkt. Wie sonst könnte man Erhöhungen der Selbstbeteiligung oder Leistungsausgrenzungen als „Kostendämpfung" bezeichnen, wo es sich – ökonomisch gesehen – lediglich um Kostenverlagerungen zulasten der erkrankten Versicherten handelt?
- Die Reduktion wird noch weiter getrieben, denn es geht nur noch um jenen Teil des Beitrags, der (formal, d.h. ohne Betrachtung der Überwälzungsmöglichkeiten) die Arbeitgeber belastet. Dies wird mit der verteilungs- und ordnungspolitischen Legitimationsformel der „Standortsicherung" begründet, die die Befürchtung nahelegen soll, auch nur die geringste Erhöhung des Arbeitgeberbeitrags müsse sich negativ auf die in Deutschland erzielbaren Kapitalrenditen und somit auf die Beschäftigung auswirken.

Auch die Kernbereiche der jüngst verabschiedeten Gesundheitsreform sind frei von Spuren einer gesundheitspolitischen Ergebnisorientierung. Hier handelt es sich ebenfalls wieder – zugespitzt formuliert – um die Anwendung einer angebotsorientierten staatlichen Wirtschafts- und Finanzkonzeption auf die GKV-finanzierten Bereiche des Gesundheitswesens unter besonderer Berücksichtigung der dort bestehenden politischen Kräfteverhältnisse und Klientelbeziehungen.

## 2. Das soziale Dilemma der GKV

Den meisten Beiträgen zur Diskussion um die Reduzierung, aber auch um die Finanzierung der Krankheitslast liegt implizit eine Illusion zugrunde. Es wird nämlich ignoriert, dass trotz immer noch guter Zugangsbedingungen zur medizinischen Versorgung Sterblichkeit, akute Krankheit, chronisch eingeschränkte Gesundheit, Krankheitsrisiken und Bewältigungschancen sozial ungleich verteilt sind. House et al. (1990) konnten schon in den 1980er Jahren empirisch zeigen, dass dem Ziel, Krankheiten und krankheitsbedingte Einschränkungen möglichst weit in die letzten Lebensjahre zu verschieben, keine biologischen Gründe entgegenstehen. Die große Masse der vermeidbaren chronischen Krankheiten und Einschränkungen in den Altersgruppen unter 75 Jahren ist absolut wie relativ gesehen auf die unteren sozioökonomischen Schichten konzentriert. In den oberen Schichten kann man bereits jetzt ein niedriges Niveau an Krankheiten und funktionalen Behinderungen bis weit in die späten Lebensphasen hinein antreffen. Die These, derzufolge die zusätzlich gewonnenen Jahre in hohem Maße gesundheitlich beeinträchtigt seien, beschreibt die Realität für Angehörige der Unterschicht und unteren Mittelschichten. Ein bemerkenswerter Anteil der Morbiditätslast, die bislang der Alterung zugeschrieben wurde, geht auf das Konto sozialer Ungleichheit (Mielk 2000; Marmot 2004; Marmot/Wilkinson 1999; Schoeni et al. 2001; Robert-Koch-Institut 2005). Die Ungleichheit von Gesundheitschancen vergrößert sich mit der sozialen Polarisierung der Verteilung des materiellen Reichtums und der sozialen Sicherheit (Wilkinson 1996; Kühn 1993, S. 72-99).

Nicht nur Krankheit und chronische Einschränkungen, sondern auch subjektive Risikofaktoren, die dem Lebensstil zugeschrieben werden, verteilen sich unterschiedlich auf die sozialen Schichten. Heute belegen zahlreiche Gesundheitssurveys, dass auch gesundheitsriskante Verhaltensweisen wie Rauchen, Alkoholkonsum, Bewegungsarmut, Fehlernährung, Übergewicht und Schlafdefizit sich ebenso wie der Gesundheitsstatus ungleich nach sozialer Klasse, Bildungsgrad, Einkommen, günstigen Wohn- und Umweltbedingungen, sozialer Unterstützung und Integration verteilen. Die ideologische Individualisierung des Krankheitsgeschehens, die in der Gesundheitspolitik dominiert, ist empirisch seit langem unhaltbar.

Bereits 1987 zeigten Marmot et al., wie sehr der Beitrag verhaltensbedingter Risikofaktoren (gemessen in Cholesterin, Übergewicht, Raucherquote, Blutdruck und körperlicher Bewegung) zur Morbidität überschätzt wird. Sie fanden anhand von Längsschnittdaten der englischen „Whitehall Study" heraus, dass Staatsbedienstete der untersten Rangstufe viermal häufiger an koronaren Herzerkrankungen litten als Beamte an der Hierarchiespitze. Zwar wies die untere Schicht in höherem Maße verhaltensabhängige Risikofaktoren auf, aber nachdem man diese Faktoren statistisch neutralisiert hatte, war die Morbiditätsrate der unteren Schicht noch immer dreimal höher als die der oberen Schicht.

Mit einer Eindeutigkeit, die in den Sozialwissenschaften selten vorkommt, lässt sich als Schlussfolgerung der internationalen sozialepidemiologischen Forschung ein „soziales Dilemma der Gesundheitspolitik" erkennen. Dieses besagt, dass dieselben Gruppen und Schichten der Bevölkerung, die das größte Risiko tragen, zu erkranken, behindert zu sein oder vorzeitig zu sterben, zugleich über die geringsten Möglichkeiten der Kontrolle ihrer Lebensumstände und der Selbsthilfe im wirtschaftlichen, sozialen und kulturellen Sinne verfügen. Denn sie haben die niedrigsten Einkommen, den geringsten Bildungsstand, die wenigsten Gestaltungsmöglichkeiten, die schwächste soziale Unterstützung durch kleine soziale Netze *(social support)* und den geringsten politischen Einfluss, sei es individuell oder als Gruppe.

Die gesellschaftliche Antwort auf dieses gesundheitspolitische Dilemma sind solidarische Formen der Finanzierung von medizinischen und pflegerischen Versorgungsleistungen. Das Solidarprinzip besteht im Kern aus wenigen Elementen: Der individuelle Leistungsanspruch ist universell und am medizinisch definierten Bedarf ausgerichtet, während der Beitragssatz an der individuellen Leistungsfähigkeit (Bruttolohn) orientiert ist. Dieses Prinzip wird vor allem durch drei Regelungen durchbrochen:

- Die Versicherungspflichtgrenze eröffnet den kommerziellen Versicherungen den Markt für Angehörige der oberen Einkommensbereiche (mit durchschnittlich niedrigerem Krankheitsrisiko).
- Die Beitragsbemessungsgrenze führt zum regressiven Verlauf der Beitragssätze, das heißt, von der Bemessungsgrenze an sinkt der Beitragssatz umso mehr, je höher der Bruttolohn wird.
- Die finanzielle Selbstbeteiligung für erbrachte medizinische Leistungen: Die angestrebte Steuerungswirkung (Senkung der Inanspruchnahme) entfaltet sich ab einer bestimmten Höhe nur bei Patienten aus den unteren Einkommensschichten – und dies umso mehr, je höher deren Krankheitsrisiko ist. Zudem wird über den größten Teil der medizinischen Leistungen von Ärzten und nicht von den Patienten entschieden.

Trotz dieser Einschränkungen und innerhalb des damit gesetzten Rahmens kommt es zu sozialpolitisch erwünschten Lastenausgleichen zwischen Kranken und Gesunden, Familien, Ledigen, Jungen und Alten sowie unteren und oberen Einkommensbeziehern. Der Risikostrukturausgleich zwischen den Kassenarten kompensiert die unterschiedliche Alters- und Geschlechterzusammensetzung. Die dennoch bestehenden Beitragssatzunterschiede sind weitgehend das Resultat der sozialstrukturell verschiedenen Krankheitsrisiken.

Ohne hier auf die öffentlich debattierten Konzepte zur Umgestaltung der GKV näher einzugehen, gestatten diese Zusammenhänge doch einige prognostische Aussagen. Die Konzepte liegen auf einem gedachten Kontinuum, an dessen linkem Ende die ideale Bürgerversicherung und an dessen rechtem Ende die ideale Privatversicherung steht: Die ideale Bürgerversicherung versichert die gesamte Bevölkerung nach individueller Leistungsfähigkeit (fester Prozentsatz auf das gesamte Einkommen) bei bedarfsorientiertem Leistungsanspruch; sie würde damit die vielfach beklagten Krankheitslasten auf die Schultern aller Bürger verteilen. Der positive Beitrag der bisher am Lastenausgleich unbeteiligten Privatversicherten bestünde auf der Einnahmeseite aus absolut hohen Beitragszahlungen und auf der Ausgabenseite aus dem unterdurchschnittlichen Krankheitsrisiko.

Die ideale Privatversicherung erhebt Prämien, deren Höhe mit dem Krankheitsrisiko und dem vertraglich fixierten Leistungspaket steigt. Das soziale Dilemma äußert sich darin, dass die Prämie relativ (und zum Teil auch absolut) umso höher wird, je niedriger das Einkommen ist. Die Prämie von Angehörigen unterer Schichten wäre im Durchschnitt nicht nur relativ zu ihrem Einkommen, sondern auch absolut höher als die von Beziehern hoher Einkommen. Ein beträchtlicher Teil der Bevölkerung wäre daher von der Krankenversicherung ausgeschlossen.[1]

---

1 Das Beispiel der USA, wo es eine staatliche Finanzierung für Sozialhilfeempfänger (Medicaid) und über 64-jährige Bürger (Medicare) gibt, zeigt, dass davon nicht nur

Eine fixe Einheitsprämie läge auf diesem Kontinuum ein beträchtliches Stück weiter rechts von der bisherigen GKV. Der reale Beitragssatz wäre durchgehend regressiv, also: je höher das Einkommen, desto niedriger der Beitragssatz. Wenn zudem die Summe aller Prämien gesetzlich festgelegt wäre, während die Ausgaben pro Kopf steigen (siehe weiter unten), müsste das letztlich zu Leistungseinschränkungen bzw. -verschlechterungen führen (z.B. weniger Pflegekräfte pro Krankenhauspatient).

An dieser Stelle wird eine ergänzende Steuerfinanzierung ins Spiel gebracht. Zwar ist Steuerfinanzierung als solche weder gut noch schlecht, der politische Kontext, in dem sie im Sommer 2006 diskutiert wurde, macht allerdings das Vorhaben nicht glaubwürdiger: Zum einen wurde ein schon existierender Steuerzuschuss von 4,5 Mrd. Euro gestrichen, mit dem die Einnahmeausfälle durch die geplante Unternehmenssteuerreform teilweise finanziert werden sollten. Und zum anderen kündigte die Koalitionsregierung an, die bereits seit den 1990er Jahren erfolglose Politik der Haushaltskonsolidierung verstärkt fortzusetzen.

Diese Konsolidierung wird jedoch wie bisher an der Logik des Wirtschaftskreislaufs scheitern (Kühn 2003). Werden staatliche Ausgaben und Investitionen eingeschränkt, dann gehen privater Verbrauch und Investitionen zurück. Mit dem geringeren Wachstum sinken wiederum die Steuereinnahmen: Die Defizite wachsen, obwohl sie doch eigentlich reduziert werden sollten. Aus der Erfahrung wird man nicht klug, sondern setzt vielmehr die Konsolidierung fort. Verteilungsverschiebungen zugunsten hoher Einkommen, mit denen ebenfalls Investitionen und Beschäftigung erhöht werden sollen, steigern die Sparquote und dämpfen die Nachfrage zusätzlich. Dieses Politikmuster mag für kurze Perioden durch den Konjunkturzyklus oder Weltmarktbewegungen einmal kleinere Erfolge haben, eröffnet jedoch mittelfristig keine realistischen Perspektiven für einen wirklich relevanten steuerfinanzierten Anteil an der Krankenversicherung. Ein Einheitsprämienmodell würde zudem – angesichts des skizzierten sozialen Dilemmas – weit höhere Summen erfordern als die im Sommer 2006 in die Debatte geworfenen 20 Mrd. Euro. Anderenfalls käme aber kein sozialer Ausgleich zustande, und ganze Bevölkerungsgruppen würden nach und nach aus der Universalversicherung ausgegrenzt. Von einer solidarischen Zukunftsperspektive könnte entsprechend keine Rede mehr sein.

## 3. Probleme der Finanzierbarkeit

In den öffentlichen Diskursen wird die künftige Finanzierbarkeit der gesetzlichen Krankenversicherung in Frage gestellt, sobald von steigenden Beitragssätzen die Rede ist. Von der „endgültigen" Grenze des finanzierbaren

---

Arme und Alte, sondern auch Angehörige der Mittelschichten mit relativ niedrigem Einkommen oder hohem individuellen Krankheitsrisiko betroffen wären (in den USA sind derzeit ca. 45 Mio. Bürger ohne Krankenversicherung).

Sozialstaats spricht die wirtschaftsliberale Literatur bereits in den 1950er Jahren. Der Inhalt dieses Begriffs ist vor allem subjektiver und normativer Natur, auch wenn er einige objektive Komponenten enthält.

## 3.1 Beitragssätze steigen, weil Einnahmen zurückgehen

Es ist in Deutschland Praxis geworden, die internationalen Zahlen der Organisation für wirtschaftliche Zusammenarbeit (OECD) zu den Gesundheitsausgaben heranzuziehen, in denen der Ausgabenanteil für Gesundheit am Bruttoinlandsprodukt (BIP) sehr viel höher ist und eine – teilweise allerdings methodisch bedingte – Steigerung aufweist, um – unzulässigerweise – daraus Schlussfolgerungen für die GKV zu ziehen. Die GKV finanziert 46,5 Prozent aller privaten und öffentlichen Gesundheitsausgaben, und wenn von der Reform der GKV die Rede ist, sollte man sich auch darauf beschränken. Deutschland verwendete 1998 einen Anteil von 6,6 Prozent seines BIP für die GKV, dieser stieg 2002 auf 6,8 Prozent und fiel auf 6,4 Prozent im Jahre 2005. Wo ist da die Kostenexplosion? Man kann einerseits argumentieren, mit gestiegenen Zuzahlungen seien Kosten auf die erkrankten Versicherten umverteilt worden, die dann bei den GKV-Ausgaben nicht mehr auftauchen. Andererseits wurden Kosten aus anderen Sozialversicherungszweigen und dem Staatshaushalt in die GKV verschoben. Der Trend wird davon nicht berührt, da beides sich ausgleicht.

Die Metapher „Kostenexplosion" konnte so populär werden, weil sie ein Korrelat in der Erfahrung der Bürger hat: der Anstieg der Beitragssätze von 12,8 Prozent 1991 auf 14,2 Prozent im Jahre 2005. Warum können die Beitragssätze der GKV steigen, wenn ihr Ausgabenanteil am BIP konstant ist? Die Bemessungsgröße der Beiträge ist nicht das BIP, sondern die Summe der sozialversicherungspflichtigen Löhne und Sozialeinkommen. Sinkt der Lohnanteil am BIP, dann müssen die Beitragssätze auch bei konstantem Ausgabenanteil steigen. Und genau das ist seit Anfang der 1980er Jahre der Fall. Mit anderen Worten: Wäre die Einkommensverteilung seit 1991 konstant geblieben, dann läge auch der gegenwärtige Beitragssatz kaum höher als 1991. Die Ursachen der Beitragssatzsteigerung müssen also auf der Einnahmeseite gesucht werden (Kühn 1995; Braun et al. 1999).

Subjektiv und moralisch bedeutet Finanzierbarkeit der GKV die Bereitschaft der Mitglieder, gebend am Solidarausgleich teilzunehmen. Steigende Beitragssätze belasten das verfügbare Einkommen der GKV-Mitglieder und wirken sich sicherlich negativ auf diese Bereitschaft aus. Solidarität und Entsolidarisierung sind zudem auch politisch-ökonomische Begriffe. Was wir für angemessen, gerecht oder fair halten, ist in hohem Maße das Produkt alltäglicher sozialer Lernprozesse und Interessenkonflikte sowie politischer Beeinflussungen, die seit den 1980er Jahren überwiegend auf Entsolidarisierung gerichtet sind. Dennoch belegen Umfragen eine weiterhin hohe Bereitschaft der Bevölkerung, Beitragserhöhungen in Kauf zu nehmen, wenn sich die Versorgungsqualität damit verbessern würde.

Es kann hier keine wirtschaftstheoretische Debatte geführt werden. Aber um die innere Logik der dominierenden Finanzierungsargumentation zu verstehen, ist es notwendig, ihre implizite wirtschaftspolitische Assoziationskette zu prüfen. Diese lautet: Steigende Beitragssätze der GKV sind Lohnnebenkosten, und diese führen zu geringeren Investitionen und sinkender Wettbewerbsfähigkeit der deutschen Wirtschaft, zu Wachstumsrückgängen und Kapitalflucht und somit zum Verlust von Arbeitsplätzen. Eine entsprechende umgekehrte Assoziationskette verbindet sinkende Lohnnebenkosten mit mehr Beschäftigung: Steigende Gewinne führen zu höheren Investitionen und mehr Beschäftigung, sodass Kürzungen bei der GKV durch mehr Arbeitsplätze legitimiert würden. Empirisch bedeuten höhere Gewinne jedoch nicht automatisch mehr Investitionen. Und wenn investiert wird, sind nicht unbedingt mehr Arbeitsplätze die Folge.

Die Bedeutung des Arbeitgeberbeitrags für die Lohnkostenentwicklung wird seit Jahren hochgespielt. Tatsächlich ist sie so gering, dass von ihr keine gesamtwirtschaftlichen Effekte in die eine oder andere Richtung erwartet werden können:

– Im verarbeitenden Gewerbe betrug 1998 der Personalkostenanteil am Bruttoproduktionswert 22,8 Prozent. Die gesetzlichen Sozialkosten machten 3,5 Prozent aus, von denen wiederum 28,7 Prozent auf die GVK entfielen. Die gesamte Beitragsbelastung der Unternehmen des verarbeitenden Gewerbes durch die GKV beträgt also ein Prozent (genau: 1,004 Prozent). Eine zehnprozentige Erhöhung des Beitragssatzes, z.B. von 13,5 auf 14,85 Prozent, würde bei voller Überwälzung auf den Preis ein Produkt, das 1.000 Euro kostet, um ein Promille auf 1.001 Euro verteuern. Geringfügige Produktivitätssteigerungen kompensieren das bereits, und die Größenordnungen von Außenwertschwankungen des Euro betragen das Hundertfache.

– Die von der „Nachhaltigkeitskommission" hochgerechnete Steigerung der gesamten Sozialbeiträge (ohne Berücksichtigung der Maßnahmen nach 2000) bis 2030 wäre durch eine jährlich um 0,07 Prozent verringerte Bruttolohnsteigerung (also statt zwei nur 1,93 Prozent) kompensiert, was bereits durch die Reduzierung der Einmalzahlungen weit übertroffen worden ist (Schmähl 2005).

– Die Arbeitsgemeinschaft der bayerischen Handwerkskammern beziffert die Kosten einer Handwerkerstunde auf 43,47 Euro. Davon entfallen auf die Arbeitgeberbeiträge zur Renten-, Kranken-, Pflege- und Arbeitslosenversicherung insgesamt 2,55 Euro; das sind 5,9 Prozent. Eine Senkung des Beitragssatzes um zwei Prozentpunkte (wie für die Arbeitslosenversicherung für 2007 beschlossen) verbilligt die Handwerkerstunde um 12 Cent, während die gleichzeitige Mehrwertsteuererhöhung sie um 1,10 Euro verteuert.

– Auch die Behauptung, wonach die Beitragssätze der GKV die Verlagerung von Produktionsstätten in Niedriglohnländer beförderten, erscheint angesichts des Lohnniveaus in diesen Ländern mehr als fragwürdig. Die durchschnittlichen Stundenlöhne in Deutschland sind 304-mal höher als in China, 33,4-mal höher als in Indien, 17-mal höher als in Bulgarien. Sie betragen das 9,2-Fache von Rumänien, das 8,2-Fache der Türkei, das 7,2-Fache von Slowakien, das 6,6-Fache von Tschechien, und sie sind 5,5-mal höher als in Ungarn.[2] Wer mit den Unternehmen dieser Länder durch Beeinflussung der Löhne konkurrieren möchte, sollte sich nicht mit der Senkung des GKV-Beitragssatzes aufhalten.

All diese Beispiele lassen erkennen, dass die enorme wirtschaftliche Bedeutung, die dem Arbeitgeberbeitrag in der öffentlichen Diskussion zugeschrieben wird, als Hebel zum Abbau der Sozialversicherung dient.

Wenn von Beitragssatzstabilität die Rede ist, muss das also in erster Linie mit Blick auf die Einnahmeseite geschehen: je geringer das Wachstum der beitragspflichtigen Lohnsumme, desto höher der Beitragssatz. Diese Lohnsumme ist rechnerisch das Produkt von Lohnhöhe und Beschäftigung. Verantwortlich hierfür wiederum sind Arbeitsmarkt, fehlende staatliche Beschäftigungspolitik, Ausweitung des Niedriglohnsektors (IAB-Kurzbericht vom 10.3.2005) und der damit verbundene Anstieg von nichtsozialversicherungspflichtigen Beschäftigungsverhältnissen.[3]

Eine Zukunftsperspektive des Lastenausgleichs zwischen Gesunden und Kranken, Jungen und Alten, Ledigen und Familien sowie Beziehern höherer und niedriger Einkommen muss im Rahmen des dominierenden wirtschaftsliberalen Musters der Wirtschafts- und Finanzpolitik als gefährdet angesehen werden.

Im Folgenden wollen wir uns mit ausgabeseitigen Zukunftsproblemen auseinandersetzen. Die Strukturfragen des Gesundheitswesens bedürften eingehender Untersuchungen, die an dieser Stelle allerdings nicht zu leisten sind (vgl. Kühn 2001a). Wir beschränken uns deshalb auf die Konsequenzen aus der Eigenschaft der GKV, personenbezogene Gesundheitsdienstleistungen zu finanzieren, und auf den demografischen Wandel, von dem gesagt wird, er gefährde die Finanzierbarkeit.

### 3.2 Verteuerung personenbezogener Dienstleistungen

Auch wenn Machtpreisbildung und Ineffizienzen außer Acht bleiben, gibt es die Tendenz zur relativen Verteuerung der Produktion medizinischer und pflegerischer Dienstleistungen. Bereits 1949 hatte der französische Ökonom Fourastié das Muster eines langfristigen Strukturwandels in den Industriegesellschaften dargestellt, das sich bis heute empirisch in den Industrie-

---

[2] Quellen: EU Economic and Social Affairs Indicators (AMECO); OECD Employment Outlook; U.S. Department of Labor; ILO, nach: www.jjahnke.net (zuletzt aufgesucht am 3.3.2006).

[3] Dem Monatsbericht der Bundesbank (Februar 2006) zufolge sind die Beiträge, gemessen als Anteil am Bruttoinlandsprodukt, zwischen 2000 und 2005 um fünf Prozent zurückgegangen, gemessen an den Unternehmens- und Vermögenseinkommen um 21 Prozent (www.jjahnke.net, zuletzt aufgesucht am 3.3.2006).

ländern bestätigt hat. Danach findet eine relative Anteilsverschiebung zwischen den Sektoren der Urproduktion (Landwirtschaft, Bergbau), der Industrie und dem Bereich der Dienstleistungen statt. Letztere vergrößern ihren Anteil an der gesellschaftlichen Wertschöpfung und am Arbeitskräfteeinsatz zulasten der Industrie und der Landwirtschaft, wobei der relative Rückgang des Industriesektors unter dem des Agrarbereichs liegt (Fourastié 1954). Unterscheiden wir zwischen administrativen (informationellen) und personenbezogenen Dienstleistungen (Behandlung, Pflege, Beratung, Unterrichtung von Menschen), so erfordern Letztere zunehmend mehr Arbeitskräfte im Vergleich zu Ersteren, ihr relatives Wachstum ist noch größer.

Personenbezogene Dienstleistungen können mit der gesamtwirtschaftlichen Produktivitätsentwicklung vor allem deshalb nicht Schritt zu halten, weil ihr „Arbeitsgegenstand" Menschen sind. Diese können nicht aufbewahrt, gestapelt oder standardisiert werden wie Industriegüter. Wollte man beispielsweise die Produktivität eines Lehrers erhöhen, so ließe sich die Zahl der Schüler verdoppeln. Die Schulbildung würde dann zwar billiger, aber kaum wirtschaftlicher (effizienter), da wir es nun mit einem anderen Produkt zu tun hätten. Bei Pflege und Medizin kommt hinzu, dass die Arbeit auf kranke und hilfsbedürftige Menschen gerichtet ist und dadurch die Möglichkeiten betrieblicher Rationalisierung noch weiter eingeschränkt sind.

Wächst makroökonomisch die Produktivität eines Sektors weniger als im Durchschnitt oder überhaupt nicht, dann steigen tendenziell seine „relativen Preise", das heißt: Eine persönliche Dienstleistung (z.B. eine Stunde Beratungsgespräch), realwirtschaftlich ausgedrückt in Gütern der materiellen Produktion (z.B. Kühlschränke, Videorecorder), wird tendenziell teurer, weil materielle Güter mit immer weniger Arbeitskräfteeinsatz hergestellt werden können. Daher binden personenbezogene Dienstleistungen einen steigenden Anteil des gesellschaftlichen Arbeitsvermögens.[4] Wenn sich Löhne und Gehälter in diesem Sektor entsprechend dem gesamtwirtschaftlichen Durchschnittslohn entwickeln, dann muss daher auch sein in Geldgrößen ausgedrückter Anteil am Sozialprodukt größer werden. Ist das – wie in den 1950er und 1960er Jahren in den westdeutschen Krankenhäusern

---

4 Erwartungsgemäß steigen die Preise für Gesundheitsleistungen in den westlichen Industrieländern schneller als der allgemeine Index der Lebenshaltung (Preisniveau). Beispielsweise erhöhte sich zwischen 1991 und 1998 der Preisindex der Lebenshaltung aller privaten Haushalte um 16,1 Prozent. Die Preise für Dienstleistungen der Krankenhäuser wuchsen um 23,6 Prozent, während die Medikamente (materielle Produktion) nur um 2,7 Prozent teurer wurden, ihre Preise also weit unterdurchschnittlich stiegen. Auch die Preise der ambulanten Versorgung liegen mit 9,5 Prozent deutlich unter der durchschnittlichen Preissteigerungsrate. Hier zeigt sich, dass die sektoralen Unterschiede der Produktivitätsentwicklung auf der Preisebene von den Faktoren Einkommen und Macht überlagert werden können. Von der Produktivität her gesehen wären die Effekte bei den Arzneimitteln vermutlich noch größer, da der Pharmamarkt stark von Oligopolen geprägt ist. Umgekehrt müssten die Preise der ambulanten medizinischen Dienstleistungen „eigentlich" stärker als das allgemeine Preisniveau gestiegen sein, die entsprechenden Einkommen konnten von den Kassenärzten jedoch nicht durchgesetzt werden.

und in den ostdeutschen bis zum Ende der DDR – aber nicht der Fall, lassen sich zwei Tendenzen beobachten: Es kommt entweder zu einer relativen Verarmung der Beschäftigten oder/und (besonders drastisch während der Vollbeschäftigung in den 1960er Jahren) zu einem Arbeitskräftemangel in diesen Bereichen. Der so genannte Pflegenotstand ist eine Kombination beider Entwicklungen. Der von Fourastié aufgedeckte Strukturwandel muss also keineswegs in einer „Dienstleistungsgesellschaft" im Sinne seiner „großen Hoffnung" resultieren, auch partielle Verelendungstendenzen und Krisenerscheinungen im Sektor der personenbezogenen Dienstleistungen können die Folge sein.

Für die gesundheitspolitische Diskussion lassen sich aus diesem Zusammenhang folgende Schlussfolgerungen ziehen:

— Im mittel- und langfristigen Trend müssen die Ausgaben der GKV eine leicht höhere Wachstumsrate aufweisen als das BIP, um die Finanzierung der medizinischen und pflegerischen Dienstleistungen sicherzustellen. Auch wenn die Effizienz der Versorgung erhöht wird, werden einem über längere Zeit „gedeckelten" Gesamtvolumen längerfristig weniger Leistungen und schlechtere Qualität gegenüberstehen. Daran haben die Privatversicherungen ein Interesse, weil hieraus ein expandierender Markt für private Zusatzversicherungen erwächst.
— Die relative Verteuerung personenbezogener Dienstleistungen bringt es mit sich, dass – selbst bei konstanter Einkommensverteilung – der Anteil der Bürger, die sie sich privat kaufen können, abnimmt. Die Notwendigkeit einer sozialstaatlichen Umverteilung wird sich also erhöhen, um den gleichen Standard zu halten.
— Im Gegensatz zu dem Argument, die Entzugseffekte höherer Beitragssätze in der gewerblichen Wirtschaft führten zu weniger Beschäftigung, folgt aus diesem Zusammenhang, dass mit einem Euro, den man für medizinische und pflegerische Dienstleistungen (wie auch für Bildung, Beratung etc.) verwendet, mehr Arbeitskraft beschäftigt wird als mit einem Euro, der Industriegüter nachfragt. Das heißt, selbst wenn Beitragssatzsenkungen zugunsten der Gewinne tatsächlich zu Erweiterungsinvestitionen führten, hätte dies per saldo weniger Beschäftigung zur Folge.

## 3.3 Demografischer Wandel und gesetzliche Krankenversicherung

Erhebliche künftige Finanzierungsprobleme sehen Expertenmainstream und Medien in der demografischen Entwicklung. Steigende Lebenserwartung und rückläufige Geburtenraten erhöhen den Anteil alter Menschen und das Durchschnittsalter der Bevölkerung. Da ältere Menschen einen höheren Bedarf an medizinischen Leistungen haben, steigen die Ausgaben der GKV, während gleichzeitig der rückläufige Anteil der erwerbsfähigen Bevölkerung die Einnahmen mindert. Prognosen verschiedener Institute und Einzelautoren erwarten für das Jahr 2050 Beitragssätze von bis zu über 30 Prozent. So plausibel dies auf den ersten Blick zu sein scheint, sind die solchen

Hochrechnungen zugrunde liegenden Annahmen zu altersstrukturbedingten Einnahmeausfällen und Ausgabensteigerungen allerdings in dieser Form nicht haltbar. Selbst wenn die errechnete Altersstruktur realisiert würde, wäre die Finanzierung der GKV nicht gefährdet – jedenfalls nicht aus demografischen Gründen (siehe unten).

Sowohl die sozialpolitischen Einschnitte als auch die Individualisierung sozialer Lebenslagerisiken wie Alter, Krankheit und Erwerbslosigkeit werden seit einigen Jahren mit dem demografischen Argument legitimiert. Das muss insofern überraschen, als die Bevölkerungsprognose des Statistischen Bundesamtes für die kommenden 15 Jahre, auf die man sich im Allgemeinen bezieht, kein demografisch bedingtes Problem erkennen lässt: Nach der „mittleren Variante" der 10. koordinierten Bevölkerungsvorausberechnung lag die Anzahl der zu Versorgenden (Alte ab 60 Jahren und Junge unter 20 Jahren) pro 100 Erwerbsfähigen im Jahre 2001 bei 82. Sie sinkt bis 2010 auf 79,5, erreicht 2020 87,5, um dann auf 106 (2030), 106,5 (2040) und 112 (2050) zu steigen (Statistisches Bundesamt 2003). Was die Jahre nach 2020 betrifft, beschreiben die Statistiker des Statistischen Bundesamtes unmissverständlich: „Da der Verlauf der maßgeblichen Einflussgrößen mit zunehmendem Abstand vom Basiszeitpunkt immer schwerer vorhersehbar ist, haben solche langfristigen Rechnungen Modellcharakter." (Ebd., S. 9)

Statistische Szenarien mittlerer Reichweite von zehn bis maximal 15 Jahren können den Blick für mögliche Trends künftiger Anforderungen schärfen. Zeithorizonte von 40 und 50 Jahren lassen aber kaum handlungsrelevante Orientierungen zu. Frühere Bevölkerungsprognosen weisen bereits nach weit weniger als 50 Jahren erhebliche Fehler auf. Das ist unvermeidlich und liegt an den Trendumbrüchen. Beispielsweise konnte man vor 50 Jahren die Trendumkehr der Geburtenrate in den 1960er Jahren nicht erahnen, ebenso wenig die Immigration von 2,5 Mio. Aussiedlern aus Osteuropa, das Ende der Vollbeschäftigung Mitte der 1970er Jahre oder die deutsche Vereinigung mit dem nachfolgenden drastischen Einbruch der ostdeutschen Geburtenrate. In noch viel höherem Maße spekulativ sind Hochrechnungen des GKV-Beitragssatzes, da sich die Fehlerwahrscheinlichkeit der langfristigen Bevölkerungsprognose multipliziert mit derjenigen der Schätzung der Ausgaben- und Einnahmevariablen. Wie will man z.B. die Gesundheitseffekte der Medizin in 50 Jahren schätzen, wenn wir sie nicht einmal auf Gegenwart bezogen kennen? Welchen Wert setzen wir für die Einkommensverteilung bis 2050 ein? Wie hätte man im Jahre 1956 die heutige Verteilung geschätzt?

### 3.4 Kapitaldeckung ist keine Antwort auf den demografischen Wandel

Wie auch immer der demografische Wandel sich vollziehen wird und welche individuellen und staatlichen Finanzierungsprobleme sich daraus ergeben werden: Private, kapitalgedeckte Vorsorge kann keine demografischen Probleme lösen, weder in der Renten- noch in der Krankenversicherung. Gesamtwirtschaftlich betrachtet muss alles, was eine Gesellschaft für die

Versorgung von Kranken aufwendet, stets aus dem Sozialprodukt der laufenden Periode bestritten werden. Eine Volkswirtschaft kann kein Geld in Form von Altersrückstellungen auf die „hohe Kante" legen. Es würde dem Wirtschaftskreislauf entzogen und hätte einen Nachfrage- und Wachstumsverlust in gleicher Höhe zur Folge. Nur das, was heute real investiert wird – entweder in den Produktionsapparat oder in die Infrastruktur und nicht zuletzt in die Gesundheit der Bevölkerung –, kann sich für die künftigen Generationen verzinsen.

In einem inzwischen klassisch gewordenen Text von Mackenroth (1952, S. 41) heißt es dazu:

„Aller Sozialaufwand (muß) immer aus dem Volkseinkommen der laufenden Periode gedeckt werden. Es gibt gar keine andere Quelle und hat nie eine andere Quelle gegeben, aus der der Sozialaufwand fließen könnte, es gibt keine Ansammlung von Fonds, keine Übertragung von Einkommensteilen von Periode zu Periode, kein 'Sparen' im privatwirtschaftlichen Sinne – es gibt einfach gar nichts anderes als das laufende Volkseinkommen als Quelle für den Sozialaufwand. (…) Irgendeine volkswirtschaftliche Parallele zum Vorgang der privatwirtschaftlichen Versicherung gibt es nicht. Die volkswirtschaftliche Problematik läßt sich nicht dadurch lösen oder beiseite schieben, daß man nach den Grundsätzen eines ordentlichen Kaufmanns private Risiken versichert."

Wegen dieses grundlegenden Zusammenhangs beeinflusst die Alterung auch kapitalgedeckte Systeme. Ebenso wie in Umlageverfahren das Verhältnis von Beitragszahlern und Leistungsempfängern von der Altersstruktur geprägt ist, ist dies bei Kapitaldeckung das Verhältnis von (jungen) Sparern zu (älteren) Entsparern. Am Beispiel der Rentenversicherung ergibt sich folgender Zusammenhang aus den allgemein unterstellten Folgen des demografischen Wandels: Kommt die Generation der „Babyboomer" in ein höheres Alter, wird es eine geringere Zahl Erwerbsfähiger geben. Wenn es zu einer Knappheit am Arbeitsmarkt käme, würde dies zu steigenden Löhnen führen; das Umlageverfahren wäre entlastet. Hingegen würden die Kapitalrenditen sinken – mit der Folge, dass die versprochenen Ansprüche auf Versorgungsleistungen nicht realisiert werden könnten. Die Kapitaldeckung geriete in doppelter Weise unter Druck: zum einen durch niedrigere Renditen und zum anderen aufgrund einer Verschiebung von Angebot und Nachfrage bei Wertpapieren zugunsten des Angebots und zulasten der Kurse. Wenn nämlich in einigen Jahren die geburtenstarken Jahrgänge in höherem Maße zu versorgen sind, werden viele Wertpapiere verkauft werden müssen, für die es wiederum eine geringere Zahl an potenziellen Käufern – die „Jungen" – geben wird.

Bei Krankheit und im Alter erwarten die Menschen ein Maximum an Sicherheit. Allerdings ist die finanzielle Vorsorge für den Alters- und Krankheitsfall mit erheblichen Inflations- und Kapitalmarktrisiken belastet. Negative Erfahrungen in den USA und in Großbritannien zeigen, dass den

Betroffenen mit der Kapitaldeckung genau diese Sicherheit genommen würde.

Bei Kapitaldeckung sind im Vergleich zu den bestehenden sozialen Umlagesystemen die Verwaltungs- und Transaktionskosten weit höher. Der Verwaltungskostenanteil an den gesamten Ausgaben betrug im Jahre 2002 bei den gesetzlichen Krankenversicherungen 5,9 Prozent und bei den privaten Krankenversicherungen, bei denen die Akquisitionskosten eine erhebliche Rolle spielen, 16,7 Prozent.[5] Das heißt: Während von einem Beitrags-Euro der GKV 94,1 Cent für Versorgungsleistungen verfügbar sind, sind es von einem Prämien-Euro nur 83,3 Cent. In dieser Differenz liegt der Gewinn der Finanzinstitute.

### 3.5 Politische Gestaltbarkeit

So bemerkenswert es ist, dass solche Grundsachverhalte im öffentlichen Diskurs um den demografischen Wandel und seine Folgen allenfalls am Rande erwähnt werden, so verwunderlich ist auch das fehlende Gedächtnis vieler Experten. Die Erfahrung würde nämlich zeigen, dass vor 100 Jahren die Altersstruktur mehr als dreimal günstiger war als heute und seitdem der materielle Reichtum trotz zweier Weltkriege und einer Weltwirtschaftskrise enorm gewachsen ist. Parallel zur demografischen Alterung in den letzten 50 Jahren konnte das Sozialsystem ausgebaut werden, das nun aus demselben Grund nicht mehr zu finanzieren sein soll.

Auch die Einsicht, dass die den Prognosen als Annahmen zugrunde liegenden Variablen „Geburtenrate" und „Wanderung" auf längere Sicht politisch beeinflusst werden können, führt im demografischen Diskurs ein Schattendasein. Die Geburtenrate in der EU ist weit niedriger als die von Frauen eigentlich gewünschte Familiengröße (Bongaarts 2002). Einige Studien weisen darauf hin, dass ein bedeutendes Hindernis, diese zu erreichen, soziale Unsicherheit ist; auch der drastische Rückgang der ostdeutschen Geburtenrate nach 1989 legt dies nahe. Eine Untersuchung zum „Absturz" der schwedischen Geburtenrate in den 1990er Jahren von 2,1 auf 1,3 Kinder pro Frau im Jahre 2000 ermittelte als wichtigsten Einzelfaktor für die Entscheidung, Kinder zu haben, die Sicherheit eines unbefristeten Arbeitsverhältnisses. Die Wahrscheinlichkeit, dass junge Frauen im Alter zwischen 20 und 29 Jahren ohne Arbeit zum ersten Mal Mutter werden, ist nur halb so groß wie bei Frauen mit einer festen Anstellung (Persson 2003). Eine Studie von Andersson und Scott (2005) zum Einfluss der Familienpolitik auf das Geburtenniveau bei Einwanderern in Schweden belegt, dass die institutionellen und politisch gestaltbaren Rahmenbedingungen die Geburtenrate wesentlich stärker beeinflussen als der kulturelle und gesellschaftliche Hintergrund der Menschen. Unabhängig von ihrer Nationalität realisierten sowohl einheimische als auch immigrierte Frauen ihren Kinderwunsch eher,

---

5 Quelle: Statistisches Bundesamt, Gesundheitsberichterstattung des Bundes, www.gbe.bund.de (zuletzt aufgesucht am 7.4.2004).

wenn sie auf dem schwedischen Arbeitsmarkt Fuß gefasst hatten. Gingen sie einer Beschäftigung nach, so wurde ihre Mutterschaft umso wahrscheinlicher, je mehr sie verdienten.[6] Seit 2000 ist die Geburtenrate in Schweden durch politisch verbesserte Bedingungen wieder auf 1,8 Kinder gestiegen.[7] Eine höhere Geburtenrate könnte den demografischen Wandel zwar nicht verhindern, aber deutlich verlangsamen. Bereits eine relativ geringe Erhöhung um 0,25 Prozent würde den jährlichen Bevölkerungsrückgang in der EU-15 von 1,1 auf nur 0,6 Prozent senken (Sobotka 2004).

## 4. Auswirkungen auf die Finanzen der GKV

Der demografische Wandel, so wird vorhergesagt, bringt für die GKV Einnahmeverluste und Ausgabensteigerungen. Erstere folgen aus der sich verschlechternden Relation von erwerbsfähigen und zu versorgenden Bürgern. Nach Vorausschätzung des Statistischen Bundesamtes (2003) kamen im Ausgangsjahr 2001 auf 100 erwerbsfähige Personen (über 20 und unter 60 Jahren) 82 zu versorgende Personen, 2020 werden es nach der mittleren Variante knapp 88 Personen und 2050 schließlich 112 Personen sein.

Die Belastung wird demnach um 27 Prozent steigen. Wenn die Produktivität der Beschäftigten in 50 Jahren um nur insgesamt 27 Prozent wächst und dieses Wachstum verteilungsneutral realisiert wird, wäre die Mehrbelastung bereits ausgeglichen. Die ungünstigeren Relationen können also lediglich den erschrecken, der davon ausgeht, die Produktivität wachse in Zukunft weniger als ein halbes Prozent. Die Rürup-Kommission (2003) nimmt einen recht niedrigen Wert von 1,8 Prozent jährlichem Produktivitätswachstum an, die Herzog-Kommission (2003) unterstellt nur 1,25 Prozent. Trotzdem würde dem Belastungsanstieg von 27 Prozent ein produktivitätsbedingtes Wachstum von 140 Prozent (Rürup) bzw. 84 Prozent (Herzog) gegenüberstehen. Halten jedoch die Löhne nicht mit der Produktivität Schritt, kann das bei Fortführung der reinen Lohnfinanzierung der GKV zu Steigerungen des Beitragssatzes führen. Das läge aber nicht am demografischen Wandel, sondern an der Überlegenheit der Arbeitgeber im Verteilungskonflikt.

Die Zahl der Erwerbsfähigen ist nicht identisch mit der Zahl der tatsächlich Erwerbstätigen. Ziehen wir von der Zahl der Erwerbsfähigen nur fünf Millionen Arbeitslose ab[8] und schlagen sie den zu versorgenden Bürgern

---

6  Quelle: www.zdwa.de/zdwa/artikel/20050913_61411635.php (zuletzt aufgesucht am 2.11.2006).
7  Quelle:www.faz.net/s/RubFC06D389EE76479E9E76425072B196C3/Doc~E3202EC E03D324969B792E3BBD8DF1D89~ATpl~Ecommon~Scontent.html (zuletzt aufgesucht am 2.11.2006).
8  Das ist ein vorsichtiger Wert, denn das gesamte Ausmaß der Unterbeschäftigung wird ausgedrückt in der Summe von registrierten Arbeitslosen (4,378 Mio.), verdeckten Arbeitslosen (1,625 Mio.) und der „Stillen Reserve im engeren Sinne" (1,900 Mio.), also insgesamt 7,903 Mio. Personen im Jahre 2004 (Jahresgutachten 2004/2005 des

zu, dann kamen im Jahre 2001 auf 100 Erwerbstätige nicht 88, sondern 105 zu Versorgende. Die Arbeitslosigkeit nimmt also bereits heute die Belastung voraus, die demografisch nach der mittleren Variante des Statistischen Bundesamts erst in 30 Jahren – allerdings bei einer bis dahin gewachsenen Wirtschaft – erreicht würde. Nicht Überalterung, sondern fehlende Beschäftigungspolitik ist hier das Problem.[9]

Insgesamt werden die der demografischen Alterung zugeschriebenen Ausgabenzuwächse der GKV in der öffentlichen Debatte weit überschätzt. Dazu im Folgenden einige Argumente:

— Die These von einer Kausalbeziehung zwischen Altersstruktur und Gesundheitsausgaben wird durch den internationalen Vergleich nicht gestützt. Marmor (2001) hat für 20 OECD-Länder Altersquotienten (Anteil der über 64-Jährigen an der Bevölkerung) und Gesundheitsausgaben (Anteil am BIP) gegenübergestellt. Schweden und Norwegen haben die ungünstigsten Altersquotienten. Man sollte also erwarten, dass sie auch die höchsten Ausgabenquoten aufweisen. Tatsächlich liegen sie aber an 13. bzw. 19. Stelle. Umgekehrt haben die USA die mit Abstand höchste Ausgabenquote bei einer vergleichsweise günstigen Altersstruktur (15. Stelle).
— Selbst wenn die Altersstruktur in den vergangenen 20 Jahren konstant geblieben wäre, wären die Ausgaben für die Behandlung alter Menschen überproportional gestiegen. Der weitaus größte Teil der Steigerungen geht auf Veränderungen der Behandlung alter Menschen zurück (in Verbindung mit Preis- und Mengeneffekten) und nicht auf deren wachsenden Anteil, ist also nicht demografisch bedingt und muss sich daher künftig auch nicht fortsetzen. Der Sachverständigenrat der Konzertierten Aktion im Gesundheitswesen (1994) schätzte daher im Jahre 1994 (Basisjahr 1992) die jährliche demografisch bedingte Steigerungsrate auf 0,5 bis 0,6 Prozent. Ein Jahr später erhöhte er durch veränderte Annahmen die Schätzung bis 2000 auf 0,74 bis 0,86 Prozent. Gemessen an den im Jahre 2000 tatsächlich eingetretenen Werten lag diese Schätzung bereits nach nur fünf (und nicht erst nach 50) Jahren um 74,2 Prozent zu hoch (Kühn 2001b).
— Um zu verstehen, warum die Prognosen auf der Grundlage von Altersstruktur und GKV-Ausgaben notorisch übertrieben sind, muss man den Grundgedanken der neueren empirischen Forschung nachvollziehen: Es geht darum, die Gesundheitsausgaben statistisch auf die gesamte Lebensspanne einer Person zu verteilen. Dann erkennt man, dass ein weit überproportionaler Anteil der lebenslangen Ausgaben in das letzte Lebensjahr fällt, unabhängig davon, in welchem Lebensalter dieses liegt. Die

---

Sachverständigenrates zur Begutachtung der gesamtwirtschaftlichen Entwicklung, Wiesbaden, S. 178-183).

9 Die Relation von Beitragszahlern und zu versorgenden Bürgern ließe sich auch durch erhöhte Erwerbsquoten von Frauen und Älteren verbessern; hier liegt Deutschland im OECD-Vergleich unterhalb des Durchschnitts.

Gesundheitsausgaben für die höheren Altersgruppen sind statistisch deshalb so hoch, weil auf sie die meisten letzten Lebensjahre entfallen. Da aber jeder Mensch nur ein letztes Lebensjahr erlebt, kann sich altersbedingt dieser große Ausgabenblock nicht erhöhen (Lubitz et al. 1995; Lubitz/Riley 1993; Temkin-Greener et al. 1992; Zweifel/Felder 1996). Dieser Sachverhalt trifft auch für die deutsche GKV zu (Kruse et al. 2003; Seidler et al. 1996).

- Dagegen wird eingewandt, nicht nur das Durchschnittsalter der Bevölkerung werde steigen, sondern auch der Anteil der „alten Alten". Auch dieser Einwand ist empirisch unhaltbar: Die Ausgaben im letzten Lebensjahr nach Altersgruppen sind bei den „alten Alten" sogar niedriger als bei den „jungen Alten" oder gar bei den Patienten im mittleren Alter. Das hat zuerst Scitovsky (1989) für die USA nachgewiesen. Brockmann (2002) belegt denselben Effekt auf der Grundlage von Kassendaten der AOK. Sie zeigt, dass ein über 90-jähriger Patient nur noch knapp die Hälfte der Klinikkosten eines 65- bis 69-Jährigen verursacht. Neuere US-amerikanische Studien erhärten mit zunehmend perfekteren Methoden diesen Zusammenhang zwischen Ausgaben, letztem Lebensjahr und Alter (Levinsky et al. 2001; Yang et al. 2003). Die amerikanischen Autoren führen das nicht primär auf die Vorenthaltung effektiver Leistungen („Rationierung") zurück, sondern auf die stärkere Anfälligkeit alter Menschen, die häufig keine aggressiven Therapien zulässt.

Ein Hauptargument für die „Bedrohlichkeit" durch den demografischen Wandel ist die gesundheitliche Verschlechterungshypothese, derzufolge mit der verlängerten Lebensdauer auch die Anzahl der Lebensjahre zunehmen werde, die aufgrund chronischer Erkrankungen und Multimorbidität mit einem hohen Behandlungsaufwand belastet seien.

Dieser Frage wollen wir uns abschließend zuwenden, indem wir fragen, welche Tendenzen die empirische Krankheitslast der westlichen Gesellschaften erkennen lassen. Gezeigt werden kann zum einen, dass auch die gesundheitliche Verschlechterungshypothese als Bedrohungsszenarium nicht haltbar ist, und zum anderen, dass unter diesem Aspekt Strategien zur Verbesserung der Gesundheit der Bevölkerung durchaus im Möglichkeitsspektrum der Politik liegen.

## 5. Verbesserung der Gesundheit

Damit kommen wir zu dem paradoxerweise wohl am meisten vernachlässigten Problem der Gesundheitspolitik: der Abwesenheit einer langfristigen und handlungsleitenden Strategie zur Verbesserung der gesundheitlichen Lebensqualität der Bevölkerung. Eine solche Strategie böte realistische Chancen, die gesellschaftliche Krankheitslast und damit die Inanspruchnahme des medizinischen/pflegerischen Versorgungssystems zu verringern sowie das Finanzierungsproblem der GKV an der Wurzel zu packen, denn die gegenwärtigen Strategien setzen am Leistungskatalog oder den Versorgungsstrukturen an und können selbst im Erfolgsfall meist nur einmalige Spareffekte erreichen.¹⁰

Dazu einige Stichworte: In den reichen Ländern gehen – bei durchschnittlich langsam steigender Lebenserwartung – etwa drei Viertel der als vorzeitig oder vermeidbar angesehenen Sterbefälle auf die vier Ursachen Herz-Kreislauf-Erkrankungen, Karzinome, Krankheiten der Atmungsorgane und Unfälle im mittleren und jüngeren Alter zurück. Unter den nicht zum Tode führenden Krankheiten dominieren chronische Krankheiten wie degenerative Muskel- und Skeletterkrankungen sowie psychisch manifestierte Leiden und Süchte. Vier Fünftel der gesundheitsbedingten vorzeitigen Berentungen resultieren aus Herz-Kreislauf-Erkrankungen, Rheuma, Krebs und psychiatrischen Erkrankungen. Auch für Arbeitsunfähigkeit bei Pflichtmitgliedern der GKV sind nur wenige Krankheitsarten verantwortlich: Krankheiten der Verdauungsorgane, rheumatische Erkrankungen sowie Unfälle, Vergiftungen, Gewalteinwirkungen. Etwa zwei Drittel der zu einem bestimmten Zeitpunkt Kranken sind chronisch krank. Darin liegt eine Hauptursache dafür, dass nur eine Minderheit der sozialversicherungspflichtig Beschäftigten einigermaßen gesund das Rentenalter erreicht, während die Mehrzahl vorzeitig verrentet wird oder verstirbt.

Die meisten der heute bedeutenden Krankheiten können von einem primär kurativ und individualmedizinisch orientierten Versorgungssystem erst relativ spät und generell nicht besonders wirksam im Sinne von Heilung beeinflusst werden, trotz beachtlicher Erfolge in Teilbereichen. Das „klassische" medizinische Forschungsprinzip, das nach der entscheidenden Ursache einer Krankheit, nach *dem* Krankheitserreger fragt, ist an seine Grenzen gelangt. Krankheiten des Herz-Kreislauf-Systems, bösartige Neubildungen, Krankheiten der Atmungs- und Verdauungsorgane, der Haut sowie des Muskel- und Skelettsystems entstehen aus dem komplexen Zusammenwirken eines ganzen Bündels von personalen, sozialen, ökologischen und somatischen Belastungen im Verhältnis zu den individuellen Anpassungs- und Regelungskapazitäten. Die Bedeutung der Medizin liegt heute in erster Linie auf dem Gebiet der individuellen Hilfe, der Verlangsamung und Eindämmung chronischer Krankheitsverläufe, der Minderung von Schmerz und Leid sowie der Verlängerung der (Über-)Lebenszeit. Eine Trendumkehr im Sinne rückläufiger Erkrankungsraten, z.B. bei Krebs oder koronarer Herzkrankheit, ist jedoch von der Akutmedizin generell nicht zu erwarten.

Wie Abbildung 1 zeigt, verfügt die Gesellschaft über viele andere Potenziale für die Bewältigung von Gesundheitsproblemen. Vor allem die Primärprävention überschreitet bei weitem das Tätigkeitsfeld der medizinischen Versorgung – und ebenso der expliziten Gesundheitspolitik. Wichtige Krankheitsursachen liegen in den Lebens-, Arbeits- und Umweltverhältnissen und in der Art und Weise, wie Menschen auf diese reagieren. Das macht sie politisch beeinflussbar. Eine große Produktivitätsreserve zur Verbesserung

---

10 Die Kostenkurve wird parallel verschoben, behält aber ihren Anstiegswinkel.

der gesundheitlichen Lage ist deshalb darin zu sehen, gesundheitspolitische Schwerpunkte auf die Prävention zu legen, einschließlich der so genannten Tertiärprävention und Rehabilitation, bei der es darum geht, für Menschen mit bereits chronisch eingeschränkter Gesundheit ein möglichst hohes Maß an Autonomie zu erhalten. Es sollen dabei nicht allein spezifische pathogene Risikofaktoren minimiert, sondern auch – im Sinne des Konzepts der Gesundheitsförderung – krankheitsunspezifsche „salutogene" Faktoren gestärkt werden (Kühn 1993).

Welche Strategie ist notwendig und realistisch? Die internationale Diskussion über die künftig zu erwartende Krankheitslast in reichen Industrieländern wird von zwei widerstreitenden Auffassungen beherrscht. Die Vertreter einer Verschlechterungshypothese behaupten, mit der verlängerten Lebensdauer werde auch die Anzahl der Lebensjahre zunehmen, die durch chronische Erkrankungen und Multimorbidität mit hohem Behandlungsaufwand belastet sind. Diesem Argument widersprechen zahlreiche empirisch orientierte Wissenschaftler mit der so genannten Kompressionsthese *(compression of morbidity)*, die zugleich Prognose und Strategieempfehlung zu sein beansprucht. Falls parallel zur steigenden Lebenserwartungskurve, so ihre Kernaussage, auch das Lebensalter anstiege, in dem die Menschen ihre chronischen Erkrankungen und Behinderungen erwerben, könnte die Zahl der Lebensjahre mit chronischen Erkrankungen zumindest konstant bleiben oder sogar abnehmen. Dies könne umso mehr der Fall sein, je wirkungsvol-

Abbildung 1: Gesundheit und Gesundheitssystem

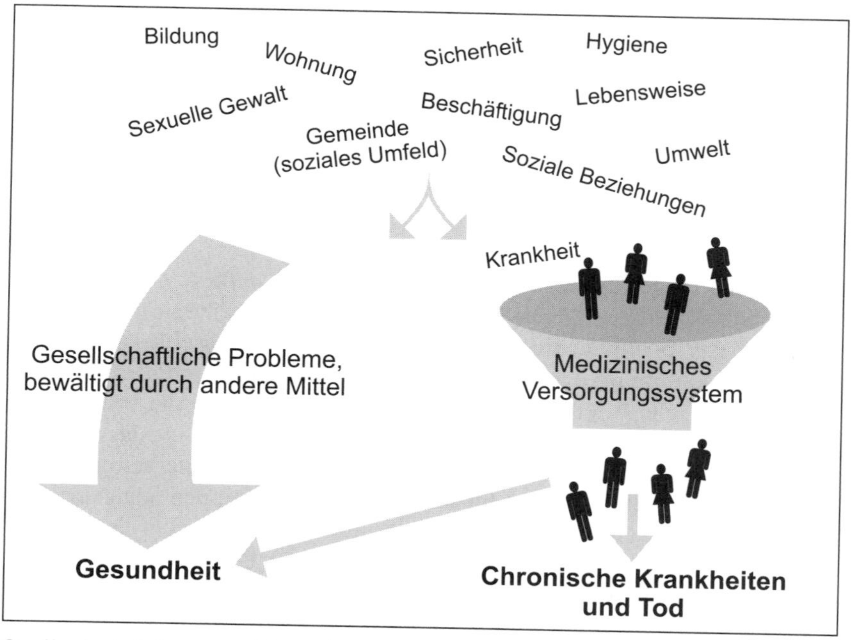

Quelle: in Anlehnung an Hurowitz (1993).

ler die chronisch Kranken versorgt werden. Bereits heute sei es möglich, die mit chronischen Krankheiten einhergehenden Komplikationen und Behinderungen sowie die Komorbidität deutlich zu senken und die durchschnittliche Gesundheit der Bevölkerung selbst bei gleichzeitig steigendem Durchschnittsalter zu verbessern (Fries 1990).

Mittlerweile werden die Kompressionshypothese und das Potenzial darauf gegründeter Strategien durch zahlreiche empirische Belege gestützt. Fries (2003, S. 456) fasst eine Auswertung vorliegender Studien wie folgt zusammen: „Aus welchen Gründen auch immer, die 'compression of morbidity' findet derzeit in der gesamten amerikanischen Gesellschaft statt." Um dem Mangel an über lange Perioden hinweg vergleichbaren Daten abzuhelfen, hat das amerikanische „Early Indicators Project" medizinische Akten der US-Armee bis zu Geburtsjahrgängen im 19. Jahrhundert zurück vergleichbar gemacht. Die Wahrscheinlichkeit für 60- bis 64-jährige Männer, nicht chronisch krank zu sein, ist demnach heute 2,5-mal so groß wie vor 100 Jahren (Fogel 2004). Das durchschnittliche Alter des Auftretens der am meisten verbreiteten chronischen Erkrankungen ist über eine 80-Jahres-Periode hinweg um zehn Jahre gestiegen, während sich im selben Zeitraum die Lebenserwartung dieser Gruppe nur um 6,6 Jahre erhöht hat. Auch die Komorbidität ist zurückgegangen (NBER 2003). Costa (2000) belegt ergänzend mit neuen US-amerikanischen Survey-Daten, dass diese Prozesse sich in den letzten beiden Jahrzehnten beschleunigt haben. Cutler (2001) berechnet auf der Basis des National Long Term Care Survey (NLTCS), dass in den USA zwischen 1982 und 1999 die Raten für chronische Behinderungen – sozial ungleich – um durchschnittlich jährlich zwei Prozent, die Sterblichkeitsraten hingegen nur um jährlich ein Prozent abgenommen haben. Diese Entwicklung ließe sich politisch forcieren: Bei erfolgreicher Prävention führe steigende Lebenserwartung nicht zu höheren, sondern zu geringeren Ausgaben für Gesundheitsleistungen in den verbleibenden Lebensjahren. Lubitz et al. (2003) ermittelten, dass 70-jährige Medicare-Versicherte ohne chronische Einschränkungen eine deutlich höhere „fernere" Lebenserwartung, aber insgesamt geringere Ausgaben verursachen als gleichaltrige Personen mit chronischen Beeinträchtigungen.

Zweierlei muss allerdings einschränkend gesagt werden: Erstens sind – wie eingangs gezeigt – Menschen mit niedrigem sozialökonomischen Status von dieser positiven Entwicklung weitgehend ausgeschlossen. Daher sind die Zahlen in Surveys, die nicht sozial differenzieren, oft diffus. Nicht die demografische Alterung ist hier das Problem, sondern die soziale Ungleichheit der Gesundheitschancen. Zweitens ist zu befürchten, dass die empirische Kompressionstendenz mit Verzögerung durch die derzeitige soziale Polarisierung gebremst und für einzelne soziale Gruppen sogar ins Gegenteil verkehrt werden wird. Auch das hätte wenig mit dem demografischen Wandel zu tun, sondern mit den Folgen einer Politik, die sich seiner zu Legitimationszwecken bedient.

Insbesondere in einer 40- bis 50-Jahresperspektive, wie sie von den Protagonisten der Debatte um den demografischen Wandel eingenommen wird, sind gravierende Verbesserungen im Sinne der Kompressionsstrategie bereits auf dem heutigen Wissensstand möglich. Politische Voraussetzung ist freilich das ressortübergreifende Bohren dicker Bretter mit langem Atem. Die Primärprävention als gezielte Senkung von Gesundheitsrisiken spielt in der expliziten Gesundheitspolitik nur eine minimale und bei den „Gesundheitsreformen" – trotz einer auf „Zukunft" und „künftige Generationen" gerichteten Rhetorik – keine Rolle. Sie ist sehr häufig implizite Nebenfolge von Normierungen und Regulierungen in Politikbereichen wie Umwelt, Ernährung, Landwirtschaft, Verkehr, Technische Normierung und Überwachung oder Gewerbeaufsicht sowie in der Tarif- und Arbeitszeitpolitik der Arbeitsmarktparteien. Die wenigsten derer, die sich an zurzeit wohlfeilen Polemiken gegen „staatliche Regulierung" beteiligen, dürften wohl ein Bewusstsein davon haben, dass es Tausende von regulierten Selbstverständlichkeiten sind, die Leben und Gesundheit der Individuen in den Industriegesellschaften täglich bewahren.[11]

## 6. Fazit

Der Forschungsstand zeigt bei allen Einschränkungen recht deutlich, dass die tatsächlich dem Wandel der Altersstruktur geschuldeten Folgen für das Gesundheitssystem weitaus geringer sind und wesentlich mehr Spielraum für politische Gestaltung bieten, als dies dramatisierende Prognosen suggerieren.

Während in den kommenden 15 Jahren vom demografischen Wandel nur geringe Mehrbelastungen zu erwarten sind, wären in einer 40- bis 50-Jahresperspektive gravierende Verbesserungen der Gesundheit im Sinne der Kompressionsstrategie bereits auf dem heutigen Wissensstand möglich. Eine solche Strategie muss die durchschnittliche Gesundheit der Bevölkerung im Visier haben und kann besonders durch die Konzentration auf chronische Erkrankungen bei Angehörigen der Unter- und unteren Mittelschicht und deren Lebenslage erfolgreich sein. Notwendig sind eine Kombination von sozialer und medizinischer Prävention (Rosenbrock 2004) sowie verbesserte, auf wissenschaftliche Evidenz gegründete Behandlung und Rehabilitation chronisch Kranker im Rahmen regional integrierter Versorgungssysteme. Der Wandel der Altersstruktur kann gemildert und die befürchteten gesundheitlichen Folgen können vermieden werden.

---

11 Die Sekundärprävention setzt im Frühstadium bereits begonnener Krankheitsverläufe an. Rehabilitation im Sinne von Tertiärprävention soll die Lebensqualität bei chronischen Krankheiten verbessern, Behinderungen reduzieren, Verschlimmerung verhüten und vermindern sowie die gesellschaftliche Teilhabe ermöglichen. Beide Formen sind in Deutschland – verglichen mit anderen Industrieländern – institutionell relativ ausgebaut und werden seit einigen Jahren längst fälligen Wirksamkeitsprüfungen unterzogen. Dabei stehen jedoch häufig Aspekte von Ausgabensenkung und Privatisierung im Vordergrund, während es um Integration in eine gesellschaftliche Gesundheitsstrategie gehen sollte.

Gefährdet ist die künftige Finanzierbarkeit der GKV allerdings in zweierlei Hinsicht: erstens, auf der Einnahmeseite, durch die Erosion der beitragspflichtigen Einkommen. Hieran schließt die notwendige Diskussion zur Steuerfinanzierung an. Solange allerdings noch das finanzpolitische Dogma vorherrscht, wonach bei Wachstumsschwäche staatliche Haushalte über Ausgabenkürzungen, Steuersenkungen (Einnahmeverzicht) und Minimierung der Kreditaufnahme – entgegen jahrzehntelanger Erfahrung – „konsolidiert" werden sollen, kann von größeren steuerfinanzierten Anteilen keine Lösung erhofft werden, weder was das Niveau noch deren Stetigkeit und Zuverlässigkeit anbelangt. Zweitens, auf der Ausgabenseite, ist die GKV gefährdet, wenn die Kompressionsstrategie bei chronischen Krankheiten politisch nicht verfolgt wird und die Bemühungen um Integration und Qualität des Versorgungssystems an Gewinninteressen und Machtkonstellationen scheitern. Die wirtschaftliche Zukunft der GKV liegt weit weniger in der Kostendämpfung als vielmehr in der Effektivität von Prävention, Behandlung und Rehabilitation chronischer Krankheiten.

## Literatur

Andersson, Gunnar/Scott, Kirk (2005): „Labour-market Status and First-time Parenthood: The Experience of Immigrant Women in Sweden, 1981-97". In: *Population Studies*, Vol. 59, No. 1, S. 21-38.

Bongaarts, John (2002): „The End of the Fertility Transition in the Developed World". In: *Population and Development Review*, Vol. 28, No. 3, S. 419-443.

Braun, Bernard/Kühn, Hagen/Reiners, Hartmut (1999): *Das Märchen von der Kostenexplosion: Populäre Irrtümer zur Gesundheitspolitik*, 3. Auflage. Frankfurt a.M.: Fischer.

Brockmann, Hilke (2002): „Why Is Less Money Spent on Health Care for the Elderly than for the Rest of the Population? Health Care Rationing in German Hospitals". In: *Social Science & Medicine*, Vol. 55, No. 4, S. 593-608.

Costa, Dora L. (2000): *Long-term Declines in Disability among Older Men: Medical Care, Public Health, and Occupational Change*. NBER Working paper series. Cambridge, MA: National Bureau of Economic Research. Internet: www.nber.org/papers/w/7605 (zuletzt aufgesucht am 29.11.2006).

Cutler, David M. (2001): „Declining Disability among the Elderly". In: *Health Affairs*, Vol. 20, S. 11-27.

Fogel, Robert W. (2004): *Changes in the Process of Aging During the Twentieth Century: Findings and Procedures of the Early Indicators Project*. NBER Working paper series. Cambridge, MA: National Bureau of Economic Research. Internet: www.nber.org/papers/w2138 (zuletzt aufgesucht am 29.11.2006).

Fourastié, Jean (1954): *Die große Hoffnung des zwanzigsten Jahrhunderts*. Köln: Bund Verlag.

Fries, James F. (1990): „An Introduction to the Compression of Morbidity". In: Philip R. Lee/Carroll L. Estes (Eds.): *The Nation's Health*. Boston: Jones and Bartlett, S. 35-41.

Fries, James F. (2003): „Measuring and Monitoring Success in Compressing Morbidity". In: *Annals of Internal Medicine*, Vol. 139, S. 455-459.

Herzog-Kommission (2003): *Zur Reform der sozialen Sicherungssysteme. Bericht der Kommission „Soziale Sicherheit"*. Berlin.

House, James S./Kessler, Ronald C./Herzog, A. Regula (1990): „Age, Socioeconomic Status, and Health". In: *Milbank Quarterly*, Vol. 68, No. 3, S. 383-402.

Hurowitz, James C. (1993): „Toward a Social Policy for Health". In: *New England Journal of Medicine*, Vol. 329, No. 2, S. 130-133.

Kruse, Andreas/Knappe, Eckhard/Schulz-Nieswandt, Frank/Schwartz, Friedrich-Wilhelm/Wilbers, Joachim (2003): *Kostenentwicklung im Gesundheitswesen: Verursachen ältere Menschen höhere Gesundheitskosten?* Expertise im Auftrag der AOK Baden-Württemberg. Heidelberg.

Kühn, Hagen (1993): *Healthismus. Eine Analyse der Präventionspolitik und Gesundheitsförderung in den USA*. Berlin: edition sigma.

Kühn, Hagen (1995): „GKV: Kosten-'Explosion'? – Zur Makroökonomie der Gesundheitsreform". In: *WZB-Mitteilungen*, Nr. 70, Dezember 1995, S. 11-15.

Kühn, Hagen (2001a): *Integration der medizinischen Versorgung in regionaler Perspektive: Dimensionen und Leitbild eines politisch-ökonomischen, sozialen und kulturellen Prozesses*. WZB-Discussion paper P 01-202. Berlin: Wissenschaftszentrum Berlin für Sozialforschung.

Kühn, Hagen (2001b): *Finanzierbarkeit der gesetzlichen Krankenversicherung und das Instrument der Budgetierung*. WZB-Discussion paper P 01-204. Berlin: Wissenschaftszentrum Berlin für Sozialforschung.

Kühn, Hagen (2003): „Leere Kassen: Argumente gegen einen vermeintlichen Sachzwang". In: *Blätter für deutsche und internationale Politik*, Jg. 48, H. 6, S. 731-740.

Levinsky, Norman G./Yu, Wei/Ash, Arlene/Moskowitz, Mark/Gazelle, Gail/Saynina, Olga/Emanuel, Ezekiel J. (2001): „Influence of Age on Medicare Expenditures and Medical Care in the Last Year of Life". In: *The Journal of the American Medical Association*, Vol. 82, No. 11, S. 1349-1355.

Lubitz, James/Beebe, James/Baker, Colin (1995): „Longevity and Medicare Expenditures". In: *New England Journal of Medicine*, No. 332, S. 999-1003.

Lubitz, James/Cai, Liming/Kramarow, Ellen/Lentzner, Harold W. (2003): „Health, Life Expectancy, and Health Care Spending among the Elderly". In: *New England Journal of Medicine*, No. 349, S. 1048-1055.

Lubitz, James/Riley, Gerald (1993): „Trends in Medicare Payments in the Last Year of Life". In: *New England Journal of Medicine*, No. 328, S. 1092-1096.

Mackenroth, Gerhard (1952): „Die Reform der Sozialpolitik durch einen deutschen Sozialplan". In: *Schriften des Vereins für Socialpolitik*. Neue Folge, Bd. 4. Berlin: Duncker & Humblot, S. 39-48.

Marmor, Theodore R. (2001): „How Not to Think about Medicare Reform". In: *Journal of Health Politics, Policy, and Law*, Vol. 26, No. 1, S. 107-117.

Marmot, Michael G. (2004): *Status Syndrome*. London: Bloomsbury.

Marmot, Michael G./Kogevinas, Manolis/Elston, Mary Anne (1987): „Social Economic Status and Disease". In: *Annual Review of Public Health*, Vol. 8, S. 111-135.

Marmot, Michael G./Wilkinson, Richard G. (Eds.) (1999): *Social Determinants of Health*. Oxford: Oxford University Press.

Mielck, Andreas (2000): *Soziale Ungleichheit und Gesundheit: Empirische Ergebnisse, Erklärungsansätze und Interventionsmöglichkeiten*. Bern: Huber.

NBER (National Bureau of Economic Research) (2003): *Bulletin on Aging and Health*. Fall 2003. Internet: www.nber.org/aginghealth/fall03/fall03.pdf (zuletzt aufgesucht am 29.11.2006).

Persson, Lotta (2003): *Reproduction and Employment Status*. Stockholm: Statistika Centralbyran. Internet: www.demography.scb.se/Main7.html (zuletzt aufgesucht am 29.11.2006).

Robert-Koch-Institut (Hg.) (2005): *Armut, soziale Ungleichheit und Gesundheit: Expertise des Robert-Koch-Instituts zum 2. Armuts- und Reichtumsbericht der Bundesregierung*. Berlin: RKI.

Rosenbrock, Rolf (2004): „Primäre Prävention zur Verminderung sozial bedingter Ungleichheit von Gesundheitschancen – Problemskizze und ein Politikvorschlag zur Umsetzung des § 20 Abs. 1 SGB V durch die GKV". In: Rolf Rosenbrock/ Michael Bellwinkel/Alfons Schröer (Hg.): *Primärprävention im Kontext sozialer Ungleichheit*. Bremerhaven: Wirtschaftsverlag NW/Verlag für Neue Wissenschaft, S. 7-149.

Rürup-Kommission (2003): *Nachhaltigkeit in der Finanzierung der sozialen Sicherungssysteme. Bericht der Kommission*. Berlin: Bundesministerium für Gesundheit und Soziale Sicherung.

Sachverständigenrat der Konzertierten Aktion im Gesundheitswesen (1994): *Sachstandsbericht 1994: Gesundheitsversorgung und Krankenversicherung 2000*. Baden-Baden: Nomos.

Schmähl, Winfried (2005): „Sozialversicherung auf dem Prüfstand". In: *Die BKK*, H. 7/2005, S. 312-319.

Schoeni, Robert F./Freedman, Vicki A./Wallace, Robert B. (2001): „Persistent, Consistent, Widespread, and Robust? Another Look at Recent Trends in Old-age-disability". In: *Journal of Gerontology*, Series B: Social Sciences, Vol. 56, S. 206-218.

Scitovsky, Anne A. (1989): „Medical Care in the Last Twelve Months of Life: The Relation Between Age, Functional Status, and Medical Expenditures". In: *Milbank Quarterly*, Vol. 66, S. 640-660.

Seidler, Andreas/Busse, Reinhard/Schwartz, Friedrich Wilhelm (1996): „Auswirkungen einer weiteren Steigerung der Lebenserwartung auf den medizinischen Versorgungsbedarf". In: *Die Ersatzkasse*, H. 9, S. 317-322.

Sobotka, Tomas (2004): „Is Lowest-low Fertility in Europe Explained by the Postponement of Childbearing?" In: *Population and Development Review*, Vol. 30, No. 2, S. 195-220.

Statistisches Bundesamt (2003): *Bevölkerung Deutschlands bis 2050: 10. koordinierte Bevölkerungsvorausberechnung*. Wiesbaden.

Temkin-Greener, Helena/Reiners, Mark R./Petty, Elizabeth/Szydlowski, Julie (1992): „The Use and Cost of Health Services Prior to Death". In: *Milbank Quarterly*, Vol. 70, S. 679-701.

Wilkinson, Richard G. (1996): *Unhealthy Societies: The Afflictions of Inequality*. London/New York: Routledge.

Yang, Zhou/Norton, Edward C./Stearns, Sally C. (2003): „Longevity and Health Care Expenditures: The Real Reasons Older People Spend More". In: *Journal of Gerontology*, Vol. 58, No. 1, S. 2-10.

Zweifel, Peter/Felder, Stefan (Hg.) (1996): *Eine ökonomische Analyse des Alterungsprozesses*. Bern/Stuttgart: Haupt.

# Zur Zukunftsfähigkeit des deutschen Produktionsmodells

Ulrich Jürgens und Martin Krzywdzinski

## 1. Einleitung

Angesichts der anhaltend hohen Arbeitslosigkeit und eines stagnierenden Wirtschaftswachstums flammt seit den frühen 1990er Jahren die Debatte um die Wettbewerbsfähigkeit der deutschen Wirtschaft bzw. des deutschen Produktionsmodells immer wieder auf. An kritischen Einschätzungen der Situation mangelt es nicht, mögen sie von Unternehmensakteuren oder von wissenschaftlichen Beobachtern stammen. So wird immer wieder auf den Druck zur Verlagerung in Niedriglohnländer hingewiesen, wie es der Vorstandsvorsitzende von General Motors Europe, Carl-Peter Forster (2004), plakativ mit seiner Prognose „out of Germany or out of business" tat. Angesichts dieses Drucks seien die hohen Löhne und die sozialpartnerschaftlichen Institutionen der Arbeitsregulierung nicht zu halten. Dabei werden die institutionellen Rahmenbedingungen in Deutschland selbst als Grund für die Stagnation ausgemacht. Wolfgang Streeck und Herbert Kitschelt (2004, S. 1) konstatieren: „The same institutions that once provided for economic prosperity and social cohesion today impede adjustment and stand in the way of a sustainable response to new problems."

Die deutsche Diskussion über die Zukunftsfähigkeit eines so genannten „high-road"-Produktionsmodells, d.h. eines Produktionsmodells, das Anforderungen der Wettbewerbsfähigkeit im Zuge der Globalisierung mit hohen Löhnen und hoher sozialer Qualität der Arbeit vereinbaren kann, ist kein Einzelfall in Europa. Vergleichbare Debatten finden sich auch in Ländern wie Schweden oder Frankreich. Das „schwedische Modell" geriet in den 1990er Jahren in eine wirtschaftliche und politische Krise. Wenngleich durch eine Reihe von Maßnahmen eine Restabilisierung des Modells gelang, so ist der weitere Entwicklungspfad umstritten. Auch in Frankreich wird eine Krise des bisherigen Produktionsmodells wahrgenommen, die zu Konflikten über die wirtschaftlichen und politischen Antworten führt (Amable 2004). Diese im nationalen Rahmen geführten Debatten lassen sich durchaus als Teil von übergreifenden Auseinandersetzungen über die Gestalt und Zukunft eines europäischen Produktionsmodells interpretieren. Aber diese Debatten sind keine europäische Besonderheit: Eine interessante Pointe in der US-amerikanischen Diskussion hat ein Beitrag des führenden neoklassischen Ökonomen Paul Samuelson (2004) gesetzt, der auf die Möglichkeit von Wohlfahrtsverlusten in den USA durch die Konkurrenz aus Niedriglohnländern hinweist und somit das Credo der stets positiven Effekte des freien Waren- und Kapitalverkehrs in Frage stellt.

Der Krise und den Debatten über die Wettbewerbsfähigkeit des deutschen Produktionsmodells bzw. der europäischen Produktionsmodelle liegt ein Bündel von Ursachen zugrunde, die je nach Land und Branche variieren. In diesem Beitrag geht es nicht darum, die gesamte Problemkomplexität zu erfassen. Vielmehr wird auf die Intensivierung des globalen Wettbewerbs und des Verlagerungsdrucks als einer wichtigen Krisenursache fokussiert, um sodann mögliche Antworten zu diskutieren.

Der Globalisierungs- und Verlagerungstrend selbst ist nicht neu. Während jedoch bis in die 1980er Jahre vor allem arbeitsintensive Low-Tech-Tätigkeiten in Niedriglohnländer verlagert und diese Verlagerungen durch den Aufbau von Arbeitsplätzen in kompetenzintensiven Tätigkeitsbereichen kompensiert wurden, finden seit den 1990er Jahren Umbrüche in der internationalen Arbeitsteilung statt, die auch hoch qualifizierte Produktionsarbeit und Entwicklungs- und Dienstleistungstätigkeiten einem Verlagerungsdruck unterwerfen. Verlagerung bedeutet allerdings nicht automatisch, dass die Beschäftigten in den Niedriglohnländern von der neuen Arbeitsteilung profitieren, da dort oft Institutionen der Arbeitsregulierung und Interessenvertretung fehlen und darüber hinaus ein Standortwettbewerb zwischen Niedriglohnländern entbrannt ist.

Dieser Beitrag beginnt mit einer kurzen Rekonstruktion der Entwicklung des „deutschen Produktionsmodells" – wobei dessen Probleme exemplarisch für die allgemeine Problematik der zukünftigen Entwicklung von „high-road"-Modellen betrachtet werden. Im Anschluss an die Problemdiagnose werden drei unterschiedliche Antworten auf die Krise der „high-road"-Produktionsmodelle vorgestellt. Die erste Antwort sind Versuche der Unternehmen, durch Lohnkostensenkungen, Arbeitszeiterhöhungen und Produktivitätssteigerungen den Wettbewerbsdruck der Niedriglohnländer aufzufangen. Die zweite Antwort richtet sich auf die Steigerung der Innovationskraft und -intensität der deutschen Wirtschaft. Die dritte Antwort ist im Aufbau von Institutionen und Akteurssystemen zu sehen, die in der Lage sind, einem „race to the bottom" bei Löhnen und Arbeitsbedingungen entgegenzuwirken. Dabei geht es nicht nur um die Zukunft von „high-road"-Modellen in den westlichen Ländern, sondern auch um Möglichkeiten einer aufholenden Entwicklung in den Niedriglohnländern.

Alle drei Antworten sind mit Schwierigkeiten konfrontiert – sei es in Bezug auf ihre Durchsetzungsfähigkeit, sei es in Bezug auf ihre sozialen Folgen. Sie schließen sich (in bestimmten Grenzen) nicht gegenseitig aus, und es ist zu erwarten, dass die künftige Entwicklung durch eine Kombination von allen drei Antworten geprägt sein wird. Vor diesem Hintergrund versucht der Schlussabschnitt dieses Beitrags das zu erwartende Zukunftsszenario zu skizzieren. Deutlich wird dabei, dass angesichts der Schärfe der Probleme und des Tempos der Entwicklung ein „Gleichgewichtsszenario" und eine Rückkehr zu den goldenen Jahren des deutschen Produktionsmodells nicht zu erwarten sind. Ein Katastrophenszenario des Niedergangs industrieller Arbeit in Deutschland braucht aber ebenfalls nicht beschworen zu werden. Plausibel erscheint vielmehr ein Szenario eines ständig prekären Prozesses der Bewältigung von Strukturproblemen und Krisensituationen, auf die jeweils situations- und kontextbezogen Antworten gefunden werden müssen und können. Für die soziale Verarbeitung und Legitimität dieses Prozesses ist jedoch die Entwicklung von Institutionen zur Regulierung transnationaler Dynamiken notwendig.

## 2. Das deutsche Produktionsmodell unter Veränderungsdruck

### 2.1 Die „high-road"-Strategie des deutschen Produktionsmodells

Der Begriff des Produktionsmodells wird nicht einheitlich verwendet, er bezeichnet aber zumeist eine spezifische Verbindung von Produktmarktstrategien und von Formen der Arbeitsbeziehungen in Unternehmen sowie eine spezifische Verbindung von Institutionen der Arbeitsregulierung auf der Mikroebene von Unternehmen und auf der Makroebene der Gesellschaft. Als Pointe des deutschen Produktionsmodells sah die sozialwissenschaftliche Literatur lange Zeit die Verbindung einer Spezialisierungsstrategie auf hochwertige Produkte, die in einem Qualitäts- und nicht vorwiegend in einem Preiswettwettbewerb stehen (vgl. genauer Jürgens/Naschold 1994, S. 241), mit spezifischen Formen der Gestaltung von Arbeit und Beschäftigung. Zu nennen sind hier vor allem:

– ein glaubhaftes Commitment seitens der Unternehmen mit dem Ziel der Beschäftigungssicherheit, einhergehend mit der Mitwirkung der Beschäftigten bei betrieblichen Rationalisierungsbemühungen;
– eine investive Orientierung auf hohe Qualifikationen der Arbeitskräfte, unterstützt durch die Verbreitung so genannter neuer Produktionskonzepte;
– starke Interessenvertretungen der Beschäftigten in Unternehmen und starke Branchengewerkschaften, die industrieweit einheitliche Arbeitsstandards durchsetzen;
– der Fokus auf Verhandlungen und Kooperation als Formen der Anpassung und Weiterentwicklung der Arbeitsregulierung.

Die Konzeption eines nationalen Produktionsmodells ist nicht unumstritten. So haben Busse und Wittke (2005) ausdrücklich betont, dass der Institutionentransfer von West- nach Ostdeutschland nur partiell gelungen ist und sich die Produktionsmodelle ostdeutscher Firmen deutlich von denen westdeutscher Firmen unterscheiden – dass es also „varieties of German capitalism" gibt. Jürgens (2004, S. 412) wiederum hat auf die Varianz der

Entwicklungsstrategien von Unternehmen in der deutschen Automobilindustrie und ihren historischen Wandel hingewiesen und gefolgert, „that there may be no production model that is stable in the long run. Instead, the 'fit' between institutions and company strategies is much looser than is often argued".

Eine einflussreiche Begründung des Konzepts des deutschen Produktionsmodells entwickelten Streeck und Sorge (1988) unter dem Stichwort der „diversifizierten Qualitätsproduktion (DQP)". Nach ihrer Auffassung haben in den 1980er Jahren die Entwicklung der Mikroelektronik und der Einsatz von Computern und Robotern die Verbindung industrieller Massenproduktion mit Charakteristika der Handwerksproduktion wie hoher Qualität und Anpassung an spezifische Kundenwünsche erst möglich gemacht. Dieses neue Paradigma funktionierte besonders gut unter den institutionellen Rahmenbedingungen des deutschen dualen Ausbildungssystems und unter dem sozialen Kompromiss bezüglich des Tauschs von hoher Beschäftigungssicherheit gegen hohe interne Flexibilität sowie durch ein Mittragen betrieblicher Rationalisierungsprozesse seitens der Betriebsräte.

Während Streeck (1997) bereits Mitte der 1990er Jahre das Potenzial des DQP-Produktionsmodells erschöpft sah, nahm die Debatte über die „varieties of capitalism" einige Grundargumente des DQP-Konzepts auf. Hall und Soskice (2001, S. 22ff.) als Hauptvertreter dieses Ansatzes stellten die Innovationsfähigkeit von Industrien als Grundbedingung des wirtschaftlichen Erfolgs ins Zentrum ihrer Überlegungen und bewerteten die institutionellen Rahmenbedingungen in Deutschland als besonders geeignet für Wachstumsprozesse in „reifen" Industrien mit inkrementellen Innovationen (z.B. Automobilindustrie, Maschinenbau), während junge Industrien mit radikalen Innovationssprüngen sich unter den institutionellen Rahmenbedingungen von Gesellschaften des angelsächsischen Typs besser entwickelten.

Diese Einschätzung des Entwicklungspotenzials des deutschen Produktionsmodells durch Hall und Soskice wird allerdings von vielen Autoren nicht geteilt. Spätestens seit der Mitte der 1990er Jahre gewinnen die Diagnosen einer umfassenden Krise des Modells an Bedeutung. Die Diskussion in den 1990er Jahren konzentrierte sich auf immanente Probleme des Produktionsmodells: Jürgens und Naschold (1994) wiesen auf eine Tendenz zum „Overengineering" sowie auf eine mangelnde Integration von Qualitätssicherungs- und Verbesserungsaktivitäten in die Fertigungsprozesse hin; Kern und Sabel (1994) stellten die Wettbewerbsfähigkeit des deutschen Facharbeiterkonzepts in Frage, das zwar eine hohe Qualität der Arbeit garantiere, aber aufgrund von vertikalen und horizontalen Demarkationen zwischen beruflich gefassten Tätigkeiten die Arbeitseinsatzflexibilität und die Anpassungsgeschwindigkeit der Arbeitsorganisation begrenze; Streeck (1997) betonte neben den genannten Aspekten die Überlastung des auf solidarischen Ausgleich fokussierenden Institutionensystems durch den Schock der Wiedervereinigung.

## 2.2 Intensivierung des globalen Wettbewerbs und Infragestellung der Bedingungen des deutschen Produktionsmodells

Die Konzeption eines Produktionsmodells in der DQP- oder der „varieties of capitalism"-Debatte besitzt eine Schwäche: Sie konzentriert sich auf den nationalen Institutionenrahmen und problematisiert die internationale Einbettung des Modells lediglich mit Blick auf die Exportperformanz. Damit wird übersehen, dass zu den wesentlichen Akteuren – gerade auch des deutschen Produktionsmodells – große Konzerne zählen, die sicherlich eine nationale Prägung, aber zugleich auch seit langem eine transnationalisierte Standortstruktur aufweisen. Die Präsenz von Produktionsstätten in relevanten Auslandsmärkten und die Nutzung von Niedriglohnstandorten waren immer schon ein Element der Wettbewerbsfähigkeit des deutschen Produktionsmodells. Bis in die 1980er Jahre hatte die unternehmensinterne Form der internationalen Arbeitsteilung allerdings eine klare Zentrum-Peripherie-Struktur: Niedriglohnstandorte übernahmen vor allem die Funktion so genannter verlängerter Werkbänke bzw. die Produktion von veralteten Produktmodellen für Märkte mit niedriger Kaufkraft.

Spätestens seit dem Ende der 1990er Jahre beginnt dieses Zentrum-Peripherie-Verhältnis aufzubrechen. Zwei grundlegende Entwicklungen sind hierbei hervorzuheben:

- Die politischen Umwälzungsprozesse in Mittelosteuropa, China und Indien haben die Bedingungen des internationalen Wettbewerbs und der internationalen Arbeitsteilung seit den 1990er Jahren grundlegend verändert. Aufgrund des Zustroms ausländischer Direktinvestitionen sowie umfassender staatlicher wirtschaftslenkender Maßnahmen wird China immer mehr zu einer globalen Exportplattform für Industrieprodukte, während sich Indien als Standort für Dienstleistungen profiliert. Dabei wird auch hochwertige Produktion in den genannten Regionen angesiedelt. In allen Branchen lässt sich ein Trend des Aufbaus und der Modernisierung von Auslandsstandorten feststellen, bei dem die Auslandsstandorte manchmal sogar zu Laboratorien für technische und arbeitspolitische Innovationen werden. Intelligente Produktionssysteme und Formen der Arbeitsorganisation verlieren ihren Charakter als Trümpfe für „high-road"-Länder wie Deutschland. Die gegenwärtig in Niedriglohnländern aufgebauten Kapazitäten bilden, wenn sie als Exportplattform genutzt werden, hinsichtlich sowohl der Größendimensionen als auch des Modernisierungsgrades ein Potenzial für schockhafte Veränderungen, die über das gewohnte Maß an Strukturwandel hinausgehen und zu ungeheuren Verwerfungen der internationalen Arbeitsteilung führen können. „Weltkrieg um Wohlstand" lautet eine etwas plakative, aber die Größenordnung des Veränderungspotenzials illustrierende Titelzeile des Nachrichtenmagazins „Der Spiegel" vom 19. September 2006.
- Der Trend zur Aufwertung von Standorten in Niedriglohnländern steht im Zusammenhang mit Bemühungen um die Standardisierung von Pro-

duktionssystemen, die vor allem im Rahmen der „Japan"- und der „lean production"-Debatte forciert worden waren. Während US-amerikanische Unternehmen diesen Trend bereits früher aufgegriffen hatten, setzte sich „lean production" in Deutschland eher zögerlich und erst mit dem Ende der 1990er Jahre auf breiter Front durch. Die Auswirkungen der Standardisierung von Produktionssystemen sind nicht nur in der Industrie, sondern auch in Branchen wie der Softwareentwicklung und den IT-Dienstleistungen spürbar (Boes 2005, S. 20ff.). Die Verlagerung von Tätigkeiten der Produktion und von Dienstleistungen in Niedriglohnländer wird auf diese Weise wesentlich erleichtert.

Die Spezifik der gegenwärtigen Phase der Globalisierung liegt also nicht einfach in einem „Mehr" an Marktöffnung und globaler Ausrichtung der Unternehmen. In der gegenwärtigen Phase der Integration von mittelosteuropäischen und südostasiatischen Niedriglohnländern in die Weltwirtschaft bricht das bisherige Zentrum-Peripherie-Gefälle hinsichtlich des Produktspektrums, des erreichten Qualitätsstandards und des Produktivitätsniveaus teilweise auf und zwingt Länder wie Deutschland auf ihrem „Heimatterrain" in einen Kostenwettbewerb. Die Auslandsstandorte deutscher Konzerne übernehmen nicht mehr die Produktion von veralteten Modellen mit veralteter Technologie; sie sind in immer geringerem Maße „verlängerte Werkbänke", die nur arbeitsintensive und kompetenzarme Fertigungsstufen übernehmen. Durch den Transfer von Technologie- und Managementwissen aus den Industriestaaten und angesichts des Bildungs- und Aufstiegshungers der Arbeitskräfte in Niedriglohnländern ist eine Verlagerung von Tätigkeiten in vielen Fällen ohne substanzielle Produktivitätsverluste gegenüber den westlichen Industriestaaten möglich – bei erheblich niedrigeren Löhnen. Den transnationalen Konzernen als den Hauptakteuren der Globalisierung bietet sich damit eine „exit option" aus den Hochlohnstandorten, wie sie noch bis in die 1980er Jahre nicht existiert hat.

Die Antwort auf diesen Problemdruck kann nicht darin bestehen, die westeuropäischen „high-road"-Ökonomien gegen neue Wettbewerber aus Mittelosteuropa und Südostasien abzuschotten, während sie selbst von den Absatzmöglichkeiten und Kostenstrukturen in diesen Regionen profitieren. Der Aufbau von Niedriglohnstandorten erlaubt den Unternehmen aus Hochlohnländern kurzfristig eine so genannte Mischkalkulation, in der die Kombination von Prozessstufen in Hoch- und in Niedriglohnländern zur Wahrung der Wettbewerbsfähigkeit eingesetzt wird. Die Möglichkeit der Mischkalkulation hat in der Vergangenheit dazu beigetragen, deutsche „high-road"-Bedingungen zu stabilisieren; damit lag sie durchaus im Interesse auch der Arbeitnehmervertretungen. Zur gleichen Zeit erhöht der Aufbau von Kompetenzen an den Niedriglohnstandorten deren Eigenständigkeit und Wettbewerbsfähigkeit auch als potenzielle Konkurrenten im unternehmensinternen Wettbewerb um Aufträge und Ressourcen. Zusätzlich verstärkt durch staatliche Lenkungsmaßnahmen, ergibt sich damit eine Wettbewerbsdynamik, die die Grundlagen der „high-road"-Ökonomien bedroht. Dabei kann es nicht darum gehen, die nachholende Entwicklung von Ländern zu blockieren. Denn nicht der Wandel selbst, sondern seine Wucht und Geschwindigkeit stellen ein Problem dar, da keine Akteure und Institutionen bereitstehen, um die Veränderungen in eine von den Gesellschaften zu verkraftende Form zu bringen – und zwar sowohl in den westlichen Industriestaaten als auch in den aufholenden Ökonomien, wie beispielsweise Lüthje (2006, S. 25) anhand des „desorganisierten Despotismus" in China aufzeigt, bei dem die Fragmentierung der arbeits- und sozialpolitischen Institutionen zu einem Standortwettlauf zwischen Städten und Gemeinden um die Ansiedlung industrieller Produktion führt, der die Arbeitsstandards und Löhne bedroht.

Die Intensivierung des globalen Wettbewerbs und das Veränderungstempo der Strukturbedingungen im Wettbewerb mit Niedriglohnstandorten sind dramatisch. Im Folgenden wird diskutiert, welche Ansätze es gibt, diesem Problemdruck zu begegnen, wie nachhaltig diese Antworten sind und welche Folgeprobleme aus ihnen resultieren.

## 3. Erste Antwort: betriebliche Wettbewerbskoalitionen

### 3.1 Konzessionen zur Beschäftigungssicherung?

Das deutsche System der Arbeitsbeziehungen zeichnet sich im Vergleich zu anderen Ländern durch einen sehr hohen Grad von Verrechtlichung sowie durch die mit wirkungsvollen Mitbestimmungsrechten ausgestattete Institution des Betriebsrats aus. Dieses Grundcharakteristikum hat in einer Situation hohen Wettbewerbs- und Verlagerungsdrucks zwei Konsequenzen: Zum einen stützt es die Position der Beschäftigtenvertretung, auch unter solchen Bedingungen, in denen die Mobilisierungs- und Konfliktfähigkeit der Belegschaften geschwächt ist. Zum anderen ergänzt es das Branchentarifsystem um eine betriebs- bzw. unternehmenszentrierte Verhandlungsebene und stellt somit ein Flexibilitätspotenzial dar.

Sowohl auf der betrieblichen als auch auf der Unternehmensebene werden seit Anfang der 1990er Jahre immer mehr so genannte Beschäftigungs- und Standortsicherungsvereinbarungen abgeschlossen, die mittlerweile zu einem wichtigen Charakteristikum des deutschen Tarifsystems geworden sind. Im Zentrum der Verhandlungen steht mit der Frage der Beschäftigungssicherheit ein Kernelement des dem deutschen Produktionsmodell zugrunde liegenden sozialen Kompromisses: In solchen Vereinbarungen machen Betriebsräte und Gewerkschaften Zugeständnisse bei Löhnen, Arbeitszeiten und sonstigen Arbeitsbedingungen und erhalten im Gegenzug von den Unternehmen Zusagen über Beschäftigung und Standorterhalt. Flexibilität wird dabei auf zwei Arten erreicht: Zum einen steht die Arbeitszeitflexibilität seit Anfang der 1990er Jahre im Fokus der Vereinbarungen, zum anderen gewinnen der Einsatz von Leiharbeit und damit eine stärkere Segmentierung der Belegschaften in stabile Kern- und prekäre Randgruppen an Bedeutung. Die Zusagen der Unternehmen sind sehr unterschiedlich. In der Vereinbarungswelle von 2004 bis 2006 verzichteten z.B. die Automobilhersteller zumeist für einen Fünfjahreszeitraum auf betriebsbedingte Kündigungen und verbanden dies mit festen Produkt- und Investitionszusagen für die deutschen Standorte. Die Unterlegung von Beschäftigungsgarantien mit solchen Zusagen ist allerdings nicht die Regel. Konkreten Einsparungen, beispielsweise durch Lohnkonzessionen, stehen häufig lediglich allgemeine Beschäftigungsgarantien gegenüber. Aber auch dort, wo die Garantien unterlegt werden, bleibt ihre Durchsetzungsmöglichkeit prekär: Nur wenige Monate, nachdem VW und DaimlerChrysler (DC) im Jahre 2004 betriebsbedingte Kündigungen bis 2011 ausgeschlossen hatten, sahen sich diese Unternehmen genötigt, den Abbau von 10.000 (VW) bzw. 8.500 (DC) Arbeitsplätzen anzukündigen. Die Beschäftigungssicherungsvereinbarungen können offensichtlich den Beschäftigungsabbau zwar nicht verhindern, beeinflussen aber wesentlich die Form des Abbaus. In dieser Hinsicht boten staatliche Programme zur Subventionierung von Frühverrentung bislang – neben kostspieligen Abfindungsprogrammen – ein wichtiges Ventil.

Auf den Druck zur Zulassung betrieblicher Sonderregelungen haben die Tarifparteien auf Branchenebene mit der Einführung so genannter Öffnungsklauseln reagiert, auf deren Grundlage Unternehmen Abweichungen von Flächentarifverträgen vereinbaren können. Nach einer WSI-Betriebsrätebefragung nutzten im Jahre 2005 drei Viertel der tarifgebundenen Unternehmen Öffnungsklauseln (Bispinck/Schulten 2005, S. 467). Deren Einführung begann mit Härtefallregelungen für die ostdeutsche Metallindustrie und erreichte ihren bisher letzten Höhepunkt mit dem „Pforzheim-Abkommen" der Metallindustrie im Jahre 2004: Hiernach können Betriebe mit Zustimmung der Tarifparteien in allen zentralen Tarifstandards Abweichungen vereinbaren, wenn diese der Beschäftigungssicherung dienen oder zukunftsorientierte Investitionen und Innovationen ermöglichen. Trotz der Dezentralisierungstendenz, wie sie in den Beschäftigungs- und Standortsicherungsvereinbarungen zum Ausdruck kommt, lässt sich von einem allgemeinen Bedeutungsverlust der tariflichen Regelungsebene nicht sprechen. Hinsichtlich der nun auf die Verwaltungsstellen und Bezirke zukommenden Anforderungen zur Überprüfung und Aushandlung betrieblicher Sonderregelungen werden die Gewerkschaften vielmehr stärker in die Bewältigung konkreter Problemlagen einbezogen. Die Rolle der Flächentarifverträge wandelt sich von einheitlicher Normsetzung zu der eines Orientierungspunktes, wobei die Gewerkschaften die Kontrolle über Maß und Grad von Abweichungen behalten.

Die Beschäftigungs- und Standortsicherungsvereinbarungen fangen einen Teil des Wettbewerbs- und Verlagerungsdrucks auf und wirken damit entlastend. Sie haben aber die Kehrseite, dass die Ungleichheiten zwischen Löhnen und Arbeitsbedingungen in verschiedenen Unternehmen auf der Grundlage der Öffnungsklauseln zunehmen. Und auch innerhalb der Unternehmen verstärken sich Tendenzen der Segmentierung, etwa durch die zunehmende Nutzung von Leiharbeit und die Abstufung der Lohnkonzessionen zwischen Kern- und Randbelegschaften. Die Segmentierung droht die soziale Kohäsion und damit langfristig die Legitimität des Institutionensystems in Frage zu stellen.

Ein solcher Legitimitätsverlust ist bisher aber nur in Einzelfällen sichtbar. So wurden die Vereinbarungen bei DaimlerChrysler und Opel aus dem Jahr 2004 von vielen Beschäftigten als Erpressung seitens des Unternehmens wahrgenommen. Einen besonders deutlichen Fall der Infragestellung von Legitimität und Wirksamkeit von Beschäftigungssicherungsvereinbarungen stellt der Fall Siemens dar. Die Auseinandersetzungen um dessen Bereich der Mobiltelefonproduktion wurden von Beobachtern als ein „Wendepunkt in der Geschichte des Unternehmens" (Financial Times Deutschland vom 8. Januar 2003) beschrieben. Im Jahre 2004 kam es nach Drohungen des Unternehmens, die Produktion nach Osteuropa und China zu verlagern, wenn Lohnkosten nicht gesenkt würden, zu einer Beschäftigungssicherungsvereinbarung für die Produktionsstandorte in Deutschland. Man einigte sich schließlich auf eine Arbeitszeiterhöhung ohne Lohnausgleich von 35 auf 40 Stunden und eine Senkung der Prämien und Zuschläge, die insgesamt eine 30-prozentige Senkung der Arbeitsstundenkosten bedeuteten. Im Gegenzug gab Siemens lediglich eine zweijährige Beschäftigungsgarantie für die Werke ab – um sie nur ein Jahr später an das taiwanesische Unternehmen BenQ zu verkaufen. BenQ versprach zwar, die deutschen Standorte zu erhalten, entschloss sich aber nach starken Marktanteilsverlusten, die deutschen Unternehmensteile in die Insolvenz zu führen und die deutschen Standorte zu schließen. Angesichts der kurzen Zeitspanne zwischen dem Verkauf der Handyproduktion und ihrer Stilllegung führte dies zu dem Verdacht, dass Siemens hier einen Weg gesucht hatte, sich Kosten und Konflikte bei einem Beschäftigungsabbau zu ersparen. Stärker kann das Vertrauen in die Effektivität der Beschäftigungssicherungsvereinbarungen kaum in Frage gestellt werden.

### 3.2 Durch „gute Arbeit" zum Erfolg?

Einen Gegenpol zu einer reinen Fokussierung auf Lohnkostensenkung und Arbeitszeiterhöhung auf der betrieblichen Ebene bildet die Strategie einer innovativen Arbeitsorganisation zur Erhöhung der Produktivität. Der Kern dieser Strategie liegt in der Entwicklung von Produktivitätskoalitionen zwischen Management und Beschäftigten: in der Einführung von „high performance workplaces", wie dies in der angelsächsischen Debatte heißt. Die Motivation und die Leistungsbereitschaft der Mitarbeiter sollen dabei durch eine Verbesserung der Qualität der Arbeit erhöht werden. Studien aus dem angelsächsischen Kontext bestätigen positive Auswirkungen der „high performance workplaces" auf die wirtschaftliche Produktivität.

Ein prominentes Beispiel dieses Weges ist das „5000x5000-Projekt" von Volkswagen, das in der Öffentlichkeit als ein Beweis für die Wettbewerbsfähigkeit des deutschen Produktionsmodells gefeiert wurde. Trotz des in der deutschen Automobilindustrie herrschenden Verlagerungsdrucks investierte Volkswagen im Jahre 2002 in neue Produktionsanlagen in seinem Wolfsburger Stammwerk und stellte 3.500 Arbeitslose (ursprünglich waren zusammen mit einem weiteren Projekt 5.000 Einstellungen geplant) für die Produktion eines neuen Fahrzeugmodells ein. Wettbewerbsvorteile sollten durch einen eigenen Tarifvertrag mit Konditionen deutlich unter dem VW-Haustarifvertrag sowie durch Innovationen in der Arbeitsorganisation erreicht werden. Die Arbeitsorganisation der Auto 5000 GmbH beinhaltet Teamarbeit mit „ganzheitlichen Arbeitsinhalten" und „erweiterten Handlungsspielräumen" (Tarifvertrag Auto 5000), flache Hierarchien, eine prozessnahe Ansiedlung von Fachfunktionen (Instandhaltung, Industrial Engineering, Qualitätssicherung, Logistik, Vertrieb), eine prozessnahe Qualifizierung und eine umfassende Mobilisierung der Beschäftigten für Verbesserungsaktivitäten.

Das Projekt Auto 5000 wurde Gegenstand einer intensiven sozialwissenschaftlichen Begleitforschung durch das Soziologische Forschungsinstitut (SOFI) in Göttingen. Für dessen Wissenschaftler ist das Projekt ein Beleg für die Zukunftsfähigkeit des deutschen Produktionsmodells. Es sei zwar nicht unmittelbar in andere Kontexte übertragbar, illustriere jedoch, dass in „kreativen Kombinationen beruflicher Know-how-Träger [Führung und Mannschaft, Ingenieure, Techniker und Facharbeiter; U.J./M.K.] gerade für Deutschland beachtliche komparative Standortvorteile liegen" und dass „die Neujustierung der Leistungs- und Entgeltbedingungen unter Berücksichtigung der jeweiligen Interessen konsensual absprachefähig" sei (Schumann et al. 2006, S. 304, 306). Die Autoren führen auf der Basis von Unternehmensangaben etwa ein Drittel der Einsparungen des 5000x5000-Projekts gegenüber einer konventionellen Produktion auf die arbeitsorganisatorischen Innovationen zurück, der Rest ist zu einem großen Teil den Zugeständnissen bei Löhnen und Arbeitszeiten gegenüber dem VW-Haustarif zuzuschreiben. Es stimmt sicherlich, dass in Projekten nach dem Muster von Auto 5000 ein beachtliches Potenzial für eine Steigerung der Wettbewerbsfähigkeit liegt und dass solche Projekte wegen der Anknüpfungsfähigkeit an die Institutionen und Traditionen des deutschen Produktionsmodells keine schlechten Realisierungschancen haben. Nicht einfach erscheint uns allerdings die Antwort auf die Frage, wie groß die komparativen Standortvorteile Deutschlands aufgrund solcher arbeitsorganisatorischen Innovationen wirklich sind. Im Hinblick auf das Ziel der Standardisierung ihrer transnationalen Produktionssysteme ist das Interesse der Unternehmen an lokalspezifischen Produktionsmodellen offenbar begrenzt. Demgegenüber haben viele transnationale Unternehmen die Bemühungen um eine Standardisierung ihrer Produktionssysteme nach dem Toyota entlehnten „lean-production"-Modell intensiviert und bei der Implementierung dieser Modelle gerade von den „Greenfield-Bedingungen" an den Niedriglohnstandorten profitiert.

## 3.3 Grenzen betrieblicher Anpassungsstrategien

Seitdem die Europäische Währungsunion die Möglichkeiten des Ausgleichs von Unterschieden in der Wettbewerbsfähigkeit durch Wechselkursanpassungen beseitigt hat, lastet nun der Anpassungsdruck auf den Akteuren der Tarif- und Unternehmensebene. In Deutschland haben die Tarifparteien mit einer Welle von Beschäftigungs- und Standortsicherungsvereinbarungen reagiert, die Lohnkosten senken, Arbeitszeiten erhöhen und Flexibilität steigern. Damit kann zwar ein Teil des Wettbewerbs- und Verlagerungsdrucks aufgefangen werden, es besteht aber gleichzeitig die Gefahr eines Lohnunterbietungswettbewerbs innerhalb Deutschlands und innerhalb Europas.

In Europa ist die Entwicklung der Lohnkosten in Deutschland als der größten europäischen Volkswirtschaft von zentraler Bedeutung. In einer Reihe von Ländern, z.B. den Niederlanden, Belgien oder Schweden, orientieren sich die Tarifparteien bei Lohnverhandlungen an der Lohnkostenentwicklung in Deutschland; Druck auf Lohnkosten dort übersetzt sich in Druck auf Lohnkosten in diesen Ländern. Michaux (2006) zeigt, dass die französischen Automobilhersteller die Welle von Lohnkonzessionen in der deutschen Automobilindustrie als eine „beggar my neighbour"-Policy wahrnehmen, die sie ihrerseits zu Kostensenkungsmaßnahmen zwingt.

Des Weiteren ist zu berücksichtigen, dass die Lohnentwicklung in Niedriglohnländern keineswegs einen eindeutigen Aufwärtstrend aufweist. Vor allem in transnationalen Unternehmen mit hohem Produktivitätsstand unterliegen deren Betriebe in Niedriglohnländern einem starken Druck zu Lohnzurückhaltung. Die Lohnentwicklung in Mittelosteuropa und Südostasien bleibt seit Jahren deutlich hinter den von ausländischen Direktinvestitionen bewirkten großen Produktivitätsfortschritten zurück. Der Verlagerungsdruck lastet somit auch auf Niedriglohnländern und begrenzt deren Aufwertungsmöglichkeiten bei Löhnen und Arbeitsbedingungen. Zugeständnisse bei Löhnen und Arbeitsbedingungen werden damit auch dort zum zentralen Instrument der Beschäftigungssicherung.

Die Strategie der Produktivitätskoalitionen à la Auto 5000 stellt demgegenüber einen intelligenten Weg der Neubegründung von Wettbewerbsvorteilen dar. Obwohl dieser Weg bisher nur von einer Minderheit der Unternehmen gegangen wird, hat er Potenzial: Er schließt an die Traditionen der Sozialpartnerschaft in den industriellen Beziehungen an und passt zu dem politischen Diskurs über Innovationsfähigkeit. Zugleich stellen jedoch innovative Formen der Arbeitsgestaltung keineswegs einen standortgebundenen und nicht transferierbaren Vorteil Deutschlands dar. Die meisten transnationalen Konzerne versuchen, ihre Produktionssysteme intern zu vereinheitlichen und „best practices" zu transferieren. Schließlich könnte die Bereitschaft der Beschäftigten zur Mitwirkung in Produktivitätskoalitionen durch die Praxis der Lohnsenkungen und durch Arbeitszeiterhöhungen untergraben werden.

## 4. Zweite Antwort: durch Innovationen einen Schritt voraus

In der deutschen Standortdebatte, die den Globalisierungsprozess begleitet und mit jeder konjunkturellen Krise verstärkt aufflammt, gelten Innovationen vielfach als Schlüssel zur Sicherung von Wettbewerbsfähigkeit und Beschäftigung. Dabei gibt es einen bemerkenswerten Konsens zwischen Regierung, Wirtschaftsverbänden und Gewerkschaften. Die Regierung Schröder formulierte das Ziel, Deutschland auf den Gebieten der Hochtechnologie dauerhaft in der Weltspitze zu positionieren. Der DGB stellt fest: „Da der Wettbewerb hoch entwickelter Volkswirtschaften immer mehr zu einem Innovationswettbewerb wird, ist die Innovationsfähigkeit der Unternehmen und die Innovationskraft der Gesellschaft eine entscheidende Voraussetzung und Basis für das Sichern der vorhandenen Arbeitsplätze und für neue Arbeitsplätze." Notwendig erscheine „eine Strategie der permanenten Innovation" (DGB 2004, S. 42).

Die Forderung nach einer Innovationsoffensive geht einher mit Beobachtungen, dass das deutsche Produktions- und Innovationssystem gravierende Schwächen aufweise (Sinn 2004). Die institutionellen Rahmenbedingungen in Deutschland (Finanzmärkte, Arbeits- und Beschäftigungssystem) seien für weniger wachstumsträchtige Industrien auf mittlerem technologischen Niveau, z.B. der Automobilindustrie, des Maschinenbaus oder der chemischen Industrie, geeignet. Sie hemmten aber die Entwicklung von Spitzentechnologiebranchen, nicht zuletzt deshalb, weil sie die für radikale Innovationen notwendigen Prozesse der „kreativen Zerstörung" im Sinne Schumpeters behinderten. Wie im Folgenden diskutiert wird, ist allerdings sowohl gegenüber einem Fokus auf die Entwicklung von Spitzentechnologien als auch hinsichtlich einer einseitigen Hervorhebung von Rigiditäten im Arbeitsmarkt- und Beschäftigungssystem als Problemursachen Skepsis angebracht. In jedem Fall erscheint das Problemlösungspotenzial einer Innovationsstrategie nicht hinreichend, um dem eingangs diskutierten Problemdruck gerecht zu werden.

### 4.1 Förderung von Spitzentechnologie?

Im Vergleich zu anderen entwickelten Industrieländern lässt sich für Deutschland im Bereich der Spitzentechnologie zunächst ein erhebliches Potenzial ungenutzter Entwicklungsmöglichkeiten feststellen. Der Regierungsbericht über die technologische Leistungsfähigkeit Deutschlands (BMBF 2006) konstatiert eine abnehmende Spezialisierung Deutschlands auf Produkte der Spitzentechnologie. Auch hinsichtlich des Bereichs der so genannten hochwertigen Technologien wird argumentiert, dass Deutschland die überdurchschnittlich hohen Wachstumschancen nicht ausschöpfe. Der Bericht fordert die staatliche Unterstützung eines Strukturwandels in Richtung der Spitzentechnologie, eine Zunahme der staatlichen Investitionen in FuE-Aktivitäten angesichts der Zurückhaltung der Unternehmen sowie eine Erhöhung der

Ausgaben, insbesondere für Universitätsausbildung, um dem Fachkräftemangel zu begegnen.

Abgesehen von der sicherlich unterstützenswerten Forderung nach einer Zunahme der Investitionen ins Bildungssystem stellt sich die Frage nach den Voraussetzungen und dem Problemlösungspotenzial eines Strukturwandels hin zu Spitzentechnologie. So ist es offen, wie stark die Entwicklung von Spitzentechnologiebranchen und ein entsprechender Strukturwandel staatlich gefördert und gelenkt werden können. Einerseits stellt sich hier die grundsätzliche Problematik der Steuerbarkeit in Sektoren, die in hohem Maße von transnationalen Dynamiken geprägt sind; andererseits verstärkt sich dadurch die Konkurrenz um Prestigeprojekte im nationalen wie internationalen Rahmen. Die Förderung von Spitzentechnologien wird inzwischen nicht nur von den führenden Industrieländern, sondern auch von den sprunghaft wachsenden Ländern Asiens als der Weg gesehen, sich langfristig eine hohe Wachstumsdynamik zu sichern. Selbst die erfolgreiche Teilnahme an dem Wettrennen um eine führende Position bei Spitzentechnologien wird nur begrenzt zur Lösung der Wachstums- und Beschäftigungsprobleme beitragen können.

Damit stellt sich die Frage nach den Möglichkeiten einer Innovationsstrategie für die übrigen Sektoren – also sowohl für die forschungsintensiven Branchen mit hochwertiger Technologie (Maschinenbau, Chemieindustrie, Automobilindustrie), auf die sich die deutsche Ökonomie in besonderem Maße spezialisiert hat, als auch für die Branchen mit geringer Forschungsintensität, die vor allem von kleinen und mittleren Unternehmen geprägt sind.

Die Automobilindustrie ist in diesem Zusammenhang ein gutes Beispiel, da ihr Gewicht im deutschen Außenhandel mit forschungsintensiven Waren so hoch ist, dass man – dem Bundesministerium für Bildung und Forschung zufolge – ohne sie überhaupt nicht mehr von einem Vorteil Deutschlands bei forschungsintensiven Waren sprechen kann (ebd., S. II). Die Automobilindustrie war seit Mitte der 1990er Jahre ein Treiber für Innovationsprozesse in einer Vielzahl von Branchen. Damit einher ging eine erhöhte Innovationsintensität mit radikalen Umbrüchen in den Branchenstrukturen und der Organisation der Wertschöpfungskette. Die Absatz- und Beschäftigungsentwicklung der vergangenen Jahre sind Beleg für den Erfolg dieser Innovationsoffensive.

Gleichzeitig wurden aber auch Grenzen erkennbar: zum einen bei der Kundenakzeptanz von technischen Ausstattungen, deren Nutzen für den Kunden fragwürdig erscheint, zum anderen bei Problemen der Qualität und Zuverlässigkeit technischer Systeme, deren Ursache wiederum häufig in Schwierigkeiten der „Governance" der neuen Zulieferbeziehungen liegt. Als besonders gravierend erwies sich in den letzten Jahren die in dem Bestreben um perfekte Lösungen begründete Ablehnung technischer Ansätze, die von konkurrierenden Unternehmen im Ausland im Bereich der Antriebssysteme gewählt wurden. In diesem Sinne wurden sowohl die Hybridantriebskonzepte japanischer als auch die Dieselpartikelfilter-Systeme französischer

Hersteller als technisch minderwertig abgelehnt, von den Märkten aber, wie sich zeigen sollte, enthusiastisch aufgenommen (Jürgens/Meissner 2005, S. 216f.). Dieses Beispiel verdeutlicht zweierlei: Zum einen belegt es eine Tendenz der Technikfixierung und des Overengineering, die immer wieder als eine zentrale Schwäche der Strategie deutscher Unternehmen benannt werden (Kurek 2004, S. 82), zum anderen zeigt es die Schwierigkeiten bei der Wahl der „richtigen" Innovationsstrategie.

### 4.2 Organisatorisches Lernen und Innovation: „Besser statt billiger"?

In Europa weist nicht Deutschland, sondern der skandinavische Raum nach allgemeiner Beurteilung die höchste Innovationsdynamik auf. Es zeichnet die skandinavischen Länder aus, dass sie einen starken Fokus auf nichttechnische Innovationen setzen und dass die Innovationspolitik Gegenstand einer tripartistischen Zusammenarbeit von Regierung, Wirtschaftsverbänden und Gewerkschaften ist. Somit stellt Skandinavien ein interessantes Beispiel zur Prüfung der Argumente von Kritikern der deutschen Entwicklung (Sinn 2004) dar, die in der Rigidität von Arbeitsinstitutionen wie dem Tarifsystem oder der Mitbestimmung Innovationshemmnisse sehen.

Exemplarisch hierfür kann das finnische „workplace development programme" genannt werden, das 1996 startete und an dem mehrere hundert Unternehmen und öffentliche Einrichtungen teilnahmen. Das Programm wurde in Zusammenarbeit von Regierung, Wirtschaftsverbänden und Gewerkschaften entwickelt und zielt auf die Förderung der Entwicklung von Unternehmen zu „lernenden Organisationen" ab. Unterstützt werden vor allem die Entwicklung neuer Organisationsformen von Arbeit, Lernen und Innovation in Unternehmen. Bei der Evaluation der Projekte wiederum achtet man darauf, dass sich die organisatorischen Veränderungen sowohl in erhöhter Produktivität und Innovationsfähigkeit als auch in einer besseren Qualität der Arbeit und in Partizipationsmöglichkeiten ausdrücken. Ein wesentliches Element des Programms besteht in der Schaffung von „lernenden Netzwerken", in denen der Wissenstransfer zwischen Unternehmen und die Einbindung der Interessenvertretung der Beschäftigten in die Prozesse gefördert werden. Die bisherigen Evaluationen des Programms deuten auf sehr gute Ergebnisse hin.

Vergleichbare Projekte in Deutschland (z.B. das Programm „Innovative Arbeitsgestaltung – Zukunft der Arbeit" als Nachfolger der „Humanisierung der Arbeit") zeichnen sich insbesondere durch eine Konzentration auf akademische Forschungsförderung aus – im Unterschied zum finnischen Beispiel, bei dem der Fokus auf „workplace"-Innovationen und der Vernetzung von Klein- und Mittelbetrieben liegt. Als ein betriebs- bzw. unternehmenszentriertes Konzept der Innovationsförderung „von unten" kann dagegen die seit 2004 von der IG Metall verfolgte Kampagne „Besser statt billiger" genannt werden. Diese Kampagne zielt vor allem darauf ab, Betriebsräte mit Expertise bei der Entwicklung von Alternativen zu Lohnsenkungen und Arbeitszeitverlängerungen zu unterstützen. Abweichungen vom Flächentarifvertrag in problematischen wirtschaftlichen Situationen der Unternehmen sollen von Gewerkschaft und Betriebsräten nur dann akzeptiert werden, wenn das Unternehmen ein langfristiges Konzept zur Entwicklung neuer Produkte, zur Modernisierung der Produktionsprozesse, zur Qualifizierung der Mitarbeiter und zu Investitionen in Forschung und Entwicklung vorlegt. Dabei wird explizit die Bereitschaft betont, eine Innovationsstrategie auch im Konflikt gegen rein auf Lohnkostensenkungen fokussierende Managementpositionen durchsetzen zu wollen.

Die aufgeführten Beispiele machen deutlich, dass die Entwicklung der Unternehmen zu lernenden und innovationsfähigen Organisationen die Kooperation aller Unternehmensakteure voraussetzt. Gewerkschaften und betriebliche Interessenvertretungen sind keine Innovationsverhinderer (Sinn 2004), sondern können als Innovationsförderer agieren, indem sie Investitionen in Ausbildung und Personalentwicklung einfordern, sich kurzfristig ausgerichteten Gewinnstrategien (Stichwort: Shareholder-Value) widersetzen und das Erfahrungswissen des „shop floor" mobilisieren. In der Entwicklung organisatorischer Innovationsfähigkeit liegt noch ein großes, bisher nicht genutztes Potenzial der kooperativen Arbeitsbeziehungen im deutschen Produktionsmodell – dieser Weg ist aber das genaue Gegenteil von Forderungen jener Autoren (ebd.), die in der Rigidität der deutschen Arbeitsinstitutionen einen Grund für die Innovationsschwäche sehen.

## 4.3 Grenzen der Innovationsstrategie

Ist Innovation der Königsweg für Hochlohnländer? Für die politischen Akteure besitzt die Förderung von Spitzentechnologien einen wichtigen Stellenwert bei der Suche nach Wegen zur Steigerung der Zukunftsfähigkeit des deutschen Produktionsmodells. Dies steht jedoch in einem erheblichen Kontrast zu der Ungewissheit über die Erfolgsaussichten einer solchen Strategie. Unsicher sind auch die Möglichkeiten einer staatlichen Lenkung der Entwicklung von Spitzentechnologiebranchen. Unsicher ist ferner die Verbindung von Spitzentechnologieforschung mit der Entwicklung erfolgreicher Produkte und Unternehmen. Paradoxerweise könnte die Fokussierung auf Spitzentechnologien eine Schwäche des deutschen Produktionsmodells fortsetzen, die bereits in den 1980er Jahren und Anfang der 1990er Jahre kritisiert worden war: die Technikfixierung und das Overengineering von Produkten.

Das skandinavische Beispiel legt einen wesentlichen Schwerpunkt auf organisatorische Innovationen, d.h. auf die Entwicklung der Unternehmen zu lern- und innovationsfähigen Organisationen nahe. Dabei zeigt sich, dass die Einbindung der Beschäftigten und ihrer Interessenvertretung, die Erhöhung der Partizipationsmöglichkeiten sowie der Fokus auf die Vernetzung von Unternehmensakteuren wichtige Elemente der Förderung von lernfähigen Organisationen sind. Dieses Beispiel widerspricht einer Kritik, die das deutsche System der Arbeitsregulierung als ein Innovationshemmnis sieht, und deutet auf existierende Innovationspotenziale der kooperativen Traditionen des deutschen Produktionsmodells hin.

Dennoch gibt es Grenzen einer Innovationsoffensive als einer Antwort auf den globalen Wettbewerbsdruck. Für die Gesellschaft insgesamt sind nicht die Innovationsfähigkeit oder das Unternehmenswachstum per se, sondern die damit verbundenen Beschäftigungs- und Wohlfahrtseffekte von Bedeutung. Es gehörte schon immer zu Innovationsprozessen, dass ihre Effekte häufig an anderen Stellen anfielen als dort, wo sie initiiert worden waren. Durch die in der jüngsten Zeit forciert erfolgende Reorganisation von Industrien durch Outsourcing und Offshoring verstärkt sich das Auseinanderfallen von Innovationen und Beschäftigungseffekten. Innovationen in einem Land können Arbeitsplätze in einem anderen Land schaffen; der Zusammenhang von Innovationen und einer „high-road"-Strategie lockert sich. Dies ist kein Argument gegen eine Innovationsstrategie, jedoch ein Hinweis darauf, dass einzelunternehmerische und gesellschaftliche Rationalität nicht identisch sind. Für einen Ausgleich beider Rationalitäten bedarf es starker Akteure und Institutionen, die im nationalen und im transnationalen Rahmen die Marktlogik begrenzen können.

## 5. Dritte Antwort: solidarische Begrenzung eines „race to the bottom"?

Die Globalisierung hat die Rahmenbedingungen des deutschen Produktionsmodells verändert. Betriebliche Wettbewerbskoalitionen und Innovationsprogramme können einen Teil des Wettbewerbs- und Verlagerungsdrucks auffangen. Gleichzeitig aber haben Kostensenkungs- und Flexibilisierungsstrategien Grenzen der sozialen Kohäsion und Legitimität inne und bergen zudem die Gefahr einer Verschärfung des „race to the bottom", während der Weg von Spitzeninnovationen nur von einem kleinen Teil der Unternehmen beschritten werden kann. Im globalen Standortwettbewerb bedeutet die Frage der Zukunftsfähigkeit daher nicht nur die Suche nach Wettbewerbsvorteilen (sei es Innovation, Qualität, Produktivität oder niedrige Kosten), sondern auch die Suche nach Instrumenten, mit denen man die hohen sozialen Kosten des globalen Wettbewerbs senken und eine Polarisierung zwischen Gewinnern und Verlierern des Wettbewerbs verhindern kann. Nur durch Institutionenaufbau ist es möglich, die ungeheuren Verwerfungen des globalen Standortwettbewerbs auf ein von den Gesellschaften zu bewältigendes Maß zu bringen.

Es gibt bislang lediglich ungenügende politische Antworten auf die aus dem globalen Standortwettbewerb resultierenden Gefahren. Auf globaler Ebene (Welthandelsorganisation, Internationaler Währungsfonds, Weltbank) konzentriert sich die Auseinandersetzung um handelspolitische Fragen. Auch im arbeitspolitischen Bereich ist bisher keine Einigung über Sozial- und Arbeitsstandards gefunden worden. Auf europäischer Ebene ist zwar die Gewährleistung des wirtschaftlichen und sozialen Zusammenhalts (Art. 2 des EU-Vertrags) ein explizites Ziel des Integrationsprozesses; die Frage der sozialen Kohäsion wird aber nach wie vor deutlich durch das Ziel der

Marktintegration und Liberalisierung zur Seite gedrängt. Auf nationaler Ebene schließlich fangen die sozialen Sicherungssysteme und Arbeitsmarktpolitiken immer weniger die Kosten des globalen Standortwettbewerbs auf.

Im Folgenden wird daher nicht auf politische Antworten auf den Standortwettbewerb abgestellt, sondern es werden Ansätze transnationaler Zusammenarbeit von Gewerkschaften (oder arbeitspolitisch engagierten NGOs) – also Antworten „von unten" – auf die Herausforderungen der Globalisierung diskutiert.

### 5.1 Europäische Betriebsräte: Widersprüche und Perspektiven

Angesichts der europaweiten Abnahme der Bindungskraft nationaler Tarifsysteme sowie des wachsenden Einflusses transnationaler Konzerne auf die Entwicklung von Arbeits- und Beschäftigungssystemen gewinnen die auf der Grundlage der EU-Direktive von 1994 eingerichteten Europäischen Betriebsräte (EBR) immer mehr an Bedeutung. In den EBR bündeln sich die Spannungen und Konflikte, mit denen die Interessenvertretungen der Beschäftigten im Zuge der Globalisierung umzugehen lernen müssen. Die Gewerkschaften und die Betriebsräte sind lokal und national (als nationale Branchen- und Dachverbände) organisiert, und diese Struktur wirkt sich in einem starken Fokus auf die Verteidigung lokaler und nationaler Standortinteressen aus. Eine transnationale Zusammenarbeit setzt aber den Verzicht auf rein lokale oder nationale Standortsicherungsstrategien voraus.[1]

Aufgrund dieser Widersprüchlichkeit gibt es sehr unterschiedliche Einschätzungen, ob die EBR zu Akteuren werden können, die Antworten auf den Standortwettbewerb und den Verlagerungsdruck zu entwickeln vermögen. Die meisten Beobachter bleiben skeptisch. Hancké (2000) argumentiert beispielsweise, dass in der Situation eines intensiven Wettbewerbs die EBR zum Austragungsort von Konflikten unterschiedlicher Standortinteressen werden, bei denen die Kompromissbereitschaft gering ist und es infolgedessen zur Lähmung des Gremiums kommt. Andere Autoren, z.B. Marginson (2000), betonen dagegen das Potenzial für den Ausgleich der Interessen:

> „First, EWCs [European Work Councils; U.J./M.K.] may conclude framework agreements or joint opinions on aspects of employment policy, as has already

---

[1] Neben den Europäischen Betriebsräten sind im europäischen Kontext die Koordinationsbemühungen der gewerkschaftlichen Dachverbände (z.B. „Doorn-Initiative") zu nennen. Auf Branchenebene zählen der Europäische Metallgewerkschaftsbund (EMB) und dessen seit den 1970er Jahren existierender „tarifpolitischer Ausschuss", sowie die seit Ende der 1990er Jahre auf Initiative der IG Metall entstandenen „interregionalen Tarifpartnerschaften" zu den Vorreitern. Die Koordinierungsaktivitäten des EMB zielen darauf ab, eine produktivitätsorientierte Lohnpolitik als Leitlinie für die Mitgliedsverbände zur Verhinderung eines Lohnwettbewerbs zwischen Staaten durchzusetzen, beinhalten aber seit dem Ende der 1990er Jahre auch die Bemühungen um die Einigung auf Mindeststandards bei Arbeitsbedingungen (europäische Arbeitszeitcharta, europäische Aus- und Weiterbildungscharta).

occurred in several instances. Second, there may emerge arm's length bargaining in which management and employee or union representatives do not negotiate face-to-face at European level, but in which negotiating positions and bargaining outcomes within the different national operations of the Eurocompany are increasingly coordinated across countries." (ebd., S. 30)

Das Potenzial und die Widersprüche der EBR können am Beispiel der Entwicklung bei General Motors (GM) illustriert werden. In Europa besitzt General Motors Werke in Deutschland, Schweden, Großbritannien, Polen, Spanien und Portugal. Die Inszenierung eines Wettbewerbs zwischen den Werken um Produktallokation hat im Unternehmen eine lange Tradition. In den 1990er Jahren hatten die Gewerkschaften auf den Standortwettbewerb zwischen den europäischen Werken von General Motors mit lokalen Verhandlungen über Konzessionen bei Löhnen, Arbeitszeiten und anderen Aspekten reagiert. Erst am Ende der Dekade kamen sie schließlich zum Schluss, dass lokale Verhandlungen und Vereinbarungen vom Konzern leicht als Instrument des internen Wettbewerbs um Löhne und Arbeitsmodelle genutzt werden können. Diese Einsicht führte zur Aufwertung des Europäischen Betriebsrats, der sich zunehmend in die Auseinandersetzungen über Standortentscheidungen einmischt und eine Abwärtsspirale der Löhne und Arbeitsbedingungen zu verhindern versucht.

Vor dem Hintergrund einer Kapazitätsausweitung durch den Aufbau neuer Werke in Mittel- und Osteuropa und angesichts zurückgehender Marktanteile hat sich eine zunehmende Verschärfung des zwischenbetrieblichen Wettbewerbs um Produktzuteilung und Kapazitätsauslastung ergeben, die zu einem starken Hebel des Managements wurde, um Konzessionen der Gewerkschaften und Betriebsräte zu erzielen. Als Antwort versucht der EBR durch die Koordination von lokalen Betriebsräten und Gewerkschaften sowie durch die Mobilisierung der Beschäftigten zwei „Haltelinien" zu verteidigen (vgl. EMB 2005, S. 15): Erstens vereinbarten die Vertreter der europäischen Standorte, als unterste Konzessionsgrenze für die lokalen Gewerkschaftsvertretungen das jeweils national geltende Flächentarifniveau nicht zu unterschreiten. Zweitens wurde eine gemeinsame Linie bezüglich dreier Kernforderungen festgelegt, die von sämtlichen Standorten zu verteidigen ist: keine Standortschließungen, keine betriebsbedingten Kündigungen sowie eine solidarische Aufteilung der Restrukturierungslasten auf alle Standorte („sharing the pain").

Durch das solidarische Auftreten der europäischen Standorte konnte der EBR bei den Verhandlungen mit General Motors (GM) einige Erfolge verbuchen. Es ist eine Reihe von so genannten Europäischen Rahmenvereinbarungen ausgehandelt worden, die die Restrukturierungsprozesse an den europäischen GM-Standorten regulieren. Der EBR wurde dabei über eine Informations- und Koordinierungsrolle hinaus zu einer Aushandlungsarena für transnationale europäische Vereinbarungen und illustriert damit die Perspektive einer Europäisierung der Interessenvertretung in transnationalen Konzernen.

Gleichzeitig bleibt ein solidarischer Ausgleich von Interessen zwischen den Gewerkschaften und Betriebsräten von General Motors in Europa fragil. Offen ist insbesondere die Frage, ob das von Hochlohnstandorten vorgebrachte Interesse an einer solidarischen Politik zur Verhinderung eines „race to the bottom" von den Beschäftigten und den Gewerkschaften in Niedriglohnländern geteilt wird. Ein Gewerkschaftsvertreter aus einem polnischen Standort eines großen Konzerns beschreibt das Dilemma folgendermaßen:

> „Wir wollen nicht, dass Kollegen in Deutschland entlassen werden. Aber ich muss sagen, unsere Mitglieder im Werk interessieren sich nicht dafür. Sie fragen mich: Wer hat dich als Vertreter gewählt, wir oder etwa die Deutschen? Wir als Gewerkschaft sind zwischen Hammer und Amboss. Ich habe den Eindruck, die deutschen Kollegen erwarten, dass wir hier jedes Jahr zehn bis 15 Prozent Lohnerhöhungen durchsetzen. Das geht aber nicht. Die Leute hier wollen vor allem ihre Arbeit verteidigen."[2]

Das Solidaritätspotenzial sollte zugleich aber nicht unterschätzt werden. In seiner Untersuchung mehrerer EBR mit Beteiligung polnischer Gewerkschafter stellt Meardi (2004) fest, dass die Gewerkschafter aus diesem mittelosteuropäischen Niedriglohnland die Erfahrung von Verlagerungsdrohungen kennen und länderübergreifenden Abwehrstrategien zur Verhinderung eines ungebremsten Standortwettbewerbs aufgeschlossen gegenüberstehen:

> „It is interesting that Polish representatives firmly reject, at least overtly, social dumping strategies, and they are perfectly aware of the risks of a 'race to the bottom', since Ukraine and Lithuania are just beyond the border offering even lower labour costs. The Polish unionists see themselves as midway between high-wage and low-wage areas, and try to consider both sides of the cost-competition problem." (ebd., S. 170)

Zudem bietet die Mitarbeit im Europäischen Betriebsrat den Gewerkschaftern aus mittelosteuropäischen Niedriglohnländern eine Unterstützung durch Mitbestimmungsrechte von Betriebsräten in Ländern wie Deutschland sowie einen Zugang zum zentralen Management, der in einen Informationsvorteil und Reputationsgewinn gegenüber dem lokalen Management umgemünzt werden kann.

### 5.2 Außerhalb Europas: Auseinandersetzungen um grundlegende Arbeitsrechte

Außerhalb Europas vollziehen sich die Bemühungen um eine transnationale Zusammenarbeit und einen solidarischen Ausgleich von Interessen in einem

---

[2] Interview mit einem Gewerkschaftsvertreter im Opel-Werk in Polen am 6.9.2006 im Rahmen des Forschungsprojekts „The European Socio-Economic Models of a Knowledge-Based Society", Laufzeit 2005 bis 2007.

weit weniger institutionalisierten Rahmen. Es finden dort zwar ebenfalls Institutionenbildungsprozesse wie etwa der Aufbau von Weltbetriebsräten statt, diese sind allerdings deutlich schwächer ausgeprägt als in Europa. Die transnationale Zusammenarbeit wird oft von Akteuren jenseits der traditionellen Gewerkschaftsverbände getragen und ist mit Problemen konfrontiert, die auf einer viel fundamentaleren Ebene liegen als in Europa. Als ein Beispiel hierfür kann auf Initiativen verwiesen werden, die sich seit den späten 1980er Jahren in Nordamerika entwickelten, mit dem Ziel, die Arbeitsbedingungen in der entstehenden Maquiladora-Industrie in den Grenzregionen Mexikos zu den USA zu verbessern und das Ausspielen von Beschäftigten in den USA gegen die in Mexiko zu verhindern. Exemplarisch hierfür sind auch die von lokalen Initiativen, Kirchen und Gewerkschaftsorganisationen gebildete „Coalition for Justice in the Maquilas" und das „National Labor Committee". Den verschiedenen Initiativen ist eine kampagnenorientierte Arbeitsweise gemeinsam, die auf die Mobilisierung einer breiten solidarischen Öffentlichkeit zur Durchsetzung von Arbeitsstandards setzt.

Am Beispiel der Maquiladoras zeigen sich sehr markant die Probleme, mit denen der globale Standortwettbewerb die gewerkschaftliche Zusammenarbeit über Grenzen konfrontiert. In der ersten Phase ihrer Arbeit konzentrierten sich die Initiativen auf die Bewältigung der Probleme durch die Verlagerung aus dem Hochlohnland USA in das Niedriglohnland Mexiko: Es ging um die Durchsetzung von Lohn- und Arbeitsstandards in Mexiko und eine perspektivische Zurückdrängung von „beggar my neighbour"-Strategien. Seit Mitte der 1990er Jahre hat die mexikanische Maquiladora-Industrie allerdings selbst, insbesondere in der Elektronikbranche, einen massiven Verlagerungsprozess nach China erlebt, was den Schwerpunkt der Arbeit zahlreicher Initiativen verschoben hat. Die Suche nach Antworten auf den Verlagerungswettbewerb unter Niedriglohnländern gewinnt somit an Bedeutung.

Verglichen mit Mexiko ist die Situation in China noch schwieriger. Während in den staatlichen Unternehmen die Arbeitsstandards vergleichsweise hoch sind und betriebliche Interessenvertretungsstrukturen existieren, ist die Entwicklung in den Exportindustrien von einer schwachen Überwachung der Arbeitsgesetzgebung sowie durch das Fehlen von Gewerkschaften gekennzeichnet, wobei die staatlich kontrollierten Gewerkschaften sich wenig für die Veränderung der Situation einsetzen und unabhängige Gewerkschafter mit Verfolgung rechnen müssen. „Die Unmöglichkeit, auch nur die einfachsten gesetzlichen Normen im Betrieb einfordern zu können, verdeutlicht auf drastische Weise die Schwäche der Institutionen [betrieblicher Interessenvertretung; U.J./M.K.] und das Fehlen wirkungsvoller Tarifverhandlungsstrukturen" (Lüthje 2006, S. 25).

### 5.3 Grenzen einer solidarischen Abwehrstrategie des Standortwettbewerbs

Bei den dargestellten Beispielen einer transnationalen Solidarität und Zusammenarbeit von Gewerkschaften handelt es sich zweifellos um Einzelfälle und zarte Pflänzchen. Die existierenden gewerkschaftlichen Organisationen haben große Probleme, mit den Widersprüchen der lokalen bzw. nationalen Beschäftigungsinteressen und den Anforderungen transnationaler Zusammenarbeit umzugehen. Gegenüber der Macht transnationaler Konzerne sind Akteure wie die EBR oder NGOs schwach, auch wenn sie in Einzelfällen Achtungserfolge erzielen können. Eine Flankierung der Formen solidarischer Zusammenarbeit von unten durch den Aufbau politischer Institutionen und Regelsysteme wird für ihren Erfolg entscheidend sein.

In der Europäischen Union entwickeln sich zwar erste Ansätze einer Regulierung, die den Standortwettbewerb und den damit zusammenhängenden Druck auf „high-road"-Produktionsmodelle innerhalb Europas begrenzen könnte; zu nennen sind hier die EBR-Direktive oder die seit dem Jahr 2006 geltende Regelung, dass die EU-Strukturfonds nicht für die Subventionierung von Betriebsverlagerungen genutzt werden können. Es handelt sich aber um allererste Ansätze, die noch nicht mehr als ein Tropfen auf den heißen Stein sind. Angesichts der großen „diversity of capitalisms" (Amable 2004) in Europa und der politischen Kräfteverhältnisse ist zu erwarten, dass die Konkurrenz der nationalen Sozialsysteme und Arbeitsmodelle mittelfristig erhalten bleiben wird – und damit auch die Interessenkonflikte und Widersprüche, mit denen gewerkschaftliche Akteure umgehen müssen. Offen ist zudem die Frage, ob eine gewerkschaftliche Koordinierung und eine politische Begrenzung des Standortwettbewerbs auf europäischer Ebene vor dem Hintergrund der Globalisierung der Kapitalströme und des Wettbewerbs aus den aufstrebenden Niedriglohnländern überhaupt ausreichen könnten, um die westeuropäischen „high-road"-Modelle zu stabilisieren.

Angesichts der vom globalen Standortwettbewerb erzeugten Verwerfungen ist jedoch ein zivilgesellschaftlicher Aufbau solidarischer Institutionen und Handlungsformen nicht zuletzt deswegen ein wichtiger Prozess, um nationalistische und chauvinistische Reaktionen zu verhindern.

## 6. Zukunftsperspektiven des deutschen Produktionsmodells

Im vorliegenden Beitrag wurden Antworten auf Herausforderungen diskutiert, vor denen das deutsche Produktionsmodell, aber auch andere „high-road"-Produktionsmodelle stehen. Diese Modelle beruhen auf einer Spezialisierungsstrategie auf hochwertige Produkte sowie einem Qualitätswettbewerb, die eine Balance der Anforderungen der Wettbewerbsfähigkeit und der sozialen Qualität der Arbeit ermöglichen. Die Umbrüche im globalen Wettbewerb und die internationale Arbeitsteilung stellen eine solche Spezialisierungsstrategie in Frage und untergraben damit die Grundlagen der sozialen Kompromisse in westlichen Industriestaaten: Die Balance zwischen Wettbewerbsfähigkeit und Qualität der Arbeit wird zunehmend schwieriger.

Die Problematik des globalen Standortwettbewerbs betrifft aber nicht nur westliche Industrieländer: Das Fehlen von effektiven Institutionen der Arbeitsregulierung und einer handlungsfähigen Interessenvertretung der

Beschäftigten in vielen Niedriglohnländern sowie der Verlagerungswettbewerb zwischen Niedriglohnregionen drohen auch dort das ökonomische Wachstum von der Verbesserung der Lebens- und Arbeitsbedingungen der Menschen zu entkoppeln.

Es wurden drei Antworten auf diesen Problemdruck skizziert, die alle einen Teil des Drucks auffangen können, aber zugleich enge Grenzen haben. Die erste Antwort liegt in betrieblichen Wettbewerbskoalitionen zur Senkung der Arbeitskosten sowie zur Erhöhung der Produktivität und Flexibilität. In vielen Fällen läuft diese Antwort auf eine Segmentierung hinsichtlich der Arbeitsbedingungen und des Beschäftigungsstatus innerhalb der Unternehmen sowie zwischen den Unternehmen der Wertschöpfungskette hinaus. Manchmal werden auch Wettbewerbsvorteile durch innovative Formen der Arbeitsorganisation angestrebt (z.B. Auto 5000). Solche Ansätze bilden jedoch bisher Einzelfälle, die auf spezifischen und nicht leicht transferierbaren Bedingungen beruhen.

Obwohl durch Kostensenkungen und Produktivitätserhöhungen ein Teil des Verlagerungsdrucks aufgefangen werden kann, untergraben die Segmentierung und der Druck auf die Arbeitsbedingungen die soziale Kohäsion. Der Anpassungsprozess vollzieht sich zwar bisher in verhandelter Form, die eine Kontinuität der Institutionen kollektiver Regulierung der Arbeit (Mitbestimmung, Tarifsystem) gewährleistet. Zugleich droht aber aufgrund des betriebs- bzw. unternehmenszentrierten Fokus ein „race to the bottom" bei Löhnen und Arbeitsbedingungen.

Die zweite Antwort einer Innovationsoffensive kann zwar ebenfalls einen Teil des Drucks mindern, aber dennoch keinen Ausweg aus dem Dilemma des globalisierten Standortwettbewerbs bieten. Von der Förderung von Spitzentechnologien profitiert nur eine begrenzte Gruppe von Branchen. Einen breiteren Fokus haben Ansätze wie das in Finnland entwickelte „workplace development programme" oder die „Besser statt billiger"-Kampagne der IG Metall, die auf organisatorisches Lernen und organisatorische Innovationen setzen. Insgesamt ist jedoch festzustellen, dass die Möglichkeit des Profitierens von Innovationsrenten durch den zunehmend internationalen Charakter der Innovationssysteme begrenzt ist: Durch den Transfer von „best practices" innerhalb transnationaler Unternehmen sowie durch Outsourcing und Offshoring führen Innovationen dort immer weniger zu Beschäftigungseffekten, wo sie entwickelt wurden.

Angesichts der Grenzen der beiden ersten Antworten gewinnt ein dritter Ansatz an Bedeutung, der nicht auf die Herstellung nationaler oder lokaler Wettbewerbsvorteile fokussiert, sondern auf die Verhinderung eines „race to the bottom" durch die transnationale Zusammenarbeit von Gewerkschaften oder arbeitspolitisch engagierten NGOs. In einer Situation, in der im nationalstaatlichen Rahmen der Druck des globalen Wettbewerbs immer weniger aufgefangen werden kann und in der eine Rückkehr zu einem stärkeren Nationalstaat schwer denkbar erscheint, ist die Entwicklung eines transnationalen Akteurs- und Institutionensystems zur Regulierung des Wettbewerbs eine wichtige Voraussetzung für Produktionsmodelle, die Wettbewerbsfähigkeit und soziale Qualität der Arbeit vereinbaren, und zwar sowohl im Sinne ihres Erhalts in westlichen Industriestaaten als auch ihrer Entwicklung in den aufholenden Ländern Südostasiens und Osteuropas. Im europäischen Raum sticht die Institution der Europäischen Betriebsräte hervor. In Niedriglohnregionen wie Südostasien, in denen gewerkschaftliche Aktivitäten politisch zurückgedrängt bzw. durch staatlich kontrollierte Gewerkschaften in Zaum gehalten werden, haben Formen von kampagnenorientierter transnationaler Zusammenarbeit von Gewerkschaftsinitiativen und NGOs jenseits der etablierten Verbände eine große Bedeutung. In allen Fällen handelt es sich um erste Ansätze, die angesichts des Drucks des globalen Wettbewerbs als Tropfen auf den heißen Stein erscheinen.

Nichtsdestotrotz erscheint es uns nicht naiv, die Möglichkeit einer solidarischen Begrenzung des Standortwettbewerbs und einer Verhinderung eines „race to the bottom" hervorzuheben. Naiv ist es vielmehr zu glauben, dass die gegenwärtigen Dimensionen und die Geschwindigkeit des Wandels der globalen Arbeitsteilung zwischen den westlichen und den aufholenden Gesellschaften ohne die Entwicklung von transnationalen Akteuren und Institutionen, die einen Interessenausgleich schaffen, die soziale Kohäsion sichern und die Legitimität der Wandlungsprozesse stützen, bewältigt werden könnten.

Keine der skizzierten Antworten kann ein Gleichgewichtsszenario, eine „nachhaltige" Lösung der Probleme im Sinne des Eingangszitats von Streeck und Kitschelt versprechen – auch wenn durch das Zusammenwirken dieser Antworten ein „Katastrophenszenario" des Niedergangs der Industriearbeit in Deutschland unplausibel erscheint. Realistischer scheint die Erwartung eines „muddling through", eines in den beiden kommenden Jahrzehnten währenden prekären und tastenden Anpassungsprozesses an globale Umbrüche, deren Größenordnung die Problemlösungskapazitäten einzelner Akteure (seien es einzelne Staaten, Unternehmen oder zivilgesellschaftliche Akteure) übersteigt.

Die Möglichkeiten eines langfristigen Zukunftsszenarios sind angesichts der Schärfe und der Größenordnung der Ungleichgewichte sowie angesichts des Tempos der Umbrüche in der internationalen Arbeitsteilung begrenzt. Wir ziehen es daher vor, eine normative Perspektive zu betonen. Ohne einen Aufbau und eine Stärkung von Akteuren und Institutionen, die einen solidarischen Interessenausgleich und die soziale Verarbeitungsfähigkeit der globalen Umbrüche herzustellen vermögen, droht die Dynamik des globalen Standortwettbewerbs nicht nur die Qualität der Arbeit und die soziale Kohäsion in bisherigen westlichen „high-road"-Gesellschaften zu untergraben, sondern auch zu einer Verschärfung wirtschaftlicher Konflikte und zu neuen politischen Gegensätzen in der Weltgesellschaft zu führen.

## Literatur

Amable, Bruno (2004): *The Diversity of Modern Capitalism*. Oxford: Oxford University Press.

Bispinck, Reinhard/Schulten, Thorsten (2005): „Deutschland vor dem tarifpolitischen Systemwechsel?" In: *WSI-Mitteilungen*, Jg. 58, H. 8, S. 466-472.

BMBF (Bundesministerium für Bildung und Forschung) (2006): *Bericht zur technologischen Leistungsfähigkeit Deutschlands 2006*. Berlin: BMBF.

Boes, Andreas (2005): „Auf dem Weg in die Sackgasse? Internationalisierung im Feld Software und IT-Services". In: Andreas Boes/Michael Schwemmle (Hg.): *Bangalore statt Böblingen? Offshoring und Internationalisierung im IT-Sektor*. Hamburg: VSA, S. 13-65.

Busse, Klaus-Peter/Wittke, Volker (2005): „Varieties of German Capitalism". In: *Sofi-Mitteilungen*, Nr. 33, S. 81-85.

DGB (Deutscher Gewerkschaftsbund) (2004): *Reformanstöße des DGB für Wachstum und Beschäftigung, Bildung und Innovation*. Informationen und Positionen der Grundsatzabteilung, Ausgabe Nr. 13. Berlin: DGB-Bundesvorstand.

EIRO (European Industrial Relations Observatory) (2004): *Developments in European Works Councils*. Brüssel: EIRO.

EMB (Europäischer Metallgewerkschaftsbund) (2005): *GME Restructuring and Framework Agreements. An Example of EMF European Company Policy*. Brüssel: EMB.

Forster, Carl-Peter (2004): *Standort Deutschland – Zustand und Perspektiven*. Rede beim Neujahrsempfang der Industrie- und Handelskammer Bochum, 29.1.2004.

Hall, Peter A./Soskice, David (2001): „An Introduction to Varities of Capitalism". In: Peter A. Hall/David Soskice (Eds.): *Varities of Capitalism. The Institutional Foundations of Comparative Advantage*. Oxford: Oxford University Press, S. 1-70.

Hancké, Bob (2000): „European Works Councils and Industrial Restructuring in the European Motor Industry". In: *European Journal of Industrial Relations*, Vol. 6, No. 1, S. 35-59.

Jürgens, Ulrich (2003): „Transformation and Interaction: Japanese, U.S., and German Production Models in the 1990s". In: Kozo Yamamura/Wolfgang Streeck (Eds.): *The End of Diversity? Prospects for German and Japanese Capitalism*. Ithaca, NY/London: Cornell University Press, S. 212-239.

Jürgens, Ulrich (2004): „An Elusive Model – Diversified Quality Production and the Transformation of the German Automobile Industry". In: *Competition & Change*, Vol. 8, No. 4, S. 411-424.

Jürgens, Ulrich/Meissner, Heinz-Rudolf (2005): *Arbeiten am Auto der Zukunft. Produktinnovationen und Perspektiven der Beschäftigten*. Berlin: edition sigma.

Jürgens, Ulrich/Naschold, Frieder (1994): „Arbeits- und industriepolitische Entwicklungsengpässe der deutschen Industrie in den neunziger Jahren". In: Meinolf Dierkes/Wolfgang Zapf (Hg.): *Institutionenvergleich und Institutionendynamik*. WZB-Jahrbuch 1994. Berlin: edition sigma, S. 239-270.

Kern, Horst/Sabel, Charles E. (1994): „Verblaßte Tugenden. Zur Krise des deutschen Produktionsmodells". In: Niels Beckenbach/Werner van Treeck (Hg.): *Umbrüche gesellschaftlicher Arbeit*. Soziale Welt, Sonderband 9. Göttingen: Schwartz & Co., S. 605-624.

Kurek, Rainer (2004): *Erfolgsstrategien für Automobilzulieferer: Wirksames Management in einem dynamischen Umfeld*. Berlin: Springer.

Lüthje, Boy (2006): „Electronic Contract Manufacturing: Globale Produktion und neue Arbeitsregimes in China". In: *WSI-Mitteilungen*, Jg. 59, H. 1, S. 21-27.

Marginson, Paul (2000): „The Eurocompany and Euro Industrial Relations". In: *European Journal of Industrial Relations*, Vol. 6, No. 1, S. 9-34.

Meardi, Guglielmo (2004): „Short Circuits in Multinational Companies: The Extension of European Works Councils to Poland". In: *European Journal of Industrial Relations*, Vol. 10, No. 2, S. 161-178.

Michaux, François (2006): *Comment les enterprises allemandes gèrent leurs baisses de coût*. Paper für das 14. GERPISA (Groupe d' Etudes et de Recherches Permanent sur l' Industrie et les Salariés de l' Automobile) International Colloquium, 12.-13. Juni 2006. Paris.

Samuelson, Paul A. (2004): „Where Ricardo and Mill Rebut and Confirm Arguments of the Mainstream Economists Supporting Globalization". In: *Journal of Economic Perspectives*, Vol. 18, No. 3, S. 135-146.

Schumann, Michael/Kuhlmann, Martin/Sanders, Frauke/Sperling, Hans-Joachim (2006): „Vom Risiko- zum Vorzeigeprojekt. Auto 5000 bei Volkswagen". In: *WSI-Mitteilungen*, Jg. 59, H. 6, S. 299-306.

Sinn, Hans-Werner (2004): *Ist Deutschland noch zu retten?* München/Berlin: Econ.

Streeck, Wolfgang (1997): „German Capitalism: Does It Exist? Can It Survive?" In: Colin Crouch/Wolfgang Streeck (Eds.): *Political Economy of Modern Capitalism*. London: Sage, S. 33-54.

Streeck, Wolfgang/Kitschelt, Herbert (2004): „From Stability to Stagnation: Germany at the Beginning of the Twenty-First Century". In: Wolfgang Streeck/Herbert Kitschelt (Eds.): *Germany. Beyond the Stable State*. London/Portland: Frank Cass, S. 1-36.

Streeck, Wolfgang/Sorge, Arndt (1988): „Industrial Relations and Technical Change: The Case for an Extended Perspective". In: Richard Hyman/Wolfgang Streeck (Eds.): *New Technology and Industrial Relations*. Oxford: Basil Blackwell, S. 19-47.

# Was ist von einer produktiven Wissensgesellschaft durch nachhaltige Innovation und Berufsbildung zu erwarten?

Arndt Sorge

> „Da stieg der Herr herab, um sich Stadt und Turm anzusehen, die die Menschenkinder bauten. Er sprach: Seht nur, ein Volk sind sie, und eine Sprache haben sie alle. Und das ist erst der Anfang ihres Tuns. Jetzt wird ihnen nichts mehr unerreichbar sein, was sie sich auch vornehmen. Auf, steigen wir hinab, und verwirren wir dort ihre Sprache, sodass keiner mehr die Sprache des anderen versteht. Der Herr zerstreute sie von dort aus über die ganze Erde und sie hörten auf, an der Stadt zu bauen. Darum nannte man die Stadt Babel (Wirrsal), denn dort hat der Herr die Sprache aller Welt verwirrt, und von dort aus hat er die Menschen über die ganze Erde zerstreut."
>
> (1. Mose 11, 5-9)

## 1. Einleitung

„Zukunftsunfähigkeit" entsteht, wenn Teilsysteme ohne Beachtung der Folgen für das Gesamtsystem optimiert werden. Eine integrierte Systemanalyse ist schwierig, doch wenn man Teilsysteme betrachtet, sollte man sie zumindest versuchsweise anreißen. In diesem Artikel wird der Blick auf Deutschland als „Wissensgesellschaft" gerichtet und gefragt, inwiefern Innovation des Wissens und speziell die Berufsbildung der Wirtschaftsdynamik dauerhaft Impulse geben. Dabei ist auch zu prüfen, was erhaltenswert ist. Zweifelsfrei defizitär sind aber verschiedene Elemente in den Bereichen Demografie, Sozialstaat und Föderalismus; sie werden in anderen Beiträgen dieses Bandes behandelt.

Zwar hat sich die Wettbewerbsfähigkeit heimischer Unternehmen günstig entwickelt. Aber für die nachhaltige Vermehrung der Erwerbsbeteiligung hat dies nicht gereicht. Das Problem liegt vor allem in den Lohnzusatzkosten und in der Benachteiligung des Faktors „einheimische Arbeit" im Kalkül der Unternehmen: Auslandsinvestitionen und Kapitaleinsatz statt Arbeit schränken heimische Erwerbsbeteiligung ein; diverse Dienstleistungen wurden wegen Regulierungs- und Kostenproblemen entweder nicht oder nur in Form von prekärer oder Schwarzarbeit realisiert, so dass sie nichts oder wenig zur sozialen Sicherung beitragen. Dies ist im Großen und Ganzen unstrittig. Es kann sogar sein, dass Deutschland das Opfer einer Paradoxie ist: Eine auch nach der Vereinigung überaus erfolgreiche Exportwirtschaft zieht mehr Erwartungen auf sich, als sie einzulösen in der Lage ist, und lenkt zugleich von notwendigen sozial- und bundestaatlichen Reformen ab.

Davon abgesehen lohnt es sich jedoch, institutionelle Voraussetzungen für eine Wirtschaftsdynamik zu prüfen, die der Sicherung oder Ausweitung der Erwerbsbeteiligung durch Innovation in der „Wissensgesellschaft" zugute kommen kann. Betrachten wir also gängige Vorstellungen zur Entfaltung von Wirtschafts- und Beschäftigungsdynamik innerhalb des gegebenen Rahmens, und zwar durch die „Steigerung der Produktivkräfte" mittels des Zusammenwirkens von wirtschaftlich-technischem Wandel und beruflicher Qualifizierung, in Ausrichtung auf „zukunftsfähige" Wirtschaftsfunktionen in relativ hoch entwickelten Volkswirtschaften. Die einschlägigen Stichworte in diesem Zusammenhang sind: Wissensgesellschaft und Wissensökonomie, Informationsgesellschaft und Informationsökonomie, Steigerung technologischer Kapazitäten, Dienstleistungsgesellschaft, Forschung und Entwicklung, Datenarchive und -autobahnen, Massenkommunikation, hochwertige Bildung. Die Zukunftsfähigkeit in diesen Hinsichten ist hier zu prüfen.

Was sagen uns diese Stichworte? Man kann beispielsweise das „Journal Arbeit" von 2006 (Heft 1) aufschlagen und findet zum Thema „Wissen in Unternehmen" eine Reihe von Beiträgen, in denen etwa ein Minister die Einrichtung von Datenarchiven und die Umsetzung von archiviertem Wissen in die Praxis unterstützt, ein Institutsleiter Wissensmanagement dagegen als Mythos entlarvt, andere Autoren Beschleunigung und Flexibilisierung von Wissensflüssen anmahnen, ein Gewerkschafter eine Lanze für vertrauensbasierte Beziehungen bricht und ein Hochschullehrer das Konzept „Wissensmanagement" bereits für beerdigt erklärt. Man fragt sich, worum es bei „Wissen" denn eigentlich geht und wie bzw. in welchen Formen es zur Wirtschaftsdynamik beitragen soll. Zukunftsfähig kann eine Politik nur sein, wenn sie davon einen stimmigen Begriff hat. Die Ansammlung verschiedener Artikel z.B. im erwähnten „Journal Arbeit" gleicht aber einem Palaver, also einer Diskursform, bei der Teilnehmer in Ermangelung genauer und übereinstimmender Vorstellungen aneinander vorbeireden. Diese Art von Diskurs behindert die praktische Fokussierung auf Maßnahmen, die den Herausforderungen der Wissensgesellschaft angemessen Rechnung tragen, weil gar nicht verstanden wird, worum es dabei geht. Und in der schnöden Wirklichkeit ist der Haushalt der Bundesagentur für Arbeit deutlich größer als der aller deutschen Universitäten zusammen, werden die meisten Arbeitenden im Alltag eher dazu genötigt, beigebrachtes Wissen wieder zu vergessen, und wandern deutsche Fachkräfte zunehmend aus.

Was wissen wir eigentlich über Wissen, und was können wir damit bei der problemorientierten Analyse einer konkreten Gesellschaft im Vergleich zu anderen anfangen, unter besonderer Berücksichtigung jener Bereiche, die irgendwie für Wissen und Wirtschaftsdynamik zuständig sind? Wissen sollte auch etwas mit beruflicher Bildung zu tun haben; wie kann man sich diesen Zusammenhang vorstellen? Der Aufsatz beginnt mit einer vergleichenden Betrachtung von Systemen der beruflichen Bildung im Umriss, klärt dann, worum es bei wirtschaftlich produktiver Wissensentwicklung geht, stellt dar, wie verschiedene Bildungs- und Wirtschaftssysteme bei der Bewältigung technischer und struktureller Herausforderungen ineinandergreifen, und zuletzt werden daraus einige Schlüsse gezogen, um einen kleinen Beitrag zur Systematisierung des Palavers zu leisten.

Eine der Vermutungen in gegenwärtigen Reformdebatten ist, Deutschland habe Defizite bei der technischen Innovation, und dies reduziere das Wirtschaftswachstum und die Beschäftigungsdynamik. In diesem Zusammenhang sind die allgemeine und die Hochschulbildung ins Gerede gekommen, aber mehr und mehr gerät auch das System der beruflichen Bildung in die Kritik. Vielfach wird die internationale Harmonisierung von Bildungsgängen und Abschlüssen propagiert. Hier setzen die Leitfragen des Aufsatzes an: Sind deutsche Institutionen der beruflichen Bildung verantwortlich für Innovationsdefizite, gibt es solche überhaupt, und wie muss man sich für Deutschland eine zukunftsfähige oder nachhaltig beständige und produktive berufliche Bildung im Dienste von Innovation in der Wissensgesellschaft vorstellen? Worum geht es genau genommen bei der Wissensgesellschaft? Ist eine Anpassung an andere Bildungssysteme, z.B. auf dem Wege europäischer Harmonisierung, angebracht? Beginnen wir zuerst mit einem Vergleich von Systemen der beruflichen Bildung in Westeuropa.

## 2. Bildung und Ausbildung: Aufbau der Systeme und individuelle Ausbildungswege

Bildung und Ausbildung sind in jeder Gesellschaft anders aufgebaut. Ich schlage eine sehr vereinfachte Methode für eine erste Bestandsaufnahme vor. Zunächst einmal unterscheiden sich Ausbildungssysteme danach, wie stark der schulische Anteil an der Berufsbildung ist. Ein hoher schulischer Anteil, oft mit Wissensgesellschaft assoziiert, liegt vor, wenn die jeweilige Berufsbildung hauptsächlich von Einrichtungen wie Realschulen, Gymnasien und Hochschulen getragen wird. Am anderen Ende dieser bipolaren Skala steht ein System mit Arbeitsstätten als Lernorten. Zwar existieren auch hier Verbindungen zu schulischen Einrichtungen und unabhängigen Ausbildungszentren, doch beruht dieses System grundlegend auf dem Erlernen des Berufs in der Praxis, die er umschließt.

Die Bipolarität zeigt sich sehr deutlich am Oberrhein: Frankreich weist ein stark verschultes und Deutschland ein eher berufspraktisches System auf. In den anderen lateinischen Ländern hat die Verschulung der Berufsbildung einen ähnlich hohen Grad erreicht wie in Frankreich, ebenfalls in den nordischen Ländern, wiewohl Dänemark sich etwas enger an die deutsche Praxis anlehnt. Eine begrenzte Verschulung bei stärkerem Praxisanteil ist daneben kennzeichnend für Österreich und die Schweiz, in gewisser Weise auch für Großbritannien mit seinem System der National Vocational Qualifications.

Zum Zweiten ist die vertikale Durchlässigkeit der Ausbildungsgänge und die berufliche Mobilität, bezogen auf die soziale Hierarchie von Stellen und Funktionen, zu betrachten. Das Gegenteil von Durchlässigkeit ist gegeben, wenn Laufbahnen und Ausbildungsgänge durch Barrieren der Zugangsqualifikation gegeneinander abgeschottet sind. Bei großer Durchlässigkeit ist der Übergang von einer „niederen" zu einer „höheren" Ausbildung einfacher und findet häufiger statt. Die Ausbildungsgänge und Funktionsbereiche sind vertikal weniger voneinander abgegrenzt. Erhebliche Unterschiede in der vertikalen Durchlässigkeit sind längs der Nord-Süd-Achse in Westeuropa zu erkennen. So sind die nordischen Systeme egalitärer, wohingegen die Länder, die zum Römischen Reich gehörten, hierarchischere Systeme ausgebildet haben, mit Barrieren und stärkerer Ungleichheit in der Bezahlung und der sozialen Schichtung allgemein (zu Systemen der beruflichen Bildung vgl. CEDEFOP 2006).

Wir können nun die zwei genannten Dimensionen in einer Vierfeldertabelle berücksichtigen. Sie vereinigt beide Gegensatzpaare in einem schlichten Schema, das den Betrachter nicht zur endgültigen Hinnahme dieser Einteilung, sondern zu weiterer Differenzierung einlädt (Tabelle 1).

Das Schema weist keine Ländernennung für die Kombination von „Barrieren" mit „begrenzter Verschulung" aus. In den Ländern mit „vorherrschender Verschulung" und „Barrieren" wird zu Beginn des Erwerbslebens eine Selektion vorgenommen. Die vermutlich Begabten und künftigen Inhaber höherer Stellen werden sehr früh ausgewählt. Frankreich hat mit seinen Eliteschulen (Ecoles normales, Ponts et Chaussées, Mines, Polytechnique) ein in Europa oft kopiertes Modell geliefert. Es ist im Übrigen bemerkenswert, dass dort im Laufe der Geschichte Schulen, die ursprünglich gegründet wurden, um künftige Werkmeister oder Leiter von kleineren Betrieben auszubilden, sich mit der Zeit in Eliteschulen verwandelt und so den Abstand zwischen den Arbeitern an der Basis und den Führungskräften vergrößert haben. Obwohl Eliteschulen anderswo nachgeahmt wurden, hat man sie der Logik der schon bestehenden nationalen Ausbildungssysteme angepasst. In Deutschland findet man unter den Absolventen der Technischen Hochschu-

Tabelle 1: Grundlegende Strukturen der Berufsausbildung

|  | Durchlässigkeit | Barrieren |
|---|---|---|
| Begrenzte Verschulung | Deutschland, Österreich, Schweiz, Dänemark, Großbritannien | |
| Vorherrschende Verschulung | Schweden, Norwegen, Finnland | Frankreich, Italien, Spanien, Portugal, Griechenland |

len oder der Wirtschaftsfakultäten zahlreiche ehemalige Auszubildende aus der beruflichen Grundbildung im „dualen System" (derzeit zehn bis 20 Prozent). Der entsprechende Prozentsatz ist an den Fachhochschulen noch höher. Barrieren gibt es in Deutschland sehr wohl, aber im Vergleich am deutlichsten zwischen dem kleinen Anteil derjenigen ohne jegliche berufsrelevante Qualifizierung und dem großen Rest. Die neuerdings zu Recht wieder beklagte Verstärkung sozialer Ungleichheit durch das Bildungssystem gilt nicht für die Berufsbildung; diese war seit jeher ein Motor der Aufstiegsmobilität und der Wirtschaftsdynamik durch Betriebsgründung und Innovation.

## 3. Die Bedeutung der Wissenstransformation

Wissen ist vielfältiger, als in den meisten Diskussionen unterstellt wird. Seine kognitiven Strukturen lassen sich in einem dreidimensionalen semiotischen Raum bestimmen. Jeder Wissenstyp kann entlang der folgenden drei Dimensionen lokalisiert werden (Jorna 2000, S. 42f.):

(1) Die erste Dimension erfasst die Variation nach dem *impliziten Charakter* des Wissens. Der implizite Charakter des Wissens ist umso stärker, je mehr es sich um personen- und situationsspezifisches Wissen handelt.
(2) Die zweite Dimension bezeichnet das Maß der *Kodifizierung* des Wissens. Alles, was in sprachlichen Begriffen aufgenommen, verstanden und normiert wird, folgt einem Kode. Dieser Kode kann privater oder beruflicher, öffentlicher oder geheimer Natur sein. Es genügt, dass er verstanden und von Handelnden angewandt wird, die sich auf reflexive Weise ihrer Wissensakte, Gedanken und Taten vergewissern. Die Kodifizierung kann stark oder schwach sein; die Kennzeichnung einer Person als „brillant, mit blendenden Karriereperspektiven" ist schwach kodifiziert, wohingegen „Drittplatzierter beim Polytechnique-Abschlussjahrgang 1960" stark kodiert und sehr präzise ist.
(3) Die dritte Dimension betrifft die *Theoretisierung* des Wissens. Fortschritte der Theoretisierung verlaufen vom Konkreten (Oberbegriffe mit vielfacher Bedeutung, um über einzelne Phänomene zu sprechen) zum Abstrakten (bestimmte Begriffe verallgemeinernden Typs, die auf verschiedene Phänomene angewandt werden können) und zum Erkennen von Abhängigkeiten oder Gesetzmäßigkeiten.

Meist wird die Entfaltung des Wissens in eins gesetzt mit dem Grad seiner Kodifizierung und Theoretisierung und deshalb mit der Ver(hoch)schulung der Ausbildung. Wer in der Wissensgesellschaft vor allem Datenbanken, Expertensysteme und Aufwand für Forschung und Entwicklung sieht, tut genau das. Die Stars dieser Wissensgesellschaft sind dann „Wissensingenieure", die den Gehirnen der Akteure implizit vorhandenes Wissen entlocken. In der idealen Wissensgesellschaft brächten immer mehr Menschen Kodifizierungen und Theoretisierungen hervor, und die Praxis bezöge sich zunehmend auf diesen beiden Typen von Artefakten.

Der Alltag sieht aber anders aus, und die Arbeits- und Organisationswissenschaften machen das deutlich. Man betrachte die kognitiven Eigenschaften des Verhaltens in besonders formalisierten und regulierten Rollen: Nach dem Erwerb eines Zertifikats (Berufsabschluss, Führerschein etc.) ist man stark in der „Theorie" (kodifiziertes und theoretisiertes Wissen) und noch nicht geübt in der Praxis. Allmählich verringern sich jedoch die expliziten (kodifizierten und theoretisierten) Kenntnisse, und die impliziten Befähigungen gewinnen ständig an Kraft und Tiefe. Nach zehn Jahren ist man ein erfahrener und geschickter Klempner, Fahrer oder auch Forscher bzw. Softwareentwickler, hat aber Fachtheorie, Straßenverkehrsordnung, Wissenschaftstheorie oder Grundlagen der Informatik großenteils vergessen. Die berufliche Praxis bringt es mit sich, dass das anfänglich Kodifizierte und Theoretische eines speziellen Wissensbereichs vom Einzelnen implizit oder stillschweigend beherrscht und sogar überwunden wird. Man muss die Vorschriften oder Konventionen nicht mehr auswendig können, weil sie aufgrund verinnerlichter Erfahrungen präsent sind, doch kann man notfalls auch das aufgeschriebene Regelwerk aus Skizzen, Kodes, Formeln und anderen symbolischen Instrumenten heranziehen.

In Darstellungen der Wissensgesellschaft vermischen sich verschiedene Begriffe von ihr, die strikt auseinandergehalten werden sollten. Folgende Typen der oft so bezeichneten Wissensarbeit, d.h. des Bezugs von Arbeit auf Wissen oder Information, sind voneinander abzugrenzen:

(1) Man hat es mit Arbeit zu tun, die großes Wissen voraussetzt. Dieses Kriterium ist problematischer als oft angenommen. Es erlaubt keine Unterscheidung zwischen steinzeitlicher Technik und der Entwicklung von Software. Welche Tätigkeit setzt mehr Kenntnisse voraus? Unsere Zeitgenossen in Europa sind im Umgang mit Informationstechnik versierter als in der Anfertigung eines gebrauchstauglichen Faustkeils, was Steinzeitmenschen wiederum besser beherrschten. Wer verfügt im Vergleich über mehr Wissen?

(2) Es geht um Arbeit, die stärker kodifiziert und theoretisiert ist. Dies ist ein genaueres Kriterium. Es ist operational, aber zu beachten ist auch, dass Kodifizierung und Theoretisierung im Arbeitsprozess immer in Rückgewinnung stillschweigenden Wissens umschlagen, wie oben angedeutet.

(3) Davon zu unterscheiden ist Arbeit, die auf die Handhabung von Symbolen oder Informationen hinausläuft. Das betrifft viele Berufe, jedoch auf unterschiedliche Weise. Es gilt für Beschäftigte, die Knöpfe oder Tasten an einem Leitrechner oder Eingabegerät drücken, aber auch für Polizisten, die Strafmandate ausstellen, für Lehrer und für Programmierer. Wie dabei Wissen zur Geltung kommt, sieht je nach Typus der Symbolhandhabung unterschiedlich aus.

(4) Als Unterkategorie des letztgenannten Typus einzustufen ist diejenige Handhabung von Signalen oder Informationen, die höher entwickelte technische Hilfsgeräte erfordert, wie etwa den Rechner mit X Gigabyte anstatt einen Rechenschieber.

Die Wissensgesellschaft ist also viel heterogener, als es auf den ersten Blick scheint. Es geht in ihr nicht um „mehr Wissen", sondern um den Umgang mit ganz verschiedenen Wissensformen und Informationen. Spezialisten für Wissenstheorie (z.B. Jorna 2000) führen dies aus. Wie aus der Darstellung von Stehr (2001) hervorgeht, neigt die Wissensökonomie jedoch dazu, vorrangig kodifizierte und theoretische Kenntnisse und deren Produktion zu untersuchen und dabei Informationen, ihre verschiedenartige Handhabung sowie Wissen in seinen unterschiedlichen Arten gleichzusetzen.

Kodifizierte und theoretische Kenntnisse, die sich auch in materiellen Speichermedien als Informationen niederschlagen, sind nur in dem Maße als Wissen anzusehen, in dem sie jeweils im Gedächtnis handelnder Personen enthalten sind. Implizites Wissen hingegen hat keinen Niederschlag in schriftlichen Formeln, Texten oder Datenbanken. Deshalb verschwindet es mit dem, der es erworben hat, es sei denn, es wird weitergegeben. Für die Weitergabe impliziter Kenntnisse sind sozialer Kontakt und Zusammenarbeit nötig oder aber die erwähnte Extraktion des Impliziten aus den Köpfen und dessen Artikulierung in Symbolen. Das setzt ein gewisses Maß an Verbalisierung und Austausch voraus, zwischen Lehrenden und Auszubildenden oder Praktikern und Wissensingenieuren. Die kognitiven Prozesse, die zu Kenntnissen führen, können stumm oder verbalisiert sein, bewusst oder unbewusst. Doch tendieren Kenntnisse dazu, auch wenn sie mit mündlichem oder schriftlichem Ausdruck einhergehen, allmählich in ein unbewusstes Gedächtnis überzugehen.

Andererseits können solche eingelagerten Kenntnisse wieder hervorgeholt und explizit gemacht werden. Das ist die Aufgabe der Wissensingenieure, die das, was implizit war oder geworden ist, durch eine Analyse des Verhaltens wieder ins Bewusste heben. Diese Ingenieure verwandeln etwas, das bislang implizit, schlecht oder falsch artikuliert war, in Kodifizierungen und Theorien. Man nimmt oft an, dass technisch-wirtschaftlicher Fortschritt in der Wiederaufbereitung und Übersetzung impliziter Kenntnisse in Kodes und Theorien besteht. Das ist seit langem auch der rationalistische Ansatz von Herbert A. Simon (1969). Er geht davon aus, dass die Transformation des Wissens sich als Voranschreiten vom Impliziten zum Theoretisierten darstellt. Die technische Umsetzung eines kognitiven, aus dem menschlichen Gehirn oder anderen Wirklichkeiten „gewonnenen" Fortschritts durch ein Computerprogramm repräsentiert „künstliche Intelligenz".

Unbestreitbar existiert eine solche Evolution des Wissens hin zu einer immer stärker kodifizierten und theoretisierten Erscheinungsweise, für die zugleich immer anspruchsvollere technische Hilfsmittel der Symbolhandhabung kennzeichnend sind. Aber es gibt auch eine umgekehrte Entwicklung oder Transformation, nämlich die vom kodifizierten und theoretisierten Wissen hin zum impliziten Wissen. Darüber existiert eine reichhaltige arbeits- und organisationssoziologische Literatur. In der Arbeitssoziologie spricht man von der Bedeutung des „subjektiven" Faktors, auch und gerade in den Bereichen von Planung, Entwicklung, Forschung und besonders im Hinblick auf deren anspruchsvolleren Gehalte. Bauer et al. (2002) haben gezeigt, dass bei Tätigkeiten mit einem hohen Niveau der Theoretisierung, etwa bei Arbeiten im High-Tech-Bereich, der Erwerb von impliziter Erfahrung durch die Praxis genauso wichtig ist und stattfindet wie bei Berufen, die weniger theoretisiertes Wissen voraussetzen. In der Managementliteratur wird die aus der Technikgeschichte vertraute Bedeutung erfahrungsgeleiteter Innovation zurzeit in großem Stile wiederentdeckt. Was den Stellenwert impliziter Erfahrung anbelangt, stehen sich also Softwareentwickler und steinzeitliche Faustkeilfabrikanten völlig gleich.

Zusammengefasst: Wissensfortschritt erwächst nicht nur aus der Übertragung von explizitem Wissen auf Menschen und aus der Kodifizierung und Theoretisierung von Wissen. Individuen schreiten nicht allein von der Unkenntnis zu Kenntnissen fort, auch nicht nur vom impliziten zum artikulierten Wissen, sondern von jedem möglichen Wissenstyp zu allen anderen. Diese Auffassung wurde von Nonaka und Takeuchi (1995) weiterentwickelt. Sie unterscheiden zwischen implizitem und explizitem (kodifiziertem oder theoretisiertem) Wissen, und ihr Modell erlaubt jede beliebige Transformation vom einen Typ zum anderen wie auch Transformationen innerhalb ein und desselben Typus von Wissen, wobei die Letzteren besser als Transfers zu bezeichnen sind. Im nebenstehenden Schema (Tabelle 2) entsprechen die beiden Dimensionen den Ausgangs- und den Eingangspunkten in einem gegebenen Transformationsfall.

Die in der Tabelle genannten Transformationen und Transfers sind teils intra-individuell, wie etwa die Internalisierung, sie sind aber auch kombiniert mit sozialen Transformationen wie Sozialisierung und Externalisierung. Man kann sich Verläufe mit dem Akzent auf der einen oder anderen Wissenstransformation vorstellen, je nach Zeitpunkt in einer Berufslaufbahn oder der Entwicklung von Kenntnissen. Dabei können Transformationen analytisch und in der zeitlichen Abfolge unterschieden werden.

Demnach kann man sich die viel zitierte Wissensgesellschaft und ihre Ökonomie als Intensivierung von Transformationen in verschiedene Richtungen vor Augen führen. Gewiss gehören zu diesem Bild auch überquellende Bibliotheken, Archive mit gewaltigen Datenmengen, vielfältige Netze, die Informationsflüsse erlauben, die Verbreitung von kodifizierten Kenntnissen und Theorien, die Explizierung und Externalisierung von Erfahrung, wenngleich sie zunächst persönlicher Natur ist. Verschiedene Autoren unterstreichen aber in diesem Zusammenhang, dass explizite Kenntnisse immer rascher veralten. Was können wir noch tun, angesichts der Anhäufung expliziter Kenntnisse und der Schwierigkeit, darin das Nützliche, das Unnütze und das schon Veraltete zu trennen?

Laut Nonaka und Takeuchi ist die Antwort einfach: Allein der Übergang zum jeweils anderen Wissen, die Transformation des Wissens, hilft demje-

Tabelle 2: Wissenstransformation und Wissenstransfer

|  | Hin zu implizitem Wissen | Hin zu explizitem Wissen |
|---|---|---|
| **Von implizitem Wissen her** | *Sozialisierung* von Personen, durch direkte Aneignung von mentalen Modellen und Kompetenzen | *Externalisierung:* Theoretisierung von Modellen, durch Metaphern und Analogien, Begriffe, Hypothesen oder Gesetze |
| **Von explizitem Wissen her** | Arbeit des „Ausbilders vor Ort", des vorbildlichen Kollegen *Internalisierung:* durch Praxis oder Routine erworbene Kenntnisse sind dermaßen internalisiert, dass sie auch ohne ausdrückliche Präsenz im Bewusstsein beherrscht werden Individuelle Arbeit oder Kooperation bei der Ausbildung von Routinen und Gewohnheiten | Arbeit des Wissensingenieurs *Kombination* von expliziten Kenntnissen aus verschiedenen Quellen, ausgehend von Diskussionen, Versammlungen, Überlegungen Individuelle Arbeit oder Kooperation zum Ausbau der Kenntnisse |

Quelle: Modifiziert nach Nonaka/Takeuchi (1995).

nigen, der von der Ansammlung von Kenntnissen gleicher Art erdrückt wird. Die Wissensgesellschaft bringt paradoxerweise Wissenstypen zurück ins Spiel, die von vielen für überholt oder rückständig gehalten werden. Erst wenn man dies berücksichtigt, fügen sich die eingangs erwähnten disparaten Beiträge im Palaver um die Wissensgesellschaft zum sinnfälligen Dialog.

Eine „wissensintensive" Volkswirtschaft entwickelt sich in dem Maße, in dem sie paradox miteinander verbundene Wissenstransformationen befördert. Diese Auffassung stützt sich auf psychologisch und soziologisch ausgerichtete Untersuchungen aus den Arbeits- und Organisationswissenschaften, geht aber auch die Ökonomen an, die sich um die angesprochenen Eigenarten des „Humankapitals" bisher wenig gekümmert haben. Die Herausforderung liegt in der Analyse der Grade und Typen von Innovation durch Wissenstransformation und -übertragung, welche durch die Strukturierung der internen und externen Arbeitsmärkte und Systeme der beruflichen Bildung bedingt sind.

Wissenstypen, Information und Kommunikation sowie Symbolhandhabung unterscheiden sich erheblich nach wohl bekannten Gegebenheiten

(Organisationsgröße und -ziel, Abhängigkeit, Projektart). Auch ist zu beachten, dass der größte Teil unseres wirtschaftlich-technischen Fortschritts nicht direkt mit der Vermehrung des wissenschaftlichen Wissens zusammenhängt, sondern ganz banal „low tech" ist. An Unternehmen mit „low tech" gehen viele der Ideen zur Wissensgesellschaft vorbei. Sie werden nie Forschung betreiben oder nutzen, haben ein gesundes Misstrauen gegen „Wissensarbeiter" und vermeiden, aus Erfahrung gewitzt, Kontakte zu Technologietransferstellen. Trotzdem verfolgen auch sie die wirtschaftlich wirksame Verbesserung von Produkten und Leistungen (PILOT 2006). Solche Betriebe gehören eben zum nicht beachteten Teil der Wissensgesellschaft; sie leben von in Personen gebundenem stillschweigenden Wissen, und sie transformieren explizites Wissen lernend in implizites.

Wissenstransformation ist Einflüssen unterworfen, die je nach Tätigkeitstyp, Strategie oder anderen Kontextvariablen divergieren. Es wäre eine Überraschung, würde man unter diesen Faktoren nicht den Einfluss der Organisationsumwelt und der Institutionen beruflicher Bildung feststellen. Man kann hier die Analysen von Boyer (2001) aufgreifen und fortführen: Die Strukturen der Wissensökonomie unterscheiden sich je nach den ökonomischen und institutionellen Strukturen eines Landes stark voneinander. Hier kommt unausweichlich die Wechselwirkung zwischen Wirtschaftsstrukturen und Ausbildungssystemen sowie Laufbahnen ins Spiel, auf die nun eingegangen werden soll.

## 4. Ausbildungssysteme und Wissenskonstruktion in Europa

Die Frage ist, wie sich Ausbildungssysteme zum Umgang mit Wissen verhalten. Die Verschulung des Ausbildungssystems verweist auf die Akkumulation der expliziten, kodifizierten und theoretisierten Kenntnisse. Beschränkungen der Berufs- und Ausbildungslaufbahnen verweisen auf einen geringeren Grad der Ausbildung oder der Wissenstransformation. Die Durchlässigkeit dieser Laufbahnen führt zu der Hypothese, dass sie transformationsförderlich sind. Aber nichts berechtigt zu der Vermutung, dass mehr Schul- oder Hochschulabgänger mit formal höheren Niveaus die wirtschaftliche Dynamik der Wissensgesellschaft beschleunigen.

Jenseits der in Europa herrschenden Unterschiede sind auch Ähnlichkeiten zu erwähnen. Dazu zählt an erster Stelle, dass bei allen Qualifizierungswegen eine zunehmende Verschulung festzustellen ist. Dies entspricht den aufgezeigten Entwicklungen: Angesichts der immer geringeren Transparenz und der Komplexität der verwendeten technischen Mittel und Produkte benötigt menschliche Arbeit eine Vorbereitung auf der Basis artikulierten Wissens; ebenso spielt die Fähigkeit zur Artikulation von Wissen in differenzierten und sich ändernden Arbeitsgefügen und -umwelten eine wichtige Rolle. Dies gilt sowohl in den stark als auch in den begrenzt verschulten Systemen. In Frankreich verzeichnet man einen Trend zu verlängerten Ausbildungen auf formal höherem Niveau. In Deutschland nimmt der verschulte Teil der Ausbildung (Berufsschule, aber auch lokale Ausbildungszentren) einen größeren Raum ein als früher, ebenso schulische Institutionen außerhalb der Lehre. Die Tendenz zur Berufsbildung abseits der Betriebe erklärt sich hierzulande auch daraus, dass viele von ihnen sich aus verschiedensten Gründen nicht mehr in der Lage sehen, Ausbildungsplätze anzubieten. Aber die Entwicklung hin zu einem höheren Anteil der Schulzeit in der beruflichen Bildung ist wohl eine universelle.

Auf der anderen Seite ist eine vielleicht ebenso universelle, entgegengesetzte Tendenz zur fortschreitenden Verzahnung praxisorientierter Typen der Ausbildung mit jenen, die stärker verschult sind, erkennbar. Dies entspricht den oben beschriebenen Transformationen in verschiedene Richtungen. Da die Wissensgesellschaft nur teilweise durch eine Hinwendung zur Theoretisierung gekennzeichnet ist und ihre eigene Dynamik der Rückkehr zu impliziten Wissensformen erzeugt, erweist sich die Verbindung der verschulten Ausbildung mit der Praxiserfahrung als grundlegend. Neu ist die Wissensgesellschaft also keineswegs. Sie wird aber immer dann wieder aktuell, wenn Kodifizierer und Theoretiker sich nicht mehr mit den jeweiligen Praktikern verständigen können und solche Brüche durch Wissenstransformation geglättet werden sollen. Diese Herausforderung stellt sich historisch in immer neuer konkreter Form. Deshalb helfen auch die derzeitigen Rufe nach mehr Forschern, Abiturienten und Mitteln für Forschung und Entwicklung nur begrenzt. Es geht außerdem nicht einfach um „zusätzlich mehr Bemühung um Umsetzung", sondern um die gegenseitige Durchdringung kognitiv gegensätzlicher Wissenswelten. Das ist der Kern aller Schlussfolgerungen aus der Untersuchung von Wissenstransformationen. Was sagt uns das mit Blick auf zukunftsfähige Ausbildung?

Auf klassische Weise hatte es bereits in der betrieblichen Berufsausbildung eine Verbindung der Wissenstypen gegeben, durch die Einrichtung von ein und dann zwei Berufsschultagen pro Ausbildungswoche, die ansonsten in einer Werkstatt, einem Geschäft oder einem Büro verbracht wurde. Neben einer Ausbildung mit einer wöchentlichen Mischung verschiedener Wissenstypen bestehen auch Ausbildungsgänge mit längeren Etappen des Wechsels. Sie werden in Großbritannien „sandwich courses" genannt, weil dabei die Schicht eines Praktikums während einer bestimmten Anzahl von Wochen oder Monaten zwischen schulischen Schichten steht. Auch im „lebenslangen Lernen" durch berufliche Fort- und Weiterbildung, mit einfachen Kursen oder ganzen Weiterbildungsberufen, zeigt sich eine Tendenz zur Verbindung impliziter und expliziter Kenntnisse. In ganz Europa ist zu beobachten, dass die höheren Formen der Ausbildung stärker verschult sind, während in der Grundbildung der Praxis sowie den impliziten und kodifizierten Kenntnissen mehr Bedeutung beigemessen wird und der Erwerb theoretischer Kenntnisse demgegenüber zurücksteht.

In Deutschland hatte sich an den Technischen Hochschulen, Handelshochschulen, wirtschaftswissenschaftlichen und medizinischen Fakultäten eine Kombination von Studium und Pflichtpraktika durchgesetzt. Das Praktikum wurde erlassen, wenn man schon ein „niedrigeres" Berufsdiplom besaß, was bei vielen Studierenden in betriebswirtschaftlichen, technischen oder verwandten Bereichen der Fall war und ist. So ist es normal, dass zwischen zehn und 20 Prozent dieser Studenten schon Abschlüsse aus einem vorherigen Ausbildungsgang mitbringen. In Frankreich wäre das ungewöhnlich. Noch höher ist der Anteil berufserfahrener Studenten an den deutschen Fachhochschulen. Halten wir auch fest, dass die Mehrzahl der Techniker, Meister und Fachwirte in Deutschland über eine Kombination von beruflicher Grundbildung (meist in Gestalt einer Lehre) und Fortbildung nach Praxiserfahrung verfügt, eine Kombination, die in Frankreich, aber ebenso in Skandinavien selten ist.

Der Trend zur Verzahnung verschiedener Wissenstypen nimmt auch anderswo zu. Dort, wo er bisher schwach war, im Bereich der Hochschulen und in den stärker differenzierten Bildungssystemen, entfaltet er sich erst jetzt. Gerade die gegenseitige Ergänzung von praktischen und intellektuellen Kenntnissen soll dazu dienen, eine neue Elite heranzubilden. In Deutschland haben sich die Berufsakademien mit einer entsprechenden Sandwich-Struktur erfolgreich etabliert, Fachhochschulen bieten duale Bildungswege an; das duale System hat sich somit gewissermaßen nach oben hin ausgedehnt. Bei allen Diskussionen über das duale System ist zu beachten, dass das ihm eigene Verzahnungsprinzip nunmehr vor allem oberhalb des ihm zugewiesenen institutionellen Bereichs der beruflichen Grundbildung gedeiht (Drexel 1993). Von einer Schwächung des dualen Prinzips der Berufsbildung kann deshalb keine Rede sein, ganz im Gegenteil.

In Deutschland wurde die intensive Kombination von praktischem und explizitem Wissen auf dem untersten Ausbildungsniveau begonnen. Sie wurde als Norm verstanden, die praktisch für alle Ausbildungsgänge galt, auch für die berufliche Weiterbildung der künftigen Techniker, Werkmeister, Handelsangestellten und nichtakademischen Ingenieure. Von dort breitete sich diese Praxis in abgeschwächter Form in den technischen und wirtschaftswissenschaftlichen Fakultäten aus, als selbige gegen Ende des 19. Jahrhunderts eingerichtet wurden. In Großbritannien und Frankreich hingegen blieb diese Kombination lange Zeit marginal oder dem Zufall überlassen.

## 5. Keine institutionelle Konvergenz

Der Begriff „soziale Arbeitsteilung" impliziert, dass Personen mit unterschiedlicher Herkunft und Ausbildung Arbeiten verrichten, die sich nach Funktion, Sozialstatus, Bezahlung, Qualifikationen etc. deutlich voneinander unterscheiden. Die Strukturierung der Arbeitsteilung hängt in der Arbeitssoziologie mit der Strukturierung von „Qualifikationen" und Laufbahnen zusammen, wobei die früher gängige Frage der Qualifikationen im Grunde dieselbe ist wie die Frage des Wissens, von der man jetzt spricht, nachdem Ökonomen und Managementforscher sich auch des Themas annehmen und die Politik neue Schlagworte braucht. Für Arbeitssoziologen ist es aber ein

Gemeinplatz, dass trotz der Einführung durchaus vergleichbarer technischer Arbeitssysteme die soziale Verteilung der Arbeit der sozialen Schichtung und Mobilität sowie der Wirtschaftsstruktur der Gesellschaft folgt (Maurice/ Sorge 2000, vgl. vor allem die Einleitung und die Schlussfolgerungen). Der Taylorismus, der Fordismus, die rationalisierte Produktion, die Automatisierung, die Mikroelektronik, die flexible Spezialisierung – all dies hat sich je nach Gesellschaft und dazugehöriger Wirtschaft unterschiedlich ausgeformt. Es gibt keinen Determinismus, weder technischer noch ökonomischer noch sonstiger Art. Das schließt wechselseitige Beeinflussung keineswegs aus. Aber je nach Gesellschaft und Volkswirtschaft differierende technische und wirtschaftliche Faktoren geben Anstöße in unterschiedliche Richtungen. Das alles wiederholt sich beim Eintritt in die viel beschworene Ära der Wissensgesellschaft. Berufliche Bildungswege und Laufbahnen entwickeln sich nach einer der jeweiligen Gesellschaft eigenen Logik fort.

Die ersten Anstöße zur Idee einer Wissens- oder Informationsgesellschaft entsprangen dem Aufkommen der Großrechner und danach der Mikroelektronik, die ihrerseits die Entfaltung von Informations- und Kommunikationstechniken nach sich gezogen hat. Aber bereits an diesem Punkt war die gesellschaftstypische Differenzierung von Technik, Industriestruktur, Organisation und Qualifikation (gefordertes Wissen, Bildung, Laufbahnen) zu beobachten. Wir haben z.B. die Einführung mikroelektronischer Bauteile in der industriellen Produktion in Deutschland und in Großbritannien untersucht und unterschiedliche Modi herausgestellt. In Großbritannien bedeutete die Einführung einen Bruch mit der gegebenen Industriestruktur durch eine radikalere Hinwendung zu neuen Produkten und Untersektoren, und dies in der Elektrotechnik ebenso wie in der Hochtechnologie von Rüstungs- und Flugzeugindustrie. Die traditionellen Industriezweige waren zugleich im Abschwung begriffen. In Deutschland förderten die neuen Technologien natürlich auch den Strukturwandel, aber einen weniger diskontinuierlichen. Sie wurden in stärkerem Maße von den traditionellen Sektoren aufgenommen und abgewandelt, so im Maschinen- und Anlagenbau, in der herkömmlichen Elektrotechnik und in der Automobilindustrie. Eine erste ökonomische Feststellung bietet sich an: Während Deutschland den technologischen Wandel durch Stärkung seiner traditionellen Industrien vollzog, ging er in Großbritannien mit einem einschneidendem Strukturwandel, dem Entstehen neuer und der Vernichtung alter Unternehmen einher.

In Deutschland wurde neues Wissen (Entwicklung von Hardware – elektronische Komponenten, Baugruppen, ganze Geräte – sowie von Software) eher in bereits vorhandene technische Spezialisierungen integriert. Zugleich war die Integration der Kenntnisse in schon existierende Spezialberufe von Arbeitern und Handwerkern evidenter. In Großbritannien hingegen kamen neue Fachkenntnisse auf Ingenieure und Techniker zu, vor allem im Bereich der Elektrotechnik. Der Verschulungsgrad der Ausbildung nahm in beiden Ländern zu, aber die Unterschiede hinsichtlich der vertikalen (Ingenieure, Techniker, Arbeiter) und der horizontalen (verschiedene Typen von Ingenieuren und Technikern) Überlappung und Durchlässigkeit blieben bestehen. Eine zweite Feststellung folgt also, diesmal bezogen auf die Entwicklung der Ausbildung und Kenntnisse: Barrieren und berufliche Durchlässigkeit bestimmen die soziale Verteilung der Kenntnisse, und der Grad der Durchlässigkeit entspricht demjenigen, der sich in den Wirtschaftsstrukturen manifestiert.

Ein weiterer Unterschied zwischen den beiden Ländern betraf das Maß der vertikalen Integration der Betriebe bei der Entwicklung von Elektronik und Software: In Großbritannien tendierten die Betriebe dazu, sich strategisch auf das Kerngeschäft oder ihre Kernkompetenz zu konzentrieren, während sie Aufgaben der Entwicklung von Elektronik den spezialisierten Zulieferern oder Subunternehmen überließen. Das oft zitierte Motto lautete: das Rad nicht neu erfinden. In Deutschland hingegen versuchte man, die Entwicklung des eigenen Produkts samt neuen Kompetenzen mit neuen Tätigkeitsfeldern zu verknüpfen. Hier lautete das Motto: Die Komponenten, die Steuerungs- oder Kommunikationssysteme, die von Zulieferern angeboten werden, sind nicht zufrieden stellend und den internen Bedürfnissen angepasst, man muss also noch weiter gehen in der Eigenentwicklung. Auch in technischer Hinsicht zeigten sich somit Konsequenzen der geringeren oder höheren Durchlässigkeit von Berufs-, Abteilungs- oder Betriebsgrenzen für Wissensflüsse.

All diese Befunde wurden in einem Forschungsbericht veröffentlicht und belegt (Campbell et al. 1989). Auf den ersten Blick sind sie spezifisch für eine Technik und die dazugehörenden Kenntnisse. Zwar trifft es zu, dass man eine neue Technik beherrschen lernt, indem man Laufbahnen und Ausbildungsgänge verändert. Aber die neue Ordnung erhält ihre spezifische Struktur weder zufällig noch gemäß einer universellen Handlungslogik. Neue Unterschiede zwischen Gesellschaften knüpfen also an bekannten an. Die institutionelle Dynamik enthält ein beträchtliches Element von „nichtidentischer Reproduktion". Selbst die Diskontinuitäten, die in Großbritannien hervorgetreten sind, fügen sich vollkommen in eine Logik der stärkeren Unterteilung der technischen Berufe ein. Die schon bestehende interne und externe Differenzierung auf dem Arbeitsmarkt, zwischen Typen von Ingenieuren und Technikern, führte die Akteure über Brüche und neue Spezialisierung zu neuen Kenntnissen. In Deutschland liefen die Bemühungen darauf hinaus, die Differenzen zwischen Funktionen und Berufsfeldern durch die Schaffung hybrider Berufsfelder und Laufbahnen abzumildern.

Diese Kontraste sind eingebettet in soziale, industrielle und pädagogische Entwicklungen über längere Zeiträume hinweg. Die Antwort, die eine Gesellschaft auf eine allgemeine Herausforderung gibt, wie nun auch auf die der Wissensgesellschaft, erklärt sich vor allem durch die Weiterentwicklung ihrer ökonomischen und sozialen Institutionen (Sorge 1998). Dass solche Herausforderungen international sind, bedeutet nicht, dass die Antworten gleich sind. Es besteht eine bemerkenswerte Pfadabhängigkeit, die Entwicklungswege prägt. Die eingebettete Ökonomik der Entwicklungswege beschränkt auf diese Weise die Konvergenz von Institutionen über Gesellschaftsgrenzen hinweg (Whitley/Hull Kristensen 1996).

Dies legt eine konzeptionelle Schlussfolgerung nahe, die unsere Betrachtungsweise verändert: Das Wissen ist nicht einfach nur die Folge einer bestimmten, dank ihres globalen und kohärenten Ursprungs einmaligen ökonomischen und technischen Konfiguration. Die internationale Verbreitung eines jeden Handlungsmodells führt dazu, dass es sich den ökonomischen, strategischen und sozialen Logiken im Anwendungskontext unterwerfen muss. Jedes universalistisch gedachte Modell, so auch das der Wissensgesellschaft, wird in langfristig sehr stabile, partikulare Gesellschaftslogiken eingefügt und angepasst. Allerdings ist eine solche „Provinzialisierung" von auf den ersten Blick internationalen und generalisierten Handlungsmodellen nicht neu (Djelic 1998; Sorge 2005).

Was wir bei einer ganzen Reihe internationaler Vergleiche zu Technik, Management und Organisation von Unternehmen in verschiedenen europäischen Ländern feststellen können, deutet auf eine kreative statt passiv rezeptive Verarbeitung von Traditionen hin. Der Anstoß zur Veränderung provoziert sogar die Erneuerung bestehender Institutionen. Anstöße werden so aufgegriffen, dass institutionelle Traditionen in neuen Formen am Leben gehalten werden.

Die Art und Organisation des Wissens selber sowie die Ausbildungen und Laufbahnen, die es hervorbringen und stabilisieren, stehen in einer Wechselwirkung mit der wirtschaftlichen Umstrukturierung und der strategischen Entwicklung der Unternehmen. Auch die strategische Richtung, die durch die Erneuerung der Technik und des Wissens vorgegeben wird, ist von den ökonomischen Strukturen (Stärke der jeweiligen Sektoren, relative Preise und Kosten, Interessen und Gewicht der Akteure) und von den Institutionen beeinflusst. Man darf also nicht nur fragen, welche Kenntnisse und Ausbildungen „gefordert" sind.

Andererseits sind aber auch die Tendenzen, die den erwähnten Unterschieden zugrunde liegen, weithin gleich. Die Verzahnung von praktischer und schulischer Ausbildung erfolgt institutionell unterschiedlich, folgt aber einer übergeordneten Logik einer wohl verstandenen Wissensgesellschaft. Deshalb ist zweifelhaft, wie weit schematische Analysen der Verbreitung von Praktiken, die künstlich unter dem gleichen Etikett zusammengefasst werden, begründet sind. Organisationen wie die OECD (Organization for Economic Co-operation and Development) sind es gewohnt, derartige Vergleiche für Regierungen zu erarbeiten, welche begierig darauf sind, einfache Diagnosen zu erhalten, die sich in globale Empfehlungen übersetzen lassen. Auf diese Weise wird ein Wettlauf organisiert, um die höchste Rate an Abiturienten, Abitur plus x Jahren weiterer Bildung und andere Abschlüsse. Die Moden ändern sich: Mal liegt das duale Ausbildungssystem deutscher Art vorn, dann wieder das differenzierte Abitur nach französischem Vorbild, ein andermal die amerikanische Universität.

Was kommt bei all diesen Ranking-Verrenkungen heraus? In der Konferenz von Bologna haben die europäischen Erziehungsminister beispielsweise beschlossen, die gesamte Hochschulausbildung in ein Schema von Bachelors und Masters zu fügen. Aber jeder, der ein wenig Erfahrungen in angloamerikanischen Hochschulen gesammelt hat, weiß, dass dort nicht das Diplom zählt, sondern das Niveau und der Ruf der Universität. Eine der schönsten Paradoxien bei der Bildung ist, sie nach angloamerikanischer Art anzugleichen: formal ja, material keineswegs. Es geht faktisch nicht um Harmonisierung, sondern um elitäre Stufung. Das heißt nicht, dass man in Deutschland im Interesse der Zukunftsfähigkeit nichts vom Ausland lernen kann; das Gegenteil ist der Fall. Aber im Gegensatz zum Lamentieren über hiesige Innovationsschwächen ist empirisch unabweisbar, dass deutsche Betriebe hinsichtlich strategischer Innovation und technischer Weiterentwicklung in der EU mit an der Spitze liegen und den niedrigsten Anteil von Nichtinnovatoren aufweisen (Arundel et al. 2006, S. 19). Die deutsche Wissensgesellschaft beruht auf der Kontinuität zwischen berufspraktischer und akademischer Bildung. Sie hilft nicht notwendigerweise den meisten, schnellsten und agilsten radikalen Basisinnovatoren auf die Sprünge. Aber sie ist wie kaum eine andere in der Lage, inkrementelle Innovation in der Breite der Wirtschaft zu fundieren. Eine kurz gegriffene Angleichung an die angloamerikanische Hochschulbildung kann dem eher schaden als nützen.

Der Hauptgrund für die Absage an institutionelle Konvergenz liegt in der beschriebenen Eigendynamik eines jeden institutionellen Systems. Kein institutionalisiertes System kann als funktionalistische Antwort auf eine einzige Herausforderung aufgefasst werden. Vielmehr hängen Divergenzen in den nationalen Institutionen sowohl mit deren Eigenwert wie mit unterschiedlichen komparativen Vorteilen in der internationalen Arbeitsteilung zusammen. Auch ist aus der Wirtschaftstheorie bekannt, dass die verspätete Nachahmung der Muster anderer eher abträglich ist. Wenn andere ihren Startvorteil bereits in komparative Vorteile umgemünzt und Marktnischen nachhaltig besetzt haben, tut man technisch oder betriebswirtschaftlich besser etwas, das sich von dem der Konkurrenten spürbar unterscheidet. Auch hier ist die Vergangenheit lehrreich: Siemens, AEG, Honeywell-Bull und ICL haben in den 1970er Jahren lange vergeblich versucht, IBM zu kopieren, und dann mehr oder weniger spektakulär aufgeben müssen.

## 6. Das Bildungsmanagement: allgemeine Herausforderungen, lokale Bedeutungen

In der letzten Zeit scheinen formale Vereinheitlichungstendenzen wieder zuzunehmen. Schon in den 1957 unterzeichneten Römischen Verträgen der Europäischen Wirtschaftsgemeinschaft finden sich Artikel, welche die Vereinheitlichung der Berufsausbildung vorsehen (Art. 128 EWG-Vertrag über Grundsätze sowie Art. 118 über die „enge Zusammenarbeit" der Staaten bei der Berufsbildung). Das CEDEFOP (*Centre européen pour le développement de la formation professionnelle* bzw. Europäisches Zentrum für die Förderung der Berufsbildung) kommt deswegen seit Jahrzehnten nicht von diesem Schlachtross herunter, ohne dass etwas anderes erreicht wurde als vergleichende Materialien, allgemeine Empfehlungen, Pilotprojekte, Rundtischgespräche, Austauschprogramme, Koordination und Information. Die Berufsbildung widerstand hartnäckig einer Vereinheitlichung, wiewohl das CEDEFOP seit langem einen regen und anregenden Austausch organisiert und Empfehlungen vorbereitet. Tatsächlich sind die Produktionsfaktoren, die sozialen Strukturen, der Arbeitsmarkt und fast alles, was mit dem Angebot an und der Nachfrage nach Ausbildung verbunden ist, je nach Land verschieden beschaffen. Es existiert eine Grundlage recht stabiler politischer und gesellschaftlicher Entscheidungen, auf der die Verwendung der in die Bildung investierten Mittel beruht. Außerdem bestehen Beziehungen nicht nur zum sozialen, sondern auch zum ökonomischen Fundament der jeweiligen Gesellschaft.

Nun aber scheint die EU-Kommission ihren Auftrag ernster zu nehmen und schlägt einen Regulierungsrahmen vor, der deutsche Berufsbildung grundsätzlich behindern würde. Drexel (2005) hat hierzu das Gebotene ausgeführt. In der Logik der Wissensgesellschaft oder der Innovationsförderung liegt ein solcher Harmonisierungsvorschlag keineswegs. Er scheint eher einem Mythos zu folgen, der uralt ist. Das Projekt der Vereinheitlichung der Ausbildung gleicht der Errichtung eines universalistischen Symbols, eines Turms von Babel. In einer modernen Sicht verkennt der Babel-Mythos die Art menschlicher Erkenntnis, also was diese mit Wissensformen anstellt. Dieses Verkennen führt dazu, dass universalistische Projekte in zunehmenden Divergenzen stecken bleiben. Deshalb steht am Anfang ein Zitat aus der Bibel und der Tora.

Um in dem Dilemma zwischen expliziter Universalität und impliziter Partikularität nicht Schiffbruch zu erleiden wie bei der Wahl zwischen Scylla und Charybdis, ist die Komplementarität von allgemeinen Herausforderungen und lokalen oder nationalen Antworten zu betonen. Auf den ersten Blick gleichartige Herausforderungen müssen nicht nur genau bestimmt, sondern auch in eigenwillige institutionelle Weiterentwicklungen übersetzt werden. Die unausweichliche Eigendynamik institutionalisierter Systeme bewirkt und gestattet nämlich, dass selbst die allgemeinste Herausforderung auf verschiedene Weise aufgegriffen und interpretiert wird. In dem Maße, in dem man an Ort und Stelle Lösungen entwickelt, ist man gezwungen, die klar umrissene quasi-universelle Herausforderung in eine lokale Logik zu übersetzen. Diese Logik ist durch bestehende Institutionen ebenso geprägt wie durch Chancen der wirtschaftlichen Verwertung vor Ort. Natürlich kann man sich sehr allgemeine Herausforderungen vorstellen. Sie folgen aus der langfristigen Veränderung menschlicher Arbeit; die Entwicklung und die Produktion von Gütern und Dienstleistungen erfordern immer mehr indirekte Arbeit. Außerdem führt die schwindende Durchschaubarkeit von Produkten und Arbeitswerkzeugen dazu, dass sich zwischen den menschlichen Akteur und sein Produkt bzw. seine Leistung ein komplexes und dichtes Gefüge aus Maschinerie, Werkzeugen und Programmen schiebt, das nur auf der Basis einer längeren schulischen Ausbildung mit stärker kodifizierten und theoretischen Kenntnissen wahrgenommen, verstanden und beherrscht werden kann. Umgekehrt verlangt die kompetente Anwendung dieser Kenntnisse ihre Transformation in implizites Wissen. Daraus ergibt sich die Mischung der Wissensformen und damit die Stärkung eines jeden Prozesses der Innovation von Wissen und Technik im Verbunde miteinander.

In der Praxis geht es dann um die Glättung von Übergängen zwischen verschiedenen Wissensformen und zugeordneten Ausbildungen. Es werden Maßnahmen getätigt, die vor allem auf die Berufsausbildung als solche gerichtet sind, wie Zugang, Unterricht, Inhalte, Methoden, Lehrgänge usw. Daneben betrifft die Überbrückung die beiläufige Qualifizierung durch geschickte Aufeinanderfolge von Arbeitsplätzen, wodurch ebenfalls ein berufsbildender Effekt entsteht.

Verfehlt wäre es, schematisch den Nachdruck auf „mehr Abiturienten" oder „mehr Hochschulabsolventen" oder ähnliche Kennziffern zu legen. Manche Empfehlungen hängen in erster Linie von der nationalen oder regionalen Situation ab. Zum Beispiel scheint im Falle deutscher Hochschulen eine größere Selektivität angezeigt, um über die unsägliche Unverbindlichkeit des Studiums hinwegzukommen, die mit Schwund von Studenten und Fehlallokation von Ressourcen trotz Reduzierung der pro Kopf eingesetzten Mittel verbunden ist. Mehr Selektivität im französischen und britischen Fall zu empfehlen wäre hingegen übertrieben oder banal. Diese Divergenz der Empfehlungen nach jeweiligen Kontexten ist durchaus vereinbar mit der Feststellung, dass die Wissensgesellschaft nicht einfach nach stets abstrakteren Kenntnissen ruft, sondern nach dem Beherrschen der Transformation des Wissens in alle Richtungen. Im Prinzip ist Deutschland seit langem recht erfolgreich in der breitenwirksamen Wissenstransformation, durch duale Berufsbildung, vertikale Durchlässigkeit der Bildungsgänge, das Angebot an Weiterbildungsberufen und praxisorientierte Bildung auf allen Ebenen. Dies wird in der Reformdiskussion oft vergessen. Es wäre fatal, diese Stärken einer institutionellen Konvergenz zu opfern. Defizitär sind aber die Allgemeinbildung und weite Teile der universitären Ausbildung. Bei besseren schulischen Eingangsqualifikationen könnte die Berufsbildung sicher für größere Teile der Bevölkerung von Bedeutung sein. Jedoch würden auch entsprechende Verbesserungen nicht zu mehr Arbeitsplätzen führen; eher scheint es so zu sein, dass in Deutschland mehr Menschen qualifiziert als eingestellt werden, jenseits aller feststellbaren Qualifikationsdefizite.

Was man auch tut, um international Bezeichnungen und institutionelle Rahmen zu vereinheitlichen oder aus ihrem Kontext herausgelöste Praktiken nachzuahmen, die spezifischen lokalen Akteure und Institutionen verrichten unbeirrt ihre Arbeit, nämlich die der Endogenisierung eines jeden Begriffs und jeder importierten Praxis innerhalb eines neuen Kontextes. Es ist sinnlos, dem widerstehen zu wollen. Fruchtbarer ist es, die institutionelle Bastelei durch eine Analyse der wechselseitigen Abhängigkeiten zwischen Techniken, ökonomischen Faktoren, Arbeitsmärkten, Ausbildungssystemen und der Entwicklung von Industriesektoren zu unterstützen. Wo die Politik unter Einschluss wirtschaftlicher Akteure dazu in der Lage ist, interdependente Innovation in Technik und Bildung, koordiniert zwischen Unternehmen und staatlichen Einrichtungen, in einem Guss anzulegen, da lässt sich selbst schier Unglaubliches schaffen, wie in Finnland die Umstellung von traditioneller Holzwirtschaft auf fortgeschrittenste Telekommunikation und die Bewältigung außergewöhnlich tiefer Krisen nach dem Zusammenbruch der etablierten Wirtschaftsbeziehungen mit der untergehenden Sowjetunion.

Inkrementelle institutionelle Bastelei unter Beachtung von Interdependenzen klingt einfach, ist es auch im Prinzip, liegt aber quer zum erprobten Habitus nationaler und europäischer Regulierer und ist daher schwer zu verdauen. Es gibt für einen offeneren Umbau von Institutionen deshalb nun einen neuen Modebegriff: *open method of coordination* (Zeitlin/Pochet 2005). Doch selbst innerhalb dieser Methode ist die Bandbreite der Lösungen – von Harmonisierung bei erlaubten funktionalen Äquivalenten bis zum Austausch von Konzepten und Erfahrungen ohne verbindliche Harmonisierungsabsicht – recht groß. Bei den für Berufsbildung Zuständigen in der EU-Kommission scheint die Harmonisierungsabsicht noch vorzuherrschen; dort setzt man auf zwingende Regelwerke selbst für Fälle, in denen die faktische Markttransparenz durch die angestrebte Regulierung nicht zu steigern, sondern nur durch oberflächliche Etikette zu verwässern ist. Man wird bloß die Europamüdigkeit damit vergrößern. Für die Zukunftsfähigkeit Deutschlands bedeutet eine auf Konvergenz der Berufsbildung setzende Politik ebenfalls keinen Gewinn; zweckdienlich wäre es viel eher, sich bei den Methoden der Allgemeinbildung an Finnland zu orientieren und die Strukturen der Berufsbildung nicht aufweichen zu lassen. Das Gegenteil von Zukunftsfähigkeit würde erreicht, wenn die Berufausbildung europäisch harmonisiert wird und wegen des deutschen Bildungsföderalismus die allgemeine und die Hochschulbildung ausgeklammert bleiben.

Wissenschaftliche Diskurse sind politisch natürlich nur in Form des Palavers wirksam, und prompt wurde die *open method* hierzu entwickelt, weil sie so vielgestaltig ist, dass man unter Bezug auf sie bestens und ohne praktische Konsequenzen aneinander vorbeireden kann. So ist es dann auch mit den Erklärungen des Europäischen Rats von Lissabon zur Wissensgesellschaft passiert. Trotzdem ist einzuräumen, dass die *open method* einen problemadäquaten pragmatischen Standpunkt zwischen internationalem Standardisierungsdrang und Lernunwilligkeit im provinziellen Winkel angibt. Wenn Ressourcen lokal angelegt und genutzt werden, Zwecke und ihre Verschiebungen aber sowohl international ähnlich als auch lokal verschieden sind, dann wird man im ungezwungenen Verbund viel voneinander lernen. Da Humanressourcen vorzugsweise lokal angelegt sind, und zwar interdependent mit Wirtschaftsstrukturen und -strategien, also Verwertungszwecken, ist Berufsbildung ein exemplarischer Fall für besonders offene Koordination.

Aber ein Mehr an Innovation in Technik und beruflicher Bildung wird einem Land, das bereits seit längerem Exportüberschussweltmeister und vergleichsweise reich an zumindest schrittweise innovierenden Betrieben ist, nicht entscheidend helfen. Man kann das Innovationsgeschehen sicher immer noch verbessern, insbesondere was radikale Innovationen anbelangt, und trotz Engelhardt und Vitols (in diesem Band) sollte dies nicht kontingenztheoretisch für Deutschland ausgeschlossen werden. Die Überlegenheit der USA bei radikalen Innovationen, in der Biotechnologie ebenso wie bei früheren Durchbrüchen, beruhte stets auf weitaus mehr und früherer staatlicher Förderung im Vergleich zu Europa. In der pharmazeutischen Biotechnologie hat Deutschland mittlerweile seinen Rückstand gegenüber Großbritannien wettgemacht (Lange 2005). Jedoch wäre die wirtschaftlich-technische Innovation als Lückenbüßerin für unterlassene Arbeitsmarktreformen (zur Steigerung der Nachfrage nach Arbeit allgemein, zum Abbau von Schwarzarbeit zugunsten besteuerter und sozialversicherungspflichtiger Arbeit und zur Vereinfachung eines abschreckend komplizierten Staats- und Regelapparates) fraglos überfordert. Von derartigen Reformen würden aber gewiss auch Innovation, Faktorentgelte, Wachstum und Beschäftigung auf die Dauer profitieren. Möglicherweise wäre dies die wichtigste Voraussetzung dafür, dass qualifizierte Fachkräfte das Land nicht mehr verlassen, sondern in heimischen Arbeitsstätten tätig werden.

## Literatur

Arundel, Anthony/Lorenz, Edward/Lundvall, Bengt-Aake/Valeyre, Antoine (2006): *The Organization of Work and Innovative Performance: a Comparison of the EU-15*. Aufsatz für das Kolloquium der European Group for Organizational Studies in Bergen, Gruppe 1.

Bauer, Hans G./Böhle, Fritz/Munz, Claudia/Pfeiffer, Sabine/Woicks, Peter (2002): *Hightech-Gespür. Erfahrungsgeleitetes Arbeiten und Lernen in hoch technisierten Arbeitsbereichen*. Berichte zur beruflichen Bildung, Bd. 253 (hrsg. vom Bundesinstitut für Berufsbildung). Bielefeld: Bertelsmann.

Boyer, Robert (2001): „La diversité des institutions d'une croissance tirée par l'information ou la connaissance". In: Robert M. Solow (Ed.): *Institutions et croissance. Les chances d'un modèle économique européen*. Paris: Albin Michel, S. 327-398.

Campbell, Adrian/Sorge, Arndt/Warner, Malcolm (1989): *Microelectronic Product Applications in Great Britain and West Germany*. Aldershot: Avebury.

CEDEFOP (Centre européen pour le developpement de la formation professionnelle) (2006): *National VET Systems. Detailed Thematic Analysis*. Internet: http://www.trainingvillage.gr/etv/Information_resources/National_VET/Thematic/analysis.asp (zuletzt aufgesucht am 27.11.2006).

Djelic, Marie-Laure (1998): *Exporting the American Model. The Post-war Transformation of European Business*. Oxford: Oxford University Press.

Drexel, Ingrid (1993): *Das Ende des Facharbeiteraufstiegs? Neue mittlere Bildungs- und Karrierewege in Deutschland und Frankreich – ein Vergleich*. Frankfurt a.M.: Campus.

Drexel, Ingrid (2005): *Das Duale System und Europa*. Ein Gutachten im Auftrag von ver.di und IG Metall. Internet: http://www.igmetall-wap.de/publicdownload/Gutachten_Drexel.pdf (zuletzt aufgesucht am 27.11.2006).

Jorna, René (2000): *De "zwarte doos" in de bedrijfskunde: cognitie in actie.* Antrittsvorlesung an der Rijksuniversität Groningen, Faculteit Bedrijfskunde.
Journal Arbeit (2006): *Wissen in Unternehmen.* Landesinstitut Sozialforschungsstelle Dortmund, Jg. 6, H. 1.
Lange, Knut (2005): *Deutsche Biotechnologieunternehmen und ihre Innovationsfähigkeit im internationalen Vergleich – Eine institutionentheoretische Analyse.* Dissertation an der Rijksuniversiteit Groningen, Faculteit Bedrijfskunde.
Maurice, Marc/Sorge, Arndt (Eds.) (2000): *Embedded Organizations. Societal Analysis of Actors, Organizations and Socio-economic Context.* Amsterdam/Philadelphia: Benjamins.
Nonaka, Ikujiro/Takeuchi, Hirotaka (1995): *The Knowledge Creating Company. How Japanese Companies Create the Dynamics of Innovation.* Oxford: Oxford University Press.
PILOT (Policy and Innovation in Low-Tech) (2006): *Peculiarities and Relevance on Non-Research-Intensive Industries in the Knowledge-Based Economy.* Prepared by Gerd Bender on behalf of the PILOT consortium. Universität Dortmund. Internet: http://www.pilot-project.org/publications/finalreport.pdf (zuletzt aufgesucht am 27.11.2006).
Simon, Herbert A. (1969): *The Sciences of the Artificial.* Cambridge, MA: MIT Press.
Sorge, Arndt (1998): „La construction sociale de l'innovation et des innovateurs en Allemagne et en Grande-Bretagne". In: Caroline Lanciano/Marc Maurice/Jean-Jacques Silvestre (Eds.): *Les acteurs de l'innovation et l'entreprise.* Paris: Editions L'Harmattan, S. 125-144.
Sorge, Arndt (2005): *The Global and the Local. Understanding the Dialectics of Internationalization.* Oxford: Oxford University Press.
Stehr, Nico (2001): *Wissen und Wirtschaften.* Frankfurt a.M.: Suhrkamp.
Whitley, Richard/Hull Kristensen, Peer (Eds.) (1996): *The Changing European Firm: Limits to Convergence.* London: Routledge.
Zeitlin, Jonathan/Pochet, Philippe (Eds.) with Lars Magnusson (2005): *The Open Method of Coordination in Action: The European Employment and Social Inclusion Strategies.* Brussels: P.I.E.-Peter Lang.

# Eine neue Innovationspolitik für Deutschland

Lehren aus den Erfahrungen der 1990er Jahre

Lutz Engelhardt und Sigurt Vitols

## 1. Einleitung

Innovation zeigt sich als eine der größten Herausforderungen Deutschlands. Angesichts des zunehmenden Standortwettbewerbs mit den mittel- und osteuropäischen sowie den asiatischen Ländern, in denen signifikant niedrigere Löhne gezahlt werden, wird die Fähigkeit zur Innovation ein Synonym für die Überlebenschancen des Modells Deutschland. Dieses Modell, das auf im internationalen Vergleich hoch qualifizierten und gut bezahlten Arbeitskräften vor allem im produzierenden Gewerbe basiert, kann sich nur behaupten, wenn genug neue bzw. wesentlich verbesserte hochwertige Produkte schnell entwickelt und zum Markt gebracht werden können. Gegenwärtig bekommt die deutsche Wirtschaft aber nur gemischte Noten für ihre Innovationsfähigkeit. Einige Branchen wie die Automobilindustrie, der Maschinenbau und die Umweltindustrie schneiden im internationalen Vergleich sehr gut ab, anderen aber, etwa Biotechnologie, Computertechnik, Halbleitertechnik und Software oder Finanzdienstleistungen, wird mit der Ausnahme einiger Unternehmen vor allem im Vergleich mit den angelsächsischen Ländern ein nur schwer aufzuholender Rückstand attestiert.

Wie sollte eine Innovationspolitik in Deutschland aussehen, die den Vorsprung in den starken Branchen sichert und die Innovationsfähigkeit in den schwächeren Bereichen verbessert? Aufgrund der Unterschiedlichkeit der betroffenen Branchen und der daraus resultierenden Vielfalt der strukturellen, organisatorischen und betriebswirtschaftlichen Herausforderungen für das einzelne Unternehmen ist diesem Problem mit keinem Patentrezept zu beggnen. Die Praxis der letzten 30 Jahre hat jedoch einige generelle Ansatzpunkte offenbart, wie die Gründzüge einer erfolgreichen Innovationspolitik aussehen könnten. Erstens hat die Erfahrung mit der New Economy der 1990er Jahre gezeigt, dass finanzielle Anreize und institutionelle Innovationen (vor allem Subventionen für Risikokapital und die Einführung neuer Aktienmarktsegmente) nur bedingt den Aufbau einer Beteiligungsindustrie mit Industrieexpertise in neuen Technologien oder gar die Entstehung einer allgemeinen Aktienkultur herbeiführen können. Eine Innovationspolitik muss sehr langfristig orientiert sein, um tradierte Praktiken und Strategien zu verändern. Zweitens kann sich eine Innovationspolitik, die Hochtechnologien zu fördern trachtet, nicht nur auf finanzielle Anreize beschränken. Da etablierte Unternehmen in der Regel große Schwierigkeiten haben, grundsätzlich neue Produkte zu entwickeln, muss die Innovationspolitik auch ausreichende Anreize für erfahrene Manager und Wissenschaftler in etablierten Unternehmen schaffen, eine neue Firma zu gründen. Sie verfügen über die strategischen Kompetenzen, die für erfolgreich vermarktete Produktideen eine notwendige Voraussetzung zu sein scheinen. In Deutschland, wo Unternehmen immer noch auf sehr langfristige Beschäftigungsverhältnisse setzen, impliziert dies eine Änderung der Personalpolitik der großen etablierten Technologieunternehmen und entsprechend neue Strategien der Innovationspolitik. Drittens braucht man eine differenzierte Politik, die nicht nur neue Technologiebereiche (New Economy) und Wachstumsunternehmen bedient, sondern gleichzeitig die besonderen Bedürfnisse der Unternehmen berücksichtigt, die in den klassischen deutschen Technologien tätig sind (Old Economy) und konventionelle Geschäftsmodelle umsetzen. Da in diesen Bereichen wenige radikal neue Produkte zu erwarten sind, sollte Innovationspolitik hier den traditionellen Schwerpunkt auf Prozessinnovationen beibehalten und gerade mittelständischen Unternehmen gegenüber auf zusätzliche Formen der Innovationsfinanzierung setzen.

Zunächst werden die wichtigsten Strategien traditioneller deutscher Innovationspolitik geschildert und deren Probleme mit neuen Technologien zusammengefasst (Abschnitt 2). Im dritten Abschnitt wird die Innovationspolitik der 1990er Jahre und eine Bilanz ihrer Fähigkeit gezogen, neue Technologien in Deutschland heimisch zu machen. Auf Basis dieser Erfahrungen werden Grundzüge einer zukunftsfähigen Innovationspolitik vorgeschlagen (Abschnitt 4). Schließlich werden mögliche Entwicklungen beschrieben, wie sie der in diesem Beitrag besprochene Problemkomplex in näherer Zukunft nehmen könnte (Abschnitt 5).

## 2. Innovationsstärken und -schwächen in Deutschland

Der Schwerpunkt des „deutschen Modells" liegt in den „neuen Branchen" des späten 19. und frühen 20. Jahrhunderts – Automobilindustrie, Maschinenbau, Elektronik und Chemie. Die wirtschaftliche Entwicklung dieser Branchen, die langlebige Kapitalgüter oder Vorprodukte für die Kapitalgüterindustrie herstellen, ist im besonderen Maße von den Wirtschaftszyklen abhängig. Die robuste Weltwirtschaft der 1950er und 1960er Jahre hat das deutsche, zum großen Teil exportbasierte „Wirtschaftswunder" getragen. Mit den zunehmenden makroökonomischen Problemen und dem intensiver werdenden Wettbewerb wurde immer deutlicher, dass diese traditionellen Branchen – auch wenn sie sehr erfolgreich sind – globale wirtschaftspolitische Zielsetzungen wie etwa die Schaffung hinreichender Beschäftigung nicht mehr ermöglichen konnten. Rationalisierungsmaßnahmen und die selektive Verlagerung der Produktion ins Ausland führten zu einer Abkopplung des wirtschaftlichen Erfolgs dieser Kernbranchen von ihrem Beitrag zur Beschäftigungswachstum. Diese Entkopplung führte zu der Erkenntnis, dass eine neue Innovationspolitik sich auch um die Entwicklung neuer Branchen und Unternehmen kümmern muss. Die klassische Innovationspolitik zielte dagegen aber auf die Grundlagenforschung sowie auf die Förderung existierender (in der Regel großer) Unternehmen ab (Müller 2002).

Zur Infrastruktur für Forschung und Entwicklung zählen Universitäten, Fachhochschulen und außeruniversitäre Forschungseinrichtungen wie die Max-Planck-Gesellschaft, die Institute der Wissenschaftsgemeinschaft Gottfried Wilhelm Leibniz, die Fraunhofer-Institute, die Großforschungsinstitute der Helmholtz-Gemeinschaft sowie die Arbeitsgemeinschaft industrieller Forschungsvereinigungen. Diese Einrichtungen führen entweder Forschung und Entwicklung selbst durch oder unterstützen eine hauptsächlich mittelständische Klientel in ihren Forschungs- und Entwicklungsbemühungen. Die deutsche Institutslandschaft wird fast einhellig als starker Standortfaktor wahrgenommen, der vor allem die Größennachteile kleiner und mittlerer Unternehmen in der Finanzierung von Forschung und Entwicklung ausgleicht und für eine solide Grundlagenforschung sorgt. Die Erfahrungen der letzten 20 Jahre haben aber auch gezeigt, dass aus der deutschen Institutslandschaft zwar oft bahnbrechende technologische Neuerungen hervorgehen, diese Ideen dennoch selten in funktionierende Geschäftsmodelle mit richtungsweisendem Charakter umgesetzt werden. Das vielleicht prominenteste Beispiel ist mp3, das Packungsformat für Musikdateien. Während es ein Institut der Fraunhofer-Gesellschaft war, das diese Technologie entwickelte, gelang es zuerst einem US-amerikanischen Unternehmen (mp3.com/ Z Company), diese Technologie 1998 mit Hilfe einer amerikanischen Risikokapitalgesellschaft (Sequoia Capital) profitabel zu vermarkten. Die Gründungsbedingungen für Hochtechnologieunternehmen in Deutschland schienen wieder einmal dafür gesorgt zu haben, dass dieser Erfolg keinem deutschen Unternehmen beschieden war.

Parallel dazu hat sich die deutsche Innovationspolitik mit der Förderung von Innovationen in Unternehmen beschäftigt. Das klassische Mittel der Innovationsförderung ist vor diesem Hintergrund die Projektzuschussförderung. Hier werden spezifische Innovationsprojekte der Wirtschaft von staatlicher Seite ausgewählt und mit Fördermitteln ausgestattet. Spektakuläre Misserfolge wie der Transrapid und die zunehmende Skepsis, ob etablierte Unternehmen in der Lage sind, radikale Innovationen in neuen Technologien einzuführen, sowie die offenkundigen Unfähigkeit staatlicher Agenturen, über die Marktaussichten von großen Entwicklungsprojekten zu entscheiden, haben zu wachsender Unzufriedenheit mit der Projektzuschussförderung geführt.

Die Probleme der geschilderten Innovationsstrategien führten zu einem zunehmenden Interesse an der Unterstützung von Neugründungen bzw. von sehr jungen Unternehmen. Das Ziel dieser Maßnahmen war, den deutschen Finanzmarkt dahingehend umzugestalten, dass er in der Lage ist, junge Technologieunternehmen mit dem für erfolgreiche Forschungs- und Entwicklungsbemühungen notwendigen Eigenkapital auszustatten und so als Geburtshelfer für eine starke deutsche Hochtechnologieindustrie zu dienen. Das leuchtende Vorbild ist der große Erfolg der aus dem kalifornischen Silicon Valley stammenden Software-, Halbleiter-, Computer- und Biotechnologieunternehmen (Lee et al. 2000). Dabei setzt die Förderung ihre Hoffnung auf den oft festgestellten Vorsprung von jungen kapitalmarktnotierten Hochtechnologieunternehmen gegenüber alteingesessenen Unternehmen, soweit es die Entwicklung und die Etablierung neuer Technologien auf den Märkten und die damit einhergehende erfolgreiche Vermarktung von radikal neuen Produkten betraf. Neu gegründete Unternehmen müssen keine Bedenken haben, bereits existierende Produktlinien durch radikale Produktinnovationen zu kannibalisieren, sind in ihren Prozessen und Strukturen wesentlich flexibler und stellen sich so in etlichen Sektoren als die deutlich innovativeren und stärker wachsenden Unternehmen heraus. Das banken- und kreditzentrierte deutsche System der Unternehmensfinanzierung per Fremdkapital ist jedoch nur selten in Lage, die Finanzbedürfnisse derartiger Firmen zu decken, da diese zu Beginn ihrer Entwicklungstätigkeit in vielen Fällen nicht profitabel sind. Zudem verfügen sie durch ihre Tätigkeit in wissensintensiven Industrien kaum über materielle Aktiva in ihren Bilanzen, die einem Bankenkredit als Sicherheit dienen könnten. Eine typische deutsche Unternehmensneugründung wird also schon aufgrund der unterschiedlichen Struktur der Unternehmensfinanzierung einen konservativeren Weg mit geringerem Innovationsgehalt und Wachstumspotenzial einschlagen als ihr Gegenpart im Silicon Valley, da Forschung- und Entwicklungsprojekte vorwiegend aus den Einnahmen finanziert werden müssen.

Dem Begriff des traditionellen Unternehmens als deutscher Erscheinung entspricht vor diesem Hintergrund idealtypisch ein inhaberdominiertes, kreditfinanziertes Unternehmen mit einem auf Dauerhaftigkeit ausgelegten, gering standardisierten und deswegen weniger wachstumsfähigen, dafür aber auch weniger riskanten Geschäftsmodell. Vor dem Hintergrund neuer Technologiefelder hat dieser Unternehmenstyp jedoch den großen Nachteil, dass sein konservatives Wachstumskalkül es sehr schwer macht, neue Märkte schnell zu besetzen und dauerhaft zu dominieren. Gerade in neueren Technologien zeichnen sich Märkte allerdings durch einen hohen Konzentrationsgrad aus. Traditionelle Unternehmen scheinen in dieser Situation dazu verdammt, regionale Nischen zu besetzten, die sich durch geringere Wertschöpfung auszeichnen und leicht Opfer weiterer Konzentrationsbewegungen auf den jeweiligen Märkten werden können. Der Begriff des Wachstumsunternehmens steht dagegen für investorendominierte, risikokapitalfinanzierte Unternehmen mit relativ standardisierten, auf Wachstum ausgelegten Geschäftsmodellen, bei denen das potenzielle Scheitern durchaus Teil des Investitionskalküls ist. Diese Unternehmen können sich in neuen Technologiefeldern leichter eine marktdominante Stellung erobern, die Entwicklung eines Technologiefelds aktiv beeinflussen und sich so die profitablen Positionen der jeweiligen Wertschöpfungskette dauerhaft sichern.

## 3. Die neue Innovationspolitik der 1990er Jahre

Um die Gründung neuer Unternehmen zu fördern, wurden in den 1990er Jahren drei Instrumente in Deutschland eingeführt bzw. massiv ausgebaut: die Subventionierung von Risikokapitalgebern, die Gründung eines neuen Börsensegments für Wachstumsunternehmen (der Neue Markt) und der Ausbau der High-Tech-Cluster durch Regionalpolitik.

Zunächst wurden zur Förderung von neuen Unternehmen Technologie- und Gründerzentren sowie Forschungs-GmbHs gegründet. Sie verkörperten einen neuen Ansatz in der Innovationspolitik, der sich auf eine gleichzeitige Förderung von Unternehmensgründungen und die Ansiedlung existierender Technologieunternehmen an einem Standort konzentrierte. Das Ziel war die Entstehung lokaler Netzwerke, die gerade kleineren Unternehmen Innovationen ermöglichen sollten, da vor allem diese Unternehmen auf die Entlastungseffekte von Entwicklungspartnerschaften angewiesen sind und diese in dichten Netzwerken leichter geschlossen werden können. Im Falle der Technologie- und Gründerzentren sind sich Beobachter allerdings einig, dass die wenigsten ihre Zielsetzungen erreicht haben. Der Grund ist ein Überangebot an Ansiedlungsmöglichkeiten für eine zu geringe Anzahl an Unternehmen. Zudem veränderte auch eine kooperative Lastenverteilung bei Forschungs- und Entwicklungsprojekten nichts an der oft schlechten Eigenkapitalausstattung der Unternehmen, ganz zu schweigen davon, dass die Koordination und die Klärung von Urheberrechten für Forschungs- und Entwicklungsbemühungen in Hochtechnologiebereichen über Unternehmensgrenzen hinweg sehr schnell prohibitiv kostspielig werden konnte (Dohse 2005).

Der zweite und wohl bedeutendere Schwerpunkt der Förderung von neuen Unternehmen lag im massiven Ausbau der Eigenkapital- und Kredithilfen. In ihrem Rahmen versuchte man mithilfe unterschiedlichster Maßnahmen, den besonderen Fremdkapitalrestriktionen von jungen Technologieunternehmen entgegenzuwirken. Sowohl die Eigenkapital- als auch die Kredithilfen zielen darauf ab, Kreditmarktversagen aufzufangen und riskanteren Unternehmensneugründungen mit staatlicher Hilfe Kapital zur Technologieentwicklung und -vermarktung zur Verfügung zu stellen. Ende der 1990er Jahre war unter anderem das durch Bundesmittel getragene Programm „Beteiligungskapital für Technologieunternehmen" (BTU) dafür verantwortlich, dass Eigenkapitalfinanzierung von riskanten technologischen Neugründungen in Deutschland leichter verfügbar war als in den Vereinigten Staaten.

Auch heute noch gehören diese Maßnahmen zum innovationspolitischen Instrumentarium deutscher Technologie- und Industriepolitik. Das BTU-Programm wurde durch die Eigenkapital- und Kredithilfen der KfW-Mittelstandsbank ersetzt. Um das langfristige Kalkül hinter den Eigenkapitalhilfen zu schildern, sei hier aus dem recht umfangreichen Katalog der aktuellen Eigenkapitalhilfen nur das KfW-Risikokapitalprogramm genannt (ERP-Startfonds). Im Rahmen der KfW-Beteiligungsfinanzierung beteiligt sich die KfW-Mittelstandsbank an Portfoliounternehmen von Beteiligungsfirmen (Lead-Investoren) mit bis zu drei Mio. Euro. Die Beteiligungsfirmen haben zur Auflage, in kleine und mittlere Unternehmen zu investieren, die sich noch nicht länger als fünf Jahre in einem Markt bewegen und Kapital für eine allgemeine Innovation oder eine Brückenfinanzierung im Zuge eines Börsengangs benötigen. Ein enger Verwandter dieser Maßnahme ist das ERP-Innovationsprogramm in seiner Beteiligungsvariante, das Beteiligungsgebern einen Refinanzierungskredit bis zu fünf Mio. Euro zur Verfügung stellt, der für den Beteiligungsgeber zu 60 Prozent haftungsfrei gestellt wird.[1] Im Gegensatz zum ERP-Startfonds konzentriert sich das ERP-Innovationsprogramm auf größere und ältere Unternehmen. Beide Programme, die nur in der Gegenwart eines privatwirtschaftlichen Co-Investors zum Tragen kommen, haben nach landläufigem Dafürhalten den Vorteil, dass es nicht staatliche Stellen sind, die über die Förderungswürdigkeit eines Unternehmens und damit einer Technologie entscheiden, sondern private Beteiligungsgesellschaften. Vor allem wenn diese sich auf Risikokapitalbeteiligungen konzentrieren, entwickeln sie durch eine notwendige Spezialisierung Industrieexpertise und sollten so über die Zeit immer besser in der Lage sein, die Erfolgschancen von Technologien und Produkten zu beurteilen.

Neben der Verbesserung der Ausstattung junger Unternehmen mit Eigenkapital wurde parallel dazu versucht, es Beteiligungsunternehmen leichter zu machen, ihre Beteiligungen an andere Investoren zu verkaufen. So sollte es ihnen ermöglicht werden, Gewinne zu realisieren und diese wiederum in neue, junge Technologieunternehmen zu investieren. Das Regelwerk und das Management des amtlichen Handels der Frankfurter Börse waren allerdings zu konservativ, die Notierung riskanter junger Hochtechnologieunternehmen zu ermöglichen, die oft noch Verluste schrieben. Aus diesem Grund wurde das privatrechtliche Wachstumssegment „Neuer Markt" gegründet (Knips 2000). Der Neue Markt war ein kurzlebiges Phänomen. Gegründet im März 1997, wurde er nach drei turbulenten Jahren 1998 bis 2000 und einigem Siechtum in den folgenden Jahren am 6. Mai 2003 stillgelegt. Die dort notierten Unternehmen, zu Spitzenzeiten über 350, wurden in zwei neu geschaffene Segmente der Deutschen Börse, Prime und General Standard, eingegliedert, wenn sie nicht vorher in die Insolvenz gegangen waren. Das berühmte deutsche Wachstumssegment erhitzt noch heute die Gemüter und beschäftigt nach wie vor die Gerichte. Dabei war der Neue Markt ein innovations- und finanzpolitisch äußerst ambitioniertes Projekt, in das große Hoffnungen gesetzt wurden und für das sich bis heute strukturell keine wirkliche Alternative absehen lässt, obwohl die Emissionstätigkeit an den deutschen Börsen nach dem Ende des Internetbooms so gut wie zum Erliegen kam und sich bis heute im Vergleich zu den angelsächsischen Börsen noch lange nicht erholt hat. Auch nach der Auflösung des Neuen Marktes im Jahre 2003 wird von diesem Ansatz nicht abgewichen. Der „Entry Standard" der Frankfurter Börse wurde 2005 als Nachfolger gegründet.

---

1 Für eine komplette Darstellung der Beteiligungsfinanzierung durch die KfW-Mittelstandsbank siehe http://www.kfw-mittelstandsbank.de/DE_Home/Beteiligungsfinanzierung/index.jsp (zuletzt aufgesucht am 22.12.2006).

Wäre das hinter dem Neuen Markt stehende innovationspolitische Kalkül aufgegangen, dann hätte es unter den emittierenden Unternehmen einen gewissen Anteil mit radikal innovativen Produkten in stark wachsenden Märkten mit hohem Umsatzwachstum geben müssen. Idealerweise würden sich diese Unternehmen durch Risikokapitalgeber im Investorenkreis von den anderen Unternehmen unterscheiden. Kurz, diese Unternehmen würden durch Technologie, Geschäftsmodell, Wachstum und Aktionärskreis einem idealtypische Wachstumsunternehmen im Sinne des Silicon Valley zumindest nahe kommen. Die Realität der Unternehmen des Neuen Marktes stellte sich allerdings anders dar.

Auf der einen Seite gab es Unternehmen, vor allem des traditionellen Typs, die durchaus dazu in der Lage waren, von den Einkünften der Börsennotierung zu profitieren. Im Mittel schneiden die traditionellen Unternehmen am Neuen Markt am besten ab, allerdings ohne dass in einzelnen Fällen die klassischen Erfolgsgeschichten der Wachstumsunternehmen des Silicon Valley hätten imitiert werden können. Diese traditionellen Unternehmen konzentrierten sich erwartungsgemäß auf reifere Technologiesegmente ihres jeweiligen Sektors, verfügten über lediglich teilstandardisierte und damit weniger riskante Geschäftsmodelle und hätten ihre jeweiligen Strategien wohl auch ohne den Neuen Markt weiterverfolgen können. Viele von ihnen hatten dies bereis über 20 oder mehr Jahre bewiesen. Neben der Gruppe der vom Neuen Markt begünstigten traditionellen Unternehmen stand die nicht kleine Gruppe der traditionellen Unternehmen, die durch den Neuen Markt und die dort tätigen Investoren mit einer Wachstumslogik konfrontiert waren, die in vielen Fällen zu unqualifizierten Unternehmensaufkäufen und letztendlich einem heillos überforderten Management führte, da die traditionellen Geschäftsmodelle dieser Unternehmen ohne Akquisitionen keine ausreichenden Wachstumsmöglichkeiten boten. Dies trieb eine Anzahl Unternehmen in den Bankrott, die sich vor ihrem Listing am Neuen Markt noch dem gesunden Mittelstand zurechnen konnten. So haben destabilisierende Akquisitionen einen beachtlichen Teil der deutschen mittelständischen Hersteller von Unternehmenssoftware in den Konkurs getrieben.

Auf der anderen Seite haben sich junge Unternehmen des Neuen Marktes mit Produkten in neueren Technologiefeldern mit standardisierten Geschäftsmodellen in den so wichtigen Dimensionen Wachstum, Profitabilität und Produktivität nicht besser entwickelt als die traditionelleren Unternehmen und stellt die bis heute nach Umsatz und Beschäftigung weitaus kleinere Gruppe. Viele dieser Unternehmen begannen ihrer Karriere am Neuen Markt als Wachstumsunternehmen, übernahmen mit der Zeit aber traditionelle Geschäftsmodelle, um ihr Überleben zu sichern. Die Präsenz von Risikokapitalgebern unter den Aktionären eines Unternehmens hatte dabei keinen größeren Einfluss auf die Unternehmensentwicklung im Vergleich zu den Unternehmen, die ohne Beteiligung von Risikokapital an den Markt gebracht wurden. Weder in der Gruppe der Wachstumsunternehmen, die nach der reinen Lehre diejenigen sind, die von einem Wachstumssegment und von Risikokapital am meisten profitieren sollten, noch bei den traditionelleren Unternehmen, für deren Finanz- und Managementstrukturen Risikokapital eher einen Fremdkörper darstellt, gelang es deutschen Risikokapitalgebern mehrheitlich, die aussichtsreichsten Unternehmen zu selektieren und an den Markt zu bringen (Engelhardt 2006).

Aus innovationspolitischer Perspektive ist das Modell Neuer Markt also auf halbem Wege gescheitert. Die allgemeinen politischen und wirtschaftlichen Randbedingungen, Hand in Hand mit einem neuen und gut positioniertem Marktsegment für Wachstumsunternehmen und kombiniert mit einer großzügigen Förderpolitik gegenüber Beteiligungsfirmen, brachten eine Verschiebung des althergebrachten deutschen Investitionskalküls institutioneller und privater Investoren. Das Anlageverhalten verschob sich von traditionellen Unternehmen hin zu riskanteren Geschäftsmodellen, die sich auf neue Technologien und Unternehmen mit unsichereren, dafür aber potenziell gewinnträchtigeren Entwicklungsmöglichkeiten konzentrierte. Das Emissionsgeschehen am Neuen Markt zeigte, dass dieses Kalkül bezüglich des Verhaltens der Investoren tatsächlich aufging. Das Angebot an risikotolerantem Eigenkapital wurde durch den Neuen Markt und die begleitenden Maßnahmen ausgeweitet. Die potenziellen Nachfrager dieses Eigenkapitals, d.h. junge Technologieunternehmen mit wachstumsorientierten Geschäftsmodellen und neuen technologischen Inhalten, wurden allerdings den in sie gesetzten Erwartungen nicht gerecht. Die an den Neuen Markt gebrachten Produkte und Geschäftsideen waren entweder strukturell in ihrem möglichen Wachstum beschränkt oder setzten sich am Markt nicht durch, auch wenn sie leicht skalierbar (also standardisiert) und damit eigentlich wachstumsstark gewesen wären. Die am Neuen Markt notierten Unternehmen rekrutierten sich zwar zu etwa zwei Dritteln aus den Bereichen Biotechnologie, Elektronik und Software, es gelang aber keinem dieser Unternehmen, in seinem Sektor ein Blockbuster-Produkt (ein Produkt, das einen Markt definiert und auch dominiert, wie beispielsweise Microsoft mit Windows den Markt für Betriebssysteme beherrscht) zu entwickeln, das die Grundlage für eine eigenständige technologische Entwicklungslinie einer deutschstämmigen Industrie mit Technologieführerschaft in einem der drei Bereiche gewesen wäre.

## 4. Lehren aus der Innovationspolitik der 1990er Jahre

Kann dies bedeuten, dass Wachstumssegmente und Risikokapital aus dem Rezeptbuch der Innovationspolitik gestrichen werden können? Um der Beantwortung dieser Frage näher zu kommen, soll hier im Folgenden zwei Fragen nachgegangen werden: Welche Faktoren haben zum Niedergang des Neuen Marktes geführt? Und in einem nächsten Schritt: Welche Schlüsse sind daraus bezüglich des Potenzials von Risikokapital und Wachstumssegmenten nach amerikanischem Vorbild als Elemente einer deutschen Innovationspolitik zu ziehen?

Um das Scheitern des Neuen Marktes zu erklären, werden im Allgemeinen drei Gründe angeführt. Erstens eine eklatante Überschätzung der fundamentalen Wachstumsaussichten vieler Unternehmen durch Manager, Konsortialbanken und Investoren sowie die allgemeine Unerfahrenheit dieser Akteure. Zweitens das Auftreten von Betrugsfällen bei gleichzeitig ineffizienten Kontroll- und Sanktionsmechanismen des privatrechtlichen Börsensegments. Drittens die geringen Handelsvolumina und die daraus resultierenden engen Märkte für die Anteile einzelner Unternehmen, so dass schon geringe Kauforder zu massiven Kursausschlägen und damit übertriebenen Wachstumsphantasien führten. Diese Faktoren haben zusammen, zusätzlich zum Platzen der Internetblase, zum Crash des Neuen Marktes geführt, in dessen Folge eine beeindruckende Wertvernichtung stattfand. Als Folgeerscheinung betrachten deutsche Akteure Aktien als zu riskant und halten sich vor allem mit Investitionen in Wachstumsunternehmen enorm zurück. Die deutschen Anleger kehrten nach dem Scheitern des Neuen Marktes zu ihren konservativen Anlagestrategien zurück, und börsliches wie vorbörsliches Risikokapital stand nicht mehr im ausreichenden Maße zur Verfügung. Nach dieser Sichtweise spräche nichts gegen eine Neuauflage des Experiments Neuer Markt als innovationspolitische Initiative, wenn nur durch eine strengere Regulierung diese Fehlentwicklungen für den nächsten Versuch ausgeschlossen werden könnten.

Ein Blick auf die amerikanischen Märkte lässt aber an dieser Beurteilung als Alleinerklärung zweifeln. Dortige Unternehmen und Anleger wurden ebenfalls sehr häufig Opfer überoptimistischer Fehleinschätzungen, wie dies in Deutschland am Neuen Markt der Fall war. Die dortigen Skandale (z.B. Enron) liefen denen des Neuen Marktes bezüglich Schadenssumme und krimineller Energie eindeutig den Rang ab und konnten auch trotz wesentlich schärferer Regulierung nicht verhindert werden. Ungeachtet ähnlicher Probleme hat sich die Emissionstätigkeit an amerikanischen Aktienmärkten trotzdem wesentlich schneller erholt als in Deutschland. Dies mag zu einem Teil an den nach wie vor besser entwickelten und ausdifferenzierten Kapitalmärkten liegen, über die im Gegensatz zu Deutschland schon immer ein Großteil der amerikanischen Alterssicherung betrieben wurde, wird aber wohl außerdem dadurch erklärt, dass es dort einige Wachstumsunternehmen gibt, deren Aktien auch nach dem Ende der New-Economy-Euphorie noch mehr wert waren – oder bald wieder mehr wert gewesen sind – als zum Beginn ihrer Börsennotierung. Dies war am Neuen Markt bei keinem der Wachstumsunternehmen der Fall. Während man am Neuen Markt nur verlieren konnte, wenn man seine Aktien nicht vor dem Ende des Dotcom-Booms rechtzeitig verkauft hatte, so gab es in den USA trotz der Übertreibungen durchaus lohnende Investitionsobjekte, die auch ohne aktives Portfoliomanagement langfristig an Wert gewonnen haben, da diese Unternehmen dazu in der Lage waren, ihre Geschäftsmodelle erfolgreich umzusetzen.

Hier soll deshalb neben den gerade aufgeführten Gründen des Scheiterns des Neuen Marktes noch ein weiterer Faktor angeführt werden, der sich – in

Hinblick auf eine institutionelle Innovation, die zur Verbesserung der technologischen Innovationsfähigkeit Deutschlands eingeführt wurde – vielleicht sogar als zentrales „Versagen" des Neuen Marktes bezeichnen lässt: die Qualität der am Markt notierten Unternehmen oder, spezifischer, das Fehlen von erfolgreichen Wachstumsunternehmen, deren Erfolgsgeschichte die Risiken einer Anlage zumindest in einigen Fällen gerechtfertigt und somit ein auf Wachstumsunternehmen ausgerichtetes Investitionskalkül nicht grundsätzlich desavouiert hätte.

Warum blieb also den Unternehmen am Neuen Markt ein vergleichbarer Erfolg versagt? Die folgenden Überlegungen betonen die These, dass dieser Umstand zu nicht unwesentlichen Teilen in den Biografien der Unternehmensgründer und zentraler leitender Angestellter begründet lag. Viele der erfolgreichsten amerikanischen Wachstumsunternehmen wurden von Personen gegründet, die nicht nur extensive Erfahrung in der jeweiligen Industrie hatten, sondern zudem bei großen marktführenden Unternehmen ihres Sektors angestellt waren. Offensichtlich entwickelten sie aus dieser Stellung heraus die Produktideen, die es ihnen ermöglichten, erfolgreich ein Unternehmen zu gründen, dessen Geschäftsmodell nicht auf einer langsamen, eher konservativen Nischenstrategie beruhte, sondern auf schnelle und umfassende Marktdominanz ausgelegt war. Nimmt man an, dass auch in den Bereichen der Hochtechnologie die grundlegenden Technologien selten geistiges Eigentum eines einzelnen Unternehmens sind, lenkt dieses den Blick weg von der technologischen Kompetenz, die in einem solchen Falle auch an Universitäten oder Forschungseinrichtungen vermittelt und damit als frei zugänglich betrachtet werden kann, hin auf eine „strategische Kompetenz", wie sie sich nur im Tagesgeschäft eines etablierten Unternehmens mit einer bedeutsamen Marktposition erwerben lässt.

Unterzieht man die Biografien der Gründer einer Reihe der erfolgreichsten amerikanischen Wachstumsunternehmen einer genaueren Prüfung, so zeigt sich im Großen und Ganzen ein einheitliches Bild. Bill Gates, um in der Softwareindustrie zu bleiben, ist als 20-jähriger Studienabbrecher als erfolgreicher Unternehmensgründer eines klassischen Wachstumsunternehmens die absolute Ausnahme. Die Gründer so erfolgreicher Unternehmen wie Oracle, BEA Systems, Adobe, VeriSign oder Documentum konnten zum Zeitpunkt der Unternehmensgründung auf eine langjährige Erfahrung in der Industrie zurückblicken. Der Tätigkeitsschwerpunkt ihrer früheren Arbeitgeber zeigt dabei eine große Nähe zu den Produkten ihrer eigenen Unternehmen. Sie alle bewegten sich vom Alter her in den hohen Dreißigern oder frühen Vierzigern, als sie den Schritt in die Selbstständigkeit wagten. Bezüglich der Erfolgsaussichten von Wachstumsunternehmen bringt der Gesichtspunkt der strategischen Kompetenz neben der Verfügbarkeit von Risikokapital also die Struktur des Arbeitsmarktes für die potenziellen Gründer oder wichtigen Angestellten von Wachstumsunternehmen ins Spiel.

Der Arbeitsmarkt für Personen mittleren Alters und höherer Qualifikation ist nun in den USA lebendiger als der deutsche. Bereits auf der kulturellen Ebene zeigen sich die ersten Unterschiede zwischen US-amerikanischer und deutscher Sichtweise auf einen Arbeitsplatzwechsel. Ein häufiger Wechsel des Arbeitgeber wird in deutschen Personalabteilungen schnell als Makel gewertet, während US-amerikanische Manager ihrer Belegschaft teilweise feste und relativ hohe (bis 25 Prozent) jährliche Fluktuationsraten verordnen, um die positiven Effekte des „Innovation by Turnover" (etwa „Innovation über Arbeitskräfteumschlag") für ihr Unternehmen nutzbar zu machen (Hoch et al. 2000). Aber auch die hohe Regulationsdichte und die starken Schutzrechte, vor allem zugunsten von Arbeitnehmern mit längerer Betriebszugehörigkeit, lässt etablierte deutsche Unternehmen oft davor zurückschrecken, in größerer Zahl Neueinstellungen vorzunehmen, und macht es ihnen auf der anderen Seite oft schwer, Belegschaften in höherem Maße auszutauschen. Wie verschiedene OECD-Studien zeigen, findet dies auf deutscher Seite seinen Ausdruck in wesentlich längeren Betriebszugehörigkeiten und einer geringeren beruflichen Mobilität auch in besser qualifizierten Segmenten des Arbeitsmarktes (OECD 2004).

Amerikanische Arbeitnehmer, die ihre Position bei einem etablierten Unternehmen aufgeben, z.B. für eine Firmengründung, gehen so ein geringeres Risiko ein als ein deutscher Arbeitnehmer in einer ähnlichen Situation. Im Falle des Scheiterns ist die Wahrscheinlichkeit in den USA größer, dass eine Unternehmensgründung eine Karriereunterbrechung bleibt und nicht zu einem Karriereknick mit langfristig negativen Folgen führt. Ein potenzieller Unternehmer aber, dem bewusst ist, dass die Gründung eines Unternehmens mit immensen Risiken für die weitere Verwertung seiner eigenen Arbeitskraft verbunden ist, wird sich dann schwerer für diesen Schritt entscheiden als einer, dem auch im Falle des Scheiterns berufliche Optionen offenstehen, die nicht einen Einkommens- und Statusverlust bedeuten. So geht dem Markt für Unternehmensgründungen eine wichtige Ressource verloren, nämlich strategische Kompetenzen, die sich in den meisten Sektoren fast ausschließlich in etablierten Unternehmen akquirieren lassen. Der Neue Markt scheiterte auch aufgrund des Unvermögens seiner Unternehmen, die Erfolgsgeschichten von klassischen Wachstumsunternehmen zu imitieren. Dieses Misslingen lag nicht in einem Mangel an risikotolerantem Eigenkapital begründet, sondern in einem Mangel an geeigneten Gründern, die aus marktführenden Unternehmen erfolgreiche Produktideen mitzubringen wussten.

Welche innovationspolitischen Lehren lassen sich aus den Erfahrungen der Innovationspolitik der 1990er Jahre ziehen? Obwohl die Erfahrungen mit der Förderung junger Technologieunternehmen nicht ganz glücklich sind, scheint eine Förderung von Unternehmensgründungen in neuen Branchen unverzichtbar, sonst würde einer der erfolgreichsten Wege der Produktinnovation aus Gründen vergangener Misserfolge sich selbst überlassen. Für diese Politik ist das Duett aus einem Wachstumssegment am Aktienmarkt und Risikokapital ein unverzichtbares Instrument der Innovationspolitik, da konkurrierende innovationspolitische Maßnahmen zur Entwicklung neuer Industrien entweder ungeeignet erscheinen oder diese Zielsetzung eindeutig nicht erreicht haben, wie es etwa bei den Technologie- und Gründerzentren oder der Projektzuschussförderung der Fall ist. Andere Instrumente der Innovationspolitik haben eindeutig ihre Meriten, scheitern aber bei neuen Technologien vor allem an der Entscheidungsbefugnis marktfremder, staatlicher Stellen, die selten dazu in der Lage sind, die Erfolgsaussichten von Technologien und Produkten umfassend zu beurteilen.

Eine Innovationspolitik, die sich auf die Förderung neuer Unternehmen über die Finanzmärkte konzentriert, muss durch flankierende Maßnahmen unterstützt werden. Die Aufgabe einer wohl ausbalancierten Innovationspolitik sollte sein, neben den Finanzmärkten auch die Arbeitsmärkte im Blick zu haben. Eine Verbesserung des Angebots an Risikokapital reicht allein nicht aus, wie hier anhand der Geschichte des Neuen Marktes gezeigt wurde. Der Erfolg neu gegründeter Unternehmen hängt darüber hinaus von der strategischen Kompetenz ihrer Gründer und Kernangestellten ab. Eine Veränderung der Personalpolitik etablierter deutscher Unternehmen als Ergänzung einer institutionellen Umgestaltung des Kapitalmarktes muss Teil einer jeden innovationspolitischen Strategie sein. Dies erscheint notwendig, will man vermeiden, dass potenzielle Märkte durch ausländische Wachstumsunternehmen besetzt werden, während traditionelle deutsche Unternehmen sich durch ihr geringeres Wachstumspotenzial auf regionale Märkte oder spezialisierte Nischen beschränken, wie dies bis auf wenige Ausnahmen während der vergangenen technologischen Revolutionen in der Halbleitertechnik, der Software oder der Biotechnologie der Fall gewesen ist. Um Gründern mit solchen Qualitäten den Weg zu Unternehmensneugründungen zu ebnen, muss die Dynamik des Arbeitsmarktes für qualifizierte Techniker und Manager erhöht werden, damit dieser Personenkreis den Weg in die Selbstständigkeit als weniger riskant erlebt. Neben den bekannten Forderungen nach einer Deregulierung des Arbeitsmarktes und höherem Wirtschaftswachstum gibt es eine dritte Möglichkeit, die Dynamik des Arbeitsmarktes für strategisches Talent zu steigern: die Aktivierung strategischer Kompetenz in etablierten deutschen Unternehmen.

Einer zukünftigen Innovationspolitik muss es also zusätzlich darum gehen, etablierten Unternehmen gegenüber Anreizstrukturen zu schaffen, die es ihnen nahelegen, Stellen für unternehmungslustige Gründer oder auch Personen freizuhalten, die sich bei Neugründungen engagieren. Wichtig ist dabei, dass der Gründer gänzlich unabhängig von seinem alten Arbeitgeber wird. Wie die Probleme mit CVC (Corporate Venture Capital) gezeigt haben, gilt dies sogar für Kapitalbeteiligungen des ehemaligen Arbeitgebers, der seine eigenen Interessen immer mit in die Neugründung tragen wird und so eine unabhängige Entwicklung verhindert. Das neue Unternehmen muss sich alleine an den Marktanforderungen ausrichten können und darf von keiner dritten Instanz, beispielsweise einer staatlichen Stelle oder einem privaten Unternehmen, abhängig sein. Entscheidend für den Erfolg einer solchen Strategie sind die rechtliche und inhaltliche Ausgestaltung einer „Rückkehranwartschaft" eines Gründers oder einer Person, die als Angestellter zu einer Neugründung wechseln will, sowie die tatsächliche Beschaffenheit der Anreize für das Unternehmen und den wechselwilligen Angestellten.

Rückkehranwartschaften sollten z.B. nur im Falle des Wechsels zu einer neu gegründeten Firma, die eine Beteiligungsgesellschaft als Investor gewonnen hat, erworben werden können. Dies hätte für Gründer und wechselwillige Angestellte gleichermaßen zu gelten. So ließe sich vermeiden, dass Angestellte Rückkehranwartschaften als eine besondere Art des Sabbaticals nutzen würden. Die Anwartschaften sollten zudem nach einer gewissen Zeit auslaufen, um zu verhindern, dass für Unternehmen unplanbare Risiken entstehen, wenn eine größere Anzahl an Personen jederzeit zurückkehren könnte. Aus einem ähnlichen Grunde muss über eine begrenzte Anzahl an Rückkehranwartschaften nachgedacht werden, um zyklische Übertreibungen in Boomphasen zu verhindern. Anwartschaften sollten zudem durch das Ausgangsunternehmen gekündigt werden können wie Personen, wenn dies aus betrieblichen Gründen unerlässlich wird. Da es sicherlich bei einer überschaubaren Anzahl von Anträgen auf eine Rückkehranwartschaft bleiben wird, ist bei großen und mittleren Unternehmen wohl nicht damit zu rechnen, dass zu große Lücken in die Personaldecke eines Unternehmens gerissen werden oder dass es durch in Anspruch genommene Anwartschaften zu Personalüberhängen kommen wird. Kleine Betriebe sollten allerdings nicht durch Rückkehranwartschaften belastet werden, dennoch wäre zu überlegen, die Mindestgröße so niedrig wie möglich festzulegen, um den klassischen deutschen Mittelstand weitestgehend in diese Innovationsstrategie einzubinden.

Dem Ausgangsunternehmen könnte das Erteilen von Rückkehranwartschaften durch eine finanzielle Kompensation erleichtert werden. Allerdings würde dem Unternehmen wahrscheinlich auch ohne monetären Ausgleich kein wirklicher Schaden entstehen. Nimmt man an, dass die Neugründung eines freigestellten Arbeitnehmers in den meisten Fällen eine hohe technologische Kontinuität zu seiner Tätigkeit in seinem früheren Unternehmen aufweisen wird, dürfte sich das Kompetenzprofil dieses Arbeitnehmers nicht so weit von seiner früheren Tätigkeit wegentwickeln, dass eine Rückkehr in die frühere oder eine ähnliche Position inhaltlich ausgeschlossen wäre. Analog zum Begriff des „Innovation by Turnover" verstanden, werden in zahlreichen Fällen durch einen Rückkehrer neues Wissen und neue Impulse in das Unternehmen gebracht. Vielerorts wird ohnehin in Projektstrukturen gearbeitet, die eine zeitweilige Abwesenheit durchaus ermöglichen, ohne dass das Alltagsgeschäft leiden würde. Letztlich hätte eine breitere Diskussion von Rückkehranwartschaften den Vorteil, den konservativen Umgang in Deutschland mit Selbstständigkeit und der Stigmatisierung wirtschaftlichen Scheiterns innerhalb und außerhalb der etablierten Unternehmen dynamischer zu gestalten.

Gleichzeitig sollte eine zukünftige Innovationspolitik sich allerdings nicht nur auf die Förderung von neuartigen Technologien konzentrieren. Die Stärken Deutschlands sind eher in den Industrien des traditionellen herstellenden Gewerbes zu finden, während der Versuch, neue Branchen in Deutschland zu etablieren, im Hochtechnologiebereich relativ erfolglos war und nur in Randbereichen, etwa alternativen Energien durch Subventionspolitiken, gewissen Erfolg hatte. Da die Wachstumsmöglichkeiten von konventionellen Unternehmen in traditionellen Branchen beschränkt sind, erscheint es angebracht, die Innovationsfinanzierung deutscher Unternehmen durch die Unterstützung von Kapitalarten mit konservativeren Wachstums- und Renditeerwartungen als Risikokapital zu fördern. Die Erfahrungen des Neuen Marktes haben gezeigt, dass mittelständische Unternehmen durch den Wachstumsimperativ des Börsensegments in bedrohliche Expansionsstrategien gedrängt wurden, die sich mit ihren konventionellen Geschäftsmodellen nur schwer vereinbaren ließen und in vielen Fällen zum Konkurs führten.[2] Hierbei ist vor allem an hybride, eigenkapitalähnliche Finanzierungsformen unter dem Stichwort Mezzaninekapital zu denken. Das Risiko von Mezzaninekapital ist höher als bei Fremdkapital und niedriger als bei Eigenkapital. Die Renditeansprüche sind deswegen folgerichtig niedriger als bei Eigenkapital, aber höher als bei Fremdkapital. Es liegt damit zwischen dem Bankkredit und der Eigenkapitalerhöhung durch eine Beteiligungsgesellschaft oder einen Börsengang, weist ein gewisses Maß an Risikotoleranz auf, ohne jedoch Renditeerwartungen in ein Unternehmen hineinzutragen, die es aufgrund eines eher konventionellen Geschäftsmodells nicht erfüllen kann. Damit hätten Kapitalgeber die Möglichkeit, das höhere Risiko von Investitionen in ein Unternehmen mit einer ungenügenden Kapitaldecke um Kredite zu besichern durch eine höhere Verzinsung auszugleichen.

## 5. Wie wird Deutschlands zukünftige Innovationspolitik aussehen?

Was die eigenkapitalbasierte Innovationspolitik betrifft, so ist es sehr wahrscheinlich, dass die öffentliche Hand in der Zukunft eine gemäßigtere Strategie verfolgen wird als in den 1990er Jahren. Die finanzielle Förderung von Beteiligungsunternehmen wird sicherlich nicht aufgegeben werden, aber die Zeiten des allzu leicht verfügbaren Kapitals sind vorüber. Dies erscheint schon aus dem Grunde angebracht, die Exzesse der späten 1990er Jahre in der Zukunft zu vermeiden. Ein erstes Anzeichen hierfür ist, dass sich die KfW-Mittelstandsbank im Gegensatz zum ausgelaufenen BTU-Programm nicht mehr allein über stille Beteiligungen mit festen Regelsätzen für das

---

2 Ein vor diesem Hintergrund weiterhin bestehendes Problem ist die ungebrochen prozyklische Natur der Beteiligungsprogramme für Risikokapital. Da grundsätzlich das Engagement eines privaten Beteiligungsunternehmens als Voraussetzung für ein Co-Investment seitens der KfW-Mittelstandsbank gefordert ist, wird in starken Marktphasen das Investitionsvolumen zusätzlich aufgebläht, und die Wahrscheinlichkeit „ungesunder" Beteiligungen wächst. In schwachen Marktphasen dagegen passen sich die Beteiligungsprogramme dem geringeren Investitionsvolumen an und können so keine belebende Wirkung entfalten. In diesem Zusammenhang wäre über einen Korrekturfaktor nachzudenken, über den in starken Markphasen die Co- und Refinanzierungen eingedämmt und in schwachen Marktphasen ausgedehnt werden.

Beteiligungsentgelt engagiert. In den Programmen des ERP-Startfonds beteiligt sich die Bank nur noch zu den gleichen Konditionen wie der Lead-Investor eines Unternehmens. Zudem werden im Rahmen des ERP-Startfonds keine haftungsfreien Refinanzierungskredite für Beteiligungsgeber mehr angeboten. Dies wird Beteiligungsgeber gerade bei besonders riskanten Frühphasenfinanzierungen zu konservativerem Investitionsverhalten bewegen. Die zunehmende Bedeutung von Mezzaninekapital in den Programmen der KfW-Mittelstandsbank ist ein weiteres Zeichen dafür, dass die Förderstrategien konservativer geworden sind und die Abhängigkeiten zwischen Geschäftsmodell und Kapitalstruktur, wie sie für das Gros der deutschen Unternehmen zutreffen, in größerem Maße berücksichtigt werden.

Wesentlich schwerer abzuschätzen ist allerdings, wie der Arbeitsmarkt für Gründer und Kernangestellte aussehen wird, auf dem sich neu gegründete Unternehmen bewegen werden müssen. Da der Staat die Personalpolitik der Großunternehmen auch zukünftig nicht steuern will, bleibt unsicher, ob diese Unternehmen ihre Personalpolitik zur Förderung eines flexibleren Marktes für „strategisches Talent" verändern werden. Ohne einen Wandel der Personalpolitik der Großunternehmen würde die Zahl der kleineren Hochtechnologieunternehmen mit riskanten, wachstumsbetonten Geschäftsmodellen begrenzt bleiben. Neu gegründete Unternehmen würden konventionellere und weniger riskante Produktstrategien verfolgen, da den Angestellten etablierter Technologieführer die Gründung eines Wachstumsunternehmens als zu unsicher erscheinen würde. Aber auch jenseits der Unterscheidung von Wachstumsunternehmen und konventionellen Unternehmen wird der rigide Arbeitsmarkt für strategisches Talent die Verwirklichung von Erfolg versprechenden Geschäftsideen behindern. Die Gründung eines Unternehmens in Deutschland dürfte auch für sehr gut ausgebildete und erfahrene Personen in der Tendenz eine Ausweichstrategie bleiben, die nur dann verfolgt wird, wenn sich keine lukrativen Festanstellungen finden lassen (Sternberg et al. 2005, S. 18f.).

Ein weiterer Unsicherheitsfaktor für den Markt für Gründer und Kernangestellte sind die makroökonomischen Bedingungen in der Weltwirtschaft. Die stärksten deutschen Branchen sind sehr zyklisch und exportabhängig. Starkes internationales Wirtschaftswachstum ist deshalb ausnehmend wichtig für den allgemeinen Erfolg der deutschen Industrie. Starkes Wachstum in Mittel- und Osteuropa sowie in China würde die deutsche Wirtschaft unterstützen. Je nach der zukünftigen Entwicklung der Weltwirtschaft könnten sich in Deutschland zwei Varianten der Entwicklung einstellen: Robustes Wachstum würde die Lage am Arbeitsmarkt in Deutschland entspannen und deshalb den politischen Druck für die Reform seiner Institutionen vermindern, da ein höheres Wirtschaftswachstum immer eine Dynamisierung des Arbeitsmarktes zur Folge hat. Wächst eine Volkswirtschaft, dann ist es auch für einen Gründer oder Beschäftigte eines gescheiterten Wachstumsunternehmens einfacher, eine neue Anstellung zu finden. Ein schwaches Wirtschaftswachstum würde dagegen den Druck auf dem Arbeitsmarkt erhöhen und die Forderung nach einer radikalen Veränderung der Institutionen des „deutschen Modells" stärken, dann wahrscheinlich in die Richtung einer umfassenden Deregulierung des Arbeitsmarktes.

## Literatur

Dohse, Dirk (2005): „Clusterorientierte Technologiepolitik in Deutschland: Konzepte und Erfahrungen". In: *Technikfolgenabschätzung*, Jg. 14, H. 1, S. 33-41.

Engelhardt, Lutz (2006): *Institutionelle Erfolgsbedinungen für High-Tech-Unternehmen. Ein Vergleich der britischen und deutschen IT-Service und Softwareindustrie*. Berlin: edition sigma.

Hoch, Detlef J./Roeding, Cyriac R./Purkert, Gert/Lindner, Sandro (2000): *Secrets of Software Success. Management Insights from 100 Software Firms around the World*. Boston, MA: Harvard Business School Publishing.

Knips, Susanne (2000): *Risikokapital und Neuer Markt. Die Aktie als Instrument der Risikokapitalbeschaffung für junge Technologieunternehmen*. Frankfurt a.M.: Peter Lang Verlag.

Lee, Choong-Moon/Miller, William F./Hancock, Marguerite Gong /Rowen, Henry S. (Eds.) (2000): *The Silicon Valley Edge. A Habitat for Innovation and Entrepreneurship*. Stanford: Stanford University Press.

Müller, Ralf (2002): *Die Funktionsfähigkeit des Marktes für Forschung und Entwicklung: Welche Technologiepolitik ist notwendig?* Baden-Baden: Nomos.

OECD (Organisation for Economic Co-operation and Development) (2004): *Employment Outlook*. Paris: OECD.

Sternberg, Rolf/Brixy, Udo/Schlapfner, Jan-Florian (2005): *Global Entrepreneurship Monitor (GEM)*. Länderbericht Deutschland 2005. Hannover/Nürnberg: Global Entrepreneurship Research Association.

# Zur Zukunft der Wirtschaft in der Gesellschaft

## Sozial verantwortliche Unternehmensführung als Experimentierfeld

Ariane Berthoin Antal, Meinolf Dierkes und Maria Oppen

Faber-Castell, der weltbekannte deutsche Hersteller von Produkten zum Schreiben, Malen und kreativen Gestalten, hat eine lange Tradition gesellschaftlich verantwortlicher Unternehmensführung. Schon im 19. Jahrhundert stand das Unternehmen im Ruf, ein guter Arbeitgeber zu sein. Es bot weit gehende Sozialleistungen für seine Beschäftigten, wie Krankenkasse, Kindergärten, Schulen und Wohnungen. Der aktuelle Vorstandsvorsitzende des Unternehmens betrachtet es daher als folgerichtig, sich den sozialen Herausforderungen der Globalisierung zu stellen. Bereits vor mehr als 20 Jahren hat das Unternehmen ein umweltverträgliches Holzversorgungsprogramm etabliert, und seit 1999 ist es durch das Forest Stewardship Council zertifiziert, das dem Endverbraucher eine umweltschonende, sozial faire und nachhaltige Waldbewirtschaftung garantiert. Faber-Castell ist nach eigenem Bekunden das einzige Unternehmen in Europa, das in der Holzstifteproduktion selbst entwickelte umweltfreundliche Wasserlacke einsetzt. Im Jahr 2000 unterzeichnete die Faber-Castell AG gemeinsam mit der Industriegewerkschaft Metall und dem Internationalen Bund der Bau- und Holzarbeiter eine „Sozialcharta", die den Beschäftigten in allen Betrieben des Unternehmens weltweit die Einhaltung von Beschäftigungs- und Arbeitsbedingungen zusichert, wie sie von der Internationalen Arbeitsorganisation empfohlen werden. Ein Managementsystem für Qualität, Umwelt und Soziales wurde eingeführt, um die Einhaltung der Charta zu überwachen. Turnusmäßig erfolgt zudem eine unabhängige externe Evaluation unter Beteiligung von Gewerkschaften. Mittelfristig möchte Faber-Castell die Implementierung seiner Sozialcharta auch auf die Lieferanten ausdehnen. 2003 ist das Unternehmen dem Global Compact der Vereinten Nationen beigetreten, um seine Unterstützung für das Anliegen sozial und ökologisch vertretbaren Wirtschaftens im globalen Maßstab zu bekräftigen. Zusammen mit der Deutschen Gesellschaft für Technische Zusammenarbeit und der Industriegewerkschaft Metall hat man in Indien bereits begonnen, die dortigen staatlichen Stellen, Nichtregierungsorganisationen, Gewerkschaften und Unternehmer für das Thema globaler Verantwortung zu sensibilisieren. Nach Auswertung der ersten Erfahrungen sollen entsprechende Aktivitäten auch auf andere Schwellenländer ausgeweitet werden, in denen Faber-Castell Zulieferbeziehungen unterhält.

Das Beispiel Faber-Castell steht für eine – zwar noch kleine – Zahl von Unternehmen, die auch in Deutschland begonnen haben, in Auseinandersetzung mit verschiedenen gesellschaftlichen Gruppen ihre soziale Verantwortung im Zusammenhang mit ihrer multinationalen Geschäftstätigkeit neu zu interpretieren. Auf internationalen Bühnen werden solche Initiativen und Praktiken seit einigen Jahren unter dem Begriff „Corporate Social Responsibility" (CSR) zusammenfasst. Die Debatten finden inzwischen – mit Verzögerung – hierzulande ebenfalls wachsende Aufmerksamkeit, insbesondere seit auf europäischer Ebene Vorstöße in diese Richtung gestartet wurden.

Die gesellschaftliche Verantwortung von Unternehmen war in Deutschland lange Zeit kein explizites Thema; sie war eingewoben in rechtliche Bestimmungen, gesellschaftliche Normen und sozialpartnerschaftliche Konfliktregulierung. Über viele Jahre kam Deutschland eine Vorbildfunktion in puncto Beschäftigungsstandards und Arbeitsbedingungen, sozialer Sicherung und Umweltschutz zu. Diese hohen Standards haben wesentlich zur gesellschaftlichen Wohlfahrt und wirtschaftlichen Prosperität beigetragen. Zwei miteinander verbundene Prozesse lassen diesen Zusammenhang erodieren: Der weltweite Wettbewerb führt zu einer Absenkung der Standards und stellt Deutschland vor Probleme wie hohe Arbeitslosigkeit, abnehmende soziale Sicherheit und städtischen Verfall. Der Umgang mit derartigen Herausforderungen ist nicht nur „hausgemacht". Denn soweit es parallel zur Neuverhandlung von Standards kommt, geschieht dies eher im europäischen oder transnationalen Raum, in dem nationale Akteure bloß noch begrenzte Einflussmöglichkeiten haben.

Mit den Verschiebungen in den globalen Rahmenbedingungen verändern sich auch die zu bearbeitenden Probleme selbst: Sie werden „vertrackt" – Clarke und Stewart (1997) sprechen von „wicked issues" – und sind deshalb schwer handhabbar. Probleme im Zusammenhang mit Migration, Armut oder Klimawandel haben häufig vielfältige Ursachen und machen nicht vor Ressort- oder Landesgrenzen halt. Um effektiver mit schwierigen Sachverhalten umgehen zu können, werden immer mehr Akteure einbezogen bzw. melden selbst „Unterstützung" bei der Problemlösung an. Zunehmend ändert sich damit ebenfalls die historisch gewachsene Teilung von Aufgaben und Verantwortung zwischen den verschiedenen gesellschaftlichen Akteuren. Staatliches Handeln allein kann den Erfordernissen der Gesellschaft nicht länger Rechnung tragen. In Deutschland wie anderswo verfügt der öffentliche Sektor weder über ausreichende Mittel noch über den nötigen Sachverstand, um komplexen wirtschaftlichen, sozialen und ökologischen Problemen auf sich allein gestellt begegnen zu können. In der Folge wird mehr und mehr auch von Wirtschaftsunternehmen erwartet, dass sie über die Sicherung ihrer eigenen ökonomischen Interessen hinaus soziale Verantwortung übernehmen und sich an Problemlösungsprozessen beteiligen.

In den letzten Jahren hat ein Rahmenkonzept angelsächsischer Herkunft Verbreitung gefunden, mit dem unterschiedliche Akteure die Geschäftswelt dazu bringen wollen, ökonomische, soziale und ökologische Ziele miteinander zu kombinieren, d.h. Corporate Social Responsibility zu praktizieren. Auch die Europäische Kommission sieht in CSR eines der Mittel, um die ökonomischen, sozialen und technischen Herausforderungen der Gesellschaft zu meistern, und der Europäische Rat propagiert neue Problemlösungsansätze unter Einbeziehung verschiedener Interessengruppen, die den notwendigen gesellschaftlichen Diskurs durch Lernen und Schaffung von Wissen befördern können. Er rief politische Entscheidungsträger, Unternehmer und Vertreter der Zivilgesellschaft dazu auf, ihr Fachwissen und ihre Sichtweisen einzubringen und gemeinsam Instrumente auf europäischer, nationaler und lokaler Ebene zu entwickeln.

Dieser Artikel beschäftigt sich mit der Frage, wie in Deutschland die Debatte um eine neue Balance zwischen sozialen, wirtschaftlichen und ökologischen Erfordernissen vorangetrieben werden kann; eine Balance, die die Kosten und Erträge des globalen Wandels gerechter verteilen hilft. Wir gehen davon aus, dass CSR als ebenso vages wie offenes Handlungskonzept eine Grundlage bietet, um über Formen der Verantwortungsteilung in der Gesellschaft zu streiten und nach neuen Kompromissen zu suchen. Zunächst geben wir einen Überblick über die Entwicklung von CSR-Diskursen und Umsetzungsansätzen. Um über mögliche Zukünfte zu reflektieren, wollen wir dann alternative Entwicklungspfade und die darin liegenden Potenziale und Beschränkungen skizzieren. Abschließend plädieren wir für einen experimentellen und reflexiven Ansatz, der verschiedene Aspekte der einzelnen Entwicklungspfade aufnimmt.

## Historische Wurzeln

Die Frage der sozialen Verantwortung von Unternehmen hat seit Anbeginn der Industrialisierung sowohl in Europa als auch in den USA eine lange Geschichte. Idealistische Philosophen und Gesellschaftskritiker haben dieses Denken ebenso geprägt wie Philanthropen und Vertreter eines aufgeklärten Eigeninteresses der Wirtschaft (Segal 2003). Bevor staatliche Sozialprogramme existierten, spielten Unternehmen eine zentrale Rolle in der Sorge um das Wohlergehen ihrer Beschäftigten und deren Familien wie auch in der Unterstützung der lokalen Gemeinde. Von Anfang an waren es durchaus widerstreitende Motive, die Unternehmer dazu ansportnten, in die Gesellschaft zu investieren: religiöse und ethische Überzeugungen, die Sicherung der Loyalität der Beschäftigten sowie die Angst vor Revolten und einer Radikalisierung der Beschäftigten. Zunehmend wurden analog zu Demokratisierungs- und Industrialisierungsprozessen fürsorgerische und soziale Aufgaben vom Staat übernommen, um sie der gesellschaftlichen Kontrolle zugänglich zu machen und ihre Wirkungsweise zu „verallgemeinern". In verschiedenen Ländern gab es dabei unterschiedliche Gewichtungen, aber im Großen und Ganzen erwartete man von der Wirtschaft vor allem finanzielle Beiträge (Steuern), während der Staat dafür zuständig war, das „Gemeinwohl" zu definieren und die Steuermittel sinnvoll zu verwenden. In der Wirtschaftskrise der 1930er Jahre, als die staatliche Finanzierung des Sozialwesens zusammenbrach, wurde die Brauchbarkeit dieses Modells in Frage gestellt. Einige Wirtschafts- und Rechtsexperten debattierten heftig, ob Unternehmen über ihre Gewinnorientierung hinaus auch eine gesellschaftliche Verantwortung haben, eine Kontroverse, die bis heute andauert.

Steigende Erwerbsbeteiligung und wachsende Einkommen in den entwickelten Industriestaaten ließen dieses Thema in den ersten Jahrzehnten nach dem Zweiten Weltkrieg in den Hintergrund treten. Höhere Steuereinnahmen ermöglichten es den Regierungen, den Wohlstand neu zu verteilen. Über Fragen unternehmerischer Verantwortung wurde (in Deutschland etwa im Zusammenhang mit dem Konzept der sozialen Marktwirtschaft) zwar immer wieder diskutiert, aber Anfänge einer gesellschaftlichen Debatte sind erst als Folge der Globalisierung in den späten 1980er und vor allem in den 1990er Jahren zu erkennen. Die Fusionierung von Unternehmen und das Zusammenwachsen von Märkten weltweit lösten ebenso wie die um sich greifende Ideologie des Shareholder-Value nicht nur Begeisterung, sondern vor allem Sorgen (meist um Arbeitsplätze und die Stabilität des gesellschaftlichen Zusammenhalts) aus. Viele Beobachter befürchten einen Abwärts-Wettlauf im Abbau von Sozial-, Arbeits- und Umweltstandards und eine zunehmende Spaltung der Gesellschaft in Gewinner und Verlierer. Eine solch wachsende Kluft wird als erhebliche Bedrohung für die soziale und wirtschaftliche Modernisierung in vielen Ländern gesehen, unabhängig von ihrem Entwicklungsstand.

Die Kombination der erwähnten Trends – insbesondere der Machtverlust von Nationalstaaten und der weit reichende Einfluss multinationaler Konzerne – hat zu einem verstärkten Druck auf die Wirtschaft geführt, die Folgen ihres eigenen Handelns auch unter moralischen Gesichtspunkten zu legitimieren und zugleich aktiv Verantwortung in der Gesellschaft zu übernehmen. Die Fähigkeit der Wirtschaft, Geschäfte weltweit zu organisieren, hat darüber hinaus die Erwartung geweckt, dass sie daran mitarbeiten sollte, in ihren Wirkungsbereichen Regierungshandeln zu verbessern (Wieland 1999). Wurden in der Vergangenheit Unternehmen dafür kritisiert, dass sie Vorteile aus Geschäften mit repressiven oder Unrechtsregimen zogen, und unter Druck gesetzt, entsprechende Länder zu verlassen (wie etwa Südafrika während der Apartheid), sollen sie heute „good governance" durch beispielhaftes Verhalten in solchen Ländern befördern. So sieht der World Wide Fund For Nature (WWF) multinationale Unternehmen nicht nur als die größten Verursacher von Problemen, sondern auch als die wichtigsten Partner an, wenn es darum geht, nach neuen Lösungen zu suchen (Marsden 2000).

In den 1980er und besonders in den 1990er Jahren gewannen Globalisierungskritiker und Nichtregierungsorganisationen, die sich für gesellschaftliche und ökologische Belange einsetzen, rapide an Zahl und Einfluss. Sie prangerten das in ihren Augen skrupellose und unmoralische Verhalten von Unternehmen an, forderten zu Protesten auf – etwa in Form von Demonstrationen und Boykottaufrufen – und beschleunigten damit die gesellschaftliche Diskussion um eine Neubestimmung des Verantwortungshorizonts von Unternehmen. Zum Teil waren diese Anstöße so erfolgreich, dass sich einzelne Unternehmen nicht nur aktiv damit befassten, sondern sich sogar selbst „an die Spitze" der Bewegung setzten. Auch internationale Organisationen wie die OECD (Organisation for Economic Co-operation and Development) griffen diese Impulse auf und bauten sie in ihre Richtlinien für multinationale Unternehmen ein. Der Global Compact der Vereinten Nationen, der 1999 von Kofi Annan initiiert wurde, ist ebenfalls Besorgnissen über die Folgen einer ungezügelten Globalisierung geschuldet.

## Corporate Social Responsibility: ein umstrittenes Konzept

Über CSR wird in so vielen Gruppen mit unterschiedlicher kultureller Prägung diskutiert, dass – wenig überraschend – die damit verbundenen Vorstellungen sehr heterogen und vage sind. Die Erwartungen können alles Mögliche umfassen, von der Art, wie Unternehmen Waren herstellen und Dienstleistungen anbieten, wie sie Investitionsentscheidungen treffen, mit ihren Beschäftigten und ihren Zulieferern umgehen, über die Frage, inwieweit sie moralische Grundsätze in verschiedenen Ländern beachten, bis hin zu der Art und Weise, wie sie sich in der Gesellschaft vor Ort engagieren und Einfluss auf die Politik ausüben. Es gibt diverse Definitionen von CSR. Weit verbreitet ist das Verständnis, das die Europäische Kommission in ihrem Grünbuch vertritt: CSR ist demnach „ein Konzept, das den Unternehmen als Grundlage dient, auf freiwilliger Basis soziale Belange und Umweltbelange in ihre Unternehmenstätigkeit und in die Wechselbeziehungen mit den Stakeholdern zu integrieren" (Kommission der Europäischen Gemeinschaften 2001). Diese Umschreibung bleibt – wie die meisten anderen auch – diffus und umstritten. Daher sehen manche Autoren CSR eher als eine soziale Bewegung an, als Forum oder Ort für Auseinandersetzungen um das Recht, über soziale Ziele und ihre Finanzierung mitzubestimmen (Michael 2003, S. 123), oder als Dynamik innerhalb eines Systems und nicht als klar definierten Sachverhalt (Zadek 2004, S. 27).

Das Aufkommen von CSR als weltweites Phänomen ist Teil eines derzeit stattfindenden Wandels im Verhältnis zwischen Wirtschaft, Staat und Zivilgesellschaft und dem öffentlichen Diskurs darüber. Dabei geht es um die Suche nach neuen institutionellen Arrangements als Antwort auf sich verschiebende Aufgaben- und Verantwortungsverteilungen. Für die Wirtschaft hat CSR Auswirkungen in zweifacher Hinsicht. Einerseits führt es zu einer Erweiterung ihres Handlungsspielraums in der Gesellschaft, da an Unternehmen appelliert wird, dass sie sich an der Lösung komplexer Probleme beteiligen, die der Staat allein nicht mehr lösen kann. Andererseits ist CSR auch der Versuch, die Wirtschaft in Schranken zu halten und ihre Aktivitäten vor die kritischen Augen der Öffentlichkeit zu bringen. Regierungsstellen und Vertreter der Zivilgesellschaft verlangen, dass Unternehmen nicht allein über finanzielle Kennziffern Auskunft geben, sondern ebenso über die Folgen ihrer Tätigkeit für Umwelt und Gesellschaft. Daneben stehen die Unternehmen unter Druck, ihre Stakeholder zu informieren und sie darüber hinaus in strategische Entscheidungen, die Auswirkungen auf die Gesellschaft haben, einzubeziehen, bis hin zur Änderung der Unternehmensführung. Das Internet mit seinen schnellen Kommunikationsmöglichkeiten erlaubt es verschiedenen Interessengruppen, Informationen über die negativen Effekte von Aktivitäten multinationaler Unternehmen international zu verbreiten, so dass jene nicht mehr in der Lage sind, die Herstellung von Öffentlichkeit nach eigenem Gusto zu steuern.

Trotz seiner gegenwärtigen Popularität steht das Konzept von CSR von zwei Seiten unter Kritik. Aus der Marktperspektive argumentierende Kritiker wenden unter Berufung auf den bekannten Ökonomen Milton Friedman ein, die einzige Verantwortung von Unternehmen bestehe darin, Gewinn zu machen, und kein Manager habe das Recht, den Eigentümern Erlöse vorzuenthalten. Andere hegen die Befürchtung, dass CSR zur Fehlleitung von Ressourcen führt, indem diese nicht zur Steigerung des Unternehmenswerts, sondern quasi zweckfremd eingesetzt werden, um gesellschaftliche Probleme zu lösen, ohne dafür aber wirklich geeignet zu sein (Margolis/Walsh 2003, S. 272).

Kritiker, die den Akzent auf die Zivilgesellschaft legen, warnen davor, dass freiwillige Initiativen und Vereinbarungen, bei denen Wirtschaftsunternehmen und -verbände häufig eine tragende Rolle spielen, tatsächlich Versuche darstellen, staatlichen oder anders durchsetzbaren Regelungen zuvorzukommen. Zwei verwandte Argumente werden angeführt, die diese Sichtweise stützen (Hamann/Acutt 2003). So könne CSR rein instrumentell eingesetzt werden, um gesellschaftlichen Druck aufzufangen, wobei letztlich nur partielle, oberflächliche oder auf Außenwirkung gerichtete Veränderungen realisiert werden. Das zweite Argument besagt, dass Unternehmen sich durch CSR-Initiativen Legitimität für ihr Handeln verschaffen und gleichzeitig das Heft in der Hand behalten, indem sie die Probleme definieren, die Akteure bestimmen, die nach Lösungen suchen sollen, und über die Messinstrumente sowie die Form der Berichterstattung über die Ergebnisse entscheiden. Mit anderen Worten: Es herrscht Besorgnis, dass der CSR-Diskurs wesentlich durch private Unternehmen geprägt wird, hinter deren Eigeninteressen dann das Wohl der Gesellschaft zurücktritt.

Wie nehmen sich diese beiden zentralen Einwände gegen CSR im Lichte von Forschungsergebnissen aus? Es gibt zahlreiche Studien über den Einfluss von CSR auf Unternehmensgewinne. Die Befunde sind uneinheitlich. Während einige Untersuchungen die Befürchtungen der Kritiker untermauern, dass CSR dem Shareholder-Value abträglich sei, belegen viele andere Forschungsarbeiten den positiven wirtschaftlichen Effekt von CSR. Zwei Metaanalysen (Orlitzky et al. 2003; Margolis/Walsh 2003) kommen im Wesentlichen zu demselben Schluss: Es gibt einen positiven Zusammenhang – und nur sehr wenige Anhaltspunkte für einen negativen – zwischen dem gesellschaftlichen Engagement und dem wirtschaftlichen Erfolg von Unternehmen. Sehr viel weniger Studien setzen sich dagegen mit dem zweiten Komplex von Kritik auseinander, also der Frage, wie sich Initiativen zu gesellschaftlich verantwortlichem Handeln von Unternehmen tatsächlich auf die Problemlösungen, die Stakeholder oder andere Personenkreise auswirken, die davon profitieren sollen. Auch weiß man nur wenig darüber, wie

Unternehmen soziale Missstände identifizieren, wie sie beurteilen, welche Maßnahmen angemessen sind, wie sie Gelder und andere Ressourcen bemessen, um bestimmten Notlagen zu begegnen, und wie das auf andere zivile oder politische Institutionen ausstrahlt. Kurz gesagt, die beabsichtigten und unbeabsichtigten Folgen für die Gesellschaft sowie die Zielkonflikte, die durch die Einbindung von Unternehmen in die Lösung gesellschaftlicher Probleme entstehen, sind noch nicht grundlegend erforscht.

## Die Entwicklung von CSR in Deutschland

Obwohl der Begriff Corporate Social Responsibility aus dem Angelsächsischen kommt, ist die Idee, dass Unternehmen gesellschaftliche Verantwortung zu tragen haben, schon lange in der deutschen Kultur verankert, wie das Beispiel Faber-Castell zeigt. Auch das deutsche Modell der sozialen Marktwirtschaft, das sich nach dem Zweiten Weltkrieg durchgesetzt hat, betont die Verantwortung von Unternehmen in der Gesellschaft. Im Kern unterscheidet sich aber das ursprüngliche deutsche Verständnis der gesellschaftlichen Verantwortung von Unternehmen vom Bedeutungsgehalt des nun importierten CSR-Konzepts. Der Begriff „sozial" bezieht sich im angelsächsischen Kontext vorrangig auf die Gesellschaft, in der ein Unternehmen agiert. Dagegen beinhaltete gesellschaftlich verantwortungsvolle Unternehmensführung in Deutschland vor allem eine Verpflichtung gegenüber den eigenen Beschäftigten. Das herkömmliche Verständnis und die Umsetzung von unternehmerischer Verantwortung in Deutschland heben sich auch deshalb vom angelsächsischen Ansatz ab, weil Deutschland über eine spezifische Tradition des Aushandelns von Arbeitsbedingungen, -zeiten und -löhnen zwischen den Sozialpartnern verfügt. Unterschiede ergeben sich ferner aus den umfangreichen gesetzlichen Regelungen und Vorschriften. Zahlreiche Forderungen, die in der Diskussion um CSR angesprochen werden, sollen in den Vereinigten Staaten oder in Großbritannien auf freiwilliger Basis umgesetzt werden, während sie in Deutschland gesetzlich geregelt sind oder der Mitbestimmung unterliegen.

Das Konzept von CSR hat in zwei Etappen Einzug in die hiesige Diskussion gehalten. In der ersten Phase, in den 1970er Jahren, brachten deutsche Akademiker den Gedanken aus den USA nach Deutschland und explorierten, gemeinsam mit Unternehmen wie der Deutschen Shell und STEAG, die Übertragbarkeit des Modells (Dierkes 1974, 1984). Die Stiftung „Gesellschaft und Unternehmen" sowie eine Arbeitsgruppe zu Sozialbilanzen versuchten, Unternehmen und Medien zur Anwendung und Weiterentwicklung von CSR zu animieren. Das Interesse an solchen Experimenten verebbte aber, als die kleine Gruppe der Pionierunternehmen nicht weiter wuchs.

Rund 30 Jahre später wurde CSR abermals zum Thema, dieses Mal vor allen Dingen ausgelöst durch internationale Vorstöße. Das 2001 veröffentlichte Grünbuch der Europäischen Kommission zur sozialen Verantwortung von Unternehmen und das European Multi-Stakeholder Forum on Corporate

Social Responsibility (CSR EMS Forum) 2002 sensibilisierten einige deutsche Unternehmen, Forschungseinrichtungen und andere Organisationen für das Thema (ausführlich dazu: Loew et al. 2004). Auch die Initiativen der Vereinten Nationen oder der OECD trugen hierzu bei. Diverse deutsche Unternehmen wie Faber-Castell begannen ebenso wie Gewerkschaften und Nichtregierungsorganisationen, sich an den internationalen Foren zu beteiligen, so etwa am Global Compact der Vereinten Nationen[1], um ein gemeinsames Verständnis von und gemeinsame Richtlinien für CSR zu entwickeln. Zu einer breiteren Debatte ist es aber hierzulande bislang nicht gekommen (Habisch/Wegner 2005).

Auch wenn CSR als strategischer Ansatz in Deutschland noch vergleichsweise wenig Resonanz findet, lässt sich über die letzten Jahre eine breite Palette von Aktivitäten und Initiativen beobachten, die eine wachsende Aufmerksamkeit für Fragen der gesellschaftlichen (Mit-)Verantwortung von Unternehmen signalisieren. Ihre Wurzeln liegen in ganz verschiedenen Bereichen gesellschaftlicher Problemwahrnehmung und -thematisierung. So haben das Erstarken der Umweltbewegung in den 1970er Jahren und die Etablierung der Grünen als Partei nicht allein zu Gesetzesinitiativen geführt, sondern zugleich vielfältige konfliktäre wie kollaborative Austauschprozesse zwischen zivilgesellschaftlichen Gruppen, Politik und Unternehmen in Gang gebracht. Ein prominentes Beispiel dafür sind die Lokale-Agenda-21-Netzwerke. Deutschland konnte zu Recht für sich in Anspruch nehmen, zu den Vorreitern im Umweltschutz sowie in der Entwicklung von Standards nachhaltigen Wirtschaftens und Konsums zu zählen. Dasselbe gilt auf dem Gebiet der Ökobilanzen und der Umweltberichterstattung von Unternehmen.

Später haben insbesondere die steigende Massenarbeitslosigkeit und die Verknappung von Ausbildungsstellen die Politik zu direkten Appellen an die Unternehmen bewogen, sich aktiv für den Erhalt und die Schaffung von Arbeits- und Ausbildungsplätze einzusetzen, nachdem konzertierte Lösungsversuche auf verbandlicher Ebene gescheitert waren. Verschiedene sektorenübergreifende Partnerschaften haben sich konstituiert, um zur Verbesserung der Situation beizutragen, wie etwa die private, von Persönlichkeiten aus Wirtschaft und Gewerkschaft getragene „Initiative für Beschäftigung" oder das bundesweite Modellvorhaben „Unternehmen: Partner der Jugend". Mithilfe geförderter Koordinationsbüros werden Kooperationen zwischen der lokalen Jugend- und Sozialarbeit und zumeist mittelständischen Unternehmen angeschoben, die neue Problemlösungen und innovative Angebote generieren sollen. Auf lokaler und regionaler Ebene werden – nicht zuletzt im Rahmen von EU-Fördermaßnahmen – in transsektoralen Verbundstrukturen Beschäftigungspakte geschmiedet und Aktionspläne entworfen und umgesetzt. Die „Initiative Neue Qualität der Arbeit" – ein Gemeinschaftsvorhaben von Bund, Ländern, Sozialversicherungsträgern, Arbeitgebern und

---

1 Der Global Compact wurde bis Ende 2006 von über 2.000 Firmen, darunter mehr als 30 deutschen, unterzeichnet (www.unglobalcompact.org).

Gewerkschaften – markiert ein weiteres Feld, in dem nach neuen integrierten Lösungsansätzen jenseits des etablierten Institutionengefüges gesucht wird.

Daneben engagieren sich zunehmend mehr Einzelunternehmen – Mittelständler ebenso wie transnational agierende Konzerne – an ihren Standorten in Zusammenarbeit mit Kommunen und sozialen Einrichtungen in sozialen Projekten. Sie tätigen „soziale Investitionen" in Form von materiellen und personellen Ressourcen sowie Know-how, um in Problembereichen wie Schule und Ausbildung, Gesundheit oder Obdachlosigkeit neue Impulse zu setzen und zugleich Reputation als tätige Mitglieder eines Gemeinwesens zu erwerben. Dieses „bürgerschaftliche Engagement" von Unternehmen (oder Corporate Citizenship) hat eher voluntaristischen Charakter, ist kaum aus gesellschaftlichen Bedarfslagen heraus systematisch entwickelt und wenig transparent. Es mag Bestandteil des unternehmerischen Selbstverständnisses bzw. der Unternehmenskultur sein, findet aber entkoppelt von der Geschäftsstrategie statt und deutet insofern nicht auf ein neues sozialverträglicheres und nachhaltigeres Wirtschaften hin (Oppen 2005).

Zu einem ähnlichen Ergebnis kommt eine europaweite Untersuchung, derzufolge deutsche im Vergleich zu anderen europäischen Unternehmen einen erheblichen Nachholbedarf in verschiedenen Bereichen haben (Kröher 2005, S. 80). Auf der Mängelliste stehen auch die oftmals fehlende Einbeziehung sozialen Engagements in wirtschaftliche Entscheidungsprozesse und die wenig transparente Darstellung von Unternehmensprozessen und -daten. Eine 2005 in Deutschland durchgeführte Umfrage ergab, dass nach wie vor lediglich ein Drittel der größten deutschen Unternehmen eigenständige Umwelt- oder Nachhaltigkeitsberichte veröffentlicht (Loew et al. 2005). Eine Detailanalyse der Berichterstattung der untersuchten Unternehmen zeigt, dass vor allem über jene Bereiche, in denen deutsche Unternehmen traditionell stark sind, nämlich Produktsicherheit, Sozialleistungen für die Mitarbeiter und Umweltstandards, überwiegend sorgfältig und umfassend berichtet wird. Dagegen werden Themen, die noch nicht so lange im deutschen Verständnis von sozialer Unternehmensverantwortung verankert sind, wie etwa Steuern und Subventionen, Arbeitsbedingungen in der Zuliefererkette, Antikorruptionsmaßnahmen und Einbindung der Stakeholder, kaum oder nur unzureichend angesprochen (ebd.).

## „Durchwursteln" als Zukunftsmodell?

Vergegenwärtigt man sich die Erfahrungsgeschichte der verschiedenen, unkoordinierten Initiativen und die fehlenden Lernprozesse, ist zu erwarten, dass die zukünftige Beziehung zwischen Wirtschaft und Gesellschaft in Deutschland von einem Durchwursteln (muddling through) geprägt sein wird, wenn keine Umsteuerung erfolgt. Bis heute gibt es keine Plattform auf nationaler Ebene, die etwa dem European Multi-Stakeholder Forum vergleichbar wäre und auf deren Basis Mitglieder unterschiedlicher Organisationen eine gemeinsame Auffassung darüber entwickeln könnten, was getan werden muss und wie man die Probleme am besten anpackt. Auch hapert es in Deutschland an einer treibenden Kraft, die die Diskussionen und Aktivitäten bündelt.

Das geringe Engagement der deutschen Regierung im nationalen und internationalen CSR-Diskurs ist besonders auffällig im Vergleich mit anderen europäischen Ländern wie Frankreich, Großbritannien und Schweden, wo das Thema strategische Bedeutung erlangt hat (Bertelsmann Stiftung 2006a). In Deutschland spielen politische Entscheidungsträger in diesem Diskurs weder auf nationaler noch auf regionaler Ebene eine führende Rolle. Obwohl Deutschland zu den Unterzeichnern der OECD-Leitsätze für multinationale Unternehmen gehört, hat die Regierung sehr viel weniger als die politischen Führungen anderer Länder für die Verbreitung der Leitsätze, ihre praktische Umsetzung und die Festlegung umfassender und klarer Verfahren für die Bearbeitung von Beschwerdefällen unternommen (OECD Watch 2005). Die politischen Entscheidungsträger überlassen den Lernprozess lokalen Wirtschaftsakteuren und Nichtregierungsorganisationen und beschränken sich auf die Weiterverbreitung von Best-Practice-Beispielen, ohne dass sie selbst die Diskussionen strategisch leiten und über Ziele und Praktiken mitbestimmen. Die hiesigen Politiker teilen überwiegend die Ansicht der Wirtschaft, dass CSR auf freiwilliger Basis erfolgen sollte. Daher werden in Deutschland auch keine gesetzlichen Steuerungsmechanismen genutzt, um CSR voranzutreiben, wie dies etwa in Frankreich geschieht, sondern man begnügt sich mit Maßnahmen auf freiwilliger Basis wie Sozialgütesiegel, die Unternehmen die Möglichkeit bieten, „ihr Engagement werbewirksam zu vermarkten" (Bundesregierung 2002, S. 3). Da die öffentliche Verwaltung für sich genommen nicht gerade als Musterbeispiel für die Umsetzung von CSR gelten kann, sind von ihrer Seite keine Impulse für die Belebung von CSR zu erwarten. Anders als in Großbritannien, den Niederlanden und Frankreich sowie entgegen den EU-Richtlinien beherzigen die deutschen Behörden die Grundsätze von CSR noch nicht, wenn sie über den Einkauf von Produkten oder Dienstleistungen oder über Investitionen entscheiden.

Obwohl sich in den letzten Jahren einige Unternehmen (so Faber-Castell), Nichtregierungsorganisationen und Gewerkschaften an transnationalen CSR-Initiativen beteiligt haben, sind von deutscher Seite bislang keine Anstöße ausgegangen, die für diesen Diskurs richtungsweisend hätten sein können. Falls es nicht gelingt, von dieser Haltung abzukommen und das Durchwursteln zu überwinden, wird Deutschland absehbar damit konfrontiert sein, Prinzipien und Standards zu übernehmen, die andere nach ihren Vorstellungen von der Zukunft der Unternehmen in der Gesellschaft aufgestellt haben.

Das Fehlen von Koordination und strategischer Orientierung bringt Folgekosten für das gesamte System mit sich. Das Ergebnis ist unter diesen Bedingungen dem Zufall überlassen; empirische Nachweise über die Wirksamkeit von Konzepten im Hinblick auf soziale Belange werden nicht einmal angestrebt. Einzelne Organisationen oder ihre Stakeholder mögen durchaus

aus ihren Bemühungen lernen, bestimmte Ideen umzusetzen, aber insgesamt lernen die verschiedenen Akteure viel zu wenig aus den zahlreichen Experimenten in allen möglichen Bereichen, was zu kostspieligen Fehlern und zu unnötigen Versuchen führt, das Rad mehrfach zu erfinden. Ein solches System regt weder das Organisationslernen an noch wird von den Lernprozessen anderer profitiert, die an verschiedenen Orten, in Deutschland oder anderswo, ablaufen.

## Entwicklungspfade in die Zukunft

Um die zukünftigen Bedingungen für das Zusammenspiel von Wirtschaft und Gesellschaft in Deutschland und über seine Grenzen hinaus mitgestalten zu können, ist ein grundsätzliches Umdenken in der Herangehensweise an CSR vonnöten. Es gibt vier nahe liegende Steuerungsmöglichkeiten, in denen Energien und Expertise gebündelt sind und die helfen, aus der bisherigen passiven Haltung herauszukommen: zivilgesellschaftlicher Druck, Nachfrage am Markt, private Regulierung und staatliche Autorität. Einzelne Elemente davon spielen jetzt schon eine Rolle, so dass sich die Frage stellt, was zu erwarten wäre, wenn man bewusst eine dieser Kräfte stärken und sich auf sie stützen würde. Wir werden im Folgenden die verschiedenen möglichen Entwicklungspfade erkunden, um die Vor- und Nachteile, Grenzen und Risiken der vier Wege im Hinblick auf eine gesunde Mischung von wirtschaftlichen, sozialen und ökologischen Zielen zum langfristigen Wohl Deutschlands auszuloten.

### Zivilgesellschaftlicher Druck

Der Druck auf Unternehmen mit unverantwortlichen Geschäftspraktiken, ausgeübt von verschiedenen gesellschaftlichen Gruppen, hat CSR in vielen Ländern überhaupt erst auf die Tagesordnung gebracht. Insofern ist es plausibel, dieses Instrument auch zukünftig als wichtigen Motor für Veränderungen zu betrachten. Diese Ansicht beruht auf der Annahme, dass weder die unsichtbare Hand des Marktes noch gesetzliche Vorschriften und bürokratische Kontrollen Unternehmen dazu veranlassen können, sozial verantwortlich zu handeln. Vielmehr ändern aus dieser Perspektive Unternehmen nur dann ihre Verfahren und unterwerfen sich neuen Standards und Regeln gesellschaftlich akzeptablen Verhaltens, wenn sie etwas zu verlieren haben, falls sie dies nicht tun. Zivilgesellschaftlicher Druck befördere genau solche Anpassungen und das über nationale Grenzen hinweg, da die zivilgesellschaftlichen Gruppen in zunehmendem Maße eine grenzüberschreitende Kraft darstellen (Gosewinkel/Rucht 2004, S. 31).

Wie stark der Druck zivilgesellschaftlicher Organisationen auf Unternehmen ist, hängt wesentlich von dem Gehör ab, das diese Gruppen in der Gesellschaft und den Medien finden. Ihre Unterstützung ist umso wahrscheinlicher, je mehr sie als moralische Autoritäten mit progressiven Zielen und als glaubwürdige Experten anerkannt werden, die in der Lage sind, relevante Informationen zu beschaffen, zu analysieren und zu verbreiten.

Die Zivilgesellschaft kann auf zweierlei Art Druck auf die Wirtschaft ausüben:

— Die drastischste Form des Einflusses sind direkte Attacken gegen Unternehmen, die die gewünschten Standards nicht erfüllen. Durch Boykottaufrufe wird etwa ein direkter Druck auf dem Markt erzeugt, durch öffentliches Anprangern und Medienkampagnen ein indirekter Druck, weil das öffentliche Ansehen des Unternehmens Schaden nimmt.
— Die zweite Form des Einwirkens auf das Verhalten von Unternehmen besteht in Dialog und Zusammenarbeit. Nichtregierungsorganisationen haben mittlerweile erkannt, dass sie über Beteiligung an Konsultationsverfahren und über gemeinsame Entwicklungsprojekte Unternehmen zu Verhaltensänderungen bewegen können. In der Zusammenarbeit kommen sich ergänzende Fähigkeiten und Ressourcen zum Tragen, und wechselseitiges Lernen wird ermöglicht.

In der Praxis wird die Verhandlungsmacht zivilgesellschaftlicher Akteure jedoch vor allem von ihrem Geschick bestimmt sein, beide Formen der Einflussnahme miteinander zu verbinden und zu einer Art „kritischen Zusammenarbeit" zu finden, besonders in den Fällen, in denen Unternehmen nur unter Druck zu Dialog und Kooperation bewegt werden können.

Es ist unbestritten, dass die Kampagnen und Initiativen zivilgesellschaftlicher Gruppen nicht nur zu punktuellen Zugeständnissen der betroffenen Unternehmen geführt haben. Zahlreiche Beispiele belegen, dass Unternehmen durch den Druck von Nichtregierungsorganisationen ihre eigenen Beschäftigungspraktiken und die ihrer Zuliefererbetriebe umgestellt und ihre Produkte und Produktionsprozesse an Umweltstandards angepasst haben sowie Forderungen nach Offenlegung und Transparenz nachgekommen sind. Insbesondere konzertierte Aktionen von Nichtregierungsorganisationen, Gewerkschaften und Verbraucherschützern haben zudem nicht nur in der Wirtschaft, sondern auch in der Öffentlichkeit eine breite Debatte über die gesellschaftliche Verantwortung von Unternehmen angestoßen.

Allerdings hat dieser Ansatz auch mehrere Nachteile. Zwei Argumentationsstränge machen deutlich, dass weder durch konfrontativen noch durch kooperativen Druck von zivilgesellschaftlichen Gruppen alleine eine generelle Durchsetzung gesellschaftlich verantwortlicher Unternehmensführung erreichbar ist. Zum einen sind zivilgesellschaftliche Gruppen grundsätzlich überfordert mit dem Anspruch auf Breitenwirkung; in Anbetracht ihrer knappen Ressourcen sind sie auf exemplarische Initiativen angewiesen. Und nicht alle Arten von Unternehmen sind gleichermaßen anfällig für öffentliche Skandalisierung und Aktionen zivilgesellschaftlicher Organisationen.[2] Be-

---

2 Eine im Auftrag der Bertelsmann Stiftung durchgeführte Umfrage unter Unternehmensleitungen kommt zu dem Ergebnis, dass bei den Einflussfaktoren für gesellschaftli-

sonders Unternehmen, die nicht im Konsumgütermarkt agieren oder nicht zu den herausgehobenen Markenproduzenten zählen, lassen sich davon wenig beeindrucken. Auch Unternehmen, deren wichtigste Absatzmärkte und Produktionsstätten in Weltregionen liegen, wo die ausgleichenden Kräfte der Zivilgesellschaft nur schwach entwickelt sind oder gänzlich fehlen, sind weitgehend immun gegen solche Art von Druck.

Zum anderen garantiert die Einflussnahme sozialer Bewegungen und zivilgesellschaftlicher Organisationen auf Unternehmen nicht per se, dass hierbei tatsächlich das öffentliche Interesse vertreten wird. Sie sind weder gewählt noch denjenigen Betroffenengruppen gegenüber rechenschaftspflichtig, in deren Namen sie vorgeben zu sprechen und zu handeln. Verantwortlich sind sie gegenüber ihren Mitgliedern und Spendern, deren Unterstützung sie benötigen, um ihre Aktivitäten weiterführen zu können. Auch Nichtregierungsorganisationen müssen daher zwischen ihren eigenen Interessen und dem Gemeinwohl abwägen, und das Ergebnis eines solchen Austarierens ist keineswegs klar. Ein weiterer Grund, der gegen eine Gleichsetzung von Nichtregierungsorganisationen und Gemeinwohl spricht, ist die mögliche Indienstnahme solcher Organisationen durch Regierungen oder Unternehmen. Staaten könnten Nichtregierungsorganisationen „kapern" und opportunistisch dazu nutzen, politisches Handeln zu privatisieren (Michael 2003, S. 125), um sich damit selbst der Verantwortung oder drohenden finanziellen Belastungen entziehen. Das Risiko der Kooptation von Nichtregierungsorganisationen durch Unternehmen tritt dort sehr deutlich zutage, wo sich Nichtregierungsorganisationen an kooperativen Prozessen beteiligen. Je mehr Erfolge zum beiderseitigen Wohl in solch machtvollen Allianzen erzielt werden, desto mehr sind kritische Distanz und Unabhängigkeit der Organisationen gefährdet, was sowohl zu einer Abnahme ihres Drohpotenzials als auch ihrer Glaubwürdigkeit in der Öffentlichkeit führen kann.

Marktliche Nachfrage

Eine andere Form der Steuerung wäre, die Ausbreitung von CSR-Initiativen dem freien Spiel von Angebot und Nachfrage zu überlassen. Im Idealfall würde danach ein „race to the top" angestoßen, wenn sich Unternehmen in der weltweiten Konkurrenz um Kunden durch die Einführung und Übernahme von Sozial- und Umweltstandards Wettbewerbsvorteile versprechen. Unternehmen bezeugen ihre soziale Verantwortung durch Selbstverpflichtungen oder Zertifizierungen. Wenn sie dadurch Wettbewerbsvorteile erringen, werden Wettbewerber diesem Trend folgen. Diesem Entwicklungspfad liegt die Überlegung zugrunde, dass Unternehmen nur dann soziale und ökologische Belange in ihre wirtschaftlichen Kalkulationen einbeziehen werden, wenn dies zur Sicherung oder Steigerung ihrer Wettbewerbsfähigkeit

---

ches Engagement die Erwartungen von Nichtregierungsorganisationen nur mit fünf Prozent zu Buche schlagen; demgegenüber wird der Unternehmenskultur mit 87 Prozent der höchste Stellenwert beigemessen (Bertelsmann Stiftung 2006b, S. 11).

beiträgt. Dieser Ansatz ist frei von normativen Ansprüchen an die gesellschaftliche Verantwortung von Unternehmen und sieht das Unternehmen lediglich als ökonomisches Instrument, dessen Kräfte gemäß dem Bedarf der Gesellschaft freigesetzt werden (Mintzberg 1983, S. 59). Die Frage ist daher, ob und unter welchen Bedingungen eine Nachfrage nach sozialer Unternehmensverantwortung entsteht, so dass diese sich auch wirtschaftlich lohnt. Oder anders formuliert: Gibt es einen „Markt für Tugendhaftigkeit" („market for virtue"; Vogel 2005)?

Bislang scheinen es vor allem drei Gruppen von Marktakteuren zu sein, bei denen die Nachfrage nach gesellschaftlich verantwortlichem Handeln von Unternehmen wächst und die Entwicklung neuer Strategien, Prozesse und Produkte anstößt, die nicht nur die Wettbewerbsposition der Unternehmen verbessern, die Unternehmensgewinne und den Marktwert steigern, sondern auch gesellschaftlichen Nutzen haben und die Abwälzung von Folgekosten auf die Gesellschaft mindern:

– individuelle und institutionelle Konsumenten, die Güter und Dienstleistungen nachfragen, deren Produktion, Nutzung und Entsorgung gesellschaftlichen und ökologischen Standards genügt;
– individuelle und institutionelle Investoren auf Finanzmärkten, die nach gesellschaftlich und ökologisch verantwortungsvollen Anlagemöglichkeiten suchen; und
– hoch qualifizierte Arbeitskräfte, die Arbeitsplätze in Unternehmen nachfragen, welche das Gewinnstreben nicht als alleiniges oder höchstes Ziel sehen.

Als Marktteilnehmer sind Bürger in der Lage, das Verhalten von Unternehmen durch ihre Kaufentscheidungen zu beeinflussen. So können sie beispielsweise durch den Kauf von besonders ausgewiesenen, mit Gütesiegeln versehenen Produkten fairen Handel, umweltverträgliche Produktionsverfahren oder die Ächtung von Kinderarbeit unterstützen und Unternehmen dazu ermutigen, Profitziele mit Gemeinwohlzielen auszutarieren. Daneben können sie unerwünschtes Geschäftsverhalten sanktionieren, indem sie den Anbieter wechseln oder Konsumverzicht üben.

Marktnischen für gesellschaftlich verantwortliches Unternehmertum entstehen offensichtlich vor allen Dingen dort, wo gut ausgebildete und gut informierte Bürger „politische" Entscheidungen als Konsumenten (Stolle et al. 2004), Beschäftigte oder Aktienbesitzer aufgrund ihrer sozialen Werte und Präferenzen treffen, auch wenn diese Entscheidungen finanzielle Nachteile mit sich bringen. Verglichen mit den Märkten für Massenprodukte sind solche Nischen jedoch praktisch bedeutungslos. Eine aktuelle Studie zeigt, dass nur fünf Prozent der Verbraucher ein konsistent ethisch motiviertes Kaufverhalten praktizieren, während 80 Prozent ein derartiges Verhalten grundsätzlich befürworten (Doane 2005, S. 26). Obwohl moralisch beeinflusste Investitionen in den USA weiter verbreitet sind als in Europa und laut einer Untersuchung 16 Prozent der Anleger angeben, soziale Kriterien bei ihren Entscheidungen mit einzubeziehen, haben sozial ausgerichtete Anlagefonds auch dort nur einen Marktanteil von gerade einmal zwei Prozent (Vogel 2005, S. 60).

Damit dieser Entwicklungspfad Platz greifen kann, sind bessere und zuverlässigere Informationen über das Verhalten von Unternehmen notwendig, als sie Verbrauchern derzeit zur Verfügung stehen. Die kaum noch überblickbare Vermehrung von unterschiedlichen Qualitätssiegeln, Ratings und anderen Informationen über CSR führt bei Verbrauchern, Investoren und Beschäftigten zu Verwirrung und Skepsis. Die Bandbreite teilweise konkurrierender Kennzeichnungen sozialer und ökologischer Standards ist bei dem Versuch, bewusste und informierte Entscheidungen im Einklang mit den eigenen Werten zu treffen, sogar eher hinderlich als hilfreich. Um Änderungen im Unternehmensverhalten in großem Stil zu erreichen, müssten sich allerdings auch Konsumpräferenzen grundlegend wandeln. „Tugendmärkte" dürften schwerlich Zulauf erfahren angesichts sinkender Realeinkommen breiter Schichten und wachsender Armut sowie einer „Geiz-ist-geil"-Mentalität selbst unter solchen Konsumenten, die sich aufgrund ihres Einkommens andere Präferenzen erlauben könnten.

Private Regulierung

Große Hoffnungen werden in die Selbststeuerung der Wirtschaft und „weiche" Regelungen gesetzt, die Aufgaben und Verantwortung von Unternehmen in der Gesellschaft neu definieren sollen. Kernelemente dieses Entwicklungspfads sind Vereinbarungen über Standards für „gute Praktiken" gesellschaftlich verantwortlicher Unternehmensführung und eine Reihe von Mess- und Evaluierungsinstrumenten. Dabei ist die grundlegende Annahme, dass Quantifizierung und Messung wesentliche Voraussetzungen der Unternehmenssteuerung sind. Wenn also nichtfinanzielle, soziale und ökologische Aspekte der Geschäftstätigkeit bei Unternehmensentscheidungen berücksichtigt werden sollen, müssen auch sie messbar und bewertbar sein. Hierfür soll die Rechnungslegung und -prüfung als Modell dienen und ein so genanntes Triple-Bottom-Line-Reporting etabliert, d.h. die bestehende Finanzberichterstattung der Unternehmen um soziale und ökologische Standards erweitert werden.

Privatwirtschaftliche Initiativen und Organisationen haben zahlreiche Programme und Projekte ins Leben gerufen, um Standards und Kriterien für verschiedene Problemfelder (beispielsweise Arbeit, Gesundheit, Sicherheit, Emissionen und Korruption) und bestimmte Branchen (wie etwa die Bekleidungs- und Textilindustrie, Bergbau und Landwirtschaft) festzulegen. Ihren Anspruch auf Legitimität gewinnen sie durch Bezugnahme auf internationale Konventionen, anerkannte Best-Practice-Beispiele oder auf einen ausgehandelten Konsens (Blowfield 2005; Sobczak 2006). Im Rahmen dieser Initiativen wurden auch verschiedene Verfahren zur Implementierung der entsprechenden Standards entwickelt, darunter Berichterstattung, Auditierungen, Überprüfungen, Zertifizierungen und Auszeichnungen. Einige der beteiligten Organisationen übernehmen selbst die Evaluation und Auditierung von Unternehmensaktivitäten zur freiwilligen Erfüllung der Standards. Die privaten Regulierungsarrangements lassen sich grob in zwei Typen unterteilen:

- Selbstregulierung durch Akteure aus Unternehmen oder Wirtschaftsverbänden, wie im Global Compact oder im World Business Council;
- Koregulierungsprozesse, an denen außer privatwirtschaftlichen Akteuren auch Nichtregierungsorganisationen und andere gesellschaftliche Gruppen sowie Vertreter politisch-administrativer Systeme mitwirken. Beispiele dafür sind die Ethical Trading Initiative, AccountAbility und die Fair Labor Association.

Es ist unwahrscheinlich, dass Wirtschaftsunternehmen allein ausreichend hohe Standards setzen, um den verschiedenen wirtschaftlichen, sozialen und ökologischen Aufgaben gerecht werden zu können. Zudem verfügen sie in ihrer Kontrollfunktion über keine besonders große Glaubwürdigkeit. Der zweite Typus privatwirtschaftlicher Regulierung scheint die wirksamere und robustere Variante dazustellen, da in diesem Fall Multi-Stakeholder-Partnerschaften gebildet werden, um die Entwicklung und Anwendung der Normen sicherzustellen. Zumindest theoretisch ist es hier möglich, unterschiedliche Ideen und gegensätzliche Interessen zur Geltung zu bringen. Einige Beobachter sehen daher den Multi-Stakeholder-Ansatz auch nicht mehr nur als Instrument, sondern als Kernprinzip von „good governance" (Andriof et al. 2002).

Aus mehrerlei Gründen scheint es allerdings nicht sehr ratsam und erfolgversprechend, auf eine der beiden Arten privater Selbststeuerung zu bauen. Durch die Formulierung immer neuer Standards ist das Feld praktisch unüberschaubar geworden, wobei deren Wirksamkeit und Nützlichkeit ein sehr unterschiedliches Niveau aufweisen. Zweifellos hat es wichtige Verbesserungen gegeben, etwa was die Umsetzung von Standards in den weltweiten Zulieferketten betrifft. Aber die meisten Vorgaben, die auf dem Weg der Selbstregulierung eingeführt wurden, nutzen in erster Linie den Unternehmen, indem sie helfen, die öffentliche Kritik auf Distanz zu halten, ohne tatsächliche Verbesserungen in der Sozial- oder Umweltbilanz zu bewirken. Da viele der beteiligten Akteure inzwischen erkennen, dass die Propagierung immer neuer Standards wenig hilfreich ist, liegt die Zukunft wohl eher in deren Zusammenführung als in der Schaffung weiterer Standards. Eine andere Gefahr der privaten Selbstregulierung besteht darin, dass häufig nur eine Einigung auf dem kleinsten gemeinsamen Nenner möglich ist. Diese Form der Steuerung bietet zudem keinen Anreiz für Experimente und weiter gehende Veränderungen und erzeugt damit eine gewisse Trägheit, die in einem dynamischen und vom Wettbewerb geprägten Umfeld fatal ist. Der vielleicht wichtigste Vorbehalt gegenüber privatwirtschaftlicher Steuerung als Motor für gesellschaftliche Unternehmensverantwortung liegt darin, dass in den neueren Ansätzen die Umsetzung als rein technisch-instrumentelle Übung und nicht als politischer Prozess verstanden wird (Bendell 2005; Blowfield 2005). Der Stellenwert, der hierbei Kriterien wie Objektivität, Vertraulichkeit, Unabhängigkeit, Internationalität, Zumutbarkeit und Geschwindigkeit beigemessen wird, untergräbt das Potenzial, Wandel durch Prozesse der Konfrontation und der Konsensbildung zu erreichen.

Staatliche Autorität

Die Rolle des Staates wird in der Debatte um CSR meistens unterschätzt. Zum einen hängt dies – wie oben dargelegt – mit den abnehmenden Machtbefugnissen des Nationalstaates und dem Aufkommen transnationaler und privatwirtschaftlicher Einrichtungen zusammen, die zunehmend Regelungen aufstellen und Standards setzen. Zum anderen wird CSR vorwiegend als auf Freiwilligkeit beruhendes Unternehmenshandeln angesehen und insofern als „weiches Gesetz" oder unverbindliche Norm wahrgenommen. Dabei wird allerdings außer Acht gelassen, dass der transnationale und freiwillige Charakter von CSR keineswegs bedeutet, dass staatliche Behörden keine Rolle in dieser Debatte spielen oder durch die Schaffung entsprechender Mechanismen nicht auch zur Verbreitung und Akzeptanz von CSR beitragen könnten. In Europa fordern verschiedene gesellschaftliche Gruppen wie auch einige Vertreter der Wirtschaft zunehmend eine stärkere Beteiligung von Regierungen an CSR-Initiativen, insbesondere um letztere besser in einen gesamtgesellschaftlichen Rahmen einordnen zu können, als das bislang der Fall ist. Das Hauptargument lautet, dass Politik deshalb aktiver eingreifen muss, weil es bei CSR um die Herstellung bzw. Erhaltung öffentlicher Güter geht. Es ist unwahrscheinlich, dass ein Unternehmen von sich aus als „first mover" öffentliche Güter schützen oder mehren wird und damit das Risiko eines Wettbewerbsnachteils auf sich nimmt, sofern staatliche Behörden nicht entsprechende Anreize oder Schutzmechanismen schaffen.

Schon jetzt erfüllen staatliche Akteure mehr oder weniger explizit vielfältige Aufgaben und Funktionen im Zusammenhang mit CSR (Fox et al. 2002; Bertelsmann Stiftung 2006a). Wenigstens drei Arten von Funktionen können dabei unterschieden werden (Jolly 2005):

— Der Staat als Vorbild: Einige Behörden wenden CSR-Prinzipien in der Verwaltung an. Eine solche Entscheidung zeitigt nicht nur durch die Vorbildfunktion Auswirkungen auf privatwirtschaftliche Unternehmen, sondern stärkt auch den nachfragebasierten Entwicklungspfad. Die Aufnahme sozialer und ökologischer Kriterien in die Beschaffungspolitik von Behörden schafft Anreize für Unternehmen, sich ebenfalls CSR-Grundsätze zu eigen zu machen.
— Der Staat als Moderator: Regierungen können die Umsetzung von CSR fördern, indem sie „Good Practice"-Beispiele sammeln und verbreiten. Sie können die Konvergenz und Transparenz von CSR-Anwendung und -Instrumenten unterstützen und CSR-Programme honorieren oder Preise für besonders sozial- und umweltverträgliches Verhalten verleihen.

- Der Staat als Unterstützer: Regierungen können sozial verantwortliches Handeln anregen, indem sie für Unternehmen, die CSR-Programme einführen, steuerliche Anreize schaffen oder Fördermittel bereitstellen. Eine Regelung über die Steuerpolitik hilft auch, zur Verbreitung und Vereinheitlichung der sozialen und ökologischen Indikatoren und der Rating-Verfahren beizutragen. Wenn Regierungen öffentliche Gelder aufwenden, um das Verhalten des privatwirtschaftlichen Sektors in die gewünschten Bahnen zu lenken, brauchen sie klare Kriterien als Grundlage für ihre Entscheidungen und die Überwachung der Umsetzung.

Viele europäische Staaten spielen einen aktiven Part in der Verbreitung von CSR. Regierungen greifen dabei üblicherweise auf eine Mischung aus den drei geschilderten Strategien zurück. Die Ergebnisse sind bislang nur unzureichend dokumentiert. Immerhin deuten Beispiele aus Großbritannien, Schweden, den Niederlanden und Frankreich darauf hin, dass staatliche Behörden tatsächlich eine treibende Kraft darstellen können, sofern sie strategisch und koordiniert handeln, selbst wenn keine gesetzlichen Verpflichtungen für Unternehmen installiert werden. Deutschland hinkt in dieser Beziehung allerdings – wie oben schon festgestellt – weit hinterher.

Mehrere Gründe sprechen jedoch dafür, in der CSR-Debatte nicht allein auf staatliche Behörden zu setzen, um das Verhältnis von Wirtschaft und Gesellschaft neu zu bestimmen (Michael 2003). Erstens gibt es das Standardargument des Staatsversagens, meist im Zusammenhang mit Vorwürfen der Bürokratisierung, Ineffizienz und fehlenden Flexibilität. Zweitens tendieren Regierungen, die sich im Wettbewerb um Investitionen multinationaler Konzerne befinden, dazu, im Interesse der im Land ansässigen Firmen zu handeln und auf diese nur wenig Druck auszuüben, wenn es darum geht, soziale Verpflichtungen zu übernehmen. Drittens schließlich werfen die auf Partnerschaft angelegten und freiwilligen Ansätze von CSR, die von den meisten Regierungen verfolgt werden, Probleme hinsichtlich ihrer demokratischen Legitimierung auf. Wenn Wirtschaftsunternehmen einen politischen Gestaltungsspielraum erhalten und sie CSR-relevante Themen selbst besetzen können, wird damit die Rechenschaftspflicht gegenüber der Öffentlichkeit stark eingeschränkt, was unter Umständen auch außerhalb des CSR-Diskurses Auswirkungen auf die Gesellschaftspolitik zeitigt (Bendell 2005).

## Jenseits des „Durchwurstelns": zielgerichtetes Experimentieren

Der bisherige Umgang mit CSR in Deutschland ist unbefriedigend, wenn wir davon ausgehen, das CSR als Diskurs und Prozess des Agenda-Setting die Chance bietet, neue Formen der Aufgaben- und Verantwortungsteilung gesellschaftlich auszuhandeln und bessere Kompromisse zwischen sozialen, ökologischen und ökonomischen Anliegen zu finden. Aber sich einseitig auf eine der skizzierten Optionen zu stützen und die Entwicklung von

CSR den Steuerungskräften des Marktes, öffentlichem Druck, privatwirtschaftlicher Selbststeuerung oder der Staatsgewalt zu überlassen, verspricht keine wesentlichen Verbesserungen. Jeder dieser Wege ist mit erheblichen Nachteilen und Risiken behaftet. Wahrscheinlich empfiehlt sich am ehesten eine Mischstrategie, um den Diskurs voranzubringen. Institutionelle Innovationen sind erforderlich, die die verschiedenen Akteure zusammenbringen. Breit angelegte und organisationsübergreifende Lernprozesse sowie ein zielgerichtetes Experimentieren auf lokaler, regionaler und nationaler Ebene sind ebenso nötig wie eine aktive Beteiligung an internationalen Verhandlungen mit anderen Ländern und Nichtregierungsorganisationen. Auch der Rat für Nachhaltige Entwicklung (RNE) betont die Notwendigkeit einer Ausweitung des Lern- und Experimentierfelds CSR und befürwortet ein mehrgleisiges Vorgehen, da bei Beschränkung auf einen Akteur oder einen Ansatz Erfolge schwerlich zu erwarten sind (RNE 2006, S. 16f.; siehe auch Siebenhüner et al. 2006). In diesem Sinne werden im Folgenden mögliche Rollen der und Lernherausforderungen an die unterschiedlichen Akteure in solchen experimentellen Aushandlungsprozessen umrissen und anhand des Beispiels der interaktiven Berichterstattung verdeutlicht.

Wenn die zukunftsfähige Umgestaltung der Gesellschaft aus der Perspektive der Verantwortungsteilung betrachtet wird, rückt die Notwendigkeit der Entwicklung gemeinsamer Problemsichten und transsektoraler Lösungen in den Mittelpunkt. Es genügt nicht mehr, aus sicherer Entfernung auf Unternehmen zu zeigen, von Regierungen zu verlangen, dass sie Probleme wegregulieren, oder den Shareholder-Value als einziges Ziel zu propagieren. Sich mit der Frage der Verantwortung in Wirtschaft und Gesellschaft auseinanderzusetzen heißt, CSR vom Geruch einer dominant betriebswirtschaftlichen Angelegenheit zu befreien und in eine umfassendere gesellschaftspolitische Debatte einzuordnen.[3] Der Versuch, aus potenziell entgegengesetzten Zielen zu gemeinsamen Problemsichten zu gelangen und sich auf gemeinsame Lösungsstrategien zu verständigen, erfordert dann nicht nur organisationale Lernprozesse, sondern einen koordinierten, organisationsübergreifenden Wissenstransfer und breit angelegten Austausch.

Für die staatlichen Behörden in Deutschland würde ein zielgerichtetes Experimentieren in Richtung einer neuen Verantwortungsteilung bedeuten, dass deutlich mehr getan werden müsste als nur die Privatwirtschaft zu entsprechenden Aktivitäten zu animieren und anschließend Informationen über so genannte Best-Practice-Beispiele weiterzuverbreiten. Das setzt voraus, über die Rolle des Staates im Verhältnis zu Wirtschaft und Gesellschaft neu zu reflektieren. Denn wenn Verantwortung geteilt oder umverteilt werden soll, hat das Konsequenzen für alle Beteiligten. Für öffentliche Einrichtungen könnte dies z.B. beinhalten, sich als Akteure auf dem Markt anders zu verhalten als bisher. Aufgrund ihrer Rolle als Arbeitgeber einerseits und

---

3 Berthoin Antal und Sobczak (2004) plädieren angesichts der notwendigen Entwicklung gemeinsamer Problemdefinitionen und Lösungsversuche über sektorale und nationale Grenzen hinweg für eine Neuorientierung auf „globale Verantwortung".

Einkäufer von Produkten und Dienstleistungen andererseits sind staatliche Institutionen sowohl in der Lage als auch in der Verantwortung, Entscheidungsprozesse zu entwickeln, in denen soziale, wirtschaftliche und ökologische Belange gleichermaßen Berücksichtigung finden. Zielgerichtetes Experimentieren impliziert daher auch, die Managementkompetenzen und -orientierungen im öffentlichen Sektor nachzujustieren. So hat die Regierung zwar Unternehmen dazu aufgerufen, soziale und ökologische Überlegungen in ihre Entscheidungen mit einzubeziehen, während im staatlichen Sektor Ausgaben immer mehr allein nach Wirtschaftlichkeitserwägungen getätigt werden.

Ein zielgerichtetes Experimentieren hätte zudem Folgen für die Art und Weise, wie der deutsche Staat seine Gewährleistungsfunktionen wahrnimmt. Statt dauerhafte und detaillierte Standards vorzugeben, die einen bestimmten Entwicklungsstand festschreiben, müsste der Staat lernen, fortlaufende Lernprozesse unter allen beteiligten Akteuren anzustoßen. Um das zu erreichen, wäre die regelmäßige Reflexion von Lernprozessen vorzusehen, so dass kontinuierliche Anpassungen möglich sind, die über die gängigen Evaluationsverfahren hinausgehen, bei denen die Effizienz von Projekt- und Programmmanagement im Vordergrund steht.

Was bislang auch fehlt, ist eine Abschätzung der gesellschaftlichen Auswirkungen von Aktivitäten zur Stärkung sozialer Verantwortung in ihrem Zusammenspiel. Der Staat müsste ferner institutionelle Rahmenbedingungen schaffen, um Schlussfolgerungen aus den Erfahrungen der vergangenen Jahre ziehen zu können mit ihrer Fülle an verschiedenen CSR-Standards und zumeist von der Wirtschaft selbst gesteuerten Initiativen. Mit anderen Worten, hier ist weniger das Anstoßen neuer Experimente gefragt als vielmehr die Auswertung der Ergebnisse des „natürlichen Labors" der ungeplanten und unkoordinierten Entwicklungen der letzten Zeit. Es ist weder möglich noch sinnvoll, einheitliche Standardlösungen zu formulieren. Die gegenwärtigen Bedingungen erlauben es kaum, wohl informierte Entscheidungen zu treffen. Stakeholdern wird es sehr schwer gemacht, in dem Dschungel an Standards die jeweils relevanten Daten zu finden, zu verstehen, zu überprüfen oder zu vergleichen. Durch eine Zusammenarbeit mit anderen Organisationen wie etwa Industrieverbänden, Gewerkschaften oder Umweltgruppen könnten staatliche Behörden weitaus stärker von der Vielfalt der Lernerfahrungen profitieren, Zusammenhänge herstellen und mehr Transparenz in diesen Bereich bringen.

Um das Instrument des zivilgesellschaftlichen Drucks möglichst effektiv einzusetzen, müssen Nichtregierungsorganisationen, Gewerkschaften und andere soziale Organisationen ebenfalls ihre Ansätze und ihr Rollenverständnis neu definieren. Sie können sich nicht länger damit begnügen, mehr Verantwortung von anderen einzufordern, ohne bereit zu sein, ihrerseits diesem Grundsatz zu folgen, beispielsweise im Verhältnis zu ihren Mitgliedern und Kunden und gegenüber der Gesellschaft als Ganzer. Je bewusster sie selbst versuchen, gesellschaftliche Verantwortung in die Praxis umzusetzen, desto mehr Legitimität gewinnen sie, Fortschritte bei anderen zu überwachen, desto eher werden sie die Schwierigkeiten verstehen, parallel unterschiedliche Ziele zu verfolgen, und desto routinierter werden sie Verbesserungsmöglichkeiten aufzeigen können. Zu lernen, ehrgeizige, aber erreichbare Ziele gesellschaftlicher Verantwortung im Zusammenspiel zwischen Organisationen auszuhandeln, wird eine Kernaufgabe für alle Akteure darstellen, die die sozialen, wirtschaftlichen und ökologischen Rahmenbedingungen in Deutschland verändern möchten.

Ein konkretes und wichtiges Verfahren, um gesellschaftlich verantwortliches Handeln zu verbreiten und zu überwachen, ist die Kodifizierung von Verhaltensstandards und die Berichterstattung nicht nur über die ökonomische, sondern auch soziale und ökologische Leistungsbilanz. Es lohnt sich, die Berichterstattung unter dem Gesichtspunkt zu betrachten, wie man am besten auf Marktmechanismen, Koregulierung, Selbststeuerung und öffentlichem Druck aufbauen kann, um sich auf gemeinsame Standards zu verständigen. Wichtig ist es, eine große Zahl von Organisationen aus allen Bereichen der Gesellschaft für einen solchen Diskurs zu gewinnen. Dabei können bereits entwickelte Instrumente wie das „interactive goal accounting and reporting" genutzt werden, also das präzise und vollständige Erfassen, öffentliche Dokumentieren und die regelmäßige Kontrolle aller gesellschaftsbezogenen Organisationsziele im Austausch mit den Stakeholdern (Berthoin Antal et al. 2002). Die Besonderheit dieses Verfahrens liegt darin, dass es die Zielsetzungen von Beginn an mit einbezieht und zum frühzeitigen Austausch mit den Stakeholdern ermutigt. Die Einführung einer derartigen verpflichtenden Berichterstattung müsste sich vor allem auf die Definition der Rahmenbedingungen konzentrieren, ohne genaue Berichterstattungsregeln vorzugeben, da ansonsten wiederum nur die aktuellen Methoden der Berichterstattung festgeschrieben und Weiterentwicklungen blockiert würden. Stattdessen gilt es, die Aufmerksamkeit der Organisationen auf jene Prozesse zu lenken, in denen in Verbindung mit den jeweiligen Stakeholdern anspruchsvolle, doch realisierbare Zielsetzungen hinsichtlich globaler Verantwortung formuliert werden, und auf sinnvolle Indikatoren, mit denen man die entsprechenden Leistungsbilanzen überprüfen kann. Die Akteure, die an der Erarbeitung konkreter Kriterien beteiligt sind, können sich natürlich die bereits geleistete Vorarbeit anderer zunutze machen, wie die der Global Reporting Initiative, der Internationalen Organisation für Normung oder des Global Compact. Durch den interaktiven Ansatz wäre der politische Aspekt des Prozesses für alle Teilnehmer offensichtlich, so dass der Gefahr begegnet werden könnte, die Umsetzung von CSR allein als technisch-instrumentelle Übung zu verstehen.

Sollte in Deutschland ein solcher interaktiver Ansatz verfolgt werden, müssten Organisationen im öffentlichen und privaten Sektor sowie zivilgesellschaftliche Akteure lernen, mit dem Verfahren des „interactive goal accounting and reporting" in ihren verschiedenen Rollen als Hauptverantwortliche und als Stakeholder umzugehen. Das hieße, die gesellschaftliche Verantwortung in die Organisationsstrategien einzubetten und nicht als Anhängsel zu begreifen.

Besondere Gewinne der Etablierung solcher zielgerichteten Experimente liegen in der Öffnung der Verfahren zur Definition gesellschaftlicher Verantwortung und einer breiteren Legitimation der Aushandlungsergebnisse. Dennoch sind die Wirkungen eines auf die Neuverteilung von Verantwortung ausgerichteten Experimentierens für Deutschland ungewiss. Sie sind abhängig von dem koordinierten Dialog zwischen Akteuren, die mit unterschiedlichen (Macht-)Ressourcen ausgestattet sind, den hier zustande gekommenen Entscheidungen sowie von den Schlüssen und den Korrekturen, die diese Akteure aus ihren Lernprozessen ableiten. Unweigerlich wird es dabei zu Fehlern kommen, werden einige Versuche scheitern und neue Probleme entstehen. Rückschläge dieser Art können aber auch die Basis für Lernprozesse sein, die unerlässlich für die verschiedenen Akteure sind, um ihre zukünftigen Rollen und Verantwortungsbereiche zu finden.

## Literatur

Andriof, Jörg/Waddock, Sandra/Husted, Bryan/Sutherland Rahman, Sandra (Eds.) (2002): *Unfolding Stakeholder Thinking: Theory, Responsibility and Engagement*. Sheffield: Greenleaf Publishing.

Bendell, Jem (2005): „In Whose Name? The Accountability of Corporate Social Responsibility". In: *Development in Practice*, Vol. 15, No. 3&4, S. 362-374.

Bertelsmann Stiftung (2006a): *Partner Staat? CSR-Politik in Europa*. Gütersloh: Bertelsmann Stiftung.

Bertelsmann Stiftung (2006b): *Die gesellschaftliche Verantwortung von Unternehmen. Detailauswertung. Dokumentation der Ergebnisse einer Unternehmensbefragung der Bertelsmann Stiftung*. Gütersloh: Bertelsmann Stiftung.

Berthoin Antal, Ariane/Dierkes, Meinolf/MacMillan, Keith/Marz, Lutz (2002): „Corporate Social Reporting Revisited". In: *Journal of General Management*, Vol. 28, No. 2, S. 22-42.

Berthoin Antal, Ariane/Sobczak, André (2004): „Beyond CSR: Organizational Learning for Global Responsibility". In: *Journal of General Management*, Vol. 30, No. 2, S. 77-98.

Blowfield, Michael (2005): „Corporate Social Responsibility – The Failing Discipline and Why It Matters for International Relations". In: *International Relations*, Vol. 19, No. 2, S. 173-191.

Bundesregierung (2002): *Stellungnahme der Bundesrepublik Deutschland zum CSR-Grünbuch der EU-Kommission vom 31. Januar 2002*. Internet: http://ec.europa.eu/employment_social/soc-dial/csr/pdf2/013-GOVNAT_Deutschland_Germany_020131_de.pdf (zuletzt aufgesucht am 21.8.2006).

Clarke, Michael/Stewart, John (1997): *Handling the Wicked Issues – A Challenge for Government*. INLOGOV Discussion Paper. Birmingham: Institute of Local Government Studies.

Dierkes, Meinolf (1974): *Die Sozialbilanz – Ein gesellschaftsbezogenes Informations- und Rechnungssystem*. Frankfurt a.M.: Herder & Herder.

Dierkes, Meinolf (1984): „Gesellschaftsbezogene Berichterstattung: Was lehren uns die Experimente der letzten 10 Jahre?" In: *Zeitschrift für Betriebswirtschaft*, Jg. 54, H. 12, S. 1210-1235.

Doane, Deborah (2005): „The Myth of CSR". In: *Stanford Social Innovation Review*, Fall 2005, S. 23-29.

Fox, Tom/Ward, Halina/Howard, Bruce (2002): *Public Sector Roles in Strengthening Corporate Social Responsibility: A Baseline Study. Corporate Responsibility for Environment and Development Programme*. Washington, D.C.: International Institute for Environment and Development (IIED).

Gosewinkel, Dieter/Rucht, Dieter (2004): „'History meets sociology': Zivilgesellschaft als Prozess". In: Dieter Gosewinkel/Dieter Rucht/Wolfgang van den Daele/Jürgen Kocka (Hg.): *Zivilgesellschaft – national und transnational*. WZB-Jahrbuch 2003. Berlin: edition sigma, S. 29-60.

Habisch, André/Wegner, Martina (2005): „Germany: Overcoming the Heritage of Corporatism". In: André Habisch/Jan Jonker/Martina Wegner/René Schmidpeter (Eds.): *Corporate Social Responsibility Across Europe*. Berlin/Heidelberg: Springer Verlag, S. 111-123.

Hamann, Ralph/Acutt, Nicola (2003): „How Should Civil Society (and the Government) Respond to 'Corporate Social Responsibility'? A Critique of Business Motivations and the Potential for Partnerships". In: *Development Southern Africa*, Vol. 20, No. 2, S. 255-270.

Jolly, Cécile (2005): *Horizon 2020: L'Etat, le développement durable et la responsabilité des entreprises*. Paris: Commissariat général du Plan.

Kommission der Europäischen Gemeinschaften (2001): *Grünbuch – Europäische Rahmenbedingungen für die soziale Verantwortung der Unternehmen*. KOM (2001) 366 endg. Brüssel. Internet: http://eur-lex.europa.eu/LexUriServ/site/de/com/2001/com2001_0366de01.pdf (zuletzt aufgesucht am 27.11.2006).

Kröher, Michael O. R. (2005): „Good Company Ranking: Tue Gutes und profitiere davon". In: *manager magazin*, H. 2, S. 80-96.

Loew, Thomas/Ankele, Kathrin/Braun, Sabine/Clausen, Jens (2004): *Bedeutung der internationalen CSR-Diskussion für Nachhaltigkeit und die sich daraus ergebenden Anforderungen an Unternehmen mit Fokus Berichterstattung*. Endbericht. Berlin/Münster: Future e.V./Institut für ökologische Wirtschaftsforschung. Internet: http://www.ioew.de/home/downloaddateien/csr-end.pdf (zuletzt aufgesucht am 14.12.2006).

Loew, Thomas/Clausen, Jens/Westermann, Udo (2005): *Nachhaltigkeitsberichterstattung in Deutschland. Ergebnisse und Trends im Ranking 2005*. Berlin/Hannover: Institut für ökologische Wirtschaftsforschung und Future e.V. Internet: http://www.ranking-nachhaltigkeitsberichte.de/ (zuletzt aufgesucht am 4.9.2006).

Margolis, Joshua D./Walsh, James P. (2003): „Misery Loves Companies: Rethinking Social Initiatives by Business". In: *Administrative Science Quarterly*, Vol. 48, S. 268-305.

Marsden, Chris (2000): „The New Corporate Citizenship of Big Business: Part of the Solution to Sustainability?" In: *Business and Society Review*, Vol. 105, S. 9-25.

Michael, Bryane (2003): „Corporate Social Responsibility in International Development: An Overview and Critique". In: *Corporate Social Responsibility and Environmental Management*, Vol. 10, No. 3, S. 115-128.

Mintzberg, Henry (1983): *Power In and Around Organizations*. Englewood Cliffs, NJ: Prentice Hall.

OECD Watch (2005): *Five Years on. A Review of the OECD Guidelines and National Contact Points*. Amsterdam: SOMO – Centre for Research on Multinational Corporations.

Oppen, Maria (2005): „Local Governance und bürgerschaftliches Engagement von Unternehmen". In: Helfried Bauer/Peter Biwald/Elisabeth Dearing (Hg.): *Public Governance. Öffentliche Aufgaben gemeinsam erfüllen und effektiv steuern.* Wien/ Graz: Neuer Wissenschaftlicher Verlag, S. 342-361.

Orlitzky, Marc/Schmidt, Frank L./Rynes, Sara L. (2003): „Corporate Social and Financial Performance: A Meta-Analysis". In: *Organization Studies*, Vol. 24, S. 403-441.

RNE (Rat für Nachhaltige Entwicklung) (2006): *Dialog-Entwurf für eine Empfehlung des Rates für Nachhaltige Entwicklung an die Bundesregierung und die Wirtschaft.* Berlin. Internet: http://www.nachhaltigkeitsrat.de/service/download/ projekte/csr/Dialog-Entwurf_CSR_RNE.pdf (zuletzt aufgesucht am 8.3.2006).

Segal, Jean-Pierre (2003): „Unternehmenskulturen in Deutschland und Frankreich: Globalisierung unter angelsächsischen Vorzeichen". In: Deutsch-Französisches Institut (Hg.): *Frankreich Jahrbuch 2003*. Wiesbaden: VS Verlag für Sozialwissenschaften, S. 119-136.

Siebenhüner, Bernd/Arnold, Marlen/Hoffmann, Esther/Behrens, Torsten/Heerwart, Sebastian/Beschorner, Thomas (2006): *Organisationales Lernen und Nachhaltigkeit. Prozesse, Auswirkungen und Einflussfaktoren in sechs Unternehmensfallstudien.* Marburg: Metropolis.

Sobczak, André (2006): „Les accords-cadre internationaux: un modèle pour la négociation collective transnationale?" In: *Oeconomia Humana*, Jg. 4, H. 4, S. 13-18.

Stolle, Dietlind/Hooghe, Marc/Micheletti, Michele (2004): „Zwischen Markt und Zivilgesellschaft: politischer Konsum als bürgerliches Engagement". In: Dieter Gosewinkel/Dieter Rucht/Wolfgang van den Daele/Jürgen Kocka (Hg.): *Zivilgesellschaft – national und transnational.* WZB-Jahrbuch 2003. Berlin: edition sigma, S. 151-171.

Vogel, David (2005): *The Market for Virtue. The Potential and Limits of Corporate Social Responsibility.* Washington, D.C.: Brookings Institution Press.

Wieland, Josef (1999): *Die Ethik der Governance.* Marburg: Metropolis.

Zadek, Simon (2004): „On Civil Governance". In: *Development*, Vol. 47, No. 3, S. 20-28.

SCHWIERIGKEITEN UND HOFFNUNGEN:
FAMILIE, GESCHLECHTER, ZIVILGESELLSCHAFT

# Die Familie im Zentrum demografischen und gesellschaftlichen Wandels

Probleme, Debatten und Politiken
im europäischen Vergleich

Chiara Saraceno

## 1. Einführung

Gegenwärtig begegnet man in den westlichen Gesellschaften häufig der Ansicht, die Familie befinde sich im Belagerungszustand. Phänomene wie Zusammenleben ohne Ehe, niedrige Geburtenrate, Instabilität der Ehen, unterschiedliche Formen der Sexualität und Demokratisierung der Generationenbeziehungen werden als Bedrohung für das Überleben der Familie als soziale Institution wahrgenommen. Da die Familie als ein Bollwerk sozialer, aber auch persönlicher Stabilität gilt, wird ihre Schwächung als Indiz für einen umfassenderen gesellschaftlichen Verfall gesehen. Innerhalb eines Landes kann sich, abhängig von den jeweiligen kulturellen und politischen Gegebenheiten, die Aufmerksamkeit auf den einen oder anderen Aspekt dieser Veränderungen konzentrieren. In Deutschland scheinen die niedrige Geburtenrate und das Altern der Bevölkerung im Vordergrund der Überlegungen zum Wandel der Familie zu stehen.

Die Debatte um die genannten Veränderungen wirft grundsätzlich zwei Fragen auf. Bei der ersten geht es um empirische Belege für diesen Wandel und darum, ob wir tatsächlich vor völlig neuen Phänomenen stehen. Dies gilt insbesondere für die Differenzierung und Pluralisierung von Familienformen. Sind dies tatsächlich Erscheinungen neueren Datums, die als Bruch mit einer langen Tradition von Stabilität und Homogenität zu sehen sind? Die zweite Frage betrifft die Deutung des gegenwärtigen Wandels der Familie. Handelt es sich tatsächlich um eine fortschreitende Schwächung der Familie als Ort der Reziprozität, Intimität, des Generationentransfers und der Solidarität? Oder stehen wir vielmehr in einem Prozess der Neudefinition, vielleicht sogar Neu-Institutionalisierung von Familienformen? Je nachdem, wie die Antworten auf diese Fragen ausfallen, ergeben sich unterschiedliche Möglichkeiten politischen Handelns.

## 2. Probleme, empirische Evidenz, Argumente

### 2.1 Unterschiedliche Familienformen: empirische Evidenz aus geschichtlicher und vergleichender Sicht

Verschiedenheit und Vielfalt von Familienformen – sowohl innerhalb eines Landes als auch zwischen verschiedenen Ländern – gehören auch in Europa seit langem zur Geschichte der Familie. In ihrem Überblick über Wandlungen von Familienmustern in Europa seit dem 16. Jahrhundert legen Kertzer und Barbagli (2003) dar, dass zu Beginn des 20. Jahrhunderts gewaltige Unterschiede zwischen den Familienformen in den verschiedenen Regionen Europas bestanden. Anders als die vorangegangenen Jahrhunderte zeichne sich das 20. Jahrhundert im weiteren Verlauf jedoch vor allem durch eine Tendenz zur Konvergenz aus. Dieser Prozess entwickle sich allerdings nicht einheitlich und habe auch nicht alle Aspekte des Familienlebens in gleicher Weise erfasst. Daher hätten sich zwar am Ende des 20. Jahrhunderts die Unterschiede verringert, sie bestünden jedoch fort in der Art und Weise, wie „families are formed, transformed and divided, and in the relations of family members and of more distant kin" (Barbagli/Kertzer 2003, S. XXXVIII). Diese Unterschiede, so die Autoren, beträfen insbesondere die Rolle der Ehe im Zusammenhang mit Sexualität und Fertilität, die Verhaltensmuster des Umgangs der Generationen miteinander sowie die Beziehungen und Arrangements zwischen den Geschlechtern.

Bis ins frühe 20. Jahrhundert hinein bestanden erhebliche Differenzen innerhalb der einzelnen europäischen Länder hinsichtlich der Bedeutung der sozialen Klassenzugehörigkeit, des Stadt/Land-Gefälles und der Religion für die Familienbildung. Weitere Unterschiede zeigten sich in Bezug auf Heiratsalter, Schwangerschaft, Nuklearität oder Patrilokalität (bzw. seltener Matrilokalität). Diese Unterschiede verringerten sich kontinuierlich in der ersten Hälfte des 20. Jahrhunderts und insbesondere nach dem Zweiten Weltkrieg als Folge von Urbanisierung, zunehmender Bildung sowie ganz allgemein einer Stabilisierung (Institutionalisierung) männlicher und weiblicher Lebensverläufe aufgrund der verbesserten Gesundheitslage und der Entwicklung des Wohlfahrtsstaates. Nie zuvor waren die Muster der Familienbildung quer durch die sozialen Schichten einander so ähnlich. Die gegenwärtig wieder zunehmende Differenzierung bedeutet daher eine Aufhebung dieses Trends zur Homogenisierung innerhalb der einzelnen Länder.

Zwei Kernpunkte liegen im Zentrum dieses Wandels. Der erste betrifft die erhöhte individuelle Lebenserwartung und damit potenziell auch den familialen Lebensverlauf, die individuellen Familienrollen sowie das Generationenverhältnis im Familiennetzwerk. Ehen können im Prinzip über 60 Jahre dauern. Großeltern- und Urgroßelternschaft werden wahrscheinlicher und umfassen bei Frauen und Männern einen längeren Zeitraum als in der ersten Hälfte des 20. Jahrhunderts. Dieser Aspekt gilt für alle europäischen Länder, ist jedoch in Deutschland besonders deutlich ausgeprägt, vor allem bei Männern, da die jetzt alternde Generation keine Verluste durch Krieg erlitten hat. Der zweite Punkt betrifft das veränderte Verhalten von Frauen, vor allem ihre wachsende Autonomie. Diese Veränderungen wirken sich auf alle Aspekte des Familienlebens und der Familienorganisation aus – beispielsweise auf das Heiratsalter, auf die Entscheidung, überhaupt zu heiraten, eine unbefriedigende Ehe aufrechtzuerhalten oder Kinder zu bekommen und wenn ja, wie viele und in welcher Lebensphase, auf die Organisation des Lebensalltags, auf die Erledigung der notwendigen Fürsorge- und Betreuungsaufgaben[1].

Die skizzierten Veränderungen zeigen in verschiedenen Ländern Unterschiede in Geschwindigkeit, Timing und Intensität. In Deutschland kommt im Hinblick auf Timing und Intensität zusätzlich die Differenz zwischen Ost und West zum Tragen. Tatsächlich haben sich seit den Nachkriegsjahren bis hin zur Wiedervereinigung in beiden deutschen Staaten insbesondere aufgrund der unterschiedlichen geschlechtsspezifischen Zuordnungen im öffentlichen Raum völlig verschiedene Grundmuster der Familiengestaltung entwickelt. Pfau-Effinger (1998; vgl auch Adler 2004) etwa vertritt die Ansicht, dass in beiden Teilen Deutschlands zwei klar unterscheidbare Gender-Kulturen und -Arrangements bestanden und zu entsprechend unterschiedlichen Lebensverläufen von Frauen in Ost und West geführt haben. Das ostdeutsche Modell lässt sich als ein „Doppelverdiener-Modell mit staatlicher Kinderbetreuung" beschreiben, das auf dem weiblichen Rollenmuster der berufstätigen Hausfrau und Mutter beruht. Von Frauen wurde sowohl ganztägige Berufstätigkeit als auch die Übernahme der vollen Verantwortung für die Reproduktionssphäre erwartet. Kinder gehörten dabei allerdings in eine separate Sphäre, die besondere Institutionen, Betreuung und Hilfen erforderte. Die starke Unterstützung von Frauen in der Doppelrolle als Berufstätige und Mütter ermöglichte es ihnen, ein Kind aufzuziehen, ohne verheiratet zu sein oder mit einem Partner zusammenzuleben, ähnlich wie – vor allem seit den 1970er Jahren – in den skandinavischen Ländern. Westdeutschland dagegen war durch eine moderne Variante des Modells „männlicher Versorger/weibliche Kinderbetreuung" geprägt. Die Ehe galt zumindest in der Frühphase der Kindererziehung als „Versorger-Ehe", und die Betreuung der Kinder hatte im Idealfall zuhause stattzufinden. Dieses Modell hatte Deutschland mit den meisten westeuropäischen Staaten einschließlich der Mittelmeerländer ge-

---

1 *Anm. d. Übers.*: Im Original wird hier der Begriff „caring needs" gebraucht. In der Zusammenfassung des Siebten Familienberichts (BMFSFJ 2005) wird zum Begriff „care" erläutert, er sei umfassender als „das deutsche Wort 'Fürsorge', das einen paternalistischen Anstrich hat. Hinter dem Begriff 'care' steht die Vorstellung, dass Menschen füreinander Verantwortung übernehmen, an andere Leistungen abgeben und selbst Leistungen von anderen annehmen." Im Weiteren verwendet die Zusammenfassung dann sowohl die Begriffe „care" als auch die deutsche Entsprechung „Fürsorge". Der Bericht selbst spricht von „Fürsorge/Care" (S. 7), „Fürsorge- und Betreuungsleistungen ('Care-Leistungen')" (S. 36) und „Care oder 'Fürsorge'" (S. 254). Im vorliegenden Artikel wird je nach Kontext mit Fürsorge, Betreuung, Versorgung oder Pflege übersetzt.

mein. Eine Anzahl institutioneller und rechtlicher Regelungen favorisierte deutlich verheiratete Paare, die aus männlichem Versorger und Hausfrau bestanden. Bei der Wiedervereinigung setzten sich die in Westdeutschland geltenden Gesetze und Regulierungen für die Bereiche Familie, Soziales, Arbeitsmarkt und Steuerpolitik durch. Obwohl dies zu einer radikalen Änderung von Chancenstruktur und Gender-Arrangements für ostdeutsche Frauen führte, hielten und halten diese im Hinblick auf die Berufstätigkeit von Frauen und die Vereinbarkeit von Mutterschaft und Berufstätigkeit am früheren Modell fest. Interessanterweise werden im Einigungsvertrag (Art. 31, 1-3, Familie und Frauen) explizit die Weiterentwicklung der Gleichberechtigung von Mann und Frau, die Vereinbarkeit von Familie und Beruf sowie die Garantie des Fortbestands der Einrichtungen zur Tagesbetreuung von Kindern als Aufgabe des gesamtdeutschen Gesetzgebers aufgeführt. Damit wird implizit anerkannt, dass die vorhandenen Unterschiede zwischen beiden deutschen Staaten auf diesem Gebiet nicht durch eine Assimilation der ostdeutschen an die westdeutsche Situation ausgelöscht werden können. Die in diesem Artikel ebenfalls enthaltene Regelung zur Abtreibung (Art. 31, 4: „zum Schutz vorgeburtlichen Lebens") betrifft sicherlich einen der kontroversesten und empfindlichsten Punkte innerhalb dieser Unterschiede. Dennoch bedeuteten die im Prinzip berufstätigen Müttern zugesicherte Unterstützung und die staatlich garantierte Kinderbetreuung einen – wenn auch ethisch weniger kontroversen – Bruch mit den bestehenden westdeutschen Gender-Arrangements und kulturellen Modellen.

Das komplexe Zusammenspiel zwischen dem Nachhall früherer Unterschiede, den unterschiedlichen Auswirkungen der Wiedervereinigung, dem Anstieg der Zahl berufstätiger Frauen in Westdeutschland und – aufgrund der wirtschaftlichen Umstrukturierung – dem gleichzeitigen Rückgang entsprechender Zahlen in Ostdeutschland hat dazu geführt, dass die wichtigsten Veränderungen in den deutschen Familienmustern während der letzten 20 Jahre sowohl die Fortdauer von Unterschieden als auch Konvergenzen erkennen lassen. Zusammengefasst ergibt dies (vgl. DZA 2005): Ehen werden seltener und zu einem späteren Zeitpunkt geschlossen. Sie sind instabiler und bringen weniger Kinder hervor. Häufig geht ihnen eine längere Zeit des Zusammenlebens der späteren Ehepartner voraus, vor allem in Ostdeutschland, wo das Zusammenleben zudem weniger oft zu einer späteren Eheschließung führt. Die Zahl der Doppelverdiener- oder Eineinhalbverdiener-Ehen ist gestiegen. Die „Leeres-Nest"- und „Allein-leben"-Phasen haben sich verlängert, und zwar sowohl im späten als auch im frühen Erwachsenenalter. Die Zahl der Alleinerziehenden (meistens Mütter), vor allem in den östlichen Bundesländern, und die der Patchwork-Familien haben sich erhöht. Es gibt zwar weniger Drei-Generationen-Haushalte, aber mehr drei oder vier Generationen umfassende Familiennetzwerke. Schließlich sind als Folge der Zuwanderung ausländische und binationale Paare und Familien häufiger anzutreffen als in der Vergangenheit.

Wenn man das letzte Phänomen außer Betracht lässt, ergeben diese Veränderungen drei Hauptaspekte für den Wandel von Familien und Lebensformen: *Erstens* kommt es zu einer stärkeren Differenzierung von Phasen in individuellen und familialen Lebensverläufen. Eine Phase des Alleinlebens lässt sich in verschiedenen Stadien des Lebenslaufs beobachten, Partnerschaften können im Laufe eines Lebens mehr als einmal eingegangen werden, ein Haushalt kann über längere Zeit und zu unterschiedlichen Zeitpunkten kinderlos sein usw. *Zweitens* ergibt sich auch eine Differenzierung von Zeitpunkt und Abfolge der verschiedenen Phasen. Zusammenleben und manchmal auch Elternschaft können vor der Heirat liegen, eine Ehe kann mehr als einmal geschlossen werden und Elternschaft – insbesondere für wiederverheiratete Männer und auch gleichzeitig mit Großelternschaft – in verschiedenen Lebensphasen eintreten. *Drittens* tritt eine Minderheit in Erscheinung, die völlig anderen sozialen Mustern folgt: Ein Teil der zusammenlebenden Paare heiratet nie; gleichgeschlechtliche Paare werden sichtbar und verlangen soziale und rechtliche Anerkennung; manche Menschen leben die meiste Zeit ihres Lebens allein; einige alleinerziehende Mütter bleiben während des ganzen Erwachsenenlebens alleinstehend. Diese alternativen Familienformen gab es zwar auch in der Vergangenheit. Aber gegenwärtig sind sie deutlicher sichtbar und eher das Ergebnis einer Wahl als eines Mangels an Optionen.

Im gesamteuropäischen Vergleich fällt Deutschland hauptsächlich bei zwei Punkten aus dem Rahmen: bei der Zahl der Kinderlosen und bei der Anzahl von Männern, die die meiste Zeit ihres Erwachsenenlebens allein leben. Das erste Phänomen ist nicht völlig neu. Denn am Anfang des 19. Jahrhunderts gehörte Deutschland zu den Ländern mit der niedrigsten Geburtenrate. Ein Viertel der Frauen hatte keine Kinder. Dieser Anteil begann erst mit den Kohorten der Geburtsjahrgänge nach 1905 zu sinken und erreichte den niedrigsten Punkt – etwa zehn Prozent – in den Kohorten der Frauen, die zwischen 1935 und 1940 geboren wurden. Dann stieg der Anteil wieder an (Ziegler/Doblhammer 2006). Die wichtigste Veränderung ist dabei, dass Frauen, die Kinder bekommen, weniger Kinder haben als früher. Auch ist die Zahl der gewünschten Kinder in Deutschland (genau wie in Österreich) niedriger als anderswo in Europa (Fahey 2005). Der zweite Punkt – der höhere Anteil der Männer, die während des Großteils ihres Erwachsenenlebens allein leben – ist ein eher neues Phänomen. Zumindest bei Männern mittleren Alters scheint es sich häufiger um Fälle zu handeln, in denen die betroffenen Männer weder heiraten noch in einer Partnerschaft zusammenleben, als um eine Auswirkung der Instabilität von Ehen. Diese Zusammenhänge wären in jedem Fall eine intensivere Untersuchung wert. Eine weitere für Deutschland charakteristische Besonderheit sind die fortbestehenden Unterschiede zwischen den Familienbildungsmustern im Osten und im Westen. Die Veränderungen, die diesbezüglich stattgefunden haben, scheinen sich eher auf den Inhalt als den Grad der Verschiedenheit zu beziehen.

Zu den beschriebenen Veränderungen kommen solche hinzu, die die geschlechtsspezifische Arbeitsteilung betreffen. Bei immer mehr Paaren ist die Frau erwerbstätig. Dies wirkt sich nicht nur auf die Machtverhältnisse innerhalb der Paarbeziehung aus, sondern auch auf den Rhythmus des

Alltagslebens und das „Familie-Beruf-System" insgesamt, d.h. auf die Art und Weise, wie ein Haushalt um die beiden Grundbedürfnisse Einkommen und Versorgung der Familie herum organisiert wird. Nach den im European Quality of Life Survey (Saraceno 2005) erhobenen Daten waren 2003 in Deutschland bei 58 Prozent aller Paare in arbeitsfähigem Alter beide Partner berufstätig. Dieser Prozentsatz entspricht in etwa dem anderer kontinentaleuropäischer Staaten wie z.B. den Niederlanden und Belgien. Er liegt höher als in den südeuropäischen Ländern (mit Ausnahme Portugals) und in Polen, ist jedoch niedriger als in den nordeuropäischen Ländern, Frankreich, Großbritannien, Österreich und den meisten mittel- und osteuropäischen Ländern. Da außerdem ein relativ hoher Anteil der Frauen Teilzeitarbeit leistet, handelt es sich bei solchen Paaren eher um Anderthalb- als um Doppelverdiener, wobei weiterhin hauptsächlich die Ehefrau die unbezahlte Familienarbeit leistet (Pfau-Effinger 1998).

## 2.2 Erklärungen und Debatten zum Wandel

Warum sich Familienmuster ändern und was Wandel überhaupt bedeutet, steht spätestens seit den 1980er Jahren in Deutschland im Zentrum der Diskussion (Schulze/Tyrrell 2002). Wie damals, so stellt sich auch heute noch die Frage, ob die empirischen Belege als fundamentaler Wandel des Privatlebens oder bloß als eine Variante wohlbekannter Muster zu interpretieren sind. Die Interpretationen des gegenwärtigen Wandels von Familienmustern lassen sich zu fünf Haupttheorien zusammenfassen. Es sind dies die Theorien der Individualisierung, der De-Institutionalisierung, der Pluralisierung/Differenzierung, der Polarisierung und, in neuerer Zeit, der Globalisierung.

Die *Individualisierungsthese* dramatisiert die Diskontinuität zwischen einer auf Altruismus und der Opferbereitschaft von Frauen beruhenden Gesellschaft und dem Egoismus der Gegenwart (Beck/Beck-Gernsheim 1990, 1994). Aus dieser Sicht schließen Individualisierung und die Übernahme von Verantwortung für eine Familie, insbesondere für Kinder, einander so gut wie aus. Das Wohlergehen der Kinder läuft nach dieser Auffassung Gefahr, bei den Individualisierungsbestrebungen ihrer Eltern auf der Strecke zu bleiben, vor allem wenn es zu einer Trennung der Ehepartner kommt oder die nichteheliche Lebensgemeinschaft zerbricht.

Die *De-Institutionalisierungsthese* (Tyrell 1993; Bertram 1997) hebt die schwächer werdende Rolle gemeinsamer verbindlicher Normen als (homogenisierende) Leitprinzipien in Partnerschaften hervor. Hinweise auf eine Entwicklung zu neuer Institutionalisierung sind das wachsende Bedürfnis nach sozialer und rechtlicher Anerkennung, wie es von unverheirateten Lebenspartnern oder gleichgeschlechtlichen Paaren geäußert wird, die Aufhebung der gesetzlichen Unterscheidung zwischen unehelichen und ehelichen Kindern, die zunehmende Regulierung gemeinsamer Elternschaft nach der Scheidung usw.

Die *Pluralisierungs-/Differenzierungsthese* (Nave-Herz 1994; Peuckert 1996) ist eine Variante der De-Institutionalisierungstheorie. Sie verweist auf die Herausbildung verschiedener privater Lebensformen auf der Grundlage ganz bestimmter kultureller Orientierungen: kindorientiert, partnerorientiert, individualistisch. Eine Verlaufsanalyse würde wahrscheinlich zeigen, dass viele Individuen und Familien in verschiedenen Lebensphasen mehrere oder sogar alle dieser Formen privater Lebensgestaltung durchlaufen, statt eine Alternative ein für alle Mal zu wählen. Zum Beispiel bleibt Heirat in Deutschland populär, auch wenn sie zu einem anderen Zeitpunkt im Lebensverlauf eines Paares und zunehmend nach einer Zeit nichtehelichen Zusammenlebens stattfinden kann. Die Mehrzahl der Paare heiratet jedoch früher oder später, und noch immer wachsen die meisten Kinder in der „Normalfamilie" auf. Im Jahr 2000 lebten 84 Prozent der Kinder unter 18 Jahre bei ihren verheirateten Eltern, während acht Prozent bei ihren unverheirateten, aber unter einem Dach lebenden Eltern wohnten. Es bestehen allerdings Unterschiede zwischen Ost und West: In Ostdeutschland leben nur zwei von drei Minderjährigen (69 Prozent) bei ihren verheirateten Eltern, wobei dieser Anteil seit 1992 um zwölf Prozentpunkte zurückgegangen ist. Die Kombination „nie verheiratet, immer partnerlos und nie mit Kind" findet sich nur bei einer kleinen Minderheit der Bevölkerung. Differenzierung findet eher statt im Hinblick auf den zeitlich unterschiedlichen Eintritt verschiedener Phasen im individuellen und familialen Lebensverlauf, die Entwicklung neuer Phasen und die Entkopplung von Beziehungen, die einmal zusammengehörten (z.B. Partnerschaft und Elternschaft), als durch eine radikale Weigerung, Familienbeziehungen überhaupt einzugehen.

Während die bisher vorgestellten drei Thesen von der Annahme ausgehen, dass der Grad der Freiheit in den Entscheidungen über private, zwischenmenschliche Arrangements immer mehr zunimmt – mit allen Risiken, die diese wachsende Freiheit für die soziale Integration bedeutet –, hebt die *Polarisierungsthese* (Kaufmann 1995; Huinink 1995; Federkeil 1997) ganz im Gegenteil die strukturellen Zwänge hervor, unter denen private Entscheidungen gefällt werden. Sie deutet das gegenwärtige Geschehen daher nicht als eine alle Bereiche erfassende Pluralisierung und Erweiterung der Entscheidungsspielräume, sondern sieht vielmehr eine Polarisierung zwischen einem sich vergrößernden Teil der Gesellschaft, in dem tatsächlich eine Pluralisierung stattfindet, und einem sich verkleinernden Teil, der im Gegensatz dazu weiter an der traditionellen Familie – Ehe als Grundlage, männlicher Ernährer, Kinder – festhält. Diese Polarisierung bedeutet nicht nur ein kulturelles, sondern auch ein soziales Auseinanderklaffen: Das traditionelle Familienarrangement findet sich nämlich häufiger in Haushalten, in denen die Frauen ein geringes Bildungsniveau und damit weniger Wahlmöglichkeiten auf dem Arbeitsmarkt haben. Zugleich wird mit dem Begriff Polarisierung eine zwischen Ost- und Westdeutschland fortbestehende Kluft beschrieben. Diese hängt möglicherweise sowohl mit der unterschiedlichen politischen, kulturellen und institutionellen Vorgeschichte als auch mit den Folgen der Wiedervereinigung und der Übergangsperiode im Osten zusammen (vgl. z.B. Schaeper/Falk 2003).

Die Frage struktureller, vor allem ökonomischer Zwänge wird auch in Untersuchungen aufgegriffen, die sich mit den Auswirkungen der *Globalisierung* auf die individuellen Lebensentscheidungen beschäftigen. Im Gegensatz zur Individualisierungsthese mit ihrer Betonung individueller Wahl- und Entscheidungsmöglichkeiten wird hier die durch die Globalisierung verursachte wirtschaftliche Unsicherheit zur Erklärung von Verzögerungen und Umwegen bei der Familiengründung herangezogen. So vertreten etwa Blossfeld et al. (2006) die Ansicht, dass Unsicherheiten, mit denen junge Erwachsene sich aufgrund der Globalisierung konfrontiert sehen, „seep into the partnership and parenthood domains of their lives" (ebd., S. 1; vgl. auch Meier 2005). Zusammenleben ohne Ehe und Verschieben der Elternschaft auf einen späteren Zeitpunkt sind, so gesehen, eher das Ergebnis abnehmender Beschäftigungssicherheit als zunehmender Entscheidungsfreiheit. Dieses Argument bietet allerdings keine Erklärung dafür, warum ein Zusammenleben ohne Ehe gerade in den nordeuropäischen Ländern mit ihren relativ geringen Arbeitslosenzahlen und ausgeprägtem Sozialschutz an Normalität gewann, nicht aber in den südeuropäischen Staaten, wo die Arbeitslosigkeit, vor allem unter jungen Erwachsenen, weit höher und das Sozialschutzsystem viel weniger entwickelt ist. Wirtschaftliche Motive sind sicher wichtig, doch sollte die Bedeutung kultureller Normen nicht unterschätzt werden.

Ein weiterer Argumentationsstrang in der Debatte um Familie und Wandel befasst sich in erster Linie mit der Rolle der Frauen in diesem Prozess. Die Ansicht, dass ein großer Teil des Wandels mit dem veränderten Verhalten von Frauen zusammenhängt, ist allgemein anerkannt. Dies betrifft sowohl die Geburtenrate als auch die Sicherung unbezahlter Fürsorgeleistungen in den Haushalten und Familiennetzwerken oder die Instabilität der Ehen. Die wachsende Teilnahme von Frauen am Bildungs- und Arbeitsmarkt wird als entscheidender Schritt auf dem Weg der Individualisierung und damit zu einer Neuverhandlung und Neudefinition von Familienmustern gesehen, sofern diese auf besonderen Arrangements zwischen den Geschlechtern und Generationen beruhen. Darüber, was der in diesem Zusammenhang ausgelöste Wandel bedeutet, gehen die Meinungen jedoch auseinander. Für manche (z.B. Beck/Beck-Gernsheim 1990) unterminieren die Forderung nach Gleichberechtigung und die Versuche, sich der Abhängigkeit von einem männlichen Versorger durch Teilnahme am Erwerbsleben zu entziehen, bereits als solche die Familie. Andere wieder meinen – ebenfalls im Rückgriff auf vergleichende Untersuchungen – gute Gründe dafür anführen zu können, dass gerade der in einer Gesellschaft herrschende Mangel an Gleichberechtigung und Rücksicht auf familiäre Verpflichtungen das Zustandekommen dauerhafter, fester Verbindungen zwischen Männern und Frauen zumindest beeinträchtigt (z.B. Kaufmann 1995; Künzler 2002; Bertram 1997). Die Vertreter der These vom Niedergang der Familie sehen mit der Modernisierung der Beziehungen zwischen den Geschlechtern die Attraktivität und Produktivität der Familie in Frage gestellt. Ihre Gegner sind der Ansicht, dass die gesellschaftliche Modernisierung mit der kulturellen nicht

Schritt hält und durch dieses Hinterherhinken gegenwärtig die Familienbildung erschwert wird.

Es trifft sicher zu, dass die traditionelle Familie mit ihrer ausgesprochen geschlechtsspezifischen Arbeitsteilung wenig oder gar nicht attraktiv für eine immer größere Anzahl Frauen ist, die befürchten muss, sich zwischen Berufstätigkeit und Familie entscheiden zu müssen. Die Frage ist allerdings, ob die traditionelle Familie die einzige Möglichkeit liebevoller Zuwendung ist, insbesondere, ob Solidarität und Reziprozität, die Bereitschaft, für andere zu sorgen, nur im Rahmen der traditionellen und hierarchischen Gender-Arrangements entstehen und sich entfalten können. Tatsächlich zeigen Vergleichsdaten, dass auf mehr Gleichberechtigung beruhende Arrangements einschließlich einer Einbindung von Vätern in die Fürsorge für die Familie in der gegenwärtigen Situation familienfreundlicher sein können. Zumindest was die Geburtenrate seit den späten 1990er Jahren betrifft, scheinen Länder, die Gleichberechtigung und Berufstätigkeit von Frauen stärker gefördert haben, besser abzuschneiden – also eine höhere Geburtenrate aufzuweisen – als solche, die in dieser Hinsicht langsamer oder zurückhaltender vorgegangen sind. Im Hinblick auf die Bereitschaft, Kinder zu bekommen und großzuziehen, scheint also die entschiedene Förderung der Gleichberechtigung keine eindeutig negative Auswirkung auf die Familienbildung in den Industrieländern zu haben. Innerhalb der OECD liegt in den Ländern mit der höchsten Anzahl erwerbstätiger Frauen auch die Geburtenrate am höchsten, wenn auch immer noch unter dem zur Bestandserhaltung notwendigen Niveau. In den Staaten mit der geringsten Beschäftigungsquote für Frauen und dem niedrigsten Entwicklungsstand der Gleichberechtigung im öffentlichen und privaten Bereich ist auch die Geburtenrate am niedrigsten.

Auf andere Bereiche der Familienbildung scheint sich eine Modernisierung der Beziehungen zwischen den Geschlechtern jedoch nachteilig auszuwirken, insbesondere auf den Stellenwert der Ehe als Form der ersten Partnerbeziehung sowie auf die Stabilität von Ehen und Partnerschaften. Größere Gleichberechtigung führt zu einer Veränderung des Machtverhältnisses zwischen Mann und Frau und der – insbesondere Frauen – zur Verfügung stehenden Optionen. Die Verhandlungsspielräume werden größer und können dadurch auch zu neuen Konflikten führen. Vor allem aber wird es leichter – für Männer und für Frauen –, eine voraussichtlich nicht funktionierende oder unglücklich machende Partnerschaft gar nicht erst einzugehen bzw. eine solche wieder aufzugeben. Ich sehe darin eher eine positive Entwicklung und eine Herausforderung für die Zukunft: positiv, weil in einer demokratischen Gesellschaft die Stabilität von Beziehungen nicht auf Hierarchie und Zwang beruhen kann; eine Herausforderung, weil eine Gleichberechtigung der Geschlechter zweifellos viele Veränderungen nicht nur auf gesamtgesellschaftlicher, sondern auch auf kultureller Ebene und in den zwischenmenschlichen Beziehungen erfordert. Je weniger Kohärenz diese Transformationen aufweisen und je weniger weit fortgeschritten sie sind, umso schwieriger wird es für Männer und Frauen, gemeinsam eine Familie zu gründen und zu gestalten.

## 2.3 Die neuen demografischen und sozialen Rahmenbedingungen für die Generationenbeziehungen innerhalb der Familie

Familien haben nicht nur mit Partnerschaft und Kindern zu tun. Es geht dabei ebenso um Beziehungen zwischen den Generationen. Wegen der höheren Lebenserwartung erstrecken sich diese Beziehungen heute potenziell über einen größeren Zeitraum als in der Vergangenheit. Das Altern hat das Gleichgewicht zwischen den Generationen und die Rahmenbedingungen für den Austausch zwischen ihnen verändert. Dies hat zu besorgten Überlegungen darüber geführt, ob sich die traditionelle Solidarität zwischen den Generationen unter diesen Bedingungen aufrechterhalten lässt und ob mit wachsenden Konflikten über Werte, aber auch Ressourcen gerechnet werden muss. Daraus haben sich zwei in gewisser Weise miteinander verzahnte Debatten entwickelt. In der einen geht es darum, ob die Konflikte zwischen den Generationen dabei sind, die Solidarität zu zerstören; die andere befasst sich mit der Frage, ob die private verwandtschaftliche Solidarität zwischen den Generationen durch kollektive Solidarität (d.h. den Sozialstaat) verdrängt wird bzw. worden ist.

Zur erstgenannten Fragestellung haben neuere vergleichende und nationenbezogene Untersuchungen eine Verbindung zwischen zwei Forschungsansätzen hergestellt, die bisher deutlich unterschieden und sogar konträr waren – und zwar zwischen dem mehrheitlich angewandten Verfahren, das sich auf Solidarität als die Familie zusammenhaltendes Bindemittel konzentrierte, und dem Ansatz einer Minderheit, bei dem Spannungen und Konflikte im Vordergrund standen. Ausgehend von früheren Forschungen und theoretischen Arbeiten schlagen insbesondere Giarrusso et al. (2005) ein Solidarität-Konflikt-Modell zum besseren Verständnis der Generationenbeziehungen innerhalb einer Familie vor. Dieses Modell erklärt sowohl das Phänomen der Ambivalenz („mixed feelings") als auch die unterschiedliche Verteilung solidaritäts- und konfliktbetonter Haltungen im Verlauf eines Lebens. Andere Wissenschaftler bezweifeln die These des Generationenkonflikts und führen stattdessen Belege dafür an, dass quer durch verschiedene Altersgruppen hindurch dauerhaft gegenseitige Unterstützung geleistet wird (z.B. Arber/Attias-Donfut 2000; Phillipson 2005).

Die letztgenannte Forschungsrichtung spielt eine wichtige Rolle in der Diskussion über die Auswirkungen des Sozialstaats auf die private Solidarität zwischen den Generationen. Hier stehen einander zwei Thesen gegenüber. Die „Verdrängungsthese" geht davon aus, dass die Entwicklung eines starken, universalen Wohlfahrtsstaates zusammen mit einer ständig zunehmenden Individualisierung und Erwerbstätigkeit von Frauen die Familiensolidarität schwächt und die gegenseitige Unterstützung von Familienmitgliedern „verdrängt" (Cox/Jakubson 1995). Die Vertreter der zweiten These nehmen dagegen an, dass die Solidarität zwischen den Generationen weiterhin eine wichtige Rolle spielt, insbesondere im Hinblick auf die – höchst geschlechtspezifisch verteilten – Aufgaben der Betreuung und Fürsorge (siehe z.B. Lewis 1998; Alber/Kohler 2004). Auf der Grundlage komparativer

Daten wird sogar die Vermutung entwickelt, dass großzügige Wohlfahrtsstaatsregelungen einen positiven Einfluss auf die Solidarität („crowding in"-Effekt) haben können (z.B. Künemund/Rein 1999; Kohli 1999; Attias-Donfut/Wolff 2000). Wie im Falle der Auswirkungen der Modernisierung der Genderbeziehungen (vor allem in Bezug auf die Erwerbstätigkeit von Frauen) auf die Instabilität der Ehen sowie die Geburtenrate zeigt die Empirie – insbesondere in vergleichender Perspektive – ein weniger klares und manchmal sogar völlig anderes Bild, als konventionelle Weisheit oder emotionale öffentliche Diskurse vermuten lassen.

Eine interessante Untersuchung von Kohli et al. (2000) zu Generationentransfers in West- und Ostdeutschland zeigt, dass solche Transfers als eine Art inoffizielle Versicherung fungieren und dabei mit institutionellen Formen der Umverteilung interagieren. Unterschiede im Grad der geleisteten Hilfe scheinen nicht so sehr von verschiedenen Werten oder unterschiedlich hoher Generationensolidarität abzuhängen als von den jeder – und zwar insbesondere der alten – Generation zur Verfügung stehenden Ressourcen. Wie zu erwarten, verteilen reichere Eltern mehr Ressourcen auf ihre Kinder um als andere. So gesehen erscheint die Umverteilung (von Reichtum und sozialem Kapital) nicht nur in positivem Licht, da sie zur Reproduktion von Ungleichheit beiträgt (z.B. Künemund et al. 2005).

Auch Bertram (2000) führt Belege dafür an, dass in der von ihm so genannten „multilokalen Mehrgenerationenfamilie" die Generationen getrennt zusammenleben können („live apart together"), also trotz getrennter Haushalte fest miteinander verbunden sind und in emotionalem und praktischem Austausch stehen. Die erste Generationen-Barometer-Erhebung, präsentiert im Mai 2006 und durchgeführt vom Institut für Demoskopie Allensbach nach einer Idee des „Forum Familie stark machen", hat ergeben, dass zwischen 80 und 90 Prozent der jüngeren Haushalte wenigstens gelegentlich sowohl finanziell als auch bei Fürsorge- und Betreuungsaufgaben von ihren Eltern unterstützt werden. Umgekehrt erhält die große Mehrheit der Elternhaushalte wenigstens gelegentliche (meist nichtfinanzielle) Hilfe von ihren Kindern. All dies bestätigt, dass das Altern der Bevölkerung bei einem relativ hohen Niveau sozialer und finanzieller Sicherheit einen Kontext bietet, in dem die Beziehungen und die Solidarität zwischen den Generationen gedeihen können. Dies kann durchaus über die Zwei-Eltern/Kinder-Beziehung hinausgehen und drei oder mehr Generationen umfassen, auch wenn sie nicht unter einem Dach leben. Ein Beispiel für die Flexibilität und Tragfähigkeit dieser Solidarität selbst bei großen räumlichen Entfernungen bieten die Familiennetzwerke von Immigranten, die nicht nur über Länder, sondern auch über Kontinente hinweg reichen.

## 3. Stand der Diskussion und Vorschläge zum politischen Vorgehen

Haushalte und Familien müssen die beiden Grundbedürfnisse Einkommen und Fürsorge miteinander in Einklang bringen. Bis vor kurzem hat Deutschland, vor allem in der westdeutschen politischen Tradition, auf das Problem der Vereinbarkeit von Familie und Berufstätigkeit in den intensiven Betreuungsjahren der Elternschaft hauptsächlich mit einer Unterstützung der traditionellen geschlechtsspezifischen Arbeitsteilung in der Familie reagiert (Bahle/Maucher 2003; siehe auch den Beitrag von Hardmeyer/von Wahl in diesem Band). Das Steuersystem begünstigt immer noch Paare mit männlichem Versorger oder Paare mit asymmetrischem Einkommen. Lange, wenngleich größtenteils gar nicht oder nur gering bezahlte Elternurlaube und ein dürftiges Betreuungsangebot für Kinder unter drei Jahren untermauerten die Ansicht, dass kleine Kinder ganztags von ihrer Mutter zu versorgen seien. Diese Einstellung steht jedoch schon seit längerer Zeit in der Kritik, nicht nur weil sie Frauen gegenüber unfair ist, sondern auch weil sie als mögliche Ursache für die sinkende Geburtenrate gilt, insbesondere für die mangelnde Bereitschaft junger, gut ausgebildeter Frauen, Mutter zu werden oder mehr als nur ein Kind zu bekommen.

Die sinkende Geburtenrate und das daraus folgende Altern der Bevölkerung stehen im Brennpunkt der derzeitigen Debatten um die Familie. Der Fokus der Familienpolitik wird daher seit einiger Zeit auf Kinderfreundlichkeit und Zukunftsorientierung gelegt, auf eine Politik, die in Kinder und Eltern investiert und dadurch der Gesellschaft eine Zukunft verschafft.

Seit den frühen 1990er Jahren sind – auch aufgrund der Auswirkungen der Wiedervereinigung und des Einflusses der ostdeutschen Gender-Arrangements – zahlreiche entscheidende familienpolitische Maßnahmen durchgeführt wurden. Hierdurch hat sich langsam das Gewicht vom ausschließlich männlichen Versorger-/Hausfrau-Familienmodell auf ein Modell verlagert, das eine – teilweise – Berufstätigkeit der Frauen bzw. Mütter fördert. Diese Reformen begünstigen eine Kombination von langem Mutterschaftsurlaub und Teilzeitbeschäftigung und sorgen zugleich für eine Erweiterung der Betreuungsangebote für Kinder ab drei Jahren. Trotz gravierender Unterschiede zwischen CDU/CSU auf der einen und SPD und Grünen auf der anderen Seite ergab sich ein gewisses Maß an Übereinstimmung hinsichtlich der Notwendigkeit politischen Handelns zur Förderung der Vereinbarkeit von Beruf und Familie.

Neben der niedrigen Geburtenrate und der Alterung der Bevölkerung hat noch ein weiteres Problem dazu beigetragen, dass frühkindlicher Betreuung ein höherer Stellenwert beigemessen wird:[2] das relativ schlechte Abschneiden deutscher Schüler bei der PISA-Studie der OECD. Dieser Studie

---

[2] Erler (2005) bietet eine umfassende Übersicht über die Veränderungen in der deutschen Familienpolitik seit den 1950er Jahren und eine gut durchdachte Analyse der beteiligten Akteure.

zufolge liegen die Fähigkeiten vieler Schüler in Deutschland – vor allem der aus unteren sozialen Schichten und solcher mit Migrationshintergrund – beim Lesen, Schreiben und in der Mathematik unter dem Standard. Zum demografischen Problem scheint daher ein Defizit an Humankapital (Allmendinger 2004) zu treten. Gegenwärtig haben in Deutschland 15 Prozent aller 20- bis 24-Jährigen die Schule frühzeitig verlassen; bei zehn Prozent der 15-Jährigen liegen die kognitiven Fähigkeiten unter dem PISA-Minimum, und es besteht ein erheblicher Abstand zwischen dem Leistungsdurchschnitt einheimischer Kinder und dem von Kindern aus Immigrantenfamilien (Esping-Andersen 2006). Ausschließliche Betreuung in der Familie (durch die Mutter) scheint nicht auszureichen, um diese Ungleichheit und ihre langfristigen Konsequenzen abzufangen. Forschungen zeigen, dass Ungleichheiten in schulischer Leistung und beruflichem Erfolg stark von der sozialen Herkunft abhängen (Shavit/Blossfeld 1993). Der Schock, den die Ergebnisse der PISA-Studie in Öffentlichkeit und Politik auslösten, trug dazu bei, die traditionelle CDU/CSU-Opposition gegen frühkindliche Betreuungsangebote abzuschwächen.

Das doppelte Anliegen, Frauen dabei zu unterstützen, sowohl erwerbstätig zu bleiben als auch Kinder zu bekommen, und zugleich Bildungsarmut zu verhindern, ist auch im Siebten Familienbericht, verfasst von einer durch die Familienministerin der vorangegangenen rot-grünen Regierung eingesetzten Sachverständigenkommission, deutlich zu spüren (siehe BMFSFJ 2005). Der Bericht versucht nach eigener Absichtserklärung einen Entwurf für die Zukunft zu liefern:

„Ziel einer nachhaltigen Familienpolitik ist es daher, jene sozialen, wirtschaftlichen und politischen Rahmenbedingungen zu schaffen, die es der nachwachsenden Generation ermöglichen, in die Entwicklung und Erziehung von Kindern zu investieren, Generationensolidarität zu leben und Fürsorge für andere als Teil der eigenen Lebensperspektive zu interpretieren." (Ebd., S. 245f.)

Um dies zu erreichen, bedarf es nach Ansicht der Kommission einer Umorganisation in viererlei Hinsicht: der Gender-Modelle, der Lebenslaufs- und Zeitpolitik, der Infrastrukturpolitik sowie der Arbeitsmarkt- und Sozialpolitik. Die Kommission regt insbesondere an, dass Bildungs-, Arbeitsmarkt- und Urlaubspolitik eine Flexibilisierung des Lebenslaufs unterstützen sollten, um unterschiedlichen Bedürfnissen gerecht werden zu können. Zusammen mit einer geschlechtsneutraleren Flexibilisierung des Lebenslaufs empfiehlt die Kommission die Entwicklung neuer kommunaler Infrastrukturen, um Familien mit Kindern zu unterstützen: Kinderbetreuungsplätze, Betreuung nach der Schule usw. Aus dieser Sicht ist Familienpolitik nicht nur Politik auf nationaler Ebene, sondern bedarf auch der Integration in die Lokalpolitik. Schließlich schlägt die Kommission die Einführung eines Elterngeldes in Deutschland – bezahlter Elternurlaub – in stärkerer Anlehnung an die Höhe der Ausgleichszahlungen vor, die in den meisten europäischen, vor allem den skandinavischen Ländern geleistet werden.

Die derzeitige Regierung, vertreten durch die Familienministerin, scheint den hier eingeschlagenen Weg fortzusetzen, insbesondere im Hinblick auf eine Politik des finanziellen Ausgleichs für Familien mit Kindern. Am 22. Juni 2006 wurde ein Gesetz zum Elterngeld vom Bundestag angenommen, das am 1. Januar 2007 in Kraft getreten ist. Entsprechend dem Vorschlag der früheren Ministerin erhalten Eltern, die Urlaub bis zu zwölf Monate nehmen, nun eine Ausgleichszahlung in Höhe von 67 Prozent ihres letzten Gehalts, maximal 1.800 Euro pro Monat. Wenn der Vater wenigstens zwei Monate Elternurlaub nimmt, erhöht sich der bezahlte Urlaub auf maximal 14 Monate. Nach den Vorstellungen der Befürworter dieses Gesetzes soll damit ein Anreiz für Frauen mit guter Berufsausbildung geschaffen werden, sich für ein Kind zu entscheiden, und für Väter, einen Teil des Elternurlaubs anzutreten, da in beiden Fällen die wirtschaftlichen Einbußen sehr viel geringer wären als in der Vergangenheit. Politische Beobachter haben jedoch mögliche Risiken der Maßnahme beleuchtet. Erstens werden höchstwahrscheinlich in den meisten Fällen die Mütter die längste Zeit oder alle zwölf Monate des Elternurlaubs übernehmen, werden also ermutigt, eine verhältnismäßig lange Zeit aus der Erwerbstätigkeit auszuscheiden und wie bisher die Hauptverantwortung für die Kinderbetreuung zu tragen. Tatsächlich hatte die Ministerin eine maximale Urlaubslänge von zehn Monaten vorgeschlagen, mit einer Erhöhung auf zwölf Monate, wenn der Vater wenigsten zwei Monate übernimmt. Der Widerstand der Konservativen gegen eine Verringerung des vorher möglichen (unbezahlten) Elternurlaubs führte zum gegenwärtigen Kompromiss. Zweitens könnte, anders als erwartet, diese Regelung dazu führen, dass Frauen (und Männer) mit guter Ausbildung ihre Elternschaft verschieben, bis sie eine Gehaltsgruppe erreicht haben, die ihnen eine höhere Ausgleichszahlung garantiert. Drittens schließlich könnte ein langer bezahlter Elternurlaub zumindest in finanzieller Hinsicht in Widerspruch zu einer Erhöhung des Angebots von qualitativ guten Kinderbetreuungsplätzen treten, jedenfalls für Kinder unter einem Jahr. Das traditionelle Modell, demzufolge die Betreuung durch die Mutter in dieser Altersstufe für Kinder die bei weitem beste Lösung ist, scheint hierdurch bestätigt zu werden. Zugleich ist jedoch die Unterstützung, die verschiedene soziale Schichten erhalten, um dieses Modell leben zu können, unterschiedlich. In Haushalten mit niedrigerem Einkommen und bei Alleinerziehenden wird es den Eltern nicht möglich sein, für so lange Zeit auch nur auf 33 Prozent ihres Gehalts zu verzichten. Für sie wäre also kostengünstige Kinderbetreuung von guter Qualität erforderlich, damit sie weiter arbeiten gehen können. Die Ministerin hat versichert, dass Elterngeld und Kinderbetreuung „Hand in Hand gehen" sollen. Aber nur Ersteres ist gesetzlich fest verankert.

Ein anderer Vorschlag, der im Kabinett noch nicht konsensfähig ist, befasst sich mit einer radikalen Umstellung der Besteuerung von Familien: vom derzeit praktizierten Ehegattensplitting zum Familiensplitting analog zum französischen Besteuerungssystem. Seine Befürworter (siehe z.B. Biedenkopf et al. 2005) weisen darauf hin, dass dieses System im Hinblick auf die Berufstätigkeit und das Einkommen von Frauen neutraler und zugleich für Familien mit Kindern fairer sei als die gegenwärtige Regelung der Steuerfreibeträge und zudem die von Kindern verursachten Kosten angemessener berücksichtige. Gegen diesen Vorschlag besteht Widerstand in Teilen der CDU/CSU, weil dadurch die seit langem praktizierte steuerpolitische Unterstützung von Ehen nach dem männlichen Versorger-Modell unterminiert würde. Während diese Opposition ihren Grund in dem Festhalten an einem besonderen Modell des Familien- und Gender-Arrangements hat, wird Kritik auch aus einer ganz anderen Ecke laut. Erstens würde ein solches Splittingsystem (ähnlich wie das gegenwärtige) gegen die von der EU vehement vertretene Präferenz einer individuellen Besteuerung als der gerechtesten Möglichkeit verstoßen. So betrachtet wären Kinder entweder durch steuerliche Freibeträge, Kindergeld oder eine Kombination aus beiden zu berücksichtigen. Zweitens ist nicht klar, ob das neue System die eine oder andere Form einer negativen Einkommenssteuer beinhalten würde. Tatsächlich ist allgemein bekannt, dass jede Form der Umverteilung über das Steuersystem in der unteren Proportionalzone des Steuertarifs der Ärmsten, die keinerlei Nutzen aus einer Steuerreduzierung ziehen können, an ihre Grenze stößt. Drittens ist der Familienquotient wie überhaupt jede Art der Besteuerung von Haushalts- statt individuellen Einkommen nicht völlig geschlechtsneutral, insbesondere in Haushalten, wo die Frauen wesentlich weniger verdienen als ihre Ehemänner. Der Steuersatz liegt in einem solchen Fall für Frauen höher als bei einer Besteuerung nach individuellem Einkommen, während er für ihre Ehemänner niedriger ist. Es kann daher bei diesem Verfahren in manchen sozialen Schichten statt zu einem Anreiz zu einer Dämpfung weiblicher Erwerbstätigkeit kommen – mit entsprechenden Auswirkungen auf individuelle Verdienstmöglichkeiten und die spätere Rente von Frauen und damit für ihre Vulnerabilität im Fall eines Auseinanderbrechens der Ehe.

## 4. Perspektiven für die Zukunft

Obwohl nicht alle Familie auf dieselbe Art „machen", gibt es in Deutschland wie in anderen europäischen Staaten keine Anzeichen dafür, dass die Institution der Familie in Auflösung begriffen ist und keine Bereitschaft mehr zu Beziehungen besteht, in denen Verantwortung füreinander übernommen wird. Selbst diesbezügliche Auswirkungen einer sinkenden Kinderzahl werden innerhalb der Familiennetzwerke durch eine zeitliche Verlängerung des Zusammenlebens der Generationen aufgefangen.

Das bedeutet allerdings nicht, dass alles zum Besten steht. Die Gesellschaftsmodelle, die sich in der Sozialpolitik und Organisationen der sozialen Infrastruktur, z.B. Schulen, widerspiegeln, scheinen noch immer in hohem Maß von einer traditionellen Sicht auf die Familie geprägt zu sein. Zu diesen Vorstellungen gehören die Dauer von Ehen, „bis dass der Tod uns scheidet"; ein von gegenseitiger Verantwortung füreinander getragener Zusammenhalt zwischen den Generationen, der einzig und allein auf verwandtschaftlichen Beziehungen beruht; eine geschlechtsspezifische Arbeitsteilung (insbesondere innerhalb der Familie); Heterosexualität. Zwar haben sich diese traditionellen Konzepte in den letzten Jahren teilweise modifiziert, was die Akzeptanz und sogar Förderung der Erwerbstätigkeit von verheirateten Frauen und Müttern betrifft, doch ein solcher Einstellungswandel vollzieht sich nur bedingt und in Teilbereichen, was zu neuen Spannungen und/ oder Risiken führt, die wiederum die Wahlfreiheit bei der Familienbildung beeinträchtigen können. Zwei Aspekte sind hier vor allem zu bedenken:

*Erstens* bleibt das Problem der familialen geschlechtsspezifischen Aufgabenteilung, auf deren Grundlage der Arbeitsmarkt mit Arbeitszeitregulierung, Aufstiegschancen usw. noch immer weitgehend beruht, im Wesentlichen unberührt. Das Modell der Erwerbstätigkeit ist weiterhin das des Haushalts mit männlichem Versorger, der eben deshalb ein Leben lang ganztags arbeiten kann, weil es eine ganztägige Haushaltsbetreuerin gibt, die alle Fürsorgeaufgaben und Reproduktionserfordernisse für sämtliche Familienmitglieder erledigt. In Wirklichkeit gibt es jedoch inzwischen eine zunehmende Anzahl von Paaren, bei denen beide Partner berufstätig sind. Sie haben niemanden, der sie selbst und die anderen Familienmitglieder ganztags versorgt. Trotzdem wird normalerweise von der erwerbstätigen Frau dieses Berufstätigenpaares erwartet, dass sie die Hauptverantwortung für die Betreuungserfordernisse der Familie übernimmt. Diese Konstellation führt dazu, dass es für die betroffenen Frauen schwieriger ist, Familie und Beruf auf einen Nenner zu bringen, und die Familien unter Zeitmangel leiden (siehe auch Allmendinger/Dressel 2004). Paar-Familien können diesen Schwierigkeiten begegnen, indem sie auf eine modifizierte Form des männlichen Versorger-Modells zurückgreifen. Das diesbezüglich am weitesten verbreitete Modell beruht auf einer Vollzeittätigkeit des Mannes und einer Halbtagsbeschäftigung der Frau, die zugleich ganztägig für Haushalt und Familie verantwortlich ist. Dieses Modell birgt jedoch finanzielle Risiken für Frauen und Kinder. Man kann darin ein für viele Frauen und auch manche Männer inakzeptables Arrangement sehen, das zu Spannungen und Konflikten führt. Für Haushalte Alleinerziehender bietet dieses Verfahren ohnehin keine Lösung. Sie sitzen in der Falle: Weder Einkommen noch Zeit reichen aus.

*Zweitens* scheinen viele Bereiche der Sozialpolitik (z.B. Rentenpolitik) das Modell einer lebenslangen ganztägigen Berufstätigkeit vorauszusetzen, das aber durch die wirtschaftliche Transformation und das Entstehen neuer Unsicherheiten untergraben wird. Nicht nur Frauen, die neben dem Beruf eine Familie zu versorgen haben, sondern auch eine wachsende Anzahl von Männern fühlen sich arbeitsmäßig überlastet und sehen ihren Arbeitsplatz bedroht.

Der bereits erwähnte Siebte Familienbericht vertritt eine lebenslaufbezogene Familienpolitik, die eine unterschiedliche Verteilung von Zeit und Verpflichtungen erlaubt und verschiedene Präferenzen darüber zulässt, wie, wann und für welche besonderen Bereiche und Tätigkeiten Zeit investiert wird. Die derzeitige Arbeitszeiteinteilung ist auf der Ebene täglicher, wöchentlicher, jährlicher, lebenslaufbezogener Organisation kaum auf die bestehenden Bedürfnisse und Verantwortlichkeiten abgestimmt. Die Zwänge, die hierdurch Individuen und Familien auferlegt werden, lassen sich jedoch nur aufbrechen, wenn es nicht nur zu einer Veränderung der Gender-Arrangements und Arbeitszeitregelungen kommt, sondern auch das ganze darauf ausgerichtete Sozialschutzsystem grundlegend umstrukturiert wird. Die Debatten um sozial abgesicherte flexible Arbeit („flexicurity"), Übergangsarbeitsmärkte (z.B. Schmidt 2005) und ähnliche Themen stellen interessante Versuche dar, die konzeptuellen und praktischen Schwierigkeiten in den Griff zu bekommen, die mit einem Neuentwurf der Grenzen zwischen Beruf und Familie und mit den Veränderungen auf dem Arbeitsmarkt verbunden sind.

Noch ein weiteres Risiko gilt es zu beachten: die Verstärkung von Ungleichheiten durch Familienzugehörigkeit. Männer und Frauen wählen in der Regel Ehepartner mit ähnlichem sozialen Hintergrund. Die sozialen Auswirkungen etwa von Arbeitslosigkeit und Immigration treffen aber Familien, die hinsichtlich Bildung, Arbeit und Einkommen bereits benachteiligt sind, umso härter. Beispielsweise können hier Bildungsdefizite des einen Ehepartners nicht durch den anderen aufgefangen werden, der Verlust des einen Einkommens durch Arbeitslosigkeit nicht durch das verbleibende kompensiert oder in Familien mit Migrationshintergrund beider Ehepartner mögliche Sprachdefizite nicht wettgemacht werden. Familienzugehörigkeit verstärkt und reproduziert auf diese Weise bestehende soziale Ungleichheiten. Der traditionelle deutsche Wohlfahrtsstaat, der auf den beiden Grundsätzen der Besitzstandswahrung und der Subsidiarität beruht, hat sich als nicht sehr effizient erwiesen, wenn es darum geht, die Reproduktion von Ungleichheit zu verhindern und die im Kontext von männlichem Versorger-Modell und beruflicher Stabilität am meisten Gefährdeten zu schützen (Gerlach 1996; Daly 2000). Wahrscheinlich wird diese Ineffizienz noch zunehmen, je mehr Ungleichheit auslösende Faktoren in Erscheinung treten. Wie die Ergebnisse der PISA-Studie zeigen, werden Ungleichheiten zwischen verschiedenen Haushalten zu Ungleichheiten zwischen Kindern – und zwar nicht nur im Hinblick auf soziales Kapital, sondern auch auf das individuelle Humankapital. Sie haben daher langfristige Folgen sowohl für Individuen als auch für die Gesellschaft insgesamt. Vor diesem Hintergrund scheint eine Investition in die Erziehung und Ausbildung von Kindern sowohl aus Gründen sozialer Gerechtigkeit als auch für die Zukunftsfähigkeit der Gesellschaft vorrangig zu sein. Aber eine solche Investition kann nur dann die erwünschte Wirkung erzielen, wenn zugleich die Bedürfnisse der Familien, der Erwachsenen, in und mit denen diese Kinder leben, berücksichtigt werden – es sei denn, man ginge davon aus, dass Kinder aus sozial benachteiligten Familien am besten in Waisenhäusern oder bei Pflegeeltern untergebracht werden sollten. Wer in Kinder investiert, sollte auch in ihre Eltern investieren. Dazu gehört beispielsweise die Förderung der finanziellen Selbstständigkeit von Frauen, um sie und ihre Kinder vor Armut zu schützen. Neuere Entwicklungen in der Sozialhilfepolitik wie etwa ein zunehmender Rückgriff auf die einem Haushalt zur Verfügung stehenden Mittel

(Stichwort „Offenlegungsverfahren") weisen aber in die entgegengesetzte Richtung (Ostner 2003).

Einen Sonderfall stellen Familien mit Migrationshintergrund dar, wo es neben der Lösung der Probleme eines höheren Armutsrisikos und des Mangels an sprachlichen Fähigkeiten um die übergeordnete, allgemeine Frage der sozialen Integration in eine multikulturelle Gesellschaft geht. Bei den Familienmustern, vor allem im Hinblick auf Gender- und Generationen-Arrangements, handelt es sich zumindest für einige der ethnischen und Migranten-Gruppen um besonders sensible Punkte. Hier steht Deutschland ebenso wie alle anderen europäischen Staaten vor dem Problem, ein Gleichgewicht zwischen verschiedenen Faktoren herzustellen – zwischen der Achtung kultureller Verschiedenheit, der Achtung hier geltender Werte und grundlegender Prinzipien – z.B. des Grundgesetzes – seitens der Migranten, der Pflicht, die Fähigkeiten jedes Individuums zu fördern und seine, insbesondere aber ihre Freiheit zu unterstützen, das eigene Leben auch nach eigenen Vorstellungen zu führen. Der gegenseitige Respekt voneinander abgegrenzter Gemeinschaften reicht allerdings zur Schaffung einer multikulturellen Gesellschaft nicht aus. Erforderlich hierfür ist darüber hinaus die Interaktion von Individuen und Gruppen unterschiedlicher Gemeinschaften. Hierin liegt eine der wichtigsten Herausforderungen der Zukunft. In diesem Zusammenhang können Familien die Funktion von Brücken oder auch Grenzen übernehmen – je nach den von ihnen vertretenen Werten und je nach den Ressourcen und Anregungen, die sie und ihre jeweiligen Mitglieder außerhalb ihrer Gemeinschaft vorfinden. Großen Einfluss haben diesbezüglich die Regeln zum Erwerb der Staatsbürgerschaft, die zurzeit in Deutschland und Italien am strengsten sind. Immigranten werden in diesen Ländern in einem Dauerstatus nur zum Teil Eingebürgerter gehalten.

Schließlich ist der Kontext des Austausches zwischen den Generationen in den nächsten Jahrzehnten in hohem Maß durch die gegenwärtigen demografischen und sozialen Bedingungen bereits vorgegeben, selbst wenn die Geburtenrate steigen sollte und die Generationensolidarität stark bleibt. Es stimmt zwar, dass die Generation, die um das Jahr 2030 alt geworden sein wird, die im 20. Jahrhundert niedrigste Anzahl von Kinderlosen aufweist, es also im Prinzip weniger gebrechliche alte Menschen geben wird, die kein Kind haben, das sich um sie kümmern könnte. Dennoch werden Frauen dieser Jahrgänge weniger Kinder geboren haben als die der vorhergehenden Alterskohorte. Hinzu kommt, dass ihre Töchter und Schwiegertöchter, bei denen traditionell die Hauptlast der Betreuungs- und Pflegeaufgaben liegt, auch aufgrund der derzeit diskutierten Anhebung des Rentenalters häufiger und länger berufstätig sein werden.

Ein weiteres im europäischen Diskurs zu Wachstum und Wettbewerb vorausgesagtes Phänomen stellt die wachsende geografische Mobilität dar. Größere Entfernungen zwischen Familienmitgliedern unterschiedlicher Generationen werden eine tägliche oder regelmäßige gegenseitige Unterstützung möglicherweise schwieriger gestalten. Und die Instabilität der Ehen könnte die Erwartung solidarischer Beziehungen zwischen den Partnern und

Generationen enttäuschen. Anders ausgedrückt: Die künftige Balance zwischen Betreuungs- und Pflegebedarf und tatsächlich leistbarer Betreuung und Pflege innerhalb des Generationennetzwerks wird sich von der gegenwärtigen aus demografischen Gründen und aus Gründen der verfügbaren Zeit unterscheiden. In diesem Zusammenhang hat die 1995 eingeführte Pflegeversicherung sicherlich die Situation alter pflegebedürftiger Menschen verbessert. Sie hat jedoch auch insgesamt das Pflege- und Betreuungsgleichgewicht von institutionellen Lösungen auf Hauspflege verschoben und so indirekt die traditionellen geschlechtsspezifischen Familienverpflichtungen und -rollen in der Sozialpflege gerade in einem Augenblick neu bestätigt (Evers/Sachße 2003), als das Reservoir der Familienangehörigen, die potenziell Pflege und Betreuung hätten übernehmen können, zu schrumpfen begann. Zudem könnte ein Blickwinkel, der nur die Familie auf der einen und die sozialen Vorsorgemaßnahmen auf der anderen Seite erfasst, sich als zu eng erweisen. Stärkere Beachtung und gegebenenfalls mehr Unterstützung sollte den informellen, nicht familiengebundenen Netzwerken geschenkt werden, wie sie von Leuten, die überhaupt keine bzw. keine in der Nähe wohnenden Kinder haben, entwickelt werden. Hier könnten sich neue Formen „quasi familialer" Solidarität und Intimität entwickeln, die gefördert und anerkannt werden sollten.

Zu einer Verschiebung des Gleichgewichts könnte es auch im Hinblick auf eine andere Dimension des Austausches zwischen den Generationen kommen. Die späteren älteren Generationen verfügen möglicherweise über weniger Ressourcen zur Umverteilung als die gegenwärtigen, nicht nur wegen unterschiedlichen Konsumverhaltens, das sie in den mittleren Lebensjahren entwickelt haben, sondern auch weil entsprechende Reformen wahrscheinlich die Rentenhöhe verringern werden. Und ein Teil der Alten wird das Rentenalter nach Jahren der Arbeitslosigkeit, Arbeit auf Abruf (intermittierende Arbeit) oder, wie viele Frauen, ohne bezahlte Arbeit erreichen. Trotz des gegenwärtig in den meisten europäischen Ländern, darunter auch Deutschland, geführten Diskurses zum aktiven Altern ist das Risiko älterer Arbeitnehmer, bei Verlust des Arbeitsplatzes zu Langzeitarbeitslosen zu werden, sehr hoch (Blossfeld et al. 2006; siehe auch Hartlapp/Schmid in diesem Band).

Die Solidarität zwischen den Generationen könnte zumindest für einige soziale Gruppen unter Druck geraten – nicht wegen eines Wandels der Werte, sondern wegen einer Verknappung der Ressourcen Zeit und Geld aufgrund von Veränderungen nicht nur in den Familien-Arrangements, sondern auch auf dem Arbeitsmarkt und im Sozialsystem. Dies bietet einen weiteren Anlass dafür, Politiken kohärenter und strategischer aufeinander abzustimmen. Aktuelle Maßnahmen und Reformen beruhen heutzutage zu oft auf Annahmen, die nicht länger haltbar sind und sich zum Teil sogar widersprechen. Die Fähigkeit, auf die Zukunft hin zu denken, verlangt eine weniger fragmentarische Sicht der Gegenwart und ihrer Entwicklungstendenzen.

*(Aus dem Englischen übersetzt von Petra Barsch.)*

## Literatur

Adler, Marina A. (2004): "Continuity and Change in Familial Relationships in East Germany Since 1990". In: Mihaela Robila (Ed.): *Families in Eastern Europe*. Amsterdam: Elsevier, S. 15-28.

Alber, Jens/Kohler, Ulrich (2004): *Health and Care in an Enlarged Europe*. European Foundation for the Improvement of Living and Working Conditions. Luxembourg: Office for Official Publications of the European Communities.

Allmendinger, Jutta (2004): "Unterlassenes Fördern. Bildungsarmut und neue Arbeitsmarktpolitik". In: *Erziehung und Wissenschaft*, Jg. 56, H. 10, S. 2.

Allmendinger Jutta/Dressel, Kathrin (2004): "Auf der Suche nach der gewonnenen Zeit. Entzerrung statt Kumulation von Familie und Beruf". In Renate Schmidt/ Liz Mohn (Hg.): *Familie bringt Gewinn: Innovationen durch Balance von Familie und Arbeitswelt*. Gütersloh: Verlag Bertelsman Stiftung, S. 135-143.

Arber, Sara/Atttias-Donfut, Claudine (Eds.) (2000): *The Myth of Generational Conflict. The Family and State in Ageing Societies*. London: Routledge.

Attias-Donfut, Claudine/Wolff, Francois-Charles (2000): "Complementarity Between Private and Public Transfers". In: Arber/Attias-Donfut 2000, S. 47-68.

Bahle, Thomas/Maucher, Mathias (2003): *Kindergeldsysteme und Steuererleichterungen für Kinder in Westeuropa: institutionelle Merkmale und quantitative Indikatoren im Ländervergleich, 1900-2000*. Working Paper. Mannheim: Zentrum für Europäische Sozialforschung.

Barbagli, Marzio/Kertzer, David I. (2003): "Introduction". In: Kertzer/Barbagli 2003, S. XI-XLIV.

Beck, Ulrich/Beck-Gernsheim, Elisabeth (1990): *Das ganz normale Chaos der Liebe*. Frankfurt a.M.: Suhrkamp.

Beck Ulrich/Beck-Gernsheim, Elisabeth (Hg.) (1994): *Riskante Freiheiten. Individualisierung in modernen Gesellschaften*. Frankfurt a.M.: Suhrkamp.

Bertram, Hans (1997): *Familien leben. Neue Wege zur flexiblen Gestaltung von Lebenszeit, Arbeitszeit und Familienzeit*. Gütersloh: Bertelsmann Stiftung.

Bertram, Hans (2000): "Die verborgenen familiären Beziehungen in Deutschland: Die multilokale Mehrgenerationenfamilie". In: Martin Kohli/Marc Szydlik (Hg.): *Generationen in Familie und Gesellschaft*. Opladen: Leske + Budrich, S. 97-121.

Biedenkopf, Kurt/Bertram, Hans/Käßmann, Margot/Kirchhof, Peter/Niejhar, Elisabeth/Sinn, Hans-Werner/Willekens, Frans (2005): *Starke Familie*. Stuttgart: Robert Bosch Stiftung.

Blossfeld Hans-Peter/Buchholz, Sandra/Hofäcker, Dirk (Eds.) (2006): *Globalization, Uncertainty and Late Careers in Society*. London: Routledge.

Blossfeld, Hans-Peter/Drobnic, Sonja (2001): *Careers of Couples in Contemporary Society*. Oxford: Oxford University Press.

Blossfeld Hans-Peter/Mills, Melinda/Klijzing, Erik/Kurz, Karin (Eds.) (2006): *Globalization, Uncertainty and Youth in Society*. London: Routledge.

BMFSFJ (Bundesministerium für Familie, Senioren, Frauen und Jugend) (2005): *Siebter Familienbericht. Familie zwischen Flexibilität und Verlässlichkeit. Perspektiven für eine lebenslaufbezogene Familienpolitik*. Berlin: BMFSFJ.

Cox, Donald/Jakubson, George (1995): "The Connection Between Public Transfers and Private Interfamily Transfers". In: *Journal of Public Economics*, Vol. 57, S. 129-167.

Daly, Mary (2000): *The Gender Division of Welfare. The Impact of the British and German Welfare States*. Cambridge, MA: Cambridge University Press.

DZA (Deutsches Zentrum für Altersfragen) (2004): *Die Familie im Spiegel der amtlichen Statistik*. Berlin: Bundesministerium für Familie, Senioren, Frauen und Jugend (englische Kurzfassung: *Families in Germany – Facts and Figures*).

Erler, Daniel Sebastian (2005): *Public Work-family Reconciliation Policies in Germany and Italy*. PhD thesis, University of Siena. Siena.

Esping-Andersen, Gøsta (2006): *The New Inequalities and Women's Economic Revolution*. Manuscript based on the Miliband Lecture at the London School of Economics, December 2, 2006. London.

Evers, Adalbert/Sachâe, Christoph (2003): „Social Care Services for Children and Older People in Germany. Distinct and Separate Histories". In: Anneli Anttonen/ John Baldock/Jorma Sippilä (Eds.): *The Young, the Old and the State. Social Care in Five Industrial Nations*. Cheltenham, UK: Edward Elgar Publishing, S. 55-79.

Fahey, Tony (2005): „Fertility Patterns and Aspirations in Europe". In: Jens Alber/ Wolfgamg Merkel (Hg.): *Europas Osterweiterung: Das Ende der Vertiefung?* WZB Jahrbuch 2005. Berlin: edition sigma, S. 35-56.

Federkeil, Gero (1997): „The Federal Republic of Germany: Polarization of Family Structures". In: Franz-Xaver Kaufmann/Anton Kuijsten/Hans-Joachim Schulze/Klaus Peter Strohmeier (Eds.): *Family Life and Family Policies in Europe. Vol. 1: Structures and Trends in the 1980s*. Oxford: Clarendon Press, S. 77-113.

Gerlach, Irene (1996): *Familie und Staatliches Handeln*. Opladen: Leske + Budrich.

Giarrusso, Roseann/Silverstein, Merril/Gans, Daphna/Bengston, Vern L. (2005): „Ageing Parents and Adult Children: New Perspectives on Intergenerational Relationships". In: Malcolm Johnson/Vern L. Bengston/Peter G. Coleman/Thomas B. L. Kirkwood (Eds.): *The Cambridge Handbook of Age and Ageing*. Cambridge, MA: Cambridge University Press, S. 413-421.

Huinink, Johannes (1995): *Warum noch Familie? Zur Attraktivität von Partnerschaft und Elternschaft in unserer Gesellschaft*. Frankfurt a.M.: Campus.

Kaufmann, Franz-Xaver (1995): *Zukunft der Familie im vereinten Deutschland. Gesellschaftliche und Politische Bedingungen*. München: C.H. Beck.

Kertzer, David I./Barbagli, Marzio (Eds.) (2003): *The History of the European Family. Vol. 3: Family Life in the Twentieth Century*. New Haven: Yale University Press.

Kohli, Martin (1999): „Private and Public Transfers Between Generations: Linking the Family and the State". In: *European Societies*, Vol. 1, No. 1, S. 81-104.

Kohli, Martin/Künemund, Harald/Motel, Andreas/Szydlik, Marc (2000): „Families Apart? Intergenerational Transfers in East and West Germany". In: Arber/Attias-Donfut 2000, S. 88-99.

Künemund, Harald/Motel-Klingebiel, Andreas/Kohli, Martin (2005): „Do Private Intergenerational Transfers Increase Social Inequality in Middle Adulthood? Evidence from the German Aging Survey". In: *Journal of Gerontology*, Vol. 60b, No. 1, S. 30-36.

Künemund, Harald/Rein, Martin (1999): „There Is More to Receiving than Needing: Theoretical Arguments and Empirical Explorations of Crowding in and Crowding out". In: *Ageing and Society*, Vol. 19, S. 93-121.

Künzler, Jan (2002) „Paths Towards a Modernization of Gender Relations, Policies and Family Building". In: Franz-Xaver Kaufmann/Anton Kuijsten/Hans-Joachim Schulze/Klaus-Peter Strohmeier (Eds.): *Family Life and Family Policies in*

*Europe. Vol. 2: Problems and Issues in a Comparative Perspective.* Oxford: Oxford University Press, S. 252-298.

Lewis, Jane (Ed.) (1998): *Gender, Social Care and Welfare State Restructuring in Europe.* Aldershot: Ashgate.

Meier, Volker (2005): *Auswirkungen familienpolitischer Instrumente auf die Fertilität: Internationaler Vergleich für ausgewählte Länder.* Studie im Auftrag der Robert Bosch Stiftung. München: Institut für Wirtschaftsforschung an der Universität München.

Nave-Herz, Rosemarie (1994): *Familie heute. Wandel der Familienstrukturen und Folgen für die Erziehung.* Darmstadt: Wissenschaftliche Buchgesellschaft.

Ostner, Ilona (2003): „Individualisation: The Origins of the Concept and Its Impact on German Social Policies". In: *Social Policy and Society*, Vol 3, No. 1, S. 47-56.

Peuckert, Rüdiger (1996): *Familienformen im sozialen Wandel.* Opladen: Leske + Budrich.

Pfau-Effinger, Birgit (1998): „Arbeitsmarkt-und Familiendynamik in Europa. Theoretische Grundlagen der vergleichenden Analyse". In: Birgit Geissler/Friederike Maier/Birgit Pfau-Effinger (Hg.): *FrauenArbeitsMarkt.* Berlin: edition sigma, S. 177-194.

Pfau-Effinger, Birgit (2004): *Development of Culture, Welfare State and Women's Employment in Europe.* Aldershot: Ashgate.

Phillipson, Chris (2005): „The Political Economy of Old Age". In: Malcolm Johnson/Vern L. Bengston/Peter G. Coleman/Thomas B. L. Kirkwood: *The Cambridge Handbook of Age and Ageing.* Cambridge, MA: Cambridge University Press, S. 502-509.

Saraceno, Chiara (2005): „Family-work Systems in Europe". In: Jens Alber/Wolfgang Merkel (Hg.): *Europas Osterweiterung: Das Ende der Vertiefung?* WZB-Jahrbuch 2005. Berlin: edition sigma, S. 57-86.

Schaeper, Hildegard/Falk, Susanne (2003): „Employment Trajectories of East and West German Mothers Compared. One Nation-one Pattern?" In: Walter R. Heinz/Victor W. Marshall (Eds.): *Social Dynamics of the Life Course.* New York: Aldine De Gruyter, S. 143-166.

Schmid, Günther (2005): „Social Risk Management through Transitional Labour Markets". In: *Socio-Economic Review*, Vol. 4, No. 1, S. 1-32.

Schulze, Hans-Joachim/Tyrrel, Hartmann (2002): „What Happened to the European Family in the 1980s? The Polarization between the Family and Other Forms of Private Life". In: Franz-Xaver Kaufmann/Anton Kuijsten/Hans-Joachim Schulze/Klaus Peter Strohmeier (Eds.): *Family Life and Family Policies in Europe. Vol. 2: Problems and Issues in a Comparative Perspective.* Oxford: Oxford University Press, S. 69-119.

Shavit, Yossi/Blossfeld, Hans-Peter (1993): *Persistent Inequality.* Boulder, CO: Westview Press.

Tyrell, Hartmann (1993): „Katholizismus und Familie – Institutionalisierung und De-Institutionalisierung". In: Jörg Bergmann/Alois Hahn/Thomas Luckmann (Hg.): *Religion und Kultur.* Opladen: Westdeutscher Verlag, S. 126-149.

Ziegler, Uta/Doblhammer, Gabriele (2006): *Marital Status and Living Arrangements of the Elderly Population in Germany with a Special Emphasis on People in Need of Care.* Paper presented at the Conference on „European Research on Aging. Challenges and Opportunities" in Vechta, 24.-26. Juni 2006.

# Gebären und arbeiten

## Die Zukunftsfähigkeit deutscher Familien- und Arbeitsmarktpolitik

Sibylle Hardmeier und Angelika von Wahl

## 1. Einleitung

Seit Jahren schon beschäftigen sich Sozialwissenschaft und Geschlechterforschung mit der Frage der Vereinbarkeit von Familie und Beruf – nicht zuletzt deshalb, weil mit der fortwährenden Bildungsexpansion und der verstärkten Integration von Frauen in den Arbeitsmarkt das klassische Ein-Ernährer-Modell für Väter ebenso wie das in den 1970er Jahren propagierte Drei-Phasen-Modell (Ausbildung/Beruf – Kinderbetreuung – Wiedereinstieg) oder das Teilzeitmodell für Mütter einige „Risse" hinnehmen mussten. Dabei verblieb die Frage der Vereinbarkeit von Beruf und Familie aber überwiegend ein vermeintliches Frauenthema, das nur mäßige Resonanz in der öffentlichen Diskussion fand. In jüngster Zeit jedoch ist das Problem der Unvereinbarkeit zu einem Thema von erheblicher gesellschaftspolitischer Relevanz geworden: Denn man ist sich inzwischen dessen bewusst geworden, dass diese Frage auch mit Demografie und Bevölkerungspolitik zu tun hat. Allerdings werden in den aktuellen Debatten zuweilen vorschnelle Schlüsse gezogen, die manchmal sogar dazu führen, dass griffige, aber missverständliche Schlagzeilen wie „Mehr Karriere, weniger Kinder" (Welt Kompakt, 28. Februar 2006, S. 6) formuliert werden, die auf mittlerweile überholten Daten basieren.

Der vorliegende Betrag nimmt sich dieser weit verbreiteten Kurzformel als Ausgangspunkt an. Er diskutiert das Verhältnis von Arbeitsmarktintegration zu Kinderrate und weist erstens darauf hin, dass diese Themen nicht nur „frauenspezifisch", sondern vielmehr an der zentralen Schnittstelle von staatlicher Familien-, Sozial- und Arbeitsmarktpolitik zu suchen sind. Zweitens zeigt er auf, dass – wenn überhaupt – seit den 1990er Jahren die Realität in vielen Industriestaaten eher mit der Kurzformel „Mehr Arbeit = mehr Kinder" zu erfassen ist. Methodisch lehnen wir uns dabei an jene Studien an, die die Entwicklung von Kinderraten in den modernen Industriestaaten sowohl im Zeitverlauf wie auch international vergleichend analysiert haben. Dabei stützen wir uns einerseits auf das in der Policy-Forschung entwickelte Analyseraster, das Politikwechsel in fortgeschrittenen Industriestaaten untersucht (Hall 1993), um die Entwicklung und Zukunftsfähigkeit bundesrepublikanischer Politik erfassen zu können. Diesen qualitativen Zugang ergänzen wir – andererseits – mit stärker quantitativen Analysen wie der „Qualitative Comparative Analysis" (QCA), um Zusammenhänge und Ursachen zu diskutieren.

## 2. Zum Verhältnis von Erwerbs- und Kinderrate: die analytische Perspektive

Das Thema der Vereinbarkeit – oder besser: das Problem der Unvereinbarkeit – von Familie und Beruf ist dem Prozess der Industrialisierung und der Etablierung der bürgerlichen Gesellschaft gleichermaßen geschuldet (Brewster/Rindfuss 2000). Mit diesen Prozessen einher ging die Trennung der öffentlichen Sphäre (Beruf und Politik) vom privaten Bereich (Haus und Familie). Damit verbunden hat sich das Familienmodell „Ernährer/Hausfrau" entwickelt, das im deutschen Rechtssystem, im Sozialstaat oder auch im Arbeitsmarkt seine tiefen kulturellen und strukturellen Spuren hinterlassen hat, die bis heute fortwirken.

Die Debatte um diese Vereinbarkeit durchlief viele verschiedene Phasen und nahm je nach Kontext entsprechende Konturen an (Mazur 2002). Angestoßen wurde sie durch die Frauenbewegung der 1960er Jahre und der Forderung nach Gleichheit zwischen Mann und Frau. Entsprechend wurden hier zunächst insbesondere das Ernährer-Modell und das Drei-Phasen-Modell kritisiert. In den 1980er Jahren und namentlich im angelsächsischen Raum wurde Vereinbarkeit vor allem auch unter dem Postulat der Effizienz behandelt; Flexibilisierung der Modelle und Teilzeitarbeit standen nun im Mittelpunkt der Debatte.

Die derzeitigen Diskussionen in der Bundesrepublik[1] erscheinen insofern besonders „deutsch", als nicht nur die Demografie und sinkende Kinderrate deren Auslöser sind, sondern weil in den Medien bestimmte Bevölkerungsteile – nach Bildung und Klassen unterschieden – als spezifische „Problemgruppen" identifiziert werden, z.B. „die Akademikerinnen". Und diese bekommen Presseberichten zufolge „zu wenig" Kinder, während in anderen Schichten und unter in Deutschland lebenden Ausländern implizit eher eine „zu hohe" Kinderrate angenommen wird (siehe z.B. die Debatten in DIE ZEIT, 2004-2005).

Aber ein Blick auf internationale Statistiken zeigt, dass die Diagnose, derzufolge Frauen, die sich für mehr Karriere entscheiden, „automatisch" weniger Kinder haben, nicht zutrifft. Ganz im Gegenteil weist beispielsweise Castles – hier stellvertretend für mittlerweile zahlreiche vergleichende Untersuchungen – nach, dass sowohl die Beschäftigtenquote von Frauen als auch die weibliche Arbeitsmarktintegration im Jahre 1998 signifikant und vor allem stark positiv mit der Kinderrate korrelieren – also dass erwerbstä-

---

1 Dieser Text ist im Juli 2006 verfasst worden.

tige Frauen *mehr* Kinder haben (Castles 2003, S. 215). Die Gleichung „Karriere = keine oder weniger Kinder" ist in ihrer Absolutheit somit nicht korrekt. Und auch in Bezug auf die „Akademikerinnen-Debatte" sind Präzisierungen angebracht, da das Ausmaß ihrer Kinderlosigkeit publizistisch zuweilen überschätzt wird.[2]

Allerdings belegt die Studie von Castles ebenfalls, dass die Gleichung früher einmal zutreffend war: Vor 20 Jahren beeinflusste die mit denselben Indikatoren gemessene Erwerbstätigkeit von Frauen die Kinderrate nicht nur deutlich, sondern vor allem negativ. Traditionalisten und die Diagnostiker der „Welt Kompakt" hätten also 1980 nicht falsch gelegen. Heute jedoch stimmt ihre Gleichung nicht mehr. Dies bestätigt sich auch, wenn wir die in der Tabelle 1 auf der folgenden Seite ausgewählten Länder betrachten (geordnet nach den deutschen Legislaturperioden): Zwar ist bei allen Staaten mit Ausnahme der USA (in Bezug auf die Fertilitätsrate) die Tendenz eines Abwärtstrends bei den Kinderraten erkennbar,[3] jedoch hatten alle anderen Länder bereits in den 1970er Jahren hier ein höheres Niveau als Deutschland zu verzeichnen und behielten dieses bis auf Italien (bei der Fertilitätsrate) auch bei. Zudem ist die Erwerbstätigenquote der Frauen mit Ausnahme Italiens in allen Staaten höher als in Deutschland. Die USA haben derzeit zwar eine Fertilitätsrate, die mit 2,04 fast den Reproduktionswert erreicht, dennoch lässt sich hier eine hohe Arbeitsmarktintegration von Frauen konstatieren. In Schweden gab es eine ähnliche Konstellation, vor allem zu Beginn der 1990er Jahre. Mit anderen Worten: Deutschland stellt – zusammen mit Italien – einen spezifischen Fall dar; es befindet sich bei der Kinderrate wie auch bei der Erwerbsquote von Frauen auf einem der hinteren Ränge. Die Unvereinbarkeit von Familie und Beruf erhält hier eine spezifische Form, weil niedrige weibliche Erwerbsrate *und* niedrige Kinderrate gleichzeitig auftreten.

Betrachtet man Deutschland isoliert, mag man vielleicht zur These „Mehr Arbeit = weniger Kinder" neigen, weil hier die Erwerbstätigkeit zu- und die Kinderrate abgenommen hat. Jedoch lehrt der internationale Vergleich, dass „mehr Arbeit" auch mit „mehr Kindern" einhergehen kann. Die aufgestellte Gleichung erweist sich damit auf zwei Ebenen als falsch: Erstens gilt sie nicht für alle Länder und insbesondere heute nicht mehr. Zweitens suggeriert sie einen vermutlich falschen kausalen Zusammenhang und blendet mindestens eine intervenierende Variable aus.

---

2 Durch die Presse geisterte die „Nachricht", dass 40 Prozent der deutschen Akademikerinnen kinderlos seien. Mittlerweile hat das Deutsche Institut für Wirtschaftsforschung (DIW) errechnet, dass es sich nur um 23 Prozent handelt und der Anteil damit nicht so stark vom Durchschnitt abweicht (Wagner/Schmitt 2006). Im Übrigen belegen Befragungsdaten, dass bei Frauen in Ausbildung ebenso wie bei Frauen mit Berufsabschluss die Wahrscheinlichkeit zur Erstgeburt gering ist (Hank et al. 2004). Darüber hinaus ist der Anteil von Akademikerinnen an der deutschen Bevölkerung international gesehen niedrig.

3 Wobei gerade auch in Schweden kurzfristige Schwankungen zu beobachten sind, die in der hier vorgenommenen Unterteilung nicht ersichtlich werden; in Dänemark ist in jüngster Zeit eine Zunahme zu verzeichnen.

Tabelle 1: Geburtenrate, Fertilität und Erwerbstätigenquote nach Geschlecht und ausgewählten Ländern

| Durchschnitt der Jahre | Deutschland | Schweiz | Frankreich | Italien | Dänemark | Schweden | Großbritannien | Vereinigte Staaten |
|---|---|---|---|---|---|---|---|---|
| Geburtenrate[a] | | | | | | | | |
| 1970-1980 | 10,85 | 12,90 | 15,15 | 14,55 | 13,45 | 12,65 | 13,45 | 15,40 |
| 1980-2000 | 10,35 | 11,60 | 13,33 | 9,88 | 11,80 | 12,03 | 13,18 | 15,38 |
| 2000-2005 | 8,50 | 9,70 | 12,50 | 9,20 | 11,90 | 10,60 | 11,40 | 14,00 |
| Fertilität[b] | | | | | | | | |
| 1970-1980 | 1,58 | 1,68 | 2,09 | 2,11 | 1,83 | 1,78 | 1,88 | 1,91 |
| 1980-2000 | 1,39 | 1,52 | 1,79 | 2,11 | 1,62 | 1,78 | 1,88 | 1,91 |
| 2000-2005 | 1,32 | 1,41 | 1,87 | 1,28 | 1,75 | 1,64 | 1,66 | 2,04 |
| Erwerbstätigenquote[c] Männer | | | | | | | | |
| 1969-1982 | 73,10 | 86,10 | 70,10 | 69,80 | 73,90 | 71,80 | 74,20 | 71,30 |
| 1983-1998 | 65,70 | 82,40 | 59,00 | 60,70 | 68,50 | 63,60 | 65,30 | 69,50 |
| 1999-2002 | 60,40 | 79,50 | 57,60 | 57,30 | 68,30 | 60,80 | 66,70 | 69,10 |
| Erwerbstätigenquote[c] Frauen | | | | | | | | |
| 1969-1982 | 38,50 | 42,90 | 38,20 | 27,30 | 48,70 | 51,90 | 41,80 | 42,20 |
| 1983-1998 | 40,90 | 51,60 | 40,30 | 28,90 | 54,70 | 56,10 | 46,30 | 52,10 |
| 1999-2002 | 44,50 | 58,10 | 43,60 | 31,10 | 56,80 | 54,00 | 50,60 | 55,70 |

a – Die *Geburtenrate* gibt die Anzahl der Geburten in Relation zur Gesamtbevölkerung an.
b – Unter *Fertilitätsrate* versteht man die Anzahl der Lebendgeborenen, die eine Frau – gewöhnlich zwischen dem 15. und 45. Lebensjahr – zur Welt bringt. Die oft verwendete Fertilitätsrate pro Jahr ist eine Durchschnittsrate, die aufgrund der bisherigen Fertilität – auch der Frauen, die das gebärfähige Alter noch nicht überschritten haben – berechnet wird. Die Rate hat demnach Projektionscharakter.
c – Die *Erwerbstätigenquote* („employment population ratio") gibt jenen Anteil der Erwerbstätigen an der Bevölkerung in einer Volkswirtschaft an, der im erwerbsfähigen Alter ist; entsprechend dem Labour-Force-Konzept (ILO): alle Personen von 15 bis 64 Jahren, mindestens eine Stunde/Woche beschäftigt.
Dabei können wir bei der Erwerbstätigenquote die Periodisierung genau entlang der deutschen Politik vornehmen: 1969 bis 1983 sozial-liberale Koalition (erst unter Brandt, später Schmidt), 1983 bis 1998 christlich-liberale Koalition unter Kohl, 1998 bis 2002 erste rot-grüne Koalition unter Schröder.
*Quellen*: Geburtenrate und Fertilität: UN-Statistics (2004); Erwerbstätigenquote: OECD (2006).

Der Zusammenhang von gebären und arbeiten wird wohl noch durch andere Faktoren moderiert, und genau dieser Fragestellung wollen wir uns im Folgenden eingehender zuwenden. Dazu müssen die Auswahl der möglichen erklärenden Faktoren erläutert und die Fragestellung präzisiert werden. Wir gehen deshalb der Logik der zitierten Gleichung folgend sowie auch der Übersichtlichkeit wegen von der leicht vereinfachten Annahme aus, dass die Kinderrate die zu erklärende abhängige Größe ist.[4] Unsere Grundannahme ist: Je niedriger die Kinderrate, desto ausgeprägter stellt sich das Problem der Vereinbarkeit von Familie und Beruf.

*Kinderrate* verwenden wir als Oberbegriff für jene zwei Termini, die in der Demografie zwar klar definiert sind, aber dennoch häufig vermischt werden und aus geschlechtersensibler Sicht nicht besonders befriedigen: Die *Geburtenrate* gibt die Anzahl der Geburten in Relation zur Gesamtbevölkerung an, sodass sich auch Altersstrukturen in dieser Zahl niederschlagen.[5] Als *Fertilitätsrate* hingegen wird die Relation von Geburten zur Gesamtzahl der Frauen – zumeist in einem spezifisch definierten Alterssegment (z.B. 15 bis 45 Jahre) – verstanden. Sie stellt eine Art Projektion dar und kann abschließend eigentlich erst bestimmt werden, wenn alle Frauen eines Jahrgangs nicht mehr im gebärfähigen Alter sind. Die oft angegebene Fertilitätsrate pro Jahr ist eine Durchschnittsrate, die aufgrund der bisherigen Fertilität – auch der Frauen, die das gebärfähige Alter noch nicht überschritten haben – berechnet wird.

Allerdings können aus geschlechtersensibler Perspektive manche Einwände gegen die Verwendung des Begriffs Fertilität angeführt werden, nicht zuletzt deshalb – und damit zentral für unsere Fragestellung –, weil er zu sehr suggeriert, man hätte es mit einem biologischen und nicht einem gesellschaftlichen Problem zu tun. Gleichzeitig lädt der Begriff dazu ein, die „Fruchtbarkeit der Frauen" zu thematisieren, obwohl es sich faktisch um eine Verantwortlichkeit in einem Geschlechterarrangement handelt. Daher bevorzugen und verwenden wir im Folgenden den Oberbegriff „Kinderrate". Allgemein wird davon ausgegangen, dass in modernen Industriestaaten mit geringer Säuglings- und Kindersterblichkeit theoretisch 2,1 Kinder pro Frau geboren werden müssten, um die Bevölkerung – ohne Zuwanderung – auf einem konstanten Niveau zu halten. Geprägt ist die Kinderrate vor allem durch den Zeitpunkt der Erstgeburt, die Zeitspanne zwischen Geburten sowie durch Heiratsmuster (Brewster/Rindfuss 2000, S. 275).

In einem weiteren Schritt muss geklärt werden, was „Zukunftsfähigkeit" überhaupt meint bzw. welche analytische Perspektive gefragt ist, wenn etwas über die Zukunftsfähigkeit eines Landes in einem spezifischen Bereich ausgesagt werden soll. Wir lösen diese keineswegs triviale Frage, mit der

---

4 Dass dies eine vereinfachende Perspektive ist, darauf machte vor allem Neyer (2005) aufmerksam, indem sie zum einen auf die Operationalisierung der Variablen und zum anderen auf die komplexe Beziehungsstruktur unter den erklärenden Faktoren hingewiesen hat.

5 Also die Anzahl der Geburten pro Jahr bezogen auf 1.000 Einwohner.

sich auch die Methodik der Zukunftsforschung beschäftigt, mit Hilfe eines in doppelter Hinsicht komparativen Zugangs: Zunächst erachten wir die Reformfähigkeit eines Landes als zentralen Bestandteil von Zukunftsfähigkeit und fragen ähnlich wie der Policy-Forscher Hall (1993) nach dem Grad des Politikwandels. Dabei konzentrieren wir uns auf die Entwicklung in West- und Ostdeutschland seit 1970. Hall siedelt politischen Wandel auf drei Ebenen an: Auf der ersten Ebene betrifft der Wandel lediglich den Einsatz von Politikinstrumenten (z.B. Höhe des Kindergeldes), auf der zweiten Ebene werden auch die Instrumente selbst in Frage gestellt (z.B. Elternurlaub oder Mutterschutz), und erst auf der dritten Ebene werden die allgemeinen Politikziele einem Wandel unterzogen (z.B. das männliche Ernährer-Modell ersetzen). Politischer Wandel auf dieser dritten Ebene wird als grundlegend angesehen; er kommt eher selten vor.

Während Hall nur die diachrone Perspektive empfiehlt, kann Zukunftsfähigkeit bzw. die Präsentation von möglichen Lösungsvorschlägen auch anhand eines Ländervergleichs diskutiert werden. Die vergleichende Demografieforschung hat in jüngster Zeit und vor dem Hintergrund des neuen konterintuitiven Befunds, wonach heute gerade die modernen sozialdemokratischen Staaten und nicht etwa traditionelle Länder wie Italien oder Spanien höhere Kinderraten verzeichnen, drei Aspekte als zentral herauskristallisiert (Brewster/Rindfuss 2000; Rindfuss et al. 2004), die im Zentrum unserer empirischen Analyse stehen:

(1) Die *Integration von Frauen in den Arbeitsmarkt*, hier anhand der Erwerbstätigenquote[6] erfasst, übt einen positiven Einfluss auf die Kinderrate aus. Integration in den Arbeitsmarkt bietet die grundlegende ökonomische Absicherung für die Realisierung des Kinderwunsches.
(2) Jene Einstellungen und *Werte* wirken positiv, die die Akzeptanz von neuen und anderen Lebensformen unterstreichen und die Geburt von der traditionellen Familienform (Ehepaar mit Kind) entkoppeln.
(3) Es greifen *institutionelle und politische Arrangements*, die seitens der Politik und der Arbeitgeber signalisieren, dass Familienfreundlichkeit sowie die Vereinbarkeit von Familie und Beruf ein wichtiges, gesamtgesellschaftliches Ziel darstellen. Hierbei unterscheiden wir zwischen geldwertigen (z.B. Sozialleistungsquoten), zeitwertigen (z.B. Mutterschafts- und Erziehungsurlaub) und infrastrukturwertigen Leistungen (z.B. Kinderbetreuungseinrichtungen).

Wir erörtern den Einfluss dieser drei Aspekte, indem wir zunächst in einer detaillierten diachronen Perspektive deren Bedeutung und Entwicklung beschreiben. In der vergleichenden Analyse stellen sie die so genannten erklärenden Faktoren dar. Um diese quantifizieren zu können, mussten zuerst die entsprechenden Datengrundlagen gesammelt werden. In einem weiteren Schritt wurden diese Daten mit einer relativ jungen Methode, der „Qua-

---

6  Vgl. dazu die vergleichsweise „weiche" Definition in Tabelle 1.

litative Comparative Analysis" (QCA), analysiert. Die interessierte Leserschaft verweisen wir auf unsere Homepage, um die genauen Datengrundlagen und Analyseschritte im Detail nachzuvollziehen.[7] Im Wesentlichen geht es hierbei darum, durch eine logische Reduktion der Faktorkombinationen die notwendigen und hinreichenden Bedingungen für ein positives Ergebnis, in unserem Fall eine hohe Kinderrate, identifizieren zu können.

## 3. Die diachrone Perspektive: Erwerbsarbeit und Familienpolitik in Deutschland von 1970 bis 2005

Dieser Abschnitt soll verdeutlichen, wie die anfangs noch funktionierende traditionelle Familienpolitik der Bundesrepublik angesichts der vielfältigen Veränderungen der vergangenen 30 Jahre auf dem Arbeitsmarkt, im Sozialstaat, im Recht und nicht zuletzt durch den Wertewandel langsam aus dem Tritt geraten ist. Klassische Annahmen über die Bevölkerungsentwicklung und die Präferenzen von Frauen stimmen mit der Realität immer weniger überein. Unvereinbarkeit wird damit zu einem gesellschaftlichen Problem, dem sich allerdings weder CDU- noch SPD-geführte Regierungen bisher besonders ernsthaft gestellt haben (von Wahl 2006). Wir blicken im Folgenden auf staatliche Maßnahmen und deren Auswirkungen und erläutern zunächst die drei Idealtypen des Sozialstaatsmodells von Esping-Andersen (1990).

Das *liberale* Sozialstaatsmodell (z.B. der USA) forciert den Zugang aller Erwerbsfähigen zur Erwerbsarbeit bei gleichzeitig niedrigen wohlfahrtsstaatlichen Leistungen. Demgegenüber fördert das *sozialdemokratische* Modell (z.B. in Schweden) die Erwerbsarbeit von Männern und Frauen durch egalitäre und gut finanzierte sozialstaatliche Programme. Die soziale Basis des *konservativen* Sozialstaatmodells wiederum, dem auch die Bundesrepublik folgt, stellt der „männliche Ernährer" dar, dessen Position recht großzügig vom Staat unterstützt wird. Die Unvereinbarkeit von Familie und Beruf bei Frauen ist also kein Zufall, sondern Sinn und Ziel der institutionellen und strukturellen Arrangements des Ernährer/Hausfrauen-Modells. Im konservativen Regimetyp ist die Erwerbsrate von Frauen traditionell am niedrigsten und wird durch Steuervorteile für Ehepaare und ein Familieneinkommen des Ernährers wettgemacht. Traditionell bleiben hier Frauen – vor allem der Mittelschicht – nach der Heirat nicht voll erwerbstätig, sondern widmen sich ganz oder teilweise dem Haushalt, ihren Kindern oder der Versorgung anderer Familienangehöriger. All dies verringert die Teilnahme von Frauen am Arbeitsmarkt erheblich.

Nun zeichnet sich aber – wie bereits erwähnt – seit geraumer Zeit ein Muster ab, wonach weibliche Erwerbsarbeit und die Realisierung des Kinderwunsches zusammen auftauchen und insbesondere Frauen in konservativen

---

[7] http://www.sibylle-hardmeier.com/publikationen/index.htm. Wir danken Thomas Groß für die Mitarbeit bei der Datenaufbereitung und -auswertung.

Sozialstaaten immer *weniger* Kinder bekommen. Eine tief greifende Reform des männlichen Ernährer-Modells scheint also unausweichlich, wenn man den Geburtenknick abmindern und die Zukunftsfähigkeit stärken möchte. Doch inwiefern ist eine Reform dieses Arrangements möglich? Und welche Werte und Policies herrschen bislang vor?

Die folgende Darstellung gibt einen Überblick über die bisherige Familien- und Sozialpolitik unter besonderer Berücksichtigung der Vereinbarkeit von Familie und Beruf, wobei auch der bisherige Grad von Reformen ausgelotet sowie der Frage der Zukunftsfähigkeit nachgegangen wird. Hierfür betrachten wir die alte Bundesrepublik und die DDR zunächst getrennt, bevor die Entwicklung in Gesamtdeutschland seit 1990 in den Blick genommen wird.

### 3.1 Die Vereinbarkeit von Familie und Beruf in der Bundesrepublik bis 1989

Bis in die 1970er Jahre dominierte in der Bundesrepublik das traditionelle Modell der so genannten Hausfrauenehe. Die rechtliche, soziale und kulturelle Konstruktion dieses Status minderte die Vereinbarkeit von Familie und Erwerbsarbeit für Frauen erheblich. Während sich die männliche Normbiografie durch lebenslange Erwerbsarbeit auszeichnete – oder zumindest durch sie bestimmt wurde –, sollten sich Frauen nach der Heirat den Kindern und dem Haushalt widmen (Moeller 1993). Insbesondere in der Zeit des Wirtschaftswachstums der 1950er Jahre wurde diese Norm bestärkt: Statt auf die steigende Nachfrage nach Arbeitskräften mit der Mobilisierung von Frauen zu antworten, wurden in der Bundesrepublik, anders als beispielsweise in Schweden, systematisch ausländische „Gastarbeiter" angeworben; eine Reform der Hausfrauenehe oder eine Erweiterung staatlicher Kinderbetreuung waren nicht erwünscht. In der Folge stagnierte die Erwerbsrate von Frauen in der alten Bundesrepublik über 30 Jahre hinweg (1950: 35 Prozent; 1980: 38 Prozent; vgl. Bakker 1988 sowie Tabelle 1). Mütter, die einer Vollzeitbeschäftigung nachgingen oder gar eine „Karriere" durchliefen, waren dem Verdacht ausgesetzt, „Rabenmütter" zu sein.

Nachdem im Jahre 1969 die SPD in Koalition mit der FDP an die Regierung gekommen war, gab es eine Reihe von Reformen im Bereich der Sozial- und Arbeitsmarktpolitik, die Frauen direkt betrafen. Als Beispiel des Reformwillens und -spielraums kann das Arbeitsförderungsgesetz von 1969 gelten, das ein Umdenken des von der CDU vertretenen traditionellen Haus- und Ehefrau-Modells zum so genannten Drei-Phasen-Modell der SPD unterstrich. In diesem Drei-Phasen-Modell sollten sich Vollzeitarbeit, Mutterschaft, Teilzeitarbeit abwechseln (Lohkamp-Himmighofen/Dienel 2000). Viele Maßnahmen des Arbeitsförderungsgesetzes waren grundsätzlich darauf ausgerichtet, die passive staatliche Bürokratie in eine aktivierende zu überführen, um so die politische Basis der SPD durch Vollbeschäftigung zu stärken. Des Weiteren wurden Policies eingeführt, die die Erwerbsrate von Frauen steigern sollten. Dies geschah durch Re-Integrationsmaßnahmen nach der Phase der Mutterschaft, durch Berufsberatung sowie durch vermehrte Aus- und Weiterbildung von Frauen. Neben einer Arbeitsmarktaktivierung war auch die Vorstellung der Vereinbarkeit von Familie und Beruf relevant, allerdings konzipiert als nacheinander folgende Sequenzen und nicht als gleichzeitige Tätigkeitsfelder. Seine Begrenzung fand das Arbeitsförderungsgesetz sowohl in der Formulierung, dass Frauen nicht unter jeder Bedingung erwerbstätig sein sollten, als auch durch Art. 6 Abs. 1 des Grundgesetzes, der den Schutz von Ehe und Familie vorschreibt. Der Ausbau von Kindergärten, die Förderung weiblicher Vollzeitarbeit und andere Gleichstellungspolitiken hielten sich somit in Grenzen.

Obwohl sich in der Bundesrepublik seit den 1970er Jahren eine Veränderung gesellschaftlicher Wertvorstellungen gegenüber der Erwerbsarbeit von Frauen durch die vermehrte Gleichberechtigung von Männern und Frauen ausmachen lässt, behinderten weiterhin strukturelle, institutionelle und gesetzliche Hemmnisse die qualitative und quantitative Expansion weiblicher Erwerbsarbeit. Die Kinderrate, die unter diesen Umständen und nach traditioneller Einschätzung hätte steigen müssen oder zumindest stabil bleiben sollen, fiel Ende der 1960er Jahre deutlich ab (Stichwort „Pillenknick"). Hier beginnt nach unserer Einschätzung das deutliche Auseinanderklaffen zwischen traditionellen Erwartungen und einer neuen bundesrepublikanischen Wirklichkeit im Hinblick auf Kinderrate und weibliche Erwerbsarbeit.

Die Kohl-Regierung versprach 1982 eine „Wende", die marktliberale Reformen, sozialstaatliche Entschlackung und eine Stärkung christdemokratischer Familiennormen zum Ziel hatte. Familienpolitisch wurden diese Ideen durch die Einführung einer Reihe von Maßnahmen flankiert, die bis Mitte 2006 bestanden, insbesondere das Erziehungsgeld, der Erziehungsurlaub und der Kinderfreibetrag. Das Kindergeld wurde unter der CDU/FDP-Regierung erhöht und die Kindererziehung selbst durch die Anrechnung auf die Rente von Müttern berücksichtigt (Leibfried/Obinger 2003). Diese Initiativen waren zum Teil innovativ und gingen auf die spezifisch weiblichen Belange ein, d.h. unbezahlte Arbeiten in Haushalt und Familie. Allerdings änderte diese Ausrichtung der Politik nichts an der Sicht, dass Familienarbeit und deren Vereinbarkeit mit Erwerbsarbeit ausschließlich ein Problem von Frauen seien. Außerdem war das Erziehungsgeld mit rund 600 DM bzw. 300 Euro (für die ersten zwei Jahre) unter der Armutsgrenze anzusiedeln[8] und stellte daher für viele Besserverdienende keinen finanziellen Anreiz dar. Dies verstärkte die Abhängigkeit des einen Ehepartners von der finanziellen Leistungsfähigkeit des anderen und entsprach somit ganz der Tradition starker Ernährerstrukturen. Auch die großen Steuervorteile für den männlichen Ernährer – oder Alleinverdiener – wurden nicht abgebaut. Sainsbury (1999) belegt in einer international vergleichenden Studie, dass das deutsche Steuersystem von allen 14 untersuchten Staaten die größten Nach-

---

8   Wobei als Maßstab gilt, dass man mit weniger als 60 Prozent des Nettoäquivalenz-Haushaltseinkommens als arm gilt. Diese 60 Prozent lagen 1998 im deutschen Durchschnitt bei 825 Euro.

teile für erwerbstätige Ehefrauen erzeugt. Mit dem Ehegattensplitting unterstützt der deutsche Staat den Erwerbsausstieg von Ehefrauen indirekt, aber stark. Denn die Steuerersparnis war und ist für die Familie umso größer, je größer der Einkommensunterschied der Ehepartner ist (Klammer 2005, S. 320). Frauen und Männer hatten insofern wenig Anreiz, weibliche Erwerbsarbeit gezielt zu forcieren. Das Fundament konservativer Familienpolitik blieb im Hinblick auf die Steuerpolitik weiterhin bestehen.

### 3.2 Die Vereinbarkeit von Familie und Beruf in der DDR bis 1989

Die Verfassung der DDR von 1949 unterstrich die Erwerbsarbeit von Frauen als Pflicht (Trappe 2000): Frauen sollten nach ihrer Ausbildung einer lebenslangen ganztägigen Erwerbsarbeit nachgehen. Einerseits entsprach diese Vorstellung einer egalitären Grundhaltung; andererseits hoffte man, so den bestehenden Arbeitskräftemangel in der DDR erfolgreich zu beheben. Während also das Ernährer-Modell im Westen als eine Rückkehr des Privaten und als eine Aufrechterhaltung bewährter Tradition angesehen wurde, zielte die Politik im Osten auf die Eingliederung von Frauen in den Arbeitsmarkt. Marxistischer Argumentation zufolge löst sich die Unterordnung und Benachteiligung von Frauen nach dem Ende kapitalistischer Produktionsformen von selbst auf. Um die Erwerbsarbeit von Müttern zu unterstützen, erließ die DDR 1950 ein Gesetz, das zahlreiche Rechte von Frauen schützen sollte und die Einrichtung eines breiten Netzes von Kindergärten, weitgehend freien Schulspeisungen, Mutterschutzurlaub etc. vorsah (Ostner 1993).

Ein gezielt gefördertes Bildungsniveau, der Zugang zu einer breiten Palette von Berufen sowie kostengünstige und allgemein verfügbare Kinderbetreuung, gekoppelt mit stärkeren Gleichstellungsmaßnahmen für Frauen, begünstigten also die weibliche Erwerbsarbeit in der DDR. Zusätzlich forciert wurde diese Politik durch das allgemein niedrige Lohnniveau, sodass das Ein-Ernährer-Modell ohnehin weniger realistisch war. Obwohl geschlechtsspezifische Segregation und ungleiche Entlohnung weiterhin bestanden, gab es auch einen Emanzipationseffekt durch die hohe Arbeitsmarktintegration von Frauen sowie eine gewisse Unabhängigkeit von einem männlichen Ernährer. Zugleich wurde eine – wenn auch niedrige – Kinderrate beibehalten. Selbst wenn die Kinderrate in der DDR international gesehen als vergleichsweise gering einzustufen war, lag sie zwischen 1970 und 1990 stets höher als in der Bundesrepublik (Leiber et al. 2005).

### 3.3 Gesamtdeutschland seit 1990

Mit der deutschen Vereinigung kollidierten zwei diametral unterschiedliche Auffassungen über die Rolle der Frau: Verheiratete Frauen im Osten Deutschlands waren im Jahre 1990 zu 90 Prozent erwerbstätig, davon 70 Prozent in Vollzeit, während im Westen lediglich 44 Prozent der verheirateten Frauen arbeiteten, davon nur die Hälfte in Vollzeit (Ostner 1993). Die Nettoeinkünfte der ganztags erwerbstätigen DDR-Frauen betrugen 76 Prozent des Einkommens der Männer (Nickel 1992), während vollzeitarbeitende Frauen im Westen lediglich 65 Prozent des männlichen Einkommens erreichten (Gornick 1999). Die häusliche Arbeitsteilung war in der DDR ebenfalls egalitärer als im Westen (Cook 2006). Aufgrund des politischen „Erbes" blieb auch die Verfügbarkeit von Betreuungseinrichtungen für Kleinkinder (null bis drei Jahre) im Osten und Westen extrem unterschiedlich: Bestand im Jahre 1998 im Westen für nur 2,8 Prozent der Kleinkinder Zugang zu diesen Einrichtungen, so waren es im Osten noch immer 36,3 Prozent (Hank et al. 2004).

Die mit diesen sozialen und politischen Veränderungen einhergehenden familienpolitischen Forderungen gingen nicht spurlos an der damals regierenden CDU/FDP-Koalition vorbei: Seit 1996 haben Kinder ab drei Jahren in Deutschland ein Anrecht auf einen Kindergartenplatz. Theoretisch wird also eine Betreuung für 90 Prozent aller Kinder garantiert. Diese Zahl erscheint zunächst außerordentlich gut. Aber dahinter verbergen sich sehr kurze Öffnungszeiten der Kindergärten, von denen die meisten bereits mittags schließen. Da Vollzeitjobs der Eltern in der Regel nicht am Mittag enden, erlaubt die begrenzte Öffnungszeit von Kindergärten eher einen morgendlichen Einkauf als eine regelmäßige oder gar ganztägige Erwerbsarbeit. Insofern kann diese Maßnahme kaum die Vereinbarkeit von Beruf und Familie befördern (Scheiwe 2000).

Die Familien- und Sozialpolitik der SPD/Grünen-Regierung seit 1998 brachte kein fundamentales Umdenken: Insbesondere in der ersten Legislaturperiode wurde Frauenpolitik von Kanzler Gerhard Schröder noch als „Gedöns" abgetan. Das Ehegattensplitting und Ernährer-Modell blieben erhalten. Berghahn (2003) argumentiert, dass man bis 2003 nicht von einem signifikanten strukturellen Wandel sprechen kann.[9] Erst die einsetzende Diskussion über den demografischen Druck, der von der sinkenden Kinderrate ausging, generierte ab 2003 Aufmerksamkeit für das Problem der Vereinbarkeit von Beruf und Familie. In Abschnitt 5 werden wir auf die derzeit diskutierten Ansätze der Großen Koalition eingehen.

### 3.4 Zwischenfazit: Paradoxien der Entwicklung in Deutschland

Wie eingangs erläutert, kann man zwischen zwei grundsätzlich unterschiedlichen Annahmen zur Entwicklung der Kinderrate differenzieren, nämlich einer klassisch-traditionellen, die sich auf das männliche Ernährer-Modell stützt, und einer aktuell-modernen, die davon ausgeht, dass Berufstätigkeit und Kinder keine inhärenten Gegensätze darstellen. Wenn man die Entwicklung der Kinderrate in den alten und neuen Bundesländern getrennt betrachtet, ergibt sich folgendes Muster: Da für die alten Bundesländer eine konservativere Sozialpolitik (Ernährer-Modell), eine schwächere Politik der Vereinbarkeit (Kinderbetreuung, Steuerpolitik, Gleichstellung) und eine gerin-

---

9  Anders sehen das Vogt/Zwingel (2003).

gere Erwerbsbeteiligung kennzeichnend waren, wäre nach der *traditionellen Wirkungsannahme* (also: „geringere Arbeitsmarktintegration von Frauen = viele Kinder") im Westen eine höhere Kinderrate und eine niedrigere im Osten zu vermuten. Die international stärker untermauerte *moderne Wirkungsannahme* geht allerdings davon aus, dass Staaten mit Ernährer-Modell schlechtere Kinderraten erzielen.

Die Realität liegt näher bei dieser zweiten Annahme – zumindest in Bezug auf die alten Bundesländer. In den neuen Bundesländern zeichnet sich hingegen ein deutlicher Bruch ab: Tatsächlich ist eine sehr niedrige Kinderrate zu beobachten, während die moderne Annahme eine vergleichsweise hohe Rate erwarten ließe. Es ist daher zu vermuten, dass hier der bis dahin nicht berücksichtigte Kontext bzw. der historische Umbruch infolge der Wiedervereinigung wirkungsmächtig ist. Eingang in die Erklärung einer extrem niedrigen Kinderrate in den neuen Bundesländern sollte demnach die ökonomische Absicherung finden. Ist keine ökonomische Absicherung der Eltern gegeben, z.B. aufgrund von Arbeitslosigkeit, oder wird eine Gefährdung derselben befürchtet, dann nimmt – zumindest in industrialisierten Gesellschaften – die Kinderrate ab. Das bedeutet, eine hohe weibliche Erwerbsrate *allein* produziert in Zeiten großer Arbeitslosigkeit, Verarmung und Neuorientierung noch nicht ökonomische Sicherheit. In der Nachwendephase stellte der Verzicht auf Kinder – ebenso wie der Verzicht auf Heirat und Scheidung – eine *ökonomische Entscheidung* dar. Sie kann als *rationale* Reaktion auf extreme Unsicherheit interpretiert werden (Zapf/Mau 1993). Diese Interpretation wird auch durch neueste Studien mit Mikrodaten (Bhaumik/Nugent 2005) sowie jüngste Befragungsdaten gestützt (Institut für Demoskopie 2004; Höhn et al. 2006).

## 4. Die ländervergleichende Perspektive: Deutschland im internationalen Vergleich

Im folgenden Abschnitt diskutieren wir die drei Komponenten Arbeitsmarktintegration, Werte und staatliche Policies im internationalen Vergleich. Wir fragen, inwiefern sie die unterschiedlichen Kinderraten in Dänemark, Schweden, Frankreich, Deutschland, Italien, Großbritannien, der Schweiz und den Vereinigten Staaten erklären können. Dabei soll es die Auswahl dieser Staaten ermöglichen, Aussagen über die Ausprägungen verschiedener sozialstaatlicher Regime zu gewinnen.

### 4.1 Erwerbsquote, Einstellungen und Kinderrate

Wie in Tabelle 1 dokumentiert, sind in Deutschland die Kinderrate und die Integration der Frauen in den Arbeitsmarkt gemessen an der Erwerbsquote vergleichsweise gering. Dabei zeigt der internationale Vergleich, dass das schlechte Abschneiden Deutschlands bei der Erwerbsquote sowohl durch das insgesamt tiefe Niveau als auch durch ein schwaches Wachstum derselben seit den 1970er Jahren zustande kommt. Während die Zuwachsraten in der Schweiz, in den Vereinigten Staaten und in Großbritannien überdurchschnittlich hoch sind, zeichnen sich Dänemark und Schweden durch ein hohes Niveau bereits in den frühen 1970er Jahren aus. Ähnlich schlecht wie Deutschland schneiden nur Frankreich und Italien ab. Hier ist die Erwerbsquote der Frauen vergleichsweise gering und auch wenig im Wachsen begriffen.

Allerdings muss in Betracht gezogen werden, dass Beschäftigung allein ein nur ungenügender Indikator für Arbeitsmarktintegration ist. Bei einem hohen Anteil der Teilzeitbeschäftigung sind Frauen im Arbeitsmarkt weniger stark integriert und verbleiben stärker mit Betreuungsaufgaben belastet als Männer. Neben Deutschland trifft dies vor allem für die Schweiz zu. Gemäß der Statistik der Organisation für wirtschaftliche Zusammenarbeit (OECD) weist Deutschland bei den Frauen einen Teilzeitanteil von rund 84 Prozent aus, die Schweiz liegt bei rund 82 Prozent.[10] Setzt man diese um Teilzeitarbeit bereinigte Erwerbsquote in Relation zur Kinderrate,[11] so zeigt sich, dass die intuitive Annahme des traditionellen Modells („geringe Arbeitsmarktintegration = viele Kinder") in verschiedener Hinsicht unzutreffend ist: Zum einen ist in Italien, der Schweiz und Deutschland trotz geringer Erwerbsquote auch die Kinderrate vergleichsweise niedrig. Zum anderen kann trotz ausgeprägter Integration in den Arbeitsmarkt die Kinderrate relativ hoch sein (insbesondere in den USA und Dänemark). Insgesamt folgen dem traditionellen Modell lediglich (noch) Frankreich und Großbritannien.

In einem zweiten Schritt haben wir daher auch den Einfluss von Einstellungen und Werten untersucht und jene Frage aus internationalen Befragungsprogrammen (International Social Survey Programme/ISSP, European Values Study/EVS) hinzugezogen, die das Leitbild der berufstätigen oder gebärenden Frau am direktesten erfasst und die Zustimmung zu folgender Aussage prüft: „Ein Beruf ist gut, aber was die meisten Frauen wirklich wollen, ist ein Heim und Kinder." Dabei verdeutlicht das Datenmaterial,[12] dass selbst innerhalb der etablierten Staaten Westeuropas und Nordamerikas eine starke Streuung vorhanden ist. Wie in Frankreich und Italien ist auch in den USA ein vergleichsweise großer Anteil der Befragten der Ansicht, statt Berufsarbeit sei für die Frau Haus- und Kinderarbeit besser. Zudem konstatieren wir wiederum, dass die Einstellungen in West- und Ostdeutschland recht stark divergieren. Westdeutschland liegt näher bei der Schweiz, Dänemark, Großbritannien oder Schweden als beim ehemaligen Osten. In den neuen Bundesländern nämlich ist der aktive Widerspruch zur Küche- und Kinderideologie ausgesprochen stark. Über ein Drittel (34,8 Prozent) der Befragten im ehemaligen Ostdeutschland signalisiert starke Ablehnung;

---

10 Vgl. Datentabelle 1 auf der Homepage.
11 Vgl. QCA-Tabelle 1 auf der Homepage.
12 Vgl. Datentabelle 2 auf der Homepage.

dieser Wert wird in der ganzen Umfragewelle einzig von den Befragten Dänemarks (35,4 Prozent) übertroffen.

Allerdings ist den Daten ebenfalls zu entnehmen,[13] dass die Einstellungs- und Handlungsebene keineswegs Hand in Hand gehen müssen: In Italien folgt man zwar der geschlechtsspezifischen Zuschreibung, die Kinderrate ist aber trotzdem gering. Umgekehrt findet die Rollenzuschreibung auf Küche und Kinder in Großbritannien, Schweden und Dänemark wenig Zustimmung, und dennoch ist die Kinderrate vergleichsweise hoch. Nur vier der acht untersuchten Länder folgen der Gleichung „traditionelle Rollenzuschreibung = viele Kinder" oder umgekehrt („Widerspruch zur traditionellen Rollenzuschreibung = wenig Kinder"); für Deutschland trifft letztere Gleichung zu.

### 4.2 Familienpolitische Leistungen und Kinderrate

Somit bleibt zu prüfen, wie die familienpolitischen Leistungen oder Politiken in Deutschland im internationalen Vergleich aussehen. Dabei orientieren wir uns an der in der Literatur häufig vorgeschlagenen Rubrizierung, die idealtypisch zwischen *geldwertigen* (z.B. Sozialleistungsquoten), *zeitwertigen* (z.B. Mutter- oder Elternurlaub) und *infrastrukturwertigen* Leistungen (z.B. Kinderbetreuungseinrichtungen) unterscheidet.[14]

*Geldwertige Leistungen*[15]

Unabhängig davon, ob man zwischen acht Sozialschutzausgaben[16] allgemein unterscheidet oder den Bereich „Familie/Kinder" aus den Statistiken extrahiert, das Ländermuster ist bei diesen monetären Leistungen stabil: Deutschland befindet sich zusammen mit Dänemark, Schweden und Frankreich in jener Gruppe, die überdurchschnittlich viel in den Sozialschutz allgemein und in Familien/Kinder insbesondere investiert. Jedoch vermag die Bundesrepublik diese Leistungen nur sehr schlecht in eine höhere Kinderrate umzusetzen. Zum einen weisen die klassisch liberalen Wohlfahrtsstaaten USA und Großbritannien mit deutlich weniger Ausgaben eine höhere

---

13 Vgl. QCA-Tabelle 2 auf der Homepage.
14 Der internationale Vergleich ist nicht immer einfach, da die Erhebungsmethoden und Zuteilungskriterien in den verfügbaren Statistiken je nach Land divergieren. Deshalb sei hier ganz besonders auf die Dokumentation zu Erhebungs- und Kodierungsschritten auf der Homepage verwiesen.
15 Bei den geldwertigen Ausgaben haben wir uns im Wesentlichen auf zwei Quellen abgestützt: die von Eurostat erhobenen Zusammenstellungen zum Sozialschutz und die „Social Expenditure Database" der OECD, um insbesondere auch die Länder Schweiz und USA abzudecken. Dabei wurden die absoluten Angaben der OECD in Bezug auf das Bruttoinlandsprodukt (BIP) standardisiert; vgl. Datentabelle 3 auf der Homepage.
16 Krankheit/Gesundheitsvorsorge, Invalidität, Alter, Hinterbliebene, Familie/Kinder, Arbeitslosigkeit, Wohnen, soziale Ausgrenzung (Einteilung nach Eurostat).

Kinderrate auf als Deutschland. Zum anderen scheinen auch Dänemark, Schweden und Frankreich wesentlich effizienter, weil hier eine hohe Investition zumindest mit mehr Kindern einhergeht. Obwohl also Deutschland viel für geldwertige Leistungen ausgibt, kann man im internationalen Vergleich keine verhältnismäßige Wirkung erkennen.

Ein bivariater Zusammenhang in der erwarteten Richtung ist immerhin in fünf von acht Ländern zu beobachten. Dabei ist allerdings eine von Eurostat für das Jahr 2000 vorgenommene Differenzierung (Klammer 2005, S. 319; vgl. auch BMFSFJ 2005) der Ausgabenstatistik besonders aufschlussreich. Im Gegensatz zum konservativen Typus (Deutschland: 70,9 Prozent) umfasst nämlich bei den sozialdemokratischen Typen (Dänemark und Schweden) nur ein kleiner Prozentanteil der rubrizierten Leistungen eigentliche Barleistungen an die Familien (30,3 Prozent bzw. 30 Prozent). Das heißt mit anderen Worten, die beiden skandinavischen Staaten investieren vor allem in Dienstleistungen – insbesondere für die Kinderbetreuung (Krippen, Tagesmütter) –, in Leistungen folglich, die wir im übernächsten Abschnitt noch detailliert behandeln werden.

*Zeitwertige Leistungen*

Mutterschafts-, Eltern-, und Erziehungsurlaub zählen zu den Grundfesten jeder staatlichen Familienpolitik. Aber die einzelnen Politiken kennen – wie wir bereits oben bei der Beschreibung der diachronen Perspektive gesehen haben – eine ganz unterschiedliche Geschichte. In den meisten Staaten stammt der *Mutterschaftsurlaub* als Teil der Mutterschutzgesetzgebung aus dem 19. Jahrhundert. Der Begriff umschreibt die staatlich bezahlte Freistellung unmittelbar vor und nach der Geburt eines Kindes, die ursprünglich zum Schutz der Mütter bzw. Wöchnerinnen eingeführt worden war. Die Maßnahme war primär familien- und nicht arbeitsmarktpolitisch gedacht; sie sollte es den Frauen ermöglichen, möglichst lange bei den Kindern zu bleiben. Mittlerweile kann dieser „Urlaub" in Deutschland von beiden Elternteilen in Anspruch genommen werden, und die Leistungen wurden im letzten Viertel des 20. Jahrhunderts deutlich ausgebaut (Gauthier 2000, S. 3ff.). Entsprechend ist in diesem Zusammenhang von *Elternurlaub* die Rede. Darüber hinaus wird eine weitere Freistellung gewährt, die der Erziehung der Kinder allgemein dient. Dieser *Erziehungsurlaub* ist viel jüngeren Datums. Während er im Jahre 1970 von den heutigen EU-Staaten lediglich in Österreich und Italien angeboten wurde, hat er sich bis Ende der 1990er Jahre in allen EU-Staaten durchgesetzt. Häufig wird dabei ebenfalls von Elternurlaub *(parental leave)* gesprochen. Um Konfusionen zu vermeiden, verwenden wir, wie bereits ausgeführt, die drei Begriffe Mutterschafts-, Eltern- und Erziehungsurlaub. Empirisch erfassen wir die zwei klar zu unterscheidenden Pole Mutterschafts- und Erziehungsurlaub.

Beim *Mutterschaftsurlaub* hat sich ein komplexes und differenziertes System entwickelt, das sich am besten erfassen lässt, wenn man die effektive Lohnersatzleistung berechnet, und zwar im Sinne einer Kombination von

Dauer und Lohnersatzleistung.[17] Dabei zeichnet sich Deutschland durch eine vergleichsweise hohe Leistung aus und bildet zusammen mit Dänemark, Italien und Frankreich eine Gruppe. Großbritannien und USA repräsentieren wiederum das liberale Modell, wobei auffällig ist, dass diese zwei Staaten bei den Lohnersatzleistungen zurückhaltend sind. Der spezifische Charakter des Mutterschutzurlaubs wird dabei vor allem auch mit Blick auf Schweden ersichtlich. Dieses Land, das sich gemeinhin durch eine vorbildliche Gleichstellungspolitik auszeichnet, ist beim eigentlichen Mutterschutz eher zurückhaltend. Das scheint auf die Kinderrate aber keinen Einfluss zu haben: Sie ist in Schweden trotzdem überdurchschnittlich hoch. Insgesamt erweist sich damit die Gleichung „großzügiger Mutterschaftsurlaub = hohe Kinderrate" bzw. „restriktiver Mutterschaftsurlaub = tiefe Kinderrate" als empirisch kaum gestützt.[18] Lediglich Frankreich und Dänemark bzw. die Schweiz folgen dem Muster dieser Gleichung.

Richten wir den Blick auf den *Erziehungsurlaub*,[19] zeigt sich ein anderes Bild. Während Deutschland und Italien beim klassischen Mutterschutz noch überdurchschnittlich abschneiden, kann das für den Erziehungsurlaub im Sinne der effektiven Lohnersatzleistung nicht mehr gesagt werden. Schweden hingegen führt nun zusammen mit Frankreich die Gruppe der Staaten mit einer großzügigen Ausgestaltung an, auch wenn sich die Politiken dieser beiden Länder im Detail klar unterscheiden. Schweden kennt ein besonders flexibles System bei Teilzeiterwerbstätigkeit und gestattet die volle Ausschöpfung nur bei Beteiligung beider Partner. Frankreich gewährt den Erziehungsurlaub erst ab dem zweiten Kind und kombiniert damit die Geburtenförderungspolitik (Natalismus) mit einer Vereinbarungsstrategie. Insgesamt stellen wir aber fest, dass hinsichtlich des Erziehungsurlaubs deutlich mehr Länder der theoretischen Erwartung folgen: Frankreich, Dänemark und Schweden sind bei der Gewährung des Erziehungsurlaubs überdurchschnittlich großzügig und haben eine entsprechend hohe Kinderrate; Deutschland, die Schweiz und Italien hingegen zeichnen sich bei bislang unterdurchschnittlich ausgebautem Erziehungsurlaub durch eine geringere Geburtenfreudigkeit aus.

*Infrastrukturwertige Leistungen*

Bei den Leistungen in Form von Infrastruktur schließlich steht die familienergänzende Kinderbetreuung im Vordergrund. So hat sich z.B. die EU nicht nur im Hinblick auf die Gleichstellung der Geschlechter, sondern auch zur Sicherstellung von Beschäftigung und Nachwuchs das Ziel gesetzt, das fami-

---

17 Vgl. Datentabelle 4a auf der Homepage. Dabei werden die fließenden Grenzen zwischen zeitwertigen und geldwertigen Leistungen erkennbar. Wir gehen von der Annahme aus, dass der Zeitfaktor erst zum Tragen kommt, wenn Effektivität im Sinne einer 100-prozentigen Lohnfortzahlung gegeben ist.
18 Vgl. QCA-Tabelle 4 auf der Homepage.
19 Vgl. Datentabelle 4b bzw. QCA-Tabelle 4 auf der Homepage.

lienergänzende Betreuungsangebot für Kinder deutlich auszubauen. Bis ins Jahr 2010 soll eine Versorgung mit Betreuungseinrichtungen für 33 Prozent der Kinder unter drei Jahren und für 90 Prozent der Kinder im Alter von drei Jahren bis zum Pflichtschulalter sichergestellt werden (Rat der Europäischen Union 2004, S. 46). Dabei ist, abgesehen von der Ausgestaltung des Leistungsangebots (ganztägig, nach Schulschluss) sowie der Qualität und Erschwinglichkeit, vor allem die Unterscheidung zwischen den Altersgruppen der betreuten Kinder wichtig. Wenn Kinder- und Erwerbsrate der Frauen gleichermaßen zur Diskussion stehen, also die Vereinbarkeit von Arbeit und Kinderbetreuung das Ziel ist, dann stellt die Kinderbetreuung für Kleinkinder den zentralen Scheitelpunkt dar. Gerade für besser qualifizierte weibliche Arbeitskräfte ist die Betreuung von Kindern zwischen null und drei Jahren entscheidend, wenn sie möglichst bald nach der Geburt wieder in den Beruf zurückkehren und eine De-Qualifizierung durch längere Abwesenheit oder starke Einschränkung der Berufstätigkeit vermeiden wollen.

Bei aller Schwierigkeit, die „Betreuungsregime" der Staaten zu vergleichen,[20] ist ein relativ deutliches Muster erkennbar: Schweden und Dänemark rangieren im Leistungsangebot immer ganz oben. Sie weisen mit Werten von 33 Prozent bis 65 Prozent die beste Abdeckung mit Kinderbetreuungsplätzen für Kinder zwischen null und drei Jahren auf. Im Gegensatz dazu zeichnen sich Deutschland und Italien durch konsequent niedrige Abdeckungen aus. Die Werte für Deutschland bewegen sich zwischen zwei Prozent bis maximal zehn Prozent (mit starken Differenzen zwischen Ost- und Westdeutschland). Auch in Großbritannien und den USA ist die Abdeckung schlecht, wobei hier hinzukommt, dass viele Betreuungsplätze von privater Seite und nicht von der öffentlichen Hand angeboten werden. Für die Schweiz und die USA gilt hervorzuheben, dass eine ausgesprochen hohe Varianz zwischen Regionen (namentlich städtischen und ländlichen) sowie Angeboten (formell – informell, privat – öffentlich) besteht. Frankreich wiederum stellt innerhalb Europas (zusammen mit Belgien) einen Spezialfall dar. Es verfehlt zwar die EU-Zielvorgabe mit einem Deckungsgrad von rund 30 Prozent knapp, hebt sich aber deutlich von den liberalen Staaten USA und Großbritannien ebenso wie von Italien und anderen mediterranen Staaten ab: Zum einen ist das französische Betreuungsangebot sehr differenziert und reicht von Kindergärten bis zu Tagesmüttern. Zum anderen ist die staatliche Leistung an das Einkommen gebunden und unterstreicht damit die Absicht der Vereinbarkeit, die seit den 1980er Jahren stark vorangetrieben wurde und die klassische Familienpolitik ergänzt (BMFSFJ 2005, S. 572 bzw. 74ff.; Neyer 2005). Insgesamt ergibt sich damit das gleiche Muster wie beim Erziehungsurlaub: Der Zusammenhang mit der Kinderrate ist vergleichsweise stark; mit Ausnahme von Großbritannien und den

---

20 Es sollte zwischen unterschiedlichen Akteuren (privat – öffentlich), Angeboten (formell – informell), den föderalen Ebenen (Staat – Land – Kommune) sowie Angebot und faktischer Nutzung unterschieden werden. Vgl. Datentabelle 5 auf der Homepage.

Vereinigten Staaten folgen die Länder dem Erwartungsmodell („viel Betreuung = viel Kinder") oder umgekehrt.[21]

### 4.3 Zwischenfazit: Verwobene Pfade zur hohen Kinderrate

Bisher haben wir die sechs verschiedenen Einflussfaktoren isoliert betrachtet. Die Realität ist aber komplizierter: Faktoren können auch als Kombinationen wirken, sodass deren Einfluss auf die Kinderrate möglichst gleichzeitig untersucht werden sollte. Die QCA-Methode, die wir in den Dokumenten auf der Homepage im Detail beschreiben, ermöglicht genau dies und lässt folgende Schlussfolgerungen zu:

Schweden und Dänemark schneiden deshalb so gut ab, weil sie bei allen Lösungswegen zur Erreichung einer hohen Kinderrate (hohe Erwerbsquote, Erziehungsurlaub oder Kinderbetreuungsquote) gut aufgestellt sind. Sie haben sozusagen den sicheren Weg für eine hohe Kinderrate gewählt – auch wenn diese als Ziel gar nicht im Vordergrund stand. Bei Frankreich wiederum scheint vor allem die pronatalistische Position durch, da allein der Erziehungsurlaub oder die Kinderbetreuungsquote ausschlaggebend sind. Die USA wiederum verkörpern den liberalen, gleichermaßen ökonomischen wie auch erfolgreichen Weg. Er stützt sich zur Sicherung der Kinderrate auf die Arbeitsmarktintegration oder verzichtet explizit auf einen bezahlten Mutterschaftsurlaub.

Ohnehin zeigt sich in allen berechneten Modellen der stabile Befund, wonach ein langer Mutterschutzurlaub und damit der erste Betreuungsabschnitt nach der Geburt eines Kindes nicht entscheidend sind. Erst der dritte Betreuungsabschnitt, der Erziehungsurlaub, kann die Entscheidung für ein Kind markant beeinflussen.

In keiner der Lösungen taucht die Variable „Einstellung" als Erklärungsfaktor auf; entscheidend sind vielmehr die wirtschaftlichen Realitäten (Erwerbsquote) sowie familienfreundliche Policies. Die erfreuliche Nachricht lautet also: Kinderraten sind steuerbar. Sie sind aber auch stark kontextabhängig. Denn in den über die QCA ermittelten Lösungswegen sind alle drei wohlfahrtsstaatlichen Regime vertreten; der Zusammenhang zwischen dieser Regimetypologie und der Kinderrate ist (heute) marginal.

## 5. Ausblick – Erwerbsarbeit und Familienpolitik unter der der Großen Koalition 2005/2006

Seitdem Deutschland von einer Großen Koalition aus CDU/CSU und SPD regiert wird, haben sich im Hinblick auf die Familienpolitik die Positionen angenähert, und zwar auf einer SPD-nahen Linie (siehe Koalitionsvertrag). Diese Position bewegt sich weg vom traditionellen Alleinverdiener-, d.h. dem männlichen Ernährer-Modell, hin zur Unterstützung erwerbstätiger

---

21 Vgl. QCA-Tabelle 5 auf der Homepage.

Eltern, einer Gruppe, die man noch vor kurzem eher negativ als „Doppelverdiener" bezeichnete. In der CDU lässt sich aber eine gewisse Spaltung zwischen einem rechten und linken Flügel erkennen, was den Reformprozess komplizierter macht: Während Familienministerin Ursula von der Leyen (CDU) die Politik ihrer Vorgängerin Renate Schmidt (SPD) mit dem Ausbau der Kinderbetreuung, der Einführung von Elterngeld, Steuerfreibeträgen und Vätermonaten in weiten Teilen unterstützt, sehen die Traditionalisten in der CDU diese Ausrichtung kritisch. In Teilen der CDU und bei der CSU ist weiterhin eine Präferenz für das Ernährer-Model erkennbar. Sie unterstützen daher einen Steuerfreibetrag auch für Alleinverdiener sowie die Fortführung des vergleichsweise sehr kostspieligen Ehegattensplittings. Weiterhin wandte sich diese Gruppe gegen den Vätermonat, der zunächst als „Zwangsverpflichtung" der Männer und staatliche „Einmischung" empfunden wurde (Der Spiegel, Februar 2006) und einen teuren Kompromiss provoziert hat. Somit findet sich in den Plänen und Beschlüssen der Großen Koalition die Handschrift beider Seiten wieder – die der Modernisierer und der Traditionalisten.

Die beschlossene Erhöhung des Steuerfreibetrags für Kinderbetreuung kostet 460 Mio. Euro. Es handelt sich hierbei um eine geldwertige Leistung. Der Betrag wird erhöht, aber es sollen nicht nur Doppelverdiener und Alleinerziehende, sondern auch „Alleinverdiener"-Familien durch den Steuerfreibetrag unterstützt werden. Arbeitsmarktpolitisches Ziel ist die Weiterentwicklung des Geringverdienersektors bei Tagesmüttern. Diese Reform ist begrenzt (Wandel erster Ordnung im Sinne von Hall) und trägt die Handschrift der Traditionalisten.

Die Einführung des Elterngeldes – ursprünglich einmal eine Forderung der Grünen – nimmt mit 4,5 Mrd. Euro einen zehnfach größeren Finanzposten ein. Diese wichtige Reform besteht in der Verschiebung vom niedrig bezahlten Erziehungsurlaub für alle Mütter (wie oben beschrieben) zu einer 67-prozentigen Erstattung des bisherigen Gehalts. Hier handelt es sich um eine vergleichsweise tiefgehende institutionelle und normative Veränderung, in der sich die Modernisierer gegen das klassische Ernährer-Modell durchsetzen konnten. Allerdings werden in der Reform untere Einkommensschichten und Hartz-IV-Empfänger schlechter gestellt, während die Mittelschicht an Leistungen gewinnt, obwohl Sonderregelungen für Geringverdiener in der letzten Version doch noch eingeführt wurden. Diese Reform ist im Sinne von Hall etwas weitergehend (Wandel zweiter Ordnung). Sie reflektiert und reproduziert einkommens-, d.h. klassenspezifische Unterschiede (wie bei anderen sozialstaatlichen Leistungen üblich), um so gezielt die Kinderrate der Frauen der Mittelschicht anzuheben.

Bei den verabschiedeten „Vätermonaten" handelt es sich um eine egalitäre Policy, die ihren Ursprung in Skandinavien hat und darauf abzielt, Männer an der Erziehung der Kinder vermehrt zu beteiligen. Die Initiative für diese Policy geht auf die Modernisierer in SPD und CDU zurück. Ursprünglich war eine Unterteilung in 10+2 Monate geplant, die allerdings von den Traditionalisten in der CDU und CSU als „Zwangsverpflichtung" der Väter angeprangert und in ihrem Sinn angepasst wurde. Man hat sich auf eine 12+2-Formel geeinigt, mit dem Ergebnis, dass Frauen weiterhin deutlich länger und häufiger die Verantwortung für die Kinderbetreuung übernehmen werden. Diese Reform umschreibt ebenfalls einen Wandel zweiter Ordnung.

Dem Wandel ist indessen auch das Beharren bei folgenden Elementen der Arbeitsmarkt- und Familienpolitik gegenüberzustellen: Obwohl in den letzten Jahrzehnten immer deutlicher wurde, dass das Ehegattensplitting weder eine erwerbs- noch eine familienfördernde Wirkung hat, wird es auf Druck der Traditionalisten in CDU/CSU und SPD unter Berufung auf die Verfassung und den Schutz der Ehe bisher beibehalten. Dies ist umso bemerkenswerter, als das Ehegattensplitting mit etwa 20 Mrd. Euro einen sehr hohen Kostenfaktor darstellt und damit deutlich teurer als andere familienpolitischen Leistungen ist. Allerdings scheinen Kanzlerin Merkel und Familienministerin von der Leyen auch gegen heftigen Widerstand aus den eigenen Reihen immer deutlicher zu einer Umwandlung in ein kinderfreundliches Familiensplitting zu neigen. Hier könnte eine finanzielle Umverteilung der existierenden Mittel nachhaltige positive Auswirkungen für Eltern und Kinder haben.

Die im internationalen Vergleich hohe Zahlung von Kindergeld wird in Deutschland vorerst weitergeführt, obwohl – wie beim Ehegattensplitting – eine familienfördernde Wirkung in den letzten Jahrzehnten nicht nachgewiesen werden kann. Ebenfalls beibehalten wird der Mutterschutz, der momentan bei 14 Wochen liegt. Der ursprüngliche Schutzeffekt könnte aber auch durch Elternurlaub erreicht werden.

Insgesamt lässt sich festhalten, dass die eingeleiteten Reformen immer noch sehr begrenzt ausfallen. Mit Rekurs auf Halls Einteilung von Reformen muss von einem moderaten Wandel, d.h. Maßnahmen der ersten und zweiten Ordnung, gesprochen werden: Sowohl der Wandel der konkreten Ausgestaltung der Politikinstrumente wie beim Steuerfreibetrag (erste Ordnung) als auch der Wandel bei den Instrumenten selbst, z.B. die Einführung des Elterngeldes (zweite Ordnung), deuten darauf hin. Man kann die Umstellung auf das Elterngeld und die Einführung der zwei Vätermonate zwar als erste Schritte in Richtung auf eine tiefere Veränderung der allgemeinen Politikziele sehen (dritte Ordnung), nämlich auf die Entwicklung einer modernen und zeitgemäßen Familienkonzeption, in der Wahlfreiheit und Vereinbarkeit für Frauen (und Männer) vorherrschen. Allerdings stehen einer wirksamen Weiterentwicklung dieses erwerbs- und familienfördernden Modells die strukturellen, institutionellen und wertgebundenen „Altlasten" des Ernährer-Modells (z.B. das Ehegattensplitting und die Unterversorgung mit Kinderbetreuung) entgegen. Kurzum, mit den eingeleiteten Reformen sind das Auseinanderklaffen von traditionellen Annahmen über das Zustandekommen der Kinderrate und die reale Entwicklung der Kinderrate zwar ins Auge gefasst, aber noch nicht gelöst.

Mit Rekurs auf die eingangs zitierte Gleichung „Mehr Karriere = weniger Kinder" können wir festhalten: Die dahinter stehende Behauptung „Hohe

Frauenerwerbstätigkeit = tiefe Kinderrate" ist schlicht falsch und überholt. Denn erstens ist für das Kinderkriegen die ökonomische Absicherung zentral, und diese wird in der heutigen Zeit und im Kontext industrialisierter Gesellschaften auch über die Frauenerwerbstätigkeit sichergestellt. Zweitens blendet die Gleichung nicht nur Faktoren wie die hier behandelte Infrastruktur der Kinderbetreuung aus, sondern lässt auch Differenzierungen und Potenziale außer Acht, die für Deutschland als Einwanderungsland gemacht werden müssen. Zudem verfällt die Gleichung einer doppelten Ambivalenz: Zum einen stellt sie die Vereinbarkeit von Beruf und Familie als Problem von Frauen dar, zum anderen suggeriert sie, Familienpolitik könne Frauenpolitik ersetzen. Aber eine gezielte Frauenpolitik ist notwendig, wenn Deutschland wirklich etwas an einer erhöhten Kinderrate liegt und es auch die Umkehr der zitierten Gleichung nach dem Motto „*Mehr* Karriere = *mehr* Kinder" avisiert.

## Literatur

Bakker, Isabella (1988): „Women's Employment in Comparative Perspective". In: Jane Jenson/Elisabeth Hagen/Cealleigh Reddy (Eds.): *The Feminization of the Labour Force: Paradoxes and Promises*. Cambridge, MA: Cambridge University Press, S. 17-44.

Berghahn, Sabine (2003): „Der Ritt auf der Schnecke – Rechtliche Gleichstellung in der Bundesrepublik Deutschland". In: *gender...politik...online*. Internet: http://web.fu-berlin.de/gpo/pdf/berghahn/Ritt_auf_der_Schnecke.pdf (zuletzt aufgesucht am 20.07.2006).

Bhaumik, Sumon Kumar/Nugent, Jeffery (2005): *Does Economic Uncertainty Affect the Decision to Bear Children? Evidence from East and West Germany*. Discussion Paper Nr. 1746. Bonn: Forschungsinstitut zur Zukunft der Arbeit.

BMFSFJ (Bundesministerium für Familie, Senioren, Frauen und Jugend) (2005): *Siebter Familienbericht. Familie zwischen Flexibilität und Verlässlichkeit. Perspektiven für eine lebenslaufbezogene Familienpolitik*. Berlin: BMFSFJ.

Brewster, Karin L./Rindfuss, Ronald R. (2000): „Fertility and Women's Employment in Industrialized Nations". In: *American Sociological Review*, Vol. 26, S. 271-296.

Castles, Francis G. (2003): „The World Turned Upside Down: Below Replacement Fertility, Changing Preferences and Family-Friendly Public Policy in 21 OECD Countries". In: *Journal of European Public Policy*, Vol. 13, No. 3, S. 209-227.

Cook, Lynn P. (2006): „Policy, Preferences, and Patriarchy: The Division of Domestic Labor in East Germany, West Germany, and the United States". In: *Social Politics*, Vol. 13, No. 1, S. 117-143.

Esping-Andersen, Gøsta (1990): *The Three Worlds of Welfare Capitalism*. Princeton: Princeton University Press.

Gauthier, Anne H. (2000): *Public Policies Affecting Fertility and Families in Europe: A Survey of the 15 Member States*. Paper prepared for the European Observatory on Family Matters, Annual Seminar in Sevilla (Spain).

Gornick, Janet C. (1999): „Gender Equality in the Labour Market: Women's Employment and Earnings". In: Diane Sainsbury (Ed.): *Gender and Welfare State Regimes*. Oxford/New York: Oxford University Press, S. 210-242.

Hall, Peter A. (1993): „Policy Paradigms, Social Learning and the State: The Case of Economic Policy Making in Britain". In: *Comparative Politics*, Vol. 25, No. 3, S. 275-296.

Hank, Karsten/Kreyenfeld, Michaela/Spiess, Katharina C. (2004): „Kinderbetreuung und Fertilität in Deutschland". In: *Zeitschrift für Soziologie*, Jg. 33, H. 3, S. 228-244.

Höhn, Charlotte/Ette, Andreas/Ruckdeschel, Kerstin (2006): *Kinderwünsche in Deutschland. Konsequenzen für eine nachhaltige Familienpolitik*. Stuttgart: Robert Bosch Stiftung.

Institut für Demoskopie (2004): *Einflussfaktoren auf die Geburtenrate. Ergebnisse einer Repräsentativbefragung der 18- bis 44-jährigen Bevölkerung*. Allensbach: Institut für Demoskopie.

Klammer, Ute (2005): „Soziale Sicherung". In: Silke Bothfeld/Ute Klammer/Christina Klenner/Simone Leiber/Anke Thiel/Astrid Ziegler (Hg.): *WSI FrauenDatenReport 2005. Handbuch zur wirtschaftlichen und sozialen Situation von Frauen*. Berlin: edition sigma, S. 307-382.

Leiber, Simone/Thiel, Anke/Ziegler, Astrid (2005): „Demografie". In: Silke Bothfeld/ Ute Klammer/Christina Klenner/Simone Leiber/Anke Thiel/Astrid Ziegler (Hg.): *WSI FrauenDatenReport 2005. Handbuch zur wirtschaftlichen und sozialen Situation von Frauen*. Berlin: edition sigma, S. 12-55.

Leibfried, Stephan/Obinger, Herbert (2003): „The State of the Welfare State: German Social Policy between Macroeconomic Retrenchment and Microeconomic Recalibration". In: *West European Politics*, Vol. 26, No. 4, S. 199-218.

Lohkamp-Himmighofen, Marlene/Dienel, Christine (2000): „Reconciling Policies from a Comparative Perspective". In: Linda Hantrais (Ed.): *Gendered Policies in Europe, Reconciling Employment and Family Life*. Basingstoke: MacMillan, S. 49-67.

Mazur, Amy G. (2002): *Theorizing Feminist Policy*. Oxford: Oxford University Press.

Moeller, Robert (1993): *Protecting Motherhood: Women and the Family in the Process of Postwar West Germany*. Berkeley: University of California Press.

Neyer, Gerda (2005): „Family Policies in Western Europe. Fertility Policies at the Intersection of Gender, Employment and Care Policies". In: *Österreichische Zeitschrift für Politikwissenschaft*, H. 1, S. 91-102.

Nickel, Hildegard Maria (1992): „Women in the German Democratic Republic and in the New Federal States: Looking Backwards and Forwards". In: *German Politics and Society*, No. 24/25, S. 34-52.

Ostner, Ilona (1993): „Slow Motion: Women, Work, and the Family in Germany". In: Jane Lewis (Ed.): *Women and Social Policies in Europe: Work, Family and the State*. Aldershot: Edgar Elgar, S. 92-115.

Rat der Europäischen Union (2004): *Joint Employment Report 2003/2004. Gemeinsamer Beschäftigungsbericht 2003/2004*. Brüssel: EU.

Rindfuss, Ronald R./Benjamin Guzzo, Karen/Morgan, Philip (2004): „The Changing Institutional Context of Low Fertility". In: *Population Research and Policy Review*, Vol. 22, S. 411-438.

Sainsbury, Diane (1999): „Taxation, Family Responsibilities, and Employment". In: Diane Sainsbury (Ed.): *Gender and Welfare State Regimes*. Oxford/New York: Oxford University Press, S. 185-209.

Scheiwe, Kirsten (2000): „Equal Opportunity Policies and the Management of Care in Germany". In: Linda Hantrais (Ed.): *Gendered Policies in Europe, Reconciling Employment and Family Life*. Basingstoke: MacMillan, S. 89-107.

Trappe, Heike (2000): „Work and Family in Women's Lives in the German Democratic Republic". In: Toby L. Parcel/Daniel B. Cornfield (Eds.): *Work and Family: Research Informing Policy*. Thousand Oaks: Sage, S. 5-29.

Vogt, Andrea/Zwingel, Susanne (2003): „Asking Fathers and Employers to Volunteer: A (De)Tour of Reconciliation Policy in Germany?" In: *Review of Policy Research*, Vol. 20, No. 3, S. 459-478.

Wagner, Gert G./Schmitt, Christian (2006): „Kinderlosigkeit von Akademikerinnen überbewertet". In: *DIW-Wochenbericht*, Jg. 73, H. 21, S. 313-317.

Wahl, Angelika von (2006): „Gender Equality in Germany: Comparing Policy Change across Domains". In: *West European Politics*, Vol. 29, No. 3, S. 461-488.

Zapf, Wolfgang/Mau, Steffen (1993): „Eine demographische Revolution in Ostdeutschland? Dramatischer Rückgang von Geburten, Eheschließungen und Scheidungen". In: *ISI – Informationsdienst Soziale Indikatoren*, H. 10, S. 1-5.

# Ressourcen und Potenziale zivilgesellschaftlicher Organisationen in Deutschland

Eckhard Priller

## 1. Einleitung: Zivilgesellschaft als Erfolgsgeschichte

Wenn es um die Zukunftsfähigkeit Deutschlands geht, finden zumeist jene Bereiche besondere Beachtung, die durch defizitäre Entwicklungen und spezielle Problemlagen gekennzeichnet sind. Doch auch solche Bereiche verdienen Aufmerksamkeit, deren aktuelle Situation nicht durch Krisen bestimmt ist und deren Entwicklung in den letzten Jahren durchaus erfolgreich war. Sie sind bei der Erörterung der Zukunftsfähigkeit Deutschlands in zweifacher Hinsicht bedeutsam: Zum einen geht es um die Wahrung und Sicherung des bisher Erreichten; zum anderen ist durch eine kritische Analyse nach weiteren Ressourcen und Potenzialen zur Sicherung der Zukunftsfähigkeit Deutschlands zu suchen.

Der Ausbau der Zivilgesellschaft in Deutschland ist einer der Bereiche, die sich in den letzten Jahren erfolgreich verändert haben. Für den Begriff der Zivilgesellschaft sind verschiedene Umschreibungen und Definitionen bekannt. Eine verbreitete handlungslogische Definition betont vier Aspekte (Kocka 2003; Gosewinkel et al. 2004, S. 11). Neben Selbstorganisation und Selbstständigkeit (1) zielt Zivilgesellschaft demnach auf das Handeln im öffentlichen Raum: auf den Austausch, den Diskurs, die Verständigung und auch auf den Konflikt (2). Zivilgesellschaft schließt zwar Konflikte und Proteste nicht aus, beinhaltet aber zugleich ein friedliches, gewaltfreies und nichtmilitärisches Handeln (3). Es ist schließlich ein Handeln, das über jeweils eigene, spezifische und partikulare Interessen hinaus das allgemeine Wohl mit berücksichtigt (4).

Der vorliegende Beitrag wählt statt des handlungslogischen Ansatzes eine bereichslogische Umschreibung für Zivilgesellschaft und konzentriert sich auf den Aspekt der zivilgesellschaftlichen Organisationen. Zivilgesellschaft versteht sich in diesem Sinne vor allem als Selbstorganisation von Bürgern und Bürgerinnen und deren freiwilliges Engagement in einer Vielzahl von Organisationsformen, z.B. in Vereinen, Verbänden, Initiativen oder Stiftungen. Diese Organisationen werden als institutioneller Kern oder Infrastruktur der Zivilgesellschaft angesehen und häufig unter dem Gesichtspunkt der

Abgrenzung zu Staat und Markt unter dem Begriff „Dritter Sektor" zusammengefasst (Anheier et al. 2000). Die zivilgesellschaftlichen Organisationen bilden jenen gesellschaftlichen Bereich, der zwischen den Polen Markt, Staat und Familie angesiedelt ist. Sie sind durch eine formale Struktur, organisatorische Unabhängigkeit vom Staat, eigenständige Verwaltung, gemeinnützige Ausrichtung und freiwilliges Engagement gekennzeichnet. Im täglichen Leben begegnen uns ständig zivilgesellschaftliche Organisationen in unterschiedlichen Bereichen und Funktionen: Ob in der Freizeit, in der Kultur, bei sozialen Diensten oder in lokalen, beruflichen und politischen Interessenvertretungen, ob als Vereine, Verbände, Stiftungen, gemeinnützige GmbHs oder Genossenschaften – sie sind in ihrer Gesamtheit inzwischen mehr oder weniger unbemerkt unentbehrlich für das Funktionieren der deutschen Gesellschaft geworden. Historisch bedingt sind dabei besonders durch das Subsidiaritätsprinzip enge Verbindungen zwischen den zivilgesellschaftlichen Organisationen und dem Staat entstanden.

Im Unterschied zu anderen Gesellschaftsbereichen fallen die Einschätzungen und Analysen zur Zivilgesellschaft und vor allem zur Entwicklung der zivilgesellschaftlichen Organisationen vorwiegend positiv aus (vgl. Enquête-Kommission 2002; Reimer 2006). Hervorgehoben werden dabei in erster Linie die Zunahme von zivilgesellschaftlichen Organisationen und ein Anwachsen des Engagements der Bürger. Die Zahl aller gegenwärtig in Deutschland existierenden zivilgesellschaftlichen Organisationen ist zwar nicht exakt zu beziffern, indessen belegen vorhandene Angaben ein beachtliches Wachstum. So ist die Zahl der eingetragenen Vereine, die mit über 80 Prozent die überwiegende Mehrheit der zivilgesellschaftlichen Organisationen bilden, in der letzten Zeit beträchtlich gestiegen. Im Jahr 2005 wurden in den Vereinsregistern rund 594.000 Vereine geführt; jährlich lassen sich hier ca. 15.000 Vereine neu eintragen. Entsprechend hat die Vereinsdichte stark zugenommen. Während im Jahre 1960 nur rund 160 Vereine je 100.000 Einwohner gezählt wurden, waren es 2003 etwa 700 und 2005 bereits 725 Vereine je 100.000 Einwohner (Vereinsstatistik 2005).

Doch auch das Stiftungswesen hat sich in Deutschland in den vergangenen Jahren beträchtlich ausgeweitet. Im Jahre 2005 verfügte Deutschland mit 13.490 bürgerlich-rechtlichen Stiftungen weltweit über den zweitgrößten Stiftungssektor nach den USA (rund 67.000 Stiftungen im Jahre 2004). Mehr als zwei Drittel der heutigen Stiftungen sind nach 1945 entstanden, wobei man seit den 1990er Jahren von einem wahren „Stiftungsboom" sprechen kann. Während 1990 die Zahl der jährlich neu errichteten Stiftungen bei rund 200 lag, wurden seit 1995 pro Jahr mehr als 300 Stiftungen neu gegründet; seit 2000 sind es sogar jährlich über 700 Stiftungen. Im Jahre 2005 wurde der bisherige Spitzenwert mit 880 Stiftungsneugründungen erreicht. Zurückzuführen ist die gestiegene Popularität der Rechtsform der Stiftung u.a. auf Gesetzesänderungen, die administrative und steuerliche Erleichterungen schufen, aber auch auf neue Formen, z.B. die Bürgerstiftung, an der sich mehrere Bürger und Bürgerinnen, Institutionen oder Unternehmen beteiligen können (Bundesverband Deutscher Stiftungen 2005).

Neben der Zunahme zivilgesellschaftlicher Organisationen haben sich gleichzeitig das Engagement und die Mitwirkung der Bürger in diesen Organisationen enorm verstärkt. Bereits in den 1990er Jahren wurden in Deutschland über 41 Mio. Mitglieder gezählt, und rund 17 Mio. Menschen engagierten sich damals regelmäßig mit einem messbaren zeitlichen Aufwand ehrenamtlich in solchen Organisationen. Weitere, inzwischen durchgeführte Untersuchungen, die neben dem Engagement in zivilgesellschaftlichen Organisationen auch jenes in anderen Einrichtungen und Gremien (z.B. ehrenamtliche Funktion in der Kommunalvertretung oder als Schöffe bei Gericht) berücksichtigen, weisen für 1999 bereits 21 Mio. Ehrenamtliche (34 Prozent der Bevölkerung ab 14 Jahren) und für 2004 sogar eine Zahl von 23,4 Mio. (36 Prozent der Bevölkerung ab 14 Jahren) aus (Gensicke 2006).

Das Wirken zivilgesellschaftlicher Organisationen und die von ihnen erbrachten Leistungen sind heute in Deutschland unübersehbar, wie auch Jeremy Rifkin (1998, S. 528) sehr anschaulich beschreibt:

„Deutschland hat Abertausende von gemeinnützigen Organisationen und Verbänden, die weder profitorientiert auf dem Markt noch in der Regierung sind, wie Kirchenorganisationen, weltliche Organisationen, Verbände, Dienstleistungsorganisationen, soziale Dienste. Sie haben künstlerische Organisationen, pädagogische Organisationen, Sportvereine, Nachbarschaftsclubs, Mietervereine. Wenn Sie morgen früh in diesem Land, in Deutschland, aufwachen würden und all diese gemeinnützigen Organisationen wären über Nacht verschwunden, was glauben Sie, wie lange es Deutschland noch geben würde? 24 Stunden, 48 Stunden, 72 Stunden?"

## 2. Potenziale zivilgesellschaftlicher Organisationen

Der Stellenwert zivilgesellschaftlicher Organisationen beschränkt sich allerdings nicht auf die Vergangenheit oder die Gegenwart. Führende Wissenschaftler (Dahrendorf 2001; Putnam 2001; Beck 1997; Gellner 1994) und prominente Organisationen wie die Europäische Kommission (2001), die Weltbank (Dasgupta/Serageldin 1999) oder die Vereinten Nationen (UNDP 2002) sehen in den vielfältigen Organisationsformen der Zivilgesellschaft zentrale Ressourcen im Hinblick auf eine innovative Zukunftsgestaltung. In diesem Kontext werden vor allem die Vorzüge und Besonderheiten der zivilgesellschaftlichen Organisationen betont – beispielsweise dass sie sich vom Staat und von dessen Fixierung auf Hierarchie und Macht sowie vom Markt mit seiner Ausrichtung auf Konkurrenz und Wettbewerb erheblich unterscheiden. Zur Begründung dafür, zivilgesellschaftliche Organisationen als Leistungs- und Hoffnungsträger anzusehen, zieht man deren spezifische Steuerungsmodi heran: Solidarität und Sinn. Solidarität wird als geeignet erachtet, die Motivation zu bestärken und als Handlungsleitlinie zur Koordination von Mitgliedern zu fungieren, während Sinn als sozialer Sinn, Gemeinsinn und auch Eigensinn zur spezifischen Ausrichtung dieser Organisationen beitragen soll (Pankoke 1998, S. 253; Zimmer/Priller 2004, S. 16).

Die positiven Einschätzungen der Leistungsfähigkeit zivilgesellschaftlicher Organisationen wurden in Deutschland mehrfach empirisch belegt (vgl. Anheier et al. 1997; Zimmer/Priller 2004; Reimer 2006). Diese Analysen verweisen auf eine besonders ausgeprägte Multifunktionalität der Organisationen, die sich u.a. aus der starken Heterogenität ihrer Rechtsformen, den Unterschieden in der Größe sowie dem breiten Tätigkeits- und Wirkungsspektrum ableitet. So sind internationale Hilfsorganisationen, nationale Wohlfahrtsverbände, lokale Kulturvereine oder Bürgerinitiativen als zivilgesellschaftliche Organisationen immer auch auf die Wahrnehmung unterschiedlicher Funktionen ausgelegt; die lokale Bürgerinitiative beispielsweise bewegt sich in einem anderen Wirkungskreis als eine global agierende Menschenrechtsorganisation. Das Spektrum der den zivilgesellschaftlichen Organisationen zugeschriebenen Funktionen ist sehr weit gefasst und variiert teilweise in Abhängigkeit von den jeweils betrachteten Gesellschaftsbereichen oder den vertretenen theoretischen Positionen. Hinsichtlich der Multifunktionalität zivilgesellschaftlicher Organisationen werden vor allem deren Beiträge zur Stärkung der Demokratie, bei der Sicherung und Gewährleistung sozialer Integration, bei der allgemeinen Werte- und Normenbildung, aber auch im Rahmen der Wohlfahrtsproduktion, der Realisierung sozialpolitischer Aufgaben sowie bei der Lösung arbeitsmarktpolitischer Fragen hervorgehoben.

Wie äußert sich nun die Wirksamkeit zivilgesellschaftlicher Organisationen in diesen einzelnen Feldern?

*Stärkung der Demokratie*

Einen wirksamen Beitrag zivilgesellschaftlicher Organisationen zur Stärkung der Demokratie sieht man vor allem als Reaktion auf ein vielfach ausgemachtes Defizit- oder Krisenszenarium in diesem Bereich als möglich an. Vertrauensverluste in die Politik, steigende Zahlen von Nichtwählern und ein rückläufiges Engagement in den Parteien verweisen demnach nicht nur darauf, dass die Parteien zunehmend an Bindekraft verlieren, sondern es wird ihnen gleichzeitig vorgeworfen, dass ihre verfestigten organisatorischen Strukturen nicht mehr den sich weiter ausdifferenzierenden Interessenlagen entsprechen. Demgegenüber wird zivilgesellschaftlichen Organisationen wegen ihrer Spezialisierung auf bestimmte Themenbereiche und ihrer häufig bevorzugten Ausrichtung auf räumlich begrenzte Interessenlagen ein wachsender Stellenwert bei der künftig sich stärker ausdifferenzierenden Interessenartikulation zugeschrieben.

Aufgrund ihrer Unabhängigkeit und geringeren politischen Systembindung wird den zivilgesellschaftlichen Organisationen auch eine stärkere Kritikfähigkeit und bessere Problemlösungsorientierung zugesprochen. Kritik wird dabei heute seltener als Krisenindikator der Demokratie, sondern vielmehr als Antriebskraft und Stimulus für Gesellschaftsgestaltung angesehen (Geißel 2006).

Gleichzeitig wird jedoch die Rolle dieser Organisationen bei der Interessenartikulation und -durchsetzung sehr unterschiedlich eingeschätzt; von Sportvereinen wird anderes erwartet als von Bürgerinitiativen und Organisationen, die als so genannte Themenanwälte in Bereichen wie Umwelt oder internationaler Aktivitäten tätig sind. Doch gerade von lokalen Organisationen erwartet man, dass sie als Basis demokratischer Gesellschaften an Gewicht gewinnen, da sie intern auf die Persönlichkeitsentwicklung und Vertrauensbildung der Bürger wirken, während sie extern zur Effektivität und Stabilität demokratischer Regierungen beitragen sollen (Putnam 1993, S. 89).

*Sicherung und Gewährleistung sozialer Integration*

Während hinsichtlich des Demokratieaspekts bei den zivilgesellschaftlichen Organisationen vor allem die Funktion der Interessenvermittlung im Vordergrund steht, wird unter dem Gesichtspunkt sozialer Integration ihre Rolle bei der individuellen Identitätsbildung bzw. der Ausbildung einer „bürgerschaftlichen Gesinnung" sowie eines Zugehörigkeits- und Selbstwertgefühls besonders hervorgehoben. Zivilgesellschaftlichen Organisationen schreibt man hierbei die Fähigkeit zu, die im Zuge von Modernisierungsprozessen erfolgende zunehmende Individualisierung und damit häufig entstehenden Bindungsverluste zu traditionellen Bereichen wie Familie und Arbeit auffangen und ausgleichen zu können (Beck 1996, S. 206). Sie sind demnach „Produzenten" des „sozialen Kitts" bzw. „sozialen Zusammenhalts" zum Ausgleich der schwächer werdenden oder verloren gehenden Bindungen (Kistler et al. 2002) und nehmen somit eine zentrale Position im modernen Integrationsmechanismus ein.

*Beitrag zur Werte- und Normenbildung und zum zivilen Verhalten*

Fast alle Ansätze, die nach künftigen Möglichkeiten gesellschaftlicher Steuerung suchen, schreiben einer stärkeren Werte- und Normenorientierung eine wünschenswerte Bedeutung zu (Opaschowski 2006). Als werte- und normengeleitete Institutionen wird den zivilgesellschaftlichen Organisationen eine besondere Vermittlungsfunktion zwischen der Gesamtgesellschaft, den sozialen Gruppen und dem einzelnen Bürger bei der Erreichung gesellschaftlich konsensfähiger Werte, Normen und übereinstimmenden Verhaltens zugewiesen. Mit der Betonung von sozialen Werten und Normen der Gewaltfreiheit, Toleranz und Gemeinwohlorientierung sowie eines entsprechenden zivilen Verhaltens soll verhindert werden, dass allen Organisationen trotz unterschiedlicher Ausrichtung eine gleiche Wertigkeit beigemessen wird (Etzioni 2005).

*Beitrag zur Wohlfahrtsproduktion*

Zivilgesellschaftliche Organisationen stellen in Form von Wohlfahrtsverbänden, als Sport- und Kulturvereine oder in anderen gemeinnützigen Rechtsformen und Tätigkeitsfeldern zumeist auch bestimmte Leistungen für Interessenten und Bedürftige bereit. Sie werden deshalb oft als soziale Dienstleister und als alternative Wohlfahrtsproduzenten angesehen (Evers/Olk 1996). Demnach verkörpern sie eine Alternative zum Markt, für den sich die Einsatzfelder „rechnen" müssen, und zum Staat, der offensichtlich nicht weiter ausbaufähig ist und sich bei der Deckung vorhandener und neuer Bedarfe sowie bei Innovationen enorm schwer tut. Die Leistungen zivilgesellschaftlicher Organisationen werden zu jenen Kollektivgütern gerechnet, die einen bedeutenden Beitrag für den Erhalt und Ausbau der sozialen Infrastruktur liefern und einen Vorzug des Standorts Deutschland darstellen.

*Realisierung von sozialpolitischen Aufgaben*

Besonders hervorgehoben wird auch der Beitrag zivilgesellschaftlicher Organisationen in den Bereichen Gesundheit, Soziales, Bildung und Kultur bei der Realisierung staatlicher sozialpolitischer Aufgaben. Im Rahmen seiner Sozialpolitik greift der Staat in Deutschland traditionell auf unterschiedliche institutionelle Arrangements bzw. auf vier Grundtypen von Leistungsproduzenten zurück: (1) zentrale und lokale Dienstleistungserbringer der öffentlichen Hand, (2) private, gewinnorientierte Unternehmen, (3) informelle Leistungssysteme von Familie und Nachbarschaft und (4) zivilgesellschaftliche Organisationen (Badelt 2001, S. 24).

Durch das Subsidiaritätsprinzip sind die zivilgesellschaftlichen Organisationen in besonderer Weise in die Realisierung staatlicher Sozialpolitik eingebunden. Die Tendenz einer fortschreitenden Übertragung sozialpolitischer Aufgaben, die sich z.B. in der Übergabe zahlreicher Kinderbetreuungsstätten an gemeinnützige Träger oder von Sport- und Kulturstätten von der kommunalen Verwaltung an Vereine äußert, wird heute durchaus unterschiedlich bewertet. Neben Befürwortern, die bei dieser Art der Aufgabenübernahme Aspekte der Selbstorganisation und der bedarfsgerechten Ausrichtung betonen, befürchten Kritiker demgegenüber den Verlust von Handlungsfreiheiten, die Einengung von Aktionsfeldern und die zu starke Einbindung zivilgesellschaftlicher Organisationen in staatliche Kontexte.

*Jobmotor und Beitrag zur „Zukunft der Arbeit"?*

In engem Zusammenhang mit der Einbindung in die staatliche sozialpolitische Aufgabenrealisierung wird eine zunehmende arbeitsmarktpolitische Relevanz zivilgesellschaftlicher Organisationen konstatiert. Seit den 1960er Jahren, vor allem aber in den 1990er Jahren, kann man eine kontinuierliche Zunahme von Beschäftigungsverhältnissen in zivilgesellschaftlichen Organisationen verzeichnen. Während im Jahre 1990 in der alten Bundesrepublik in diesem Bereich 1,3 Mio. Menschen auf Vollzeit- oder Teilzeitstellen oder als geringfügig Beschäftigte gezählt wurden, gab es 1995 im vereinigten Deutschland dort bereits 2,1 Mio. Arbeitsplätze. Gegenwärtig wird ihre Zahl auf etwa drei Millionen geschätzt.

Bei den beschäftigungsintensiven zivilgesellschaftlichen Organisationen mit ihren Einrichtungen im Gesundheits- und Sozialbereich werden derzeit deutliche Trends zur Flexibilisierung der Beschäftigung und insbesondere die Zunahme von Teilzeitbeschäftigung festgestellt, die als beispielgebend für den gesamten Arbeitsmarkt interpretiert werden. Hervorgehoben wird darüber hinaus, dass die spezifischen Arbeitsformen in diesen Organisationen sowie die enge Verbindung zwischen bürgerschaftlichem Engagement und beruflicher Tätigkeit für den Einzelnen sowohl als Chance zur Integration in den Arbeitsmarkt wie auch als sinnvolle Brücke dorthin in besonderen Lebensphasen fungieren können. Spezielle Beschäftigungschancen bieten sich demnach nicht nur für Frauen, denen aufgrund flexibler Arbeitszeitgestaltung die Vereinbarkeit von beruflicher Tätigkeit und familiären Aufgaben hier offenbar besser gelingt als in anderen Bereichen, sondern auch für Ältere.

## 3. Schwäche trotz Erfolg und Wachstum

Es stellt sich die Frage, ob mit der zunehmenden Zahl von Vereinen, Stiftungen und anderen zivilgesellschaftlichen Organisationen sowie durch ein wachsendes freiwilliges Engagement der Bürger für soziale und kulturelle Zwecke, für Nachbarschaftsinitiativen, in Bildungseinrichtungen, im Sport und in der Politik, für Naturschutz und Menschenrechte bereits ein ausreichender Beitrag für die Zukunftsfähigkeit Deutschlands geleistet wird. Sind die erfolgreiche Bilanz und die multifunktionale Einbindung der zivilgesellschaftlichen Organisationen in die Gesellschaft, ihre beachtlichen Leistungen sowie die weitere Übernahme von Aufgaben bei der Lösung gesellschaftlicher Probleme Ausdruck dafür, dass die Zivilgesellschaft in Deutschland auf dem „besten Wege" ist?

Bei näherer Betrachtung ergibt sich ein eher differenziertes Bild. Zwischen Anspruch und Wirklichkeit der Zivilgesellschaft besteht in Deutschland eine deutliche Kluft. So wird über die Rolle und den Stellenwert zivilgesellschaftlicher Organisationen noch häufig gestritten. Eine Betrachtung der Zivilgesellschaft als alternatives Lösungs- und Ordnungsmodell für gegenwärtige und künftige gesellschaftliche Problemfelder, das die Konzepte von Staat und Wirtschaft zumindest ergänzen könnte, findet nur oberflächliche Berücksichtigung. Die Reichweite und Tragfähigkeit eines zivilgesellschaftlichen Ansatzes und die Leistungsfähigkeit zivilgesellschaftlicher Organisationsformen werden noch immer unterschätzt. Über ihr Verhältnis zum Staat und zu der Frage, ob sie einer besonderen staatlichen Unterstützung bedürfen, liegen die Meinungen in Deutschland, wie sich z.B. bei der Diskussion zur Reform des Gemeinnützigkeitsrechts zeigt, weit auseinander. Zivilgesellschaftliche Organisationen sind im täglichen Leben zwar unverzichtbar geworden, im Rahmen der Konzepte für die Gesellschafts- und Zukunftsgestaltung ist ihnen aber bestenfalls Randständigkeit zu bescheinigen.

Die Ursachen für diese Situation sind vielfältig, wobei hier innere und äußere Faktoren zu unterscheiden sind. Ein wichtiger Grund für die gesellschaftspolitische Schwäche zivilgesellschaftlicher Organisationen ist darin zu sehen, dass deren Selbstverständnis und Selbstbewusstsein in Deutschland nicht genügend ausgeprägt sind; sie sind sich ihrer Eigenständigkeit, Unabhängigkeit und Unersetzbarkeit als souveräner Bereich neben Staat und Markt noch immer nicht ausreichend bewusst. Dies ist zum Teil historisch bedingt: Beispielsweise sind Vereine in Deutschland als Teil des Staates entstanden und noch heute – trotz ihrer formalen Unabhängigkeit – häufig durch enge Partnerschaften mit ihm verbunden oder unmittelbar von ihm abhängig. Das Modell der „Public-Private Partnership" und die Integration der Organisationen in die staatliche Politik beschränken sich in der Bundesrepublik nicht mehr nur auf den Sozialbereich, sondern finden sich auch in anderen Bereichen, etwa dem Sport, der Kultur, der internationalen Arbeit, dem Umwelt- und Naturschutz oder dem Katastrophenschutz.

Die ausgeprägte Kultur von Partnerschaften ist für die zivilgesellschaftlichen Organisationen dabei mit einem nicht zu unterschätzenden Nutzen einer gewissen wirtschaftlichen Absicherung durch institutionelle und projektbezogene Förderung verbunden. Gleichzeitig schränkt eine Tätigkeit in staatlichem Auftrag oder zumindest mit bedeutender finanzieller Unterstützung von öffentlicher Seite mehr oder weniger die Unabhängigkeit, Selbstständigkeit und Kritikfähigkeit solcher Organisationen ein. Die von der öffentlichen Hand in den letzten Jahren verstärkt genutzten Instrumente vertraglicher Regelungen sowie die Einführung von Wettbewerbselementen in die Vergabe staatlicher Leistungen machen die zivilgesellschaftlichen Organisationen einerseits in hohem Maße von staatlicher Regulierung abhängig und zwingen sie andererseits zunehmend zu marktwirtschaftlichen Verhaltensweisen; eigene Antriebsmechanismen wie die solidarische Ausrichtung oder die Werte- und Normenorientierung verlieren dabei immer mehr an Stellenwert.

Die Folge dieser direkten und indirekten Verstaatlichung ist eine Aushöhlung oder Pervertierung der Zivilgesellschaft. Bereits für die 1990er Jahre liefert das international vergleichende „Johns Hopkins Comparative Nonprofit Sector Project" für Deutschland eindrucksvolle Beispiele (Salamon/Anheier 1999; Zimmer/Priller 2004). Während die finanzielle Absicherung über staatliche Mittel bei der Gesamtheit der untersuchten Organisationen zwischen 60 und 70 Prozent lag, war deren finanzielle Abhängigkeit vom Staat in den sozialen Bereichen unter Einbeziehung der Mittel aus dem Sozialversicherungssystem mit rund 90 Prozent besonders hoch. Seitdem nimmt sich der Staat unter dem Druck leerer öffentlicher Kassen zurück und kürzt nicht nur die Mittel für die Organisationen in diesem Bereich. Durch eine verstärkte Ausrichtung auf eine markt- und wettbewerbsorientierte Wohlfahrtsproduktion wird sowohl die Konkurrenz zwischen den Organisationen als auch mit Marktunternehmen forciert. Die zivilgesellschaftlichen Organisationen geraten unter einen zunehmenden Ökonomisierungsdruck und laufen Gefahr, immer stärker zu unternehmensartigen Organisationen zu werden (Liebig 2005).

Infolgedessen weicht das geforderte harmonische Gleichgewicht von Markt, Staat und Zivilgesellschaft in Deutschland einem Übergewicht des Marktes (Nullmeier 2002, S. 19). Diese Marktverhältnisse, die sich auf die zivilgesellschaftlichen Organisationen fundamental auswirken, resultieren nicht zuletzt aus dem Fehlen eigener ökonomischer Ressourcen und den begrenzten Möglichkeiten zur Mittelbeschaffung durch Spenden, Mitgliedsbeiträge und Zeitinvestitionen in Form des bürgerschaftlichen Engagements. Demgegenüber können sich der Staat durch Steuern und der Markt bzw. die Wirtschaft über den Verkauf von Waren und Leistungen ihre Mittel beschaffen.

Um sich von der staatlichen Finanzierung zu lösen, arbeiten zivilgesellschaftliche Organisationen immer häufiger mit Wirtschaftsunternehmen zusammen (z.B. im Rahmen von Social-Responsibility-Programmen), oder diese bieten ihnen Mittel und Leistungen an, die zuvor vom Staat kamen. Die Organisationen reduzieren zwar dadurch ihre staatliche Einbindung, geraten aber zunehmend unter den Einfluss und in die Abhängigkeit von mit ihnen kooperierenden Wirtschaftsunternehmen.

Gefahren einer Untergrabung der Zivilgesellschaft sind auch durch ihre gestiegene arbeitsmarktpolitische Instrumentalisierung entstanden. Hatten in der Vergangenheit zivilgesellschaftliche Organisationen in ihrer Funktion als Arbeitgeber ihre Tätigkeit zu einem beachtlichen Anteil durch „Arbeitsbeschaffungsmaßnahmen" (ABM) realisiert, so nutzen sie gegenwärtig „Arbeitsgelegenheiten mit Mehraufwandsentschädigung" (Ein-Euro-Jobs) oder werden künftig durch „Bürgerarbeit" unterstützt. Sie nähern sich auch in dieser Hinsicht den Regeln und Gesetzmäßigkeiten der Erwerbswirtschaft an. Dies kann zum Verlust spezifischer Identitäten, zur Aufgabe von manchen Grundsätzen und zur Einbindung in bestimmte Mechanismen führen, die die Arbeitsweise zivilgesellschaftlicher Organisationen grundlegend beeinflussen und verändern. So erfordert die Aufrechterhaltung der Beschäftigungsverhältnisse die Beschaffung entsprechender Personalmittel, die an finanzielle Mittel bringende Projekte gebunden sind. An die Stelle der Bedarfsorientierung treten damit verstärkt Fragen einer Bestandssicherung.

Doch auch bei der Demokratiewirksamkeit und der sozialen Integrationsfunktion ist Kritisches zu vermerken. Zivilgesellschaftliche Organisationen sind sehr ungleich in der Gesellschaft verankert und schließen bisweilen einzelne soziale Gruppen aus. Bedenken bezüglich der von ihnen geförderten sozialen Aus- und Abgrenzungsprozesse finden bei der Untersuchung sozialstruktureller Merkmale freiwillig Engagierter weitgehende Bestätigung. Besser gebildete und höher qualifizierte Personen weisen ein höheres Engagement auf. Männer sind im Vergleich zu Frauen häufiger aktiv, und Personen im mittleren Alter engagieren sich mehr als Jugendliche und jene im Rentenalter. Erwerbstätige Personen sind den Daten zufolge in weitaus höherem Maße ehrenamtlich engagiert als Arbeitslose. Die starke sozialstrukturelle Determiniertheit des ehrenamtlichen Engagements, die sich bereits über einen längeren Zeitraum nachweisen lässt, hängt offenbar mit ungleichen Zugangschancen zum Engagement zusammen (vgl. Brömme/

Strasser 2001), für die die zivilgesellschaftlichen Organisationen eine wesentliche Verantwortung tragen.

Hinzu kommen steigende Ansprüche und Erwartungen an die Leistungsfähigkeit und an die Ausrichtung des Engagements. Falls das Engagement nur als Lückenbüßer für Aufgaben bemüht wird, die der Staat nicht mehr erfüllen kann oder will, wird der Bürger in seiner Motivation und in zeitlicher wie leistungsmäßiger Hinsicht überfordert (Münkler 2002, S. 32). Enttäuschungen und letztlich ein Rückzug ins Individuelle können die Folgen sein.

## 4. Wie ist die Zivilgesellschaft zu stärken?

Die von den zivilgesellschaftlichen Organisationen praktizierte Multifunktionalität sichert ihnen ein hohes Maß an Flexibilität in ihrer Tätigkeit und ermöglicht ihnen eine vielschichtige Einbindung in die Gesellschaft. Sie führt aber offenbar gleichzeitig zu einer Tendenz weit reichender Überforderungen. Man erwartet zu viel von den zivilgesellschaftlichen Organisationen, und sie haben sich auf Erwartungen eingelassen, denen sie nicht ausreichend gerecht werden. Die Folge ist ein Pendeln zwischen staatlicher Indienstnahme und Marktorientierung. Eine Besinnung auf die Kernaufgaben zivilgesellschaftlicher Organisationen ist deshalb gefordert. Sie müssen sich verstärkt den klassischen Funktionen der Partizipation, Integration, Sozialisation und Interessenartikulation zuwenden, die freiwillige Assoziationen im Grunde auszeichnen.

Diese Rückbesinnung kann das Selbstverständnis zivilgesellschaftlicher Organisationen in Deutschland als ein sich selbst organisierender Bereich stärken, und sie schließt gegenüber dem Staat eine kritisch-emanzipatorische Position mit ein. Eine breite Partizipation der Bürger, umfangreiche Netzwerkstrukturen und eine enge Einbindung besonders ins lokale Alltagsleben sind dabei wesentlich, um soziale Fehlentwicklungen bereits in den Ansätzen zu erkennen, die Öffentlichkeit auf diese Zustände aufmerksam zu machen und sie zu deren Veränderung zu mobilisieren. Die zivilgesellschaftlichen Organisationen können sich zwar ausgewählter sozialer Probleme selbst annehmen und auch gewisse Funktionen eines „sozialen Reparaturbetriebs" erfüllen, in erster Linie müssen sie sich aber in ihrer spezifischen Eigenständigkeit als „Themenanwälte" und in ihrer „Wächterfunktion" profilieren.

Mit der Rückbesinnung auf Dissens, Konfliktbereitschaft und Konfliktfähigkeit statt gegenwärtig verbreiteter Harmoniesucht sind ursprüngliche Antriebselemente des Assoziationswesens wieder zum Tragen zu bringen. Dies kann dabei helfen, die Gefahr von Bedeutungsverlusten durch staatliche Indienstnahme zu verhindern oder ein Abrutschen in den Markt zu vermeiden. Die Auffassung, dass sich der Staat zurücknehmen und den zivilgesellschaftlichen Organisationen mehr Raum lassen soll, um die Bürger in ihrem Engagement nicht einzuschränken, wird durch das Beispiel der skandinavischen Wohlfahrtsstaaten zumindest relativiert. Obwohl der Staat in diesen Ländern viele Aufgaben realisiert, die in Deutschland längst an zivilgesellschaftliche Organisationen „ausgelagert" wurden, ist das zivilgesellschaftliche Engagement der Bürger dort stark entwickelt und liegt weit über dem deutschen Niveau.

Was ist konkret zu tun, und mit welchen Maßnahmen kann erreicht werden, dass die Zivilgesellschaft in Deutschland künftig noch wirksamer in der Gesellschaft agiert?

- Die Rückbesinnung zivilgesellschaftlicher Organisationen auf traditionelle Funktionen und Aufgaben bedarf der Klärung ihres Selbstverständnisses und einer Stärkung ihres Selbstbewusstseins. Um diesen Klärungsprozess voranzutreiben, so zeigen internationale Erfahrungen, ist die Selbstorganisation der Zivilgesellschaft ein bedeutsamer Schritt. Eine Zusammenarbeit wichtiger Dachverbände, wie sie in den letzten Jahren zur Erarbeitung von Vorschlägen zur Reform des Gemeinnützigkeitsrechts erfolgte, kann als Schritt in die richtige Richtung angesehen werden. Die Schaffung einer speziellen Dachorganisation, die die zivilgesellschaftlichen Organisationen in Verhandlungen mit dem Staat vertritt, kann darüber hinausgehend in einem entscheidenden Maße zu einer Gleichrangigkeit von Staat und Zivilgesellschaft beitragen. Die bisherige Praxis, dass ausgewählte zivilgesellschaftliche Organisationen über Stellungnahmen und Anhörungen an Gesetzesverfahren beteiligt sind oder durch Lobbying versuchen, eine Mitsprache zu erwirken, reicht nicht aus, da diese sich in der Regel auf sehr spezifische Themen beschränkt, aber kaum grundsätzliche Fragen berührt.
- Die Koordination, Transparenz und Selbstregulierung der Tätigkeit sowie eine Vermeidung von möglichem Missbrauch der Organisationen sind über einen freiwilligen Verhaltenskodex der zivilgesellschaftlichen Organisationen zu verbessern. Durch Regeln für das Verhalten in Bezug auf Marktunternehmen und auf die eigenen, eher wirtschaftlichen Aktivitäten könnten die Selbstregulierung unterstützt und interne Klärungsprozesse befördert werden.
- Besondere Aufmerksamkeit ist dem Verhältnis zwischen den zivilgesellschaftlichen Organisationen und dem Staat zu schenken. Ähnlich wie in Großbritannien Ende der 1990er Jahre eingeführt, bietet sich eine vertragliche Regelung zwischen beiden Bereichen an, die Aussagen zu den Grundsätzen, zu den wechselseitigen Verpflichtungen und zu Verantwortlichkeiten festhält. Auch der Umfang der vom Staat bereitzustellenden finanziellen Mittel sollte hier fixiert werden, um die Planungssicherheit auf beiden Seiten zu verbessern.
- Zur Sicherung der Ressourcenausstattung zivilgesellschaftlicher Organisationen sind neben einer dauerhaft gesicherten finanziellen Unterstützung durch den Staat weitere Schritte erforderlich. Lösungen, wie sie in anderen Ländern bereits praktiziert werden, in denen Bürger die Möglichkeit haben, ein Prozent ihrer jährlich zu zahlenden Einkommensteu-

ern direkt und ohne Einflussnahme des Staates als finanzielle Förderung an individuell ausgewählte zivilgesellschaftliche Organisationen zu transferieren, könnten auch in Deutschland dazu beitragen, den Ressourcenmangel zivilgesellschaftlicher Organisationen zu mildern und gleichzeitig ihre Unabhängigkeit zu stärken.

– Um bei einem teilweisen Rückzug zivilgesellschaftlicher Organisationen aus der reinen Dienstleistungsfunktion keine Lücken zu hinterlassen, sind organisatorische Formen zu finden, die für entsprechende Aufgaben zugeschnitten und besser geeignet sind. So wird in Großbritannien und in einigen osteuropäischen Ländern die in Deutschland nicht vorhandene Organisationsform der „Public Benefit Company" genutzt, um unternehmerisches Handeln, öffentliches Interesse und Gemeinwohl sinnvoll zu verbinden. Auch die Rechtsform der Genossenschaft, die in Deutschland auf eine lange Tradition zurückblicken kann und in anderen Ländern unvermindert hohen Zuspruch erfährt, könnte in Deutschland wieder stärkere Berücksichtigung finden. Zu überdenken ist des Weiteren, ob bestimmte Aufgaben und Leistungen bei staatlichen Einrichtungen und Institutionen letztendlich nicht besser aufgehoben sind als bei zivilgesellschaftlichen Organisationen.

– Zur Stärkung der Unabhängigkeit und Selbstständigkeit zivilgesellschaftlicher Organisationen sind Schritte zur gesetzlichen Deregulierung erforderlich. Mittels eines veralteten Vereins- und Gemeinnützigkeitsrechts übt der Staat in Deutschland bis heute wichtige Kontroll- und Regulierungsfunktionen über die zivilgesellschaftlichen Organisationen aus. Ähnlich verhält es sich bei den Stiftungen, deren Errichtung auf Länderebene von staatlichen Aufsichtsbehörden geregelt wird. Die in den letzten Jahren vorgenommenen gesetzlichen Veränderungen – zu nennen sind die Stiftungsgesetzgebung, die Einbeziehung von Ehrenamtlichen in die gesetzliche Unfallversicherung, das neue Genossenschaftsgesetz oder die Neufassung des Gemeinnützigkeitsrechts – stellen insgesamt nur punktuelle Verbesserungen der rechtlichen Rahmenbedingungen dar. Erforderlich sind in Deutschland hingegen eine Reform und Bündelung aller rechtlichen Regelungen, die zivilgesellschaftliche Organisationen betreffen, um eine zusammenhängende und in sich konsistente Gesetzgebung zu schaffen.

– Relativ offen ist, wie die bislang in zivilgesellschaftlichen Organisationen vorhandenen sozialen Schließungsprozesse und die starke Dominanz der Mittelschichten zu überwinden sind. Eine verstärkte Öffentlichkeitsarbeit kann dazu beitragen, dass breiten Schichten die Zugangschancen zu solchen Organisationen aufgezeigt werden. Darüber hinaus dürften die stärkere zivilgesellschaftliche Bildung und die Vermittlung entsprechender Werte für die Motivation und Befähigung des einzelnen Bürgers zur Mitwirkung in den Organisationen eine Schlüsselrolle spielen.

## 5. Zivilgesellschaft fit für die Zukunft

Der Beitrag der zivilgesellschaftlichen Organisationen zur Sicherung der Zukunftsfähigkeit Deutschlands wird gegenwärtig noch verkannt. Ihr Stellenwert für die Selbstorganisation der Bürger, für eine ausgebaute soziale Infrastruktur und für ein funktionsfähiges Gemeinwesen finden noch immer ungenügende Wertschätzung. Zivilgesellschaftliche Organisationen stellen aber auch kein „Allheilmittel" dar und sind nur begrenzt zur Entlastung öffentlicher Haushalte, zur Beseitigung sozialer Dienstleistungsdefizite oder zur Milderung der massiven Beschäftigungsprobleme geeignet. Dem Staat kommt die wichtige Aufgabe zu, die an Eigenressourcen nicht besonders gut ausgestatteten zivilgesellschaftlichen Organisationen von ihren materiellen Alltagssorgen zumindest zu entlasten. Vor allem aber hat er für angemessene gesetzliche Rahmenbedingungen zu sorgen.

Doch nicht nur das Umfeld der zivilgesellschaftlichen Organisationen unterliegt wachsenden Anforderungen, sondern auch die Organisationen selbst. Sie müssen künftig ihre Eigenidentität stärken und sich nicht auf die ihnen staatlicherseits zugeordneten Rollen beschränken. Wie in der Vergangenheit die Beispiele der Umweltorganisationen oder die Selbsthilfebewegung zeigten, entstehen innovative Potenziale oft in jenen Bereichen, in denen der Staat (noch) nicht aktiv ist.

Dafür, dass sie staatlicherseits von ihren materiellen Alltagssorgen teilweise entlastet werden, haben die zivilgesellschaftlichen Organisationen einen gewissen Gegenwert zu erbringen. Sie müssen der Öffentlichkeit Transparenz in ihre Tätigkeit, in die Mittelgewinnung und ihre Mittelverwendung gewähren. Gefragt ist außerdem eine stärkere Akzentuierung auf praktische Lösungsansätze in Form von neuen Wegen und Gegenentwürfen, die an die „Solidarität" als spezifischen Steuerungsmodus zivilgesellschaftlicher Organisationen anknüpfen.

Deutschland kann es sich nicht leisten, dass den zivilgesellschaftlichen Organisationen bei der Zukunftsgestaltung nur eine Randständigkeit zugewiesen wird.

### Literatur

Anheier, Helmut K./Priller, Eckhard/Seibel, Wolfgang/Zimmer, Annette (Hg.) (1997): *Der Dritte Sektor in Deutschland. Organisationen zwischen Staat und Markt im gesellschaftlichen Wandel.* Berlin: edition sigma.

Anheier, Helmut K./Priller, Eckhard/Zimmer, Annette (2000): „Die zivilgesellschaftliche Dimension des Dritten Sektors". In: Hans-Dieter Klingemann/Friedhelm Neidhardt (Hg.): *Zur Zukunft der Demokratie. Herausforderungen im Zeitalter der Globalisierung.* WZB-Jahrbuch 2000. Berlin: edition sigma, S. 71-98.

Badelt, Christoph (2001): „Die Rolle von NPOs im Rahmen der sozialen Sicherung". In: Ruth Simsa (Hg.): *Management der Nonprofit-Organisation. Gesell-*

*schaftliche Herausforderungen und organisationale Antworten.* Stuttgart: Schäffer-Poeschel Verlag, S. 23-40.
Beck, Ulrich (1996): „Das Zeitalter der Nebenfolgen und die Politisierung der Moderne". In: Ulrich Beck/Anthony Giddens/Scott Lash (Hg.): *Reflexive Modernisierung. Eine Kontroverse.* Frankfurt a.M.: Suhrkamp, S. 19-112.
Beck, Ulrich (Hg.) (1997): *Kinder der Freiheit.* Frankfurt a.M.: Suhrkamp.
Brömme, Norbert/Strasser, Hermann (2001): „Gespaltene Bürgergesellschaft? Die ungleichen Folgen des Strukturwandels von Engagement und Partizipation". In: *Aus Politik und Zeitgeschichte,* Beilage zur Wochenzeitung Das Parlament, B 25-26/2001, S. 6-14.
Bundesverband Deutscher Stiftungen (Hg.) (2005): *Verzeichnis Deutscher Stiftungen.* Berlin.
Dahrendorf, Ralf (2000): „Die Bürgergesellschaft. Der verlässlichste Anker der Freiheit". In: Armin Pongs (Hg.): *In welcher Gesellschaft leben wir eigentlich?* München: Dilemma Verlag, S. 87-104.
Dasgupta, Partha/Serageldin, Ismail (Eds.) (1999): *Social Capital: A Multifacted Approach.* Washington, D.C.: The World Bank.
Enquête-Kommission „Zukunft des Bürgerschaftlichen Engagements" (2002): *Bericht. Bürgerschaftliches Engagement: auf dem Weg in eine zukunftsfähige Bürgergesellschaft.* Schriftenreihe, Bd. 4. Opladen: Leske + Budrich.
Etzioni, Amitai (2005): „Mehr als eine Zivilgesellschaft: eine gute Gesellschaft". In: Johannes Berger (Hg.): *Zerreißt das soziale Band? Beiträge zu einer aktuellen gesellschaftspolitischen Debatte.* Frankfurt a.M./New York: Campus, S. 27-51.
Europäische Kommission (2001): *Europäisches Regieren (Weißbuch).* Brüssel.
Evers, Adalbert/Olk, Thomas (Hg.) (1996): *Wohlfahrtspluralismus. Vom Wohlfahrtsstaat zur Wohlfahrtsgesellschaft.* Opladen: Leske + Budrich.
Geißel, Brigitte (2006): „Kritische Bürgerinnen und Bürger – Gefahr für Demokratie?" In: *Aus Politik und Zeitgeschichte,* Beilage zur Wochenzeitung Das Parlament, B 12/2006, S. 3-9.
Gosewinkel, Dieter/Rucht, Dieter/van den Daele, Wolfgang/Kocka, Jürgen (2004): „Einleitung: Zivilgesellschaft – national und transnational". In: Dieter Gosewinkel/Dieter Rucht/Wolfgang van den Daele/Jürgen Kocka (Hg.): *Zivilgesellschaft – national und transnational.* WZB-Jahrbuch 2003. Berlin: edition sigma, S. 129-149.
Gellner, Ernest (1994): *Conditions of Liberty: Civil Society and Its Rivals.* London: Penguin.
Gensicke, Thomas (2006): „Bürgerschaftliches Engagement in Deutschland" In: *Aus Politik und Zeitgeschichte,* Beilage zur Wochenzeitung Das Parlament, B 12/2006, S. 9-16.
Kistler, Ernst/Noll, Heinz-Herbert/Priller, Eckhard (Hg.) (2002): *Perspektiven gesellschaftlichen Zusammenhalts. Empirische Befunde, Praxiserfahrungen, Meßkonzepte.* Berlin: edition sigma.
Kocka, Jürgen (2003): „Zivilgesellschaft in historischer Perspektive". In: *Forschungsjournal Neue Soziale Bewegungen,* Jg. 16, H. 2, S. 29-37.
Liebig, Reinhard (2005): *Wohlfahrtsverbände im Ökonomisierungsdilemma. Analysen zu Strukturveränderungen am Beispiel des Produktionsfaktors Arbeit im Licht der Korporatismus- und Dritte Sektor-Theorie.* Freiburg: Lambertus.
Münkler, Herfried (2002): „Bürgerschaftliches Engagement in der Zivilgesellschaft". In: Entquête-Kommission „Zukunft des Bürgerschaftlichen Engagements" des

Deutschen Bundestages (Hg.): *Bürgerschaftliches Engagement und Zivilgesellschaft*. Opladen: Leske + Budrich, S. 29-36.

Nullmeier, Frank (2002): „Vergesst die Bürgergesellschaft?!" In: *Forschungsjournal Neue Soziale Bewegungen*, Jg. 15, H. 4, S. 13-19.

Opaschowski, Horst W. (2006): *Das Moses-Prinzip. Die 10 Gebote des 21. Jahrhunderts*. 3. Auflage. Gütersloh: Güthersloher Verlagshaus.

Pankoke, Eckart (1998): „Freies Engagement – Steuerung und Selbststeuerung selbstaktiver Felder". In: Rupert Graf Strachwitz (Hg.): *Dritter Sektor – Dritte Kraft. Versuch einer Standortbestimmung*. Düsseldorf: Raabe, S. 251-270.

Putnam, Robert D. (1993): *Making Democracy Work. Civic Traditions in Modern Italy*. Princeton: Princeton University Press.

Putnam, Robert D. (Hg.) (2001): *Gesellschaft und Gemeinsinn*. Gütersloh: Verlag Bertelsmann Stiftung.

Reimer, Sabine (2006): *Die Stärke der Zivilgesellschaft in Deutschland*. Berlin: Maecenata Verlag.

Rifkin, Jeremy (1998): „Der Dritte Sektor braucht eine Identität". In: Rupert Graf Strachwitz (Hg.): *Dritter Sektor – Dritte Kraft. Versuch einer Standortbestimmung*. Düsseldorf: Raabe, S. 519-534.

Salamon, Lester M./Anheier, Helmut K. (1999): *Der Dritte Sektor. Aktuelle internationale Trends*. Gütersloh: Verlag Bertelsmann Stiftung.

UNDP (United Nations Development Programme) (2002): *Human Development Report*. Oxford.

Vereinsstatistik (2005): *V & M Service GmbH*. Konstanz. Internet: http://www.npo-info.de (zuletzt aufgesucht am 29.1.2007).

Zimmer, Annette/Priller, Eckhard (2004): *Gemeinnützige Organisationen im gesellschaftlichen Wandel. Ergebnisse der Dritte-Sektor-Forschung*. Wiesbaden: VS Verlag für Sozialwissenschaften.

# Wer regiert die Stadt?

## Anmerkungen zum „global localism" am Beispiel des städtischen Einzelhandels

Hedwig Rudolph und Christopher Bahn

In Industrieländern wie in aufholenden Volkswirtschaften sind Städte ein zentraler Fokus gesellschaftlicher, politischer, kultureller und wirtschaftlicher Entwicklungen. Sie repräsentieren Arenen für Integrations- und Innovationsprozesse, Praxisfelder für alltagsnahe Erfahrung politischer Prozesse, Labore für gesellschaftliche Transformationen und Schnittstelle ökonomischer Dynamiken. „Freiheit ist stadtgeboren", formuliert Alexander Mitscherlich pointiert und verweist darauf, dass Städte auch in der Neuzeit „Unruhekerne" zur geschichtlichen Veränderung bildeten (Mitscherlich 1971, S. 13, 75).

Seit den frühen 1990er Jahren jedoch sind in Deutschland Tendenzen der Erosion, teilweise sogar Blockaden im ehemals produktiven Spannungsverhältnis zwischen der politischen Entwicklung der Städte und der wirtschaftlichen Dynamik im städtischen Raum unverkennbar. Im Kontext von Globalisierungsprozessen bildet sich eine neue institutionelle Ordnung heraus. Diese macht die Handlungslogik des Marktes auch für den öffentlichen Bereich verbindlich und will ein allein an marktlichen Effizienzkriterien orientiertes Leitbild für staatliche Politik durchsetzen (Sassen 2006, S. 21f.). Im Vergleich zu diesen grundlegenden Veränderungskräften erscheinen die viel zitierten Budgetprobleme der Städte zwar nicht als belanglos, aber doch von nachgeordneter Bedeutung. Beide Entwicklungstendenzen schwächen die Instrumente, die den Städten in der Auseinandersetzung mit wirtschaftlichen Akteuren und anderen Interessengruppen traditionell zur Verfügung standen: materielle Anreize und institutionelle Regulierung. So ist wegen der steigenden Sozialausgaben vor allem aufgrund der hohen Arbeitslosigkeit und der Steuerpolitik der letzten Jahre die Verschuldung der Städte enorm gestiegen; große Schnitte bei den Aufwendungen etwa für die öffentliche Infrastruktur konnten dies nicht kompensieren.

Angesichts des wachsenden Missverhältnisses zwischen ihren Handlungsmöglichkeiten und denen anderer Akteure im kommunalen Raum, insbesondere der Wirtschaft, könnten die Städte resignieren, blockieren oder neue Strukturen und Verfahren der Interessenauseinandersetzung erproben. Im Hinblick auf die Bedeutung der kommunalen Ebene als gesellschaftliches, politisches und ökonomisches „Saatbeet" ist nach unserer Einschätzung die aktivierende dritte Variante unabdingbar zur Unterstützung der Wettbewerbsfähigkeit und sozialen Kohäsion in Deutschland.

Der Einzelhandel ist oft größter privatwirtschaftlicher Arbeitgeber und Steuerzahler in der Stadt und damit eine zentrale Säule der ökonomischen und sozialen städtischen Entwicklung. Er finanziert zugleich zum wesentlichen Teil die „weichen" Standortfaktoren, die die Wettbewerbsfähigkeit der exportorientierten deutschen Industrie abfedern. Falls die Problemlagen, die den Ausgangspunkt dieses Beitrags bilden und exemplarisch am städtischen Einzelhandel beschrieben werden, nicht schnell und nachhaltig gelöst werden, sind die Städte künftig kaum in der Lage, die an sie gestellten Anforderungen zu erfüllen. Damit ist nicht nur die soziale Kohäsion, sondern auch die ökonomische Wettbewerbsfähigkeit Deutschland bedroht. Auch in den Städten wird sich daher – im positiven wie im negativen Sinne – Deutschlands Zukunft entscheiden.

## 1. Das Besondere im Gleichen: die deutschen Städte als spezifische Ausformung der „europäischen Stadt"

In föderalistisch verfassten Staaten wie Deutschland haben Städte historisch eine besondere Rolle gespielt (Kocka 2000). Vor den Territorialstaaten des 16. Jahrhunderts entstanden, bildeten Städte Kristallisationskerne einer regional eigenständigen und ausdifferenzierten politischen Kultur im ersten deutschen Kaiserreich. Höfische Kultur und städtisches Kaufmannstum, Feudalherrschaft und Bürgertum begründeten im 17. Jahrhundert eine Symbiose, die politisch und kulturell für Deutschland prägend werden sollte und bis heute eine polyzentrale, ausdifferenzierte Kulturlandschaft, aber auch politische Zersplitterung mit sich brachte. Die Wurzeln der Kompetenzverflechtungen, die politische Entscheidungen oft bremsen, wurden mithin früh gelegt und sind nicht unwesentlich auf die Eigenständigkeit der Städte zurückzuführen. Anders hingegen in zentralistischen Staaten wie Großbritannien oder Frankreich, in denen die Entfaltung der politischen und kulturellen Bedeutung der Hauptstädte der Etablierung der Nationalstaaten erst nachfolgte und schicksalhaft mit ihnen verbunden blieb; Staatsgeschichte wurde zur (Haupt-)Stadtgeschichte und vice versa. Die dortigen Provinzzentren hingegen sind bis heute nicht in der Lage, eine kulturelle, ökonomische oder politische Prägung auf ihr Hinterland zu entfalten, die ein Gegengewicht zum dominanten Einfluss der Hauptstädte bilden könnte.

Die besondere Bedeutung von Städten spiegelt sich auch in der Kontinuität und Intensität, mit der sie Gegenstand wissenschaftlicher und politischer Auseinandersetzungen waren und sind. Wesentliche Stichworte im Hinblick auf die Gestaltung städtischer Leitbilder stammen aus einer europaweit vorrangig von Architekten sowie Stadtplanern und -soziologen geführten Debatte um die „europäische Stadt". Insbesondere zwei Komponenten charakterisieren dieses Konzept: die Vorstellung von der Stadt als handlungsfähigem politischen Subjekt und die Bedeutung der Stadt als wirtschaftliches Zentrum (Le Galès 2002). Trotz teilweise erheblicher Differenzierungen und wiederholter Veränderungen im Zeitverlauf weisen europäische Städte immer noch Gemeinsamkeiten auf, die sie von außereuropäischen Städten unterscheiden: die hohe bauliche Dichte, eine funktionelle Mischung der Innenstädte und eine räumliche Hierarchie, die – von einem zentralen Geschäftsbezirk ausgehend – die abgestufte ökonomische und kulturelle Bedeutung der angrenzenden Stadtbezirke kennzeichnet, gelten als charakteristische Merkmale der Städte in Europa – auch für Deutschland. Aufgrund der historischen Entwicklung haben die deutschen Städte jedoch ein weitaus größeres Gewicht als die städtische Ebene in anderen Ländern.

Nicht nur Deutschlands kulturelle Vielfalt, sondern auch seine ökonomische Vitalität ist nicht unwesentlich in der polyzentralen Verteilung und Spezialisierung von Wirtschaftsaktivitäten begründet. Die regionale Konzentration von Medienunternehmen in Hamburg und Köln, die Fokussierung von Finanzdienstleistungen in Frankfurt am Main und München sowie die Massierung des Maschinenbaus in Stuttgart haben den jeweiligen Unternehmen im Zuge einer regionalen Spezialisierung zur Weltgeltung verholfen. Sie hat außerdem der Verkettung von sektoralen Krisen – und damit deren Ausweitung zu nationalen Notständen – gegengesteuert. Terroranschläge im Finanzzentrum Londons lassen die britische Ökonomie den Atem anhalten, Streiks in Stuttgart hingegen nur die Börsenkurse sinken. Städte sind auf eine florierende lokale Wirtschaft in ähnlichem Maße angewiesen wie umgekehrt die Unternehmen einer Branche von den Spezialisierungs- und Agglomerationsvorteilen einer Stadtregion profitieren. Die Regionalisierung der Wirtschaft korrespondiert dabei mit einer Dezentralisierung der politischen Entscheidungsfindung.

Sowohl nach seinem historischen politischen Selbstverständnis als auch nach seiner Verwaltungskultur ist Deutschland ein föderativ verfasster Staat. Eine Komponente der dezentralen politischen Entscheidungsfindung bildet die kommunale Selbstverwaltung, die durch das Grundgesetz abgesichert ist. Sie ist darüber hinaus im juristischen und politischen Diskurs ein zentrales Thema. Dass über die Zuordnung des städtischen Raums auf verschiedene Nutzungsarten politisch entschieden und diese Setzungen auch öffentlich kontrolliert werden – gemeinhin als Stadt- und Regionalplanung bezeichnet –, kann als ein Kern der „europäischen Stadt" identifiziert werden. Anhand der Raumplanung lässt sich zudem besonders deutlich aufzeigen, dass die Probleme der deutschen Städte angesichts Finanzknappheit und der zunehmenden Bedeutung international agierender, privatwirtschaftlicher Akteure neu und schärfer konturiert sind.

Die staatliche Planung und Allokation der Raumnutzung ist jedoch keine Erfindung der Neuzeit und beschränkt sich nicht nur auf Europa. Historischer Vorläufer einer staatlichen (d.h. nicht privatwirtschaftlich organisierten) räumlichen Verteilung verschiedener gesellschaftlicher Funktionalitäten war die rechtlich begründete Trennung zwischen verschiedenen Berufs- und konfessionellen Gruppen der mittelalterlichen Stadt. Die Raumplanung hat daher eine andere ideologische, historische und juristische Fundierung in Deutschland als beispielsweise in den USA, in denen sich das *Zoning* viel stärker an ökonomischen Interessen dominanter Einflussgruppen orientiert und „Abweichungen" von der Marktregulierung seit jeher besonders legitimationsbedürftig und prekär sind (Rudolph et al. 2005). Die städtebauliche Planung in Europa setzt Rahmenbedingungen für die Gestaltung der kommunalen Infra-, aber auch der Wirtschaftsstruktur. Akteure aus der ökonomischen, politischen und zivilgesellschaftlichen Sphäre nutzen auf kommunaler Ebene institutionalisierte Arenen und Verfahren, um Leitbilder und Richtlinien der Stadtplanung, aber auch konkrete Bauprojekte voranzutreiben, zu beeinflussen oder auch zu behindern.

Die lange Traditionslinie eines engen Verhältnisses kooperativer Koordination zwischen der Stadtentwicklung und der Wirtschaft, insbesondere dem Einzelhandel, bildet eines der noch immer aktuellen Unterscheidungsmerkmale europäischer gegenüber etwa amerikanischen Städten und stellt ein positives institutionelles Erbe auch der Städte in Deutschland dar.

## 2. Städtischer Handel – Städte handeln

Europäische Städte haben besonders enge Beziehungen zum Einzelhandel; viele Städte sind an Handelsstraßen oder an Umschlagplätzen für Waren und Informationen entstanden. Die Hanse war prominentes Beispiel eines Städtenetzwerks, das sich über Handelsfunktionen etablierte. Auch heute noch ist der Einzelhandel ein wichtiger Faktor für die Handlungsfähigkeit der kommunalen Politik und für die Wirtschaftsentwicklung im städtischen Raum – ein Markierungspunkt von Urbanität. Die Attraktivität von Stadt- und Stadtteilzentren hängt in erheblichem Maße von der Existenz eines vielfältigen Handelsangebots ab, und die räumliche Organisation der Versorgung bestimmt stark die Lebensqualität der Stadtbewohner. Zudem trägt bislang der Einzelhandel durch seine wirtschaftlichen Impulse entscheidend dazu bei, die politische, soziale, kulturelle und ökonomische Rolle der Städte zu stabilisieren. Die Bedeutung des Einzelhandels leitet sich auch aus seinen Steuerbeiträgen für die öffentlichen Haushalte ab. Vor dem Hintergrund der zunehmenden De-Industrialisierung der Städte kommt dem Handel schließlich als vielfach größtem privatwirtschaftlichen Arbeitgeber in den Städten eine besondere Bedeutung zu. Vor allem Frauen sind die Zielgruppe für die Beschäftigungsmöglichkeiten im Handel, die inzwischen überwiegend als Teilzeitarbeit angeboten werden.

In den europäischen Ländern gibt es eine lange Tradition der stadtpolitisch spezifischen Regulierung der Handelsentwicklung in Abstimmung mit den jeweils übergeordneten regionalen und/oder nationalen Körperschaften. Dieser Rahmen lässt Spielräume für die städtische Ebene, die in Abhängigkeit von den jeweiligen Interessenstrukturen und Machtverhältnissen genutzt werden können (ebd.). Er eröffnet den Kommunen Einflussmöglichkeiten auf die Gestaltung vor allem von Raumstrukturen, und zwar über Vorgaben bezüglich der Bodennutzung, die die Lage, Größe und Anzahl möglicher Standorte für die Ansiedlung von Wirtschaftsunternehmen und damit auch von Einzelhandelsbetrieben regeln. Dieses Regulierungsinstrument ist von großer Bedeutung, weil der Standort eine zentrale Wettbewerbsgröße des Einzelhandels ist. Speziell für die neueste Vertriebsform, die Einkaufszentren, die grundsätzlich sehr großflächig ausgelegt sind, stellen attraktive Standorte regelmäßig die kritische Größe dar. Die Standortfrage ist auch für die Kommunen von zentraler Bedeutung: Ob Einkaufszentren in der Stadt oder „vor den Toren" der Städte betrieben werden, bestimmt nicht nur das Niveau der Steuereinnahmen und der Beschäftigung, sondern beeinflusst vor allem die Attraktivität der Geschäftsstraßen. So löste selbst bei einer so großen Metropole wie London die Eröffnung des europaweit größten Einkaufszentrums „Bluewater" außerhalb der Stadt einen Sturm der Entrüstung aus. Stadtplaner und große Einzelhandelsunternehmen äußerten unisono die Befürchtung, die für die Attraktivität von London als Tourismusziel wichtigen zentralen Einkaufsstraßen würden Schaden nehmen.[1]

Diese Orientierung auf innerstädtische Standorte ist jedoch nicht nur den ökonomischen Interessen der Städte geschuldet, sondern zeigt zugleich einen Paradigmenwechsel in der Raumplanung an. Die Stadtplanung in Nord- und Mitteleuropa folgte in den ersten Jahrzehnten nach dem Zweiten Weltkrieg den rationalistischen Prinzipien einer funktionalen Trennung, was zu einer Ausdehnung konkurrierender Handels- und Gewerbestandorte mit immer großerflächigen Betriebsformen am Rand der Städte führte. Das hat negative Auswirkungen; insbesondere führt dies zu Defiziten bei der verbrauchernahen Versorgung und einer Zunahme des Individualverkehrs. Inzwischen versucht man mit integrierten Planungsansätzen gegenzusteuern. Nutzungsmischung und die Schaffung einer „Stadt der kurzen Wege" bilden dabei die Leitkonzepte.

Auch bei der Entwicklung des Einzelhandels in Deutschland waren in der Periode seit den 1970er Jahren zentrale und dezentrale Standorte von wechselnder Bedeutung. Überwiegend gelang es den politischen Entscheidungsträgern in den alten Bundesländern relativ gut, die Ausdehnung von nicht integrierten Standorten zu begrenzen. Dagegen waren die ostdeutschen Städte im Zuge der Transformation des Einzelhandelssektors in den 1990er Jahren weniger erfolgreich. Dies lag zum einen an der Knappheit verfügbarer, hinreichend großer innerstädtischer Grundstücke aufgrund ungeklärter Eigentumsverhältnisse, zum anderen aber auch an den Lücken in der Gesetzes- und Verordnungsbasis sowie der Unerfahrenheit der kommunalen Planungsinstanzen. Das Dilemma der Stadt- und Regionalplanung und damit der kommunalen Ebene insgesamt zeigt sich besonders deutlich in Berlin: Nach der Wiedervereinigung sah sich der ansässige Einzelhandel einem hohen Modernisierungsdruck ausgesetzt, da sich sowohl in West- als auch

---

1 Tatsächlich erwiesen sich die Umsatzeinbußen innerstädtischer Handelsunternehmen mittelfristig als weniger einschneidend als befürchtet.

in Ost-Berlin traditionelle Einzelhandelsstrukturen konserviert hatten. So gab es in West-Berlin vor der Maueröffnung fast keine großflächigen Fachmärkte. Aufgrund der Vernachlässigung der Einzelhandelsstruktur in der DDR dominierten in Ost-Berlin vor allem kleinflächige Verkaufsstellen. Seit 2001 ist die Senatsverwaltung für Stadtentwicklung durch den Einzelhandelserlass[2] zuständig für „gesamtstädtisch bedeutende Vorhaben" und konnte der unkoordinierten Genehmigung von großflächigen Einzelhandelseinrichtungen durch die zuständigen Bezirksverwaltungen gegensteuern. Der Senat ist jedoch der Entstehung neuer Einkaufszentren und Fachmärkte nicht grundsätzlich abgeneigt, um Kaufkraftabflüsse in die brandenburgischen Umlandgemeinden zu begrenzen. Mittlerweile existiert in Berlin ein Überhang von Einzelhandelsflächen von 500.000 m² (Eurohypo 2005), der eine Marktbereinigung vor allem zulasten der kleinen Geschäfte mit Nahversorgungsfunktion befürchten lässt.

## 3. Veränderungsdruck und Innovationsansätze: die neue Stadt

Historisch haben die Städte ihre Vorherrschaft über die Territorialstaaten beim Übergang zu einem kapitalistisch-industriellen Wirtschaftssystem verloren. Wesentliche Ursache dafür war damals der Umstand, dass sich die streng organisierte Stadt als Hemmschuh für die wirtschaftliche Weiterentwicklung erwies (Gude 1971, S. 96). Eine ähnliche Zäsur zeichnet sich seit Anfang der 1990er Jahre ab: Es bilden sich die Konturen einer institutionellen Ordnung heraus, die die öffentliche Agenda nach den Bedürfnissen der globalen Wirtschaft – nicht zuletzt des Handels – neu ordnet (Sassen 2006, S. 22). Damit stellt sich die Frage, auf welche Weise und inwieweit die Städte in der Lage sind, diese Transformationsprozesse mit zu gestalten und unter gewandelten Bedingungen ihre Funktion als Innovationskerne weiterhin zu erfüllen.

Auf der kommunalen Ebene und auf Seiten des Handels sind verstärkt Personen und Gruppen mit unterschiedlichen Interessenlagen und ungleichen Konfliktpotenzialen vertreten. Selbst einzelne Bereiche der Stadtverwaltung können unterschiedliche Interessen verfolgen: Zentrale Entscheidungsträger der Stadtpolitik folgen eher der Neigung, die Bedeutung der Stadt in internationalen Netzwerken durch so genannte *flagship projects* zu unterstreichen (in Berlin etwa der Potsdamer Platz; vgl. Le Galès 2002), während die Politiker auf Bezirksebene „handfeste" Probleme abarbeiten müssen.

Auch können Politiker auf der Bezirksebene je nach Zentralität der städtischen Lage divergierende Sichtweisen haben. Angesichts der absehbaren Erhöhung des Wettbewerbsdrucks verschärfen sich aber auch Polarisierungen der Einzelhandelsstruktur. Insbesondere stimmen die Interessen (poten-

---

2 Vgl. Ausführungsvorschriften über großflächige Einzelhandelseinrichtungen für das Land Berlin, 2001.

zieller) Investoren selten mit denen des ortsansässigen Handels überein. Dies gilt aktuell vor allem für die Gruppe der – oft international tätigen – institutionellen Investoren (z.B. Pensionsfonds), die seit etlichen Jahren Kapital verstärkt in Einzelhandelsimmobilien, speziell Einkaufszentren, anlegen (Bahn 2006). Da sie ihre Renditeziele an international kursierenden Standards ausrichten, waren sie bislang schwer in etablierte kommunale Governance-Strukturen einzubinden.

Die steigende Komplexität der Gemengelage von Akteursgruppen und Interessen stellt für die Städte eine große Herausforderung dar, wenn sie eine zukunftsfähige Entwicklungsstrategie konzipieren wollen. Diese wird durch die verschärften kommunalen Budget-Engpässe noch akzentuiert. Zudem haben sich die institutionellen Rahmenbedingungen durch Regulierungen auf transnationaler (insbesondere EU-) Ebene (Binnenmarkt) und nationaler Ebene (Steuerpolitik, Beschäftigungsbedingungen) verändert. Globalisierungsprozesse vollziehen sich damit auch über die Transformation von Akteurskonstellationen und Handlungslogiken auf der städtischen Ebene (Sassen 2006). Im Kontext dieser Veränderungsprozesse ist die zunehmende Kritik an den traditionellen kommunalen Governance-Strukturen und der kommunalen Selbstverwaltung zu interpretieren.

Der Blick auf die internationalen wissenschaftlichen und politischen Diskurse über neue Governance-Strukturen und -Prozesse im öffentlichen Sektor lässt wiederholte Neuorientierungen während der letzten drei Jahrzehnte erkennen. In den 1980er und 1990er Jahren galten als Leitbilder das *New Public Management* und der „schlanke Staat". Die Haushaltsmisere bildete dabei nur einen, wenn auch wichtigen Bezugspunkt. Umfassender wirkte daneben der nationale und internationale Druck insbesondere von Seiten wirtschaftsnaher Interessengruppen zur Privatisierung öffentlicher Dienstleistungen und zur „Vermarktlichung" der Prozesse in der öffentlichen Verwaltung. Als Ausdruck des politischen Bedeutungsgewinns ordoliberaler ökonomischer Theorien ist der gesellschaftliche Konsens über die Notwendigkeit umverteilender wirtschaftlicher und sozialpolitischer Interventionen erodiert (Sassen 2006). Seit den 1990er Jahren fanden Vorstellungen und Maßnahmen der Deregulierung und Privatisierung zunehmend gesellschaftliche Unterstützung. Damit wurde der zunächst finanziell motivierte Rückzug der Städte aus verschiedenen Bereichen der Daseinsvorsorge (z.B. Wohnungspolitik) auch ideologisch abgefedert (Oppen et al. 2005).

In Deutschland steht in diesem Zusammenhang seit Beginn der 1990er Jahre auch die Tradition der kommunalen Selbstverwaltung wegen angeblich mangelnder Effizienz unter Legitimationsdruck. Die hierarchisch-bürokratische Organisation und Entscheidungsfindung deutscher Stadtverwaltungen scheint der wachsenden Komplexität und Dringlichkeit der anstehenden Problemkonstellationen nicht mehr gewachsen. Als eine Reaktion auf diese Kritik kann die unter dem Stichwort der Binnenmodernisierung (Kontraktmanagement, Konzernmodell) vollzogene begrenzte Innovation des Verwaltungshandelns interpretiert werden. Sie ist gekennzeichnet durch eine schwach ausgeprägte Privatisierungstendenz unter weitgehender Beibehaltung der staatlichen Zuständigkeit für gesellschaftliche Aufgabenbereiche.

Die praktische Umsetzung des Leitbilds *New Public Management* blieb in deutschen Städten jedoch begrenzt, verglichen etwa mit der Entwicklung in Großbritannien. Die in der Praxis einer solchen Politik aufgetretenen Defizite können als Hintergrundfaktoren für eine neue Akzentuierung des Staatsverständnisses seit dem Regierungswechsel auf Bundesebene Ende der 1990er Jahre angesehen werden. Dieser Wandel, für den in Deutschland das Konzept des „aktivierenden Staats" steht, folgt einem europaweiten Trend (in Großbritannien etwa der „Dritte Weg" Tony Blairs). Die in diesem Zusammenhang erhobene Forderung nach neuen Formen der politischen und ökonomischen Steuerung fand auch Eingang in nationale und EU-Entwicklungsprogramme. Sie sind dadurch gekennzeichnet, dass sie auf Seiten der Teilnehmer ausdrücklich erweiterte Kooperations- und Koordinationsformen zwischen öffentlichen und nichtöffentlichen Akteursgruppen bzw. Organisationen voraussetzen. Zu beobachten sind also nicht nur neue Akzente auf der Diskursebene, sondern darüber hinaus Veränderungen der politischen Praxis.

Dieser Perspektivenwechsel ist ebenfalls für die kommunalpolitische Steuerung folgenreich. Insbesondere bei Entscheidungen im Zusammenhang mit großen Investitionen traten die Grenzen der formal hohen Eigenständigkeit der Kommunen deutlich zutage. Fragen nach einer modifizierten Steuerung zentraler ökonomischer und sozialer Prozesse durch die Kommunen und die dafür notwendigen zusätzlichen Akteure, Instrumente und Arenen sind jedoch nicht grundsätzlich neu. So war beispielsweise in wichtigen Bereichen der sozialen Dienstleistungen (wie Jugend- und Sozialarbeit, Altenpflege und Krankenversorgung) die Einbeziehung von privatwirtschaftlichen und Drittsektororganisationen bereits in den 1960er und 1970er Jahren, der Hochphase der „fordistischen Stadt" (Häußermann et al. 2004), die Regel. Neu sind heute eher die Gewichtsverschiebungen und veränderten Koordinationsformen zwischen öffentlichen und nichtöffentlichen Akteuren, weniger die Einbindung nichtstaatlicher Akteure überhaupt. Aufgrund der Budget-Engpässe und der intensivierten interkommunalen Konkurrenz um Arbeitsplätze und Investitionen hat sich der Handlungsspielraum der Städte im letzten Jahrzehnt verengt.

Inzwischen wird auf kommunaler Ebene die Beteiligung zivilgesellschaftlicher Gruppen und (vor allem) privater Unternehmen zunehmend formalisiert und damit institutionalisiert. Ein wichtiger Aspekt, der diese Veränderungen leitet, ist die Bezugnahme auf komplementäre Ressourcen der Beteiligten, die für die „Produktion" ehemals allein staatlich organisierter Güter und Dienstleistungen eingesetzt werden (Healey et al. 2002; Stoker 2000). Die Aushandlungsprozesse zwischen den beteiligten Akteursgruppen mit ihren spezifischen Interessen in städtischen Governance-Strukturen orientieren sich an unterschiedlichen Zielen, etwa Wachstum, Stabilisierung oder Integration. Vor allem die Konzeption, Umsetzung und nicht zuletzt die Finanzierung von Vorhaben in verschiedenen Politikfeldern sind Gegenstand solcher Kooperationen, die unter dem Begriff der *Public-Private-Partner-*

*ship* in gemischtfinanzierten Unternehmen, Arbeitsgemeinschaften etc. formalisiert sind. Besonders prominent und auch in der Öffentlichkeit breit reflektiert sind die Verhandlungen zwischen den Kommunen und Akteuren des Einzelhandels (Unternehmen und Investoren) um Neuansiedlungen von großflächigen Einzelhandelsgeschäften wie Einkaufszentren und Verbrauchermärkten. Solche Verhandlungsergebnisse entscheiden nicht nur über die Zukunft der betroffenen Innenstädte, sondern verdeutlichen modellhaft auch Chancen und Probleme der kommunalen Selbstverwaltung.

In den skizzierten diskursiven und praktisch-politischen Veränderungen manifestiert sich eine Tendenz, die Marktlogik als dominante Handlungsorientierung auch im öffentlichen Raum zur Geltung zu bringen. Dabei stellen sich neben Steuerungs- und Machtfragen auch Legitimationsprobleme: Entsprechen die Strukturen und Prozesse demokratischen Kriterien? Welches Gewicht haben gemeinwohlorientierte Ziele? Diese politischen Desiderate sollten nach unserer Einschätzung auch mithilfe neuer Governance-Formen eingelöst werden, die mehr Staat, mehr Markt und mehr Vernetzung implizieren.

## 4. Was geschieht, wenn nichts geschieht?

Angesichts der skizzierten Tendenzen lassen sich verschiedene Zukunftsszenarien entwickeln. Insbesondere in Deutschland wird die Diskussion über die Perspektiven des Einzelhandels, seiner räumlichen Restrukturierung und deren Implikationen für die Stadtentwicklung häufig mit der Frage einer möglichen Angleichung an die sektorale Raumstruktur in den USA verknüpft, die im Wesentlichen den Marktkräften überlassen wird. Dieser Blick über den Atlantik gibt Anlass zu erheblichen Bedenken aufgrund der dort erkennbaren massiven negativen Konsequenzen für die Städte und vor allem die Stadtzentren: Fragmentierung, Segregation, Verslummung, No-go-Areas u.ä. In den Ländern Kerneuropas hingegen waren die Kommunen – wie oben skizziert – lange Zeit relativ erfolgreich in ihren Bemühungen, mit einer restriktiven Bauordnung die Ansiedelung von Einzelhandelsbetrieben auf der „grünen Wiese" zu behindern; zugleich förderten sie zentrale Lagen als Standorte steuerlich oder durch einen bevorzugten Ausbau der Infrastruktur. Während die politischen Debatten in Deutschland (und Europa) vorrangig die Auseinandersetzungen um und die Regulierung der Standortwahl thematisieren, sollen im Weiteren auch Vorstellungen für komplementäre „weiche", nichtregulative Steuerungsinstrumente auf der kommunalen Governance-Ebene formuliert werden.

Die Verhandlungsposition der kommunalen Verwaltungen in den Entscheidungsprozessen um Standorte ist wesentlich durch zwei zentrale Momente geprägt, die auch die Steuerungsfähigkeit der Städte insgesamt strukturieren: die kommunalen Budgets und die institutionelle Ausgestaltung der Raumplanungssysteme. Je nach den Annahmen über die Entwicklungen dieser beiden Komponenten sind unterschiedliche zukünftige Konstellationen vorstellbar. Wir skizzieren im Folgenden drei Varianten:

– Regierender Handel: Wenn es nicht gelingt, die öffentlichen Haushalte zu konsolidieren und die kommunale Selbstverwaltung zu reformieren, werden die Kommunen verstärkt untereinander um Investitionen und Arbeitsplätze konkurrieren. Damit verengen sie selbst ihre Verhandlungsspielräume gegenüber den großen Einzelhandelskonzernen und Projektentwicklungsgesellschaften. Es droht dann eine Entwicklung, wie wir sie in den USA seit Dekaden sehen, mit einer Ausbreitung städtisch nicht integrierter Standorte und einer kulturellen und materiellen Verarmung der Innenstädte. Für die Städte und die ökonomische Zukunftsfähigkeit Deutschlands wäre diese Perspektive desaströs, da die Kommunen nicht mehr in der Lage wären, die für die internationale Wettbewerbsfähigkeit der deutschen Wirtschaft essenziellen regional-räumlichen Standortbedingungen zu gewährleisten, nicht zuletzt die zunehmend bedeutsamen „weichen" Faktoren.
– Wechselseitige Beschneidung: Wenn es gelänge, mit einer Finanzreform die chronischen Engpässe der Stadthaushalte zu lindern, ohne die kommunale Selbstverwaltung zu verändern, könnte die Konkurrenz zwischen den Städten wenigstens gemindert werden. Kommunen wären dann beispielsweise in der Lage, gegenüber Investoren Modifikationen an projektierten Einzelhandelsimmobilien zu verlangen und durchzusetzen, um damit ihr Interesse an der Bewahrung von funktional gemischten Zentren zur Geltung zu bringen. Unter diesen Voraussetzungen sind weniger gravierende Veränderungen der sektoralen Raumstruktur des Einzelhandels und damit auch der Stadtzentren zu erwarten als im zuerst skizzierten Fall.
– Handelnde Stadt/urbanisierter Handel: Die öffentliche Hand wird nur dann in der Lage sein, den sektoralen Strukturwandel ökonomisch und sozial austariert zu beeinflussen, wenn die städtische Finanzkrise durch eine Steuerreform gelöst und zusätzlich die kommunale Selbstverwaltung modifiziert wird. Dies könnte in der Form geschehen, dass eine übergeordnete Verwaltungsebene eingeführt bzw. gestärkt wird, oder auch durch strategische Kooperationen der Gebietskörperschaften untereinander. Einzelentscheidungen der Stadtverwaltungen müssten sich dann allerdings auch unter der Perspektive der Gesamtinteressen der Region legitimieren. Zudem wären die Regionen – und damit auch die Städte – weitaus besser als heute in der Lage, durch eine pro-aktive, für alle Akteure verbindliche Planung jene Effekte des sektoralen Strukturwandels zu verhindern oder doch zu begrenzen, die politisch nicht gewollt sind. Die Modernisierung des Einzelhandels, vor allem die Verschiebung von klein- zu großflächigen Betriebstypen, würde durch eine solche Steuerung der räumlichen Verteilung nur unwesentlich berührt. Einzelhandelskonzerne und Projektentwicklungsgesellschaften sind durchaus in der Lage, ihre Konzepte an Vorgaben der Raumplanung anzupassen. Regu-

lierungen der Raumnutzungen wirkten in der Vergangenheit gelegentlich sogar anregend für Innovationen der Betriebsformen.[3]

Aufgrund der aktuell polarisierten Interessenlagen im städtischen Raum ist die erste Variante die wahrscheinlichste. Angesichts der Herausforderungen – nicht zuletzt durch das Auftreten internationaler wirtschaftlicher Akteure – steht die Leistungsfähigkeit der kommunalen Selbstverwaltung und der städtischen Verwaltung im akademischen und politischen Diskurs unter erheblicher Kritik.

Aus ökonomischer Sicht erscheinen die hierarchisch-bürokratischen Entscheidungswege und die unterschiedlichen Arenen der Beteiligung als Relikte überholter Praxen. Sie gelten als suboptimale Form staatlicher Steuerung insbesondere im Hinblick auf Strukturveränderungen der Wirtschaft. Daher sollten sie rasch und wohlfahrtsförderlich durch den Markt bzw. privatwirtschaftliche Akteure abgelöst werden – so lautet das Votum aus der herrschenden ordoliberalen Schule mit dem „Leitbild 'KonzernStadt'" (Wohlfahrt/Zühlke 2005). Diese Einschätzung ist nicht nur aus demokratietheoretischen Erwägungen problematisch, sondern verkennt gleichzeitig zentrale ökonomische Einwände gegen eine ausschließlich privatwirtschaftliche Steuerung gemeinwohlorientierter Aufgaben. So ist insbesondere die Bereitstellung lokaler öffentlicher Güter, die die Erfolge ökonomischer Cluster begründen und zentral die internationale Wettbewerbsfähigkeit wichtiger Sektoren der deutschen Volkswirtschaft bestimmen, weder quantitativ noch qualitativ angemessen zu gewährleisten durch eine Strategie, die vorrangig an kurzfristigen Renditezielen ausgerichtet ist. Eine vollständige Privatisierung öffentlicher Dienstleistungen und erst recht lokaler Steuerungsfunktionen erscheint daher auch ökonomisch wenig sinnvoll.

Der in Deutschland im Vergleich zu anderen europäischen Ländern, insbesondere Großbritannien, noch hohe Lebensstandard der Bevölkerung verdankt sich nicht zuletzt den finanziellen und regulativen Kompetenzen der kommunalen Selbstverwaltung und deren Governance-Strukturen. Allerdings wird insbesondere von zivilgesellschaftlichen Gruppen gerügt, dass Struktur und Umfang des öffentlichen Leistungsangebots zu einseitig von staatlicher Seite festgelegt werden. Vor dem Hintergrund dieser unter dem Etikett „bevormundender Sozialstaat" geführten Kritik wird eine Öffnung der Meinungsbildungs- und Entscheidungsprozesse für ein breiteres Spektrum nichtstaatlicher Interessengruppen gefordert. Dieser Partizipationsanspruch richtet sich vor allem auf die städtische Ebene, zumal hier das Argument der Bürgernähe als besonders überzeugend angesehen wird. Bei den anstehenden Veränderungen der städtischen Governance erscheint aus dieser zivilgesellschaftlichen Perspektive das Desiderat zentral, geeignete Arenen zu schaffen für die Einbeziehung diversifizierter Interessengruppen in den Städten.

---

3 Beispielsweise wurde mit der Entwicklung des sehr erfolgreichen Betriebstyps der Discounter eine Flächenbegrenzung der Baunutzungsverordnung aus den 1960er Jahren unterlaufen.

Der Schwerpunkt der referierten Szenarien und auch unserer Politikempfehlungen liegt auf der Modifikation der regulativen und finanziellen Rahmenbedingungen, in denen Stadtverwaltungen bislang operierten. Veränderungen auf der Ebene der städtischen Governance, insbesondere eine Ausdifferenzierung der Beteiligungsforen und -formen, implizieren nach unserer Einschätzung nicht notwendig öffentliche Steuerungsverluste; vielmehr geht es um erweiterte Partizipation relevanter kommunaler und überlokaler Interessengruppen – nicht zuletzt Unternehmen und Investoren des Einzelhandels. Die Spielregeln, ein entscheidender Faktor, sind allerdings noch zu definieren.

In der obigen Skizze möglicher Entwicklungslinien sind implizit bereits Lösungsansätze enthalten. Ohne eine grundlegende Reform der Gemeindefinanzverfassung und Innovationen der institutionellen Einbettung der kommunalen Selbstverwaltung sind – so unsere Einschätzung – keine positiven Impulse für eine zukunftsfähige politische Gestaltung städtischer Strukturen und Lebenswelten (hier am Beispiel der Handelsangebote) zu erwarten. Unsere Vorstellungen gehen jedoch über Modifikationen der finanziellen und rechtlichen Grundlagen städtischer Verwaltung hinaus.

## 5. Konturen möglicher städtischer Zukünfte

Welche Lösungsstrategien sind für die Stärkung lokaler Entscheidungsgremien und -verfahren denkbar, die bisher politisch und ökonomisch oft „mit dem Rücken zur Wand" agieren? Ein zentrales Kennzeichen der kommunalen Problemkonstellation ist das Spannungsverhältnis zwischen der hohen Komplexität der sozialen Verhältnisse und der Fragmentierung der Macht zwischen unterschiedlich starken Akteuren. Angesichts der chronischen Einengung der Spielräume der städtischen Entscheidungsebene ist der Gewinn komplementärer Ressourcen, der mit erweiterten Koalitionen verbunden ist, konstitutiv für eine den neuen Anforderungen entsprechende Steuerungsfähigkeit von Städten. Mit Ressourcen sind hier nicht nur Finanzmittel gemeint, sondern auch ergänzende Fachqualifikationen, neue Methoden, Innovationsgeist und nicht zuletzt ein „anderer Blick" (Oppen 2005). Die Nutzung komplementärer, akteursspezifischer Wissensbestände und Ressourcen könnte dazu beitragen, die Bearbeitung der schwieriger gewordenen kommunalen Problemkonstellationen zu optimieren.

Die Einsicht der kommunalen Entscheidungsträger, dass ihre Steuerungsversuche ohne angemessene Berücksichtigung privatwirtschaftlicher Interessen und Ressourcen nicht zielführend sind, spiegelt sich in der empirisch beobachtbaren zunehmenden Nutzung ergänzender „weicher", nichtregulativer Steuerungsinstrumente. Dieses Vorgehen ist von der Absicht geleitet, die Schnittmenge von Interessenlagen privatwirtschaftlicher und öffentlicher Akteure und damit zwischen Marktrationalität und Gemeinwohl auszuloten und zu nutzen. Unsere Forschungsergebnisse weisen jedoch darauf hin, dass in diesen Konstellationen gemeinwohlorientierte Interessen nur insoweit zur Geltung kommen können, wie sie sich mit privatwirtschaftlichem Kalkül decken. Eine ausschließliche Orientierung auf die Implementation „weicher" Steuerungsinstrumente ohne komplementäre finanzielle und regulatorische Stärkung der kommunalen bzw. regionalen Ebene verspricht daher keine prinzipielle Lösung der Problemlagen der Städte. Vor allem muss die Finanzausstattung der Kommunen so weit gestärkt werden, dass Städte in der Lage sind, zu makroökonomisch nicht sinnvollen Projekten auch „Nein" zu sagen. Komplementär muss die überlokale Ebene ins Spiel gebracht werden, zum einen als Monitoringinstanz bei Konflikten zwischen Kommunen, zum anderen zur Erweiterung des Entscheidungshorizonts. Erst eine solche Transformation von Kompetenzen, Strukturen und Ressourcenausstattung auf Seiten der öffentlichen Akteure schafft Voraussetzungen für kooperative Koordination mit privatwirtschaftlichen Unternehmen und zivilgesellschaftlichen Gruppierungen.

Konkret plädieren wir für ergänzende neue Steuerungsformen, d.h. Typen der Urban Governance, die strukturierte und institutionalisierte Interaktionen zwischen privatwirtschaftlichen, zivilgesellschaftlichen und öffentlichen Akteuren unterhalb der und neben formellen Beteiligungsverfahren nutzen. Eine in diesem Zusammenhang wichtige Beobachtung aus unserer Forschung ist das fehlende Interesse von Großinvestoren aus dem Einzelhandels- und Investmentbereich an einer langfristigen Integration in bestehende neo-korporatistische Arrangements auf kommunaler Ebene. Möglicherweise hängt dies mit der Kleinteiligkeit der in den traditionellen Arrangements verhandelten Problemstellungen zusammen. Die stärkere und kontinuierliche Kooperation von Großinvestoren in kommunalen Entscheidungsverfahren wäre jedoch von zentraler Bedeutung, um nicht nur die finanziellen Ressourcen, sondern auch das spezifische Know-how dieser Akteursgruppe für die Lösung städtischer Problemkonstellationen zu aktivieren.

Daher schlagen wir eine Formalisierung und Institutionalisierung der bisher ad hoc geführten Aushandlungsprozesse in neuen Gremien vor, die vorrangig der Meinungsbildung und Entscheidungsfindung zu übergeordneten Wirtschafts- und Entwicklungsstrategien einschließlich der Raumplanung von Städten dienen. Diese Gremien hätten nicht nur den Vorteil für die Städte, die spezifischen Kompetenzen und Ressourcen von Großinvestoren leichter und kontinuierlicher nutzbar zu machen; sie würden auch aus Investorensicht die Zuständigkeiten der Stadtverwaltung verdeutlichen und damit die Realisierungschancen von Projekten kalkulierbarer machen. Damit soll jedoch einer Privatisierung kommunaler Entscheidungsverfahren nicht das Wort geredet werden. Vielmehr erhöhen „offizielle" Gremien die Transparenz von Aushandlungsprozessen und damit gleichzeitig die Partizipations- und Einspruchschancen anderer Bezugsgruppen innerhalb und außerhalb der Kommunen. Wir plädieren auch nicht für eine Entmachtung anderer bestehender Arrangements in den Städten, soweit sie für die Erfüllung wichtiger Gemeinwohlaufgaben bedeutsam sind. Es geht vielmehr um eine Ergänzung bestehender Governance-Strukturen durch formalisierte Arenen für

Großinvestoren. So werden Mitsprache- und Einflussrechte den Akteursgruppen zugeordnet, die das Know-how für spezifische Problemkonstellationen anreichern: Großinvestoren bei makroökonomischen Strategieentscheidungen der Städte, dagegen eher traditionelle private und zivilgesellschaftliche Akteure bei kleinteiligeren Steuerungsaufgaben.

Der Tenor unserer Argumentation lässt sich dahingehend zusammenfassen, dass die Städte als politische Handlungsebene in Deutschland kein Auslaufmodell sind. Ganz im Gegenteil: Wenn man nach Saatbeeten für die viel zitierten „blühenden Landschaften" sucht, so wird man am ehesten bei den Kommunen fündig, zumal wenn das Blühen nicht nur an Wirtschaftsdaten, sondern darüber hinaus an der Vitalität der politischen Kultur gemessen werden soll. Zur Sicherung einer politischen Kernsubstanz im städtischen Raum kann nämlich weder ausschließlich auf naturwüchsige soziale Prozesse noch auf das Wirken der „unsichtbaren Hand" des Marktes vertraut werden. Vielmehr ist politisch zu setzen, was als Kern – bezogen auf Aufgaben und Strukturen – bewahrt bzw. aufgebaut werden soll.

Dieser Kern hat notwendig die Zuständigkeit für die Festlegung der für gesellschaftliche Integration und Entwicklung grundlegenden Güter und Dienstleistungen zu beinhalten sowie deren quantitative und qualitative Mindeststandards (einschließlich Zielgruppen und räumliche Verteilung) zu formulieren. Für die Bereitstellung des Angebots und seine Finanzierung könnte dagegen ein breites Spektrum von Organisations-, Kooperations- und Koordinationsformen ins Spiel kommen. Dass Organisationseinheiten der Stadt eine Dienstleistung definieren, sie eigenständig umsetzen und ausschließlich aus dem kommunalen Haushalt finanzieren, wäre im Kontext der skizzierten Vorstellungen eher die Ausnahme.

Wie können die skizzierten Entscheidungs- und Gestaltungsprozesse realistischerweise gefördert werden? Der Institutionenrahmen sollte eine Übermacht einer Akteursgruppe verhindern, wenn es um Vorhaben geht, deren Umsetzung und Finanzierung bzw. Lastenverteilung. Zweierlei ist vor allem zu fordern: Zum einen ist dem Risiko gegenzusteuern, dass das Bemühen um schlanke öffentliche Strukturen Magersucht zeitigt. Gemeint ist damit eine so kärgliche Ausstattung des öffentlichen Kernbereichs auf der lokalen und der überlokalen Ebene mit Kompetenzen und Ressourcen, dass er kaum einen gleichberechtigten Part in den entsprechenden Arenen der Interessenklärung und Handlungsentscheidungen beanspruchen kann. Zum anderen geht es um die Pflege einer politischen Kultur des Sich-Einmischens, aber auch um die Förderung unterstützender Strukturen und Institutionen als Rückenwind für zivilgesellschaftliche Gruppen und nicht nur für Akteure aus der Wirtschaft.

## Literatur

Bahn, Christopher (2006): *Investition und Planung im Einzelhandel. Einfluss von Raumplanungssystemen und institutionellen Investoren auf den Strukturwandel des metropolitanen Einzelhandels.* Stadtforschung aktuell, Bd. 108. Wiesbaden: VS Verlag für Sozialwissenschaften.

Eurohypo (2005): Marktbericht Berlin 2005. Eschborn. Internet: www.eurohypo.com/medie/pdf/newsletter___marktberichte/Marktbericht_Berlin_05.pdf (zuletzt aufgesucht am 15.2.2007).

Gude, Sigmar (1971): „Der Bedeutungswandel der Stadt als politischer Einheit". In: Eckart Bauer/Klaus Brake/Sigmar Gude/Hermann Korte: *Zur Politisierung der Stadtplanung.* Düsseldorf: Bertelsmann Universitätsverlag, S. 85-125.

Häußermann, Hartmut/Kronauer, Martin/Siebel, Walter (Hg.) (2004): *An den Rändern der Städte. Armut und Ausgrenzung.* Frankfurt a.M.: Suhrkamp.

Healey, Patsy/Cars, Göran/Madanipour, Ali/de Magalhaes, Claudio (2002): „Urban Governance Capacity in Complex Societies: Challenges of Institutional Adaptation". In: Göran Cars/Patsy Healey/Ali Madanipour/Claudio de Magalhaes (Eds.): *Urban Governance, Institutional Capacity and Social Milieux.* Ashgate: Aldershot, S. 204-225.

Kocka, Jürgen (2000): „Arbeit früher, heute, morgen: Zur Neuartigkeit der Gegenwart". In: Jürgen Kocka/Claus Offe (unter Mitarbeit von Beate Redslob) (Hg.): *Geschichte und Zukunft der Arbeit.* Frankfurt a.M.: Campus, S. 476-492.

Le Galès, Patrick (2002): *European Cities: Social Conflicts and Urban Governance.* Oxford/New York: Oxford University Press.

Mitscherlich, Alexander (1971): *Thesen zur Stadt der Zukunft.* Frankfurt a.M.: Suhrkamp.

Oppen, Maria (2005): „Local Governance und bürgerschaftliches Engagement von Unternehmen". In: Helfried Bauer/Peter Biwald/Elisabeth Dearing (Eds.): *Public Governance. Öffentliche Aufgaben gemeinsam erfüllen und effektiv steuern.* Wien, Graz: Neuer Wissenschaftlicher Verlag, S. 342-361.

Oppen, Maria/Sack, Detlef/Wegener, Alexander (Hg.) (2005): *Abschied von der Binnenmodernisierung? Kommunen zwischen Wettbewerb und Kooperation.* Modernisierung des öffentlichen Sektors, Sonderband 22. Berlin: edition sigma.

Rudolph, Hedwig/Potz, Petra/Bahn, Christopher (2005): *Metropolen handeln. Einzelhandel zwischen Internationalisierung und lokaler Regulierung.* Stadtforschung aktuell, Bd. 101. Wiesbaden: VS Verlag für Sozialwissenschaften.

Sassen, Saskia (2006): *Territory – Authority – Rights. From Medieval to Global Assemblages.* Princeton/Oxford: Princeton University Press.

Stoker, Gerry (2000): „Urban Political Science and the Challenge of Urban Governance". In: Jon Pierre (Ed.): *Debating Governance.* Oxford: Oxford University Press, S. 91-109.

Wohlfahrt, Norbert/Zühlke, Werner (2005): *Ende der kommunalen Selbstverwaltung. Zur politischen Steuerung im „Konzern Stadt".* Hamburg: VSA-Verlag.

# Reformprojekt Integration

## Karen Schönwälder

Das politische Projekt einer Integration von Einwanderern und ihren Nachkommen in die deutsche Gesellschaft scheint immer wieder von Bedrohungs- und Krisenszenarien geleitet zu sein. Bereits Anfang der 1970er Jahre, als die Zahl der in der Bundesrepublik lebenden Arbeitsmigranten sehr schnell von etwa zwei auf rund vier Millionen anstieg, prophezeite manche Zeitschrift bevorstehende Ghetto-Konflikte. 30 Jahre später rückte das Thema „Integration" auch deshalb in den Vordergrund der medialen und politischen Aufmerksamkeit, weil städtische Unruhen in England und Frankreich, ein Mord in den Niederlanden und Bombenanschläge islamistischer Terroristen als Vorboten auch in Deutschland drohender Konflikte interpretiert wurden. Derartige Konflikte könnten vor dem Hintergrund einer anhaltenden sozialen Marginalisierung der zweiten Zuwanderergeneration und eines Bedeutungsgewinns religiöser Identifikationen wahrscheinlicher werden.

Integrationspolitik erscheint in diesem Kontext als ein Programm der Vorbeugung gegen drohende Gefahren und als Versuch der präventiven Eingrenzung negativer Folgen von zunehmender weltweiter Mobilität und durchlässigen Grenzen. Weniger präsent sind derzeit positive Utopien, in denen Integration die Gestaltung einer attraktiven und leistungsfähigen pluralen Gesellschaft unter Beteiligung möglichst vieler ihrer Mitglieder meint. Das Leitbild der „multikulturellen Gesellschaft", das in diese Richtung wies, wird heute systematisch diskreditiert und fast nur noch in pejorativem Sinn angeführt. Andere positive Zukunftsvorstellungen sind in der Debatte wenig präsent – auch wenn Politiker unterschiedlicher Couleur gelegentlich neben den Risiken auch die Chancen der Migration hervorheben.

Wie sind Stand und Entwicklungstrends der Inkorporation[1] von Einwanderern in die deutsche Gesellschaft aus sozialwissenschaftlicher Sicht zu beurteilen? Gibt es wirklich, wie in der öffentlichen Debatte immer wieder behauptet, Rückschritte? Ist es tatsächlich geboten, akut drohenden Konflikten vorzubeugen? Und welche Potenziale zur Bewältigung von Integrationsanforderungen und Konflikten hat die bundesdeutsche Gesellschaft in den letzten Jahrzehnten gezeigt? Welche Perspektiven und Handlungsmöglichkeiten zeichnen sich also ab?

---

1 Der Begriff „Inkorporation" ist neutraler als der Begriff „Integration", der durch die Art und Weise seiner Verwendung in der politischen Debatte stark normative Bedeutungsgehalte hat. Hier geht es aber rein analytisch um die Beschreibung der Position von Einwanderern in der Aufnahmegesellschaft, nicht um eine Zielvorstellung.

Ein politisch neutrales Leitbild anzustrebender Integration, das als Maßstab für Leistungs- und Zukunftsfähigkeit dienen könnte, gibt es nicht. Zu sehr sind derartige Konzeptionen abhängig von gesellschaftspolitischen Vorstellungen von Gleichheit und Gerechtigkeit sowie von Kontroversen über produktive, legitime oder vielleicht desintegrative Heterogenität. In diesem Beitrag wird denn auch die Position vertreten, dass solche gesellschaftspolitischen Dimensionen der Integrationskonzepte offener debattiert werden sollten. Zunächst aber dient als Maßstab für die Bewertung von Integrationsanforderungen und -problemen eine Definition, nach der Integration dann vorliegt, wenn Ethnizität, also Herkunft, Religion, Hautfarbe etc., für den Zugang zu zentralen gesellschaftlichen Gütern und Partizipationsmöglichkeiten irrelevant ist. Damit wird bewusst eine Schwerpunktsetzung auf einige für zentral erachtete Aspekte vor allem der strukturellen Integration[2] vorgenommen, wobei ich gleichzeitig in Kauf nehme, dass einige so umstrittene Dimensionen von „Integration" wie die sozialen Netzwerke, subjektive Identifikationen und die Bedeutung bzw. Sprengkraft kultureller Pluralität nicht umfassend diskutiert werden.

Im Folgenden werden zunächst wichtige Charakteristika der keineswegs homogenen Migrantenbevölkerung in Deutschland umrissen, bevor in einem zweiten Schritt das Argument entwickelt wird, dass sich zwar längerfristig die Bildungs- und Arbeitsmarktchancen der Migranten und Migrantinnen in der bundesdeutschen Gesellschaft verbessert haben, seit den 1990er Jahren aber diese Entwicklung stockt und sich Problemkonstellationen offenbar verfestigen. Vor diesem Hintergrund ist zu fragen, ob durchaus vorhandene Stärken der bundesdeutschen Gesellschaft, die erreichte Integrationsprozesse befördert haben, auch weiterhin wirksam sind oder ob durch veränderte Arbeitsmärkte und den Umbau des Wohlfahrtsstaates neue Rahmenbedingungen entstanden sind. Welche Szenarien der Inkorporation von Zuwanderern in die deutsche Gesellschaft sind heute denkbar? Wie könnten Zugewanderte und Mehrheitsbevölkerung auf die aktuellen Probleme reagieren? Und welche politischen Barrieren – so wird abschließend gefragt – muss diese Gesellschaft überwinden, um besser auf die Herausforderungen der Integration reagieren zu können?

## 1. Heterogene Migrationsbevölkerung

Um Herausforderungen und Entwicklungstrends der Integrationsprozesse beurteilen zu können, sollen zunächst knapp einige Merkmale der Bevölkerung mit Migrationshintergrund skizziert werden. Auf Basis des 2005 durchgeführten Mikrozensus wissen wir nun, dass zur Bevölkerung Deutschlands nicht nur 6,7 Millionen Ausländer gehören, sondern insgesamt 15,3 Millio-

---

[2] Sozialwissenschaftler unterscheiden zwischen der strukturellen (Bildung, Arbeit, politische Partizipation), sozialen (Netzwerke), kulturellen (Sprache, Normen) und identifikativen Dimension von Integration.

nen Männer, Frauen und Kinder einen „Migrationshintergrund"[3] aufweisen. Bei den unter 25-Jährigen gilt dies für 27 Prozent, wobei fast die Hälfte hiervon deutsche Staatsangehörige sind und in Deutschland geboren wurden. Von den Bewohnern Deutschlands mit Migrationshintergrund kam nicht einmal jeder Zweite als Gastarbeiter bzw. als dessen Familienangehöriger ins Land oder ist ein Nachkomme solcher Zuwanderer. Durch die Zuwanderung der Aussiedler, von Flüchtlingen und zunehmend von Migranten aus Osteuropa hat sich vor allem seit den späten 1980er Jahren die Zusammensetzung der eingewanderten Bevölkerung pluralisiert: Gut die Hälfte der ausländischen Staatsangehörigen besitzt heute den Pass eines der sechs Hauptanwerbestaaten (Italien, Griechenland, Spanien, Portugal, Türkei, Jugoslawien). Daneben aber leben mittlerweile auch über 300.000 Polen in Deutschland, das sind mehr als die Griechen. Zuwanderer aus der Russischen Föderation (knapp 180.000) und der Ukraine (rund 130.000) haben zahlenmäßig die spanischen und portugiesischen Migranten überflügelt. Insgesamt stammt die eingewanderte Bevölkerung Deutschlands vor allem aus Europa und dem weiteren Mittelmeerraum. Sie ist nicht nur in kultureller Hinsicht, sondern auch bezüglich ihres sozialen und Bildungshintergrunds und ihrer jeweiligen Migrationsbiografien heterogen.

Die Einwanderung ist in Deutschland noch eine relativ junge Erscheinung: Zwei Drittel der Menschen mit Migrationshintergrund wurden im Ausland geboren, der Großteil der Zuwanderer sind also Migranten der ersten Generation. In Deutschland wurde etwa jeder fünfte ausländische Staatsangehörige geboren. Es gibt noch kaum eine dritte Einwanderergeneration, deren Großeltern einwanderten. Für eine Einschätzung von Stand und Verlauf der Integrationsprozesse ist es wichtig anzuerkennen, dass es sich hier bislang um mittelfristige Entwicklungen handelt.

Wesentlich für die Beurteilung von Integrationsprozessen und für die Ausrichtung von Interventionsmaßnahmen ist darüber hinaus, dass eine relativ starke Fluktuation der ausländischen Bevölkerung festzustellen ist und anhaltend neue Migranten nach Deutschland kommen, während andere gehen oder wiederkommen. Für den Zeitraum von 1950 bis 1997 wird die Zahl der ausländischen Zuwanderer in die alte Bundesrepublik auf 24 Millionen geschätzt, von denen 17 Millionen das Land wieder verließen. Der letzte Migrationsbericht der Bundesregierung (Bundesamt für Migration und Flüchtlinge 2006) belegt die besonders hohe Mobilität von Polen: Im Jahre 2004 kamen 125.000, während 96.000 aus Deutschland wegzogen. Auch bei den Türken war mit ca. 43.000 Zuzügen und 38.000 Wegzügen die Fluktuation beachtlich – ebenso wie bei den Italienern mit 20.000 Zu- und 35.000 Fortzügen. Seit dem Jahr 2000 wurden jährlich 770.000 bis 880.000 Zuzüge registriert, darunter knapp 80 Prozent Ausländer. Obwohl darin auch Saisonarbeiter und Studierende enthalten sind, illustriert dieses, dass anhal-

---

3 Die im Mikrozensus 2005 verwendete Definition schließt diejenigen ein, die Ausländer oder Spätaussiedler sind, eingebürgert wurden oder mindestens ein Elternteil haben, das ausländischer Staatsangehörigkeit, eingebürgert oder Spätaussiedler ist.

tend eine große Zahl neu eingetroffener Migranten und Migrantinnen in die deutsche Gesellschaft inkorporiert wird (oder an ihren Rändern verbleibt) und dass Integration als dauerhafte Herausforderung gesehen werden sollte.

Aufgrund der weltweiten Mobilität, eines anhaltenden Flüchtlingsproblems, von Familienbindungen und einer künftig vermutlich höheren Arbeitskräftenachfrage wird aller Voraussicht nach die Zuwanderung nach Deutschland wieder ansteigen. Das Statistische Bundesamt rechnet in seiner aktuellsten Bevölkerungsvorausschätzung mit einer Nettozuwanderung aus dem Ausland von jährlich 100.000 bis 200.000 Personen; 2005 waren es 96.000. Vermutlich wird diese Zuwanderung ähnlich vielfältig sein wie in den letzten Jahrzehnten. Es ist wenig wahrscheinlich, dass es gelingen wird, ein System zu entwickeln, das vor allem gut qualifizierte, assimilationswillige Migranten anziehen und andere fernhalten kann.

Von entscheidender Bedeutung für ihre Inkorporation in die deutsche Gesellschaft ist der differenzierte Rechtsstatus der eingewanderten Bevölkerung, der über Zugänge zum Arbeitsmarkt, zu politischen Partizipationsmöglichkeiten und zum sozialen Sicherungssystem entscheidet sowie die Möglichkeit der Betreffenden, ihr Leben in Deutschland zu planen, bestimmt. Menschen, denen vor Jahren Asyl gewährt wurde, müssen damit rechnen, dass ihnen dieser Status entzogen wird und sie Deutschland verlassen müssen. Unter diesen Bedingungen ist es schwierig zu entscheiden, für welche Lebensbedingungen etwa die Kinder ausgebildet werden sollen oder ob es sich lohnt, vor allem auf Sprachkompetenzen im Deutschen zu setzen. Etliche Flüchtlingsgruppen und Geduldete haben nur eingeschränkt Zugang zum Arbeitsmarkt. Da deutsche und EU-Staatsangehörige meist bevorzugt eingestellt werden sollen, erhalten sie häufig keine Arbeitserlaubnis, und bestimmte Berufe werden diesen Migranten versperrt. Jugendliche können zum Teil keine Ausbildung antreten. Fast 400.000 Menschen, die als so genannte De-facto-Flüchtlinge in Deutschland leben und einen Duldungsstatus haben oder eine Aufenthaltsbefugnis besitzen, gestalten ihr Leben vor dem Hintergrund, dass ihre Abschiebung lediglich vorübergehend ausgesetzt wurde, weil ihr verbindliche völkerrechtliche Verpflichtungen entgegenstehen. Dagegen sind Aussiedler als von vornherein Deutschen gleichgestellte Einwanderer privilegiert, und auch EU-Angehörige genießen sehr weitgehende Rechte.

Wenn man den Stand der Integration der Migrantenbevölkerung in Deutschland und notwendige Interventionen beurteilen will, müssen dieser sehr heterogene Hintergrund sowie die unter Umständen unterschiedlichen Bedingungen und Kontexte einer Inkorporation in die deutsche Gesellschaft bedacht werden. Allerdings ist auch in der wissenschaftlichen Analyse für den deutschen Fall eine Differenzierung von Inkorporationsprozessen nach Herkunftskontexten, Migrationserfahrung (Flucht, Arbeitsmigration etc.), Rechtsstatus und spezifischem Aufnahmekontext (Konjunktur oder Krise, Bevölkerungsstimmung etc.) bislang vernachlässigt worden oder aufgrund unzulänglicher Daten nur partiell möglich gewesen. Wie also sind – notwendig generalisierend – heute Stand und Entwicklungstrends der Integration zu beurteilen?

## 2. Das Kernproblem struktureller Integration: eklatante Diskrepanzen der Bildungschancen

Von den unterschiedlichen Aspekten gesellschaftlicher Integration ist insbesondere die schulische und berufliche Bildung der Kinder und Jugendlichen mit Migrationshintergrund in den letzten Jahren verstärkt thematisiert worden. Obwohl Unterschiede zwischen den Migrantengruppen nicht übersehen werden sollten, besteht insgesamt eine drastische Diskrepanz zwischen deren Bildungsergebnissen und denen von Jugendlichen aus alteingesessenen Familien. Dabei hat sich langfristig das Bildungsniveau der Bevölkerung mit ausländischer Staatsangehörigkeit (viele Statistiken erlauben nur über sie Aussagen) erhöht. Allerdings war eine solche positive Tendenz nur bis Mitte der 1990er Jahre zu verzeichnen. Seitdem hat sich die bestehende Kluft zwischen den Bildungschancen der beiden Gruppen nicht mehr wesentlich verändert; bei der beruflichen Ausbildung der Jugendlichen mit Migrationshintergrund sind indes Verschlechterungen zu verzeichnen. Dennoch ist es eine Legende, dass die zweite und dritte Generation der Gastarbeitermigranten schlechter integriert sei als die erste. Auch die Alltagsbeobachtung, dass die Deutschkenntnisse gerade türkischer Kinder immer schlechter würden, findet in Umfragedaten keine Bestätigung; vielmehr können die jüngeren Migranten besser Deutsch als die älteren.

Noch in den 1970er Jahren war das bundesdeutsche Schulsystem damit beschäftigt, die Kinder ausländischer Familien überhaupt in die schulische Erziehung zu integrieren. 1970 besuchten nur 50 Prozent von ihnen die Schule, 1978 waren es 75 Prozent, 1980 dann 92 Prozent (Bundesregierung 1982, S. 8). War also Anfang der 1980er Jahre die Schulpflicht weitgehend durchgesetzt, so lag der Anteil derjenigen, die die Schule ohne auch nur einen Hauptschulabschluss verließen, damals noch bei fast 50 Prozent. Er reduzierte sich dann deutlich bis auf ca. 20 Prozent. Seit Anfang der 1990er Jahre aber stagniert die Entwicklung: 2005 verließen nur sieben Prozent der deutschen Staatsangehörigen, aber 18 Prozent der ausländischen Jugendlichen die Schule ohne einen Hauptschulabschluss. Die ausländischen jungen Frauen allerdings haben es geschafft, ihre Position leicht zu verbessern; bei ihnen ist dieser Anteil zwischen 1991/1992 und 2004/2005 von 17,5 Prozent auf 13,7 Prozent gesunken. Nicht wenige Jugendliche holen Abschlüsse nach; so sinkt bei den jungen Männern mit ausländischem Pass bis zum Zeitpunkt nach dem Ende einer Berufsausbildung der Anteil derjenigen, die nicht über einen Hauptschulabschluss verfügen, von 23 auf 18 Prozent (Cornelißen 2005, S. 45). Auch der Anteil derjenigen, die die (Fach-)Hochschulreife erlangen, erhöht sich im Zuge einer beruflichen Ausbildung – im Falle der jungen Männer ausländischer Nationalität von knapp neun Prozent auf gut 14 Prozent. Zunächst aber verließen 2001/2002 nicht einmal zehn Prozent der Ausländer die Schule mit der allgemeinen Hochschulreife, während es bei den Deutschen 25 Prozent waren.

Es gibt Unterschiede zwischen den Nationalitäten. So besuchen von den griechischen Schülerinnen und Schülern im Sekundarbereich immerhin 22 Prozent das Gymnasium, bei den spanischen sind es 29 Prozent – Werte, die allerdings deutlich unter dem der Schülerinnen und Schüler deutscher Staatsangehörigkeit liegen (46,5 Prozent). Besonders erfolgreich im deutschen Schulsystem sind Ukrainer und Russen (Beauftragte der Bundesregierung für Migration, Flüchtlinge und Integration 2005, S. 8). Zurückzuführen sind diese Unterschiede wohl auf den Bildungsstand und die soziale Stellung der Eltern sowie zum Teil auf besonders hohe Bildungsaspirationen. Zusätzlich profitieren die Aussiedler, die ebenfalls besser abzuschneiden scheinen, vermutlich von speziellen institutionellen Rahmenbedingungen, d.h. einer intensiven Förderung und dem im Vergleich zu ausländischen Migranten privilegierten Rechtsstatus.

Es ist umstritten, welchen Anteil an der Herstellung ungleicher Bildungschancen Prozesse einer direkten und indirekten Diskriminierung haben. Zweifelsohne kommt dem sozioökonomischen Hintergrund der Familien eine Schlüsselrolle zu; auch defizitäre Deutschkenntnisse beeinträchtigen Schulnoten und damit Bildungschancen. Genauso deutlich aber ist, dass das deutsche Schulsystem es in nur sehr geringem Maße schafft, familiäre Nachteile von Arbeiterkindern auszugleichen, Kindern mit anderer Familiensprache schnell Deutsch beizubringen und Quereinsteiger zügig ins deutsche Bildungssystem zu integrieren.

Fehlende oder schlechte Schulabschlüsse haben heute schwerer wiegende Folgen als noch vor einigen Jahrzehnten: 1965 verfügten in der Bundesrepublik 20 Prozent aller Jugendlichen über keinerlei Schulabschluss, in der boomenden Wirtschaft jedoch fanden sie alle einen Arbeitsplatz. Wenn heute 20 Prozent der ausländischen Jugendlichen die deutschen Schulen ohne einen Abschluss verlassen, droht ihnen vermutlich wiederholte Arbeitslosigkeit, gelegentliche geringfügige und dauerhaft prekäre Beschäftigung in un- und angelernten Tätigkeiten. Gerade Frauen tauchen in erheblicher Zahl nicht mehr auf dem Arbeitsmarkt auf; ökonomische Zwänge und kulturelle Normen wirken hier offenbar zusammen, um Entscheidungen für ein Leben als nichterwerbstätige Mutter zu befördern.

Noch stärker als in anderen Ländern sind in Deutschland Ausbildungs- und Berufschancen durch den schulischen Abschluss bestimmt. Wie Heike Solga (2003, S. 710) weiter argumentiert, „hat die soziale Marginalisierung von Jugendlichen ohne Schulabschluss in Deutschland zugenommen". Vor dem Hintergrund des wirtschaftlichen Strukturwandels sind die Erwartungen von Arbeitgebern an die mitgebrachten Qualifikationen gestiegen. Der Konkurrenzkampf um Ausbildungs- und Arbeitsplätze führt zu einer stärkeren Verdrängung der weniger Qualifizierten, aber wohl auch der sozial schlechter Vernetzten sowie jener, die als kulturell und sozial weniger kompatibel eingeschätzt werden.

In der Konsequenz müssen im Kampf um Ausbildungsplätze „Jugendliche mit Migrationshintergrund im Durchschnitt deutlich bessere schulische Vorleistungen erbringen (…) als die Gleichaltrigen ohne Migrationshintergrund"; es besteht eine erhebliche „Chancenungleichheit zwischen Jugendlichen mit und ohne Migrationshintergrund" (Konsortium Bildungsberichterstattung 2006, S. 155, 178). 2004 besaßen nur 5,6 Prozent der Auszubildenden eine ausländische Staatsangehörigkeit, während ihr Anteil an der Altersgruppe mehr als doppelt so hoch ist. Hier verschlechtert sich die Situation seit nunmehr zehn Jahren: Von 1994 an, als der Anteil der ausländischen Auszubildenden mit 9,8 Prozent einen Höchststand erreichte, ist ein kontinuierlicher Rückgang zu verzeichnen. Viele Jugendliche ohne Ausbildungsstelle nutzen zunächst weitere berufs- und ausbildungsvorbereitende Bildungsangebote, allerdings münden diese selten in eine qualifizierende Ausbildung und Berufstätigkeit. Das Ergebnis ist eine desaströse Situation: Während bei den 25- bis 35-Jährigen mit Migrationshintergrund 41 Prozent über keinen beruflichen Bildungsabschluss verfügen, sind es bei den Deutschen ohne Migrationshintergrund 15 Prozent.[4] Betrachtet man die jüngere Altersgruppe der 20- bis unter 26-Jährigen, also die jungen Erwachsenen im Übergang in den Beruf, dann zeigt sich, dass z.B. von den aus der Türkei stammenden Personen 61 Prozent erwerbstätig oder noch in Ausbildung, 16 Prozent erwerbslos und 22,5 Prozent Nichterwerbspersonen sind. Im Vergleich zu anderen Herkunftsgruppen ist ihre Situation besonders problematisch. Der hohe Anteil der Nichterwerbspersonen ist auf die große Zahl junger Türkinnen zurückzuführen, die nicht erwerbstätig oder arbeitslos gemeldet sind: 37 Prozent im Vergleich zu sechs Prozent der männlichen Türken. Unter Deutschen ohne Migrationshintergrund sind in dieser Altersgruppe 6,6 Prozent Nichterwerbspersonen und neun Prozent Erwerbslose (ebd., S. 146, 159f.).

## 3. Der Aufholprozess der zweiten Generation stagniert

Dennoch gilt für die Bereiche Bildung und Beschäftigung, dass sich die zweite Migrantengeneration gegenüber den Arbeitsmigranten der 1970er Jahre in einer besseren Position befindet. Der Trend zur Verringerung von Diskrepanzen der Lebenschancen scheint inzwischen aber gestoppt, und die Problemkonstellationen verfestigen sich seit etlichen Jahren.

Das Armutsrisiko unter Migrantinnen und Migranten ist deutlich höher als das der Gesamtbevölkerung; zwischen 1998 und 2003 stieg es sogar von 19,6 auf 24 Prozent (Gesamtbevölkerung: 15,4 Prozent). Von der Gruppe der Aussiedler lebte im Jahre 2003 über ein Viertel unterhalb der Armutsrisikogrenze (Bundesregierung 2005, S. 166f.).[5] Die Hintergründe sind viel-

---

4 Einige der Jugendlichen in dieser Altersgruppe besuchen eine Hochschule oder eine berufliche Schule.
5 Die zwischen den EU-Mitgliedstaaten vereinbarte Definition einer „Armutsrisikoquote" bezeichnet den Anteil der Personen in Haushalten, deren „bedarfsgewichtetes

fältig und umfassen Arbeitslosigkeit oder geringfügige Beschäftigung ebenso wie Kinderreichtum. Schon seit Jahren liegt die Arbeitslosigkeit unter Ausländern bei etwa 20 Prozent (2006: über 23 Prozent) und ist damit etwa doppelt so hoch wie die durchschnittliche Arbeitslosenquote. Ausländer – und insbesondere Türkinnen und Türken – waren von konjunkturellen Veränderungen in den 1990er Jahren besonders negativ betroffen.

Die Ausländer, die erwerbstätig sind, arbeiten – auch wenn sich der Anteil der ungelernten Arbeiter in den letzten Jahrzehnten deutlich reduziert hat – immer noch etwa zur Hälfte als Arbeiter und Arbeiterinnen, und zwar am häufigsten im Bereich „Bergbau und verarbeitendes Gewerbe", der von strukturellen Veränderungen und vom Arbeitsplatzabbau besonders hart betroffen ist. Waren unter den Türkinnen und Türken der ersten Generation im Jahre 2000 noch 71 Prozent als un- und angelernte Arbeiter tätig, so hat sich in der zweiten Generation dieser Anteil auf 44 Prozent reduziert, und es gibt hier mehr Facharbeiter. Immerhin 27 Prozent waren jetzt als Angestellte beschäftigt gegenüber nur sechs Prozent der ersten Generation. Auch bei Ausländern aus anderen Anwerbestaaten hat die zweite Generation ihre Position gegenüber den Primäreinwanderern verbessert: 27 Prozent (im Vergleich zu 54 Prozent) arbeiten hier noch als un- und angelernte Arbeiter, 47 Prozent als Angestellte (im Vergleich zu 13 Prozent) (Özdemir et al. 2004, S. 13).

Entgegen dem teils verbreiteten Bild des „türkischen Gemüsehändlers" liegt bei den Ausländern insgesamt der Anteil der Selbstständigen mit neun Prozent noch knapp unter dem der Deutschen (10,1 Prozent). Hierbei sollte berücksichtigt werden, dass den Gastarbeitern zunächst die selbstständige Erwerbstätigkeit nicht erlaubt wurde und selbst heute noch für manche Migrantengruppen Einschränkungen bestehen. Obwohl auch im Dienstleistungsbereich immer mehr Migranten und Migrantinnen arbeiten, sollte das nicht darüber hinwegtäuschen, dass ein großer Teil von ihnen nicht Bankangestellter oder Computerfachfrau ist, sondern Kellner oder Verkäuferin. Vermutlich arbeiten besonders viele Menschen mit Migrationshintergrund in prekären Beschäftigungsverhältnissen, also nicht kontinuierlich, nicht als Vollzeitbeschäftigte und in sozialer Unsicherheit.

## 4. Zukünftige Entwicklungen: fortschreitende oder „segmentierte" Assimilation?

Betrachtet man die großen Trends wichtiger Bereiche der strukturellen Integration, dann lassen sich unterschiedliche Interpretationen begründen. Zunächst kann durchaus die These vertreten werden, dass längerfristig ein Prozess der Annäherung von Bildungschancen und Arbeitsmarktpositionen

---

Nettoäquivalenzeinkommen" weniger als 60 Prozent des Mittelwerts (Median) aller Personen beträgt. In Deutschland beträgt die so errechnete Armutsrisikogrenze 938 Euro.

festzustellen ist. In der Tat waren derartige Diagnosen noch vor einigen Jahren häufig zu finden. 1988 sahen David Baker und Gero Lenhardt gar das bundesdeutsche Bildungssystem als „Vorreiter der Ausländerintegration" (S. 59). Auch heute noch betonen etwa die Soziologen Hartmut Esser und Bernhard Nauck, dass insgesamt der Assimilationsprozess der Migranten fortschreitet.

Ein derartiger Optimismus wird auch dadurch gestützt, dass in der wissenschaftlichen Debatte die Fähigkeit Deutschlands zur Integration von Einwanderern seit einigen Jahren positiver eingeschätzt wird. Lange hatte die Bundesrepublik vor allem wegen ihrer Staatsangehörigkeitspolitik als Modell ausgrenzender Politik gegolten. Angesichts auch in anderen Einwanderungsländern hartnäckig fortexistierender sozialer Diskrepanzen, zugespitzter Konflikte in Frankreich und den Niederlanden sowie im Zuge der Diskreditierung multikultureller Integrationsmodelle erscheint die Situation in Deutschland heute in einem positiveren Licht. Tatsächlich

— ist die Arbeitslosigkeit unter bestimmten Migrantengruppen – etwa den Türken – in Deutschland (allerdings nur relativ zur alteingesessenen Bevölkerung!) nicht ganz so katastrophal wie in den Niederlanden,
— ist es in Deutschland bis heute nicht zu städtischen Unruhen gekommen, wie etwa Frankreich sie im Jahre 2005 erlebte,
— gibt es in deutschen Städten keine als Ghettos zu charakterisierenden abgeschotteten und heruntergekommenen Wohnviertel, in denen Migranten unter sich bleiben.

Offensichtlich wirkten neben und zum Teil unabhängig von einer deklarierten Regierungspolitik, derzufolge Einwanderung möglichst nicht stattfinden sollte, sozialstaatliche und zivilgesellschaftliche Strukturen im Sinne einer Integration der Einwanderer. Und auch die Regierungspolitik selbst war ja bereits in den 1970er Jahren nicht ausschließlich auf eine Verhinderung dauerhafter Ansiedlungsprozesse ausgerichtet. Daneben wurde im Interesse des deutschen Ansehens im Ausland und der europäischen Integration, der Konfliktvermeidung in Deutschland sowie eigener sozialer und humanitärer Ansprüche eine Politik der begrenzten Integration in die deutsche Gesellschaft verfolgt (vgl. Schönwälder 2001, 2005).

Für Formen und Entwicklung der Inkorporation von Migranten in die deutsche Gesellschaft aber sind solche gezielten politischen Interventionen ohnehin nur zum Teil verantwortlich. Derartige Inkorporationsprozesse müssen als Ergebnis des Wirkens einer Reihe von Faktoren gesehen werden. Welches Gewicht dabei den einzelnen Faktoren zukommt und wie diese genau zusammenwirken, ist in der Forschung umstritten bzw. noch nicht befriedigend geklärt. Gegenwärtig erscheint es plausibel, dass die gezeigten positiven Trends vor allem auf die folgenden Bedingungen zurückzuführen sind:

— Entscheidend sind wohl nach wie vor in erster Linie die Anpassungsbereitschaft und die Bildungs- wie Aufstiegsaspirationen der Migranten

selbst. Hinzu kamen zumindest in den 1960er und 1970er Jahren günstige ökonomische Bedingungen. Der lange Zeit relativ starke bundesdeutsche Wohlfahrtsstaat stellte mit seiner auf die Erwerbstätigkeit orientierten Absicherung gerade für die Arbeitsmigration einen günstigen Kontext dar und gewährte im Falle von Arbeitslosigkeit lange eine relativ solide Absicherung. Auch die vergleichsweise geringe sozialräumliche Segregation in deutschen Städten ist u.a. eine Folge wohlfahrtsstaatlicher Standards, die in allen Stadtteilen gewisse infrastrukturelle Mindeststandards fordern, z.B. eine Ankoppelung an die Zentren durch den öffentlichen Nahverkehr. Die Qualität der Schulen ist weniger als in anderen Ländern von der Finanzkraft des Wohnviertels abhängig, und es gibt – bei allen Problemen der dreigliedrigen Struktur – zumindest keine Aufteilung in einen Privatschulsektor der Besserverdienenden und ein öffentliches Bildungssystem für die Ärmeren.
- Das duale Berufsbildungssystem bietet prinzipiell einen Einstieg in die Erwerbstätigkeit auf Basis einer soliden beruflichen Ausbildung. Auch heute noch existieren für Jugendliche, die keine Ausbildungsstelle erhalten, etliche Auffangpositionen in Form schulischer Bildungsangebote. Inwiefern diese Angebote tatsächlich den Einstieg in die Erwerbstätigkeit fördern, ist zweifelhaft, allerdings mögen potenzielle Konflikte durch ihre Existenz abgefedert werden.
- Unter Umständen haben Gewerkschaften und Betriebsräte sowie ihre Beteiligung an diesem Interessenvertretungssystem Migrantinnen und Migranten in Deutschland besser gegen Diskriminierungen geschützt als beispielsweise in den Niederlanden – dies jedenfalls glauben einige Beobachter (Böcker/Groenendijk 2004, S. 346).
- Im Grundgesetz verbürgte und in internationalen Abkommen verbriefte Rechte waren die Basis dafür, dass seit den 1970er Jahren Ausländer gestärkte soziale und Aufenthaltsrechte erhielten bzw. vor deutschen Gerichten durchsetzen konnten.
- Schließlich hat die Tatsache, dass gerade Deutschland international unter besonderem Rechtfertigungsdruck und einer genauen Beobachtung steht, was seinen Umgang mit Fremden und rassistische Tendenzen betrifft, über Jahrzehnte hinweg immer wieder als Faktor gewirkt, der Bestrebungen zur Verdrängung von Migranten und zur Einschränkung ihrer Rechte eingrenzte. In der bundesdeutschen politischen Kultur sind antinationalistische Strömungen stark repräsentiert. Diese wie auch das Bewusstsein einer historischen Verpflichtung zum Schutz von Flüchtlingen waren und sind Faktoren, die restriktiven Tendenzen Grenzen setzen.

Insgesamt hat die deutsche Gesellschaft durchaus Grund, sich stärker auch ihrer Integrationspotenziale und der Integrationsleistungen einer Mehrzahl der Migranten bewusst zu werden.

Bedeutet dies nun aber, dass auch in Zukunft integrative, auf eine Angleichung von Lebenschancen hinwirkende Faktoren dominieren werden?

Trotz in der Vergangenheit durchaus bedeutsamer Integrationspotenziale der deutschen Gesellschaft wäre es fahrlässig, sich auf ein stetiges Fortschreiten einer Angleichung der Lebenschancen von Migranten und Nichtmigranten zu verlassen. Auch wenn über die Jahrzehnte Verbesserungen stattgefunden haben und Deutschland an einigen Punkten nicht schlechter abschneidet als andere Einwanderungsländer, sind diese Lebenschancen heute, wie oben dargestellt, eklatant ungleich. Die Tatsache, dass sich seit den 1990er Jahren bezüglich der Bildungschancen wenig zum Positiven verändert hat und die Arbeitsmarktsituation seit vielen Jahren katastrophal ist, verweist darauf, dass sich wichtige Bedingungen der Inkorporation von Migranten und Migrantinnen verändert haben. Politische und soziale Identifikationen sind zudem auch von weiteren transnationalen Bedingungen abhängig. Insofern lässt sich als Alternative zu einem Szenario langsamer, aber stetig fortschreitender Assimilation ein zweites Szenario entwickeln: Denkbar ist, dass es in Deutschland zu einer Verfestigung ungleicher Lebenschancen kommt, die soziale Ausgrenzung einer substanziellen Minderheit der Migrantenbevölkerung anhält und – als ein Ergebnis dieser Situation (und globaler Konflikte) – soziale und politische Spannungen zunehmen.

Die in Deutschland lebenden Einwanderer sind keine homogene Gruppe. Eingangs wurde bereits auf die Heterogenität der Ausgangslagen verwiesen, und Art und Wege der Inkorporation in die deutsche Gesellschaft könnten sich weiter ausdifferenzieren. Die Eingebürgerten etwa sind schon heute sozial etwas besser gestellt als der Durchschnitt der Ausländer. Auf derartige Unterschiede der Inkorporationspfade verweist eine in den USA stark diskutierte These, wonach – anders als für frühere Einwanderergenerationen – für die heutige zweite Generation der ab den 1960er Jahren eingetroffenen Einwanderer eine „segmentierte Assimilation", also ein Nebeneinander von Anpassung und Besonderheit sowie zum Teil eine Assimilation nach „unten" zu erwarten sei. Für die Kinder der gering qualifizierten Migranten gebe es angesichts des verminderten Angebots entsprechender Tätigkeiten weniger Erwerbsmöglichkeiten, und die Option des Aufstiegs innerhalb der Arbeiterränge sei immer weniger vorhanden. In einer nach wie vor häufig rassistischen Umwelt könne ein Teil der zweiten Einwanderergeneration auch aus Protest gegen ihnen verweigerte Chancen und rassistische Ausgrenzung dazu neigen, sich kulturell in die Unterschichten der großstädtischen Armenviertel einzugliedern; eine neue „Rainbow Underclass" könne so entstehen (Portes/Rumbaut 2001, S. 45, 59; kritisch: Waldinger/ Feliciano 2004).

Sicherlich können die hier skizzierten Beobachtungen und Befürchtungen nicht direkt auf die Bundesrepublik übertragen werden. Gerade die städtischen Wohngebiete, in denen Migranten gemeinsam mit einer marginalisierten, von der Mainstream-Gesellschaft entfremdeten Unterschichtjugend aufwachsen und in deren Kultur der Armut assimiliert werden könnten, gibt es in Deutschland nicht in vergleichbarer Weise. Dennoch gilt auch hier, dass die Bedingungen vor allem einer Inkorporation von Migranten in die Arbeitswelt sich heute grundlegend von denen der Nachkriegsjahrzehnte unterscheiden. In der Vergangenheit integrativ wirkende Mechanismen funktionieren nicht mehr in gleicher Weise. Wie für die USA wäre also ebenso für Deutschland zu fragen, ob sich als Folge solcher transformierter Bedingungen Prozesse der sozialen und kulturellen Inkorporation verändern und insgesamt ein neues Bild dominierender Inkorporationsmodi entsteht. Plausibel erscheint es vor allem, dass Differenzierungen zunehmen werden und einigen Migrantengruppen der Aufstieg in höhere Bildungsgänge und berufliche Positionen gelingen wird, während andere tatsächlich eine konsolidierte Unterschicht bilden könnten.

Wie bereits gezeigt, bieten auch in Deutschland die transformierten Arbeitsmärkte deutlich verringerte Beschäftigungsmöglichkeiten für Geringqualifizierte. Mit der wachsenden Bedeutung von Dienstleistungsberufen werden Sprachkompetenzen vermutlich verstärkt zum Auslesekriterium. Insbesondere vom beruflichen Bildungssystem werden Migranten aufgrund verschärfter Auslese- und Konkurrenzbedingungen, aber auch durch Diskriminierung zunehmend ausgeschlossen. Das deutsche Schulsystem war zwar in der Lage, Migrantenkinder in das System selbst zu integrieren, zeigt sich aber in seiner jetzigen Gestaltung und Ausstattung unfähig, migrations- und sozial bedingte Benachteiligungen umfassend auszugleichen und Diskrepanzen der Bildungschancen weiter zu verringern.

In den wohlfahrtsstaatlichen Strukturen ist es parallel zur Expansion der Rechte einiger Einwanderergruppen vor allem seit den 1990er Jahren zu einer „Kontraktion der Rechte bestimmter Zuwandergruppen" gekommen (Mohr 2005, S. 384). Gerade die sozialen Ansprüche von Flüchtlingen sind in Deutschland schon seit den 1980er Jahren fortschreitend reduziert worden. Zwischen 1980 und 1991 wurde ihnen zeitweise für fünf Jahre der Zugang zum Arbeitsmarkt versperrt; 1993 wurde mit dem Asylbewerberleistungsgesetz ein System minimaler sozialer Absicherung unterhalb des für den Rest der Bevölkerung geltenden Sozialhilfeniveaus eingeführt. Armut, kritisierte der Jurist Manfred Zuleeg bereits 1985, wurde gezielt als Mittel der Politik eingesetzt. Auch heute ist die Integration nur eines Teils der Bevölkerung mit Migrationshintergrund Ziel staatlicher Politik. Neben der Integrationspolitik gibt es auch eine Politik der aktiven Verhinderung von Integration, indem Zugänge zum Arbeitsmarkt versperrt werden und die Bundesrepublik unerwünschten Zuwanderern – selbst wenn sie zum Teil als geduldete Flüchtlinge viele Jahre in Deutschland gelebt haben – die Aufenthaltssicherheit verweigert und die zuständigen Behörden sie dazu drängen, Deutschland möglichst schnell zu verlassen.

Auch bei lange ansässigen Migranten und ihren Nachkommen kommt es unter Umständen als Folge wirtschaftlicher Umbrüche und des Umbaus wohlfahrtsstaatlicher Strukturen zu einer „Erosion der sozialen Rechte" (ebd., S. 384). Es ist noch zu früh, um die Auswirkungen der jüngsten Arbeitsmarktreformen (Hartz IV) auf ausländische Frauen und Männer einzuschätzen. Der Deutsche Gewerkschaftsbund vermutet, dass Migrantinnen und Migranten von der Absenkung der Arbeitslosenhilfe auf das Niveau des Arbeitslosengeldes II besonders betroffen sein werden. Wer entsprechende Leistungen bezieht, hat keinen Anspruch auf eine unbefristete Aufenthaltserlaubnis; auch die Familienzusammenführung ist davon abhängig, dass der Ausländer bzw. die Ausländerin seinen/ihren Lebensunterhalt ohne Inanspruchnahme öffentlicher Mittel bestreiten kann. Der Vorschlag, arbeitslose und von Hartz IV abhängige Ausländer auszuweisen, wurde 2006 in die politische Debatte eingebracht, allerdings bislang nicht realisiert.

Eine anhaltend hohe Arbeitslosigkeit bedeutet auch eine Erosion der Ansprüche auf einen Erwerb der deutschen Staatsangehörigkeit, denn einen Anspruch auf Einbürgerung hat nur, wer – neben anderen Voraussetzungen – den Lebensunterhalt für sich und seine unterhaltsberechtigten Familienangehörigen ohne Sozialhilfe oder Arbeitslosengeld II bestreiten kann.

Langfristig könnten sich die negativen Seiten des auf Erwerbstätige orientierten wohlfahrtsstaatlichen Systems ebenfalls stärker bemerkbar machen: Frauen dürften häufig geringe Rentenansprüche erworben haben, nicht zuletzt deshalb, weil ihnen in den 1970er und 1980er Jahren als nachziehenden Familienangehörigen der sofortige Zugang zum Arbeitsmarkt verwehrt wurde. Ebenso könnte es unter den Selbstständigen eine signifikante Gruppe ohne ausreichende Absicherung der Altersversorgung, vielleicht auch der Gesundheitsversorgung, geben.

Insgesamt bestehen also – neben langfristigen Verbesserungen von Bildungsniveau und beruflichen Positionen – durchaus Tendenzen, die auf eine potenzielle Verschärfung sozialer Exklusionstendenzen und zunehmende Diskrepanzen zwischen den Lebenslagen der zugewanderten und der alteingesessenen Bevölkerung verweisen.

## 5. Anpassung oder Protest?

Es ist schwer zu prognostizieren, welche politischen Konsequenzen eine solche Entwicklung haben könnte und ob die Migrantinnen und Migranten mit Duldsamkeit, erhöhter Anpassungsbereitschaft, Protest oder Rückzug reagieren werden. Es ist wenig darüber bekannt, wie Migranten in Deutschland die persönlich erfahrene soziale Unsicherheit und ihre im Vergleich schlechteren Lebenschancen verarbeiten. Einerseits deuten Daten der ALLBUS-Umfragen an, dass sie weniger unzufrieden sind als manche Gruppen ohne Migrationshintergrund. Denkbar ist, dass die Erwartungen noch geringer sind als unter alteingesessenen Deutschen. Instabile Beschäftigungsverhältnisse mögen manchen Migranten aufgrund der Verhältnisse in ihren Heimatländern weniger beunruhigend erscheinen. Familiennetzwerke federn wohl vielfach soziale Notlagen ab. Familien und ethnische Communities können auch als Instanzen sozialer Kontrolle wirken, die Protestverhalten ebenso wie Kriminalität eindämmen. Und nicht zuletzt mögen die eingeschränkten politischen Rechte von Ausländern und im Extremfall die Ausweisungsdrohung Protestverhalten einschränken.

Andererseits könnte – insbesondere unter besser ausgebildeten Migranten und Migrantinnen der zweiten und dritten Generation – eine anhaltende

Erfahrung verweigerter Gleichberechtigung und versperrter Aufstiegschancen eine verstärkte Suche nach oppositionellen Identifikationsangeboten motivieren. Globale Konflikte, die als Auseinandersetzung zwischen „dem Islam" und „dem Westen" interpretiert werden, könnten auch in Deutschland zu Protesthandlungen motivieren. Rückzugstendenzen in die ethnische Gemeinschaft oder religiöse Gruppen sind denkbar – als Trend für die Migranten in Deutschland insgesamt aber zeichnen sie sich nicht ab. Weder zunehmend ablehnende Haltungen zur deutschen Gesellschaft noch verminderte interethnische Kontakte werden in empirischen Daten deutlich. Allerdings könnten solche allgemeinen Trends Entwicklungen in kleineren Teilgruppen der zugewanderten Bevölkerung verdecken. Plausibel ist, dass es differenzierte Reaktionen einer ja sehr heterogenen Migrantenbevölkerung geben wird, wobei auch Abschottungstendenzen oder ein verstärktes Protestverhalten von Teilgruppen möglich – allerdings bisher kaum konkret sichtbar – sind.

## 6. Politikwandel und Reformhindernisse

Welche Entwicklungen eintreten werden, wird u.a. davon abhängen, wie die Mehrheitsbevölkerung und die deutschen politischen Eliten reagieren und inwieweit sie willens und fähig sind, den zugewanderten Mitgliedern dieser Gesellschaft vergleichbare Lebenschancen und politische Partizipationsmöglichkeiten einzuräumen, also Besitzstände und Macht zu teilen.

Dass die Bundesrepublik durchaus zum Politikwandel fähig ist, hat sie in den letzten Jahren bewiesen. Vor allem mit der Verabschiedung eines Staatsangehörigkeitsgesetzes, das auch in Deutschland die Einbürgerung im Land geborener Kinder ausländischer Eltern zum Normalfall macht, ist die Einschätzung widerlegt, dass die Deutschen aufgrund hartnäckig nationaler Denkmuster und ihrer Fixierung auf eine ethnisch homogene Staatsbevölkerung unfähig seien, konstruktiv mit der ethnischen Pluralisierung ihrer Bevölkerung umzugehen. In der seit 2005 amtierenden Großen Koalition scheint Einigkeit darüber zu bestehen, dass die deutsche Gesellschaft sich verstärkt den Anforderungen der Integration ihrer eingewanderten Mitglieder stellen muss. Im Bildungsbereich scheinen endlich einige Reformen (z.B. eine verstärkte Förderung im Vorschulalter) möglich. Durch das neue Gleichbehandlungsgesetz könnte die Ablehnung ethnischer Diskriminierung wirkungsvoller als gesellschaftliche Norm etabliert und damit die Voraussetzungen für deren Verminderung verbessert werden.

Gleichzeitig aber existieren weiterhin wesentliche Reformhindernisse, die im Folgenden kurz beschrieben werden.

### 6.1 Das demokratische Defizit

Bislang mangelt es an der Bereitschaft, den mit der Reform des Staatsangehörigkeitsrechts eingeschlagenen Weg auch konsequent fortzusetzen. Zwar sind seit dem Jahr 2000 wichtige Voraussetzungen für eine auch politische Integration der ausländischen Zuwanderer gegeben, tatsächlich aber schreitet der Prozess ihrer Inkorporation in das politische Gemeinwesen nur äußerst schleppend voran. Wurden im Jahre 2000 187.000 Ausländer und Ausländerinnen eingebürgert, so waren es 2003 nur noch 141.000 und 2005 wiederum weniger, nämlich 117.000. Die Gründe für diese Entwicklung sind bislang nicht umfassend untersucht. Vermutlich spielen sowohl die hohe Arbeitslosigkeit als auch politisch-kulturelle Signale eine Rolle: Die langjährige Selbstdarstellung der Bundesrepublik als Staat vor allem der ethnisch Deutschen dürfte anhaltende Wirkungen haben, und jüngere Debatten über die Würdigkeit potenzieller Einbürgerungsbewerber könnten den Eindruck verfestigen, dass diese Gesellschaft neuen Mitgliedern bestenfalls misstrauisch gegenübertritt. Ungeachtet der Gründe wird – setzt sich der aktuelle Trend fort – noch lange Zeit das Problem bestehen bleiben, dass ein großer Teil der langfristig ansässigen Bevölkerung von einer umfassenden Mitbestimmung über die Entwicklung dieser Gesellschaft ausgeschlossen ist. Wichtige Wege der Interessenartikulation und der Kommunikation zwischen politischen Entscheidungsträgern und Bürgern werden dann fehlen. Welche Defizite hier bestehen, zeigen aktuelle Versuche, mit Migrations- oder Islamräten Gremien zu schaffen, die dieses Bedürfnis der Interessenartikulation und Kommunikation hilfsweise ausfüllen sollen, dies aber kaum leisten können. Zusätzlich könnte politische Partizipation noch stärker auch eine soziale Frage werden, wenn weiterhin eher besser qualifizierte und sprachgewandte Ausländer Deutsche werden, während arbeitslosen Zuwanderern die Einbürgerung verweigert wird.

Statt um Mitgliedschaft im politischen Gemeinwesen zu werben, werden in Deutschland Hindernisse für eine Einbürgerung errichtet. Dies spiegelt eine im Vergleich mit anderen Ländern stärkere Tendenz in der deutschen politischen Kultur wider, auf Abwehr und Kontrolle anstatt auf Vertrauen zu setzen. In Großbritannien oder den Niederlanden war zumindest traditionell die Tendenz zu integrativen Lösungen größer – eine Haltung, die dort auch Vertrauen in die Integrationskraft der eigenen Demokratie zum Ausdruck bringt. Dagegen scheint in der deutschen Migrantenpolitik noch der Interventionsstaat gegenüber dem kooperativen Staat zu überwiegen.

## 6.2 Widersprüchliche Zielsetzungen

Das Ziel einer Integration der dauerhaft zugewanderten Bevölkerung wird konterkariert durch Bestrebungen zur Abschreckung und Verdrängung unerwünschter Migranten. Schon in den 1970er Jahren wurden, indem dem Ziel einer Verringerung der ausländischen Bevölkerung politische Priorität eingeräumt wurde, Integrationstendenzen massiv behindert. Auch mit dem Ziel, zumindest einen Teil der Migranten zum Verlassen der Bundesrepublik zu drängen, beharrten dominierende politische Kräfte darauf, dass Deutschland kein Einwanderungsland sei, und lehnten eine Liberalisierung des Staatsangehörigkeitsrechts ab.

Obwohl letztlich wichtige Reformen verwirklicht wurden, wird noch heute eine gleichberechtigte Inkorporation von Migranten dadurch behindert oder gar verhindert, dass umfangreichen Migrantengruppen die Aufenthaltssicherheit auch langfristig verweigert wird und Zugänge zum Arbeitsmarkt nur eingeschränkt gewährt werden. Belastungen des Wohlfahrtsstaats werden so bewusst in Kauf genommen. Zu staatlichen Integrationshilfen hat nur ein Teil der Zuwanderer Zugang, nämlich diejenigen, für die ein Daueraufenthalt vorgesehen ist. Tatsächlich aber gelingt es nicht, alle unerwünschten Zuwanderer zum Verlassen des Landes zu drängen; deren gezielt behinderte Integration wird damit zum Dauerproblem der bundesdeutschen Gesellschaft. Eine klare Prioritätensetzung zugunsten der Integration würde erfordern, möglichst früh dauerhafte Aufenthaltsperspektiven zu eröffnen und Hindernisse, die den Weg zu ökonomischer Unabhängigkeit und beruflicher Qualifikation versperren, wegzuräumen.

## 6.3 Notwendige Debatten über Integration

„Integration" wird nicht als Formelkompromiss zu erreichen sein. Traditionell gilt die Ausländer- und Migrationspolitik als ein Feld, in dem parteipolitische Kontroversen vermieden und Einigkeit zwischen Bund und Ländern sowie den wichtigsten gesellschaftlichen Verbänden gesucht werden sollten. Wohl auch aus diesem Grund umgeht das seit 2005 geltende Zuwanderungsgesetz eine Definition dessen, was unter dem Ziel der „Integration" angestrebt werden soll. Erläuterungen durch Vertreter der Bundesregierung betonen typischerweise Forderungen an die Migranten und Migrantinnen, von denen insbesondere das Erlernen der deutschen Sprache sowie die Anerkennung eines vorgeblich in Deutschland allgemeinen Kanons grundlegender Werte und Verfassungsprinzipien verlangt werden. Häufig wird Integration auch im Sinne erweiterter gesellschaftlicher Teilhabechancen definiert. Gefragt, was sie unter Integration verstehe und wie sie zum Konzept der „Leitkultur" stehe, zitierte Bundeskanzlerin Angela Merkel beim Integrationsgipfel im Juli 2006 Johannes Rau: „Wir müssen über gemeinsame Bindungen und Werte sprechen und uns auf sie verständigen." (Kölnische Rundschau online, 14.7.2006) Auf offiziellen Internetseiten heißt es immerhin, Zuwanderern solle eine umfassende Teilhabe in allen gesellschaftlichen Bereichen ermöglicht werden; diese soll aber nur „*möglichst* gleichberechtigt" sein und „ihrer individuellen Voraussetzung und Bereitschaft" entsprechen (www.zuwanderung.de/3_prognosen.html). Und warnend wird hinzugefügt: „Einen inneren Separatismus, der auf kulturellen Trennungen beruht, hält eine Gesellschaft nicht aus."[6]

Tatsächlich aber sollten weniger Werte und vermeintlich trennende Kulturen als vielmehr insbesondere soziale Ausgrenzung sowie Bildungs- und Arbeitsmarktchancen im Zentrum politischer Aufmerksamkeit stehen. Hier-

---

6 Diese im Text noch im Juni 2006 enthaltene Aussage ist im Januar 2007 dort nicht mehr zu finden.

für gibt es zwei Gründe: Erstens sind drohende Spaltungslinien heute eher sozial als kulturell definiert; eine Tendenz, sich „kulturell" abzuschotten von der deutschen Mehrheitsgesellschaft, besteht allenfalls vereinzelt. Zweitens gibt es hier politische Differenzen, die offener ausgetragen werden sollten, und Probleme bzw. Interessenkonflikte, die nicht dauerhaft übergangen werden können. Denn Konzeptionen von Integration hängen notwendig mit Konzeptionen des Sozialstaats und von legitimer bzw. illegitimer Ungleichheit zusammen. Über solche Konzeptionen besteht kein genereller Konsens. Wer etwa nur „möglichst gleichberechtigte" Teilhabechancen einräumen will, setzt sich dem Verdacht aus, dies gar nicht ernst zu meinen. Und in der Tat war „Chancengleichheit" einer der heiß umkämpften, stark symbolisch besetzten Leitbegriffe der alten Bundesrepublik. Zielt eine Herstellung „möglichst gleichberechtigter Teilhabechancen" lediglich darauf ab, offene und direkte ethnische Diskriminierung zu verhindern, dann werden eklatante Diskrepanzen der Bildungschancen, die ja wesentlich durch eine Herkunft aus sozial benachteiligten Elternhäusern bedingt sind, nur wenig verringert werden. De facto wird eine wesentlich durch den sozialen und Bildungshintergrund der Familien bedingte Ungleichheit dann eine anhaltende Ungleichheit ethnischer Gruppen sein.

Aktive Interventionen zur Verringerung der Diskrepanzen zwischen Schülergruppen erfordern die Bereitschaft auch zur besonderen Förderung Benachteiligter, zu institutionellen Veränderungen im deutschen Schulsystem und zu sozialstaatlichen Investitionen – also eine Politik, die quer liegt zu aktuell dominierenden Trends zur Verringerung wohlfahrtsstaatlicher Intervention. Soll eine sozialräumliche Segregation in den Städten bekämpft werden – um ein weiteres Beispiel zu nennen –, bedarf es der Bereitschaft und geeigneter Instrumente, um in das Wirken von Marktmechanismen einzugreifen und Siedlungsstrukturen zu beeinflussen.

Nicht zuletzt bedeuten gleiche Teilhabechancen auch, dass Privilegien der Alteingesessenen im Zugang zu Tätigkeiten im öffentlichen Dienst oder zu höheren Positionen fallen müssen. Ähnlich wie im Zusammenhang mit Gleichberechtigungsforderungen von Frauen wird dies kaum ohne Konflikte durchzusetzen sein.

Konflikte mit der alteingesessenen Bevölkerung, also dem Wahlvolk, scheuen die politischen Eliten aber. In der Tat wäre zu fragen, ob Mehrheiten in der deutschen Bevölkerung bereit sind, den neu hinzugekommenen Mitgliedern dieser Bevölkerung gleiche Chancen zur Teilhabe an den gesellschaftlichen Gütern zu gewähren und ihnen eine Mitbestimmung über die weitere Entwicklung dieser Gesellschaft einzuräumen. Ohne Zweifel gibt es in der deutschen Bevölkerung starke Anpassungserwartungen an Zuwanderer und deutliche Ängste vor den mit Wanderungsprozessen assoziierten Veränderungen. Die Eurobarometer-Umfragen im Auftrag der Europäischen Union zeigen, dass in Deutschland relativ viele Menschen ethnische Pluralität negativ wahrnehmen, ähnlich wie in Belgien und Griechenland, aber anders als etwa in Großbritannien oder den Niederlanden. Trotzdem ist nach diesen Umfragen (zuletzt 2003) auch in Deutschland eine knappe Mehrheit der Ansicht, dass es „für jede Gesellschaft eine gute Sache [ist; K.S.], wenn sie aus Menschen verschiedener Rassen, Religionen oder Kulturen besteht" (Eurobarometer 2003).

Allerdings gibt es Anzeichen, dass sich das Klima in den letzten Jahren verschlechtert hat. So sahen 2006 (nach Umfrageergebnissen der Forschungsgruppe Wahlen) 54 Prozent der Bevölkerung in den in Deutschland lebenden Ausländern „eine Gefahr der Überfremdung". 2004 waren es lediglich 48 Prozent und 2001 gar nur 33 Prozent gewesen. Damals hatten im Gegensatz dazu 54 Prozent in Ausländern eine kulturelle Bereicherung gesehen. 2006 teilten nur noch 38 Prozent diese positive Sicht der Einwanderung (zit. nach Süddeutsche Zeitung vom 29.-31.5.2004 und 29.4.2006). Generell sollten derartige Umfragen mit Vorsicht interpretiert werden, da die Resultate gelegentlich schon bei leicht unterschiedlichen Fragestellungen variieren. Gerade die zuletzt angeführten Ergebnisse verweisen darauf, dass die Meinungen offenbar sehr instabil sind und vermutlich durch aktuelle politische Debatten signifikant beeinflusst werden.

Gleichzeitig wird deutlich, dass es – trotz deutlicher Gegenpositionen – möglich ist, in Deutschland Mehrheiten für eine positive Sicht ethnischer Pluralität zu gewinnen. Energisch versucht wurde dies in der Bundesrepublik bislang nur selten. In den 1960er und 1970er Jahren trug zur relativ positiven Aufnahme der Gastarbeiterrekrutierung bei, dass diese als Teil der herbeigesehnten europäischen Integration präsentiert wurde. Als Anfang der 1970er Jahre kritische Stimmen zur Auslandsrekrutierung lauter wurden, warb Willy Brandt dafür, sich auch im Umgang mit den Migranten von dem Ziel der Gestaltung einer humaneren, sozialen und demokratischeren Bundesrepublik leiten zu lassen. Und in den 1980er Jahren diente der Slogan der „multikulturellen Gesellschaft" als Symbol eines Bekenntnisses zu einer ethnisch pluralen Realität und zur Verurteilung von Rassismus sowie als Aufruf zur Entdeckung auch der positiven Seiten von Wanderungsfreiheit und Vielfalt.

Heute geht es nicht darum, die multikulturellen Appelle der 1980er Jahre wiederzubeleben. Vorstellbar aber wäre es, dass eine Politik, die vergleichbare Teilhabe- und Mitbestimmungschancen für alle Bevölkerungsgruppen anstrebt, an Attraktivität gewinnen würde, wenn sie ausdrücklich geleitet wäre von einer Perspektive der gemeinsamen Gestaltung einer gewollt weltoffenen und pluralen sowie sozial gerechteren Gesellschaft. Glaubhaft wäre sie, wenn auch die gestaltenden Akteure selbst diese Pluralität widerspiegeln würden.

## Literatur

Baker, David/Lenhardt, Gero (1988): „Ausländerintegration, Schule und Staat". In: *Kölner Zeitschrift für Soziologie und Sozialpsychologie*, Jg. 40, S. 40-61.
Baringhorst, Sigrid/Hunger, Uwe/Schönwälder, Karen (Hg.) (2006): *Politische Steuerung von Integrationsprozessen: Intentionen und Wirkungen*. Wiesbaden: VS Verlag für Sozialwissenschaften.

Beauftragte der Bundesregierung für Migration, Flüchtlinge und Integration (Hg.) (2005): *Daten – Fakten – Trends. Bildung und Ausbildung*, Stand 2004. Berlin.
Böcker, Anita/Groenendijk, Kees (2004): „Einwanderungs- und Integrationsland Niederlande: Tolerant, liberal und offen?" In: Friso Wielenga/Ilona Taute (Hg.): *Länderbericht Niederlande. Geschichte – Wirtschaft – Gesellschaft*. Bonn: Bundeszentrale für politische Bildung, S. 303-361.
Brinkmann, Ulrich/Dörre, Klaus/Röbenack, Silke (2006): *Prekäre Arbeit. Ursachen, Ausmaß, soziale Folgen und subjektive Verarbeitungsformen unsicherer Beschäftigungsverhältnisse*. Bonn: Friedrich-Ebert-Stiftung.
Bundesamt für Migration und Flüchtlinge (2006): *Migrationsbericht 2005*. Berlin: Bundesministerium des Inneren.
Bundesregierung (1982): *Antwort der Bundesregierung auf die Große Anfrage der Fraktionen der SPD und FDP*. Deutscher Bundestag, Drucksache 9/1306. Bonn.
Bundesregierung (2005): *Lebenslagen in Deutschland. Der 2. Armuts- und Reichtumsbericht der Bundesregierung*. Berlin.
Coenders, Marcel/Lubbers, Marcel/Scheepers, Peer (2005): *Majorities' Attitudes Towards Minorities in European Union Member States. Results from the Standard Eurobarometers 1997 – 2000 – 2003*. Report 2. Wien: European Monitoring Centre on Racism and Xenophobia.
Cornelißen, Waltraud (Hg.) (2005): *Gender-Datenreport. 1. Datenreport zur Gleichstellung von Frauen und Männern in der Bundesrepublik Deutschland*. Erstellt durch das Deutsche Jugendinstitut e.V. in Zusammenarbeit mit dem Statistischen Bundesamt im Auftrag des Bundesministeriums für Familie, Senioren, Frauen und Jugend. 2. Fassung, November 2005. München. Internet: www.bmfsfj.de/Publikationen/genderreport/root.html (zuletzt aufgesucht am 20.12.2006).
Konsortium Bildungsberichterstattung (2006): *Bildung in Deutschland. Ein indikatorengestützter Bericht mit einer Analyse zu Bildung und Migration* (im Auftrag der Kultusministerkonferenz und des Bundesministeriums für Bildung und Forschung). Bielefeld: Bertelsmann.
Mohr, Katrin (2005): „Stratifizierte Rechte und soziale Exklusion von Migranten im Wohlfahrtsstaat". In: *Zeitschrift für Soziologie*, Jg. 34, S. 383-398.
Özcan, Veysel/Seifert, Wolfgang (2005): *Gutachten für den 5. Altenbericht der Bundesregierung im Auftrag des Deutschen Zentrums für Altersfragen zur Lebenslage älterer Migrantinnen und Migranten in Deutschland*. Berlin: Deutsches Zentrum für Altersfragen.
Özdemir, Cem/Özcan, Veysel/Uslucan, Haci Halil/Uslucan, Sükrü/Erdem, Esra (2004): *Die Situation der türkischstämmigen Bevölkerung in Deutschland*. Gutachten im Auftrag des Sachverständigenrates für Zuwanderung und Integration. Berlin.
Portes, Alejandro/Rumbaut, Rubén G. (2001): *Legacies. The Story of the Immigrant Second Generation*. Berkeley: University of California Press.
Schönwälder, Karen (2001): *Einwanderung und ethnische Pluralität. Politische Entscheidungen und öffentliche Debatten in Großbritannien und der Bundesrepublik von den 1950er bis zu den 1970er Jahren*. Essen: Klartext.
Schönwälder, Karen (2005): „Migration und Ausländerpolitik in der Bundesrepublik Deutschland. Öffentliche Debatten und politische Entscheidungen". In: Rosemarie Beier-de Haan (Hg.): *Zuwanderungsland Deutschland. Migrationen 1500-2005* (Ausstellungskatalog für das Deutsche Historische Museum). Wolfratshausen/Berlin: Edition Minerva, S. 106-119.

Schönwälder, Karen (2006): „Politikwandel in der (bundes-)deutschen Migrationspolitik". In: Ulrike Davy/Albrecht Weber (Hg.): *Paradigmenwechsel in Einwanderungsfragen? Überlegungen zum neuen Zuwanderungsgesetz.* Baden-Baden: Nomos, S. 8-22.

Solga, Heike (2003): „Jugendliche ohne Schulabschluss und ihre Wege in den Arbeitsmarkt". In: Kai S. Cortina/Jürgen Baumert/Achim Leschinsky/Karl Ulrich Mayer (Hg.): *Das Bildungswesen in der Bundesrepublik Deutschland. Strukturen und Entwicklungen im Überblick.* Neuausgabe. Reinbek: Rowohlt, S. 710-754.

Thalhammer, Eva/Zucha, Vlasta/Enzenhofer, Edith/Salfinger, Brigitte/Ogris, Günther (2001): *Attitudes Towards Minority Groups in the European Union. A Special Analysis of the Eurobarometer 2000 Survey on Behalf of the European Monitoring Centre on Racism and Xenophobia.* Wien: SORA Publications.

Waldinger, Roger/Feliciano, Cynthia (2004): „Will the New Second Generation Experience 'Downward Assimilation'? Segmented Assimilation Re-assessed". In: *Ethnic and Racial Studies*, Vol. 27, No. 3, S. 376-402.

Zuleeg, Manfred (1985): „Politik der Armut und Ausländer". In: Stefan Leibfried/ Florian Tennstedt (Hg.): *Politik der Armut und die Spaltung des Sozialstaats.* Frankfurt a.M.: Suhrkamp, S. 295-308.

# Nachhaltigkeit – eine Herausforderung für Wissenschaft und Forschung

Volker Hauff

## Gegen das geschäftige Verschweigen

Die öffentliche Medien- und Debattenkultur bevorzugt den kurzfristigen Alarm gegenüber gründlicher Diagnose von Problemen. Man ist lieber kurzfristig atemlos statt langfristig nachdenklich. Das verhindert allzu oft, dass wir uns darüber klar werden, wo wir wirklich stehen, was getan werden muss und von wem. Alarmismus ist für die politische Debatte doppelt gefährlich. Zum einen riskiert er Abstumpfung bei denen, deren Hilfe erst langfristig Wirkung entfalten könnte, und verhindert Engagement. Zum anderen drängt der politische Alltag in seiner geschäftigen Betriebsamkeit wichtige Langfristfragen häufig in den Hintergrund. Ferdinand Lassalle mahnte einst, dass alle großen politischen Aktionen im Aussprechen dessen bestünden, was ist; das Verschweigen und Bemänteln seien dagegen das Geschäft der politischen Kleingeisterei. Heute würde er wohl hinzufügen: Der falsche Alarm ist eine Art des Verschweigens. Mit der Wirklichkeit hat er meist wenig zu tun.

Geschäftig verschwiegen werden vor allem die Hypotheken, die wir als langfristiges Erbe von Generation zu Generation weitergeben. Was Erbschaften für den Einzelnen bedeuten, ist allgemein bekannt und sorgfältig in Gesetzen und durch Rechtsprechung geregelt. Mit gesellschaftlichen Erbschaften und Erblasten gehen wir dagegen umso weniger bewusst und geradezu sorglos um, je fernere Zeiten sie betreffen und je grundlegender sie sind. Abschmelzende Polkappen, forcierter globaler Energieverbrauch und die Langfristigkeit von Investitionen in die Infrastruktur, die Alterung der Gesellschaft, neue Bedürfnisse und individuelle Freiheiten bei schrumpfender Bevölkerung zeigen, dass die Folgen heutigen Handelns die Zukunft immer stärker mitbestimmen. Die Lebenswirklichkeit zukünftiger Generationen hängt auch davon ab, was wir ihnen an natürlichen Ressourcen übrig lassen, welche Hinterlassenschaften unseren Kindern und Enkeln zur Bürde werden oder welche Erbschaften ihnen Chancen eröffnen.

Die demografische Entwicklung, der Klimawandel sowie die globale Ungleichverteilung von Armut und Reichtum sind wesentliche Treiber der wirtschaftlichen und gesellschaftlichen Dynamik. Die globalen Wachstumsökonomien Brasiliens, Russlands, Chinas, Indiens und Südafrikas unterstreichen die zunehmende Bedeutung der Rohstoff- und Ressourcenbewirtschaftung. Aber trotz ihrer mittelfristigen Absehbarkeit werden diese Entwicklungstrends oft statt als konkrete Aufforderung zu politischer Gestaltung bloß als eine abstrakte Rahmenbedingung für wirtschaftliches und politisches Handeln missverstanden. Statt Änderungen zu gestalten, richtet man sich nur in ihnen ein. Obwohl etwa feststeht, dass der demografische Wandel in Deutschland die Gewichte von Wachstum und Schrumpfung neu verteilt, wird er nur als magisch bedrohliche Zahlentafel wahrgenommen – statt seine Auswirkungen auf die Gestaltung des Lebens in Stadt und Land, der Mobilität und Infrastruktur, der Wissenskultur und der Integration zum Ausgangspunkt politischer Vorschläge zur Zukunftsfähigkeit zu machen. Deutschland ist ein Beispiel für ein Land mit schrumpfender Bevölkerung. Brauchen weniger Menschen weniger Fläche und weniger Energie? Wird die Verringerung der Bevölkerung ein Anreiz für eine ganz andere Art der Naturnutzung sein, weil Qualität statt Quantität gefragt ist? Wird der Bevölkerungsschwund zurück zur Vollbeschäftigung führen oder werden völlig neue Konzepte für Arbeit, Einkommen und gesellschaftliches Zusammenleben entstehen?

Es ist wichtig, solche Fragen zu stellen, auch wenn sich heute noch keine abschließende Antwort finden lässt. Generationenbilanzen zwingen zum kritischen Blick auf Erbschaften und Erblasten. Nachhaltigkeitspolitik erfordert neue politische Instrumente. Gerade die Bewertung der intergenerativen Gerechtigkeit erfordert ein wissenschaftliches Instrumentarium und wissenschaftliche Unabhängigkeit.

## Antreiber Wissenschaft?

Was eigentlich treibt die Wissenschaft voran? Ist es das immanente Wechselspiel aus Fragestellung und Antwort? Und folgt der wissenschaftliche Fortschritt im Wesentlichen wissenschaftseigenen Gesetzen? Oder aber ist es die Gesellschaft, die der Wissenschaft Aufgaben vorgibt und Anforderungen an sie stellt? Beide Aspekte spielen eine Rolle und wollen gewürdigt werden.

Nachhaltigkeit ist kein Forschungszweig, der sich den bestehenden Forschungsgebieten zusätzlich angliedern ließe. Vielmehr ist Nachhaltigkeit eine Denkrichtung. Notwendig ist eine Wissenschaftskultur der Einmischung und eine Wissenschaftskultur, die Einfluss auf gesellschaftliche Prozesse nimmt – im Zeichen der Nachhaltigkeit.

Das Denken in der Kategorie „Nachhaltigkeit" und das Wissen um langfristige Veränderungen in Generationenschritten lassen teils durchaus bekannte Tatsachen in einem neuen Licht erscheinen. Von den ersten Zukunftsberechnungen der *Grenzen des Wachstums* 1972 (Meadows et al. 1972) bis zu den heutigen, immer komplexeren Klimamodellen haben die Kenntnisse über den Einfluss des Menschen auf die Umwelt und seine eigene Zukunft enorm zugenommen. Die Diskussion begann mit ersten Umweltprogrammen, angefangen beim Bericht von Willy Brandts Nord-Süd-Kommission *Das Überleben sichern* (Independent Commission on International Development Issues 1980) bis zum Report der von Gro Harlem Brundtland geleiteten Weltkommission für Umwelt und Entwicklung *Our Common Future/Unsere gemeinsame Zukunft* (WCED 1987; deutsch Hauff 1987). Sie führte zu den Weltgipfeln von Rio de Janeiro (1992) und Johannesburg (2002) und in Deutschland zwischen 1990 und 1998 zu zwei großen Enquête-Kommissionen „Schutz des Menschen und der Umwelt" des Deutschen Bundestags (Enquête-Kommission 1994, 1998). Sie wurde 1996 von der BUND/Misereor-Studie zum *Zukunftsfähigen Deutschland* und 1997 vom Umweltbundesamt mit Überlegungen zu einem *Nachhaltigen Deutschland* (UBA 1997) aufgegriffen und findet heute ihren Niederschlag in politischen Strategien zur nachhaltigen Entwicklung, Initiativen aus Zivilgesellschaft und Wirtschaft sowie in einer breit gefächerten Forschungslandschaft zur Nachhaltigkeit und zum Verständnis des Systems Erde.

Allzu oft noch leitet sich in unserem Denken die Idee von Fortschritt und Entwicklung aus Erfahrungen der Vergangenheit ab; was gemacht werden muss, speist sich häufig nur aus alten Gewissheiten. So gut jedoch Vergewisserung durch Erfahrung ist, so unzureichend ist der Blick in den Rückspiegel, wenn man nach vorne will. Zukunft ist vor allem das, was man durch und mit der Bewältigung der Vergangenheit neu schafft. Nicht nur Vergangenheit muss bewältigt werden, sondern auch Zukunft.

## Nachhaltige Entwicklung ist etwas ganz Einfaches und zugleich etwas sehr Schwieriges

Einfach ist die Idee, die Umwelt zu erhalten und die wirtschaftliche Entwicklung so zu gestalten, dass kommenden Generationen die Erfüllung ihrer Lebensbedürfnisse nicht verbaut wird. Schwierig ist es, diese Idee in konkrete Handlungen und Maßnahmen umzusetzen. Es ist eben keine Rechenaufgabe – so wenig wie es im letzten Jahrhundert eine einfache Rechenaufgabe war, die Idee der sozialen Marktwirtschaft in die Wirklichkeit zu transponieren. Und es war nicht leicht, die Idee der nachhaltigen Entwicklung überhaupt in die Politik hineinzutragen und als eine politische Leitvorstellung zu formulieren. Eine wichtige Rolle hat dabei die schon angesprochene Brundtland-Kommission gespielt. Sie war die erste und bisher einzige Weltkommission, die sich mit Fragen der Umwelt und Zukunftssicherung beschäftigte. Auf die Stockholmer UN-Umweltkonferenz von 1972 hatte die Öffentlichkeit noch mit teils hämischen und skeptischen Kommentaren reagiert. Es wurde gefragt, haben die denn keine anderen Probleme als sich um Fische und Vögel zu kümmern? Aber heute, 35 Jahre später, bestreitet niemand mehr, dass damals das Fundament der Umweltpolitik gelegt wurde und dass es ein wichtiges und tragendes Fundament ist. Der Input der Wissenschaft und der gesellschaftliche Erfolg wissenschaftlichen Denkens waren damals enorm hoch.

Im nächsten Schritt war es 1987 das Verdienst des Brundtland-Berichts, erstmals einen konzeptionell tragfähigen Zusammenhang zwischen Wirtschaft und Umwelt hergestellt zu haben. Als roten Faden des Berichts haben wir die Vorstellung von einem *sustainable development* geprägt, ein Begriff, dessen Wiedergabe im Deutschen sowohl als „Zukunftsfähigkeit" wie auch als „nachhaltige Entwicklung" ungenügend und abgehoben erscheint, weil beide Versionen nicht die sehr unmittelbare und konkrete Alltagsbedeutung des englischen *sustainability* treffen. Eine vielerorts in der Welt zerstörte Natur, geplünderte Ressourcen, Hoffnungslosigkeit und Bitternis von Hunderten von Millionen Menschen, die von Wohlstand und Fortschritt ausgeschlossen sind, das soziale Auseinanderdriften der Gesellschaften – diese Fehlentwicklungen veranlassten die Vereinten Nationen, die Brundtland-Kommission zu beauftragen, eine übergreifende politische Gestaltungsidee zu entwerfen. Die Kommission befasste sich drei Jahre in höchst intensiven, jeweils zweiwöchigen Arbeitsphasen mit der Problematik. Gespräche mit regionalen Initiativen, Besuche vor Ort und politische Debatten standen im Mittelpunkt einer Meinungsbildung, aus der schließlich das politische Konzept der Nachhaltigkeit erwuchs. In der Folge des Brundtland-Berichts fand 1992 die UN-Konferenz in Rio statt. Eigentlich war dieser so genannte Erdgipfel zunächst nur eine Verfahrensempfehlung am Rande des Brundtland-Berichts. Aber Rio hat mehr als alle sonstigen Vorschläge des Berichts die Welt verändert. Rio steht für Aufbruch und Visionen in einer Zeit, in der die Blockgegensätze überwunden waren und man eine Friedensdividende erwartete. In Rio wurden mutige Entscheidungen zugunsten des globalen Umweltschutzes getroffen. Konventionen zum Klimaschutz, zur Biodiversität und zur Bekämpfung der Wüstenbildung wurden vereinbart. Sicherlich wurden teilweise auch Beschlüsse gefasst, die sich weniger als visionär denn als vollmundig erwiesen haben.

Die UN-Konferenz von Rio signalisierte insgesamt einen einschneidenden Wechsel in der internationalen Politik. Die Öffnung für die Beteiligung zivilgesellschaftlicher Gruppen beförderte das Entstehen von Nichtregierungsorganisationen und verbreitete die gesellschaftliche Basis der internationalen Nachhaltigkeitspolitik. Nach und nach gab es auch Initiativen aus der Wirtschaft, und einige globale Unternehmen bewährten sich als Vorreiter. Und wiederum wurde ein wichtiger, auf den Prozess gerichteter Beschluss gefasst, nach zehn Jahren Bilanz zu ziehen. Diesem Zweck diente der UN-Gipfel zur nachhaltigen Entwicklung im September 2002 in Johannesburg. Johannesburg steht für Beharrlichkeit und vor allem für das verstärkte Hineintragen des Anliegens in die Zivilgesellschaft. Es sind wichtige Schritte zur Implementierung gelungen, und die Versuche, Nachhaltigkeitspolitik aufzuweichen und ad absurdum zu führen, konnten abgewehrt werden.

## Nachhaltigkeitspolitik und -wissenschaft in Deutschland

Die Bundesregierung hat 2002 eine nationale Nachhaltigkeitsstrategie verabschiedet und sie 2004 und 2005 fortgeschrieben (Bundesregierung 2002, 2004, 2005). Für 2008 ist eine nächste, gründliche Weiterentwicklung angekündigt.

Die Nachhaltigkeitsstrategie beendet die konzeptionelle Phase, in der es in Enquête-Kommissionen des Deutschen Bundestags von 1990 bis 1998 um das politische Ausloten der Nachhaltigkeitsidee, um erste Konzeptionen und Entwürfe ging. Sie setzt das Zeichen, dass jetzt vorrangig Umsetzung, Aktion und Maßnahmen gefordert sind.

Die Nachhaltigkeitsstrategie führt Nachhaltigkeit als politische Querschnittsaufgabe des Regierungshandelns ein. Die Abkehr vom Prinzip der strikt voneinander getrennten Ressortpolitiken reicht von der Finanz- über die Sozial- bis zur Umweltpolitik. Der Querschnittscharakter wird auch durch die Einrichtung des Rats für Nachhaltige Entwicklung und seine Ansiedlung beim Bundeskanzleramt (www.nachhaltigkeitsrat.de) deutlich. Die Nachhaltigkeitsstrategie verbindet Programmaussagen mit quantifizierten Zielen und Indikatoren. Sie macht sich bewusst messbar. Nur das, was sich messen lässt, ist letztlich zieladäquat zu managen. Dabei schließt das Messbare auch qualitative Gesichtspunkte ein, die man ähnlich wie Quantitäten konkret fassen kann. Die Nachhaltigkeitsstrategie sieht einen regelmäßigen Review-Prozess vor, weil die Implementierung einer nachhaltigen Entwicklung nicht als einmaliger Kraftakt verstanden werden kann, sondern eine andauernde Aufgabe darstellt.

Im Einzelnen mag und soll man über die Inhalte der Nachhaltigkeitsstrategie durchaus streiten. Der Rat für Nachhaltige Entwicklung hat sich mit kritischen Kommentaren und Empfehlungen zu Wort gemeldet. Das politische Ringen um bessere Lösungen wird weitergehen. Trotzdem ist sicher, dass mit der Nachhaltigkeitsstrategie ein neuer politischer Ansatz formuliert worden ist, der sich sehen lassen kann. Das gilt auch im internationalen Vergleich.

Nachhaltigkeitspolitik muss indessen fortentwickelt werden. Dabei unterscheide ich die internen Mechanismen rund um die Nachhaltigkeitsstrategie der Bundesregierung und die allgemeine politische Debatte um Nachhaltigkeit voneinander. Zu den wichtigen internen Mechanismen gehört die organisierte Kontinuität von Nachhaltigkeitsstrategien, die von Zeit zu Zeit einer Überprüfung der gewählten Ansätze und einer Neuauflage bedürfen. In Deutschland ist, wie oben schon erwähnt, die Nachhaltigkeitsstrategie von 2002 erstmals 2004/05 fortgeschrieben worden; der nächste Schritt ist für 2008 vorgesehen. Ein Monitoring soll ermitteln, inwieweit sich die Realität den Zielen und quantifizierten Indikatoren angenähert hat. Der Europäische Rat (2006) hat die bisherige EU-Nachhaltigkeitsstrategie überprüft und im Juni 2006 eine erneuerte europäische Nachhaltigkeitsstrategie beschlossen. Darin werden die EU-Mitgliedstaaten u.a. aufgefordert, das Monitoring mithilfe externer Experten, so genannten Peers, durchzuführen und in einem transparenten Prozess zu gestalten. Auch die Rolle von Beratungsgremien wie dem Nachhaltigkeitsrat wird unterstrichen (EU-Kommission 2006).

In der übergreifenden politischen Debatte um Nachhaltigkeit sind folgende Punkte von besonderer Bedeutung:

Vor kurzem ist eine Initiative von Mitgliedern des Deutschen Bundestags aus allen Fraktionen bekannt geworden, Nachhaltigkeit und intergenerative Gerechtigkeit als Zielstellungen in die Verfassung aufzunehmen. Im Wesentlichen sind es drei Gründe, aus denen sich dieser nicht ganz alltägliche Schritt erklärt, mit dem der politisch sperrige Begriff der Nachhaltigkeit in Zukunft Verfassungsrang erhalten soll. Die zentralen politischen Werte wie Freiheit, Gleichheit und Gerechtigkeit haben sich in der Vergangenheit jeweils an der lebenden Generation orientiert. Das war richtig, wird aber zunehmend unvollständig. Denn die heutige Lebenswirklichkeit erfordert es, diese Begriffe inhaltlich im Hinblick auf kommende Generationen zu bestimmen. Darin steckt ein wahrlich revolutionäres Denken. Die Notwendigkeit dazu kann ernsthaft nicht mehr bestritten werden, angesichts der Ressourcenproblematik (Stichwort: Ende des Ölzeitalters), der Klimaveränderung, der intergenerativen Finanzierung von Renten und Haushaltsschulden, Infrastrukturen und sozialer wie medizinischer Grundversorgung.

Die überkommene Vorstellung vom Primat der Politik wird durch diese Veränderungsprozesse (zutreffender bezeichnet im Englischen: *transition processes*) weiter relativiert. Das Politische kann nicht mehr als Reservat einer an Mandate gebundenen Sphäre der politischen Institutionen verstanden werden. Vielmehr muss das „Management der öffentlichen Dinge" (Volker Hassemer) in seiner ganzen Breite als Sphäre des Politischen aufgefasst werden. Die Vorstellung, Zukunftsgestaltung und gar eine dem Nachhaltigkeitsprinzip verpflichtete Entwicklung seien durch Entscheidungen in den etablierten politischen Institutionen zu bewerkstelligen, führt mit Sicherheit in die Sackgasse. Die entscheidende Rolle spielen die Produzenten und Konsumenten und das Zusammenwirken beider, das sich nicht – wie Globalisierungskritiker gerne glauben machen – auf den Markt reduzieren lässt. Sie kommunizieren unter Einschluss der Medien, sind Teil einer politischen Kultur und prägen damit das politische Feld außerhalb der formalisierten Politik. Das wichtigste Instrument ist in diesem Zusammenhang das öffentliche Bewusstsein. Das heißt nichts anderes, als dass der sich selbst korrigierende Diskurs die knappe Ressource ist. Er wird maßgeblich beeinflusst von den großen Aggregaten Wirtschaft, Wissenschaft, Zivilgesellschaft und – auch, aber eben nicht alleine und nicht abschließend – vom Staat.

Das politische Handeln zugunsten einer an Nachhaltigkeit ausgerichteten Entwicklung muss die Suche immer wieder neu beginnen, Akteure einbeziehen und die Kraft zur Selbstkorrektur aufbringen. Das ist eine „andauernde Aufgabe". Für Nachhaltigkeitsstrategien sind quantifizierte Indikatoren ein wichtiges Instrument, denn letztlich lässt sich – politisch wie wirtschaftlich – nur das erfolgreich managen, was auch messbar ist. Hier müssen Missverständnisse ausgeräumt werden. Nachhaltigkeitsindikatoren bezeichnen keinen an absoluten Maßstäben definierten Zielzustand, etwa als zeitlos optimalen Zustand des Mensch-Natur-Verhältnisses oder – im schlimmsten Fall – im Sinne eines Endes der Geschichte. Gleichgewichtsmodelle und ähnliche Konstrukte sind nicht gemeint und helfen sicherlich auch nicht weiter. Nachhaltigkeitsindikatoren sind vielmehr problemorientierte Leitgrößen, die beispielsweise angeben, wie weit eine Gesellschaft davon entfernt ist, den $CO_2$-Ausstoß signifikant zu verringern, den Güterverkehr von der Straße auf die Schiene zu bringen, die Mobilität im ländlichen Raum zu gewährleisten, den siedlungsbedingten Flächenverbrauch einzugrenzen, Innovationen zu schaffen und Wissen weiterzugeben.

So verstanden ist Nachhaltigkeit eine größere Herausforderung für die Wissenschaft als derzeit oft wahrgenommen wird. Vor gut 30 Jahren hat die Umweltfrage der Wissenschaft entscheidende Impulse gegeben. Und die damalige Wissenschaft hat diese Anstöße aufgenommen. Nach kurzer Zeit ist sie zur vorantreibenden Kraft geworden und hat die Aufgabe des konzeptionellen Vordenkens übernommen. Sie hat hervorragende Lösungskompetenz unter Beweis gestellt. Heute haben wir in Deutschland viele gute Ansätze zur Nachhaltigkeitsforschung, sei es in entsprechenden Forschungsprogrammen des Bundesministeriums für Bildung und Forschung (BMBF 2006), in der Helmholtz-Gemeinschaft Deutscher Forschungszentren (www.helmholtz.de/de/Forschung.html) oder in den Universitäten und – nicht zu vergessen – in der Industrie. Ich halte es auch für sehr richtig, die Nachhaltigkeitsforschung mit einem neuen Prozedere zu verbinden, das Wettbewerbselemente aufnimmt.

Aber dennoch liegt im Vergleich zur Stellung und Funktion der Wissenschaft in den 1970er Jahren die Frage nahe, ob sie den aktuellen Anforderungen ebenso gerecht wird wie den seinerzeitigen und ob sie auch heute eine Vordenkerrolle innehat. Zweifel sind immerhin begründet, spielen doch die Ergebnisse und das Innovationspotenzial der Nachhaltigkeitsforschung bei den Indikatoren der deutschen Nachhaltigkeitsstrategie keine Rolle.

Wissenschaft, die Lösungen und Konzepte für Themen der Nachhaltigkeit erarbeitet, braucht ein außerwissenschaftliches Kriterium, an dem sich Wahrheitssuche mit ausrichten kann, und zwar neben den primären wissenschaftsimmanenten Kriterien, die völlig unverzichtbar sind.

Wichtig erscheint die Frage, wie es der Wissenschaft in Zukunft gelingt, ihre gesellschaftliche Resonanz zu vergrößern – also wie sie stärker als bisher die Fähigkeit ausbildet, Anstöße aus der Gesellschaft aufzunehmen und selbst Anstöße zu gesellschaftlichem Handeln zu geben. Mehr Neugier und mehr Wachheit sollten die politische Kultur prägen, gefördert und vermittelt durch Wissenschaft und wissenschaftliche Interventionen. Das Thema Nachhaltigkeit ist hier durchaus ein Gradmesser.

Die Gesellschaft erwartet von der Wissenschaft zu Recht, dass sie für stetige Innovation und Techniksprünge sorgt und die Ressource „Wissen" mehrt, indem sie Bekanntes und Bewährtes ständig überprüft, fortentwickelt und junge Menschen für eine wissenschaftliche Ausbildung begeistert. Zwei Anmerkungen dazu:

- Das alte Bild des Marktes, demzufolge letztlich Kaufentscheidungen des Einzelnen darüber entscheiden, welche technischen Entwicklungen sich am Markt durchsetzen, stimmt so nicht mehr. Ich bin fest von der Richtigkeit des Marktes als Organisationsprinzip von wirtschaftlichen Prozessen überzeugt. Aber es kann nicht allein ihm überlassen bleiben, welche Basistechnologie sich durchsetzt. Für die Vergangenheit trifft ganz sicher zu: Ohne invasive zivile oder militärische staatliche Maßnahmen gäbe es heute keine Nutzung der Kernenergie, gäbe es heute keine Luft- und Raumfahrt, gäbe es heute keine moderne Informationstechnologie, um nur einige Beispiele zu nennen.

  Und auch für die Zukunft gilt, dass die Kosten für wichtige Technologien, die wir zur Sicherung der technischen und sozialen Infrastruktur aufbringen müssen, so hoch und so risikoreich sind, dass solche Technologien ohne den Markt ergänzende staatliche Maßnahmen chancenlos bleiben werden. Richtig ist: Das darf keine Daueraufgabe des Staates werden; immer wieder muss dafür gesorgt werden, dass nach einer Anfangsphase der Markt sobald wie möglich zu seinem Recht kommt.

  Beispiele dafür sind Kraftstoff- und Antriebstechniken für Fahrzeuge, der Aufbau eines Tankstellen-Netzes für Wasserstoff und Erdgas, die Zukunft der Energieträger Kohle und erneuerbare Energien. Hier muss die Wissenschaft Entscheidungsalternativen für uns erarbeiten, weil die Gesellschaft als Ganzes nicht nach dem Prinzip „trial and error" vorgehen kann. Was die Klima-Misere betrifft, so haben wir nur einen Versuch. Auch die Komplexität und die Reichweite technologischer Zukunftspfade zeigen, dass eine wissensgestützte Voraussicht nötig ist, um fundierte Entscheidungen zu fällen.
- Das Bild des spezialisierten Wissenschaftlers, der sein Fachgebiet immer weiter ausdifferenziert, trifft meines Erachtens nicht mehr die Wirklichkeit einer nach wissensbasierten Grundlagen für „Nachhaltigkeit" fragenden Gesellschaft. Ein Experte ist für immer weniger wirklich Experte, während er immer mehr Sachverhalten als Laie gegenübersteht. Spezialisierung ist für Innovationsprozesse unabdingbar; desgleichen ist die inter- und transdisziplinäre Synthese der Wissenschaft für die gesellschaftliche Anwendung unverzichtbar. Die Organisatoren des Wissenschaftsbetriebs sind aufgerufen, für diese Parallelität kreative Lösungen zu finden. Das betrifft ebenfalls die Art, wie über Forschungsthemen und Forschungsfinanzierung entschieden wird, um das, was bei spezialisierten Fragestellungen richtig ist, auch zu richtigen Entscheidungen bei Querschnittsfragen und bei dem Erfordernis koordinierter Zusammenarbeit über Fachgrenzen hinweg zu führen.

Nachhaltigkeit ist ein integratives Konzept, das die Bereiche Ökonomie, Soziales und Ökologie miteinander vernetzt. Darüber besteht Konsens, die Auseinandersetzung beginnt allerdings dann, wenn dieses Grundanliegen konkret gemacht werden soll. Hier kann der Streit um die Ausfüllung und Anwendung von Nachhaltigkeitsprinzipien etwas Wertvolles sein, wenn es gelingt, aus der Vielzahl von Sichtweisen und Bewertungen neue Handlungsschritte abzuleiten. Was aber ist die Antwort der Wissenschaft auf diese Herausforderung? Sind es noch größere Verbundforschungsvorhaben, in denen der administrative Aufwand die eigentliche Forschung an die Seite zu drücken droht? Oder ein noch engerer Anwendungsbezug? Bewirkt eine zu große Praxisnähe, dass wir den offenen, demokratischen Denkraum der Wissenschaft zu stark einschränken, eventuell noch bevor er zu kreativen Ideen, zu Innovationen, zu neuen Ansätzen führen könnte? Welche Signale gibt die Wissenschaft heute den Aktiven aus Wirtschaft und Zivilgesellschaft?

Wissenschaft versteht sich traditionellerweise als Dienstleisterin und Beobachterin. Das reicht nicht mehr. Es ist zu hoffen, dass in Zukunft die Nachhaltigkeitspolitik auch auf die Organisation und Struktur der Wissenschaft zurückwirken wird. Aus dem eindimensionalen Verhältnis des „Dienstleisters" Wissenschaft zur Gesellschaft muss ein wechselseitiges Beeinflussen werden. Die Umweltbewegung der 1970er und 1980er Jahre war eine strategische Allianz mit der Wissenschaft eingegangen. Davon haben beide Seiten profitiert. Gewiss gab es dabei auch die eine oder andere fragwürdige Entwicklung – mal verkam die Wissenschaft zur Magd wirtschaftlicher Interessen, mal zur Dienerin politischer Interessen; aber die wissenschaftsimmanente Diskussion hat das meist rasch korrigiert. Ich bleibe dabei: Es war damals ein höchst produktiver Prozess der gegenseitigen Bereicherung. Solches fehlt uns heute bei der schwierigen Suche nach einer inhaltlichen Anreicherung des politischen Leitgedankens der Nachhaltigkeit.

Diese Aufgabe bleibt noch zu erfüllen, was sowohl eine Herausforderung für die Wissenschaft als auch für die Gesellschaft und Wirtschaft ist. Denn letztlich kommt es, mit den Worten von Ferdinand Lassalle, darauf an, als eine revolutionäre Umwälzung *ein ganz neues Prinzip* an die Stelle des bestehenden Zustands zu setzen.

## Literatur

BMBF (Bundesministerium für Bildung und Forschung) (Hg.) (2006): *Forschung für die Nachhaltigkeit. Rahmenprogramm des BMBF für eine zukunftsfähige innovative Gesellschaft*. Veränderter Nachdruck der Ausgabe von 2005. Bonn/Berlin: BMBF, Referat Öffentlichkeitsarbeit.

BUND (Bund für Umwelt und Naturschutz Deutschland)/Misereor (Hg.) (1996): *Zukunftsfähiges Deutschland. Ein Beitrag zu einer globalen nachhaltigen Entwicklung*. Basel u.a.: Birkhäuser.

Bundesregierung (2002): *Perspektiven für Deutschland. Unsere Strategie für eine nachhaltige Entwicklung*. Internet: http://www.bmu.de/files/pdfs/allgemein/application/pdf/nachhaltigkeit_strategie.pdf (zuletzt aufgesucht am 8.1.2007).

Bundesregierung (2004): *Fortschrittsbericht 2004 - Perspektiven für Deutschland. Unsere Strategie für eine nachhaltige Entwicklung*. Internet: http://www.bmu.de/files/pdfs/allgemein/application/pdf/fortschrittsbericht_2004.pdf (zuletzt aufgesucht am 8.1.2007).

Bundesregierung (2005): *Wegweiser Nachhaltigkeit 2005. Bilanz und Perspektiven.* Internet: http://www.bmu.de/files/nachhaltige_entwicklung/nachhaltige_entwicklung/allgemeine_in-formationen/application/pdf/wegweiser_nachhaltigkeit.pdf (zuletzt aufgesucht am 8.1.2007).

Enquête-Kommission „Schutz des Menschen und der Umwelt – Bewertungskriterien und Perspektiven für umweltverträgliche Stoffkreisläufe in der Industriegesellschaft" (1994): *Die Industriegesellschaft gestalten: Perspektiven für einen nachhaltigen Umgang mit Stoff- und Materialströmen.* Bericht der Enquête-Kommission des 12. Deutschen Bundestags. Bonn: Economica-Verlag.

Enquête-Kommission „Schutz des Menschen und der Umwelt – Ziele und Rahmenbedingungen einer nachhaltig zukunftsverträglichen Entwicklung" (1998): *Konzept Nachhaltigkeit. Vom Leitbild zur Umsetzung.* Abschlußbericht der Enquête-Kommission des 13. Deutschen Bundestags. Bonn: Deutscher Bundestag, Referat Öffentlichkeitsarbeit.

EU-Kommission (2006): *Überarbeitete europäische Strategie für nachhaltige Entwicklung 2006. Die Herausforderungen annehmen.* Internet: http://ec.europa.eu/sustainable/sds2006/challenges_de.htm (zuletzt aufgesucht am 8.1.2007).

Europäischer Rat (2006): *Überprüfung der EU-Strategie für nachhaltige Entwicklung – Die erneuerte Strategie.* Brüssel: Rat der Europäischen Union, Dokumentennummer 10917/06.

Hauff, Volker (Hg.) (1987): *Unsere gemeinsame Zukunft. Der Bericht der Weltkommission für Umwelt und Entwicklung.* Greven: Eggenkamp.

Independent Commission on International Development Issues (1980): *Das Überleben sichern. Der Brandt-Report. Bericht der Nord-Süd-Kommission von Willy Brandt.* Köln: Kiepenheuer & Witsch.

Meadows, Dennis L./Meadows, Donella H./Zahn, Erich (1972): *Die Grenzen des Wachstums. Bericht des Club of Rome zur Lage der Menschheit.* Stuttgart: Deutsche Verlags-Anstalt.

UBA (Umweltbundesamt) (1997): *Nachhaltiges Deutschland. Wege zu einer dauerhaft-gerechten Entwicklung.* Berlin: Erich Schmidt Verlag.

WCED (World Commission on Environment and Development) (1987): *Our Common Future.* Oxford/New York: Oxford University Press.

# Verzeichnis der Autorinnen und Autoren

*Bahn, Christopher*, Dr. phil.; bis Oktober 2006 wissenschaftlicher Mitarbeiter in der Abteilung „Internationalisierung und Organisation" im Forschungsschwerpunkt Organisationen und Wissen des WZB, jetzt Programme Manager und wissenschaftlicher Mitarbeiter im Center for Urban & Real Estate Management (CUREM), Zürich. Arbeitsschwerpunkte: Strukturwandel im Einzelhandel, Internationalisierung von Finanz- und Immobilienmärkten, institutionelle Einbettung von Märkten.

*Berthoin Antal, Ariane*, Prof. Dr. phil.; kommissarische Leiterin der Abteilung „Innovation und Organisation" im Forschungsschwerpunkt Organisationen und Wissen des WZB und Honorarprofessorin für Organisationsentwicklung und interkulturelles Management im Bereich Public Health der Technischen Universität Berlin; ferner Distinguished Research Professor an der Audencia Nantes School of Management und Visiting Professor am Henley Management College, Großbritannien. Arbeitsschwerpunkte: Organisationslernen, Organisationskultur, internationales/interkulturelles Management, Frauen im Management, Unternehmen und Gesellschaft; Design und Durchführung innovativer Lernansätze.

*Dierkes, Meinolf*, Prof. Dr.; bis zu seiner Emeritierung im Herbst 2006 Direktor der Abteilung „Innovation und Organisation" im Forschungsschwerpunkt Organisationen und Wissen des WZB und Professor für Technik- und Wissenschaftssoziologie an der Technischen Universität Berlin; von 1980-1987 Präsident des WZB. Forschungsschwerpunkte: soziale und kulturelle Bedingungen technischer Entwicklung, Organisationskultur und Organisationslernen sowie Transformationsprozesse in unterschiedlichen kulturellen Kontexten.

*Engelhardt, Lutz*, Dr.; wissenschaftlicher Mitarbeiter in der Forschungsgruppe „Institutionen, Staaten und Märkte" im Forschungsschwerpunkt Märkte und Politik des WZB. Arbeitsschwerpunkte: Kapitalmärkte, Arbeitsmärkte, Wagniskapital und Technologiepolitik, insbesondere Finanz- und Arbeitsmarktinstitutionen und ihr Einfluss auf Organisation und Strategie von Hochtechnologieunternehmen im internationalen Vergleich.

*Gosewinkel, Dieter*, Dr. phil.; Koleiter der Forschungsgruppe „Zivilgesellschaft, Citizenship und politische Mobilisierung in Europa" im Forschungsschwerpunkt Zivilgesellschaft, Konflikte und Demokratie des WZB und Privatdozent für Neuere Geschichte an der Freien Universität Berlin. Arbeitsgebiete: moderne europäische Geschichte, Rechtsgeschichte, Geschichte der Staatsbürgerschaft und Zivilgesellschaft.

*Hardmeier, Sibylle*, Dr. phil.; Politologin und Historikerin, ehemals Assistenzprofessorin am Institut für Politikwissenschaft der Universität Zürich sowie Forschungsprofessorin „Geschlechtergerechtigkeit" am WZB 2005-2006; Consultant und Managing Director von PiCABiA GmbH. Arbeitsschwerpunkte: Gender- und Demokratieforschung, politische Kommunikation und öffentliche Meinung.

*Hartlapp, Miriam*, Dr. rer. pol.; wissenschaftliche Mitarbeiterin in der Abteilung „Arbeitsmarktpolitik und Beschäftigung" im Schwerpunkt Arbeit, Sozialstruktur und Sozialstaat des WZB. Arbeitsschwerpunkte: vergleichende Sozial- und Beschäftigungspolitik, europäische Integration, Institutionentheorie, Implementations- und Compliance-Forschung.

*Hauff, Volker*, Dr. rer. pol.; seit 2001 Vorsitzender des von der Bundesregierung eingerichteten „Rats für Nachhaltige Entwicklung". Von 1969 bis 1989 Mitglied des Deutschen Bundestags, 1978-1982 Bundesminister für Forschung und Technologie, 1980-1982 Bundesverkehrsminister, 1989-1991 Oberbürgermeister der Stadt Frankfurt am Main, 1999-2004 Vorstand bei BearingPoint, ehemals KPMG Consulting. Seit 1993 Vorsitzender des Vereins der Freunde und Förderer des WZB e.V.

*Henkes, Christian*, M.A.; wissenschaftlicher Mitarbeiter in der Abteilung „Demokratie: Strukturen, Leistungsprofil und Herausforderungen" im Forschungsschwerpunkt Zivilgesellschaft, Konflikte und Demokratie des WZB; dort im DFG-Projekt „Integration als Herausforderung" tätig. Arbeitsschwerpunkte: vergleichende Wohlfahrtsstaatsforschung, Policy-Analyse, Minderheitenforschung und Migrations- und Integrationsfragen.

*Jürgens, Ulrich*, Prof. Dr.; Leiter der Forschungsgruppe „Wissen, Produktionssysteme und Arbeit" im Forschungsschwerpunkt Organisationen und Wissen des WZB sowie außerplanmäßiger Professor am Fachbereich Politik- und Sozialwissenschaften der Freien Universität Berlin. Arbeitsgebiete: Wissensprozesse in globalen Wertschöpfungsketten, Fragen der Corporate Governance sowie der industriellen Beziehungen.

*Klinke, Sebastian*, Dipl.-Politologe; wissenschaftlicher Mitarbeiter in der Forschungsgruppe „Public Health" im Forschungsschwerpunkt Arbeit, Sozialstruktur und Sozialstaat des WZB. Arbeitsschwerpunkte: Wohlfahrtsstaatstheorie, Politikfeldanalyse, Sozialpolitik, Gesundheitspolitikforschung, stationärer Sektor, ordnungspolitischer Wandel im Gesundheitswesen.

*Kocka, Jürgen*, Dr. Dr. h.c. mult.; Forschungsprofessor für „Historische Sozialwissenschaften" am WZB und Professor für Geschichte der industriellen Welt an der Freien Universität Berlin; Direktor am Zentrum für vergleichende Geschichte Europas der Freien Universität Berlin und der Humboldt-Universität zu Berlin; von 2001 bis März 2007 Präsident des WZB. Arbeitsschwerpunkte: moderne europäische Geschichte, Sozialgeschichte, historischer Vergleich.

*Konrad, Kai A.*, Dr. oec. Publ.; Direktor der Abteilung „Marktprozesse und Steuerung" im Forschungsschwerpunkt Märkte und Politik des WZB und Professor für Finanzwissenschaft an der Freien Universität Berlin; Mitglied des Wissenschaftlichen Beirats beim Bundesministerium der Finanzen sowie in anderen Beratungsgremien. Hauptforschungsgebiet: Public Economics.

*Kühn, Hagen*, Dr. rer. pol. habil.; bis Dezember 2006 Koleiter der Forschungsgruppe „Public Health" im Forschungsschwerpunkt Arbeit, Sozialstruktur und Sozialstaat des WZB. Arbeitsschwerpunkte: Soziologie und Ökonomie der Gesundheit und des Gesundheitswesens im internationalen Vergleich.

*Krzywdzinski, Martin*, wissenschaftlicher Mitarbeiter in der Forschungsgruppe „Wissen, Produktionssysteme und Arbeit" im Forschungsschwerpunkt Organisationen und Wissen des WZB; promoviert an der Freien Universität Berlin zum Thema Arbeits- und Sozialpolitik in Polen. Arbeitsgebiete: Arbeitspolitik, politische Ökonomie mit Schwerpunkt auf Globalisierungsprozessen sowie der Entwicklung Mittelosteuropas.

*Merkel, Wolfgang*, Dr. phil.; Direktor der Abteilung „Demokratie: Strukturen, Leistungsprofil und Herausforderungen" im Forschungsschwerpunkt Zivilgesellschaft, Konflikte und Demokratie des WZB und Professor für Politische Wissenschaft an der Humboldt-Universität zu Berlin. Arbeitsschwerpunkte: politische Regime, Demokratie- und Transformationsforschung, Parteienforschung, Regierungspolitiken im Vergleich, soziale Gerechtigkeit und Sozialstaatsreform.

*Oppen, Maria*, Dr. phil.; Senior Researcher in der Abteilung „Innovation und Organisation" im Forschungsschwerpunkt Organisationen und Wissen des WZB. Arbeitsschwerpunkte: Governance transsektoraler Interaktionsbeziehungen, Wandel von Leistungserstellungs- und Arbeitsprozessen und Geschlechterverhältnisse.

*Petring, Alexander*, M.A.; wissenschaftlicher Mitarbeiter in der Abteilung „Demokratie: Strukturen, Leistungsprofil und Herausforderungen" im Forschungsschwerpunkt Zivilgesellschaft, Konflikte und Demokratie des WZB. Arbeitsschwerpunkte: vergleichende Wohlfahrtsstaatsforschung, Politische Ökonomie, Demokratietheorie.

*Priller, Eckhard*, Dr. sc.; wissenschaftlicher Mitarbeiter in der Abteilung „Ungleichheit und soziale Integration" im Forschungsschwerpunkt Arbeit, Sozialstruktur und Sozialstaat des WZB. Arbeitsschwerpunkte: Forschung zum Dritten Sektor, Demokratieentwicklung, bürgerschaftliches Engagement, Spendenverhalten.

*Rucht, Dieter*, Dr. rer. pol.; Koleiter der Forschungsgruppe „Zivilgesellschaft, Citizenship und politische Mobilisierung in Europa" im Forschungsschwerpunkt Zivilgesellschaft, Konflikte und Demokratie des WZB und Honorarprofessor für Soziologie an der Freien Universität Berlin. Arbeitsgebiete: Modernisierung, politische Partizipation, soziale Bewegungen, Protest.

*Rudolph, Hedwig*, Prof. Dr. rer. pol.; bis zu ihrer Emeritierung im März 2006 Direktorin der Abteilung „Internationalisierung und Organisation" im Forschungsschwerpunkt Organisationen und Wissen des WZB und Professorin an der Technischen Universität Berlin, Fachgebiet Beschäftigung und Sozialstruktur. Forschungsschwerpunkte: wirtschaftliche Internationalisierungsprozesse, Bildungs- und Arbeitssoziologie, Professions- und Organisationsforschung, Gender Studies.

*Saraceno, Chiara*, Ph.D.; Forschungsprofessorin für „Demographische Entwicklung, sozialen Wandel und Sozialkapital" im Forschungsschwerpunkt Arbeit, Sozialstruktur und Sozialstaat des WZB sowie Professorin für Soziologie an der Universität Turin (beurlaubt). Arbeitsschwerpunkte: demographischer Wandel, Soziologie der Familie, Frauen, Armut, Wohlfahrtsstaat.

*Schmid, Günther*, Dr. Dr. h.c.; Direktor der Abteilung „Arbeitsmarktpolitik und Beschäftigung" im Forschungsschwerpunkt Arbeit, Sozialstruktur und Sozialstaat des WZB und Professor für Ökonomische Theorie der Politik an der Freien Universität Berlin. Arbeitsschwerpunkte: Arbeitsmarktpolitik und Beschäftigung, Evaluierung politischer Programme und Institutionen, Politische Theorie und Systemvergleiche, europäisches Sozialmodell und Europäische Beschäftigungsstrategie.

*Schönwälder, Karen*, Dr. phil.; Leiterin der Arbeitsstelle „Interkulturelle Konflikte und gesellschaftliche Integration" im Forschungsschwerpunkt Zivilgesellschaft, Konflikte und Demokratie des WZB sowie Privatdozentin an der Freien Universität Berlin. Arbeitsschwerpunkte: Integration von Migrantinnen und Migranten, interethnische Beziehungen, Politik und Gesellschaft Großbritanniens.

*Schuppert, Gunnar Folke*, Dr. iur.; Forschungsprofessor für „Neue Formen von Governance" am WZB und Professor für öffentliches Recht und Verwaltungswissenschaften an der Humboldt-Universität zu Berlin. Arbeitsschwerpunkte: Governance, Steuerungsfähigkeit des Rechts, Wandlungsprozesse in der Staats- und Verwaltungsorganisation, Dritter Sektor.

*Sorge, Arndt*, Dr. sc. pol.; kommissarischer Leiter der Abteilung „Internationalisierung und Organisation" im Forschungsschwerpunkt Organisationen und Wissen des WZB sowie François Sellier Professor of International Business and Management an der Universität Groningen, Niederlande. Arbeitsschwerpunkte: Organisationstheorie, multinationale Unternehmen, internationaler Vergleich von Arbeitsorganisation, Organisationsstruktur, Ausbildung, Arbeitsbeziehungen und Technik.

*Vitols, Sigurt*, Dr.; Senior Research Fellow in der Forschungsgruppe „Institutionen, Staaten und Märkte" im Forschungsschwerpunkt Märkte und Politik des WZB sowie Mitglied des Executive Council der Society for the Advancement of Socio-Economics (SASE). Arbeitsgebiete: Corporate Governance, Finanzinstitutionen, Innovation sowie Finanzierungsprobleme kleiner und mittlerer Unternehmen; das Hauptinteresse gilt den Ländern Deutschland, Vereinigte Staaten, Großbritannien und Japan.

*von Wahl, Angelika*, Dr. phil.; Professorin für Politikwissenschaft und Internationale Beziehungen an der San Francisco State University, USA. Arbeitsschwerpunkte: Sozialstaat, Erwerbsarbeit, Gleichstellungspolitik im internationalen Vergleich, Geschlechterpolitik in der Europäischen Union, Menschenrechte und Reparationen.

*Zürn, Michael*, Prof. Dr.; Direktor der Abteilung „Transnationale Konflikte und internationale Institutionen" im Forschungsschwerpunkt Zivilgesellschaft, Konflikte und Demokratie des WZB und Dean der Hertie School of Governance; Mitglied des Senats der Deutschen Forschungsgemeinschaft. Arbeitsgebiete: internationale Institutionen, Legitimation und Effektivität internationalen Regierens, internationale Umweltpolitik, Globalisierung.

# WZB-Jahrbücher

Horst Albach, M. Dierkes, A. Berthoin Antal, K. Vaillant (Hg.)
**Organisationslernen – institutionelle und kulturelle Dimensionen**
WZB-Jahrbuch 1998
1998, ²1999   526 S.   ISBN 3-89404-294-X   Euro 29,90

Max Kaase, Günther Schmid (Hg.)
**Eine lernende Demokratie.** 50 Jahre Bundesrepublik Deutschland.
WZB-Jahrbuch 1999
1999, ²1999   587 S.   ISBN 3-89404-295-8   Euro 29,90

Hans-Dieter Klingemann, Friedhelm Neidhardt (Hg.)
**Zur Zukunft der Demokratie.** Herausforderungen im Zeitalter der Globalisierung. WZB-Jahrbuch 2000
2000        528 S.   ISBN 3-89404-296-6   Euro 29,90

Lars-Hendrik Röller, Christian Wey (Hg.)
**Die Soziale Marktwirtschaft in der neuen Weltwirtschaft.** WZB-Jahrbuch 2001
2001        472 S.   ISBN 3-89404-297-4   Euro 27,90

Gunnar Folke Schuppert, Friedhelm Neidhardt (Hg.)
**Gemeinwohl – Auf der Suche nach Substanz.** WZB-Jahrbuch 2002
2002        447 S.   ISBN 3-89404-298-2   Euro 27,90

Dieter Gosewinkel, D. Rucht, W. van den Daele, J. Kocka (Hg.)
**Zivilgesellschaft – national und transnational.** WZB-Jahrbuch 2003
2004        438 S.   ISBN 3-89404-299-0   Euro 27,90

Hartmut Kaelble, Günther Schmid (Hg.)
**Das europäische Sozialmodell.** Auf dem Weg zum transnationalen Sozialstaat. WZB-Jahrbuch 2004
2004, ²2006   455 S.   ISBN 3-89404-004-1   Euro 27,90

Jens Alber, Wolfgang Merkel (Hg.)
**Europas Osterweiterung: Das Ende der Vertiefung?** WZB-Jahrbuch 2005
2006        427 S.   ISBN 3-89404-005-X   Euro 27,90

*Der Verlag informiert Sie gern über sein Programm – natürlich kostenlos und unverbindlich.*
**edition sigma**   Karl-Marx-Str. 17   D-12043 Berlin
Tel. 030/6232363   Fax 6239393   **und stets aktuell im Web**
Mail verlag@edition-sigma.de   **www.edition-sigma.de**

## In der Buchreihe des WZB bei edition sigma – eine Auswahl

Robert Boyer, Michel Freyssenet
**Produktionsmodelle**
Eine Typologie am Beispiel der Automobilindustrie
2003        159 S.        ISBN 3-89404-228-1        Euro 15,90

Eckart Hildebrandt, U. Jürgens, M. Oppen, Chr. Teipen (Hg.)
**Arbeitspolitik im Wandel**
Entwicklung und Perspektiven der Arbeitspolitik
2007        210 S.        ISBN 3-89404-239-7        Euro 16,90

Maria Oppen, Dagmar Simon (Hg.)
**Verharrender Wandel.** Institutionen und Geschlechterverhältnisse
2004        365 S.        ISBN 3-89404-234-6        Euro 22,90

Hedwig Rudolph (Hg.) unter Mitarbeit von Anne Schüttpelz
**Aldi oder Arkaden?** Unternehmen und Arbeit im europäischen Einzelhandel
2001        196 S.        ISBN 3-89404-219-2        Euro 15,90

## ebenfalls bei edition sigma – eine Auswahl

Irene Becker, Richard Hauser
**Soziale Gerechtigkeit – eine Standortbestimmung.** Zieldimensionen und empirische Befunde
2004        134 S.        ISBN 3-89404-986-3        Euro 12,90

Jörg Bogumil, St. Grohs, S. Kuhlmann, A. K. Ohm
**Zehn Jahre Neues Steuerungsmodell.** Eine Bilanz kommunaler Verwaltungsmodernisierung
2007        342 S.        ISBN 978-3-89404-779-5        Euro 21,90

Reinhard Coenen, Armin Grunwald (Hg.)
**Nachhaltigkeitsprobleme in Deutschland.** Analyse und Lösungsstrategien
2003        544 S.        ISBN 3-89404-575-2        Euro 29,90

Lothar Hack
**Wie Globalisierung gemacht wird.** Ein Vergleich der Organisationsformen und Konzernstrategien von General Electric und Thomson/Thales
2007        518 S.        ISBN 978-3-89404-548-7        Euro 29,90

Der Verlag informiert Sie gern über sein Programm – natürlich kostenlos und unverbindlich.
**edition sigma**        Karl-Marx-Str. 17        D-12043 Berlin
Tel. 030/6232363        Fax 6239393        **und stets aktuell im Web**
Mail verlag@edition-sigma.de        **www.edition-sigma.de**